민주당의 역사

박혁

1971년, 전남 신안에 있는 작은 섬, 재원도에서 태어났다. 독일 남부에 있는 레겐스부르크대학교, 프리드리히 알렉산더(에를랑겐-뉘른베르크)대학교에서 공부했고, 한나 아렌트의 정치사상을 다룬 논문 「정치와 다양성 Politik und Pluralitaet」으로 박사학위를 받았다. 건국대학교, 전남대학교, 경희사이버대학교, 서울시 시민대학에서 강의했고 동국대학교 객원 교수, 상명대학교 초빙 교수로 일했다. 지금은 민주당 정책연구소인 민주연구원에서 연구위원으로 일하고 있다. 저서로는 『헌법의 순간』 『이솝에게 배우는 민주주의』 『야스퍼스와 사유의 거인들』(공저) 『루소, 정치를 논하다』(공저) 등이 있다. 2024년 출간된 『헌법의 순간』은 한국일보가 주최하는 제65회 한국출판문화상을 수상했으며, 한겨레신문 2024년 올해의 책에 선정되었다.

민주당의 역사 1955-2025
시민과 더불어 써 내려간 대한민국 현대 정치사

ⓒ 박혁 2025

초판 1쇄	2025년 9월 19일
지은이	박혁

출판책임	박성규	펴낸이	이정원
편집주간	선우미정	펴낸곳	도서출판 들녘
기획이사	이지윤	등록일자	1987년 12월 12일
편집진행	이수연	등록번호	10-156
디자인진행	조예진	주소	경기도 파주시 회동길 198
표지사진	노순택	전화	031-955-7374 (대표)
편집	이동하·김혜민		031-955-7389 (편집)
마케팅	전병우	팩스	031-955-7393
경영지원	나수정	이메일	dulnyouk@dulnyouk.co.kr
제작관리	구법모		
물류관리	엄철용		

ISBN 979-11-5925-959-3 (03340)

값은 뒤표지에 있습니다. 파본은 구입하신 곳에서 바꿔드립니다.

시민과│더불어│써│내려간│대한민국│현대│정치사

민주당의 역사

1955   2025

박혁 지음

들녘

| 들어가며 |

내 | 아버지가 | 사랑한 | 민주당

사회과부도였다. 낡은 그 지도책 속에는 페이지마다 흑백사진들이 다닥다닥 붙어 있었다. 아버지가 신문에서 오려 붙인 정치인들 얼굴이었다. 지금 생각해보면, 그들은 평화민주당 국회의원들이었다. 아버지는 뉴스나 시사 프로그램이 시작하면 그 사회과부도를 펼쳐놓으셨다. 누구는 어떻고, 누구는 또 어떻다며 열띤 목소리로 설명해주시던 것이 생각난다. 요샛말로 하면 '정치지리 해설'이었다. 민주당은 그렇게 나에게 스며들었다.

1992년 대선이었다. 김영삼이 3당 합당해 민자당 후보가 되었고, 김대중이 민주당 후보로 나왔다. 대학생이던 나는 군부 세력에 투항한 김영삼이 못마땅했고, 보수 세력이 장기 집권할지도 모른다는 두려움이 컸다. 김대중이 당선되기를 간절히 바랐고, 그렇게 되도록 힘닿는 대로 노력했다. 안타깝게도 그는 낙선하고 말았지만, 나는 그렇게 민주당에 스며들었다.

잠깐 감옥살이를 했다. 운동권 언저리에 있다가 별것도 아닌 일로 잡혀갔다. 여섯 명이 함께 지내던 구치소 감방 안에서 맘씨 좋은 방장은 라면상자로 책상을 만들어줬다. 그 종이 책상 앞에 앉아 독일어 공부를 했다. 기회만 되면 독일에 갈 생각이었다. 출소 후, 독일 대학

교환학생 모집 공고를 봤다. 기회가 왔음에도 집행유예 기간이라 출국할 수 없었다. 그때 김대중이 대통령에 당선되었고, 얼마 후 나는 사면 복권되었다. 그렇게 독일행 비행기에 올랐고, 원 없이 공부하다 한국에 돌아왔다. 나는 그렇게 민주당 덕을 봤다.

강사로 전전긍긍하며 살았다. 첫째 아들이 태어난 뒤로는 강사 생활만으로 생계를 꾸리기가 막막해졌다. 무슨 수를 내야 했다. 그러던 중 민주당 정책연구소인 민주연구원에서 연구위원을 채용한다는 공고를 봤다. 절박하고 떨리는 마음으로 면접을 봤다. 면접관이었던 김민석 원장이 물었다. "합격할 자신 있으세요?" 그렇게 질문하는 의도는 잘 몰랐지만 나는 답했다. "저희 장모님이 간절히 기도하고 계셔서 꼭 붙을 겁니다." 이후 나는 합격했고, 원장은 미소 지으며 말했다. "장모님이 기도하셔서 붙은 거예요." 민주당은 그렇게 나의 일터가 되었고, 나는 민주당 내부자가 되었다.

내 아버지가 사랑했던 정당, 장모님이 간절히 바라셨던 내 일터. 그 당이 지닌 역사가 궁금해졌다. 내 아버지는 왜 그토록 민주당을 사랑하셨는지 알고 싶었다. 내 일터가 어떤 곳인지도 알아야 했다. 현대사 굽이굽이마다 민주당은 어디에서, 무엇을 하고 있었는지 궁금했다. 그 역사를 더듬다 보니, 이 이야기를 많은 사람에게 들려주어야겠다는 생각이 들었다. 나와 내 아버지처럼 민주당을 사랑했든, 미워했든, 알았든 몰랐든 간에 이 땅에서 살아온 사람들은 민주당과 함께 그 시간을 지나왔다는 사실을 알게 되었기 때문이다.

민주당의 역사를 뒤지며 비로소 알게 되었다. 정당은 시대를 비추는 거울이자 민심이 빚은 그릇이다. 민주당은 그렇게 시대와 민심이 만들어낸 당이다. 민주당은 그 누구보다 거울과 그릇으로서 충실히 역할해왔다. 그 역사에는 굴곡진 한국 현대사의 얼굴이 그대로 담겨 있다. 그래서 민주당 역사를 살펴보는 일은 한국 현대사를 이해하는 좋은 방법이기도 하다.

이 책은 1955년부터 2025년까지, 70년에 걸쳐 펼쳐진 민주당 이야기다. 그러나 시간을 따라 사건을 단순히 '기록'한 연대기는 아니다. 민주당 역사에 깃든 고난, 부끄러움, 기쁨과 영광에 관한 기억이자 이야기다. 나는 민주당 70년을 크게 다섯 가지 순간으로 재구성했다. 탄생, 분열, 통합, 수난, 저항의 순간들이다. 다소 낯설게 여겨질 수 있음에도 이야기를 시간순으로 배열하지 않고 주제별로 엮은 까닭은, 이야기 속에서 '의미'를 발견하길 바랐기 때문이다. 한 사람이 겪은 희로애락을 따라가면 그의 삶을 가장 깊이 이해할 수 있다고 한다. 마찬가지로 민주당이 겪어온 희로애락 역시 민주당을 이해하는 좋은 실마리가 될 것이다. 한 사람의 삶이 희로애락이 얽힌 실타래라면, 민주당 역사도 다르지 않다. 한 사건 속에서 수난과 분열, 저항이 뒤엉켜 일어나곤 했다. 이 책은 그 엉킨 실타래를 풀어내며 분열, 통합, 수난, 저항에 초점을 맞춰 이야기를 구성했다. 그 속에서 되풀이되는 분열의 이유와 통합의 동력, 수난의 상처와 불굴의 저항을 발견하게 될 것이다. 이 책 속 이야기들이 민주당을 이해하는 데 도움이 되기를 바라는 마음이다.

　「탄생의 순간」은 이승만 쿠데타부터 '반독재 민주화'를 기치로 대동단결해 민주당을 창당하기까지 이야기다. 「분열의 순간」은 4·19혁명으로 민주당이 집권한 직후 신구파 분열에서 2015년 새정치민주연합 분열에 이르기까지, 민주당이 부끄러웠던 시간들을 담았다. 「통합의 순간」에는 1965년 민중당 창당부터 더불어민주당 출범까지, 기쁨과 감격으로 가득했던 순간들이 펼쳐진다. 「수난의 순간」은 장면 부통령 저격 사건에서 이재명 대표 테러 사건까지를 되짚으며 모진 고난과 시련 속에서도 좌절하지 않고 앞으로 나아가는 민주당의 용기와 끈기를 보여준다. 「저항의 순간」은 1958년 보안법 파동부터 윤석열 내란까지, 시민과 함께 불굴의 정신으로 저항하며 한국 민주화의 역사를 새긴 장면들을 다룬다.

나는 이 책을 통해 우리가 겪은 역사, 우리가 아는 역사가 얼마나 정당과 깊게 연루되어 있는지를 말하고 싶었다. 좋은 정당이 있어야 좋은 정치가 이루어지고, 좋은 정치가 이루어져야 좋은 나라가 될 수 있음을 역사를 통해 보여주고 싶었다. 그런 내 바람이 조금이라도 전해져서, 더 좋은 나라를 꿈꾸는 독자들이 지지하고 사랑하는 '내 정당'을 가졌으면 좋겠다. 그 정당에 참여하고, 비판하고, 감시하고, 지원해 더 좋은 정당이 되도록 힘을 보탰으면 좋겠다. 솔직히 그 정당이 민주당이기를 바라지만 아니라도 상관없다. 그 선택에 이 책이 도움이 되기를 바랄 뿐이다. 민주당을 지지하는 사람들도 민주당 역사에서 부끄럽고 안타까웠던 순간을 기억하고 깊이 들여다봤으면 좋겠다. 민주당은 지금까지 그래왔듯 앞으로도 한국 정치와 역사에서 중요한 역할을 할 것이 분명하다. 앞으로 더 잘해야 하지 않겠는가!

이 책이 나오기까지 도움을 주신 분들이 많다. 민주당 이야기를 써보자고 제안해주신 도서출판 들녘 박성규 부대표님과 선우미정 주간님께 감사드린다. 이수연 편집자님은 작은 부분까지 꼼꼼히 바로잡아주시는 정성과 열정으로 좋은 책을 만들어주셨다. 특별히 감사드린다. 원고를 읽어준 친구 이영조, 이원호 변호사, 정진호 의정부 시의원, 강병익 박사, 조세희 박사께도 감사드린다. 응원과 격려로 함께해준 민주당 당직자와 민주연구원 동료들께도 감사하다. 늘 행복한 마음으로 글을 쓸 수 있게 돌봐준 각시 민지와 두 아들 솔솔 형제에게도 진한 사랑을 전한다. 민주당을 그토록 사랑하셨던, 지금은 하늘에 계신 아버지께 이 책을 바친다.

2025년 9월 민주당 창당 70주년을 앞두고
박혁

| 차례 |

4 들어가며

I
탄생의 순간

15 대통령의 쿠데타
28 사사오입 공화국
38 대동단결
50 새로운 시작

II
분열의 순간

62 잃어버린 승리
76 배신당한 혁명
88 만발한 사쿠라
96 국회냐, 거리냐
106 갈라진 유신 전야
115 각목 전당대회
125 강요된 내전
136 완전한 이별
149 홀로 선 외톨이
166 굿바이 민주당
182 거대 여당의 침몰
196 싸우다 끝난 새정치

III
통합의 순간

214 민중의 이름으로
226 새로운 민주를 향해
241 조용한 혁명
253 오 년 만의 해후
263 3당 야합에 맞서
276 거대한 연합군
289 새천년의 문을 열다
307 백년정당의 꿈

IV
수난의 순간

324 곰사냥
340 짓밟힌 장충단
353 조작된 반혁명
365 날아든 질산병
374 납치된 망명자
390 새벽은 온다
401 사형선고
414 광란의 용팔이
424 운명이다
435 검찰 공화국

V
저항의 순간

454 자유를 위해
467 혁명의 불길
488 굴욕에 맞서다
504 도둑맞은 표를 되찾자
515 헌법을 지켜라
528 민주화의 새벽을 밝히다
537 호헌철폐, 독재타도
553 자치를 되찾다
564 내란을 막아내다

580 나오며

586 민주당계 정당 계보도
588 민주당 연표
592 참고문헌
594 도판 출처
595 찾아보기

I

탄생의 순간

대통령의 쿠데타

부산은 항구다. 그해 부산에는 난리를 피하려는 이들이 파도처럼 밀려들었다. 그곳은 "한 걸음만 더 내디디면 바다에 빠지고 마는 최후"의 땅, 더는 물러설 곳 없는 끝자락이었다. 그곳에서 보내는 하루하루는 두렵고 고단하기 이를 데 없었다. 그 절체절명에도 누군가는 권력을 향한 욕망에 휩싸여 있었다. 그는 최후의 땅마저 권력의 전장으로 만들었다. 국민이 나라를 지키기 위해 싸우던 그때, 그는 자기 권력을 지키려고 "국헌을 전복하고 주권을 찬탈하는 반란적 쿠데타"를 일으켰다. 그가 바로 이승만이었다.

피난살이는 하루살이였다. 그날그날 안 죽고 사는 게 일이었다. 앞날을 꿈꾸거나 걱정하는 것은 태평성대를 누릴 때나 할 일이었다. 그 난리통에 이승만이 일을 벌였다. 느닷없이 헌법을 고치자고 나선 것이다. 어처구니없었지만, 이해하자고 들면 이해 못 할 일도 아니었다. 국회가 대통령을 뽑는 간선제를 국민이 직접 뽑는 직선제로 고쳐야 완전한 민주주의가 된다는 것이다. 자신은 '사사로운 욕심도, 후보가 될 생각도 없다'고 큰소리치며 세상에 둘도 없는 민주주의자 행세를 했다. 그는 1951년 11월 30일, 직선제 개헌안을 국회에 냈다. 이듬해 1월, 국회는 압도적인 반대로 이를 부결시켰다. 국회는 무슨 억하심정으로 그 '민주주의자의 뜻'을 꺾은 것일까? 여기에는 억하심정이 아니라, 깊은 속사정이 있었다.

1951년 들어 민심은 더욱 흉흉해졌다. 중국군 개입으로 1·4 후퇴를 해야 했고, 서울로 올라간 수도를 다시 부산으로 내렸다. 그 와중에 국민방위군 사건과 거창 양민 학살 사건이 벌어졌다. 군을 증강한답시고 17세에서 40세까지 젊은이를 강제로 징집해 국민방위군을 만들었다. 그래놓고 그 젊은이들한테 써야 할 돈과 식량을 간부들이 몰래 빼돌렸다. 그러는 바람에 구만여 명이 얼어 죽고 굶어 죽는 비극이 일어났다. 다행히 살아남은 사람도 거지꼴로 굶주림과 추위에 시달렸다. 빼돌린 돈은 정부 고위층과 정치권으로 흘러 들어갔다. 경남 거창에서도 고약한 일이 벌어졌다. 빨치산을 토벌한다며 국군이 아무 죄 없는 양민 육백여 명을 골짜기로 끌고 가 학살했다. 그 가운데는 어린아이도 오십여 명이나 있었다. 국회가 진상조사단을 꾸려 조사를 시작했지만, 정부는 책임지기는커녕 진상조사를 거부하고 방해했다. 그 몰염치한 꼴이 얼마나 참담했던지, 보다 못한 이시형 부통령은 1951년 5월 9일, "관기가 흐리고 민막(民瘼)이 어지러운데도 지켜볼 수밖에 없는 무능무위"를 통탄하며 자신만이라도 책임지겠다고 부통령직을 던졌다.

야당 세력도 이승만에게 반기를 들었다. 그 중심에는 민주국민당(민국당)이 있었다. 김성수, 신익희, 지청천 같은 쟁쟁한 인물이 그 당을 이끌고 있었다. 야당 세력은 뻔뻔한 정부, 독선적인 대통령을 더는 두고 볼 수 없었다. 국회는 이시형 부통령 후임을 뽑는 자리에서 이승만이 밀던 이갑성을 보기 좋게 떨어뜨리고, 대신 민국당 대부 격인 김성수를 선택했다. 내친김에 기세를 몰아 내각제 개헌에 나섰다. 대통령이 아니라, 국회가 국정을 이끌자는 것이었다. 그런다고 대통령제를 순순히 포기할 이승만이 아니었다. 제헌헌법을 만들 때에도 갖은 몽니를 부려 내각제를 대통령제로 뒤집었던 사람이다. 그는 대통령 자리를 내놓을 생각이 눈곱만큼도 없었다. 그렇긴 해도 이번만큼은 고심이 깊었다. 단순히 내각제 개헌만 막아서 될 일이 아니었다. 국회 안에 이승만을 지지하는 세력이 한 줌도 안 되었던 것이다. 현행 헌법대로라면 대통령은 국회가 선출한다. 그대로 간다면 보고 자시고 할 것도 없이 결과는 뻔했다. 이승만은 짐을 싸야 했다. 일 년도 남지 않은 임기가 다 차 올수록 불안은 깊어져만 갔다.

생각을 바꾸니, 길이 보였다. 정당을 만들기로 한 것이다. 줄곧 정당 따위는 필요 없다고 외쳐왔던 그였다. 자신은 일개 정당의 지도자가 아니라 일국의 지도자라고 떵떵거리며, 국부 행세를 해왔다. 그러나 지금은 그렇게 유세 부릴 때가 아니었다. 내각제 개헌을 막고, 직선제 개헌도 밀어붙이려면 행동대가 필요했다. 국회 안팎에 '이승만당'을 만들기로 했다. 국회 안에서는 의원들을 적극 포섭하고, 국회 밖에서는 대중단체들을 결집한다는 방향을 잡았다. 1951년 8월 15일 광복절 기념사는 사실상 창당 선언이나 진배없었다.

전국에 큰 정당을 조직해서 국민과 노동자들을 토대로 삼아
일반 국민이 이 나라의 복리와 자기들의 공동 복리를 보호하기 위하여
정당한 정당을 만들 때가 왔다는 것입니다. (…) 우리가 고난을 무릅쓰고
이와 같이 수립해온 민주정치가 날로 발전되어
공고한 지위를 보장케 되기에는 이 헌법 개정이 절대 필요한 것입니다.

국회 안과 밖에서 이승만당을 만드는 작업이 각기 진행되었다. 국회 안에서는 국회의원들이, 국회 밖에서는 명망가와 사회단체가 분주히 움직였다. 두 세력은 합동준비위원회를 만들어 통합을 꾀했지만, 뜻대로 잘 풀리지 않았다. 직선제 개헌을 두고 서로 딴생각을 품고 있었던 것이다. 원내 신당을 추진하던 국회의원들은 의원내각제에 마음이 기울어 있었다. 다수당이 되면 집권할 수 있고, 그러면 자연히 의원인 자신들은 더 많은 기회를 얻을 수 있기 때문이다. 반대로 의원이 아닌 원외 인사들은 대통령 직선제를 절대적으로 지지했다. 불협화음이 계속됐지만, 이승만은 마음이 급한 나머지 먼저 일을 벌였다. 1951년 11월 30일, 그는 대통령 직선제와 국회 양원제를 담은 개헌안을 국회에 냈다. 그러자 원내 신당 의원들은 반발했고, 갈등은 걷잡을 수 없는 지경으로 치달았다. 결국 이름만 같고 전혀 다른 두 자유당이 생겨났다. 창당대회도 1951년 12월 23일 한날 열렸지만, 두 당은 서로 다른 장소에서 따로 창당을 선언했다. 이승만은 화가 많이 났다. 자신이 그려둔 큰 그림을 망친 원내 자유당에 배신감까지 느꼈다. 그는 보란 듯이 원외 자유당 창당대회에만 선언문을 보냈다. 원외 자유당이 진짜 이승만당이라는 사실을 분명히 하고 싶었던 것이다. 이승만은 결국 원외 자유당을 앞세워 국회에 맞서기로 마음을 굳혔다. 직접 나서서 원외 자유당 가입을 독려하기까지 했다.

 1952년 1월 17일, 이승만 개헌안이 국회 본회의에 올라왔다. 핵심은 직선제 조항이었다.

제53조 대통령과 부통령은 국민의 보통 평등 직접 비밀투표에 의하여 연명으로 동시에 선거된다.

국무총리 서리인 허정이 제안 설명을 마치자, 질의와 반론이 쏟아졌다. 허정은 간선제가 민주주의 이상에 맞지 않으니 직접선거로 바꾸자는 것이라고 설명했다. 그러나 의원들은 싸늘한 반응을 보였고, 회의 분위기는 비판 일색이었다. 전쟁으로 나라가 폐허가 된 마당에 전국적인 선거를 어떻게 치르느냐는 현실론부터, 경찰이나 공무원을 동원해 부정선거를 하려는 것이라는 음모론까지, 질타가 쏟아졌다.

'전쟁하는 군인들은 담아 먹을 밥그릇 하나가 없어서 밥 한 덩어리씩을 들고 다니다 굶어 죽는 판에 무슨 개헌 타령이냐' 의원들은 정부가 현실을 제대로 알기나 하는지 답답하다며 한탄했다. 허정은 '구차하게 지엽말단적인 문제를 가지고 따진다'며 되레 언성을 높였다. 답변이라고 내놓은 그 말에 화가 난 의원들이 저마다 한마디씩 하는 바람에 회의장은 들쑤셔놓은 벌집이 되었다. 다음 날 표결이 이뤄졌다. 재석 163명 중 반대 143명, 찬성 19명, 기권 1명. 압도적인 부결에 이승만은 큰 충격과 깊은 절망에 빠졌다. 원내 자유당 의원들조차 대거 반대표를 던졌다는 사실은 그를 벼랑 끝으로 몰았다. 죽느냐 사느냐는 기로에라도 선 듯 그는 비장한 각오를 다졌다. 비상한 조치 없이는 상황을 반전시킬 수 없다는 사실을 확실히 깨달은 것이다.

우선 국회 겁박에 나섰다. 그러라고 만든 원외 자유당이 물 만난 물고기처럼 활개를 쳤다. 이미 원외 자유당은 당원 수가 무려 265만 4,258명이나 될 만큼 세가 컸다. 그들은 방방곡곡에서 국회의원 소환 운동을 벌이기 시작했다. 직선제에 반대한 의원들은 의원 못 하게 하자는 것이었다. 동네방네 담벼락마다 벽보가 나붙었다.

민의를 배반하고 개헌안을 부결시킨 국회의원을 소환하라.

휘갈겨 쓴 먹글씨는 보기에도 섬뜩했다. 군중대회를 열어 국회의원을 소환하자고 아우성쳤고 그 아우성이 어느새 '민의'로 둔갑했다. 그 민의를 앞세워 이승만은 국회를 압박했다.

야당은 한숨이 절로 나왔다. 대통령이 앞장서서 국민과 국회의원을 이간질하는 꼴이 어처구니가 없었다. 대통령이 '민의'라고 우겨대는 국민소환은 우선은 헌법 위반이었다. 대법원장까지 국회에 나와 그 사실을 증언했다. "헌법과 절차 법률이 제정되지 않는 한 국회의원을 소환할 수 없다." 민의를 앞세운 선동에 지나지 않는다는 것이다. 국회는 이승만에게 선동을 멈추라고 했다. 곧바로 '국회의원 소환운동에 관한 대통령 언명에 대한 결의안'도 통과시켰다. "헌법 개정안을 국회에서 부결했다는 이유로 감행되고 있는 국회의원 소환운동에 대하여 국회는 민의 아닌 것을 민의라는 가면을 쓰고 국헌과 국법을 문란케 하여 국가의 기초를 파괴하고 민주주의운동을 저해할 위험성이 있음을 염려치 않을 수 없다"는 것이었다. 그래도 이승만은 아랑곳하지 않았다. 본인이 헌법 해설까지 해가며 국회와 전면전에 나섰다.

**국회의원을 소환하는 조건이 헌법에 없다고 말하나
소환하지 말라는 조건이 없으므로 민주국가의 주인 되는 투표자들이
자기 대표를 소환한다는 것은 이론으로나 법리로나
누가 막을 사람이 없을 것이오.**

야당 또한 이승만이 벌이는 망동을 아랑곳하지 않고 직선제 개헌안을 부결시켰다. 자신감이 차올랐던지 이번에야말로 반드시 내각제 개헌을 이루자는 분위기였다. 제헌헌법을 만들 때 누구 때문에 좌절되었던 꿈을 이참에 꼭 이루자는 것이었다. 1952년 4월 17일, 국회의원 123명이 내각책임제 개헌안을 국회에 제출했다. 재적 의원 3분의 2를 아슬아슬하게 넘긴 숫자였다. 재적 의원 183명 기준 3분의 2는 122명이니 겨우 한 명 많은 것이다. 두 명만 맘이 변하면 내각제 개헌은 무산된다. 그런데도 의원들은 개헌안 통과는 따놓은 당상이라고 여겼다. 여기저기서 이미 김칫국 들이키는 소리도 들렸다. 내각제 개헌을 해 장면을 총리로 하고, 이승만은 허수아비 대통령으로 만들자거나, 설사 개헌이 실패해도 야당이 합세해서 대통령에 장면 총리를 추대하자는 말들이 나돌았다. 그 무엄하고 방자한 소리가 이승만 귀에까지 들어갔다. 소문인지 사실인지도 불분명했지만, 이승만

은 노발대발해 담화까지 발표했다. '사사로이 모여서 비밀스럽게 정치 공작을 꾸미지 말고 공개적으로 대통령 후보로 입후보하라.' 짐짓 점잖은 투였지만 작당질 말라는 엄포였다. 내각제 개헌안이 제출되고 이틀 후인 4월 19일에는 공교롭게도 장면이 총리에서 해임되었다. 이승만이 격노해 해임한 것이라는 소문이 돌았다. 장면은 신병 치료를 위해 스스로 사표를 썼다고 해명했지만, 이승만이 장면을 역적 우두머리 대하듯 격노했다는 말은 파다하게 퍼졌다.

비상조치는 이미 차근차근 준비되고 있었다. 4월 21일, 장면 후임으로 장택상을 지명한 것이 그 시작이었다. 장택상은 국회 내에 영향력이 상당한 인물이었다. 이승만은 그 영향력을 지렛대 삼아 직선제 찬성파는 늘리고, 내각제 지지 세력은 분열시키려 했다. 그 계산은 장택상 총리 인준에서부터 맞아떨어졌다. 1952년 5월 6일 국회 표결에서 장택상은 찬성 95표, 반대 81표로 총리 인준에 성공했다. 총리가 된 장택상은 친이승만 의원들 40명을 밑천으로 비민국당계 친목단체인 신라회(新羅會)를 구성해 의원 포섭에 나섰다. 이승만은 그보다 더 큰 포석도 이미 깔아두었다. 지방선거를 치르기로 한 것이다. 느닷없고 뜬금없는 일이었다. 제헌헌법에 정해진 대로 국회는 이미 지방자치법을 통과시켰지만 이승만은 두 차례나 거부권을 행사했었다. 치안이 불안하고 행정체계가 아직 미비하다는 이유였다. 지방자치법은 우여곡절 끝에 1949년 7월에야 가까스로 공포되었다. 그러나 이번에는 선거가 미뤄졌다. 그야말로 산 넘어 산이었다. 1951년 10월, 일부 의원들이 연기된 지방선거를 실시하자는 결의안을 냈을 때, 이승만은 '전쟁 중인데 선거를 치르자니 제정신이냐'며 그들을 얼빠진 사람 취급했다. 그랬던 이승만이 1951년 12월, 다음 해에 지방선거를 치르겠다고 불쑥 발표한 것이다. 직선제 개헌안을 국회에 제출한 직후였다. 지방선거를 한다는 소식에 누구보다 기뻤을 이진수 의원조차 혀를 찼다.

**평시에도 실시 못 한 지방자치법을 전시 상황에서 실시하겠다니,
지방자치법 제안자인 나조차 엄두가 안 나는데,
대단한 용기다.**

그래도 결국 지방선거가 강행되었다. 1952년 4월 25일과 5월 10일, 두 번에 걸쳐 기초의원과 광역의원을 뽑았다. 결과는 압도적이었다. 원외 자유당과 친이승만 세력은 시읍면 의원 의석의 56퍼센트, 도의원의 70퍼센트를 차지했다. 당선된 지방의원들은 진짜 민의를 대변한다고 자처했다. 국회의원들에게 '너희만 민의냐'며 큰소리치기 시작했다. 지방의회는 국회를 해산하고 총선거를 실시하라는 결의안을 앞다투어 통과시켰다. 지방도민대회도 열어 직선제를 바라는 '민의'를 유감없이 보여줬다. 민의를 전달하겠다며 지방의원들과 시위대가 임시국회가 있는 경남도청을 에워싸기 일쑤였다. 민의에 눈 감고 귀 막은 의원들을 내쫓으라고 난리를 쳐댔다. 이런 모든 풍경이 이승만 보기에 심히 좋았다.

　분위기가 어느 정도 무르익었다. 1952년 5월 14일, 이승만은 대통령 직선제 개헌안을 조금 손봐 다시 제출했다. 국회가 이미 제출한 내각제 개헌안과 정부가 낸 직선제 개헌안 두 개가 정면으로 맞붙게 된 것이다. 당장이라도 무슨 일이 터질 것 같은 분위기였다. 국회 밖에서는 '백골단' '땃벌떼' '민중자결단'이라는 섬뜩할 정도로 유치한 이름을 단 조직들이 설쳐대기 시작했다. 그들은 내각제에 찬성하는 국회의원들을 협박하고 위협했다.

국회의원들은 민의에 따라라. 국회는 해산하라.

외치는 구호는 점점 과격해졌고, 행동도 거칠어졌다. 의원들도 사람인지라 무섭고 두려운 나머지 흔들리기 시작했다. 상황은 개헌안 통

과를 장담할 수 없는 분위기로 흘러갔다. 그러자 국회는 전략을 바꿔 개헌 대신 호헌으로 방향을 잡았다. 현행 헌법을 그대로 두되, 국회가 대통령을 이승만 말고 다른 사람으로 뽑자는 것이다. 야당 세력은 논의 끝에 1952년 5월 29일에 대통령 단일 후보를 최종 확정하기로 했다. 장면, 신익희, 이시형 등이 물망에 올랐다. 그대로 둘 이승만이 아니었다. 그가 국회보다 먼저 칼을 뽑았다. 한발 앞서 치명적이고 결정적인 마지막 비상조치를 취한 것이다. 이번 기회에 '어떤 비용을 치르더라도 적을 싹 다 제거'하고야 말겠다고 했다.

그리하여 마침내 오래전부터 마음에 품었던 비상조치를 감행했다. 5월 24일, 이범석을 내무부 장관에 앉혔다. 민족청년단(족청) 단장이자 원외 자유당 부당수인 그는 대중 동원에 제격이었다. 그가 임명된 바로 다음 날 부산, 경남, 전남, 전북 등 23개 지역에 비상계엄령을 선포했다. 공산 분자와 폭도들을 소탕한다는 명분이었다. 하지만 국회 보고도, 승인도 없었다. 헌법과 계엄법을 어긴 것이다. 계엄사령관인 육군참모총장 이종찬은 군이 정치에 개입할 수 없다며 군대 동원을 막았다. 하지만 이승만에게 불법이냐 합법이냐는 더 이상 의미가 없었다. 그는 모든 일을 할 수 있었다. 이종찬 대신 영남지구 계엄사령관으로 임명한 헌병사령관 원용덕을 부렸다. 계엄령이 내려지자 임시 수도 부산에서는 한바탕 정치 활극이 벌어졌다. 말이 계엄령이지 명백한 쿠데타였다. 헌법기관인 국회를 무자비하게 짓밟고, 계엄령을 해제할 권한이 있는 국회의원들을 체포·감금했다. 계엄법은 현행범이 아닌 이상 국회의원을 체포하거나 구금하지 못하게 하고 있지만, 이미 법 따위는 필요 없었다. 5월 26일 꼭두새벽에 헌병들은 원내 자유당 장헌주·이석기, 민국당 양병일, 민우회 장홍염 의원을 체포했다. 날이 밝자 국회의원 47명이 탄 국회 버스를 크레인으로 끌고 헌병대로 갔다. 그중에 몇몇 의원을 추려 구속했다. 무법천지였다. 계엄사령부는 "야당 의원들이 일본 조총련에서 유입

된 국제공산당의 비밀공작비를 정치자금으로 받아 정부 전복 음모를 꾸민 사실이 밝혀졌다"고 발표했다. 장면까지 잡아들이려는 또 다른 조작극 '정부혁신전국지도위원회 음모사건'까지 터뜨렸다. 장면을 대통령으로 추대하려는 움직임을 북한과 연계된 정치 공작으로 몬 것이다. 아집과 망상에 사로잡힌 독재자는 지독했다. 폭도와 군대를 동원해 자신은 모든 것을 할 수 있음을 보여줬다.

　국회는 풍비박산이 났다. 국회의원 오십여 명은 체포를 피해 부산, 마산 도처로 도망 다녔다. 남은 이들은 끝까지 저항했다. 즉각 계엄령을 해제하고 구속자를 석방하라고 요구했다. 폭력이 활개 치니 법도 말도 무기력했다. 이승만은 애초 목적인 '직선제 개헌'을 향해 마구 내달렸다. 이쯤 되자 부통령 김성수는 피를 토하듯 울부짖었다. '이번 사태는 국헌을 전복하고 주권을 찬탈한 반란적 쿠데타다!' 그는 이승만을 '전제군주적 독재자'라 부르며 분노를 삭이지 못했다. 부통령직도 내던졌다. 그 지경에 이르러서도 이승만은 국회해산을 들먹였다. 6월 2일 아침에 이승만은 국회에 최후통첩을 날렸다. 다음 날 오전 10시까지 직선제 개헌안에 동의하지 않으면 국회를 해산하겠다고 했다. 그렇게 죽일 듯이 덤볐지만, 정작 사흘이 지나도록 아무 일도 없었다. 그 말미가 생긴 데는 미국 역할이 있었다. 어쨌든 6월 5일에야 다시 나타나 국회해산을 잠시 미룰 테니 잘 생각하라고 생색까지 내며 국회를 을렀다.

　야당 인사들은 사력을 다해 싸웠다. 6월 20일, 부산 남포동 경양식집 '국제구락부'에 야당 인사 육십여 명이 모였다. 돈가스 냄새가 풍겼지만, 연막이었다. 식사 자리가 아니었다. '반독재호헌구국선언대회'를 열었다. 위장한답시고 식당 입구에 '문화동지 간담회'라는 안내문을 붙여두었지만, 고작 그 정도로는 속일 수 없었다. 대회는 시작하자마자 아수라장이 되었다. 괴한들이 들이닥쳐 의자와 화분을 집어 던지며 난동을 부렸다. 김창숙은 얼굴이 피범벅이 되었고 여기저기서 신음이 들렸다.

 이승만이 일으킨 쿠데타에 미국도 당혹감을 감추지 못했다. 말려도 보고 을러도 봤지만, 이승만은 도무지 막무가내였다. 6월 2일, 개헌안이 통과되지 않으면 국회를 해산하겠다는 '돌이킬 수 없는 행위'는 간신히 막았다. 미국은 이승만이 민주주의를 파괴하도록 계속 방치하면 한국이 머지않아 공산화될 수 있다고 우려했다. 그런 상황을 막으려고 미국이 비상 계획까지 세우고 있다는 풍문도 돌았다. 미국이 무섭긴 무서웠던 모양이다. 국무총리 장택상은 미국이 우려하는 바를 무시할 수 없어 수습책을 마련했다. 국회가 낸 내각제 개헌안과 정부가 낸 직선제 개헌안을 섞어 '잡탕 개헌안'을 만들어 통과시키기로 했다. 그 잡탕 개헌안이 바로 발췌개헌안이다. 잡탕이라고 하지만, 핵심은 대통령 직선제였다. 발췌개헌안은 사실상 국회가 굴복했고, 이승만이 승리했다는 징표였다. 이 개헌안이 6월 21일 국회에 제출되었다.

 이제 남은 건 국회 표결뿐이었다. 갈 길은 바쁜데 문제가 생겼다. 남아 있는 국회의원들이 표결 정족수에 못 미쳤다. 7월 2일 열린 국회 임시회에 나온 의원은 고작 85명이었다. 그도 그럴 것이 12명은 구속되고, 칠십여 명은 도망 중이거나 국회에 발을 끊었다. 그제야 국회의원 귀한 줄을 알았는지 이승만은 회유인지, 간청인지, 협박인지 모를 뻔뻔한 담화를 발표했다.

국회의원들 중에는 공격을 받거나 체포를 당할까 두려워
회석(會席)에 나오기를 꺼리는 이가 있는 모양이다. 이런 생각은 민국을
경찰국가라고 낙인을 찍는 분자들이 창조하고 전파시키는 것이다.
이러한 불안이나 심정은 조금도 가질 필요가 없다.
헌병이나 국립 경찰로서는 여하한 경우라도 구체적인 죄목 없이
국회의원이나 일반 시민을 체포, 구금한 사실이 없다.

경찰도 눈에 불을 켜고 의원들을 잡으러 다녔다. 붙잡아 온 의원들만으로는 부족했다. 공산당이라며 교도소에 잡아 가둔 의원들까지 끌어냈다. 7월 4일, 경찰은 아침부터 국회를 둘러쌌다. 붙잡아 온 의원, 끌고 온 의원들을 회의장에 감금하다시피 하고 발췌개헌안 표결을 진행했다. 통과되는 순간도 가관이었다. 표결을 기립으로 했다. 헌법을 바꾸는 중요한 표결을 비밀투표가 아닌 공개투표로, 그것도 기립으로 했다. 마지막까지 안심할 수 없었던 것이다. 재적 의원 183명 가운데 166명이 참석해 찬성 163표, 기권 3표로 통과됐다. 아무리 강압 속에서 이루어진 표결이라지만 압도적 찬성은 의아하고 실망스러웠다. 하지만 그럴 만한 사정이 있었다. 이승만은 발췌개헌안이 부결되면 국민투표를 해서 국회를 해산하겠다고 으름장을 놨다. 그뿐 아니었다. 발췌개헌안이 부결되고 정국이 계속 혼란하면, 미국이 신탁통치를 할 수도 있다는 소문이 나돌았다. 의원들은 울며 겨자 먹듯 개헌안에 찬성할 수밖에 없었던 것이다.

  사십여 일간 벌어진 소동이 막을 내렸다. 흔히 부산정치파동이라 부르지만, 실상은 이승만이 일으킨 친위 쿠데타였다. 이는 한국 정치사에 반복하여 등장할 비극의 시작, 즉 폭력으로 개헌하고 폭력으로 정권을 연장하려 한 첫 시도였다. 폭력으로 직선제 개헌을 한 이승만은 장기 집권을 위한 발판을 얻었다. 이 사건으로 야당은 초토화하고 대신 강력한 여당이 태어났다. 직선제로 치른 2대 대통령 선거 결과가 그것을 증명했다. 이승만은 523만 8,769표, 74.6퍼센트나 되는 압도적인 득표율로 당선되었다. 민국당은 대통령 후보를 내지도 못했다. 그나마 무소속으로 출마한 조봉암과 이시영이 각각 유효표 가운데 11.4퍼센트, 10.9퍼센트를 획득하는 데 그쳤다. 자유당은 이승만이 다시 정권을 잡자 명실상부한 여당으로 새롭게 출발했다. 1953년 3월 전당대회를 전후해서 원내외 자유당은 완전한 통합을 이뤘다. 그 여세를 몰아 1954년 5월 20일 총선에서는 114석을 얻어 원내 과반을 확보했다. 쿠데타로 만신창이가 된 민국당은 원내교섭단체조차 구성할 수 없었다. 7.9퍼센트 득표율에 15석이라는 초라한 결과였다.

쿠데타가 있은 뒤 상황은 완전히 달라졌다. 지금까지 민국당에게 정치활동이란 고작 원내 활동이 전부였다. 스스로를 이승만 정부에서 실질적인 여당이라 여기며, 내각에도 적극 참여했다. 당은 명사들이 들락거리며 쑥덕공론하는 '사랑방'이나 다름없었다. 그래서 대중 속에 뿌리를 내려 대중정당으로 변모하려는 노력은 꿈도 꾸지 않았다. 이념적 정체성, 정치적 지향, 조직력, 국민 지지 등 어느 것 하나 갖추지 못했다. 기초와 기반 없이 허우대만 멀쩡한 가건물이었던 셈이다. 그런 꼴이었으니 이승만이 군, 경찰, 대중을 동원해 야당을 마음대로, 철저하게 유린할 수 있었던 것이다. 그러나 풍파를 건너며 야당 세력은 변해갔다. '반독재와 민주'라는 선명한 정치적 목표가 생기기 시작했다. 그 목표를 실현하려면 국민에게 신뢰받고 사랑받아야 한다는 사실도 뼈저리게 깨달았다. 물러섬 없이 싸워야 한다는 사실도 알았다. 그때쯤 안개 자욱한 부산항에는 배 한 척이 거친 바다로 나가기 위해 출항 준비를 하고 있었다. 만신창이가 된 배를 수선해 깃대를 세우고, '반독재 민주화'라고 쓴 커다란 깃발을 내걸었다. 그렇게 부산항은 최후의 점이 아니라 민주당이 태동한 시작점이 되었다.

사사오입 공화국

대통령이 쿠데타를 일으켰다. 국회를 풍비박산 냈고, 국회의원을 마구잡이로 잡아 가뒀다. 대통령 한 번 더 하겠다는데 그게 무슨 대수라고 죽자 살자 막은 대가였다. 이승만 손에 만신창이가 된 국회는 다른 도리 없이 발췌개헌안을 통과시켰다. 통과를 선언하는 신익희 임시의장은 처량해 보였고, 목소리는 몹시도 떨렸다. 대한민국 국회가 처음 개헌하는 풍경은 그렇게 우울하고 서글펐다. 반면 두 번째 개헌 장면은 기괴하고 우스꽝스럽기까지 했다. 인간사 새옹지마라더니, 그 기괴한 개헌이 결국 민주당 탄생을 재촉하는 불씨가 되었다.

 쿠데타 이후 야당 세력은 쑥대밭이 되었다. 그래도 정치를 운명으로 받아들인 사람들이었다. 포기할 수 없었다. 어떻게든 추스르기 위해 민국당은 대동추진위원회를 만들었다. 흩어진 사람들을 모으려고 백방으로 뛰었지만, 쉽지 않았다. 그도 그럴 것이 그 험한 꼴을 다 봤는데 누가 야당을 하고 싶겠는가. 기대할 수도 없었지만 1952년 대선과 1954년 총선도 연거푸 졌다. 야당 세력은 그야말로 생과 사를 가르는 존망지추(存亡之秋)에 처해 있었다. 반면 이승만과 자유당은 춘삼월 호시절이었다. 쿠데타까지 일으켜서 겨우 대통령이 된 마당에 이승만은 득의양양하기가 이를 데 없었다. 자유당 내 거대 파벌이던 이범석의 족청계를 토사구팽하고 당까지 완전히 장악했다. 이제 자유당은 이승만 호위무사로 손색이 없었다.

　권력욕은 죽어서야 끝나는 것이다. 쿠데타로 헌법까지 바꿔가며 대통령이 되었지만, 다시 스멀스멀 근심이 자라났다. 대통령 임기가 끝나는 1956년이 다가오고 있었던 것이다. 발이 자라면 신발이 맞지 않듯, 권력욕이 자꾸 자라니 헌법이 맞지 않았다. 헌법 제55조는 "대통령과 부통령의 임기는 4년으로 한다. 단, 재선에 의하여 1차 중임할 수 있다"고 규정하고 있었다. 헌법대로면 이승만은 제3대 대통령 선거에는 출마할 수 없는 것이다. 또 헌법을 바꿔야 했다. 무엇이든 처음이 어렵지, 두 번째는 쉬운 법이다. 부산에서 일으킨 쿠데타를 이승만은 일생에서 '가장 고통스러운 싸움'이라고 했다. 그런 싸움을 다시 하기는 싫었지만, 대통령은 계속하고 싶었다. 더 쉽고 안전한 길을 찾았다. 국회에서 표 대결을 하기로 했다. 정정당당하게 표 대결해서 절차대로 헌법을 바꾸는 것이다. 그는 어느새 국회 친화적인 의회주의자로 변해 있었다. 국회에서 합법적으로 바꾼 "헌법에 따라 다시 선출된다면" 목숨 닿는 데까지 나라에 봉사하겠다고 했다. 그러기 위해서는 대통령 뜻을 받들어 개헌을 추진할 강력한 여당이 필요했다. 우선 1953년 5월, 원외 자유당과 원내 자유당을 하나로 통합해 자유당을 만들었다. 이제 자유당이 총선에서 이기는 일만 남았다. 1954년 5월 20일 총선에서 개헌 의석을 넘기면 되는 것이다. 1954년에 들어서자마자 이승만과 자유당은 총선에서 압승하려고 바삐 움직였다.

　이 시기 자유당과 민국당은 새로운 공천 제도를 도입하기로 했다. 기존에 하던 선거인 추천 외에 처음으로 정당 후보 공천제를 실시했다. 정당 추천을 받아야만 정당 간판을 걸고 출마할 수 있는 것이다. 정당 권한이 커지고, 책임은 더 무거워져서 정당정치를 발전시킬 수 있는 제도였다. 귤이 회수를 건너면 탱자가 된다더니 자유당으로 간 정당공천제는 '정당갑질제'로 변했다. 자유당 공천을 받으려면 '대통령 3선 개헌'에 찬성한다는 각서를 써야 했다. 이 갑질을 사주한 사람이 이승만이었다. 1954년 4월 6일 이승만은 개헌 찬성을 조건으로 공천하라는 지시를 직접 내렸다. 이승만에게 총선 결과는 개헌을 하느냐 못 하느냐, 라는 문제였고, 그것은 곧 자신이 다시 대통령을 하느냐 못 하느냐를 결정짓는 문제였던 것이다. 그렇게 갑질을 하는데도 공천받으려는 사람들로 자유당은 문전성시를 이뤘다. 반면 민국당 상황은 말이 아니었다. 총선을 준비하려고 신익희 중심으로 혁신위원회를 꾸렸다. 당을 더 활력 있고 개혁적인 정당으로 만들자는 것이었다. 우선 당 문호를 활짝 열어 대중화를 꾀했다. 야당 세력들을 모으려는 노력도 기울였으나 성과는 크지 않았다. 203개 선거구에 77명밖에 공천하지 못할 정도였다. 후보를 공천하지 못한 지역에서는 무소속 후보를 지원해 개헌을 막을 수 있는 최소 의석인 67석 이상을 얻겠다는 전략을 세웠다. 이 선거에 김대중도 무소속으로 출마해 정치에 첫발을 디뎠다.

 이승만과 자유당이 개헌 의석을 넘기기 위해 보인 열정은 혀를 내두를 정도였다. 자유당은 3선 개헌을 선거 핵심 공약으로 내걸었다. 이승만이 다시 대통령을 해야만 나라가 산다는 캠페인을 벌였다. 개헌 촉진 국민대회라는 것을 전국적으로 개최해 여론몰이도 했다. 개헌에 반대하는 사람들은 찍소리도 못 내게 했다. 이런 공포 분위기에 민국당은 "선거의 자유 분위기가 보장되지 않는 경우 입후보를 전적으로 취소할 수도 있다"고 호기를 부렸지만, 이승만은 코웃음을 쳤다. 선거에서 이길 자신이 없으니 공연히 그러는 것 아니냐며 할 테면 해보라고 한껏 이죽대며 빈정거렸다.

자기들이 국회에 들어와서 요동시킬 희망이 없는 것을 완전히 각오한 모양이다. 이와 같이 공포하고도 또 선거에 들어간다면 이것은 정당한 대한민국의 한 정당으로서 있을 수 없는 일이며, 또 이런 몰상식한 일을 해서는 민중의 신망을 얻을 수 없을 것이다.

대통령이 야당을 대놓고 조롱하니 밑에서는 마음 놓고 야당을 후렸다. 민국당 지도부인 신익희와 조병옥이 출마한 선거구에서조차 야당 운동원들을 마구 때리거나 막무가내로 잡아갈 정도였으니 다른 선거구에서 어땠을지는 안 봐도 그림이었다. 오죽했으면 시중에 '곤봉 선거'라는 말까지 떠돌았겠는가. 당락을 결정지은 것은 투표지 위에 긋는 작대기가 아니라 경찰이 휘두르는 곤봉이었다. 선거 결과는 보고 자시고 할 것도 없이 자유당 압승이었다. 114석을 얻은 자유당은 기세등등했다. 15석밖에 못 얻은 민국당 처지만 처량했다. 20석이 안 되니 혼자서는 교섭단체도 구성할 수 없어 무소속 의원들과 함께 무소속동지회를 만들어야 했다. 신익희, 조병옥, 윤보선, 김도연, 김준연, 조재천, 소선규 의원 등 당을 추스를 수 있는 경험과 역량을 가진 인사들이 당선되었으니 그나마 불행 중 다행이었다.

　불행 중 다행은 또 있었다. 자유당 당선자도 개헌 정족수에는 못 미쳤다. 자유당은 머뭇거리지 않았다. 당근과 채찍을 동원해 맹렬한 기세로 무소속 당선자 포섭에 나섰다. 선거하느라 진 빚을 갚아주거나 선거사범으로 옭아매는 식이었다. 마침내 개헌 정족수인 136석을 다 채웠다. 다 채우기가 바쁘게 개헌안을 냈다. 1954년 9월 6일에 낸 개헌안에는 국민투표제를 도입하거나 국무총리를 폐지하는 내용이 있었다. 뭐니 뭐니 해도 핵심은 3선 허용이었다. 초대 대통령에 한해 두 번만 한다는 제한을 없앤 것이다. 그런데도 그 중요한 조항을 부칙에 두어 대수롭지 않은 것인 양 연막을 피웠다. 이승만은 그렇게나 주도면밀했다.

민국당은 9월 20일 개헌안 반대 성명을 발표하며 개헌 저지 운동에 나섰다. 우선 헌법 개정 절차를 문제 삼았다. 헌법에는 헌법을 개정하려면 참의원과 민의원 표결을 거치게 되어 있었다. 참의원 선거를 하지 않아 참의원이 구성되지도 않았는데, 민의원만 표결해 개헌 절차를 진행하는 것은 위헌이라고 했다. '초대 대통령에 한해 3선 허용'은 누가 봐도 이상했다. 왜, 어째서 초대 대통령만 3선을 하게 하는가? 도둑이 제 발 저렸는지 이승만은 '이번 개헌은 국민투표 도입이 목표라며 대통령 임기 문제로 국회가 왈가왈부하는 것은 자신을 욕보이는 것'이라는 담화를 발표해, 짐짓 사심 없는 지도자인 양했다. 그러면서도 국민이 대통령 하라면 어쩔 수 없다고 했다. 부산정치파동 때처럼 또 관제 민의를 부추겨 3선 개헌을 '국민 뜻'으로 포장하려는 것이었다. "초대 대통령의 임기 제한 문제를 자유당이 국회에서 주장한다면 오히려 자신에게 욕이 될 것이므로 그 문제는 국민 공의에 부쳐서 원만하게 해결되기를 바란다." 이승만이 이런 담화를 발표하자마자 또 '민의'가 일어났다. 각 지방의회에서는 3선 개헌안을 하루빨리 통과시키라는 결의문을 채택해 국회로 보냈다. 개헌에 반대하는 민국당을 향해 '역적이 되기 싫으면 개헌에 찬성하라'고 협박하는 벽보가 곳곳에 나붙었다.

개헌안은 11월 18일에야 국회 본회의에 상정되었다. 국회에 제출된 지 2개월 10일이나 지나서였다. 왜 그렇게 뜸을 들였을까? 아슬아슬하고 불안했던 것이다. 자유당이 확보한 의석은 딱 개헌 정족수인 136석이었다. 한 명만 이탈해도 개헌은 물 건너가고 만다. 거기다가 당내 주류와 비주류 사이 갈등도 심상찮았다. 이미 7월 2일에 자유당 안에서는 자중지란이 있었다. 정부가 낸 내각 신임안에 자유당 비주류 의원들이 반대표를 던진 것이다. 사전 정지 작업이 필요한 상황이었다. 관제 민의를 조장하고, 무소속 의원들을 매수했다. 이탈할 조짐이 보이는 비주류 의원들도 관리했다. 그렇게 모든 것을 다

동원해 모든 짓을 다 했다. 야당은 있는 힘을 다해 개헌 저지에 나섰다. '초대 대통령의 무제한 중임제는 독재정치를 초래하고 국민평등권을 어긴 것'이라고 여론전을 폈다. 친분 있는 자유당 의원들이나 비주류 의원을 만나 표결에서 반대투표하자고 간곡히 설득하기도 했다.

  마침내 개헌안 심의가 시작되었다. 여야는 치열한 수 싸움을 했다. 자유당은 하루라도 빨리 개헌안을 표결에 부치려고 했다. 시간이 지날수록 의원들이 흔들릴 수 있었기 때문이다. 야당은 시간을 조금이라도 더 늦추려고 노력했다. 의원들 표심을 마지막까지 흔들어 보려는 것이었다. 8일 동안 개헌안 질의응답과 토론을 벌였다. 마침내 11월 27일 표결이 진행되는 동안, 본회의장은 "흥분, 긴장, 초조"로 가득했다. 의사당 밖에도 인파가 몰려 인산인해를 이뤘다. 스피커로 흘러나오는 마지막 토론과 표결 소식에 박수와 야유 소리가 뒤범벅이었다. 그러다 표결에 들어가기 직전 사달이 났다. 오후 3시경 무소속 송방용 의원이 자유당이 암호 투표를 꾸미고 있다고 폭로했다. 자유당이 소속 의원 이탈을 막으려고 꼼수를 쓴 것이다. 누가 찬성했고 반대했는지 확인할 수 있게 각 도별로 필기도구와 표기 방식을 달리했다. 회의장은 순식간에 발칵 뒤집혔다. 제 발 저린 자유당 의원들은 득달같이 달려들어 거짓말이라고 소란을 피웠다. 송방용 의원은 그럴 줄 알았다며 암호 투표 용지를 증거로 흔들어 보였다. '이래도 잡아 뗄 것이냐'고 불호령했다. 때를 놓치지 않고 야당 의원들이 연달아 연단에 올랐다. 암호 투표는 국회법 위반이며 민주주의 파괴 행위라고 맹비난했다. 쐐기를 박으려는 듯 장택상이 연단에 섰다. 그는 부산에서 쿠데타를 일으켜 발췌개헌을 했을 때 국무총리였다. 그랬던 그가 '암호 투표까지 동원해 개헌하는 것은 매국적 행동'이라고 목소리를 높였다.

> 나는 이 헌법 개정안에 대해서 한마디도 언급한 적이 없다.
> 과거 5·26파동에서 본 의원은 소위 발췌개헌 등에 대해 과오를 범한 사람 중 한 사람이었다. 그러므로 이번 헌법 개정에 대하여 왈가왈부한 적이 없었다. (…) 암호 투표를 발견한 사람은 이 사람이다.
> 내가 송 의원에게 암호 투표를 주었다. (…) 이 암호 투표라는 것은 매국적 행동이다. 그러니 우리는 이것을 단호히 시정해야 되겠다.

그가 고해성사라도 하듯 비장하고 용기 있게 발언하자, "잘했어" 하며 응원하고 박수를 보내는 이들이 많았다.

　소동은 본회의 시간이 다 끝나가도록 이어졌다. 오후 4시 45분경 사회를 보던 국회부의장 최순주는 표결을 강행했다. 202명이 참여한 투표 결과는 찬성 135표, 반대 60표, 기권 7표였다. 재적 의원 203명 중 3분의 2인 136표에서 한 표가 모자랐다. 최순주 부의장이 침통한 표정으로 부결을 확정하는 방망이를 세 번 내려쳤다. 자유당 지도부도 망연자실했다. 방청석에서는 환호와 박수가 터져 나왔다. 소식을 전해 들은 이승만은 혼비백산했지만, 이내 솟아날 구멍을 찾았다. 이번에는 힘이 아니라 머리를 썼다. 수학과 정치가 만나니 기적이 일어났다. 재적 국회의원 203명의 3분의 2가 몇 명인가를 두고 '수학'이 동원되었다. 반올림, 즉 사사오입 계산법이 등장했다. 203의 3분의 2는 135.333….이니 0.333….을 버리면 135라는 것이다. 이 탁월한 '정치의 수학화'를 접한 이승만은 무릎을 치고 가슴을 쓸어내렸다. 급히 부결을 보고하러 찾아온 자유당 지도부에게도 그 공식을 설파했다.

> **수학자의 말로는 사사오입이며 135표로써 개헌안이 통과되는 것이라고 하니 이번 개헌안은 통과된 것으로 알아야 한다.**

자유당 간부들은 이승만이 준 지혜에 탄복했다. 눈 한 번 질끈 감고 자신들이 바보가 되기로 했다. 자유당 원내총무인 이재학이 바보를 자처하고 나섰다. 바보같이 사사오입을 적용하지 않아 계산상 착오를 했고, 사사오입에 따라 135명이 가결정족수라는 성명을 발표했다. 29일 곧바로 국회 본회의를 열었다. 사회를 맡은 최순주 부의장도 사사오입을 적용하지 않아 계산 착오를 했다면서 부결 선언을 취소한다고 한 입으로 두말하기를 서슴지 않았다. 말이 떨어지기도 전에 본회의장은 수라장으로 변했다. 야당 의원들은 최순주 부의장을 끌어내리려고 단상 앞으로 몰려갔고, 자유당 의원들도 이를 막기 위해 단상으로 내달렸다. 야당 의원이 최순주 부의장을 내동댕이쳤다. 최순주가 사회를 볼 수 없게 되자 이기붕 의장이 사회를 맡아 회의록 정정을 다시 요구했다. 수에서 밀리자 야당 의원들은 무법천지 같은 더러운 꼴 더 이상 못 보겠다며 모두 퇴장해버렸다. 회의장에 남은 자유당 의원들은 '재적 203명의 3분의 2는 135명이므로 개헌안은 통과된 것이다'라는 안건과 부결을 선언한 회의록 수정 안건을 통과시켰다. 통과되자마자 정부로 헌법을 이송했고, 이승만은 개헌안이 의회에서 아주 합법적으로 통과되었다며 그날로 공포했다. 일사천리였다.

회의장을 박차고 나온 야당 의원들은 곽상훈 부의장 방으로 모였다. 전원이 서명한 성명서를 작성하고 조병옥, 장택상, 소선규, 정일형, 유진산 등 의원 일곱 명을 지도부로 하는 위헌대책위원회를 꾸렸다. 대책위는 여러 가지 대책을 내놓았다. 자유당 폭거를 막지 못했으니 의원직을 사퇴하자는 국회 자폭론과 자유당 불법에 맞서 강력하게 싸우자는 투쟁론이 엇갈렸다. 논쟁 끝에 투쟁론이 우세했다. 투쟁과 함께 국민을 토대로 한 새로운 정당을 만드는 데도 박차를 가하자는 합의를 이루었다. 위헌대책위원회를 '호헌동지회(호동)'라는 이름으로 바꿔 교섭단체를 구성하고 "호헌구국의 대의를 위하여 계속

투쟁"하기로 했다. 부산정치파동 이후로 무기력을 떨치지 못했던 야당 세력에 활력이 돌기 시작했다. 위기는 늘 그렇게 기회와 함께 온다. 문제는 그 기회를 잡느냐 못 잡느냐다.

그런 와중에 이승만은 야당에 훈수를 뒀다. '정당주의'와 '의회주의'를 좀 깨우치라고 했다. 이번 사사오입 파동은 야당이 공명정대한 정당주의와 의회주의를 깨뜨려서 일어난 일이라는 것이다.

> **신성한 의사당에서 쌍스러운 행동으로 엄중한 국회의 위신을 손상케 했다는 것을 우리 일반이 수치스럽게 여기는 바이며 이후에는 이러한 창피한 일이 다시 없기를 바라는 바이다. (…) 또 한 가지 내가 말 아니할 수 없는 것은 국회에서 자기 의도와 같지 않다고 해서 퇴장한다는 것은 말이 안 되는 것이다. (…) 소수 정당일수록 더욱 고명한 정책과 철저한 언론을 민중에게 각오시켜서 지지하는 투표를 더 많이 받도록 함이 정당이 해나가는 최고 방법인 것이다.**

적반하장도 유분수지, 쿠데타로 의회를 풍비박산 내고, 사사오입 억지를 부린 사람이 의회주의를 말하니 어이가 없을 따름이었다.

하도 어처구니가 없으니 심지어 여당에서도 정신병자 아니냐는 소리가 나왔다. 자유당에서도 민망하고 부끄럽다는 불만과 반성이 쏟아졌다. 정당주의와 의회주의를 제대로 지키지 않은 것은 오히려 자유당이라는 것이다. 자유당 의원 상당수가 동요하고 있고 탈당으로 이어질지도 모른다는 소문이 퍼졌다. 아니 땐 굴뚝에 연기 날 리 없었다. 자유당 소속 의원 14명이 탈당을 감행했다. 그들은 개헌안에 서명은 했지만, 엽기적인 사사오입 개헌에 심한 자괴감을 느끼고 있었다. 탈당에 불을 붙인 사람은 손권배 의원이었다. 그는 "부결로 선포된 개헌안을 가결로 만든 것은 정신병자가 아니고는 할 수 없는 짓으로 자유당 정권이 계속된다면 국민에게 씻을 수 없는 죄악을 범하게 될 것"이라는 서릿발 같은 성명을 내고 12월 6일에 탈당했다. 12월 10일에는 현석호, 김영삼, 민관식, 유옥우, 김홍식 의원이 탈당 행렬에 합류했다.

이승만이 독재자라는 인식은 이렇게 굳어져갔다. 부산정치파동, 사사오입 개헌을 아무 거리낌 없이 감행하는 행태가 반독재와 민주화를 열망케 했다. 야당 세력은 그 기회를 놓치지 않고 낚아챘다. 야당 세력뿐만 아니라 자유당에서 나온 의원들까지 결합해 호헌동지회를 만들었다. 호헌동지회를 중심으로 '반독재 민주화' 불길이 일어났다. 그 불길은 바람에 까불릴 만큼 작거나 나약하지 않았다. 맞바람도 만만치 않았지만, 그 불길은 신당 운동으로 크게 번져갔다. 그 운동으로 만들어질 신당이 어떤 당이 될지 기대와 희망이 부풀어 오르기 시작했다.

대동단결

'대동단결'만이 살길이었다. 한 번은 쿠데타로, 한 번은 사사오입으로 헌법을 마음대로 고친 이승만은 무소불위였다. 야당은 그 힘을 당해낼 재간이 없어 궁지에 몰렸다. 이대로라면 둘 중 하나였다. 비위 맞추며 콩고물이라도 받아먹는 관제 야당이 되거나, 무모하게 싸우다 무참하게 얻어터지는 동네북이 될 것이다. 그런 신세를 한탄하고만 있을 수는 없었다. 국민이 도탄에 빠져 있었다. 나라고 국민이고 안중에도 없는 정권을 두고 야당마저 무너지면 국민은 기댈 곳이 없었다. 야당이 야당 노릇을 해야 국민이 숨이라도 쉴 수 있었다. 야당도 살고 국민도 사는 길, 그 길이 바로 대동단결이었다. 작은 차이쯤은 버리고 서로 뭉쳐야 한다는 데 이심전심이었다. 그 마음이 모여 호헌동지회가 탄생했다.

호헌은 헌법을 지키자는 것이다. 헌법을 지킨다는 것은 헌법정신을 충실히 따른다는 의미다. 국민이 나라의 주인이고 나라는 국민의 권리를 충실하게 보장해야 한다. 권력을 나눠서 서로 견제해야 하고, 법에 따라 통치해야 한다. 그것이 헌법정신이고, 그것을 따르지 않으면 독재다. 그런 독재가 횡행하고 있었다. 호헌은 독재 정권과 싸우는 일이었다. 독재 정권은 쿠데타로 헌법을 고치더니 이번에는 사사오입으로 헌법을 바꿨다. 그런 무법천지를 더 이상 두고 볼 수 없었다. 사사오입으로 헌법을 통과시킨 다음 날인 1954년 11월 30일, 야당 의원 61명은 '호헌동지회'를 구성해 원내 교섭단체로 국회에 등록했다. 신익희, 조병옥, 곽상훈, 윤보선, 유진산, 장택상, 정일형, 김준연, 김도연 등이 주도했다. 호헌동지회는 개헌 무효를 위해 싸우기 시작했다. 부결을 번복해 가결을 공포한 것은 헌법 제98조를 위배했다고 주장했다. 개헌 의결은 참의원과 민의원, 양원에서 각각 그 재적 의원 3분의 2 이상이 찬성해야 하는데, 민의원만 의결했고, 가결 번복에도 재적 의원 3분의 2에 못 미치는 123명만 참여했기 때문이다.

개헌 무효 싸움은 12월 10일경 사실상 끝이 났다. 호헌동지회가 낸 가결 공포 취소 결의안이 자유당 반대로 부결되고 말았다. 과반 의석을 가진 자유당은 호헌동지회가 무슨 짓을 해도 가볍게 막아냈다. 정부 규탄안, 내무부 장관 불신임안을 내서 책임을 물으려고 했지만, 그마저도 모두 무산되었다. 무기력해 보였지만, 실패는 아니었다. 호헌동지회는 매섭게 몰아쳤고, 일사불란하게 움직였다. 국민은 든든해했고, 그 속에서 희망이 자라났다. 호헌동지회는 애초부터 꿈이 있었다. 야당 인사들을 모아 크고 강한 단일 야당을 만드는 것이었다. 신당 운동을 시작했다. 거기에는 의원들뿐만 아니라 재야 인사들까지 광범위하게 참여했다. 조선민주당 인사들과 천주교 세력도 동참하겠다는 뜻을 알렸다. 생각과 이념은 각양각색이지만 모두 한마음으로 반독재 민주화를 열망했다. 목표도 분명했다. '민생은 도탄에 빠졌고 외교는 위기에 직면해 있건만, 국가와 민족에 닥친 운명은 안중에도 없는 듯 권력 독점을 위해 수단 방법을 가리지 않는 이승만 정권에 맞서겠다.' 그 목표를 향해 대동단결을 외쳤다.

달궈진 쇠뿔을 빼는 데 민국당이 먼저 힘을 썼다. 변변한 야당이라곤 그나마 민국당밖에는 없었다. 민국당은 부산정치파동을 겪고 나서부터 야당 세력이 단결해야 산다는 것을 절감했다. 1953년 11월에 열린 전당대회에서 '민주대동 추진위에 관한 결의문'을 채택한 것도 그 때문이었다. 언제일지는 모르지만, 민주 세력이 결집할 날을 준비해둔 것이다. 새 당이 만들어지면 전당대회 없이 곧바로 당을 해체하고 신당에 합류할 수 있는 결정 권한을 중앙상임집행부에 위임한다는 내용이었다. 신당이 발족하는 즉시 당을 해산하고 신당에 적극 합류하겠다는 것이다. 민국당이 신당 창당에 적극적인 태도로 나오자 반신반의하던 언론들도 놀란 기색이 역력했다. 신당 창당이 확정적이라는 보도까지 나오기 시작했다. 야당 세력 통합은 십 년이 걸려도 될까 말까 하다거나, 분열하니까 야당이라는 말은 이제 옛말이었다. 1954년 12월 3일에는 '신당결성촉진위원회'가 생겼다. 위원회는 조병옥, 장택상, 소선규, 곽상훈, 윤병호, 정일형, 유진산 7인이 맡았고, 위원회가 신당 결성을 위한 모든 준비와 절차를 정하기로 했다. 신당 창당 작업이 짧은 시간 안에 착착 진행되자 놀라는 소리가 여기저기서 들렸다.

그대로 두고 볼 이승만이 아니었다. 심사가 났는지 신당 운동 열기에 찬물 끼얹는 소리를 했다. 1954년 12월 7일 한 기자가 이승만에게 신당 운동을 어떻게 보냐고 물었다. 이승만은 두어 번 헛기침한 끝에 '소용없는 짓'이라는 고약한 말을 했다. 왜 소용이 없는지도 알려주었다. 신당 운동이랍시고 민중 지지가 아니라 돈과 모략으로 창당을 진행하고 있다는 것이다. 그러면서 묻지도 않은 고급 정보를 스리슬쩍 흘리기도 했다. 자신이 직접 민중이 지지하는 야당 하나를 더 만들겠다는 놀라운 구상이었다. 자신은 명사들만 모인 민국당이 싫어서 밑바닥 민중을 모아 자유당을 만들었다며, 시간만 되면 야당 하나쯤 더 만드는 것은 일도 아니라고 너털웃음까지 터뜨렸다.

> 신당이 대두되고 있는 모양이나 이는 다 소용없는 일이다.
> 돈이나 모략으로서는 민중의 지지를 얻지 못할 것이다.
> 신당이 된다 하더라도 국사를 정당히 논하여 민중의 확고한 지지가
> 있어야만 할 것이며 내가 시간이 있으면 또 하나의 정당을 만들어서
> 민중의 지지를 얻도록 시범을 한번 하여 보겠다.

자기가 여당이고 야당이고 다 만들어서 북을 치고 장구도 치겠다는 소리였다. 호헌동지회는 눈에 쌍심지가 돋았다. 재를 뿌려도 유분수지 악담까지 퍼붓는 심보가 괘씸했다. 돈과 모략도 모자라 폭력까지 동원해서 법을 파괴하고 민주주의를 파멸에 빠뜨린 장본인이 할 소리는 아니었다. 제대로 된 야당이 만들어질 성싶으니 배알이 뒤틀리느냐고 따졌다. 호헌동지회를 이끄는 조병옥도 그냥 넘어가지 않았다. 국회 본회의에서 이승만이 한 신당 창당 발언은 말 같지 않은 소리라며 조목조목 따졌다. 관권을 총동원해 만든 당이 자유당 아니냐며 염치를 좀 차리라고 했다.

> 우리 육십 명 신당원을 돈과 모략을 일삼는 자라고 지칭한 것은
> 일대 모욕이 아닐 수 없다. 자유당 자체가 당원을 모집하는 데 간부가
> 하지 않고 동회장, 면장이 하고 심지어 지서주임이 관여하였음은
> 어떻게 비교될 것인가? 더구나 지금 이 대통령이 총재로 있는 단체가
> 부지기수이고 자유당원 아닌 사람을 찾기 힘든 실정이니 앞으로는
> 신당을 만들려 해도 못 만들 지경이다.

반발이 심하자 이승만은 발을 빼려고 했다. 자기 발언을 해명하는 성명을 발표했다. 신당을 만들겠다느니 하는 말을 한 적이 없으며 금시초문이라고 손사래를 쳤다. 야당과 언론이 꾸며낸 말이라며 역정까지 냈다. 다분히 악의적으로 하지도 않은 말을 한 것처럼 거짓 선동

을 했다는 것이다. 그러면서도 자신은 틀린 말 한 게 없다며 민국당을 후려쳤다. 방귀깨나 뀌는 사람들만 모여, 제 잇속만 챙기고 정권 잡는 데만 혈안인 당이 민국당이라는 것이다. 그런 게 무슨 놈의 정당이냐고 낮잡았다. 그런 사람들이 또 나서서 만들겠다는 신당이 제대로 된 정당이겠냐는 둥, 국민은 안중에도 없고 정권만 빼앗으려는 정당은 없어져야 한다는 둥, 비난을 이어갔다. 자기라도 나서서 비천한 민중을 모아 자유당을 만들었으니 망정이지, 안 그랬으면 어쩔 뻔했냐며 뿌듯한 표정을 지었다.

　이승만이 신당 운동에 심사가 난 이유가 있었다. 신당 운동은 하루하루 "다이나믹 파워"가 되어가고 있었다. 보수 세력과 혁신 세력, 원외와 원내 할 것 없이 작당을 해 신당 운동에 합류했다. 이승만 밑에서 부통령을 지낸 장면과 장택상은 물론, 서상일·오위영·오중정 등 원내 자유당 소속 인사들까지 호헌동지회에 참여했다. 한때는 자유당 기둥이었던 이범석도 신당 운동에 기웃거리고 있었다. 박순천 주도로 여성계도 참여했고, 자기 밑에서 농림부 장관을 지낸 혁신계 조봉암도 신당에 들어간다는 소문이 났다. 조선민주당과 천주교계도 신당 운동을 지지하고 나섰다. 독립노동당, 노동당도 동참할 기세였다. 그렇게 거대한 텐트가 펼쳐지고 있었던 것이다. '뭉치면 살고 흩어지면 죽는다'는 명언을 했던 장본인 이승만은 그 텐트로 몰려드는 야당 세력이 부럽기도, 두렵기도 했다.

　신당결성촉진위원회는 더 많은 세력을 참여시키려고 안간힘을 썼다. 사람과 세력이 어느 정도 모이자 신당이 추진할 정책이념을 어떻게 할지도 논의하기 시작했다. 12월 14일경 신당결성촉진위원회는 신당 성격과 이념을 밝혔다. 반공 반독재를 원칙으로 하고, 내각책임제 도입을 주요 정책으로 한다는 합의에 이르렀다. 국제관계 측면에서는 민주 우방과 제휴 관계를 계속 돈독히 유지한다는 입장이었다. 아직 경제정책은 비워뒀다. 이념과 정책은 두루뭉술한 느낌이 들었다. 각양각색을 지닌 사람과 세력이 모두 동의할 수 있는 최대 공약수를 찾느라 그랬다. 당 이념을 분명하게 드러내지 못한 데는 다른 사정도 있었다. 분열 공작을 우려했던 것이다. 그도 그럴 것이 이승만 정권은 호헌동지회에 참여한 세력들을 이간질할 빌미를 찾느라 눈에 불을 켜고 있었다.

불길한 예감은 틀리는 법이 없다. 아니나 다를까, 신당 운동이 한창 물오르기 시작할 무렵 묘한 공작이 벌어졌다. 그 공작은 조잡하기 짝이 없었으나 엽기적이었다. 1954년 12월 20일 민국당 김준연 의원이 국회에서 영문 모를 사건 하나를 폭로했다. 12월 18일 밤 9시 경에 자기 집 우편함에서 이상한 문서 하나를 발견했다는 것이다. 조잡하기 짝이 없는 인쇄물이었다. 보낸 사람은 '인민공화국 최고위원회'였고 '평화통일 호소문'이라는 제목을 달고 있었다. 김준연 의원은 공산당이 한 짓인지, 우익 단체가 한 짓인지는 모르지만, 여하튼 야당 국회의원을 모략하려는 술책이 분명하다며 조사해달라고 자진 신고했다. 김준연 의원이 발언을 마치자 여기저기서 발언 신청이 잇따랐다. 그 이상한 문서를 받은 사람이 김준연 의원 혼자가 아니었던 것이다. 김상돈, 신익희, 곽상훈, 정일형, 소선규 의원도 김준연 의원이 받은 것과 같은 괴문서를 받았다고 했다. 받은 게 다가 아니었다. 많은 야당 의원 집에 경찰들이 찾아와 이상한 문서를 받지 않았냐고 묻거나 조사하고 다녔다는 사실도 드러났다. 이쯤 되니 정치 공작 냄새가 풀풀 났다. 혼자 속으로만 끙끙 앓던 야당 의원들은 기가 찼다.

그리하여 국회로 불려 온 내무부 장관은 뭔가 알고 있다는 듯이 단호하게 말했다. 북한이 야당 의원들을 포섭하려고 불온 문서를 투척했다는 것이다. 그 문서는 국내에서 누군가 정치 공작을 위해 만든 것이 아니라 북한에서 제작되었으며, 그것을 북한 공작원이나 좌익 계열 사람이 야당 의원들 집에 뿌렸다고 했다. 뒷맛이 개운하지는 않았지만 하도 확신을 갖고 말하기에 그러려니 했다. 내무부 장관이 그렇게 확언한 지 채 일주일이 안 돼서 용의자가 잡혔다. 치안 당국은 용의자를 조사 중이라고 발표했다. 그러나 조사 중이라고 발표한 지 십여 일이 지나도 수사 결과는 감감무소식이었다. 어디서 흘러나왔는지 모를 풍문들만 떠돌았다. 체포한 용의자가 일반인이 아니라는 말도 들렸다. 언론은 제법 법적인 근거를 들어 풍문이 사실에 가깝다고 했다. 법적으로 일반인이라면 검찰에 넘기지도 않은 채 경찰이 십일 넘게 구속 수사할 수 없다는 것이다. 일이 어떻게 돌아가는지 답답할 노릇이었다.

1955년 1월 13일, 국회가 내무부 장관을 다시 불렀다. 그는 쭈뼛거리며 국회의원들 앞에 섰다. 지난번에 북한 소행이라고 큰소리치던 자신만만한 모습은 온데간데없었다. 불온 문서를 투입한 자가 헌병사령부에서 일하는 고급 장교이며, 경찰이 그를 군 수사기관으로 넘겼다고 말을 바꿨다. 엄청난 충격과 반전이었다. 군이 벌인 일이라는 사실을 순순히 실토하자 야당뿐만 아니라 자유당 의원들도 얼굴이 납빛으로 변했다. 헌병사령부라면 부산정치파동 주역 원용덕이 총사령관으로 있는 부대였다. 야당 의원들은 치 떨리는 악몽을 떠올릴 수밖에 없었다. 여야가 함께 국회특별조사위원회를 구성해 조사에 들어갔다. 그 사이 국방부는 자체 조사한 결과를 발표했다. 헌병총사령부 김진호 중령과 이예택 소령 등이 저지른 소행이라고 했다. 범인들이 밝힌 범행 목적은 어처구니가 없었다.

야당 의원들이 가진 충성심을 시험해보려는 행동이었다.

말이 시험이지 실제로는 함정이었다. 괴문서를 즉시 신고하고 공개적으로 폭로했으니 망정이지 대수롭지 않게 여겨 서랍 어딘가에 넣어두었더라면 경을 칠 뻔했다. 천만다행으로 그 함정에 빠지지 않은 것이다. 범인들은 시험에 통과한 야당 의원들을 보고 흡족했을까?

함정에 빠지지 않아서 아쉬웠을까?

경찰과 국방부는 사건 몸통이 누군지는 쉬쉬했다. 국회조사단이 그 몸통을 밝혀냈다. 헌병총사령관 원용덕이었다. 1955년 2월 11일, 국회조사단은 원용덕을 불러 증언을 들었다. 그는 국회의원들 앞에서 주눅 들기는커녕 펄펄 날뛰었다. 자신이 불온 문서 투입을 지시했다는 사실을 숨기지 않았다. 그러면서 변명인지 증언인지 모를 말들을 구구절절 늘어놓았다. '최근 북한이 동조 세력을 포섭하려고 군 내에 침투해 공작을 펼친다는 정보가 있었다.' '북한이 저명인사들도 적극적으로 포섭하려고 시도할 가능성이 컸다.' '북한이 접촉할 우려가 있는 야당 의원들이 있었다.' '그들이 대한민국에 충성심을 가지고 있는지 파악할 필요성을 느꼈다.' 원용덕은 거침이 없었다. 충성심이 있으면 됐지, 그 충성심을 시험하든 말든 그게 무슨 대수냐고 역정까지 냈다. 그 뻔뻔한 말에 야당 의원들은 어안이 벙벙할 따름이었다. 야당 의원이 휘둥그레진 눈으로 군이 정치에 개입한 것은 잘못 아니냐고 따지자 '특수한 군인은 정치에 관여할 수 있다'고 대거리를 했다. 자신은 그런 일을 해도 되는 특수군인이라는 것이다.

국회조사단은 그 거칠고 오만한 태도에 학을 뗐다. 국회조사단이 조사 내용을 정리해 국회에 보고하자 국회는 '불온문서투입사건 등에 관한 건의안'을 1955년 3월 9일에 의결했다. 사건 책임자 원용덕을 법에 맞게 처단하라는 내용이었다. 3월 23일에서야 원용덕이 부린 오만함이 어디서 왔는지, 그 뒷배가 드러났다. 건의안을 넘겨받은 이승만은 귀를 의심케 하는 지시를 내렸다.

헌병총사령부는 그러한 것을 아는 것이 직책이다.
또 헌병총사령부가 자기가 시켜서 한 것이 알려진 뒤에는
갇힌 사람들은 상관의 명령을 따른 것이니 내놓아야 될 것이다.

원용덕은 물론이고 갇힌 부하들까지 풀어주라는 것이었다. 국회가 낸 건의안쯤은 이승만에게 솜털처럼 가벼웠다. 어쨌든 신당 운동을 방해하려던 공작은 그렇게 실패했다.

'다이나믹 파워'로 몰아쳐온 신당 운동이 절정에 달하고 있었다. 자유당을 탈당한 의원 14명도 신당 운동에 가담했고, 흥사단 등 재야 인사들도 함께 했다. 어느 정도 조직세가 갖춰지자 호헌동지회는 총회를 열어 신당이 나아갈 방향을 확정했다. 그 방향에 따라 신당결성촉진위원회는 활동을 시작한 지 이십여 일 만인 1954년 12월 24일에 '신당 발기 취지문'을 발표했다. 취지문에서 신당은 추구하는 이념을 자유, 민주, 진보로 제시했다. '반공 반독재에 입각한 민주정치 발전' '법의 수호와 책임정치 확립' '수탈 없는 국민경제체제' '평화적 국제질서 수립'을 4대 기본 원칙으로 했다.

> **우리는 이 집결된 세력으로서 공산주의와 일절 비민주적 요소를 배제하고 자유 인권을 신장해야 하겠으며, 모든 정치권력을 헌법과 법률의 권위 아래 예속시켜 건전한 대의정치와 책임정치의 제도를 확립하여야 하겠으며 사회정의에 입각한 수탈 없는 국민경제체제를 발전시켜야 하겠으며 민주우방과 협조제휴를 통한 평화적 국제질서의 수립을 기하여야 하겠습니다. 친애하는 동포 여러분!**
> **자유와 민주와 진보의 기치 밑에 굳게 뭉칩시다.**

이 4대 기본 강령만 수용하면 누구든지 받아들인다는 원칙도 세웠다. 그러던 참에 신당 운동은 조봉암 영입 문제를 둘러싸고 최대 위기를 맞았다. 그는 제2대 대통령 선거에 출마했으며 진보혁신 진영을 대표하는 인물이었다. 그런 그를 받아들일지 말지를 두고 호헌동지회는 자유민주파와 민주대동파로 갈렸다. 자유민주파는 조봉암 영입을 반대했고, 민주대동파는 조봉암을 뺀 대동단결은 말이 안 된다고 했다. 조봉암은 일제강점기 때 조선공산당에 가입해 활동한 전력이 있었다. 광복 직후에는 좌익 계열인 민주주의민족전선에서 활동했으나 공산당 좌경노선을 비판하며 민족 진영 쪽에 섰다. 남한 단독선거를 반대한 좌익 세력에게 변절자라 비난받으면서도 5·10 총선거에 출마해 당선되었다. 제헌의원으로 활약하던 중 이승만 정부 초대 농림부 장관으로 발탁되었다. 장관 시절 그가 단행한 농지개혁에 지주 이익을 대변했던 한국민주당 등 보수 세력이 극심하게 반대하기도 했다.

조봉암 영입 문제로 신당 운동은 일대 혼란에 빠졌다. 발기취지문에 담긴 4대 기본 강령에만 합의하면 신당에 들인다는 원칙도 흔들렸다. 조봉암은 신당에 참여하겠다는 의사를 분명히 했다. 김성수, 장택상, 신도성 등 민주대동파는 조봉암을 영입하는 것이 야당 연합과 대동단결 정신에 맞는다며 조봉암 영입에 적극 나섰다. 민주대동 원리로 모든 민주 세력이 단결해 반공 반독재 기치를 들자고 했다. 조병옥, 장면, 김준연 등 '자유민주파'는 가릴 것은 가려야 한다고 주장했다. '사회주의자' 조봉암과는 결코 신당을 함께할 수 없다고 했다. 김성수가 나서 조봉암이 공산당과 결별한다는 입장만 분명히 표하면 입당을 허락하자는 중재안을 냈다. 자유민주파는 끝까지 반대 의사를 굽히지 않았다. 신당에 입당하려고 마지못해서 하는 전향은 인정할 수 없다고 했다. 특히 장면은 조봉암을 들이면 자신은 나가겠다고 으름장까지 놓았다. 제2대 국회에서 국회의장을 지낸 신익희는 난처했는지 가타부타 말이 없었다. 그는 내심 조봉암을 영입하면 민주당이 케케묵고 고루한 보수 세력 결집체라는 손가락질을 피할 수 있겠거니 했다. 그런데도 머뭇거렸다. 일이 안 되려고 그랬던지 조봉암 참여를 지지하던 김성수마저 1955년 2월 18일에 지병으로 숨졌다. 이제 조봉암을 들이기에는 신당 문이 좁아질 대로 좁아져버렸다.

조봉암은 마지막까지 신당 운동에 참여하려고 애를 썼다. 김성수장례식이 치러지던 도중에 그는 사상 고백을 했다. 좁아진 신당 문을 마지막으로 두드린 것이다. 1955년 2월 22일 자신은 투철한 반공노선을 갖고 있다면서 이론적으로나 실제적으로나 반공 투쟁에 여생을 바칠 것이라고 간절히 다짐했다.

미력하지만 지팡이를 짚고서라도 신당 운동에 따라가겠다.

애달픈 성명에도 민국당은 2월 26일 중앙상임집행위원회를 열어 퇴짜를 놨다. 호헌동지회도 신당 조직 원칙이었던 6개 조항 중에서 조봉암이 신당에 참여할 수 있는 근거였던 단서조항을 삭제하기로 했다. 조직원칙 제1항 "좌익 전향자와 악질 부역자를 제외한다"에 붙은 단서조항은 "단, 국무위원과 국회의원을 지낸 자는 예외로 한다"였다. 1955년 4월 1일, 결국 호헌동지회는 이 단서조항을 삭제해 국회의원과 농림부 장관을 지낸 조봉암이 신당에 참여할 수 있는 근거를 없애버렸다. 조봉암은 끝내 신당에 참여하지 못하게 되었고, 대동단결도 무색해지고 말았다.

언론도 호헌동지회가 조봉암을 받아들이지 않은 것을 몹시 아쉬워했다. 대동단결을 말해놓고 굳이 조봉암은 안 된다는 졸렬함을 질타했다. 조봉암을 끝내 내친 이유가 정녕 사상 문제였냐고 되물었다. 신당 주도권을 놓고 벌이는 감투싸움, 세력 다툼 때문 아니었냐는 것이다. 어쨌든 민주대동파는 크게 낙담했다. 결국 신당 운동에서 이탈해 독자적인 혁신정당 창당에 나설 수밖에 없었다. 기세를 올리던 신당 운동도 한풀 꺾이고 말았다. 조봉암은 신당 운동이 '동질자, 같은 주의자끼리만의 당'을 만드는 것으로 변질되어, 민주 세력 대동단결이 무산되었다고 안타까워했다. 호헌동지회는 반독재 민주주의 실현을 위해 보수와 혁신 세력이 힘을 합치려는 쉽지 않은 시도였다. 그 시도는 안타깝게도 절반 남짓한 성공에 그치고 말았다.

혁신 세력이 이탈한 신당 운동은 자유민주파가 주도하면서 보수 색채가 강해졌다. 1955년 7월 17일 신당발기 준비위원회를 구성해 창당을 위한 막바지 준비를 진행했다. 8월 8일 준비위원회는 신당 이름도 정하고 당 강령과 정책 초안 작성에 들어갔다. 그렇게 호헌동지회라는 단단한 뿌리가 힘차게 대지 위로 솟아오를 순간이 다가오고 있었다.

새로운 시작

탄생의 순간이 왔다. 탄생은 신비롭고 오묘한 것이다. 태어난 순간부터 언제라도 새롭게 다시 시작할 수 있는 길이 열린다. 그래서 탄생은 과거 한순간에 머무르지 않고, 미래를 여는 거대한 뿌리로 살아 숨 쉰다. 민주당이 마침내 그 위대하고, 거대한 뿌리를 내리는 순간을 맞았다. 1955년 9월 19일! 호헌동지회가 대동단결을 외치며 신당을 잉태한 지 딱 10개월 만이었다. 이승만 친위 쿠데타와 사사오입 파동이 불 지핀 '반독재 민주화'를 역사적 소명으로 여겼고, 그 소명을 고스란히 당 이름에 새겼다. 이런저런 미사여구는 필요 없었다. '민주'라는 두 글자만 떡하니 내걸었다. 이 땅에 민주주의를 실현하기 위해 모든 것을 바치겠다는 결기였다. 민주당이 태어난다는 기쁜 소식에 호기심 많은 구경꾼들이 몰려들었다. 그들은 이날을 '민족의 경사' '민주 세력의 축제'라며 흥분을 감추지 못했다.

명동 한복판이 시끌벅적했다. 극장 시공사는 아침부터 초만원이었다. 전국에서 모여든 발기인과 방청객들이 자리를 가득 메웠다. 극장 바깥도 인산인해였다. 안에 들어가지 못한 사람들은 밖에 설치된 확성기 소리에 귀를 쫑긋 세운 채 숨을 죽였다. 오전에는 발기인 대회, 오후에는 창당대회가 열렸다. 대회장 무대 양편으로는 커다란 현수막이 내걸렸다. 막 출항하는 배 위에서 바람을 가득 품은 돛처럼 펄럭이고 있었다.

반공산 반독재로 민주주의 기반을 확립하자

민주 세력의 집결 강화로 책임정치를 실현하자

오전에 열린 발기인 대회부터 열기가 후끈했다. 1,200명이 발기인으로 참여한 가운데 임시의장으로 선출된 국회부의장 곽상훈이 사회를 봤다. 정일형이 신당 창당 경과보고를 했고, 장면이 인사말을 했다. 장면은 민주당이 내건 목표들을 이렇게 설명했다.

슬프게도 우리는 정부 수립 후 7년을 지낸 오늘 다시 모여 우리의 헌법이 모독당하였다는 사실을 규탄하고 우리의 민주주의적 포부와 이상을 재확인하지 않을 수 없게 되었다. 대한민국을 구하고 우리의 민주주의를 구하기 위해 우리는 일체의 독재를 배격한다고 정강의 서두에 내걸었다. 우리들은 진실한 민주주의를 살려 나가기 위해 공정한 선거와 내각 책임제를 주장하는 것이며, 관료정치를 반대하는 것이며, 관권의 남용을 경계하는 것이며 관권에 의한 경제권의 농단과 이에 수반되는 모든 부패를 배격하는 것이다.

그러면서 당 이름으로 '민주'라는 이름을 내건 이유도 강조했다. 첫째로는 진정한 민주주의만이 우리 자손만대가 안전과 자유와 행복을 누릴 수 있는 길이기 때문이며, 둘째로는 진정한 민주주의를 이 땅 위에 건설함으로써만 북한에 있는 공산독재정권과 싸워 이기고 국토통일을 완수할 수 있기 때문이며, 셋째로 대한민국이 진정한 민주주의국가로서 발전되는 것만이 전 세계 민주 진영이 승리해 진정한 세계 평화를 수립할 수 있는 길이기 때문이라고 차분히 설명했다. 듣는 이들은 '민주당'이라는 이름이 한껏 자랑스럽고, 가슴이 뛰기까지 했다. 장면이 인사말을 마치자, 당 노선과 방향을 담은 정강과 정책이 만장일치로 통과되었다.

오후 2시부터 창당대회가 열렸다. 점심을 든든히 먹었는지 개회사를 읽는 곽상훈 목소리가 쩌렁쩌렁했다. 신익희가 인사말을 했다. 그는 민주당 창당이 얼마나 큰 역사적 사건인지를 설명해 만장한 사람들 가슴을 두들겼다. 민주정치가 이루어지려면 정당다운 정당이 있어야 한다고 누누이 강조했다. 임금이나 관료가 아니라 국민이 주인인 나라에서 국민이 주인 노릇을 하려면 정당이 있어야 한다는 것이다. 나라 주인인 모든 국민이 잘살게 하는 것이 정치를 하는 목적이고, 그 목적을 이루는 유일한 방법이요 수단이 민주당이 될 것이라고 했다. 듣고 있던 사람들은 그 민주당을 축복하듯 큰 박수를 보냈다. 신익희는 헛기침으로 목을 가다듬고 다시 말을 이었다. 국민이 우는 때 같이 울고, 백성이 웃는 때 같이 웃는 민주당이 되자고 했다. 한민당에서 민국당까지 야당으로 행세한 지난날을 반성하는 말처럼 들렸다. 한자리 바라며 정권에 빌붙었다. 방귀깨나 뀌는 사람들 사교클럽마냥 농민, 노동자 삶과는 딴판이었다. 국민들이 바라는 민주 과업에도 투철하지 않았다. 자신들만 배부르고, 자신들만 즐거웠던 야당을 청산하고 여민동락하는 당을 만들자고 하니 가슴이 벅차올랐다.

축사가 끝나자 정강정책과 당헌, 창당선언문을 만장일치로 통과시켰다. 끝으로 호헌동지회 간사를 맡았던 윤병호 의원이 만세 삼창을 하자 만세 소리가 시공관을 가득 메웠다. 이날 발표된 창당선언문에서 민주당은 이승만 정권이 자행하는 독재를 질타했다. 권력 집중과 남용으로 국정은 혼란하고 민생은 도탄에 빠져 있다고 진단했다.

민주 발전을 이루고 국정을 쇄신하기 위해서는 민주 세력이 결집해야 한다고 강조했다. 민주 세력이 결집한 민주당은 독재를 배격하고 생산 증강과 공정 분배로 경제적 약자를 보호하며, 우리 문화를 보호 육성해 세계 문화에 기어하겠다고 다짐했다. 민주 우방과 긴밀한 제휴도 주장했다. 창당선언문을 낭독하는 동안 시공관을 가득 메운 이들은 민주당이 집권할 새 세상을 그리고 있었다.

창당선언문은 호헌동지회가 1954년 12월 24일 발표했던 신당 발기 취지문과는 좀 달랐다. 발기취지문은 신당이 추구할 이념으로 '자유, 민주, 진보'를 제시했었다. 창당선언문에서는 '자유, 민주, 통일'로 바뀌었다. 발기취지문이 밝힌 경제질서는 '사회정의에 입각한 수탈 없는 국민경제체제'였으나 창당선언문에서는 '자유경쟁원칙에 의한 생산의 증강과 분배의 공정'이 되었다. 신당에 조봉암과 혁신계가 빠지는 바람에 보수적 색채가 강해진 것이다. 그렇지만 민주주의와 시장경제를 강조하고 공정분배를 통한 경제적 약자 보호, 평화통일 원칙을 분명히 한 점은 당시 시대적 여건에서 볼 때 진보적이었다 평할 만했다.

창당대회를 마치고 전형위원 25명은 곧바로 자리를 옮겨 국회 호헌동지회 사무실에서 지도부를 선출할 중앙위원을 선정하는 작업을 했다. 다음 날인 9월 20일, 민주당 중앙위원 399명으로 구성된 제1차 중앙위원회가 천도교 체육관에서 열렸다. 대표최고위원 선거에서는 신익희가 234표를 얻어 49표를 얻은 장면을 누르고 당선되었다. 최고위원으로는 곽상훈, 백남훈, 조병옥, 장면이 뽑혔다. 쟁쟁한 인물들이었다. 민주당 첫 대표가 된 신익희는 독립운동가이자 대한민국 정부 수립에 초석을 놓았다. 상해임시정부에서 대한민국 임시헌법을 기초했으며, 내무총장과 법무총장 등을 지냈다. 광복 직후에는 행정연구위원회를 조직해 제헌헌법과 정부 수립을 준비하는 데 심혈을 기울였다. 제헌국회에서 부의장을 했으며 제2대 국회에서는 국회의장을 지냈다. 민주국민당 대표로 호헌동지회를 이끌면서 민주당 창당을 주도했다.

 최고위원 투표에 들어가기 전에 한 가지 논란이 있었다. 최고위원에 북한 대표 1명과 여성 대표 1명을 선정하자는 주장이 나왔던 것이다. 요새 말로 하면 소수자 할당제 혹은 지명직 최고위원을 두자는 제안이었다. 토론이 이어졌다. 다수 의견은 '최고위원은 어디까지나 역량 있는 인사를 선출해야지 여기에 지역별, 성별, 계급별 조건을 붙일 필요는 없다'는 쪽이었다. 최고위원 선거는 그대로 진행되었다. 그런데 최고로 많은 표를 얻어 당선된 조병옥이 느닷없이 폭탄선언을 했다. 최고위원직을 사퇴하겠다는 것이었다. 그는 북한 대표와 여성 대표를 최고위원으로 두지 않은 것을 다시 문제 삼았다. 자신이 사퇴할 테니 대신 재투표하여 북한 대표를 선출해달라고 했다. 회의장에 있던 중앙위원들은 크게 동요했고, 갑론을박이 벌어졌다. 곽상훈 최고위원이 나서고서야 소란은 잦아들었다. '맞는 말이지만 선거를 다시 할 수는 없는 노릇이다. 재선거로 혼란을 벌이지 말고 이후에 다른 해결책을 찾아보자.' 곽상훈이 설득하자 다수가 수긍했고, 조병옥도 사퇴 의사를 거둬들였다.

 창당대회를 마친 민주당은 10월 4일 원내교섭단체로 정식 등록했다. 원내 의석 분포는 자유당 123석, 민주당 33석, 무소속 47석이었다. 의석수는 자유당에 비해 턱없이 적었지만 강한 야당으로 변모하기 시작했다. 중앙당을 결성한 뒤에는 지방에 도당과 지구당을 만들기 시작했다. 지금까지 야당과는 다른 모습이었다. 여태 야당은 명망가들이 모여 중앙정치에 골몰했지만, 이제 민주당은 지역 대중 안에 뿌리내리는 대중정당을 지향했다. 중앙당을 만든 지 42일 만인 10월 30일에 충남도당과 대전시당을 처음 결성했다. 오전 11시 대전 중도극장에서 진행된 충남도당 결성대회에는 신익희 대표를 비롯한 당 지도부가 총출동했다. 지역에서 보기 드물게 큰 정치 행사가 열리자 관심이 쏠렸다. 중도극장 주변에는 인파가 구름같이 몰려들었다. 충남도당 결성을 시작으로 10개 시도당과 233개 선거구별 지구당도 만들었다. 방해꾼들도 있었다. 경찰이 행사 장소를 못 빌리게 해서 노천에서 창당 행사를 하는 곳들도 있었다. 민주당 의원들은 내무부 장관을 국회로 불러 경찰이 정치에 개입했다고 강력히 항의했다.

민주당이 탄생했다. 한국 정치사에 처음으로 정당다운 정당이 등장하는 역사적 순간이었다. 민주당은 명실상부한 민주정당이었다. 아쉬운 점도 있었지만, 공직 후보자나 당직을 당내 민주 절차로 뽑기 시작했다. 민주당은 대중정당을 지향했다. 국민과 함께 울고 함께 웃겠다는 포부를 드러냈다. 또한 민주당은 정책정당이었다. 개인의 인기에 의존하는 무소속 정치나 정권에 반대만 하던 야당 모습을 벗기 시작했다. 이승만에 반대해 반독재 민주를 앞세웠지만, 민주당은 대한민국이 나아가야 할 방향, 국민의 삶을 더 나아지게 할 정책도 분명히 제시했다. 정책으로 유권자들에게 선택받고자 했다. 창당과 함께 민주당은 25개 정책을 내놓았다.

1. 호헌준법정신
2. 국민의 기본인권 특히 언론출판의 자유 보장
3. 선거에 대한 관권간섭 배제
4. 정당 기타 사회 및 경제단체의 관제화 배격
5. 행정쇄신과 인재등용
6. 공무원생활 및 신분보장과 그 정치화 방지
7. 국민최저생활의 보장
8. 농촌협동조합운동의 조장
9. 농촌부담의 경감 특히 잡부금 폐지
10. 농산물과 농촌수요물자의 가격 조절

11. 치산치수 및 수이사업의 촉진
12. 기간산업의 조속한 건설
13. 경제원조의 효율적 이용
14. 외환 및 무역에 관한 정책의 확립
15. 중소상공업의 적극적 보호육성
16. 수산 및 지하자원의 적극적 개발
17. 금융의 민주화와 산업자본의 적절한 방출
18. 조세제도의 합리화
19. 근로대중을 위한 사회보장제도의 확립
20. 교육 및 의료의 기회균등
21. 문화인 및 문화재의 보호와 과학기술의 장려
22. 부녀자의 지위향상
23. 국방력의 확보
24. 군경원호사업의 확충
25. 외교의 정상적인 추진

탄생의 순간, 민주당 정신은 통합과 대동단결이었다. 모두가 함께 자유롭고 평등한 민주공화국을 만들기 위해 계급이나 정파를 넘어 온 민주 세력이 하나로 뭉쳤다. 민주당은 대동단결로 탄생했고, 대동단결을 지향했다. 비록 탄생하는 순간에는 그 이상을 완전히 이루지 못했지만, 다양한 세력들이 집결했다. 조각배처럼 흩어져 허우적대던 야당 세력이 함께 모여 민주당호를 띄운 것이다. 어떤 파도와 폭풍우가 몰아칠지 모를 거친 바다로 용기 내어 출항했다. 다양한 이들이 올라탄 그 배 위에는 분열과 갈등이 늘 도사리고 있었다. 그 항해는 수난과 박해, 저항과 투쟁, 분열과 통합의 순간들로 이어졌다. 그 굽이굽이마다 민주당은 반성과 성찰, 용기와 지혜로 새롭게 시작했다. 그렇게 늘 다시 시작할 힘과 용기를 주는 원천, 그 거대한 뿌리가 되어준 것이 바로 '탄생의 순간'이었다. 어쨌든 민주당이 탄생했다는 소식은 국민에게도 참 기쁘고 반가운 일이었다.

우리는 이 역사적 과업을 수행하기 위하여 호상 겸양으로서 기성 조직과
소절에 구애됨이 없이 흔연 결속하여 오늘 민주당을 결성하여
우리와 염원을 같이하는 국민 대중과 함께 과감한 전진을 계속하여
그 목적을 달성할 것을 만천하 동포에게 엄숙히 선언하는 바이니
애국 동포 제현은 절대한 지지와 성원이 있기를 바라 마지않는 바이다.
— 단기 4288년 9월 19일 민주당 —

II

분열의 순간

잃어버린 승리

 여러모로 역사적인 선거였다. 1956년 5월 15일, 제3대 대선이 치러졌다. 세 번째 대선이었지만, 대선다운 대선으로서는 처음이었다. 간선제로 치른 제1대 대선, 전쟁통에 치러졌던 제2대 대선에는 야당도 없었고, 경쟁도 없었고, 선거운동도 없었다. 그야말로 이승만 독무대였다. 하지만 제3대 대선은 아주 달랐다. 무엇보다 선거 분위기가 훨씬 평화롭고 안정적이었다. 야당인 민주당, 진보당이 도전장을 내밀고 자유당 이승만과 경쟁다운 경쟁을 펼쳤다. 선거 유세장에는 사람들이 구름처럼 몰려들었다. 정권교체 할 희망이 커졌고, 그 희망을 현실로 만들기 위해 야당은 처음으로 후보 단일화도 시도했다. 끝내 단일화는 실패했고, 그 와중에 민주당 후보가 선거일을 열흘 앞두고 갑작스레 세상을 떠나는 비극이 일어났지만 말이다.
 제3대 대선을 앞두고 민주당은 마음이 급했다. 창당한 지 8개월 만에 큰 선거를 치러야 했으니 그럴 만했다. 전국 선거를 치르려면 지방조직부터 정비해야 했다. 1956년 3월까지 얼추 시·군까지 하부 조직을 갖추었다. 이제 대통령 후보를 정하는 일만 남았다. 후보 문제를 두고는 갈등이 자못 심각했다. 당은 창당한 지 얼마 되지도 않아 구파와 신파로 갈라져 있었다. 구파는 신익희를, 신파는 장면을 후보로 밀었다. 다수 의견이 신익희로 기우는 듯했다. 신익희 정도는 되어야 이승만과 싸워볼 만하다는 분위기였다. 실제로 신익희는 그야말로 민주당 간판이었다. 그렇다고 장면이 호락호락한 상대는 아니었다. 부산정치파동 와중에도 이승만을 밀어내고 장면을 대통령에 앉히자는 움직임이 있었을 정도였다. 장면도 대통령 후보 자리를 쉽게 포기하지 않았다. 대통령뿐만 아니라 부통령 후보 경합도 치열했다. 부통령 후보 자리를 두고는 조병옥과 김준연이 다퉜다. 정부통령 후보 경쟁은 점점 치열해졌고 분열할 조짐이 심상치 않았다. 민주당 사람들은 그 모습을 애태우며 지켜볼 뿐이었다. 보다 못해 곽상훈 등이 장면을 붙잡고 설득했다. 이번에는 대통령 후보 자리를 신익희에게 양보하자고 했다. 3월 25일 최고위원회에서 결국 대통령 후보는 신익희, 부통령 후보는 장면으로 하자고 합의했다. 구파가 대통령 후보를, 신파가 부통령 후보를 갖는 모양새였다. 조병옥은 물러섰지만 김준연은 그 합의를 받아들이지 않았다. 그는 부통령 후보 경선에 나서겠다고 했다. 민주당은 1956년 3월 28일 명동 시공관에서 대통령과 부통령 후보 지명대회를 열었다. 전국에서 모인 대의원들은 '썩은 정치를 혁신하기 위해 싸워 이기자'는 구호를 외치며 후보 선출 투표에 들어갔다. 무기명 투표 결과 대통령 후보로는 954표를 얻은 신익희가 뽑혔다. 조병옥이 9표를 얻었다. 부통령 후보에는 745표를 받은 장면이 205표를 얻은 김준연을 누르고 지명되었다.

한편 자유당도 대통령과 부통령 후보를 정했다. 1956년 3월 5일 임시전당대회를 열어 이승만과 이기붕을 각각 정부통령 후보로 지명했다. 지명되긴 했지만 빈대도 콧잔등이 있는 법이라 대통령 하겠다 할 염치가 없었다. 그도 그럴 것이 엽기적인 사사오입 3선 개헌을 한 당사자가 얼씨구나 하고 냅다 후보 지명을 받아들이기가 민망했던 것이다. 노회한 이승만은 조금 번거롭지만 돌아서 가기로 했다. 발췌개헌을 한 후 치른 제2대 대통령 선거 때도 이미 했던 일이다. 직선제 발췌개헌을 할 때도 이승만은 대통령 후보가 될 생각이 전혀 없다고 했다. 쿠데타까지 일으켜 국회를 풍비박산 냈지만 사욕이 있어서 그런 것이 아니라고 했다. 오직 돼먹지 못한 국회 버르장머리를 고쳐주려고 그랬을 뿐이라고 했다. 발췌개헌안이 공포된 지 열흘이 지난 1952년 7월 17일, 자유당은 숭고하고 거룩한 이승만 뜻을 더럽힌다. 이승만과 이범석을 각각 대통령 후보, 부통령 후보로 지명한 것이다. 이승만은 시키지도 않은 짓을 했다는 투로 되레 역정을 냈다. 자신은 대통령 후보로 지명되기를 원치 않는다고 단호히 말했다.

**대통령으로 재선되기에는 너무나 고령이며
젊고 정력 있는 인사가 국사를 맡는 것이 좋겠다.**

마음에도 없는 소리였다. 이승만을 조금이라도 아는 사람이라면 그 말을 믿을 리 없었다. 이승만은 자신 아니면 대한민국에 대통령 할 사람이 없다는 망상을 갖고 있었다. 그러니 국민이 알아서 대통령을 해주십사 간청하길 바랐다. 그런 그림이 만들어지면 그제야 못 이기는 척 출마 요구를 받아들이겠다는 것이다. 짜고 치는 고스톱처럼 자유당은 그 그림 만들기에 들어갔다. 관제 데모대를 동원해 연일 이승만 재출마를 요구하는 데모와 탄원을 했다. 자유당은 재출마를 바라는 탄원서가 350만 통이나 들어왔다며 이승만 앞에 갖다 바쳤다. 마음에 드는 그림이었다. 이제 그 그림을 감상하며 고심하는 척만 하면 되었다. 한참 뜸을 들이며 최대한 시간을 끌더니 입후보 마감일을 앞두고 못 이기는 척 불출마를 취소했다. 한바탕 불출마 쇼는 그렇게 끝이 났다.

 이번에도 그 쇼를 벌였다. 사 년 전 레퍼토리 그대로였다. 이번에도 이승만은 전당대회에 서한을 보내 '대통령 후보자로 입후보하지 않겠다'는 입장을 밝혔다. 서한이 하도 구구절절하니, 친위 쿠데타며 사사오입 따위는 남 얘기처럼 들릴 지경이었다. 이승만은 불출마 이유로 세 가지를 들었다. 첫째, 민주국가에서는 대통령 두 번 했으면 물러나는 것이 맞고 둘째, 나이가 팔십이니 하라면 일을 더 할 수는 있지만 더 용맹한 사람이 하는 것이 맞고 셋째, 지난 육 년간 남북통일을 이루지 못한 책임을 지는 것이 맞다. 하나같이 맞는 소리였다. 이승만은 서한 끝에 자신은 대통령 되려고 자유당을 만든 것이 아니니, 자신이 지닌 참뜻을 알아달라고 자유당 동지들에게 호소하기도 했다. 그가 주위에 '나이 팔십이 넘었으니 누가 나서서 잘해 나가는 것을 보아야 저세상에 가서도 눈을 감게 되지 않겠냐'고 말했다는 보도도 있었다. 그런데도 언론들은 불출마를 긴가민가하며 후보 등록 마감날까지는 두고 볼 일이라고 뭔가 아는 듯 말했다.

민주당은 재빨리 대거리를 해줬다. 이승만이 밝힌 불출마 이유가 참으로 맞는 소리라고 했다. 물론 이승만 속셈을 모르고 한 말은 아니었다. 그렇지만 출마 안 하겠다는 사람한테 굳이 강팍하게 굴 일은 아니었다. 오히려 출마 안 하겠다는 말이 족쇄가 되기를 바랐다. 자유당에다도 이번만큼은 부디 이승만의 참뜻을 해치지 말라고 충고했다.

**이승만 자유당 총재 메시지 내용은 당연한 말씀으로서
경의를 표하는 바이다. 그런데도 총재 의사를 받들지 못하는 사람들이
부산에서와 같이 민의를 발동시켜 노박사를 괴롭게 하는 일이
일어나지 않을까 우려된다.**

하나 마나 한 공연한 대거리였다. 자기 말 따위에 매일 사람이 아니었다. 자유당은 그때처럼 관제 데모대를 동원해 국민운동을 벌였다.

'이승만 대통령 3선 출마 호소 궐기대회'가 사방팔방에서 열렸다. 시위 횟수만 1천 회가 넘었다. 그때와는 다른 풍경도 있었다. 민의만으로는 부족했던지, 온 우주에 깃든 기운이 이승만 출마를 바란다는 것을 보여주려고 했다. 소와 말, 귀신까지 끌어들였다. 소와 말이 끄는 마차 팔백 대가 이승만 3선 출마를 부르짖으며 서울 시내를 누볐다. 대통령 출마를 바라는 '우의(牛意)와 마의(馬意)'가 거리에 넘쳐났다. 행진하면서 거리낌 없이 똥오줌을 싸지르는 바람에 냄새만큼은 우의와 마의가 민의보다 훨씬 강렬했다. '귀의(鬼意)'까지 떠돌았다. 전국 각지에서 돌린 탄원서에 죽은 사람도 이승만 출마를 바란다고 도장을 찍었던 것이다. 온 나라가 이승만 한 사람을 위한 굿판이요 난장판이었다. 그 난장판을 벌여 마치 전 국민이 이승만을 지지하는 것처럼 꾸몄다. 민주당은 민의 운동이 이승만을 대통령 만들려는 교묘한 선거운동이라고 반발했다.

이승만 박사가 발표한 불출마 성명은 비민주적 3선을 기도함에 있어 4년 전 부산에서 한 것과 동일한 수법을 써서 국내외에 대하여 체면을 세우고 교묘한 선거운동의 실을 거두려는 것이다.

이번에도 이승만은 흐뭇했다. 불출마 선언 18일 만인 3월 23일, 민의에다 우의, 마의, 귀의까지 출몰해 대통령 하라고 하니 어쩔 수 없다며 불출마 결심을 뒤집었다.

진정서와 결의문만 하더라도 2만 2천여 통에 달하고 거기 서명한 사람의 수효가 3백만 명에 가까우며 지금까지 받은 전보가 또한 8천여 통이나 되는데 이것은 서명한 단체별로 보아서 우리나라 사람의 대부분을 대표하고 있으니 이러한 것은 내가 생각지 않던 뜻밖의 일인 것이다.

국민 대표들이 출마를 열렬히 원하니 어쩔 수 없다고 했다. 이쯤 되면 왜 선거를 하는지 모를 지경이었다. 그러나 민주당은 사 년 전 민주당이 아니었다. 부산 불출마 소동 때는 어리벙벙하게 바라만 보았지만 이번에는 가만있지 않았다. 1956년 3월 27일 국회 본회의에서 민주당 조재천 의원은 '이승만식 민의운동은 독재자들이나 하는 방식'이라고 성토했다. 더구나 내무부와 경찰이 나서서 민의운동을 벌였다면서 정부가 정치적 중립을 어겼다고 지적했다. 심지어 어린 학생들에게까지 이승만 3선을 요청하는 혈서를 쓰게 했다면서 분노를 감추지 못했다. 내무부 장관을 불러 그런 문제들을 따지겠다고 결의안을 냈지만 불발되었다. 민주당은 내무부 장관 김형근 불신임안도 제출했지만 그것마저 자유당이 반대해 뜻을 이루지 못했다.

관권선거가 판을 쳤다. 민의가 어쩌고저쩌고 떠들더니 막상 선거를 하려니 불안했던 것이다. 경찰은 노골적으로 선거에 개입했다. 개입하는 수준이 아니라 아예 대놓고 선거운동을 했다. 순경들이 자유당 선거 전단지를 돌리는가 하면, 경찰서장이 각 부락을 돌며 유언비어를 흘리고 다녔다. 이승만이 당선되지 않으면 미국 원조가 다 끊긴다는 둥, 신익희가 당선되면 군부가 그 정권을 전복할 만반의 준비를 하고 있다는 둥 허무맹랑한 소리로 공포심을 일으켰다. 자신들은 그렇게 손발이 닳도록 선거운동을 하는데 오히려 자유당이 협조하지 않는다고 연신 투덜거릴 정도였다. 민주당은 밀려드는 부정선거 소문들을 조사하고 폭로하기도 바빠 정작 제 선거운동을 못 할 판이었다. 그래도 이승만 정권이 저지른 실정을 파고들었다. 우리네 살림살이 형편이 왜 이 모양이냐고 따졌다. 무슨 까닭으로 우리네 사는 꼬락서니가 이렇게 되었냐고 물었다. 책임을 맡은 정부가 일을 잘못해서 이런 것이니 정권교체가 답이라고 말했다. 민주당이 '못 살겠다 갈아보자'고 외친 구호는 국민 듣기에도 속이 다 후련했다. 자유당은 '갈아봤자 별수 없다'고 응수했다. 구관이 명관이라고, 누가 해도 이

보다 더 좋을 수는 없다는 것이다.

 국민은 바보가 아니다. 정권교체 바람이 일었고, 그 바람을 더 키우려면 야당이 뭉쳐야 한다고 요구했다. 야당 후보를 단일화하라는 것이었다. 야당에서는 민주당 신익희와 진보당 조봉암이 나란히 대통령 후보로 출마했다. 민주당 창당 때 함께하려다 떠밀려 나간 혁신 세력들이 조봉암을 중심으로 진보당 창당을 추진하고 있었다. 진보당 창당준비위원회는 3월 30일에 대통령 후보로 조봉암을, 부통령 후보로 박기출을 지명했다. 야당 연합 요구가 높아지자 조봉암이 먼저 호응했다. 선거 연합을 하자며 3개 원칙을 내놓았다. 책임정치 실현, 수탈 없는 경제체제 실현, 평화적 통일 성취에 합의하자고 했다. 민주당은 고민에 빠졌다. 조봉암과 손을 잡을 것인가 말 것인가. 창당할 때도 그랬듯이 여전히 조봉암을 탐탁지 않게 여기는 사람들이 많았다. 그렇긴 해도 정권교체를 바라는 민심을 마냥 무시할 수는 없었다. 정권교체 하자면서 야당 연합을 기피하는 것도 안벽 뒷벽 치는 일이었다. 결국 실무자 간 협상에 나섰지만, 협상은 지지부진한 채 별 진전이 없었다. 그래서 신익희가 직접 나섰다. 그는 애초부터 조봉암에게 다소 우호적인 입장이었다. 당 일부가 반대했지만, 신익희는 후보 단일화를 추진했다. 꼭 표가 갈리는 것을 우려해서 그런 것만은 아니었다. 그는 민주당이 대중 속에서 기반을 넓히려면 케케묵은 보수 집단 이미지를 벗어야 한다고 생각했다. 그러려면 조봉암 같은 사람이 당에 들어와야 한다고 여겼다. 4월 25일 신익희는 조봉암과 비밀 회동을 했다. 조봉암은 대통령 후보를 사퇴할 뜻을 내비쳤다. 대신 부통령은 진보당에 달라고 했다. 신익희는 확답할 수 없었다. 4월 27일에 다시 만나 공식 회담을 갖기로 했다. 그때는 민주당 신익희와 장면, 진보당 조봉암과 박기출이 함께 만나기로 했다.

 장면은 불참하겠다고 했다. 부통령 후보 자리를 진보당이 갖겠다니 심기가 상했을 수도 있다. 결국 장면 없이 세 명이 만났다. 여기서 조봉암은 세 가지를 공식 제안했다. '대통령은 신익희에게 양보하고 자신은 사퇴한다. 당선되면 민주당 단독내각으로 책임정치를 펴기 바란다. 야당이 연합하는 목적은 정권교체이니 정권교체와 상관없는 자리인 부통령은 진보당 박기출에게 양보하기 바란다. 민주당이 집권하면 조병옥과 김준연을 등용하지 말라.' 신익희는 난처했다. 다른 것이야 별문제 아니지만, 부통령 후보 사퇴나 당내 인사 등용 문제는 간단치 않았다. 당 안에서 큰 분란거리가 될 수 있었고, 신익희가 혼자 결정할 수 있는 문제도 아니었다. 신익희는 당 사정을 좀 고려해달라며 5월 15일까지는 아직 시간이 있으니 좀 더 대화를 나누자고 했다. 회담 내용이 알려지자 민주당은 발칵 뒤집혔다. 민주당을 모욕했다는 것이다. 판이 깨지는가 싶었지만 누구는 아직 협상할 여지가 남아 있다고 했다. 신익희와 조봉암이 5월 6일 전주에서 만나 최종 담판을 보기로 약속했다는 것이다. 그 약속이 사실이었다 해도 어쨌든 그들은 만나지 못했고, 만날 수도 없었다.

후보 단일화 문제는 일단 수면 아래로 가라앉았다. 민주당은 본격적인 선거운동에 돌입했다. 선거 분위기는 점점 고조되었다. 민주당은 당내 거물급을 중심으로 선거 유세반을 꾸려 큰 도시를 돌았다. 이승만 정권이 저지른 실정을 집중 공략했다. 신익희는 경기도와 강원도, 장면은 경북과 충북, 조병옥은 충남과 호남, 곽상훈은 영남을 맡아 돌아다녔다. 바람이 일고, 민심은 출렁이고 있었다. 많은 언론도 민주당과 신익희가 일으키는 바람에 놀라는 눈치였다. 민주당은 막판 분위기를 띄울 요량으로 서울에서 집중 유세를 하기로 했다. 장소가 문제였다. 민주당이 뭐라도 할라치면 안 되는 일이 많았다. 경찰은 민주당 집회는 좀체 허가해주지 않았다. 특히 목 좋은 장소, 요샛말로 '핫플'은 일언지하에 거절했다. 그때마다 다른 당이 이미 집회를 신청했다는 구실을 댔다. 하는 짓이 아니꼽고 부아가 치밀었지만 실랑이해봤자 속 쓰리고 입만 아프니 다른 방법을 찾아야 했다.

누군가 고육지책을 내놨다. 한강 백사장으로 모이자는 것이었다. 경찰도 거기까지 막지는 않았다. 허허벌판인 데다 교통까지 형편없으니 떨이 팔듯 내주었다. 그런 곳에서 5월 3일 유세가 열렸다. 한 사람이라도 더 모이게 하려니 유세 이틀 전부터 트럭을 타고 서울 곳곳을 누비며 한강 백사장에서 유세를 한다고 알렸다. 기적이 일어났다. 따뜻한 오월, 게다가 토요일 오후였는데도 그날 서울 시내에서는 사람을 찾아보기가 힘들었다. 사람이라는 사람은 죄다 한강 백사장으로 몰려간 것이다. 삼십만 명 넘는 인파에 한강 주변에는 모래바람이 일었다. 선거 사상 유례가 없는 그 풍경에 신문들은 지상 최대 선거 유세라느니, 백사장이 흑사장으로 변했다느니 하며 너스레를 떨었다. 신익희는 감격에 겨워 단상에 섰다. 목을 다듬고 만장한 사람들을 향해 연설하기 시작하니, 하는 말마다 옳은 말이요, 듣는 말마다 귀에 쏙쏙 박혔다. 박수와 탄성이 끊이질 않았다.

　명연설이었다. 신익희는 어떤 대통령이 되려는지 털어놨다. 듣는 내내 사람들은 위로받았고 희망이 솟았다. 국민이 이 나라 주인이요, 국민 손에 나라님 운명이 달렸다고 말해주니 뿌듯하고 울컥하기까지 했다. 힘을 가진 자들은 법을 안 지키고 힘없는 자들만 법에 걸리는 세상, 유전무죄 무전유죄 현실을 꼬집는 말에는 모두들 고개를 끄덕이며 쓴웃음을 지었다. "우리나라 현실은 법치국가라는 말을 하는 게 나부터도 가슴이 쓰린 얘기입니다마는 대한민국 법률의 그물을 커다란 독수리 같은 특권층은 물론이고 까마귀, 까치, 제비까지도 모다 뚫고 나갑니다. 불쌍하게도 법률 그물에 걸리는 것은 오직 파리나 모기 같은 우리 서민들뿐입니다." 정치와 나라는 국민을 잘살게 하는 게 전부라고 말하는 대목에서는 자신들 사는 꼬락서니에 화가 나고 분노가 치밀었다. "여러분, 나라의 목적이 어데 있느냐? 정부를 세우는 목적이 어데 있느냐? 우리 국민이 다 잘살아가자는 것이 나라의 독립이오, 민족의 자유의 목적이고 정부 건립의 목적인 것입니다." 하늘같이 군림하는 대통령이 실상은 국민 머슴이라고 말할 때는 통쾌하기까지 했다. 그러면서 국민과 여민동락하는 대통령이 되겠다고 하니 우레 같은 박수가 터져 나왔다. "내가 만일 대통령으로 당선된다 하면 우리 전 국민 동포 동지들의 심부름꾼으로 충실하게 일할 작정입니다. 뿐만 아니라 우리 전 국민 동포 동지들과 같이 괴로우나, 즐거우나, 웃음이나, 울음이나, 먹으나, 굶거나, 똑같이 여러분과 지내보리라는 약속입니다." 대통령에게 아부한답시고 쓰는 각하라는 말을 비꼬자 배꼽을 잡았다. "각하라는 말은 민주국가에서는 있을 수 없는 말입니다. 각하가 무엇입니까? 다리 아래가 각합니다." 긴 연설이 끝났다. 연설이 끝나고도 한참이나 한강 백사장은 '못 살겠다 갈아보자'는 구호로 들썩였다.

넘실대는 '진짜 민의'에 민주당 사람들은 감격했다. 금세라도 정권 교체가 될 것만 같았다. 감동을 뒤로 하고 백사장을 빠져나온 신익희는 쉬지도 않고 다시 호남선 야간열차에 몸을 실었다. 그렇게 전북 이리로 향했으나 연일 이어진 유세로 심신이 지친 탓이었을까, 5일 새벽 4시경 열차에서 뇌출혈로 쓰러졌다. 그러고는 다시 일어나지 못했다. 신익희가 살아온 파란만장한 삶은 거기에서 멈췄다. 대선을 꼭 열흘 앞둔 때였다. 그 새벽에 호남선 위로는 비가 억수같이 내리고 있었다. 평생을 조국이 독립하고, 민족이 자유롭고, 나라가 민주화하는 일에 바쳤던 사람. 신익희를 황망히 보내며 온 국민은 이별가를 부르다 목이 메었고, 민주당 사람들은 돌아서서 피눈물을 흘려야 했다. 불쑥 떠난 그가 야속할 뿐이었다. 허탈하고 억울한 마음에 사망 원인에 의혹을 제기하는 이들도 있었다. 서울로 올라온 고인의 유해를 효자동 자택으로 옮길 때에는 흥분한 학생과 시민들이 경무대를 향해 "독재 정권 물러가라" "진상을 규명하라"라고 외치며 시위를 벌였다. 경찰이 발포까지 해 유혈사태가 일어난 와중에 칠백여 명이 붙잡혀 끌려갔다. 급작스럽게 생긴 일인 데다 이미 암살 시도 전적이 있었기에 신익희 죽음을 둘러싼 의구심이 더 컸다. 1954년에도 이기붕이 이정재를 사주해 신익희를 제거하려다가 실패했던 것이다.

상황은 급변했지만 선거는 그대로 5월 15일에 치러졌다. 지도자를 잃은 민주당 사람들은 깊은 비탄에 빠졌다. 비통함 속에서도 정권교체를 향한 분투를 멈출 수는 없었다. 당장 해결해야 할 문제가 있었다. 또 조봉암 문제였다. 이제 야당 대통령 후보는 조봉암만 남았다. 좋건 싫건 조봉암은 야당 단일 후보가 되었다. 조봉암을 어떻게 할 것인가? 단일 후보로 지지할 것인가? 지지를 거부할 것인가? 거부한다면 누구를 지지해달라고 할 것인가? 진보당은 민주당이 처한 그 딜레마를 파고들었다. 야당 연합을 하자고 먼저 손을 내밀었다. 신익희가 사망한 이틀 뒤 박기출이 부통령 후보를 사퇴했다. 대통령 후보가 없는 민주당에 부통령을 양보했으니 사실상 단일 후보가 된 조봉암에게 힘을 몰아달라는 신호였다. 민주당은 잠시 머뭇거렸으나 이내 조봉암을 지지하지 않는다고 결론 내렸다.

다시 대통령 후보를 지명하여 싸우고 싶으나 법적 불비로 그 길이 두절되었고 본당 이외의 후보자는 그 정치적 행장이나 노선으로 보아 그 어느 편도 지지할 수 없으므로 부득이 정권교체로서 우리 당의 정강정책을 구현하려던 초지의 관철은 후일로 미룬다.

어이없는 결론이었다. 그 발표가 지지자들을 더 헷갈리게 했다. 도대체 누구를 찍으란 말인가? 이후 민주당이 내놓은 대답은 더 황당했다. '신익희에게 추모표를 던지는 것은 자유'라며 추모표는 무효표가 되지만 불법은 아니라며 그것도 정치적 의사표시라고 했다. 사실상 조봉암을 찍지 말라는 지침을 내린 것이다. 이 주장도 황당했지만 조봉암을 찍느니 차라리 이승만을 찍자는 더 괴이한 주장도 있었다.

민주당은 왜 그랬을까? 물론 정말로 조봉암이 싫었을 수 있다. 그렇지만 이미 신익희가 단일화를 시도했던 상대 아닌가. 정권교체가 최고 목표라고 말하지 않았던가. 그런 정황을 놓고 봤을 때 아무리 싫다고 해도 조봉암을 찍지 말라는 것은 도저히 이해할 수가 없었다. 다른 이유가 있었을 것이다. 신익희가 사망하여 짝 잃은 외기러기 신세였던 장면과 민주당은 대선에서 주도권을 쥐고 싶었다. 정치 이념도 다른 진보당 좋은 일 시킬 필요가 없었던 것이다. '이승만이냐 신익희냐'라는 구도가 사라진 만큼 '이기붕이냐 장면이냐'라는 구도를 만들어 장면 승리에 총력을 다할 작정이었다. 이승만이 팔십 살 넘은 고령임을 감안할 때, 장면이 부통령에 당선되기만 하면 대통령 유고가 발생하여 직을 승계할 가능성도 컸다. 그래서 민주당은 장면을 '대통령 같은 부통령' 만든다는 생각으로 선거운동에 임했던 것이다.

예상치 못한 상황에 자유당도 계산이 복잡해졌다. 자라에 놀란 가슴은 솥뚜껑에도 놀라는 법이다. 한강 백사장에 넘실대던 민의에 놀란 자유당과 이승만은 대통령 후보와 부통령 후보가 사실상 단일화한 상황이 못내 불안하고 초조했다. 멍하니 손 놓고 있다 낭패 보지 않으려면 승리를 확실하게 보장할 방법이 필요했다. 그래서 선거 결과를 조작하기로 결심했다. 전국 각지에서 공무원과 경찰을 동원해 개표 부정을 자행했다. 결국 대구에서 사달이 났다. 5월 16일 오후 4시경 개표가 진행되던 대구시청에서 난리가 났다. 한 개표원이 백 장씩 묶는 개표 뭉치 중에서 이기붕 표 98매에 위아래만 1장씩 장면 표로 덮어 나머지 전부를 장면 표로 조작하려다가 발각되었다는 것이다. 대구 시장 허흡이 그것을 발각해 문제 제기하자 기다렸다는 듯 괴한 스무 명이 개표소로 쳐들어왔다. 폭력을 휘두르며 안에 있는 야당 참관인들을 모두 내쫓았고, 개표는 중단되었다. 다음 날 다시 개표에 들어가려고 했지만 자유당이 반대했다. 근 팔십 시간 동안 개표가 진행되지 못했다. 다른 지역은 이미 개표가 완료되었다. 그때까지 장면이 이기붕을 8만 7,000여 표 앞서고 있었다. 대구는 야당세가 강해서 개표만 완료되면 장면 당선이 거의 확실했다. 그래서 판을 뒤집으려 개표 조작극을 벌였던 것이다. 일부러 부정 개표 뭉치를 만들어 개표 부정 시비를 일으켰다. 그 틈을 타 야당 참관인들을 내쫓고 이기붕 표를 무더기로 넣으려 했지만, 대구 시민들과 민주당원들이 시청으로 몰려와 주야로 투표함을 지키는 바람에 그 못된 계략은 실패로 돌아갔다. 사태를 지켜보던 이승만도 어쩔 수 없었다. 19일 이승만이 '장면 씨가 부통령에 당선된 것으로 생각한다'는 담화를 발표하고서야 사태는 해결되었다. 당락을 대통령이 말로 결론짓는 상황이기가 막히기는 했다.

최종 결과가 나왔다. 국민은 진짜 민의가 뭔지를 보여줬다. 이승만은 504만 표, 조봉암은 216만 표를 얻었다. 신익희가 없는 상황에서 정권교체를 바라는 야당 지지자들은 조봉암에게 표를 던졌다. 무효표도 185만 표나 됐다. 대부분은 신익희 추모표였다. 무효표까지 합치면 이승만이 얻은 표에 육박했다. 부통령에는 장면이 당선되었다. 이기붕을 당선시키기 위해 자유당이 투표와 개표에서 갖은 부정을 저질렀지만, 장면은 401만 표를 얻어 380만 표에 그친 이기붕을 이겼다. 20여만 표차로 아슬아슬하게 이긴 데는 진보당 박기출이 사퇴한 덕이 컸다.

어쨌든 이승만 체면은 말이 아니었다. 지난 제2대 대선에서는 74.6퍼센트를 득표했는데 이번에는 간신히 과반 득표율로 당선되었다. 간담이 서늘해질 만도 했다. 민주당은 그마저도 지독한 투표 부정과 개표 부정 탓이라고 공세를 펼쳤다. 민주당 대표 조병옥은 국회 연설에서 이승만은 사실상 대통령 자격이 없다고 주장했다.

3대 대통령 선거에 있어서, 내 판단에는 만일 자유분위기의 선거가 행해졌더라면 이 대통령이 받은 표는 200만 표 내외에 지나지 못하리라고 나는 판단합니다.

그 사실을 누구보다 잘 알고 있는 사람이 이승만이었다. 그쯤에서 멈추었으면 좋았을 것을 이승만 권력욕은 '관성의 법칙'을 따랐다. 안 되는 것을 되게 하려니 더 무리해야 했다. 다음 선거에서는 더 엄청난 부정을 저질렀고, 결국 그렇게 역사적 비극을 맞게 된다. 역사에 가정은 없다지만 만약 제3대 선거에서 신익희가 서거하지 않았더라면, 조봉암과 후보 단일화가 이루어졌더라면, 늦게라도 민주당이 조봉암을 화끈하게 밀었더라면 그 역사적 비극은 막을 수 있었을까?

배신당한 혁명

피비린내 가신 거리에 라일락 향기가 피어올랐다. 혁명은 성공했고, 독재자는 망명길에 올랐다. 독재 시대가 저물고, 정치 장이 열렸다. 국회를 해산하고 새 국회를 꾸려 개헌할지, 아니면 현 국회가 먼저 개헌한 뒤 그 헌법에 따라 총선을 치를지 옥신각신했으나, 결국 국회는 후자를 선택했다. 1960년 6월 15일, 헌법을 바꿔 내각제를 도입하고, 새 헌법에 따라 총선거를 치렀다. 헌법에 잠들어 있던 참의원 선거도 동시에 실시했다. 7월 29일, 민주당은 의석 4분의 3을 차지하는 압승을 거뒀다. 4월 혁명은 그렇게 민주당 정부를 탄생시켰다.

민주당은 창당 오 년 만에 집권당이 되었다. 12년 독재가 무너진 뒤라 갈 길은 구만리요, 할 일이 태산이었다. 경제, 안보, 사회질서 모든 것이 혼란하고 불안했다. 나라를 바로잡고 국민이 안심하도록 해야 했다. 그러려면 국민 살림살이를 살피고 나라 곳곳을 뜯어고쳐야 했다. 그것이 4·19혁명이 민주당에 부여한 소명이었다. 더군다나 내각제 아래서는 당이 정부를 이끈다. 혁명 성패와 국운이 민주당에 달려 있었던 것이다. 하지만 무거운 책임에 비해 민주당은 경험도 역량도 크게 부족했다. 그럴수록 똘똘 뭉쳐 일사불란하게 행동해야 했다. 그래야만 누란의 위기를 극복하고 사방에 도사린 도전에 그나마 맞설 수 있었다. 슬프게도 민주당은 그러질 못했다. 민주당 정권 탄생 전야부터 이전투구로 지새웠다. 어찌나 요란하게 싸웠던지 외신 기자까지 그 소리를 들었던 모양이다. 프랑스《르몽드》지 기자는 불안한 분위기를 이렇게 전했다.

**앞으로 민주당이 집권하게 되겠지만 당내 분열로
신통한 정부 구실을 못 할 것이며 양 파는 권력쟁탈전을 일삼을 것이다.
앞으로의 정부는 여하한 형태와 요소와 인물로 구성되든지
장수하지는 못할 것이다.**

왜, 무엇을 위해 그토록 싸웠을까? 누가 누구와 싸웠을까? 그 기자가 말한 '양 파'란 누구일까? 사실 민주당은 싸움에는 이미 이골이 나 있었다. 독재 정권 아래서 정치는 대화와 타협과는 거리가 멀었다. 싸움 그 자체였다. 독재 정권은 야당을 무시하고 누르고 없애려고 했다. 야당은 거기에 맞서 싸우는 수밖에 달리 할 것이 없었다. 시대가 그랬다. 그 시대를 버티느라 체득한 싸움 기술 하나가 있었다. '뭉치면 살고 흩어지면 죽는다.' 이승만과 한 판 큰 싸움을 벌이기 위해 오 년 전 민주 세력은 대동단결해 민주당을 만들었다. 그렇게 모인 다양한 세력이 파벌로 뭉쳐 당 안에서도 싸움을 이어갔다. 그 파벌을 언론은 구파와 신파라 불렀다. 한민당과 민국당 출신 인사가 모인 세력을 구파라 하고, 민주당 창당 시 새롭게 결합한 비민국계, 즉 흥사단계나 원내 자유당 탈당파를 신파라 불렀다. 구파는 조병옥을 중심으로, 신파는 장면을 중심으로 뭉쳤다. 물론 둘 사이를 칼로 무 베듯 가를 수는 없었지만, 둘 사이 차이가 적지 않았다. 구파와 신파는 출신

차이도 있었지만 정치 성향이 달랐다. 구파는 보수색이 짙고 타협적인 반면, 신파는 조직력이 강했고 투쟁적이었다.

신구파는 따로 둥지를 틀고 중요한 국면마다 사사건건 대립했다. 그래서 의견을 맞추고 행동을 같이하기가 몹시 힘들었다. 그래도 '외부에 거대한 적이 도사리는 현실'이 파국을 막아줬다. 끝내는 자제하고 타협했던 것이다. 1956년 정부통령 후보를 뽑을 때도, 1960년 정부통령 후보를 지명할 때도 아슬아슬한 순간이 있었지만, 이승만에 맞서야 한다는 절박감으로 넘길 수 있었다. 정책과 노선이 달라 싸웠던 것은 아니다. 언제나 당권이 문제였다. 지도부를 선출할 때마다 주도권을 쥐려는 싸움으로 몸살을 앓았다.

어찌어찌해 기어코 자유당 정권을 무너뜨리는 순간까지 왔다. 거대한 적이 혁명이 일으킨 바람에 사라졌다. 국회를 해산하고 7월 29일 새로 총선을 치렀다. 자유당 정권을 무너뜨린 민심은 민주당으로 향했다. 어디든 민주당 깃발만 꽂으면 당선될 판이었다. 밥상에 반찬이 많으면 젓가락이 부딪친다고, 먹을 게 많으니 싸움이 벌어졌다. 바깥에 적이 사라지자 자제와 타협도 사라졌다. 자제와 타협이 없으니 싸움은 더 지독해졌다. 233개 선거구에 자기네 사람을 하나라도 더 공천하려고 신구파는 죽기 살기로 싸웠다. 공천자 조정이 안 되면 당 공천 따위는 아예 무시해버렸다. 공천에서 떨어졌어도 무소속은 물론이고 민주당 소속으로 버젓이 출마했다. 233개 지역구에 민주당 소속으로 출마한 민의원 후보자 수가 무려 301명이나 되었다. 신구파는 당이 공천한 후보가 아니라 공천에서 떨어진 자파 후보 유세하느라 더 바빴다. 선거판은 민주당 신파와 구파가 벌이는 싸움판이 되었다. 왜 그토록 치열하게 싸웠을까? 이유가 있었다. 다수파가 되면 대통령과 총리를 모두 차지할 수 있었던 것이다.

갈수록 태산이었다. 신구파는 아예 딴살림을 차릴 기세였다. 선거대책본부를 따로 꾸리고, 선거 전략도 따로 짰다. 짐을 싸도 수백 번은 쌌을 텐데 서로 눈치만 보고 있었다. 공천 갈등이 한창이던 7월 11일 구파 유진산이 먼저 말을 꺼냈다. 선거 이후에 민주당을 둘로 나누자고 했다. 내세운 분당 논리는 그럴듯했다. 민주당이 압도적으로 이기면 일당독재나 마찬가지니 신구파가 각기 다른 당으로 나뉘어 경쟁해야 한다는 것이다. 그 논리가 어느 정도 먹혔다. 자유당이 하나 민주당이 하나 일당독재는 좋을 게 없다는 말은 꽤 설득력이 있었다. 게다가 민주당을 창당한 목적도 일당독재를 막기 위함이었다. 창당선언문은 일당독재를 막겠다는 다짐으로 시작했다.

민주정치의 요체는 2개 이상의 정당이 자유롭고 건정하게 병존발전하여 상호비판, 견제함으로써 국리민복을 보장하고 국정에 대한 책임을 명백히 하는 동시에 국민의 의사에 따르는 정권의 원활한 이동으로서 정치광정과 청신을 기함에 있다.

집권을 눈앞에 두고 구파는 왜 분당론을 꺼냈을까? 그것도 선거가 한창일 때에? 그만한 계산이 있었다. 선거 전략상 유용했던 것이다. 우선은 공천에서 떨어진 사람을 구태여 출마시킨 명분이 되었다. 유권자들에게 민주당을 견제할 다른 당을 만들 테니 구파 후보를 당선시켜달라고 호소할 수 있었던 것이다. 구파 후보들에게도 큰 동기부여가 되었다. 선거 후 분당할 테니 걱정하지 말고 반드시 이겨서 돌아오라고 부추겼다. 신파는 분당론에 펄쩍 뛰었다. 안정적으로 정부를 운영해야 할 집권당이 분당이라니 제정신이냐고 했다. 이념이나 정책이 다른 것도 아닌데 왜 굳이 분당하겠다는 것이냐고 했다. 반독재투쟁을 하다 보니 전술상 강경파와 온건파가 생겼던 것이라면서 집권하면 이 문제도 당연히 해결될 것이니 분당하자는 소리를 거두라고 설득하기도 했다.

신파가 어르고 달랬지만 구파를 돌려세울 수는 없었다. 분당은 이제 시간문제처럼 보였다. 이미 심리적으로는 분당 상태나 마찬가지였다. 신파와 구파는 벌써 제각기 대통령과 총리를 선출할 구상을 하고 있었다. 조금이라도 유리한 고지를 점하기 위해서는 세를 키워야 했다. 선거가 끝나자마자 당선자를 한 사람이라도 더 자기 파로 끌어들이려 경쟁이 벌어졌다. 그 풍경은 그야말로 가관이었다. 지방에서 기차를 타고 올라오는 당선자들을 서울역으로 마중 나가 납치하듯 데려가 구워삶기도 했다. 이렇게 사력을 다해 자파에 합류시킨 당선자들을 모아놓고 당선자대회도 따로 열었다. 신파는 종로에 있는 중국집 대명관에서, 구파는 서울 시청 옆에 있는 중국집 아서원에서 모였다. 신파는 민의원 75명, 참의원 13명을 모았고, 구파는 민의원 84명, 참의원 17명이 함께했다. 중국 음식 취향만 같았을 뿐, 나머지는 죄다 갈라져 있었다.

  의원을 더 많이 모은 구파는 자신만만하여 분당을 서둘렀다. 분당하더라도 자신들이 대통령과 총리를 모두 차지할 수 있다는 계산이었다. 신파가 대통령은 구파가 맡되 총리는 양보해달라고 요구했지만, 그런 징징거리는 소리쯤은 한 귀로 듣고 한 귀로 흘렸다. 구파는 대통령과 총리 둘 다 차지한다는 입장이었다. 자기 파인 김도연과 윤보선 중에 누구를 대통령으로 하고 누구를 총리로 삼을지 행복한 고민에 빠졌다. 신파가 대통령은 윤보선으로, 총리는 장면으로 정했다는 소식이 알려졌다. 구파는 어림 반 푼어치도 없다는 듯 1960년 8월 4일에 대통령은 윤보선, 총리는 김도연으로 내부 입장을 정했다. 그러면서 '결별 선언'에 가까운 특별 성명도 발표했다.

> **내각책임제 아래서 건전야당이 없는 이 정국에서 너무 비대해져 있는 민주당은 두 개 정당으로 갈라져야 하며 강력한 국정 수행은 뜻 맞는 인사들끼리 책임지는 정치를 통하여서만 가능함으로 구파는 국민여망에 따라 책임지고 정권담당에 매진할 것이다.**

대통령과 총리 선출이 다가오자 말은 더 거칠어졌다. 8월 7일, 국회 개원을 하루 앞두고 이번에는 구파 젊은 의원들까지 나서서 차라리 분당하자는 성명을 발표했다.

국민이 두려워서 민주당 간판 아래에 뭉쳐 있는 것처럼 위장하면서 마치 정적을 상대로 하는 것 같은 투쟁을 되풀이할 바에야 차라리 갈라서서 정정당당히 정책과 인물을 달리하면서 국민 심판을 받음이 마땅하다.

같은 날 열린 민주당 당선자총회에 구파는 참석하지 않았다. 이날 총회 불참이 분당을 알리는 신호였다. 신파만 모인 의원총회에서 분당론은 해당 행위라는 비난이 줄을 이었다. "민주당의 분당은 있을 수 없다"는 결의문도 채택했다. 분기탱천했지만, 굿 끝난 뒤에 날장구 치는 꼴이었다.

제2공화국 국회가 8월 8일 개원했다. 대통령 선출이 급선무였다. 바뀐 헌법 제53조에 따라 대통령은 양원합동회의에서 재적 의원 3분의 2 이상 득표로 당선된다. 대통령은 실권 없이 국가원수 권한만 행사한다. 신구파는 대통령에 구파 소속인 윤보선 최고위원을 선출하기로 쉽게 합의했다. 세가 약했던 신파는 대통령을 구파에 양보하는 대신 총리는 자신들에게 달라고 할 작정이었다. 하지만 구파가 실권도 없는 대통령직에 만족할 리 만무했다. 8월 12일 국회는 제2공화국 초대 대통령으로 윤보선을 선출했다. 총 투표수 259명 중 208명이 찬성했다. 압도적인 당선이었다. 문제는 총리였다. 신파나 구파나 실세인 총리에 눈독을 들이고 있었다. 둘 다 그럴듯한 이유도 내세웠다. 신파는 권력을 서로 나누자는 분점론을 들고 나왔다. 대통령을 양보했으니 총리는 자신들이 맡아야 순리라는 것이다. 구파는 단점론으로 맞섰다. 대통령이 구파니 총리도 구파가 해야 갈등 없이 국정을 안정되게 운영할 수 있다고 했다. 구파는 민주당 중앙위의장이자 구파 수장인 김도연을 총리로 밀었다. 총리를 지명할 권한은 대통령에게 있었다. 신파는 당파를 따지지 않고 대통령으로 밀어준 호의를 잊지 말라고 다그쳤다. 구파는 김도연을 총리로 지명하겠다던 약속을 잊지 말라고 닦달했다. 가자니 태산이요 돌아서자니 숭산이라, 윤보선 처지가 참 난감했다. 솔로몬처럼 총리직을 반으로 갈라야 할 판이었다. 아이를 그냥 포기하겠다는 어미는 없었고, 아이를 가져야겠다는 싸움만 점입가경으로 치달았다.

어쨌든 누군가를 총리로 지명해야 했다. 총리 지명 절차는 헌법 제69조에 정해져 있었다. '대통령이 총리를 지명하고 민의원 재적 과반수 동의를 얻어 임명한다.' 팔은 안으로 굽는다고, 윤보선은 결국 8월 16일 구파 김도연을 지명해 국회에 동의를 요청했다. 구파는 신의를 지킨 윤보선을 치켜세웠고, 신파는 은혜를 저버렸다고 맹비난했다. 그렇게 엇갈린 분위기 속에서 동의안 표결이 다음 날 진행됐다. 윤보선도, 김도연도 구파가 지닌 세를 믿었다. 김도연은 표결 직전까지도 만면에 웃음을 띠며 기자들에게 국회 동의를 자신했다. 하지만 투표 결과는 그 웃음을 싹 가시게 했다. 총투표 224명 중 찬성 111명, 반대 112명, 무효 1명. 딱 1표가 모자라 부결이었다. 김도연 얼굴은 납빛이 되었고 윤보선은 체면이 사납게 되었다.

신파는 한숨 돌리고서는 군색해진 윤보선을 때렸다. 신파 김영선은 구파를 총리로 지명한 욕심과 옹졸함을 지적했다. '윤보선 대통령이 구파만의 대통령이냐!' 그러자 구파 소속 김영삼이 말 같지 않은 소리 말라고 했다. 윤 대통령이 장면을 지명하면 그때는 신파가 되는 것이냐고 타박했다. 총리 지명은 신파 구파 문제가 아니라는 것이다. 티격태격은 오래가지 않았다. 윤보선이 표결 하루 뒤인 8월 18일에 곧바로 장면을 총리로 지명한 것이다. 지명 마감일인 21일까지는 아직 시간이 있었던 터라 신파는 빠른 지명을 반기면서도 한편으로는 뭔가 미심쩍었다. 아니나 다를까, 윤보선과 구파는 물밑에서 짬짜미를 벌이고 있었다. 구파는 2차 총리 지명 전략을 두 가지로 정리해서 윤보선에게 전달했다. 이번에도 장면을 총리로 지명하지 말고 정면 승부하자는 방안과 장면을 지명하더라도 동의안이 가결되지 않을 것이니 일단 지명하고 3차 지명을 준비하자는 에두르기 방안이었다. 이번에도 장면을 지명하지 않는다면 신파가 사생결단으로 나올 것이 뻔했다. 윤보선은 이를 우려해 결국 두 번째 방안을 선택했다. 일단 장면을 지명해 반발하는 신파를 잠재워두고 표결에서 떨어뜨린 뒤 다시 구파를 3차 지명해 당선시키는 일석이조를 노린 것이다. 총리 지명을 앞당긴 것은 신파가 무소속 의원들을 포섭할 시간 여유를 최대한 줄여 장면 지명을 부결시키겠다는 의도였다.

　세상만사가 뜻대로만 된다면 무슨 걱정이겠는가. 8월 19일 그날도 일이 윤보선 뜻대로 되지 않았다. 국회는 장면 총리 동의안을 표결했다. 구파가 바란 것과는 달리 그만 가결되고 말았다. 총 투표수 225명 중 찬성 117명, 반대 107명, 기권 1명으로 장면이 제2공화국 총리가 된 것이다. 제2공화국의 국무총리 장면은 1951년 국무총리 장면, 1956년 부통령 장면과는 차원이 다르다. 이제 장면은 국정을 운영하는 행정수반인 내각제 총리였다. 장면 총리 동의안이 가결될 수 있었던 이유는 무엇일까? 어째서 윤보선이 예상한 결과에서 빗나갔을까? 표결 전, 무슨 일이 있었던 것일까? 모두가 궁금했다. 아슬아슬한 승부를 결정지은 것은 역시 무소속 의원들이었다. 무소속 의원들은 총리 인준에서 공동 행동 하기로 뜻을 모았다. 그들은 1차 총리 인준이 있기 전인 8월 13일에 총리 후보로 거명된 장면과 김도연에게 정책 질문서를 보냈다. 가장 큰 관심사는 거국내각 구성 방안이었다. 장면과 김도연 둘 다 총리가 되면 거국내각을 구성하겠다고 했다. 같은 거국내각을 말했지만 내용과 태도는 달랐다. 김도연이 말한 거국내각은 민주당 신구파 사람들을 균형 있게 쓰겠다는 정도였다.

"거국내각을 구성하더라도 그 범위는 책임정치의 한계를 벗어나지 않을 것이다." 무소속 의원들은 실망했다. 거국내각에 무소속은 끼워주지 않겠다는 말을 버젓이 한 것이다. 내용도 태도도 너무 성의가 없었다. 그에 반해 장면은 아쉽고 절박하게 나왔다. "민주당원끼리만 내각을 구성하겠다는 것이 아니라 민주당원이 아니라도 유능한 인사가 있다면 내각에 들어와야 한다." 무소속 의원들에게 적극적으로 구애를 펼친 것이다. 장면 동의안 가결은 약세였던 신파가 무소속 의원들에게 전력투구한 결과였다. 언론도 그렇게 분석했다. 무소속 의원 15~16명이 공동 행동을 해 장면을 총리로 만들었다는 것이다. 구파는 언론 분석과는 다른 말을 했다. 배신자들 때문에 패배했다는 것이다. 구파 의원 일부가 신파가 꼬드기는 말에 넘어가 배신했다며 배신자 색출에 나섰다.

일이 이렇게 된 마당에 분당을 늦추고 자시고 할 것도 없었다. 장면이 국회에서 총리 동의를 받던 날, 구파는 장면 내각에 참여하지 않겠다고 선언했다. 조만간 신당을 만들겠다는 입장도 공식화했다. 우선 별도로 원내교섭단체를 등록해서 활동하기로 했다. 마지막까지 분당을 막아보려는 시도도 있기는 했다. 윤보선, 장면, 곽상훈, 유진산이 만나 구파 인사 최소 다섯 명을 내각에 포함시키는 데 합의했다. 그러나 구파나 신파 모두 그 합의를 받아들이지 않아 합의서는 곧장 휴지 조각이 되었다. 제2공화국 내각 명단이 발표되었다. 내각 명단 중 구파 인사는 교통부 장관 정헌주 의원이 유일했다. 혹시나 했던 구파는 내각 명단을 보는 순간, 남은 미련마저 완전히 접었다. 이내 '민주당구파동지회'를 원내교섭단체로 등록하기로 했다. 그러면서도 분풀이는 잊지 않았다. 대상은 장면 내각에 들어간 구파 정헌주 의원이었다. 구파를 배신하고 한자리 얻겠다고 신파로 넘어갔다는 것이다. 정헌주는 부끄러울 것 없다며 국회 연단에 섰다. 민주당 사람으로 소신을 갖고 장면을 지지한 것이 뭐 그리 큰 잘못이냐고 목소리를 높였다. 신파니 구파니 하는 것은 친소관계로 만들어진 사교 클럽에 지나지 않는데 그게 뭐 그리 대단하다고 신주단지 모시듯 하냐고 되레 꾸짖었다. 앉아서 듣던 구파 의원들은 말이 끝나기도 전에 적반하장도 유분수라며 고래고래 소리를 질렀다. 개중에 끝내 분을 참지 못한 누군가가 단상으로 뛰어들었다. 이내 정헌주에게 달려들어 멱살을 잡아 바닥으로 내동댕이쳤고, 여기에 신파와 구파 의원들이 뒤엉켜 본회의장은 삽시간에 아수라장이 되었다. 자유당과 싸우던 회의장에서 이제는 민주당 집안싸움이 벌어지고 있었다. 국회 본회의장을 민주당 의원총회장쯤으로 착각한 모양이었다. 어쨌든 아름다운 이별 같은 것은 없었다.

끝내 구파는 딴살림을 차렸다. 본회의장에서 육탄전이 벌어지고 닷새 뒤인 8월 31일 구파 86명은 '민주당구파동지회'를 원내교섭단체로 등록했다. 장면 정부를 견제하는 야당이 되겠다고 했다. 원내총무로 유진산을 뽑았고 이민우와 김영삼이 부총무를 맡았다. 이로써 국회는 신파가 중심인 민주당 95명, 구파로 이뤄진 민주당구파동지회 86명, 무소속 의원 모임인 민정구락부 46명으로 운영되었다. 민주당 신파만으로는 과반 의석이 안 되니 국정을 안정적으로 운영할 수 없었다. 민주당 신파는 구파와 연립내각을 구성하려고 시도했다. 9월 9일 장면은 구파 김도연과 만나 연립내각 구성에 합의했다. 9월 12일 장면은 2주 전에 발표한 제1차 내각을 백지화하고 새로 제2차 연립내각을 발표했다. 발표된 내각 명단에는 구파 소속 의원 5명이 들어 있었다. 구파에게 준 장관 자리가 하나같이 알량하다는 불만도 있었지만, 내분을 수습하고 당을 정상화하자는 협상 분위기를 만들기에는 충분했다. 양 파는 협상 조건을 내놓았다. 구파는 당권을 차지하는 쪽으로 방향을 잡았다. 장면 총리더러 대표최고위원직을 사퇴하고 그 자리를 구파에게 넘기라고 했다. 구파에게 더 많은 중앙당직 자리를 달라고도 했다. 이에 반해 신파는 총리가 대표최고위원을 겸직하되 당직은 균형을 맞추자고 해 협상은 평행선을 달렸다. 몇 차례 협상이 이어지다 9월 29일 제4차 협상에서 대표최고위원직을 구파에게 넘기라는 요구를 신파가 거부함으로써 협상은 사실상 깨졌다. 이 와중에 구파도 분당파와 협상파로 갈려 혼란을 더했다.

구파 내 분당파는 10월 13일 신당 발족을 선언했다. 신파는 그 틈에 협상파와 눈을 맞췄다. 협상파가 요구한 몇 가지 조건도 들어줬다. 11월 21일 협상파에 속하는 구파 소속 의원 21명이 민주당에 재입당하자 신파는 얼굴이 밝아졌다. 구파는 11월 24일 민주당구파동지회를 해체하고 신민당으로 명칭을 변경했다. 12월 14일에 신민당을 중앙선거관리위원회에 공식 등록해서 민주당과 완전히 갈라섰다. 신민당은 해를 넘겨 1961년 2월 20일 창당대회를 열고 민의원 65명, 참의원 17명이 참여하는 제1야당이 되었다. 창당하자마자 신민당은 야당 본색을 드러냈다. 정권교체를 목표로 장면 정권을 집요하게 공격했다. '자신이 없으면 정권을 내놓으라'는 소리를 대놓고 했다. 언론도 가세했다. 연일 장면 정부를 향해 따가운 비판을 쏟아내며 장면 총리 하야까지 촉구했다. 그들은 그렇게 싸우느라 자신들이 같은 운명으로 묶여 있음을 잊었다. 새삼 그 사실을 깨닫게 되었을 때는 이미 비극이 덮쳐 오고 있었다.

박정희가 탱크를 앞세워 한강 다리를 건넜다. 1961년 5월 16일, 신민당이 만들어진 지 석 달, 장면 정부가 들어선 지 여덟 달 만이었다. 12년 독재 끝에 세운 정부가 눈 깜짝할 새 무너지고 만 것이다. 너무나 허탈하고 허망한 순간이었다. 무엇이 어디서부터 잘못되었는지 한갓되이 '역사의 시계'만 되돌려보았다. 민주당 신구파가 한창 싸우고 있을 때 국회 앞에는 '당파상쟁은 이조 오백 년 망국의 본이다'라고 쓰인 현수막들을 들고 분당하지 말라고 연일 소리치는 당원들이 있었다. 민주당이 그 요구대로 분당만 하지 않았다면 어땠을까? 구파가 신파와 좀 더 협력했으면 어땠을까? 그랬다면 쿠데타를 막을 수 있었을까? 물론 그 어떤 가정으로도 쿠데타 세력을 정당화할 수는 없다. 마찬가지로 어떤 이유로도 민주당이 4·19혁명이 부여한 소명을 저버렸다는 사실을 가릴 수는 없다. 분열하는 순간에 혁명에서 흘린 피로 세운 민주당 정부는 이미 실패할 운명이 정해졌는지도 모른다. 신구파의 분열은 당을 무너뜨렸을 뿐만 아니라, 대한민국이 군홧발에 짓밟히는 길을 열어주고 말았다. 민주당 역사에서 가장 부끄러운 순간이었다.

만발한 사쿠라

1964년 벽두부터 거대한 회오리가 몰아쳤다. 1952년부터 진행해왔다는 한일회담 내용이 알려진 것이다. 정부는 한일협정을 밀어붙일 태세였다. 대놓고 제2의 이완용이라도 되겠다고 큰소리를 쳤다. 수난과 굴욕의 역사가 되살아나는 듯했다. 야당과 사회단체, 대학생들은 제2의 을사조약이라며 격렬하게 저항했다. 4·19혁명 이후 가장 격렬한 반정부 시위인 6·3항쟁까지 벌어졌다. 6·3항쟁은 6·3 계엄으로 이어졌다. 박정희는 서울시 전역에 계엄령을 선포하고 야당과 대학생 시위를 총칼로 막았다. 그 절박한 순간, 야당 안에서는 때아닌 '사쿠라'가 만발했다.

이 무렵, 민주당은 민정당과 민주당으로 갈라져 있었다. 민정당에는 구파가, 민주당에는 신파가 모여 있었다. 의석수가 적었던 민주당은 국민의당, 자유민주당과 함께 삼민회라는 교섭단체를 꾸려 활동했다. 그렇게 야권은 민정당과 삼민회가 중심이 되었다. 야4당은 '계엄 아니면 할 수 있는 게 없냐'며 박정희를 힐난하고 계엄 해제를 강력히 요구했다. 국회에서 정당 대표 연설에 나선 민정당 대표 윤보선은 박정희 퇴진까지 거론했다.

> 반성도 없고 성의도 없고 민주주의의 사상도 없는 박정희 씨에 대해서
> 우리 국회가 그의 노예가 되느냐,
> 그의 후견자로서 그를 달래며 끌고 가느냐,
> 그러지 않으면 그의 진퇴를 요구하느냐,
> 이 가운데서 우리는 그 하나를 택할 시기에 이르렀다.

야당은 계엄 해제 요구 결의안을 제출했고, 6월 22일 본회의에 상정되었다. 한 달 넘게 처리하지 못하다 7월 28일에서야 만장일치로 국회를 통과해 계엄이 해제되었다. 박정희 정권이 계엄 해제 요구를 순순히 받아들인 데는 다른 꿍꿍이가 있었다. 박정희는 반정부 시위를 반정부 언론 탓으로 돌렸다. 언론 선동질에 국민이 현혹돼 그렇다는 것이다. 실제로 당시 신문들은 한일협정에 몹시 비판적이었다. 거기다가 반정부 시위에 나선 학생들을 두둔하는 기사도 잇따랐다. 언론은 그야말로 눈엣가시였다. 박정희는 언론을 끽소리도 못 하게 할 방법을 찾으라고 직접 지시했다. "언론의 무책임한 보도에 대해서도 책임을 추궁해야 하며, 이는 정부에 부여된 임무임을 깊이 인식해야 할 것이다." 지시가 떨어지자마자 정부와 공화당은 머리를 굴렸다. 계엄 해제를 미끼로 언론통제 수단을 마련하기로 했다. 그 수단이 바로 언론윤리위원회법이었다.

당시 언론계는 자체적으로 신문윤리위원회와 신문윤리강령을 만들어 자율 규제를 시행하고 있었다. 정권은 자율적 규제를 강화한다는 명분으로 언론윤리위원회법을 들고 나왔다. 전문 20조와 부칙으로 이루어진 언론윤리위원회법 핵심 내용은 이랬다.

언론 자율규제를 위해 언론윤리요강을 제정하고 언론윤리위원회와 언론윤리심의위원회를 설치한다. 그 위원회가 기사나 보도가 언론윤리요강을 어겼는지 심의한다.

심의 대상은 '국가의 안전 및 공안의 보장에 관한 사항, 국가원수의 명예 존중에 관한 사항, 언론의 사회적 책임에 관한 사항, 보도와 논평의 공정성 보장에 대한 사항'이었다. 전국 신문사 발행인과 방송국 사장들은 언론윤리위원회 회원으로 가입해야 하고 언론 윤리 위반자는 자격정지나 제명까지 가능했다. 언론사를 통제하고 장악하겠다는 의도가 뻔히 보였다. 언론계는 즉각 저항에 나섰다. 언론윤리위원회법철폐투쟁위원회도 결성하고 전국언론인대회도 열었다. 언론단체들은 법률이 시행되더라도 협력을 거부하기로 했다. 언론사들은 대통령·국회의장·대법원장의 8·15 경축사 보도까지 거부하겠다고 나왔다. 언론을 통해서만 국정 홍보가 가능했던 시절이라 정부로서는 곤혹스러웠다.

야당도 크게 반발했다. 언론윤리위원회법안은 정권을 비판하지 못하게 막는 언론재갈법이라고 비판했다. 야4당은 법안 저지를 공동 목표로 삼고 대책위원회를 꾸렸다. 7월 29일 0시, 정부가 계엄을 해지하자마자 공화당은 언론윤리위원회법안을 국회에 제출했다. 민정당은 7월 31일에 의원총회를 열어 법안 자체를 반대한다는 당론을 정하고, 구체적인 전략은 원내총무단에 맡겼다. 윤보선 대표도 비장한 각오를 밝혔다. '당 명운을 걸고 법안 통과를 막겠다.' 법안은 관련 상임위인 문공위원회에서 심사하고 있었다. 7월 31일, 여야는 한여름 밤을 꼬박 새워가며 심의를 진행했다. 민정당과 민주당 등 야당 소속 문공위원들은 여당 의원들을 달래도 보고 호통도 치며 입씨름을 했다. 심의는 다음 날 새벽까지 무려 17시간이나 이어졌다. 8월 1일 동터 올 무렵, 어처구니없는 일이 벌어졌다. 공화당이 느닷없이 법안을 스스로 폐기해버렸다. 야당이 지연작전으로 나오자 전략을 바꾼 것이다. 공화당 내부에 상임위에서 세월아 네월아 하다가 어느 세월에 법안을 통과시키겠냐는 질책이 있었던 모양이다. 상임위에서는 법안을 폐기하고 대신 본회의에 직접 제출하기로 했다. '위원회에서 폐기된 의안은 의원 30인 이상의 요구가 있을 때에는 그 의안을 본회의에 부의하여야 한다'는 국회법 제79조를 악용하려는 속셈이었다.

8월 1일 오전, 곧바로 국회 본회의가 시작되었다. 공화당이 법안을 본회의 안건으로 상정했다. 대통령이 닦달한 탓인지 공화당은 득달같이 달려들었다. 야당은 '다수 의석만 믿고 이랬다저랬다 변덕을 부리며 국회 절차도 마음대로 주무른다'고 공화당을 강하게 비난했다. 여야 공방은 밤을 꼬박 새워 다음 날 새벽 3시까지 이어졌다. 정회를 하고 8월 2일 오전에 본회의가 다시 열렸다. '언론 자유'를 두고 공방이 이어졌다. 토론에서 나오는 주장들을 듣자니, 같은 야당이지만 민정당과 삼민회 입장이 사뭇 달랐다. 민정당은 법안 자체를 폐지해야 한다는 쪽이었지만, 삼민회는 독소조항만 없애고 언론인 보호 규정을 넣자고 했다. 삼민회가 그렇게 고친 수정안을 내자 민정당 안에서 분란이 일어났다. 윤보선이 이끄는 강경파는 수정안에 반대했지만, 유진산이 이끄는 온건파는 수정안 정도면 받아들여야 한다고 했다. 민정당은 입장을 정하려고 의원총회를 열었지만, 갑론을박만 이어지다 당론을 정하지 못한 채 본회의에 참석해야 했다. 공화당은 자신이 낸 법안을 철회하고 삼민회가 제안한 수정안을 받아들이겠다고 했다. 수정안은 과도한 벌칙을 낮추고 언론심의회 구성에서 공보부 장관 추천을 없앴다. 명예훼손 대상도 헌법상 국가기관에서 국가원수로만 한정했다. 공화당이 수정안을 받아들이겠다고 하자 분위기는 누그러졌고, 표결이 시작되었다. 그러자 이상한 일이 벌어졌다. '당의 운명을 걸고 막겠다'고 호언장담했던 민정당 의원들이 조용히 본회의장을 빠져나간 것이다. 삼민회 의원 일부도 따라 나갔다. 그러는 사이에 투표 결과가 나왔다. 재석 149명 중에 찬성 96표로 법안은 통과했다. 언론은 야당 태도에 의구심을 가졌다. '여당과 묵계를 맺은 야당이 방관해 법안이 통과되었다.'

법안이 통과되자, 민정당 안에서는 '사쿠라'라는 말이 떠돌았다. 법안이 통과한 다음 날인 8월 3일, 민정당은 곧바로 의원총회를 열었다. 회의를 시작하기도 전에 장내는 아수라장이 되었다. 원외 위원장 이십여 명이 들이닥쳐 책상을 내리치며 고함을 질렀다. "왜 표결을 막지 않고 퇴장했느냐!" 의원들을 향해 삿대질하며 '사쿠라 같은 놈들'이라고 싸잡았다. 의자를 집어던지고 책상을 뒤엎는 난동이 이십여 분간이나 이어졌다. 그러나 그게 끝이 아니었다. 그 이십 분은 앞으로 66일간 계속될 파국, 소위 제1차 진산파동을 알리는 서막일 뿐이었다.

8월 5일, 민정당 중앙상무위원회가 열렸다. 잔뜩 찌푸린 채 침묵을 지키던 윤보선 당수는 짧은 말 한마디만 남기고 자리를 떠버렸다. "우리 당 안에 속칭 사쿠라가 있다는 풍설을 그대로 둔 채 당의 대표 자리에 머물 수 없다." 그 역시 어떤 의심을 품고 있었다. 당내 인사가 공화당과 묵계 또는 거래를 했다는 것이다. 그러지 않고서야 본회의장을 두 발로 걸어 나와 법안 통과를 방조할 리가 없다고 봤다. 어떤 묵계가 있었다는 것일까? 그가 의심하는 묵계는 '정계 개편'이었다. 당내 인사가 공화당으로부터 향후 정계 개편을 보장받는 대가로 법안 통과에 협력했다고 봤다. 박정희 정권이 민정당 내 온건파를 지원해 강경파를 제거하려는 음모를 꾸몄다는 의심까지 품었다. 당수가 자리를 박차고 나가자 분위기는 일거에 냉랭해졌다. 남은 사람들은 수습책을 논의했다. 묵계가 있었다는 의심이 크니, 우선 '묵계설 진상 조사 7인 위원회'를 구성해 묵계나 거래가 진짜 있었는지 밝히기로 했다. 윤보선은 화가 단단히 난 듯했다. 진상 조사가 있기도 전에 유진산을 왕사쿠라로 지목했다.

스탈린과 당을 같이할지언정 진산과는 같이 할 수 없다.

유진산을 제명해야 한다며 당 감찰위원회에 유진산을 고발하기까지 했다. 유진산 쪽도 당하고만 있지 않았다. 밑도 끝도 없이 묵계 운운한다며 생사람 잡지 말라고 거세게 반발했다. 한마디로 모함이자 음해라는 말이었다. 실제로 뚜렷한 증거는 없었다. 고작 언론이 흘린 '여야 묵계설'이 다였다.

  윤보선과 유진산 사이에 벌어진 갈등이 파국으로 갈 조짐을 보이자 몇몇이 중재에 나섰다. 그들은 두 사람 사이를 바삐 오갔다. 그 중재를 빌미 삼아 유진산은 윤보선을 두어 차례 만났다. 사태를 수습하자고 이런저런 타협안도 내놓았지만, 윤보선은 완강했다. 어떤 실마리도 잡히지 않았다. 윤보선은 오히려 더 강경한 발언을 쏟아냈다. "당이 깨지는 한이 있더라도 묵계설의 진상을 캐는 일을 포기할 수 없다." 유진산도 맞대응했다. 윤보선이 모든 책임을 자신에게 뒤집어씌운다고 날을 세우며 온갖 말을 다 쏟아냈다. 급기야 폭로까지 터뜨렸다. "본회의장에서 퇴장한 것은 당 대표인 윤보선이 이미 양해한 바이다." 책임은 자신이 아니라 윤보선에게 있다는 것이다. 결국 묵계설 진상 조사 7인 위원회는 조사보고서를 감찰위원회에 제출했다. 보고서를 검토한 감찰위원회는 우여곡절 끝에 유진산 제명을 결의했다. 이제 당무위원회와 의원총회 결정만 남았다. 그러나 유진산이 당하고만 있을 리 없었으니, 제명 절차도 제대로 진행될 수 없었다. 민정당 안에서 유진산 측은 결코 만만한 세력이 아니었다. 즉시 반격에 나섰다. 묵계설은 사실무근이므로 감찰위원회가 내린 제명 결의도 무효라고 선언했다. 8월 24일 유진산 제명을 위한 당무회의가 열렸지만, 제명에 반대하는 당원들이 난입해 회의장은 아수라장이 되었다. 끝내 당무회의는 진행되지 못했다. 그 후 한 달 넘도록 제명 절차는 진행되지 못했다. 당은 점점 깊은 수렁으로 빠져들고 있었다.

마침내 유진산 제명을 결정할 중앙상무위원회가 열렸다. 10월 8일, 총 투표수 365명 중 찬성 189명, 반대 171명, 무효 4명, 기권 1명으로 유진산은 결국 제명되었다. 유진산은 결정에 승복한다는 짧은 말을 남기고 민정당을 떠나 무소속 국회의원이 되었다. 이로써 66일간 벌어진 소동, 소위 제1차 진산파동은 끝이 났다. 이 격렬했던 소동은 깊은 상처를 남겼다. 당은 두 동강이 난 것이나 진배없었다. 참 씁쓸한 풍경이었다. 정치가 암만 비정하다지만, 윤보선과 유진산 관계가 이렇게 파탄 나리라고는 아무도 생각하지 못했다. 조병옥이 갑작스럽게 죽었을 때, 민주당 구파는 구심점을 잃고 흔들렸다. 그때 유진산은 구파 안에 세력이 없던 윤보선을 새 구파 지도자로 추대해 적극 지원했다. 둘은 구파를 이끌고 민주당에서 나와 신민당을 함께 차렸다. 유진산은 윤보선을 대통령으로 옹립하고 자신은 신민당 간사장을 맡았다. 윤보선이 대통령일 때도 정치적 참모 역할을 도맡았다. 5·16 쿠데타 이후 정치를 하지 않겠다는 윤보선을 설득해 다시 정치에 나서게 하고, 야권을 정비해 민정당 창당을 주도한 이도 바로 유진산이었다. 5·16 당시 윤보선이 박정희에게 협력했다는 야당 내 비판에도 불구하고 유진산은 그를 5대 대통령 선거 후보로 밀어붙였다. "어쨌거나 군정의 실력자 박정희를 인물로 압도할 수 있는 사람은 대통령을 역임한 윤보선밖에 없다"며 당 사람들을 설득했다. 하지만 권력은 자식과도 나누지 않는다고 했던가. 윤보선은 당 안에서 유진산 세력이 점차 커지자 불안했는지도 모른다. 결국 견제에 나서면서 둘 사이는 금이 가기 시작했다. 그렇게 크고 작은 파열음이 이어지더니 결국 파국을 맞았다.

제1차 진산파동은 민주당 역사에서 중요한 분기점이다. 지금까지 야당은 인맥을 중심으로 형성된 파벌 구도 속에서 분열했다. 민주당과 신민당이 분당할 때에도 민주당 신파와 구파라는 파벌 자체가 분열을 일으킨 원인이었다. 진산파동에서 나타난 분열은 이전과는 좀 달랐다. 파벌 구도보다는 투쟁 방식을 두고 강경론과 온건론으로 갈라졌다. 강경파는 공화당이 의회 다수인 처지에서 의회 투쟁으로는 할 수 있는 게 없다며 국회 밖 재야 세력과 함께 원외에서 강경투쟁을 해야 한다고 주장했다. 윤보선은 지금은 정권을 타도하려면 선명한 야당이 되어야 한다고 촉구했다.

외국의 야당은 정책대결을 할 수 있지만 우리나라에서는 누가 애국적이고 양심적이며 누가 비애국적이고 비양심적인가의 대결이다.

반면 유진산이 중심인 원내 온건 세력은 집권 여당을 견인하고 필요하다면 타협도 해야 한다고 주장했다. 선명한 투쟁만이 능사가 아니라는 것이었다. 대안을 제시하거나 타협할 수 있는 방향으로 협상하여 최악을 막고 실질적인 성과를 내야 한다고 했다.

정부나 집권당에 독설만을 퍼붓고 그 정권이 전복되기만을 바라며 정치인이 정치투쟁 이외의 어떤 작용에 의해 정권이 오기를 바라는 것은 가치 없는 일이다.

강경노선과 온건노선이라는 이 두 갈래 길은 야당 내 갈등과 분열을 낳는 중요한 원인이 되기 시작했다. 민주당 세력이 다시 통합해 만든 민중당도 그렇게 갈라지고 말았다. 여기에 정권이 벌이는 공작까지 겹쳐 서로를 사쿠라로 의심하고 불신하는 일이 잦아졌다. 이제 사쿠라는 어느 때고 만발할 수 있었다.

국회냐, 거리냐

바야흐로 한일협정이라는 거센 격랑이 몰려오고 있었다. 야당들은 그 격랑을 함께 이겨내자며 뭉쳤다. 결국 민주당 사람들은 헤어진 지 사 년 만에 다시 손을 맞잡았다. 그렇게 단일 야당, 민중당이 탄생했다. 어렵게 다시 만났건만, 이별은 어쩌면 그리도 쉽고 빨랐을까? 게다가 시도, 때도 가리지 않았다. 이번에도 민주당 사람들은 군사정권에 맞서야 하는 결정적 찰나에 다시 갈라섰다. 무엇을 위해, 왜 헤어져야 했는지 누구도 똑 부러진 말은 없었다.

박정희는 굴욕스러운 한일협정을 밀어붙였다. '제2의 이완용'이 되더라도, '제2의 을사조약'이라 해도 기어이 한일협정을 체결하겠다고 했다. 국민들은 격렬히 저항했고, 그 저항을 이끌 강력한 야당을 원했다. 흩어져 있는 야당들이 힘을 합쳐야 한다는 여론이 높았다. 1965년 6월 15일, 야4당은 민중당 간판을 내걸고 뭉쳤다. 민중당 창당 직후인 6월 22일, 일본 수상 관저에서 한국 이동원 외무부 장관과 일본 시이나 에쓰사부로 외무상은 한일협정문에 서명했다. 그 소식이 전해지자 여당은 여당대로, 야당은 야당대로 바삐 움직였다. 정부는 임시국무회의를 열어 한일협정을 승인했다. 공화당도 곧바로 환영 논평을 냈다. 이제 마지막 관문 하나만 남았다. 국가 간 조약은 국회 비준을 거쳐야 한다. 공은 국회로 넘어왔고, 야당은 철벽 수비에 나섰다.

민중당은 강경투쟁에 돌입했다. 투쟁을 이끌 '대일굴욕외교 반대 범국민 투쟁위원회'도 꾸렸다. 민중당은 이미 창당 때부터 강경투쟁을 선언했다. 창당 결의문에서 만약 한일협정 국회 비준을 막지 못하면 의원직을 총사퇴하겠다고 다짐하기도 했다. 드디어 올 것이 왔다. 정부가 7월 14일 비준 동의안을 국회에 제출했다. 공화당은 곧바로 비준안을 본회의에 상정하려고 했고 민중당은 저지에 나섰다. 의장석을 차지하려는 여당 의원들과 이를 막으려는 야당 의원들이 뒤섞여 집단 난투극이 벌어졌다. 발길질과 주먹다짐에 쓰러지고 피 흘리는 의원들이 속출했다. 공화당이 인해전술을 펴서 끝내 의장석을 빼앗았다. 의장석을 차지한 밤 9시경, 공화당 의원들은 인간 바리케이트를 쳐 야당 의원들이 접근하지 못하게 막았다. 든든한 방어 속에서 국회의장은 2분 만에 동의안을 상정하고 곧바로 산회를 선포했다.

민중당은 힘으로는 안 된다는 사실을 절감했다. 이렇게 맞붙어봤자 백전백패라는 무력감이 엄습했다. 투쟁 방법을 두고 고민이 시작되었다. 애초 약속했던 '의원직 총사퇴' 카드를 만지작거렸다. 의원직을 사퇴하는 방법은 세 가지, 국회에 사퇴서를 제출하거나 탈당하거나 당을 해산하는 것이었다. 당시 헌법 제38조는 "국회의원은 임기 중 당적을 이탈하거나 변경한 때 또는 소속정당이 해산된 때에는 그 자격이 상실된다. 다만, 합당 또는 제명으로 소속이 달라지는 경우에는 예외로 한다"라고 규정하고 있었다. 의원이 탈당하거나 당이 해산하면 자동으로 의원직을 상실하는 것이다. 당내 강경파들은 약속한 대로 당장 의원직 총사퇴를 감행하자고 했다. 그러려면 당을 해체하거나 탈당해야 했다. 국회의장에게 사퇴서를 제출해봤자 국회가 부결하면 사퇴할 수 없었다. 강경파들은 당 소속 의원 전원이 일치단결해 당을 해체하거나 탈당계를 내자고 주장했다. 그러면서 당 해체를 주장하는 세 가지 이유도 들었다. "첫째, 당이 해산하면 당 소속 국회의원 전원이 자동적으로 의원직을 상실, 헌법 제36조 2항의 국회구성요건을 충족시킬 수 없게 된다. 둘째, 헌법 제7조 1항의 복수정당제 원칙도 이에 따라 허물어져 공화당만의 국회 비준은 위헌이다. 셋째, 이에 따라 제6대 국회를 해산하고 총선을 통해 국민의 심판을 받을 수 있는 새로운 계기가 마련된다."

온건파 의원들 생각은 달랐다. 지금은 국회에서 싸워야 할 때라고 했다. 닭 길러 족제비 좋은 일 시킨다고, 이 시점에 당을 해체하거나 탈당하면 공화당한테만 좋은 일이 된다는 것이다. 우선 막을 수 있는 데까지는 죽을힘을 다해 막자고 강경파를 설득했다. 국회에서 한일협정 문제점을 다부지게 따지고, 그것이 받아들여지지 않을 때 의원직 총사퇴서를 제출해도 늦지 않다고 했다.

이렇든 저렇든 결론은 내야 했다. 비준 동의안이 국회 본회의에 보고된 다음 날 민중당은 의원총회를 열었다. 의원직 사퇴서를 국회에 제출하기로 했다. 그런데도 즉각 총사퇴냐 더 버티느냐를 두고는 여전히 말들이 많았다. 7월 16일, 소속 국회의원들은 박순천 대표에게 의원직 사퇴서를 제출했다. 사퇴서를 국회에 제출하는 시점은 '적절한 때'로 정했다. 사퇴서에는 짧은 문장이 쓰여 있었다.

본인은 매국적인 한일조약비준동의를 저지하지 못한 책임을 느끼고 국회의원직을 사직하나이다.

박순천은 그 사퇴서들을 받아두는 동시에 정부와 협상도 시도했다. 혼란한 정국을 수습하기 위해 영수회담을 열자고 했지만, 청와대는 냉담했다. 오히려 공화당 지도부를 따로 불러 임시국회 안에 비준 동의안을 반드시 처리하라고 지시했다. 정부와 여당이 그렇게 일심동체로 비준안 통과를 준비하고 있을 때 민중당은 그야말로 개판 오 분 전이었다. 강경파는 윤보선 주도로 단독 행동에 나서, 당 해체 결의서와 탈당계에 서명을 받기 시작했다. 당에서 이미 입장을 정리했는데 반기를 든 것이다. 박순천 대표는 그들 하는 짓이 괘씸했다. 당이 일사불란하게 움직여도 모자랄 판에 왜 제각각 나서느냐고 분통을 터트렸다. 공화당을 돕는 이적 행위라며 징계까지 들먹였다. 당을 흔들어 당 주도권을 잡으려 한다는 의심도 컸다. 민중당은 그렇게 당내 갈등에 헛심을 쓰고 있었다.

그 갈등에 기름을 붓는 일이 생겼다. 7월 20일 박순천이 청와대를 찾았다. 며칠 전까지만 해도 거부하더니 무슨 바람이 불었는지 박정희가 다시 영수회담을 하자고 한 것이다. 아주 우호적인 분위기 속에서 두 시간가량 회담한 후, 5개 사항에 합의했다고 발표했다. 첫째, 헌정질서를 유지하고 여야 간 극한적인 대립을 지양토록 한다. 둘째, 제51회 임시국회는 21일로 마치고 근간 수해대책을 위한 긴급예산을 승인한다. 셋째, 제51회 임시국회 폐회 직후 제52회 임시국회를 소집한다. 넷째, 제52회 임시국회에서 한일협정 비준 동의안과 월남 파병 동의안을 다룬다. 다섯째, 제51회 임시국회 폐회 직후 제52회 임시국회가 개회될 때까지 외무, 국방위원회는 열지 않는다. 온건파는 영수회담이 큰 성과를 냈다고 평가했다. 특히 비준 연기를 이끌어냈으니 참 잘했다고 치켜세웠다. 반대로 강경파는 박순천이 박정희에게 말려들었다고 야박하게 굴었다. 매국적인 협정에 극한투쟁을 포기한 채 고작 타협이나 했다고 비난했다. 더 나아가 이제는 탈당과 당 해산 등 행동으로 보일 수밖에 없는 상황이 왔다며 강경투쟁을 다시금 내세웠다.

청와대를 다녀온 다음 날 의원총회가 열렸다. 이 자리에서 박순천이 영수회담 결과를 보고하자, 강경파들은 일제히 포문을 열었다.

52회 임시국회에서 한일협정 비준안을 다룬다는 합의를 두고 맹공을 퍼부었다. 비준 전에 의원직을 총사퇴하고 총선거를 실시한다는 당 기본 방침을 어겼다는 이유였다. 그러면서 비준을 목적으로 하는 국회 소집에는 절대 응해서는 안 된다고 주장했다. 박순천 대표에게도 비난을 화살처럼 쏘아댔다. 의원총회나 지도부 회의에서 일언반구도 없이 독단적으로 합의한 점을 문제 삼았다. 대표에게 그럴 권한이 있냐고 따지며 당장 합의 사항을 백지화하라고 다그쳤다. 온건파는 걱정도 팔자라며, 지금까지 하던 대로 대여투쟁은 조금도 흐트러지지 않고 밀고 나갈 테니 걱정 말라고 했다. 박순천은 자신이 협상에 응한 이유도 설명했다.

한일협정 비준안을 국회에 상정시켜놓고 축조심의하면서 무엇이 굴욕이고 무엇이 매국인가를 국민 앞에 가려내는 것이 야당의 옳은 자세라고 생각했다.

강경파와 온건파의 싸움은 좀처럼 잦아들 기미가 보이지 않았다. 그런 상황에서 7월 26일 민중당 중앙상무위원회가 열렸다. 비준 저지 대책을 논의하는 자리였다. 회의에서 내린 결론은 이랬다. '최대한 원내 투쟁을 펴고, 비준이 강행될 상황일 때 의원직을 총사퇴한다. 이를 관철하기 위해 탈당계 첨부를 권유하지만, 당 해체는 논의하지 않는다.' 일종의 타협책이었지만, 온건파 입장에 더 가까웠다. 강경파가 요구한 당 해체와 소속 의원 전원 탈당은 받아들여지지 않았다. 밤 10시 20분쯤 회의가 끝나자 강경파들은 고함을 치며 소란을 피웠다. "사쿠라들과는 당을 같이 못 하겠다."

사퇴 문제를 둘러싸고 민중당 의원들이 왈가왈부하자, 보다 못한 이효상 국회의장이 단호하게 정리해주었다. '야당 의원들이 비준 전에 사퇴해도, 공화당 의원들만으로 비준안을 처리하겠다.' 사퇴해도 대세에는 전혀 영향이 없으니, 사퇴할 테면 하라는 협박이자 경고였다. 그날 박순천과 윤보선이 만났다. 윤보선은 의원직 사퇴서와 탈당계를 내자고 강하게 요청했다. 박순천은 그 요청을 일단 수용하겠다고 했다. 그렇지만 탈당계를 제출하는 시기는 결정하지 못했다. 윤보선은 안달 난 사람처럼 다음 날 곧바로 박순천에게 탈당계를 냈다. 그러면서 기자들에게 말했다.

**비준 저지의 최후수단인 당 해체에 당원들 행동 통일을 기하는 데
도움을 주기 위해서 먼저 탈당계를 제출했다.
야당 의원 전원의 일치단결한 탈당을 보장하기 어려운 현실 아래
당 해체만이 비준 저지의 길이다.**

헌법은 복수정당제를 정하고 있으니 야당 없이 비준 동의안을 통과시키는 것은 위헌이자 무효라는 주장도 반복했다. 강경투쟁을 고집하는 의도가 당내 주도권을 빼앗으려는 데 있다는 비판을 의식했는지, 이렇게 덧붙였다.

**나의 주장을 곡해하는 일부 사람들이 당내 주도권 쟁탈이라고 말하나
매국적인 한일협정 비준 통과 후 나라가 없는 정당의 당수나 당의
주도권이 무엇에 필요한 것인가를 반문코자 한다.**

일이 윤보선 뜻대로 돌아가지는 않았다. 강경파 안에서도 이탈이 생긴 것이다. 7월 30일, 이미 탈당계에 서명한 강경파 김준연이 돌연 성명을 발표했다. "의원직 사퇴, 탈당, 해당(解黨) 등이 한일협정 비준을 저지하는 유효적절한 방법이 되지 못할 것을 자각하고 이를 포기한다." 비준을 저지하려면 국회 밖 저항운동뿐 아니라 국회 안에서도 싸워야 한다는 말이었다. 180도 달라진 태도였다. 김준연만 돌아

선 게 아니었다. 강경파 의원 중 상당수가 탈당계 내기를 머뭇거리거나 거부 의사를 내비쳤다. 윤보선은 그 변덕이 애달팠지만 물러서지 않았다. 이미 7월 28일에 냈던 탈당계를 박순천이 처리하지 않자 8월 4일 자신이 속한 종로구 지구당에 직접 탈당계를 냈다. 국회의장에게 사퇴서를 내도 반려될 게 뻔한 만큼 소속 지구당에 탈당계를 직접 제출해 의원직 사퇴를 확실히 실천하겠다는 의지였다. 정당법 제23조는 탈당계를 접수한 후 48시간 안에 당원 명부에서 해당 의원 이름을 없애도록 정하고 있었다. 윤보선이 물꼬를 트자 8월 6일 김도연, 서민호, 정일형 등이 소속 지구당에 탈당계를 냈다.

개별 행동이 잇따르자 당은 수습에 나섰다. 8월 5일 민중당 중앙상무위원회가 다시 열렸다. 의원 전원이 탈당한다고 결의했다. 7월 26일에 내렸던 결론을 완전히 뒤집은 것이다. 이번에는 온건파가 반발했다. 강경파는 중앙상무위원회 결의대로 탈당계를 제출하라고 재촉했다. 더 나아가서 당 해체를 위한 전당대회도 요구했다. 8월 7일 온건파는 타협안을 제시했다. '의원직 사퇴서를 국회의장에게 적당한 시기에 일괄 제출하되, 의원직 사퇴서 제출을 거부하는 의원은 제명한다. 국회가 의원직 사퇴서를 수리하지 않으면 탈당계를 낸다.' 강경파는 실현 가능성이 없다며 반대했지만, 의원총회에서는 이 타협안이 받아들여졌다. 8월 9일 의원 62명 중 4명을 제외한 58명이 의원직 사퇴서를 박순천 대표에게 제출했다. 민중당이 집안싸움으로 시끄러운 사이에 비준동의안심사특별위원회는 8월 11일 밤 11시에 대체토론도 없이 날치기로 비준 동의안을 통과시켰다. 다음 날, 민중당은 61명 의원 사퇴서를 국회의장에게 제출했다.

**한일협정 비준을 저지하지 못한 책임을 느끼고
국민의 열화 같은 항의를 받들어 의원총사퇴를 한다.**

의원직 사퇴서를 일괄 제출했지만, 완전 사퇴를 위한 탈당 여부를 두고 여전히 말들이 많았다. 탈당을 강행하려는 강경파와 탈당을 거부하는 온건파 사이에 더 이상 타협점은 없어 보였다. 양측은 헤어질 결심을 굳히고 결별 수순에 들어갔다. 8월 13일에도 몇몇 의원들이 지구당에 탈당계를 내 의원직을 상실했다.

한일협정 비준 동의안은 민중당 의원들 없이 8월 14일에 국회 본회의를 통과했다. 그러든가 말든가 민중당 강경파와 온건파는 지겨운 싸움을 계속했다. 이쯤 되면 도대체 무엇을 위해 싸우는지조차 모를 지경이었다. 강경파는 탈당하든지 당을 해체하든지 둘 중 하나를 선택하라고 요구했다. 온건파는 어떤 경우라도 당은 지켜야 한다며 탈당 요구를 거부했다. 강경파는 "어떤 명분을 붙이더라도 의원직 사퇴 후 국회 복귀는 있을 수 없다"라고 주장했다. 그러면서 비준 동의안이 통과되었으니 당을 해체하는 것이 맞다고 주장했다. "한일협정비준 저지가 최대의 창당 사명이었던 민중당이 그 사명에 실패했을 때 해당(解黨)은 당연한 것이다." 비준안이 통과되고 한 달 후, 국회는 본회의를 열어 민중당 의원 사직서를 반려했다. 온건파는 국회로 복귀하기로 결정했다. 강경파는 이에 반대해 '민족수호민중당정화동지회'를 조직했다. 국회 복귀에 반발하며 당사에서 단식 농성도 벌였다. 당은 걷잡을 수 없는 혼란에 빠졌다. 9월 25일 민중당 내분 수습을 위한 회의를 열고 '선 수습, 후 복귀'라는 원칙에 합의했다. 9월 28일에는 민중당 최고위원, 지도위원 합동회의를 열고 원내 복귀를 공식 선언하는 결의문을 채택했다.

**당초의 의원직 사퇴는 당이 잘못 선정한 지도노선이었으며,
그 후에도 이를 시정치 못하고 계속 질질 끌려가서 오늘의 상태에
이르게 된 것을 국민 앞에 사과하며 사퇴서를 냈던 소속의원들은
복귀하며 박정희 독재 정권에 맞서 투쟁한다.**

당 지도부가 국회 복귀 선언을 한 다음 날, 강경파는 곧바로 당사를 점거하고 원내 복귀 의원 화형식까지 벌였다.

강경파가 거세게 막아섰지만 당 지도부 방침에 따라 온건파 33명은 10월 11일 국회 본회의에 출석했다. 이 자리에서 박순천 대표는 당이 분열하여 한일협정을 막지 못했다며 국민께 사과했다.

갖은 잡음을 무릅쓰고 원내복귀를 단행함에 즈음하여 민주정치의 상도(常道) 위에 서서 국민 앞에 우리의 잘잘못을 또한 아울러 솔직히 밝히고자 한다. 지난날 군사통치하에서 군정의 일방적 의사에 의하여 제정되었다 하더라도 그러한 법 절차에 따라 선거에 임했다고 하면 건전한 의회정치의 발전을 바라는 한 이 나라 야당은 선거결과에 따라 헌정복귀를 긍정하였다. 한일협정 반대 투쟁을 명실상부한 국민적 기반 위에서 보다 효율적인 투쟁으로 전개하지 못한 채 자체 분열해 많은 오점을 남긴 것에 대해 국민 앞에 깊이 사과드린다.

갈등이 폭발했다. 봉합은 불가능했다. 강경파는 원내 복귀 결정을 항복 선언이자 야당의 조종(弔鐘)이라고 연일 비난했다. 10월 23일 민중당 원외지구당 당원 169명이 탈당해 민주구락부를 만들었다. 11월 1일에는 민족수호민중당정화동지회 소속 강경파 의원 14명과 당원 2,528명도 신당 창당을 선언하며 집단 탈당했다. 사실상 민중당은 분당했다. 민중당을 나온 이들은 탈당하는 심정과 신당 창당 의지를 결의문에 담았다.

**매국적 한일협정 반대투쟁 과정을 통해 진정한 민족관과 헌정관을 찾을 길이 없게 된 현 민중당을 집단적으로 탈당키로 한다.
우리는 마키아벨리즘을 정치로 아는 무리들과 결별, 선명 정직한 민족적 이념 야당이 출범하면 이에 전원 개인 자격으로 참여키로 한다.**

신당 추진 세력은 1966년 3월 30일 서울시민회관에서 창당대회를 열어 신한당을 창당했다. 민중당을 탈당한 민주구락부, 민중당 강경파, 대일굴욕외교 반대 범국민 투쟁위원회 재야 세력, 구자유당 인사가 한자리에 모였다. 진정한 야당이 사라져버렸으니 그 자리를 자신들이 메우겠다며, 선명 야당을 자처했다. 윤보선을 총재로 추대하는 동시에 아직 일 년 넘게 남은 대선 후보로도 지명했다. 그야말로 '윤보선 당'이었다. 그럴 줄 알았다는 듯, 민중당은 윤보선의 노욕이 야당을 갈라놓았다고 맹비난했다. 두 당은 서로에게 '무책임한 선동정치 집단' '사쿠라 야당'이라며 독설을 퍼부었다. 하지만 신한당이 한일협정 관련해 내놓은 기본 입장을 보면 그들은 왜 그토록 강경했고, 무엇이 온건파와 달랐는지 자못 의아했다. "한일국교를 원칙적으로 반대하지 않으나 국가적 이익에 배치되는 협정 내용을 폐지하거나 수정한다." 통합할 때는 큰 차이도 덮어두지만, 분열할 때는 작은 차이도 부풀렸던 것이다.

갈라진 유신 전야

분열은 언제나 민주당 내 비극에 그치지 않았다. 늘 역사의 후퇴라는 더 큰 비극으로 이어졌다. 쿠데타 세력이 첫 집권을 무너뜨릴 때도 민주당은 분열해 있었다. 한일협정 반대 투쟁을 하던 와중에도 민중당은 분열했다. 1971년 신민당도 그랬다. 당 안에 지독한 혼란과 분열이 벌어지고 있을 때, 밖에서는 유신이라는 거대한 쓰나미가 밀려오고 있었다. 안팎에서 이는 거센 파도에 신민당은 그야말로 속수무책이었다.

김대중과 박정희가 맺은 악연은 길고도 깊다. 김대중은 국회의원 선거에서 두 번 떨어진 끝에 1961년 보궐선거로 강원도 인제에서 당선되었다. 국회의원 선서를 하기 위해 서울로 향했으나, 박정희가 그보다 먼저 한강 다리를 건넜다. 국회가 해산되었고 김대중은 국회 문턱도 밟아보지 못한 채 발길을 돌려야 했다. 칠 년 후 김대중은 목포에서 다시 출마했다. 박정희는 야당 대변인 김대중을 경계하고 두려워했다. 당선을 막으려고 온갖 방해 공작을 폈지만 김대중은 기어코 당선되었다. 3선 개헌을 해 다시 대통령 선거에 나온 박정희는 신민당 대선 후보 김대중을 다시 만나야 했다. 악연도 이런 악연이 없었다.

대통령 선거가 1971년 4월 27일로 잡혔다. 군부독재에 짓눌려 있던 신민당에 생기가 돌았다. 40대 기수 김대중 덕분이었다. 젊은 정치인이었지만 김대중은 보통내기가 아니었다. "희망에 찬 대중의 시대를 구현하자." 비방과 비난만 난무했던 선거판에 세상을 바꿀 정책들을 들고 나왔다. 1970년 10월 16일, 신민당 대통령 후보가 된 김대중은 첫 기자회견에서부터 참신한 정책들을 쏟아냈다. 대통령 3선 조항부터 폐지하겠다고 했다. 빈부격차와 도시와 농촌 간 이중구조, 대기업과 중소기업 사이 불균형을 없애 대중을 위한 경제체제를 만들 방책들도 제시했다. 향토 예비군을 폐지하고, 남북 사이 교류와 접촉도 추진하겠다고 했다. 4대국이 한반도 전쟁 억제를 공동으로 보장할 것도 요구했다. 그가 한 말과 내놓은 정책들은 신선하고 발랄했다.

김대중은 박정희를 매섭게 몰아붙였다. 그 난리굿을 치며 3선 개헌을 한 속셈이 따로 있다고 주장했다. 그는 박정희가 이번 선거에서 이기면 영구총통제를 할 것이라고 확신했다. 1971년 벽두부터 박정희가 영구 집권 음모를 꾸미고 있다고 폭로했다.

올해 선거가 마지막 선거가 될지도 모른다는 항간의 우려가 있다. 이번에 정권교체가 이뤄지지 않는다면 현 정권은 다음 임기 동안에 앞으로는 선거조차 없는 영구 집권의 총통적 체제를 저지르고야 말 것이다.

충분한 증거도 있다고 했지만, 영구총통이라는 말에 사람들은 반신반의했다. 김대중은 그 확신을 굽히지 않았다. 4월 18일, 장충단공원에 모인 40만 인파 앞에서도 그 주장을 이어갔다. "박정희 쪽에서 지금 어느 나라에 가서 총통제를 연구 중이다. 이번에 정권교체를 못하면 영구 집권의 총통제가 실시돼 선거도 없을 것이라는 확고한 증거를 가지고 있다."

박정희와 공화당은 '중대 망언'이라고 펄쩍 뛰었다. 하도 난리를 치니, 도리어 도둑이 제 발 저린 건가 싶었다. 박정희는 선거 직전인 4월 25일에 김대중이 영구총통제를 폭로했던 장충단공원에서 맞대응 유세를 열었다. 김대중이 한 말은 허무맹랑한 헛소리라며 '이번이 마지막'이라고 읍소했다. "한 번만 더 기회를 주면 부정부패를 기어이 뿌리 뽑고 물러나겠다. 나에게 마지막이 될 이번 선거에서 다시 한 번 신임해준다면 유능한 후계 인물을 육성하겠다." 그 말을 곧이곧대로 믿는 사람은 없었다. 3선 개헌 안 한다고 호언장담하더니, 하루아침에 말을 바꿔 3선 개헌을 했다. 그 기억이 하도 또렷해, 그가 손사래를 칠수록 사람들은 되레 영구 집권이든 뭐든 하기는 할 모양이라고 생각했다. 우여곡절 끝에 박정희는 3선 연임에 성공했다. 4월 27일 실시된 투표에서 박정희는 634만 2,828표, 김대중은 539만 5,900표를 얻었다. 94만여 표차로 패배했지만, 1967년 대선에서 윤보선이 116만여 표차로 진 것에 비하면 격차를 줄였다고 위안할 수 있었다.

대선이 가고 총선이 왔다. 제8대 총선은 한 달 뒤인 5월 25일로 잡혔다. 그새 신민당은 삐걱거리고 있었다. 당 총재인 유진산과 대선 후보였던 김대중이 후보 공천을 두고 부딪쳤다. 특히 전국구 공천이 문제였다. 유진산은 김대중에게 전국구 절반을 공천할 수 있는 권한을 양보했다. 김대중은 유진산을 대신한 양일동과 순번을 협의했지만, 후보 등록 마감일인 5월 6일 아침까지도 결론 짓지 못했다. 그래서 유진산과 직접 협의했지만 순번을 끝내 확정하지 못했다. 그 사이 유진산이 자기 지역구인 서울 영등포갑을 버리고 전국구 1번으로 등록한다는 소문이 돌았다. 신민당 사람들은 충격에 빠졌다. 최전선에서 상대와 싸워야 할 총재가 지역구를 포기하다니 말이 안 됐다. 장수가 후방에서 싸움 구경하겠다는 소리로 들렸다. 하필이면 유진산이 포기한 영등포갑에 박정희 대통령 처조카사위인 장덕진이 민주공화당 후보로 출마한다는 사실이 알려지면서 파장은 더욱 커졌다. 박정희에게 지역구를 팔아먹은 게 아니냐는 말까지 나왔다.

의심 살 정황은 더 있었다. 후보 명단을 공개하라는 요구가 많았지만 유진산은 등록 마감 직전까지 후보 명단을 공개하지 않았다. 후보 등록 마감 시간이 다 되도록 후보 등록도 하지 않았다. 뭔가 구린 데가 있지 않고서야, 그렇게까지 할 이유가 없었다. 유진산은 중앙선관위가 문을 닫는 5시가 다 되어서야 부랴부랴 나타났다. 선관위 마당에서 기다리고 있던 당원들은 그런 그에게 명단을 공개하라고 격렬하게 항의했다. 유진산은 그들을 간신히 피해 도둑 접수를 하고 돌아갔다. 이번에도 당원들이 유진산보다 먼저 집 앞으로 몰려갔다. 저녁 7시경 집에 들어가는 유진산을 발견한 당원들이 격렬하게 항의하며 난동을 부렸다. "돈 받고 당을 팔아먹은 당수는 사퇴하라." "사쿠라는 물러가라." 당 총재의 처지가 참 딱했다.

다음 날, 총재실은 총재가 아니라 당원들이 차지했다. 유진산을 몰아내라고 난리가 났다. 벽에 걸려 있던 유진산 사진도 불태웠다. 유진산은 당사로 출근하는 대신 아들 집으로 피신했다. 그곳에서 양일동을 불러 총재 사퇴서를 써주었다. 양일동은 총재직을 승계할 권한이 있는 운영위원회 부의장이었다. 양일동이 사퇴서를 들고 당사로 가니, 당사에 진을 치고 있던 당원들은 그에게 몰려들어 '유진산과 한패'라며 당을 나가라고 했다. 양일동은 한참을 시달리다 어쩔 수 없이 '전국구 공천에 책임을 지고 신민당을 탈당한다'는 탈당계를 썼다. 당 총재와 그 권한대행이 순식간에 없어져버린 것이다. 사태 수습을 위해서 6인위원회가 소집되었다. 6인위원회는 대선 기간 동안 운영위원회를 대신해 빠르게 의사결정을 하려고 만든 최고의결기구였다. 유진산, 김대중, 양일동, 정일형, 홍익표, 고흥문이 멤버였다.

유진산과 양일동을 뺀 나머지 4인은 유진산을 제명하고 김대중이 총선 기간 동안 당수권한대행을 맡기로 합의했다. 다음 날 합의된 사항을 추인하기 위해 운영위원회를 열어야 했지만, 문만 열고 회의는 열지 못했다. 이번에는 양일동 지지자들이 몰려와 회의장을 쑥대밭으로 만들었던 것이다. 그들은 김대중에게 당을 나가라고 요구했다. 양측이 일진일퇴 공방전을 이어갔다. 총선이 내일모레라는 사실이 믿기지 않을 정도로 당은 난장판이었다. 당원들은 난폭했고, 사태 수습은 거칠었다.

싸움은 책임론 공방으로 번졌다. 이 혼란을 가져온 책임이 누구한테 있냐는 것이다. 유진산과 김대중은 한 발도 물러서지 않았다. 유진산은 누명을 썼다고 했다. "근거 없이 당수를 파렴치범으로 전락시켜놓고 당권을 가로채겠다는 수법을 바로잡은 뒤에 물러나겠다." 그는 분을 삭이지 못하는 듯했다. 김대중은 뜨악하여 맞받아쳤다. "유 당수가 의혹에 찬 지역구 포기로 당을 사지로 몰아넣고 그것이 당내파쟁의 소산인 양 돌리려 하는 것은 국민을 우롱하는 처사다." 이제 그만 정계를 떠나라는 말까지 했다. 총선을 코앞에 두고 진흙탕 싸움이 계속되자, 이러다가 다 죽는 것 아니냐는 위기감이 퍼졌다. 김영삼과 이철승이 수습책을 내놓았다. '유진산은 당수직을 내려놓고, 당수직을 승계하는 운영위원회 부의장인 양일동, 고흥문, 홍익표도 물러난다.' 대신 선거 기간 동안 총재권한대행은 김홍일 전당대회 의장에게 맡기자고 했다. 중도파였던 김홍일을 내세워 김대중이 당권 잡는 것을 견제하려는 의도였다. 김대중은 수습안에 반대했지만, 다수가 바라고 있어 결국 받아들였다. 5월 10일 당 운영위원회가 수습안을 공식 승인해 김홍일 과도체제가 시작되고, 5일간 벌어진 대혼란, 소위 제2차 진산파동은 막을 내렸다.

총선 시계는 신민당 사정을 봐주지 않고 잘도 돌아갔다. 이제 총선이 고작 16일밖에 남지 않았다. 시간을 까먹은 바람에 마음이 급해졌고, 발걸음은 빨라졌다. 개헌을 막을 수 있는 원내 3분의 1 의석을 목표로 삼았다. 그 목표라도 이룰라치면 선거 바람이 좀 불어줘야 하건만 기미조차 없었다. 진산파동 여파였다. 그 난리굿을 모두 지켜본 국민은 신민당에 오만 정이 다 떨어졌다. 열심히 하는 수밖에 없었다. 김대중을 중심으로 중앙단 유세반을 꾸려 '이번에는 야당' '장기 집권 썩은 정치 야당 보내 바로잡자' '육성하자 야당! 키워주자 야당!'이라는 구호를 입에 달고 전국을 돌아다녔다. 총통체제를 막으려면 야당 후보들이 국회에 많이 진출해야 한다고 호소했다. 공화당 부정선거 사례가 많아지자 신민당은 '총선 거부'까지 들고 나왔다. 전국을 누비고 다니던 김대중이 의문스런 교통사고를 당하는 일까지 벌어졌다. 그는 목과 팔에 붕대를 감고 유세를 이어갔다. 투표일이 다가올수록 늦바람이 불어올 기미가 느껴졌다.

늦바람이 있었다지만, 총선 결과는 뜻밖이었다. 공화당은 113석, 신민당은 89석을 차지했다. 신민당은 애초 목표였던 개헌 저지선 69석을 훌쩍 넘겼다. 여야 의석 차가 크지 않아 균형국회에 가까웠다. 야당은 생전 누려보지 못한 권한을 쓸 수 있게 되었다. 단독 임시국회 소집요구권, 국무위원 해임안 제출권, 탄핵소추 발의권을 행사할 수 있다. 개헌도 막을 수 있었다. 신민당은 승리한 셈이었지만, 기뻐하기에는 멋쩍고 민망한 상황이었다. 그래도 유진산은 덕을 봤다. 선거에 참패했다면 화살 같은 비난이 파동을 일으킨 유진산에게 쏟아졌을 것이다. 죽다 살아난 유진산은 명예를 회복하겠다며 세찬 반격에 나섰다. 김대중이 긁어 부스럼만 만들지 않았다면 더 크게 이겼을 것이라고 되레 큰소리를 쳤다. 진산계도 우두머리 지원에 나섰다. 진산파동이 일어난 원인과 진상을 밝히라고 다그쳤다. 당은 6월 8일 선거사후처리특별위원회를 꾸려서 진상 파악에 나섰다. 위원회는 15일간 조사에 들어가 6월 26일에 조사보고서를 당에 전달했다.

5월 6일 등록 마감일에 유진산 전 당수가 지역구인 영등포갑구를
         포기하고 박정훈 씨를 단독으로 공천한 것과 이로 인해 당원들의 난동을
         발생케 하고 전 국민의 공분을 사게 한 데 대해 책임을 져야 하며
         김대중 전 대통령 후보도 5월 6일 오후 1시에 유 전 당수가 지역구를
            단독으로 포기하고 전국구로 입후보한 것을 확인했음에도 불구하고
                   이를 만류치 않은 데 대해 책임을 져야 한다.

둘 모두 잘못이 고만고만하다는, 참으로 균형 잡힌 결론이었다.
　　보고서를 두고 유진산 측과 김대중 측은 한동안 옥신각신했다. 상대방에게 더 큰 책임이 있다고 반박했다. 그러더니 둘 다 한 발씩 물러서는 자세를 취했다. 유진산은 '송구하게 생각한다'며 근신하겠다고 했다. 김대중도 당 중앙상무위원회에 나와 '국민과 당과 유진산 당수에게 사과한다'고 말했다. 그들이 실랑이를 그만둔 데는 이유가 있었다. 두 사람은 더 큰 그림을 그리고 있었던 것이다. 당권 잡을 궁리가 시작되었다. 당 대표 선출을 위한 임시전당대회를 7월 20일에 열기로 했다. 진산계와 주류는 총재권한대행을 맡고 있는 김홍일을 밀기로 했다. 김홍일을 차기 전당대회까지 대리인으로 내세워 김대중을 견제하려고 했다. 김영삼, 이철승 등 범주류는 "강력한 대여투쟁을 위해서는 당의 총화를 이끌 수 있는 원로가 당수가 돼야 한다"며 김홍일을 총재로 지지하고 나섰다. 김대중은 막판까지 총재 출마를 망설였다. 그러던 차에 출마를 부추기는 일이 벌어졌다. 7월 14일 열린 신민당 중앙당기위원회가 진산파동 책임을 물어 김대중 측 인사들을 무더기 징계한 것이다. 김대중은 더 이상 물러설 수 없다고 판단하여 7월 17일 당권 도전을 선언했다. "희망을 주는 신민당을 이룩하고자 감히 당수직을 맡으려 결심했다." 유진산과 가까웠던 양일동도 "전근대적이고 배타적인 지도노선과 정치풍도를 하루 빨리 개선해야 한다"며 유진산과 결별을 선언하고 총재에 출마했다.

1971년 7월 20일, 서울시민회관에 대의원 882명이 모여 당 총재 선출에 들어갔다. 1차 투표에서는 김홍일 407표, 김대중 302표, 양일동 172표로 누구도 과반을 얻지 못했다. 2차 투표도 마찬가지였다. 김홍일 425표, 김대중 340표, 양일동 111표로 과반이 없자 난감해졌다. 시민회관 대관 시간이 5시까지였기에 3차 투표를 진행할 수 없었던 것이다. 1위와 2위 간 결선투표는 다음 날 진행하기로 했다. 21일 김홍일과 김대중만 두고 치른 3차 투표에서는 과반 득표자가 나왔다. 대의원 875명이 참여해 김홍일 444표, 김대중 370표, 무효표 61표로 김홍일이 당 총재가 되었다. 당내 화합을 바라는 대의원들 표심이 중도파 김홍일에게로 향한 듯 보였다. 김홍일 체제는 그럭저럭 당을 끌고 갔다. 그러는 사이에 1972년 정기전당대회가 다가왔다. 애초에 전당대회를 5월에 열기로 했으나 이런저런 사정으로 9월로 연기되었다. 전당대회 시기를 두고 계파 간 갈등이 커졌다. 유진산은 김홍일에게 맡겼던 당권을 되찾으려고 했다. 그러려면 하루라도 빨리 전당대회를 개최하는 게 유리하다고 보았다. 하지만 산전수전 다 겪은 독립운동가 김홍일 총재는 그리 호락호락한 인물이 아니었다. 호구가 아니었고 호구 잡힐 생각도 없었다. 유진산에 맞서, 김홍일은 애초 생각대로 전당대회를 늦추려고 했다. 그는 김대중과 손을 잡았다. 김대중 측도 한목소리를 냈다. "전당대회 대의원을 지구당 위원장이 임명토록 한 당규는 당헌 위배이므로 당규를 먼저 개정한 후에 전당대회를 해야 한다." 전당대회 개최 시기를 두고 갈등이 고조되자 김홍일 총재는 갈등 상황을 이유로 들어 전당대회 연기를 선언했다. 유진산은 연기를 거부하고, 전당대회를 강행하겠다고 맞섰다. 콩가루 집안이 따로 없었다. 유진산을 비롯해 김영삼, 이철승 등 진산계 대의원 445명이 9월 26일 서울 시민회관으로 모였다. 그 자리에서 만장일치로 유진산을 총재로 추대했다. 파동을 일으킨 장본인, 유진산은 그렇게 다시 부활하는 듯했다.

김홍일, 김대중, 양일동은 반(反)진산연합으로 뭉쳤다. 그들은 9월 27일 대의원 483명을 모아 또 다른 전당대회를 열었다. 전날 진산계가 주도한 전당대회는 무효라고 선언하면서 12월에 전당대회를 열겠다고 했다. 서울민사지방법원에 유진산 총재 직무집행정지 가처분 신청도 냈다. 집안싸움이 법정 싸움으로 번진 것이다. 10월 14일, 첫 심리가 열렸다. 이날 논란거리는 양측 대의원 숫자였다. 전체 대의원은 874명인데 유진산 측이 연 전당대회에 445명, 반진산계는 483명이 참석했다고 주장했다. 모두 합하면 929명으로 전체 대의원 수보다 많다. 대의원 숫자를 부풀렸거나 이중으로 참석한 대의원이 있었던 것이다. 이날 김홍일 측은 재판을 11월 6일로 미뤄달라고 요청했다. 다행인지 불행인지 그 재판은 영영 열리지 못했다. 재판이 열릴 필요도 없었다. 10월 17일 유신이 선포되었고, 국회는 해산되었다. 싸움도, 재판도 모두 허망하게 막을 내렸다.

신민당이 밤낮으로 집안싸움을 하는 동안 박정희는 유신을 선포했다. 신민당이 우려하고 경고했던 박정희 영구총통 시대가 열린 것이다. 박정희 쿠데타에 무기력하게 정권을 내어준 아픈 과거가 있었다. 박정희가 무슨 짓을 저지를지 충분히 예측할 수 있었다. 거기다 국민이 과반에 가까운 의석을 주어 힘도 충분했건만, 신민당은 박정희 유신을 닭 쫓던 개 지붕 쳐다보듯 멍청히 바라만 봤다. 집안싸움에 헛심 쓰느라 곳곳에서 유신이 일어날 징조가 빈번히 나타났음에도 방치했던 것이다. 민심을 등진 콩가루 집안은 무기력하기 짝이 없었다. 뒤따른 대가는 혹독했다. 국민에게 신뢰를 잃고, 독재자에게는 수난을 당했다. 온 국민도 유신이 옭아매는 굴레 속에서 자유와 인권을 말살당할 처지에 놓였다.

각목 전당대회

유신체제가 시작되었다. 그 엄혹한 때에 유진산이 다시 당수로 복귀했다. 숱한 파동을 일으켰고, 사쿠라라는 비난도 들었다. 구상유취한 40대 기수들에게 떠밀리듯 물러나기도 했다. 유진산은 어쩌면 유종의 미를 거두고 싶었는지도 모른다. 그에겐 시간이 필요했다. 그러나 무심한 시간은 그의 바람을 외면했다. 총재로 복귀한 지 채 일 년도 안 된 1974년 4월 28일, 유진산은 69세로 야당 정치인으로 살아온 파란만장한 생을 마쳤다.

권력은 잠시도 빈자리를 두지 않는 법이다. 유진산이 사망하자 그 자리를 두고 득달같이 달려들었다. 당권 경쟁에 나설 만한 사람은 당수권한대행인 김의택, 김영삼, 고흥문, 이철승, 정해영, 정일형이었다. 서로 손을 내밀고, 손을 잡느라 분주했다. 야당 노선도 중요한 문제로 떠올랐다. 그들 모두는 우선 유진산을 밟고 지나가려고 했다. 사쿠라 야당, 들러리 야당을 만든 그의 허물을 벗겠다고 했다. 정해영이 포문을 열었다. "진산을 맨 처음 사쿠라라고 규정한 사람이 나였고, 진산이 사쿠라였다는 생각은 지금도 변함이 없다." 다른 후보들도 한목소리로 선명 투쟁을 내세웠다. 말은 그렇게 했지만, 눈치도 봐야 했다. 진산은 사라졌지만, 진산계는 여전히 당내 최대 세력이었다. 진산이 남긴 그 유산을 밑천 삼지 않고는 당권을 차지할 수 없었다. 임자 없는 진산계 표를 차지하려고 물밑 작전이 치열했다. 진산계는 대표권한대행인 김의택을 밀어 세력을 유지하려고 했다. 김영삼은 정면 돌파를 택한 듯했다. 당원들에게 선명한 대여투쟁을 내세워 바람을 일으키려고 했다.

나는 60만 당원들에게 국민의 신뢰를 얻고 국민에게 희망과 용기를 주고 국민과 함께 호흡하는 선명한 야당으로 신민당을 재건하여 민주회복을 위한 과감한 투쟁에 나설 것을 약속한다.

1974년 8월 22일부터 이틀간 열린 전당대회에서 당 대표 후보로 5명이 출마했다. 당 대표를 선출하는 1차 투표에는 대의원 729명이 참여했다. 김영삼 197표, 김의택 142표, 정해영 126표, 고흥문 111표, 이철승 107표, 무효 46표였다. 김영삼이 1위를 한 걸 보면 바람이 불긴 불었던 모양인데 미풍에 그쳤다. 김영삼이 얻은 표는 과반수 365표에 턱없이 모자랐다. 2차 투표 전에 후보끼리 교통 정리가 이루어졌다. 고흥문은 김영삼과 손을 잡고 사퇴했다. 이철승은 김의택을 밀었다. 김영삼, 김의택, 정해영이 2차 투표에 나섰다. 대의원 723명이 투표해 김영삼 324표, 김의택 203표, 정해영 185표, 무효 11표가 나왔다. 김영삼이 선두였지만 과반 364표까지는 아직도 40표가 부족했다. 결국 김영삼과 김의택이 결선투표에 나섰다. 탈락한 정해영이 김영삼 지지를 선언했다. 김영삼 당선은 따놓은 당상이었다. 김의택을 지지하던 당원들이 결선투표를 연기하라며 단상에 올라 난동을 피웠다. 시간을 벌어 대의원들을 모으려는 계산이었다. 그 혼란을 잠재운 사람은 김영삼이었다. 승부사 김영삼은 배포를 드러냈다. 발언을 신청하더니 단상 위로 뛰어오른 것이다.

**나는 죽어도 신민당은 죽일 수 없다는 결심으로
결선투표를 내일로 미루어도 좋다.**

비장한 표정에서 자신감이 묻어났다. 대회를 연기해도 이길 수 있다는 확신이 있었다. 김의택은 그 기세에 눌린 듯 고개를 떨구었다. 잠시 고민하는가 싶더니 결심이 선 듯 이내 연단에 섰다. 자신은 후보를 사퇴한다며 만장일치로 김영삼을 총재로 선출하자고 했다. 지지자들이 고성을 지르며 안 된다고 말렸지만 이미 배는 지나갔다. 김영삼은 결선투표 없이 신민당 총재로 당선되었다. 김영삼은 "오늘의 승리는 야당의 승리일 뿐만 아니라 국민과 민주주의와 민권의 승리"라며 국민에게 믿음을 주는 야당을 만들자고 외쳤다.

가장 어두운 시대에 김영삼은 신민당 키를 잡았다. 그는 정권과 싸우는 선명한 길을 택했다. 그것이 조직도 자금도 부족했던 자신을 총재로 뽑아준 당원들 뜻이라고 믿었다. 1974년 8월 27일, 김영삼은 첫 기자회견에서부터 선명성을 드러냈다. 원내 중심으로 투쟁을 전개하겠지만 정부 스스로 유신헌법을 고치지 않으면 강력한 개헌 투쟁에 나서겠다고 했다. 김영삼은 자신이 곧장 해결해야 할 과제로 세 가지를 꼽았다. 우선은 유신헌법을 개정해야 했다. 둘째로는 긴급조치로 구속된 신민당 인사들을 석방해야 했다. 셋째는 가택 연금된 김대중이 자유롭게 활동할 수 있게 해야 했다. 1974년 10월 7일 제70회 정기국회에서 김영삼은 그런 요구를 분명히 밝혔다.

정부는 차제에 긴급조치 1호와 4호로 구속된 모든 인사들에게 관용을 베풀어 석방 또는 사면 조치할 것을 촉구합니다. 아울러 김대중 씨에 대해서도 납득할 수 없는 정치적 재판을 취소하고 활동의 자유와

> 해외여행의 자유를 주어야 한다는 것을 이 시간을 통해서 강력히 요구합니다. 나는 이 자리에서 (…) 국회에다가 헌법개정심의위원회를 여야 공동으로 구성할 것을 정식으로 제안하는 바입니다.

신민당은 확실히 달라졌다. 행동하는 야당, 투쟁하는 야당으로 변해갔다. 곧바로 개헌 투쟁에도 나섰는데, 10월 21일에는 헌법개정기초특별위원회 구성결의안을 국회에 제출했다. 당내에는 헌법개정추진기구로 개헌추진본부를 설치했다. 11월 1일부터 시작된 예산심의도 헌법개정기초심의특별위원회를 먼저 구성하라며 거부했다. 11월 7일에는 개헌 촉구 성명도 발표했다. "정부 여당이 현실을 무시하고 정권 연장에만 급급하여 국민의 소리를 계속 억압할 때 신민당은 국민의 선두에 서서 투쟁할 것을 밝힌다." 11월 12일 정무회의에서는 개헌 내용도 확정했다. 대통령 임기는 4년으로 하되 3선은 금지하고, 입법 및 사법부의 권한을 강화하며 통일주체국민회의를 폐지하자는 내용이었다. 국민은 그 대표자나 국민투표에 의해 주권을 행사한다는 유신헌법 제1조도 "모든 권력은 국민으로부터 나온다"로 바꿨다.

공화당과 유정회는 신민당이 제안한 헌법개정기초특별위원회 구성결의안 심사를 미뤘다. 11월 15일에는 공화당 단독으로 운영위원회를 열더니 구성결의안 자체를 폐기해버렸다. 신민당 의원들은 속이 부글부글 끓었다. 곧장 국회의사당 정문 앞에서 가두데모에 나섰다. '개헌만이 살 길이다'라고 쓴 어깨띠를 둘렀다. 서로 어깨를 걸고 의사당을 나섰지만 경찰이 저지하여 몇 발짝도 떼지 못했다. 공화당은 계속 횡포를 부렸다. 12월 1일에는 1975년도 예산안과 법안 등을 무더기로 단독 처리해버린 것이다. 신민당 의원들은 잔뜩 흥분해 본회의장으로 모였다. 12월 4일부터 8일까지 72시간 동안 본회의장에서 농성을 벌이기로 했다. 김영삼 총재는 의원들을 독려했다. "이제

여야의 대화는 더 필요하지 않으며 오직 정부와 여당 측의 성의 있는 회담만이 사태 해결의 관건이다."

　신민당은 고민이 깊었다. 강하게 맞섰지만 되는 일은 없었고, 곳곳에서 벽에 부딪쳤다. 예산심의 거부도, 농성 투쟁도, 가두 투쟁도 무용지물이었다. 승리도 이득도 없으니 제풀에 지치기 시작했다. 볼멘소리들도 터져 나왔다. 틈이 생기자 잠자코 있던 비주류도 반기를 들기 시작했다. 강경투쟁만이 능사가 아니라며 현실론을 제시했다. 여당과 협상해 꼬인 정국을 풀어야 한다는 것이다. 김영삼은 그 말에 전연 개의치 않았다. 하던 대로 하겠다며 어떤 협상도 거부한 채 강경투쟁을 밀고 나갔다. 1974년 12월에는 재야 세력과 손잡고 '민주회복 국민회의'를 결성해 개헌 운동을 더 강하게 밀고 나갔다. 1975년 1월 15일 신년 기자회견에서도 김영삼은 새해 정책 목표를 "민주회복을 위한 개헌투쟁"이라고 선언했다. 그는 다짐했다. "새로운 민주질서가 회복되고 국민의 손으로 국민의 정부를 건설하여 인권탄압이 없고, 정보정치가 자취를 감추고, 학생은 자유롭게 학문에 전념하며, 종교인은 신앙의 자유를 누리는 위대한 민권의 시대를 쟁취하겠다." 목소리는 컸지만, 공허하게 들렸다. 강경투쟁만 하다가 이번에도 끝내는 의원직이나 사퇴하자고 하는 건 아닌지 걱정하는 의원들도 많았다. 그런 의원들을 대변해 이철승이 개헌지상주의를 비판하고 나섰다. "개헌만이 당의 목표인 것처럼 이것 아니면 죽으라는 식의 사고에는 이의가 있다."

　신민당 개헌 운동에 결정적인 난관이 생겼다. 1975년 1월 22일 박정희가 뜬금없이 국민투표를 들고 나왔다. 유신헌법 찬반을 국민에게 직접 묻겠다고 했다. 만일 유신헌법 철폐 찬성이 많으면 대통령 불신임으로 간주하고 즉각 대통령직에서 물러나겠다고 했다. 신민당은 쿠데타라며 국민투표 거부 운동을 벌였다. 1975년 2월 12일, 박정희는 국민투표를 강행했다. 투표자 73.1퍼센트가 유신체제를 지지했다. 그러자 개헌 운동은 기가 꺾였다. 엎친 데 덮친다고 4월부터는 안보 문제가 개헌 문제를 뒷전으로 밀었다. 크메르와 베트남이 공산화하는 바람에 한반도에도 긴장감이 높아졌다. 개헌은 한가한 소리로 치부되었다. 박정희는 이런 정세를 틈타 긴급조치 7호를 발표해 대학 내 집회 및 시위 일체를 금지했다. 연달아 긴급조치 9호도 발표했다. "대한민국 헌법을 부정·반대·왜곡 또는 비방하거나 그 개정 또는 폐지를 주장·청원·선동 또는 선전하는 행위"를 금지했다. 헌법 갖고는 입도 뻥긋 말라는 악질적인 조치였다.

불안이 타협을 낳았다. 상황이 이렇게 되자 마냥 선명성만 고집할 수 없었다. 김영삼은 돌파구가 필요했다. 박정희에게 영수회담을 제안했다. 만나서 국가 안보와 시국 문제를 두고 허심탄회하게 이야기하자고 했다. 박정희는 큰 선심이라도 쓰듯 김영삼을 만나주었다. 1975년 5월 21일, 두 사람은 청와대에서 두 시간 동안 대화를 나눴다. 그런데 어찌 된 일인지 회담이 끝났는데도 청와대와 김영삼 모두 쓰다 달다 말이 없었다. 만나서 무슨 이야기를 나눴는지 풀어놓으라는 채근이 잇따랐다. 신민당은 5월 22일 확대간부회의를 열고 무슨 대화와 합의가 있었는지 김영삼에게 물었다. 김영삼은 잠자코만 있었다. "박 대통령과의 약속을 지키기 위해 면담 내용을 다 털어놓고 얘기하지 못하는 것을 미안하게 생각한다"고 말할 뿐이었다. 답답할 노릇이었다.

침묵이 의심을 낳았다. 대여 강경투쟁까지 시들해지자 무슨 밀약이 있었다는 소문까지 떠돌았다. 그 소문이 헛소문이 아니라고 의심할 만한 일이 벌어졌다. 1975년 10월 8일, 김옥선 의원이 국회에서 한 발언이 정국을 뒤흔들었다. 남장한 여성 의원으로 유명했던 김옥선은 김영삼 총재와 같은 강경노선에 서 있었다. 국회 발언대에 선 그는 박정희를 "딕테이터(독재자) 박"이라고 부르며 맹공을 퍼부었다. 공화당 의원들은 강력히 반발하며 발언을 가로막으려고 했다. 김옥선 의원은 잡소리 말라며 발언을 이어갔다. 모든 집회와 시위를 막고, 개헌이라는 말은 입 밖에 내지도 못하게 하면서 왜 반공 안보궐기대회는 전국에서 벌이느냐며 따졌다. 관제 데모 아니냐는 것이다. 공화당은 이 발언이 국가안전보장을 위태롭게 하는 이적 행위라며 제명하기로 결의했다. 공화당이 세게 나오자 신민당도 김옥선 의원과 운명을 같이하겠다며 강하게 대응했다. 공화당은 할 테면 해보라는 식이었다. 국회 법사위를 열어 신민당 반대에도 아랑곳없이 제명안을 의결했다. 김옥선 의원 발언도 속기록에서 지워버렸다. 국회는 파국으로 치달았다.

김옥선 의원이 물러섰다. 10월 13일 결자해지하겠다며 홀연히 금배지를 던지고 국회를 떠났다. 운명을 같이하겠다던 신민당은 아무것도 하지 못한 채 먼 산만 바라봤다. 이 파동은 김영삼에게 치명적인 타격을 주었다. 비주류 온건파는 물론 선명노선을 지지했던 의원들도 모두 김영삼이 보인 소극적 태도를 비난했다. 비주류는 김영삼에게 김옥선 파동에 책임을 지고 총재직에서 물러나라고 요구했다. 김영삼 총재가 책임을 인정하고, 주요 당직자가 물러나는 것으로 사태는 수습되는 듯했다.

1976년 벽두부터 주류와 비주류 간 기싸움이 벌어졌다. 5월에 열릴 전당대회를 앞두고 당권 경쟁이 시작된 것이다. 김영삼은 총재에 다시 도전하려고 했다. 1976년 1월 19일 김영삼은 재야 인사 두 명을 정무위원에 임명하고 당외 인사를 대거 영입해 중앙상무위원 자리에 앉혔다. 총재 친위 세력을 강화한다는 비판이 잇따랐다. 비주류 인사들은 비주류연합전선을 결성해 주류 측 견제에 나섰다. 비주류는 파벌 연합을 형성하면서 지도체제를 집단지도체제로 바꾸기로 했다. 연합에 참여한 각 파벌이 자기 몫을 챙기겠다는 의도였다. 전당대회에서 집단지도체제로 당헌을 개정하라고 요구했다. 계파 대립이 당 운영 자체를 어렵게 할 정도에 이르자 김영삼은 당결속

10인위원회 구성을 제안했다. 주류에서는 김영삼·이민우·김수한·이충환·유치송이, 비주류에서는 이철승·신도환·고흥문·정해영·김원만이 대표로 나서 위원회를 구성했다. 위원회는 몇 차례 모여 당 화합을 모색했지만, 아무런 결론도 못 내고 해산했다. 비주류 측이 계속 집단지도체제를 요구하자 김영삼도 마냥 무시할 수는 없었다. 당헌 일부를 개정해 수석 부총재와 함께 부총재를 약간 명 두겠다고 했다. 비주류 측은 조삼모사 같은 눈속임으로 눙치지 말라고 쏘아붙였다. 양측은 그렇게 계속 평행선을 달렸다. 그런 와중에 전국 72개 지구당 개편대회가 시작되었다. 각 계파는 죽기 살기로 지구당 위원장과 지방 대의원 포섭에 나섰다. 지나치다 싶더니 결국 사달이 났다. 일부 지구당에서 당원들 간 폭력 사태까지 벌어졌다. 전당대회를 온전히 치를 수 있을지 우려가 커졌다.

　험악한 분위기 속에서 전당대회를 5월 25일부터 이틀간 열기로 정했다. 양측은 당헌 개정 방향을 논의했으나 합의하지 못했다. 주류 측은 부총재를 복수로 둔 단일지도체제안을, 비주류 측은 최고위원이 지도부를 구성하는 집단지도체제안을 전당대회에 각각 제출하기로 했다. 전당대회에 참여할 대의원 배분 문제도 양측 의견 차이가 커 결론을 못 냈다. 5월 22일 정무위원과 지도위원 합동회의를 열어 해결되지 않은 대의원 문제와 전당대회 준비기구 구성 문제 등을 총재에게 위임하기로 했다. 아니나 다를까 비주류는 즉각 반발했다. 합동회의 자체가 불법이라는 것이다. 김영삼은 이러다가는 죽도 밥도 안 되겠다 싶어 밀어붙였다. 5월 22일 기자회견에서 전당대회를 강행해 자신이 총재 후보로 나서겠다고 하고, 전당대회 대의원 접수를 시작했다. 그러자 비주류가 당을 구하겠다며 막아섰다. 당원인지 깡패인지 모를 수백 명이 신민당 중앙당사로 쳐들어가 총무국장 황명수, 조직국장 김동영 의원 등 주류 측 인사들을 여섯 시간 동안 감금했다. 손에 쇠망치, 쇠파이프, 각목을 들고 난동을 부렸다. 전당대회

사전 행사로 한 편 활극이 펼쳐진 것이다.

우여곡절 끝에 전당대회 날이 왔다. 5월 25일, 누구도 이날 전당대회가 순조롭게 진행될 거라 생각지 않았다지만 상황은 생각보다도 훨씬 심각했다. 전날 밤부터 새벽까지 전쟁이 벌어지고 있었다. 전당대회장을 차지하려고 각목으로 무장한 주류와 비주류 측 당원들, 동원된 조직폭력배들이 일진일퇴를 거듭했다. 난투극 속에서 네 차례나 전당대회장 임자가 바뀌었다. 대회장은 부러진 각목, 비명, 험악한 욕설, 누구 것인지 모를 핏자국으로 뒤범벅이었다. 승부는 새벽녘이 되어서야 결판났다. 시민회관은 비주류 측이 동원한 폭력배들이 점령했다. 조직폭력배 김태촌이 이름값을 톡톡히 한 덕이었다. 득의양양한 폭력배들이 터준 길로 비주류 의원 34명과 대의원들이 시민회관 안으로 집결했다. 집단지도체제로 당헌을 바꾸고 바뀐 당헌에 따라 선출해야 하는 최고위원은 전형위원회에서 뽑기로 하고 해산했다. 쫓겨난 주류 측은 부랴부랴 전당대회장을 관훈동에 있는 신민당 중앙당사로 바꿔 전당대회를 열었다. 단일지도체제로 당헌을 개정하고 다시 김영삼을 총재로 뽑았다.

신민당은 1972년 9월 유신 전야에 벌였던 반쪽짜리 전당대회를 또 반복한 것이다. 전국에서 조직폭력배들이 모였으니 이번이 더 시끌벅적하긴 했다. 전당대회를 마친 주류는 김영삼을, 비주류는 김원만을 당 대표로 중앙선관위에 각각 등록했다. 비주류는 최고위원 5인을 뽑았고, 주류는 부총재 6인을 뽑았다. 양측은 서로 정당성을 주장하며 한 발도 물러서지 않았다. 중앙선관위는 양측이 각각 진행한 전당대회가 모두 위법하다고 결론을 냈다. 양측이 낸 대표 변경 신청도 모두 받아들이지 않았고, 김영삼 총재 임기가 끝났으니 총재 권한도 상실했다고 통보했다. 결국 6월 11일에 김영삼은 총재직을 사퇴했고, 이충환 전당대회 의장이 총재권한대행을 맡아 과도체제를 이끌었다. 공화당은 그 모든 난리굿을 구경하며 하고 싶은 만큼

실컷 조롱했다. 중병을 앓는 '환자'라고 비아냥거리기까지 했다. 신민당은 뭐라 대거리할 처지가 아니었다. 이충환 권한대행은 10인 수습위원회를 구성해 병을 고치려고 백방으로 노력했다. 주류와 비주류 양측을 만나 전당대회를 빨리 치르기로 했다. 갈등의 씨앗이었던 당헌 개정 문제도 타협을 봤다. 집단지도체제로 하되 대표최고위원과 최고위원은 전당대회에서 직접 선출하기로 했다. 전당대회는 9월 15일과 16일 양일간 열기로 했다.

  반쪽짜리 전당대회를 치른 지 백여 일이 지난 9월 15일에서야 비로소 온전한 '전당대회'가 열렸다. 대의원 767명은 집단지도체제를 당헌으로 채택했고, 그 당헌에 따라 대표 1인과 최고위원 6인을 선출했다. 최고위원에는 주류 쪽에서 이충환, 유치송, 김재광, 비주류 쪽에서 이철승, 신도환, 고흥문이 뽑혔다. 9월 16일 속개된 대회에서 대표최고위원을 뽑았다. 후보로는 김영삼, 이철승, 정일형이 출마했다. 1차 투표 결과 김영삼은 349표, 이철승은 263표, 정일형은 134표를 얻어 셋 모두 과반 384표에 이르지 못했다. 2차 투표를 앞두고 정일형이 이번에는 이철승 지지 의사를 밝히고 사퇴했다. 승부가 뒤집혔다. 김영삼은 364표, 이철승은 389표를 얻어 이철승이 역전에 성공했다. 이철승은 1974년 당 대표 선거에서 김영삼에게 진 것을 설욕했다. 잔뜩 벼르기라도 했다는 듯, 대표가 되자마자 김영삼 노선도 폐기했다. 선명노선과 다른 길로 가겠다는 것이다. 이름도 거창한 '참여 아래 개혁'이었다. 유진산이 살아나기라도 한 듯했다. 그 부활을 누구보다 반긴 건 공화당이었다. 공화당은 "내분이 수습되어 제일야당으로서 제 구실을 하게 된 것을 다행으로 생각"한다고 환영했다. 그러면서 유신한국의 도약을 위해 건전한 야당이 되어달라고 부탁하기까지 했다. 쿠데타 세력, 유신 정권마저 대놓고 빈정거리는 부끄러운 순간이었다.

강요된 내전

대표가 바뀌자 노선도 흔들렸다. 1976년, 신민당 키를 잡은 이철승은 중도통합론으로 급격히 방향을 틀었다. 줄곧 선명 야당으로 내달리던 신민당은 휘청거렸다. 머리가 어지럽고 속이 울렁거렸다. 어디를 향해, 어떻게 가자는 것인지는 알아야 했다. 이철승이 직접 설명에 나섰다. 무엇이 중도통합론이고, 왜 중도통합론인가? "자유와 안보의 조화가 중도론이고, 국내 정치에서 냉전적인 흑백논리를 몰아내는 것이 통합론이다." 중도통합론은 '참여 아래 개혁'으로 실현될 수 있다고 했다. 듣자 하니 유진산이 내세웠던 '긍정 속의 부정'과 다를 바 없었다. 현 체제를 부정만 할 것이 아니라 협력해서 얻을 것은 얻고 고칠 것은 고치자는 주장이었다. 그는 시간 날 때마다 중도통합론을 외쳤다. 듣는 신민당 사람들은 뜨악한 눈초리를 거두지 못했다. 다시 '사쿠라 야당'이 되는 건 아닌지 걱정도 컸다. 희한한 일이었다. 대표가 통합을 외칠수록 당은 오히려 더 깊은 분열에 빠졌다.

이철승은 '참여 아래 개혁'에 진심이었다. 10월 5일 정기국회에서는 첫 발언자로 나서서 여야 의원들에게 참여 아래 개혁을 설파했다.

> 본인은 기회 있을 때마다 참여 하의 개혁을 주장한 바 있습니다. 정치가 이상을 추구하되 현실을 요리하는 작업일진대 참여를 부정하는 정치는 이미 정치의 차원을 넘어서 혁명 아니면 전쟁이 될 수밖에 없는 것입니다. 우리는 혁명이나 전쟁을 배격합니다. 이것은 우리의 확고한 신념입니다. 그러므로 우리는 참여할 수밖에 없습니다.
> 여기서 문제는 무엇에 대한 참여냐 하는 것입니다. 이 문제에 대한 해답은 체제에 대한 참여라고 규정할 수밖에 없습니다.
> (…) 우리에게 체제는 한마디로 공산주의체제에 대한 민주체제를 뜻하는 것입니다. 그러므로 나는 국민 모두가 공동으로 지향하는 자유민주체제를 발전시켜서 현실에 참여해 그것을 개혁하자는 것입니다.

듣자니 말이야 그럴 듯했다. 문제는 현실이었다. 현실은 자유민주체제가 아니라 유신체제였다. 참여하자는 말은 그래서 미심쩍었다. 참여할 데가 따로 있지 유신체제에 참여하자는 게 말이 되냐는 소리가 나올 법했다. 참여하려니 유신체제 비판이나 개헌 요구는 삼가야 했다. 개혁하려니 정부 여당과 타협해야 했다. 그런 참여와 개혁은 해가 바뀌고도 계속되었다. 1977년 1월 26일 신민당 대표 신년 기자회견에서는 독재니, 민주정치니, 유신체제니 하는 말들이 싹 사라졌다. 저소득층 세금 부담 경감, 소득 재분배를 위한 세제심의특별위원회 설치, 최저임금제 실시, 교육비 부담 완화, 예결위 상설화 등 경제정책을 제시했다. 누가 들어도 좋은 말들이었다. 정부도 장단을 맞춰주었다. 장단만 맞춘 게 아니라 이렇다저렇다 논평까지 했다. 이철승 신년 기자회견을 듣고 공화당이 내놓은 논평은 신민당 사람들을 수치스럽게 했다.

> 경제문제 등에 대한 대안의 제시로 정책정당을 지향하려는 면이 엿보이는 것은 우선 다행한 일이다. 그러나 용기와 신념으로 총화 속에

새 조국 창조에 전력을 기울이고 있는 현 시점에서 아직도 국가현실을 도외시하고 공소한 이론만을 앞세운 느낌이 짙어 유감이 아닐 수 없다.

참여는 비굴했고 개혁은 구차했다. 제1야당 꼴이 말이 아니었다.
　유신체제는 갈수록 강고해졌다. '참여 아래 개혁' 노선에 의구심이 들었다. 1977년 3월 22일에는 정일형 의원이 의원직을 박탈당했다. 일 년 전 3월 1일, 명동성당에서 김대중, 윤보선 등과 함께 민주구국선언에 참여한 것을 꼬투리 잡았다. 그 사건으로 대법원에서 징역 3년, 자격정지 3년이 확정되어 의원직을 상실했다. "사회를 혼란에 빠뜨리고, 이를 이용하여 현 정부를 전복, 정권을 탈취"하려 했다는 것이다. 현역 의원이 법원 판결로 의원직을 박탈당한 것은 박정희 정권 들어서 처음 있는 일이었다. 이전에도 1958년 박영출 의원이 시계 밀수 사건에 연루되었을 때 딱 한 차례뿐이었다. 정일형이 의원직을 박탈당한 사건은 그만큼 충격적이었다. 정일형은 최후진술에서 이렇게 말했다.

> 나는 항일, 반공, 반독재 투쟁에 일생을 일관해왔다. 자유민주주의가 국시인 대한민국에서 민주회복을 주장했다 하여 재판을 받는다 함은 어불성설이다. 내가 항일 투쟁할 때 일본군의 앞잡이는 누구이며 내가 반공 대열에 섰을 때 여순반란 사건에 가담한 사람은 누구인가? 그리고 내가 민주화운동을 할 때 독재자로 전락한 사람은 누구인가?

바로 박정희였다. 박정희 유신체제에 맞서 싸운 8선 의원이 의원직을 상실하는 순간, '참여 아래 개혁'은 흔들렸다. 그 엄중한 사태 앞에서도 신민당은 참여와 투쟁 사이를 헤매고 있었다. 이철승 대표 스스로도 "비참한 결과를 빚은 데 대해 자책감과 무력감을 통탄한다"고 말했다.

중도통합론에 더 큰 구멍이 생겼다. 그 구멍을 낸 사람은 이철승 대표 자신이었다. 1977년 2월 23일부터 이철승은 의원외교라는 명목으로 미국과 일본을 방문했다. 방문지에서 그가 했다는 말들이 전해지자 신민당 사람들은 귀를 의심했다. 일본에서 한 기자회견 내용은 믿기지 않을 정도였다. 한국 상황을 설명하면서 '개발도상국가의 경우에는 자유에 한계가 있다'고 말했다. 미국에서 한 발언은 더 놀라웠다. "한국은 자유민주주의와 안보의 균형을 유지하는 것이 중요하다. (…) 한국의 자유는 그 유무가 문제가 아니라 레벨의 문제이다." 한국에는 자유가 보장되고 있고, 다만 안보를 위해 어느 정도 제한하고 있을 뿐이라는 것이다. 유신체제를 선전하고 다니는 정부 특사나 할 법한 소리였다. 유신헌법과 긴급조치 아래서 온 국민이 '숨죽여 흐느끼며 타는 목마름으로' 남몰래 자유를 외쳐야만 했던 나라 제1야당 대표가 할 소리는 아니었다.

비주류들은 중도통합론을 정체불명 사이비 이론이라고 비난했다. 친정부 노선을 듣기 좋게 포장한 말일 뿐이라는 것이다. 이철승 대표가 하고 다니는 말들이 당 위신을 크게 해쳤다는 원성도 높았다. 지도부를 문책하자거나 당장 전당대회를 소집하자는 요구까지 나왔다. 급기야 1977년 4월 18일에는 김영삼, 고흥문, 김재광 등이 주축이 되어서 야당성회복투쟁동지회(야투)를 만들었다. 야당을 다시 야당답게 만들겠다는 움직임이었다. 이철승은 궁지에 몰렸다. 그런 그에게 박정희가 출구를 열어줬다. 1977년 5월 27일 오후에 청와대에서 영수회담이 열렸다. 박정희를 만난 이철승은 유신헌법을 내각제로 바꾸자고 요구했다. '체구가 커진 대한민국이 작은 체구일 때의 옷을 입고 있으니 어색하다.' 헌법이 낡았으니 바꾸자는 말이었다. 낡은 헌법에 따라 대통령을 하고 있으니 듣기에 따라서는 기분 나쁠 만했지만, 박정희는 듣는 둥 마는 둥 심드렁했다. 두 사람은 "거국적 단결을 위해 노력"하자는 의례적인 합의로 회담을 마쳤다. 박정희는 이철승을 배웅하면서 다른 신민당 최고위원들도 만나서 이야기하고 싶다고 호기까지 부렸다. 두 사람이 만난 이후 여야 관계는 이보다 더 좋을 수 없었다.

여야 사이에는 훈풍이 도는데, 당 안에는 냉기만 서렸다. 그 냉기가 야투에 투쟁 열기를 북돋웠다. 이철승 대표 불신임안을 논의할 임시전당대회를 열자고 했다. 전당대회 소집을 위한 서명 작업을 벌여 중앙당에 제출했다. 주류 측도 강경하게 나왔다. 1978년 4월 28일 당기위원회는 야투 측 실무위원 전원을 제명하는 강수를 뒀다. 야투라는 불법단체를 결성해 당 위신과 품위를 훼손했다는 이유였다. 전선이 불타오르는가 싶더니 이내 잠잠해졌다. 총선이 다가오고 있었던 것이다.

제10대 국회의원 선거가 1978년 12월 12일로 정해졌다. 11월 29일 후보 등록이 끝났다. 공화당은 77명, 신민당은 81명이 후보로 나섰다. 무소속 후보가 무려 255명이나 되었다. 공화당도 신민당도 싫다는 유권자들을 파고들 심산이었다. 본격적인 선거전에 돌입하자 신민당은 박정희 정권과 각을 세웠다. 이철승 대표는 "긴급통치 대 민주통치, 특권경제 대 공평경제, 재벌옹호 대 서민옹호"의 대결이라며 지지를 호소했다. 선거 벽보도 '신민 위에 서민 있고, 공화 위에 재벌 있다'는 구호를 담았다. 확실히 국민은 장기 집권에 질렸고 불만도 컸다. 특히 갑자기 부가가치세를 도입하고 증권거래세도 매긴다고 해 가뜩이나 힘든 국민들 부아를 돋웠다. 민심은 무서웠다. 공화당은 68석, 신민당은 61석을 얻었다. 신민당이 의석은 7석 적었지만 득표율은 32.8퍼센트로 31.7퍼센트를 얻은 공화당보다 1.1퍼센트포인트 높았다. '유신 제2기에 대한 신임투표'라고 호기롭게 말하던 박정희는 불신임을 받은 꼴이었다. 박정희가 야당에게 당한 첫 패배이자 결정적 패배였다. 박정희는 불안했고 신민당은 기세가 올랐다.

박정희는 패배를 못 본 척했다. 불안케 하는 것을 안 보거나 무시하는 것이 박정희가 아는 불안 퇴치법이었다. 1.1퍼센트포인트 졌다는 사실은 무시한 채, 신민당 기세만 꺾자고 덤볐다. 밀물과 썰물이 만나면 소용돌이가 생기듯, 기세가 오른 자와 꺾으려는 자가 부딪치자 정치 파동이 일었다. 소위 백두진 파동도 그래서 생겼다. 제10대 국회가 시작되자 국회의장을 뽑아야 했다. 박정희는 유신정우회(유정회) 의원 백두진을 의장으로 지명했다. 신민당 기세에 밀리지 않겠다는 의지였다. 유정회 의원이 어떤 사람인가! 그들은 국민 대표가 아니라 입법부에 파견된 대통령 꼭두각시였다. 유신헌법은 국회의원 3분의 1을 유정회 국회의원으로 하라고 정했다. 유정회 국회의원은 대통령이 지명하고, 통일주체국민회의가 체육관에 모여 찬반 투표를 해 뽑는다. 백두진은 세 번씩이나 유정회 의원으로 뽑힐 만큼 박정희의 심복 중 심복이었다. 박정희는 그 심복을 내세워 국회를 장악하려고 했던 것이다.

신민당이 반발한 것은 당연지사였다. 대통령 꼭두각시가 국회를 대표하는 의장 자리에 앉는 것을 두고만 볼 수 없었다. 신민당은 본회의장을 퇴장해 의장 선출 투표에 불참하기로 했다. 모처럼 유신체제와 싸우려는 열기가 살아났다. 박정희와 공화당은 발끈했다. '유신체제에 도전'하는 것이냐며 몰아세웠다. 박정희가 격노해 펄펄 뛰었다는 소문도 돌았다. 통일주체국민회의가 뽑았으니 국회의장으로 인정 안 한다면, 통일주체국민회의가 뽑은 대통령도 인정하지 않겠다는 것 아니냐며 노발대발했다는 것이다. 당시 유신헌법 제39조에 따라 통일주체국민회의가 재적 대의원 과반수 찬성으로 대통령을 뽑았다. 대통령이 격노했다니 신민당은 움찔했다. '퇴장할 결심'은 흔들렸고, '참여할 결심'이 스멀스멀 살아났다. 두 결심 사이에서 번민하는 신민당이 안타까웠던지 공화당이 행동 지침을 줬다. "퇴장하지 말고 본회의장에 출석해 반대하라." 훈수에 그치지 않고 으름장까지 났다. 무작정 퇴장했다가는 심각한 사태를 각오하라는 것이었다.

신민당은 계속 갈팡질팡했다. 그런 와중에 여야 지도부는 3월 17일 국회 본회의를 열기로 합의했다. 신민당은 본회의가 열리기 직전까지 의원총회를 했다. 퇴장할 결심과 참여할 결심이 강하게 맞섰다. 최고위원회는 참여할 결심을 굳혔다. 참여하되 백지투표를 내자고 했다. 여당이 선택해준 방법보다도 후퇴한 것이고 애초에 반대하기로 한 당론과도 달랐다. 백지투표는 반대가 아니라 기권을 의미했다. 반대해야지 왜 기권을 하냐는 반발이 거셌다. 어수선한 회의 분위기에 썩은 콩 씹은 얼굴로 앉아 있던 이철승 대표는 최고위원회 결정이 최종 당론이라며 의총을 끝내버렸다. 오후에 국회 본회의가 열렸다. 이철승과 최고위원, 원내총무 등 지도부 7명만 표결에 참여했다. 그들은 의사진행발언을 신청해 백두진에 반대한다는 입장을 밝혔지만 투표에 참여해 투표지를 백지로 냈다. 김영삼을 포함해 비주류 의원 14명은 본회의장에 출석했지만 "백두진 지명은 국민을 능멸하는 처사"라며 표결 직전에 퇴장했다. 신민당 의원 중에는 아예 본회의장에 들어오지 않은 의원들도 많았다. 결국 총 231명 중에 165명이 표결에 참여해 찬성 115표 무효 9표로 백두진은 의장이 되었다. 이날 벌어진 백두진 파동은 당시 신민당의 민낯을 그대로 보여줬다. 언론은 '반대의 자유'마저 포기한 '한심야당' '한계야당'이라며 한숨을 내쉬었다. 신민당 안에서도 '여당 꼭두각시' '제2의 유정회'가 된 야당 신세에 분개하고 통탄하는 이들이 많았다.

파동은 이철승 지도부에 큰 타격을 주었다. 당권 경쟁에도 적잖이 영향을 미쳤다. 신민당은 1979년 5월 30일, 당 대표를 뽑는 전당대회를 치르기로 했다. 참여 아래 개혁, 중도통합론을 다시 들고 나온 이철승과 야당성 회복을 주장하는 김영삼이 사활을 건 대결에 나섰다. 전당대회 장소를 정하는 문제부터 시비가 붙었다. 이철승 측에서는 대회 장소를 새로 지은 마포 당사로 하자고 했다. 김영삼 측은 서울시민회관을 고집했다. 장소가 중요했던 이유가 있었다. 1978년에 이철승 대표는 마포에 번듯한 당사를 지어 남의집살이 시대를 끝냈다. 전당대회가 있기 하루 전인 5월 29일은 당사 준공 테이프를 끊는 날이었다. 다음 날 전당대회에서 번듯한 새 당사를 지은 업적을 한껏 자랑해 덕을 좀 보려고 한 것이다. 속이 빤히 보이는지라 김영삼 측에서는 달가울 리 없었다. 결국은 딱히 반대할 명분이 없어 마포 신당사로 양보했다. 박정희 정권도 김영삼을 떨어뜨리려는 공작을 편다는 소문이 돌았다. 박정희는 대놓고 '김영삼은 절대로 신민당 총재에 당선되지 못할 것'이라고 말했다. 그것이 오히려 김영삼을 돕는 꼴이 되었다. 그동안 침묵을 지키던 김대중까지 김영삼을 지지하고 나섰다. 김대중은 이번 전당대회가 '친유신파와 반유신파의 대결'이라며, 이철승을 친유신파로 몰아붙였다. 김영삼은 김대중이 지원한 덕을 좀 봤다.

국민 눈과 귀가 신민당 마포 당사로 쏠렸다. 1979년 5월 30일, 대의원 751명이 일찍부터 삐까뻔쩍한 새 당사로 모여들었다. 당사 주변으로도 수많은 시민과 당원들이 모여 북새통을 이루었다. 전당대회가 시작되자 먼저 당헌을 개정했다. 최고위원으로 이루어진 집단지도체제를 총재와 부총재가 이끄는 단일지도체제로 되돌렸다. 당헌 개정이 끝나자 총재 선출 투표가 이어졌다. 1차 투표는 이철승 292표, 김영삼 267표, 이기택 92표, 신도환 87표, 김옥선 11표, 무효 2표였다. 예상대로 이철승이 앞섰지만, 과반은 아니었다. 2차 투표 승패는 이기택과 신도환 표가 어디로 가느냐에 달렸다. 1차 투표 소식을 들은 당사 밖 당원들과 시민들 사이에서 김영삼을 연호하는 소리가 커지고 있었다. 김영삼은 망설이던 이기택을 이끌고 창문 밖을 보면서 '저 소리가 들리느냐, 저 소리를 외면하지 말자'고 설득했다. 이기택은 김영삼을 지지했고 신도환은 끝내 이철승 쪽으로 기울었다. 마지막까지 승부를 가늠할 수 없었다. 결국 김영삼이 과반수인 376표보다 딱 두 표 많은 378표를 얻었다. 이철승과 겨우 11표 차이, 아슬아슬한 승리였다.

제2의 김영삼 시대가 열렸다. 2년 8개월 와신상담 끝에 총재에 복귀한 김영삼은 박정희와 싸울 각오를 단단히 했다. "나의 당수 도전은 이 정권에 굴복할 수 없다는 데서 출발"했다면서 "오늘의 결과는 우리가 곧 여당이 될 수 있음을 보여준 것이며 정권 인수 준비가 되었음을 보여준 것"이라고 강조했다. 곧바로 당 진용도 갖추었다. 윤보선과 김대중을 당 상임고문에 앉혔다. 부총재는 이민우, 박영록, 조윤형, 이기택이 맡았다. 김영삼이 키를 잡은 신민당호는 유신의 심장을 향해 다시 뱃머리를 돌렸다. 전당대회 후 대정부 질문에 처음 나선 김영삼 총재 발언이 그 이정표였다. "나는 여기에서 내가 평소에 일관되게 주장해온 권고를 박정희 대통령에게 하고자 합니다. 박정희 대통령은 진실로 이 나라의 장래를 위해서 그리고 박 대통령 스스로를 위해서 조속한 시일 내에 정권을 평화적으로 이양할 준비를 갖추기를 바랍니다." 이정표를 세우는 것은 쉬웠지만 그 이정표를 향해 배를 몰아 가는 것은 쉬운 일이 아니었다.

이정표를 향해 뱃머리를 돌리자마자 파도가 몰려왔다. 파도가 들이치기도 전에 선상에서 반란이 일어났다. 가처분 파동이었다. 김영삼 총재 당선이 무효라는 주장이 나왔다. 5월 30일 전당대회에서 대의원 자격이 없는 이들이 투표에 참여했다는 것이다. 전당대회가 끝나고 6월 5일, 조가연이라는 자가 부총재로 임명된 조윤형을 포함해 몇몇 대의원들 자격을 시비 걸었다. 조윤형이 선거권이 없다고 주장했다. 1974년에 선거법을 어겨 징역 3년 형을 살았고, 형기를 마친 지 6년이 지나지 않았다는 것이다. 정당법 제17조는 선거권이 없으면 당원 자격이 없다고 규정했으니 조윤형 등은 당원 자격이 없다고 했다. 선관위도 6월 26일 그들은 당원 자격이 없다는 답변을 보내왔다. 그 답변을 근거로 8월 13일 윤완중, 조일환, 유기준 신민당 지구당 위원장 세 명은 서울민사지방법원에 김영삼 총재와 부총재 5인의 직무집행정지 가처분을 신청했다. 당내 문제가 또다시 유신체제의 법정으로 넘어갔다. 고양이에게 생선을 맡긴 꼴이었다.

 기가 찰 노릇이었다. 8월 13일은 YH 사건으로 아수라장이 된 신민당사에서 의원들이 농성을 시작한 날이었다. 사력을 다해 정권과 싸우기도 버거운 판에 또다시 집안싸움이 벌어진 것이다. 9월 8일 서울민사지방법원은 김영삼 총재 직무를 정지시켰다. 당선이 무효이니 총재 권한을 행사하지 말라고 했다. 무자격 대의원이 투표에 참여해 김영삼이 과반수보다 두 표를 더 얻는 데 영향을 미쳤다고 했다. 무자격 대의원들이 김영삼을 찍었는지, 이철승을 찍었는지는 하느님도 모를 일 아닌가! 그런데도 법원은 안다는 듯이 그렇게 판결했다. 게다가 무자격 대의원으로 지목된 조윤형은 1976년 전당대회 때도 대의원으로 참여했다. 그때 그는 이철승을 지지했었다. 김영삼 측에서는 이철승을 찍으면 유효고 김영삼을 찍으면 무효가 되냐며 고무줄 잣대를 비난했다. 신민당은 이 직무정지 사태가 정권 차원에서 이루어진 공작이며 야당 탄압이라고 보았다. '야당을 말살하려는 정치재판에 결코 승복하지 않겠다'고 거세게 항의했다. "헌법에 의해 보호되고 있는 정당의 정치활동은 대통령의 탄핵에 준하는 중대한 헌법 사항이기 때문에 민사법원의 소청사건 대상이 될 수 없다"는 법리적 주장도 폈다. 김영삼 총재도 "서울 민사지법의 결정은 야당을 말살하여 정권의 영구화를 기하려는 이 정권의 부도덕한 정치음모에 사법부가 하수인 노릇을 하여 이루어진 비극적인 소산으로 규정, 역사와 국민 앞에 고발 규탄한다"는 성명을 냈다. 그러면서 '대통령 하야'와 '박 정권 타도'를 입에 올렸다. 하야라는 말이 나오자 청와대는 발끈했다. 격앙된 어조로 직접 나서서 논평을 냈다. 김영삼을 총재로 인정하지 않겠다는 조롱조였다. "신민당 김영삼 총재는 이 시간부터 총재가 아니므로 의원으로 호칭한다. 정부는 김영삼 씨 발언을 지금부터 신민당의 전체 의지를 대표하는 것으로 보지 않는다."

　법원은 친절하기까지 했다. 신민당이 겪을 혼란까지 걱정해 총재 직무대행을 손수 지정해줬다. 법원이 지정한 전당대회 의장 정운갑은 대행을 맡을지 사나흘 고민했다. 9월 19일 그가 직무대행을 맡겠다고 나서자 당내 비주류는 기다렸다는 듯이 승인했다. 중앙선관위도 정운갑이 낸 총재직무대행 등록신청을 받아들였다. 비주류 측은 이 사태가 김영삼 총재의 독선과 독주 때문에 벌어졌다고 했다. 그들은 법원 결정에 승복해야 한다고 했다. 악법도 법이라는 논리였다. 법원 결정 승복파에 맞서 법원 결정 거부파가 김영삼 지키기에 나섰다. 소속 의원 36명은 의원총회를 열어 김영삼 총재를 수호하자고 한목소리를 냈다. 법원 결정에 승복하지 말고 싸우자고 했다. 그들은 이 사태가 박정희 정권이 벌인 공작이라고 봤다. 당내 배신자를 꼬드겨 야당을 말살할 음모를 꾸몄다는 것이다.

　신민당은 총재와 총재직무대행이 공존하는 '가처분 야당'이 되었다. 혼란 그 자체였다. 그 혼란은 김영삼이 박정희 유신과 끝장을 보러 달려가는 출발점이 되었다. "이제는 끝장을 볼 때가 왔다." 끝장을 보러 출발한 김영삼에게 또 한 번 큰 파동이 닥친다. 이번에는 그를 아예 국회에서 몰아내려고 제명을 시도한 것이다. 하지만 과유불급이었다. 그 시도가 오히려 분당으로 치닫던 신민당을 구하게 된다.

완전한 이별

이태 전 돌풍은 대단했다. 그 돌풍이 신한민주당을 103석 거대 야당으로 만들었다. 그 후 이 년간, 반독재 민주화를 위해 싸우며 줄기차게 직선제 개헌을 주장하는 목소리를 높여왔다. 아무리 옳은 소리라도 소리를 지르다 보면 목이 쉬기 마련이다. 신민당에서도 갈라진 소리가 나오기 시작했다. 개헌 방향에 차이가 생겼고, 당권 갈등도 커졌다. 기미가 이상하더니 1986년 성탄 이브에 결국 일이 터졌다. 모든 신문 1면에 '선 민주화' '내각제 수용'이라는 이민우 구상이 대문짝만하게 실렸다. 신민당 총재 입에서 내각제를 수용한다는 이야기가 나오니 기가 막힐 노릇이었다. 신민당 당론은 누가 뭐래도 직선제 개헌이었다. 이민우 총재 자신도 직선제 개헌이 신민당의 제1목표라고 누누이 말하지 않았던가! 그런 그가 왜 그랬을까? 자기 구상이 몰고 올 후폭풍을 정말 몰랐던 것일까?

이민우는 자타가 공인하는 대리 총재였다. 신한민주당 실세는 김대중과 김영삼이었지만 그들은 전면에 나설 수 없었다. 이민우는 그들을 대신해 이 년간이나 당을 이끌었다. 비주류는 그런 대리체제가 비정상이라고 줄곧 비판해왔지만, 매번 '직선제 개헌' 외침에 파묻혀 버렸다. 그런데 1986년 12월 들어 상황이 바뀌기 시작했다. 개헌 논의는 지지부진했고, 전망도 불투명했다. 그러던 차에 전두환은 내각제 개헌이라는 미끼를 던졌다. 신민당 안에도 동조하는 사람들이 생겼다. 정부 여당이 완강히 직선제 개헌을 거부하는 마당에 내각제 개헌이라도 얻어내자고 했다. 당 체제 비판도 수면 위로 올라왔다. 김대중과 김영삼이 주도하는 섭정체제를 끝내자는 것이다. 각 계파가 참여해 비상수습대책위원회를 꾸리자고 했다. 그렇게 해서 당을 정상화하고 이민우 총재와 김영삼, 김대중이 함께 물러난 후 전당대회를 열어 새 지도부를 구성하자고 했다. 김영삼 측 상도동계는 그럼 아예 김영삼을 총재로 추대하자고 맞불을 놨다. 김대중도 맞장구를 쳤다. 김영삼에게 총재를 맡겨 직선제 개헌 투쟁을 힘 있게 밀고 가자고 했다. 김영삼도 김대중도 더는 이민우를 믿지 못하는 듯했다.

그런 상황에서 이민우가 소위 '구상'을 내놓은 것이다. 1986년 12월 24일, 이민우는 정부와 여당이 7개 민주화 조치, 즉 지방자치제 실시, 언론 및 집회결사의 자유 보장, 공무원의 정치적 중립 확보, 정당제도 정착, 공정한 국회의원 선거법 마련, 구속자 석방과 사면 복권 등을 먼저 수용하면 내각제 개헌도 받아들일 수 있다고 밝혔다. 정부 여당은 흥분을 감추지 못했다. 떡 본 김에 제사 지내자고 했다. 재빨리 환영한다는 논평과 함께 민주화 7개 항을 갖고 협상하자고 나왔다. 개헌 국면을 민주화 7개 항 협상 국면으로 바꿔 개헌 문제를 슬그머니 뒷전으로 미루려는 의도였다. 신민당 내 비주류도 이민우 구상에 동조하고 나섰다. 상황이 이상하게 돌아가자 신민당은 적이 당황하여 부랴부랴 확대간부회의를 열었다. '선 민주화, 후 개헌'이 아니라 둘을 동시에 추진한다는 '병행투쟁' 입장을 세웠지만 엎치나 매치나 한가지였다. 개헌 문제는 뒤로 밀릴 수밖에 없었다. 또한 민주화 조치를 하면 내각제 개헌을 하겠다는 전제를 달고 있어서 직선제도 폐기될 처지였다.

　사태가 심상찮게 돌아가자 김대중과 김영삼은 지켜볼 수만 없었다. 두 사람은 1987년 1월 7일 만나 수습에 나섰다. 이민우 구상은 직선제 개헌 당론을 어겼으며 전두환 영구 집권 음모에 동조하는 것이라며 우려를 표했다. 선 민주화니 병행투쟁이니 하는 것도 말이 안 된다고 딱 잘랐다. 직선제 개헌이 곧 민주화라고 못 박았다. 이민우 총재에게 구상을 거둬들이라고 경고도 했다. 억울했는지 불쾌했는지 이민우는 몽니를 부렸다. 그날 오후 곧장 고향인 온양으로 내려가버렸다. 칩거했지만 침묵하지는 않았다. 그곳에서 그는 대리인으로 살아온 서러움을 분풀이하듯 두 사람을 맹비난했다. 개헌할 힘도 없으면서 왜 직선제만 고집하냐고 힐난했다. 두 김 씨가 당내 문제에 일일이 감 놔라 배 놔라 한다며 불만을 토로했다. 이민우는 3박 4일 동안 전쟁을 선포하듯 한껏 퍼붓더니 서울로 돌아와서는 다시 꼬리를 내렸다. 김영삼을 만나 자신이 지나쳤다며 사과하고 화해했다. 김영삼은 이민우가 자기 구상을 백지화했다고 흡족해했다. 순진한 생각이었다. 얼마 안 가서 이민우는 자기 구상을 '백지화할 수도 없고, 백지화해서도 안 된다'며 선민주화론에 다시 생기를 불어넣었다. 그렇게 변덕을 부린 까닭도, 자신감을 보인 배경도 분명하지는 않았다. 여야가 타협하여 개헌하기를 바랐던 미국 고위 인사들이 뒷배라는 소문이 있기는 했다. 비주류 측이 지원하니 힘을 받았을 수도 있다. 이철승, 김옥선, 김재광, 이택돈, 이택희 등 비주류 의원 9명은 민주연합을 결성해 이민우 구상에 힘을 실었다. 그들은 노골적으로 내각제를 지지했다. 결국 직선제로 똘똘 뭉친 듯했던 신민당은 내각제 지지파와 내각제 반대파로 갈라졌다.

　김영삼과 김대중은 결단을 내렸다. 더는 이민우 총재와 직선제 개헌 투쟁을 함께할 수 없다는 것이다. 두 사람은 1987년 2월 21일에 다시 만났다. 5월 전당대회에서 김영삼을 총재로 추대하기로 뜻을 모았다. 전당대회가 자칫 개헌 노선 싸움과 당권 경쟁을 하는 장으로 변할까 우려했기 때문이다. 그러자 이민우 총재도 가만있지 않았다. 경쟁해야지 누구 맘대로 총재를 추대하느냐고 불쾌감을 감추지 않았다. 자신도 총재에 출마해 당권 경쟁을 하겠다는 소리로 들렸다. 민주연합은 그런 이민우를 측면 지원했다. 그들은 공공연히 내각제를 지지하고 두 김 씨를 노골적으로 비난했다. 이철승이 공격 선봉에 섰다. '선 민주화를 전제로 한 내각책임제 개헌을 지지한다'고 했다. 당이 내놓은 '선택적 국민투표'에도 반기를 들었다. 선택적 국민투표는 내각제와 대통령 직선제 둘 다 국민투표에 부쳐 선택하게 하자는 방안이었다. 신민당은 2월 23일 확대간부회의를 열어 이철승 발언은 당론을 어긴 해당 행위라며 당기위원회에 제소하기로 했다. 이택희 의원 징계도 빨리 처리하기로 했다. 그는 지난해 연말 민정당 사무총장인 이춘구 의원과 함께한 자리에서 신민당을 비난하면서 김영삼과 김대중이 퇴진해야 한다고 내부 총질을 해댔다. 징계 대상이 된 이들은 '말도 못 하게 하는 독재 정당이냐'며 강하게 반발했다. 2월 24일에는 이철승이 무력시위에 나섰다. 당원인지 깡패인지 모를 청년 이백여 명을 동원해 징계 결정을 철회하라며 5일간이나 당 업무를 마비시켰다. 당은 그들을 징계할 수도, 하지 않을 수도 없는 난처한 처지에 놓였다. 5월 전당대회로 당 체제를 정비하고, 이를 개헌 추진 동력으로 삼으려던 계획도 무산될 판이었다.

 우려는 현실이 되었다. 전당대회를 앞두고 시작된 지구당 개편대회는 첫날부터 난장판이었다. 1987년 3월 2일 서울 성북지구당 개편대회에서 사달이 났다. 연사로 무대에 오른 지도부는 각기 다른 목소리를 냈다. 김영삼은 직선제 개헌 투쟁을 강조했고, 이민우는 자기 구상을 구구절절 설명했다. 김대중은 녹음된 목소리로 거국내각 구성을 요구했고 이기택 부총재는 새인물론을 꺼내 당권에 도전할 의사를 밝혔다. 최형우 부총재는 그런 이기택을 비난했다. 이런 소란을 다 듣고 있던 김영삼은 행사 내내 낯빛이 어두웠다. 아니나 다를까, 김영삼은 다음 지구당 개편대회부터는 불참하겠다고 선언했다. 김대중도 동조하면서 녹음 연설도 보내지 않겠다고 했다. 결국 지구당 개편대회는 무기한 연기되었다. 내친김에 김영삼과 김대중은 다시 이민우 총재 압박에 나섰다. 3월 12일 당내 의원 70명에게 '이민우 구상 반대와 직선제 개헌 지지' 서명을 받았다. 여차하면 분당도 불사하겠다는 압박이었지만 이민우는 요지부동이었다. 그래도 3월 17일 김영삼과 만났고 3월 31일에는 김영삼, 김대중을 함께 보았다. 그는 자기 구상이 직선제 포기나 내각제 합의가 아니라는 점을 새삼 확인했다. 그러나 5월 전당대회에서 김영삼을 총재로 추대할지에 대해서는 얼버무렸다. 대신 이철승, 이택희 의원 징계 문제를 이른 시간에 처리하고 다시 만나기로 했다.

산 넘어 산이었다. 이철승, 이택희 두 의원을 징계하는 문제로 신민당은 걷잡을 수 없이 흔들렸다. 4월 4일 신민당은 비주류가 반발하는 가운데 당기위원회를 강행했다. 이택희 의원 징계 절차를 논의하려 했지만, 그가 동원한 이백여 명이 새벽 댓바람부터 중앙당사로 몰려왔다. 그들은 중앙당사를 점거해 당 사무를 완전히 마비시켰다. 징계 방침을 철회할 때까지 물러나지 않겠다며 난리를 쳤다. 이철승도 자신을 징계하겠다는 방침을 철회하지 않으면 8일부터 농성에 합류하겠다고 엄포를 놓았다. 김영삼에게 준 당 고문직을 정지시키라는 가처분 신청도 법원에 냈다. 김영삼이 당권을 잡지 못할 것 같으니 분당을 운운하고 다녔다며 이는 명백한 해당 행위라고 주장했다. 이민우 총재는 상황을 수습하지 못했고, 당은 질서도 규율도 없는 그야말로 무법천지였다. 5월 전당대회는 사실상 불가능해 보였다.

김대중과 김영삼은 결국 분당할 결심을 했다. 신민당 창당 2년 3개월 만이었다. 다수파가 소수파를 두고 당을 나가는 기이한 상황이었지만, 이런 일이 처음은 아니었다. 1969년 신민당 의원 3명이

3선 개헌을 지지하자 그들을 제명하기 위해 나머지 의원 전원이 탈당해 신민당을 해산하고 재창당했었다. 1987년 4월 8일 오전 김영삼과 김대중은 분당 선언 기자회견을 했다. 그들은 현 신민당 사태를 내분이 아니라 전두환 정권의 야당 파괴 공작이라고 했다.

> **신민당의 내분은 결코 당내만의 사건이 아니라 기본적으로 현 정권의 공작정치의 소산입니다. 우리 두 사람은 번민과 숙고를 거듭한 끝에 신민당을 폭력 지배의 무법천지로 만들고 농락 대상으로 전락시킨 불순세력과 단호히 결별키로 했습니다.**

분당이 결정되자 속전속결로 신당 창당 준비가 이루어졌다. 이날 신민당 의원 90명 중 74명이 탈당했다. 다음 날 신당창당준비위원회를 구성해 당명을 통일민주당, 약칭은 민주당으로 정했다. 같은 이름을 쓸 수 없으니 이름이 달랐을 뿐 신민당 재창당이나 다름없었다. 4월 13일에는 창당 발기인 대회를 열었다.

　분당 사태는 전화위복이었다. 더 강력하고 선명한 야당이 탄생하는 순간이었다. 더 강력한 직선제 투쟁이 벌어질 조짐이 보였다. 전두환은 그 조짐을 알아채고 쩨쩨하게 나왔다. 하필 신당 창당 발기인 대회가 열리던 4월 13일 바로 그날에 '중대한 결단'을 발표한 것이다. 자기 임기 중에는 어떤 개헌도 하지 않겠다며 모든 개헌 논의를 중단하라고 했다. 간선제로 선출하는 후임 대통령에게 정부를 이양하겠다고 했다. 자신은 아무런 사심이 없다며 옅은 미소까지 지었지만, 목소리는 사뭇 비장했다. 하지만 미소와 비장함이 어색하게 뒤섞인 호헌조치는 치명적인 자충수가 되고 말았다. 이 발표로 통일민주당 창당은 더 큰 명분과 동력을 얻게 되었다. 세월아 네월아 하던 개헌 논의도 다시 열기를 띠었고, 사그라지던 직선제 개헌 열망도 되살아났다. '호헌철폐' 구호는 민주화를 향한 열망을 들불처럼 번지게 한 함성이자 기치였다.

　5월 1일 창당을 목표로 창당 작업이 빠르게 진행되었다. 4월 20일부터는 열흘간 전국 37개 지구당 창당대회를 열었다. 그 열흘 동안 가장 바쁜 사람은 따로 있었다. 듣도 보도 못한 용팔이였다. 팔자수염을 한 그는 폭력배들을 거느리고 통일민주당 지구당 창당대회장을 들쑤시고 다녔다. 그들을 사주한 사람은 내부자였고, 그 내부자 뒷배는 안기부였다. 안기부가 뒤를 봐주니 깡패들이 백주에 각목과 쇠파이프를 휘두르며 제1야당 창당대회장을 난장판으로 만들 수 있었다. 하지만 용팔이쯤으로는 창당하겠다는 열기와 의지를 꺾을 수 없었다. 5월 1일 통일민주당은 중앙당 창당대회를 열고야 말았다. 이 년 전 신한민주당 창당식이 열렸던 동숭동 흥사단 강당에 대의원 칠백여 명이 모였다. 단일지도체제를 채택하고 대통령 직선제 등을 주요 정책으로 정했다. 만장일치로 김영삼을 총재에, 김대중은 상임고문에 추대했다. 부총재와 당직은 동교동계와 상도동계에 균형 있게 나누었다. 김영삼은 총재 수락 연설에서 통일민주당은 선명하고 강력한 민주화 투쟁과 함께 실질 대화를 해 나가겠다고 밝히고, 전두환에게 4·13 호헌조치를 철회하라고 요구했다. 대통령선거인단 선거 및 체육관에서 하는 대통령 선거에는 참여하지 않을 것이며 범국민적 비폭력 거부 운동을 전개할 것이라고 말했다. 당명에 통일이 들어간 이유도 있었다. '선 민주 후 통일' 방침을 제시하면서도 "민족통일이 정치적 이념과 체제를 초월하는 민족사적 제1의 과제임을 인식한다"고 천명했다.

　69명 의원이 함께한 통일민주당은 제1야당으로 민주당 법통을 이었다. 창당하자마자 직선제 개헌 투쟁에 다시 불을 붙이며 대여투쟁에서 구심 역할을 했다. 반면 신한민주당은 교섭단체도 구성할 수 없는 상태가 되었다. 통일민주당은 줄곧 자신을 '민주당'이라고 줄여 불렀고, 여권은 통일민주당을 깎아내리느라 극구 '통민당'이라고 불렀다. 전두환 정권은 통일민주당을 집요하고 야비하게 탄압했다. 5월 6일, 창당 닷새 후에 열린 국회 본회의에서 여당 의원들은 창당 축하 대신 험담과 저주를 퍼부었다. 김영삼과 김대중이 주된 표적이었다. "사이비적 허상을 바탕으로 해서 소위 거물로 성장"한 두 김 씨는 "낚시질이나 하라"고 조롱했다. 통일민주당이 "태어나서는 안 될 정당"이라는 극언까지 서슴지 않았다. 국무총리와 장관들도 통일민주당 의원들이 하는 질의에 까칠하고 고압적인 자세로 나왔다. 총리가 통일민주당을 향해 "분란을 일삼는 소수당"이라고 도발할 정도였다. 정부도 김대중을 다시 연금했다. 형집행정지 중인 만큼 정당 활동과 정치 활동을 더 철저히 단속하겠다고 했다. 김영삼이 창당대회에서 한 연설과 당 정강정책도 문제 삼았다. 88올림픽을 나치 하 베를린 올림픽에 비유해 올림픽을 정치적으로 이용했다고 비판한 것을 걸고 넘어졌다. 민주당이 내세운 통일정책이 공산화 통일도 용인하는 것이라며 국가보안법을 위반했다는 억지도 부렸다. 검찰은 김영삼과 정강정책 작성자들을 소환하겠다고 했다. '국시파동'을 다시 보는 듯했다. 그뿐 아니라 1985년 이후 김영삼이 외국에서 한 발언 중에 국가를 모독하는 부분이 적지 않아 검찰이 검토하고 있다는 사실도 전해졌다. 사냥감이 정해지자 너부러질 때까지 물고 늘어지는 검찰의 집요함은 혀를 내두르게 했다.

통일민주당 의원들은 국회에서 연일 4·13 호헌조치를 문제 삼았다. 5월 8일에는 '4·13 개헌유보조치 철회건의안'을 국회에 제출했다. 전 국민을 배반하고 국민주권원리를 위반했다는 이유였다. 5월 18일, 박종철 고문치사 사건이 은폐 조작되었다는 사실이 폭로되었다. 권력기관들이 벌인 파렴치한 거짓과 조작에 민심은 크게 술렁였다. 정권은 완전히 신뢰를 잃었다. 분노한 시민들이 거리에서 호헌철폐 독재타도를 외치기 시작했다. 통일민주당은 내각 총사퇴와 국정조사권 발동을 요구했다. '박종철 군 고문살인사건 범인조작 진상조사단'도 꾸렸다. 5월 25일부터는 '전두환 정권 퇴진'을 요구하는 강수를 뒀다. "이 사회의 도덕성 회복과 법질서 유지 및 국가의 안보, 실추된 국가와 국민의 명예회복을 위해 이 정권이 스스로 퇴진할 것을 강력히 요구한다"는 결의문을 발표했다. 정부는 급히 총리와 일부 장관을 문책하듯 바꾸었지만 성난 민심을 돌릴 수는 없었다. 이제 시민들은 전두환 퇴진을 요구했다.

통일민주당은 각계각층 재야 세력과 합세했다. 통일민주당이 보인 선명한 투쟁 의지가 재야로부터 믿음을 샀다. 5월 27일, 명동 향린교회에서 민주헌법쟁취국민운동본부를 결성해 4·13 호헌조치 철회와 직선제 개헌을 관철하기 위해 공동 투쟁 하기로 했다. 김수환 추기경, 김영삼, 김대중, 함석헌, 문익환이 국민운동본부 고문을 맡았다. 국민운동본부는 6월 10일 박종철 군 사건 조작규탄과 4·13 조치 철회 및 민주헌법쟁취 범국민대회를 열기로 했다. 그날은 민정당이 차기 대통령 후보를 뽑는 전당대회 날이기도 했다. 이는 개헌 없이 대통령을 체육관에서 뽑겠다는 것이고, 4·13 호헌조치를 강행한다는 의미였다. 통일민주당은 대통령 후보 지명은 민정당이 '돌아올 수 없는 다리를 건너는 것'이라며 전당대회를 취소하라고 요구했다. 민정당은 강행 의사를 굽히지 않았다. 정부도 국민운동본부를 불순 단체라며 집회를 원천 봉쇄하겠다고 했지만, 국민운동본부도 물러설 뜻이 없었다. 대회 하루 전인 6월 9일에는 6·10 대회 성사를 위해 교문 앞에서 시위하던 연세대 학생 이한열이 최루탄 파편을 맞고 중태에 빠지는 사건이 벌어졌다. 분노와 긴장, 슬픔과 염려 속에서 6월 10일이 다가오고 있었다.

6월 10일 오후 6시, 민주대장정을 시작한다는 의미로 마흔두 번 종이 울렸다. 분단과 독재의 세월 42년을 상징했다. 종소리가 울리자 대회 장소인 서울 시청 앞 성공회 대성당 주변에 모인 시민들은 애국가를 부르고 차들은 경적을 울렸다. 성명서가 낭독되었다. 민정당 대통령 후보 지명대회는 무효라고 선언했다. 최루가스 뒤덮인 거리에서 시민들이 호헌철폐 독재타도를 외치던 이날, 잠실체육관에서 노태우는 꽃가루 휘날리는 무대에서 전두환 후계자로 선출되었다. 노태우는 호텔 연회장에서 흘러나오는 베사메 무초에 파묻혔지만, 전국에서 거리를 내달렸던 시민 3,831명은 닭장차에 실려 가 밤샘 조사를 받아야 했다. 후보가 된 노태우는 제법 후계자 노릇을 하려고 했다. 사태를 수습하겠다며 유화책을 내놓았다. 4·13 호헌조치를 수정해 개헌 논의를 재개할 용의가 있다고 했다. 6월 24일에는 전두환도 김영삼 총재와 만나서 그런 의사를 밝혔다. 민주당은 4·13 조치 철회를 명시적으로 선언하고 정치 일정도 구체적으로 밝히라고 했다. 단순히 개헌 논의 재개만으로는 4·13 조치가 철회되었다고 볼 수 없다는 것이다. 통일민주당과 국민운동본부는 6월 26일 예정된 민주헌법쟁취 국민평화대행진을 강행하기로 했다. 전국에서 150만 명이 국민평화대행진에 참여했다. 이날 대회를 막기 위해 경찰 6만 명이 동원되었으나, 역부족이었다. 계엄 카드까지 만지작거렸지만 그것조차 여의치 않았다. 민정당이 6월 27일 발표한 성명서는 큰 변화가 일고 있다는 전조였다. "우리당은 6·26 시위에 나타난 국민의 한결같은 여망은 민주발전이라는 명제가 성사되어야 한다는 것으로 믿고 이를 겸허하고 허심탄회하게 수렴하겠다." 이미 상황은 돌이킬 수 없었다. 미국 국무성도 그렇게 생각했다. "한국 국민들은 민주주의를 아주 열망하고 있으며 민주주의의 진로는 이제 역행할 수 없게 되었다." 결국 6월 29일 노태우는 '구국의 결단'이라는 이름으로 대국민 항복 선언을 했다. 대통령 직선제를 즉각 수용하고, 김대중 사면 복권과 양심수 석방을 약속했다. 언론 자유를 보장하고 지방자치제도 실시하겠다고 했다. 민주 세력이 똘똘 뭉쳐 국민과 함께 이뤄낸 눈물 나는 성과였지만 어딘지 불안했다. 정말 항복한 것일까?

개헌 논의는 여야 8인 정치회담에서 진행했다. 7월 31일에 첫 회의를 시작해서 8월 31일 개헌안에 합의했다. 국회는 9월 10일에 개헌안을 발의했고, 10월 12일에 의결했다. 10월 27일 국민투표를 치러 제9차 개헌안이 확정됐다. 대통령은 직선으로 뽑고 임기는 5년 단임이었다. 여야는 새 헌법대로 대통령 선거를 12월 16일에 치르기로 합의했다. 대선 시계가 빠르게 돌아갔다. 사면 복권으로 정치 활동이 가능해진 김대중이 8월 8일 통일민주당에 입당했다. 10월 유신으로 당원 자격을 잃은 지 15년 만에 돌아온 것이다. 당 안에는 다시 김대중과 김영삼 경쟁 구도가 형성되었다. 통일민주당은 대선 후보를 누구로 할지 고민에 빠졌다. 둘 중 누가 나와도 당선 가능성이 높은 상황이었다. 분열해서는 안 된다는 목소리가 컸다. 1980년 두 사람이 벌인 '우매한 짓' 때문에 서울의 봄이 저물고 말았다는 사실은 너도 알고 나도 아는 사실이었기 때문이다. 두 사람도 그 '우매한 짓'을 다시 하지 않겠다며 양보 의사를 보였다. 그들은 "야당의 승리를 위해서는 반드시 단일 후보를 내야 한다"고 누누이 강조했다. 일 년 전 직선제 개헌 투쟁 과정에서 김대중과 김영삼이 앞다퉈 했던 약속도 소환되었다. 김대중은 1986년 11월 5일 직선제 개헌이 받아들여진다면 다음 대선에 출마하지 않을 것이라고 밝혔다. 그러자 김영삼도 김대중이 사면 복권만 된다면 그에게 대선 후보를 양보할 용의가 있다고 말하기도 했다. 후보 단일화는 어떤 식이든 둘 중 하나가 양보해 이루어질 듯 보였다.

쉽사리 이루어질 것 같던 단일화 협상은 녹록지 않았다. 팽팽한 줄다리기가 이어졌다. 대권과 당권을 나눠서 김영삼이 대통령 후보를, 김대중이 당수를 하자는 쪽으로 타협하는 듯했지만 끝내 무산되었다. 제7대 대선에서 김대중 대권, 유진산 당권으로 나눈 탓에 졌다는 지적도 있었다. 누가 더 유력한 후보인지를 두고도 자기 강점을 내세우고 상대 약점은 찔렀다. 김영삼 측은 좌익 사상 때문에 군부가 김대중을 반대한다는 '군 비토론'을 들고 나왔다. 김대중 측은 어이가 없었다. 군부독재를 몰아내자는 판에, 군부가 반대하니 출마를 포기하라는 말은 사리에 맞지 않았다. 하지만 김대중 측에도 결정적인 한 방이 있었으니, 바로 민심이었다. 국민여론조사에서 압도적으로 우세하다는 사실을 내세우며 자신감을 드러냈다. 그럴수록 분열의 그림자는 점점 짙어졌다. 10월 10일, 김영삼이 먼저 치고 나왔다. 통일민주당 대통령 후보로 출마하겠다고 선언한 것이다. 십자가를 지는 심정이라고 했다. 뒤질세라 그다음 날 김대중도 대통령 출마 의사를 밝혔다. 두 사람이 모두 출마하겠다니 당 내부도 홍해가 갈라지듯 양쪽으로 쪼개졌다. 전당대회를 열어 한 사람을 후보로 선출하면 분당 사태는 피할 수 없는 지경이 되었다. 김대중이 분당 사태는 막자며 '두 후보가 민주당적을 지닌 채 당 공천 없이 동시에 출마하자'는 고육책도 내놓았지만, 현실적이지 않았다. 6월 22일 두 사람은 단일화를 위한 최후 담판을 벌였지만 무산되었다. 사실상 후보 단일화가 물 건너가는 순간이었다. 재야 세력도 마지막까지 단일화를 위해 노력했지만, 그들마저 양측으로 갈라지고 말았다. 김대중은 10월 28일 대통령 출마를 공식 선언하면서 신당 창당도 선언했다.

분당은 현실이 되었다. 통일민주당을 창당한 지 6개월 만이었다. 10월 29일 동교동계 의원 22명이 1차 탈당했다. 10월 30일에는 창당 발기인 대회를 열고 창당준비위도 구성했다. 11월 12일 전당대회가 열렸다. 세종문화회관에는 대의원과 내빈 3천 2백여 명이 모였다. 당명은 평화민주당(평민당)으로 정했다. 발기취지문에서 평민당은 "수구주의와 급진적 개혁주의의 양극을 배제, 온건한 개혁노선을 표방해 중산층과 근로계층의 이익을 대변하는 국민정당을 지향한다"고 했다. 김대중을 총재 겸 대선 후보로 추대했다. 김대중은 "이번 기회에 정치군인의 정치개입 악습을 영원히 단절시키고, 1천 년 이상 유지되어 온 문민정치의 전통을 확립"해야 한다며 후보를 수락했다. 특히 그는 남북한 간 평화공존, 평화교류, 평화통일 3단계 추진을 평화민주당이 갈 중요한 방향으로 제시했다. 11월 9일 통일민주당도 임시전당대회를 열어 김영삼을 대통령 후보로 지명했다. 그는 군부독재 종식과 평화적인 민주주의 혁명이 역사적 요청이라고 했다. 정통 민주 세력인 통일민주당이 집권하는 게 그 역사적 요청에 답하는 길이라고 했다. 두 사람은 모두 승리를 장담했다. 그들은 분열 속에서도 승리할 수 있다는 신화를 만들고 싶었는지 모른다. 김종필까지 가세해 선거 구도는 1여 3야로 펼쳐졌다. 야권에 불리하기 그지없는 구도였다.

  1987년 12월 16일, 16년 만에 국민이 자기 손으로 직접 대통령을 뽑았다. 민심의 파도는 거셌다. 어둡고 긴 터널을 빠져나온 파도가 투표장을 가득 메웠다. 투표율은 무려 89.2퍼센트였다. 제13대 대선, 그날의 승자는 국민이었지만, 승자의 자리에는 쿠데타 주역 노태우가 앉았다. 노태우는 36.6퍼센트를 득표했다. 김영삼은 28퍼센트, 김대중은 27.1퍼센트를 얻는 데 그쳤다. 4자 필승도, 막판 표 쏠림도 없었다. 야당 측은 부정선거 운운했지만, 부정선거가 있었다손 치더라도 김영삼과 김대중 득표율을 합치면 55.1퍼센트로 과반이었다. 민심은 정권교체, 군정 종식이었던 것이다. 그 민심을 거슬러 분열한 것이 가장 중요한 패배 요인이었다는 사실을 부정할 수 없었다. 책임이 컸다. 분열하고도 승리한다는 신화는 없었다. 1980년 민주화의 봄을 분열로 빼앗겼던 역사를 다시 반복했다. 이 패배 이후, 김대중과 김영삼도 완전히 결별했다. 삼십여 년간 손잡고 함께 싸웠던 동지 관계를 청산하고 각자의 길로 갔다.

홀로 선 외톨이

 분열이 낳은 자멸. 아주 낯선 풍경은 아니었다. 1955년 이후 민주당은 분열하는 바람에 역사적 책임을 다하지 못한 순간이 여러 차례 있었다. 처음 집권했던 순간에도 그랬다. 그때도 신파와 구파는 집이 타도 빈대가 죽으니 좋다며 싸웠다. 끝내 구파가 신민당이라는 딴살림을 차렸다. 결국 집권 9개월 만에 박정희 쿠데타에 정권을 내줬다. 그 후 군부통치는 26년간이나 계속되었다. 1987년은 그 길고 어두운 터널을 벗어날 수 있는 순간이었다. 역사에 가정은 없다지만, 민주당 세력이 단합했다면 26년간 이어진 군정을 끝낼 수 있었다는 것은 진실에 가깝다. 통일민주당과 평화민주당은 끝내 후보 단일화를 이루지 못했고, 전두환 후계자 노태우가 당선되었다. 그 패배는 민심을 배반한 욕심과 분열에서 비롯되었다.
 허망한 패배에 국민은 망연자실했다. 통일민주당과 평화민주당은 그 무거운 책임을 두고 석고대죄해도 모자랄 판이었다. 그런데도 제 탓 할 줄 몰랐다. 연일 부정선거를 지적하며 선거 무효만 주장했다. 부정선거 백서까지 내놓았다. 물론 하자 없는 선거는 아니었다. 구로 구청에서 일어난 부정 투표함 사건처럼 부정선거가 의심되는 정황들도 많았다. 그러나 중요한 것은 국민이 부정선거 주장에 크게 호응하지 않았다는 사실이다. 후보 단일화도 못 한 주제에 무슨 할 말이 있느냐는 냉소만 가득했다. 때마침 미국 하원 외교위원회 아시아태평양 소위원회 위원장인 솔라즈 의원도 《워싱턴 포스트》지에 이렇게 기고했다.

> 이번 선거에서 매표, 유권자에 대한 부당한 위협, 투표함 탈취 등 상당한 부정이 있었다는 데는 동의하지만, 그 같은 부정 사례가 투표 결과를 바꿔놓을 정도였느냐 하는 것이 진짜 문제다. 투표 결과를 바꿀 만큼의 광범한 부정이 있었다는 명백한 증거를 야당 측이 제시하지 못하고 있음에 비춰 볼 때 이번 선거는 한국민들의 의사를 비교적 잘 반영한 것으로 보인다.

한국 언론들도 "정권교체가 실패한 가장 큰 원인은 양 김 씨의 후보 단일화 실패"라고 지적했다. 부정선거 의혹은 외면한 채, 야당 아픈 데만 파고든 편파 보도였지만, 틀린 말은 아니었으니 딱히 할 말도 없었다.

그제야 사과하고 용서를 구했다. 김영삼도 김대중도, 통일민주당도 평화민주당도 가슴을 쳤다. 통일민주당은 "군정 종식을 위한 국민의 열화와 같은 지지에도 불구하고 끝내 그 뜻을 이루지 못한 것은 야권의 후보 단일화 실패 때문이라고 자성하고 국민 앞에 사과한다"고 머리를 숙였다. 김영삼은 "야권 후보 단일화를 이룩하지 못한 부덕의 소치에 대하여 국민 여러분께 죄송한 마음을 금할 길 없으며, 깊이 자성하고 사과드리는 바이다"라고 말했다. 김대중도 "정권교체를 이루지 못한 원인이 야당 단일화 실패에 있었다고 할 때 그 책임은 참으로 크다고 생각하며 진심으로 국민에게 사과드린다"고 했다.

평민당도 '국민께 용서를 구한다'고 했다. 그제야 선뜻 양보하지 못한 것이 '천추의 한'이라며 뼈저리게 후회했다.

진리는 단순했고, 사실은 명쾌했다. '통합 없이 승리 없다.' 다시 통합 논의가 일었다. 13대 총선 날이 서울올림픽 코앞인 4월 26일로 정해지자 김영삼이 먼저 말을 꺼냈다. 1987년이 저물어 가는 날 기자 회견에서 통합은 집 나간 사람이 다시 들어오면 되는 것 아니냐고 했다. "야권은 반드시 대동단결해야 하며 정통 민주 세력인 민주당을 중심으로 뭉치는 것이 역사의 순리다." 평민당은 대선을 위해 급조한 거품 정당이니 해체하라는 말이었다. 평민당 사람들 기분이 좋을 리 없었다. 평민당은 통일민주당과 이념 및 노선이 다르다고 맞받아쳤다. 그러니 총선에서는 통합보다 연합공천을 하는 게 바람직하다고 했다. 이때까지만 해도, 다시 통합하려는 순간에 있을 법한 팽팽한 샅바싸움이려니 했다. 이 팽팽함을 좀 눅여보겠다고 재야 세력이 나섰다. "모든 정당과 정치세력이 사소한 견해 차이를 떨쳐버리고 대동단결하자." 기선을 제압하려는 듯 통일민주당이 먼저 샅바를 잔뜩 당겼다. 평민당 의원 다섯 명이 야권 통합을 명분으로 탈당하여 민주당으로 갔다. 민주당이 장군을 치니 평민당도 멍군을 불렀다. 문동환, 박영숙, 서경원 등 재야 인사 팔십여 명을 맞아들였다. 재야 세력이 대거 평민당에 입당하자, 김영삼은 그 정치 색깔을 의심하며 자유민주주의를 수호하는 사람들은 민주당으로 모일 것이라고 했다.

이념 차이까지 들먹이는 것이 어찌 합당할 사람들 같아 보이지 않았다. 그 순간, 김영삼이 이번에도 특유한 승부수를 던졌다. 1988년 2월 8일 돌연 총재직을 사퇴한 것이다. 평당원으로 백의종군해 야권 통합에 불쏘시개가 되겠다고 했다. 이제 공은 김대중에게 넘어갔다. 그는 의외로 아주 담담하게 반응했다. "나는 평민당을 예정대로 정상화할 것이며 대통합을 향한 길이 열린다면 그에 적절히 대응하겠다." 어쨌든 돌파구가 생겼다. 민주당과 평민당은 곧바로 협상 창구를 열고 통합 논의에 들어갔다. 2월 11일 열린 공식 협상에서 양당은 총선 전에 통합한다는 원칙에 합의했다. 합의가 이루어지기 무섭게 새로운 걸림돌이 고개를 들었다. 선거구 제도와 재야 인사 입당이 문제가 되었다. 1선거구에 2인 이상을 뽑는 중선거구제가 민주당 당론이었다. 평민당은 중선거구제는 '여당과 자리를 나눠 먹겠다는 유신시대 잔재'라고 면박을 줬다. 1선거구에서 1인을 뽑는 소선거구제로 바꿔야 한다고 했다. 또 평민당은 민주당이 마뜩잖게 여기는 재야 세력까지 통합하자고 했다. 다툼이 커지자 민주당은 먼저 통합한 뒤에 문제를 풀어가자고 했다. 평민당은 우선 중선거구제 대신 소선거구제로 당론을 바꾸라고 요구했다. 또 통합 협상에 재야를 참여시켜 3자 통합으로 가자고 했다. 잠시 신경전을 벌이던 양당은 2월 13일, 이미 합의했던 대통합 원칙을 다시 확인하고 소선거구제 수용, 합동의원총회 개최, 기타 세부 사항을 결정할 기구 구성에 합의했다. 어설펐지만 어찌어찌 약혼을 했으니, 결혼은 시간문제처럼 보였다.

아침에 한 말이 저녁에 바뀌기 일쑤였다. 막판 신경전이려니 했다. 2월 15일에 열기로 한 양당 합동의원총회가 열리지 못했다. 겉으로 드러난 문제는 국회의원 소선거구제였다. 평민당은 민주당이 의석 나눠 먹을 욕심으로 민정당과 중선거구제를 합의했다는 강한 의심을 품고 있었다. "밀실 협상을 통해 유신 확대형 중대선거구제에 이미 합의해놓고 합의를 안 한 것처럼 우롱하고 있다." 그러면서 소선거구제만 받아들이면 통합 협상을 이어가겠다고 했다. 이러나저러나 매듭을 풀 사람은 김대중과 김영삼뿐이었다. 두 사람은 2월 23일, 분당 후 첫 공식 만남에서 국회의원 소선거구제 수용, 재야 세력 통합, 양당통합추진기구 재가동에 합의했다. 두 사람은 기자들 앞에서 "우리 의지가 굳건하므로 총선 전 야권 통합은 꼭 이루어지고야 말 것"이라고 장담했다. 허튼소리는 아니었다. 곧바로 통합 방식이니 당명이니 하는 소리가 흘러나왔다. 2월 26일 열린 통합기구합동회의는 세부 일정까지 잡았다. "양당은 3월 5일까지 야권 대통합을 위한 통합대회를 개최할 수 있도록 전당대회 등 필요한 절차를 밟는다." 합당 형식은 신설 합당으로 하고 당명은 새로 짓기로 했다. 이제 결혼식장까지 잡아둔 셈이니 입장하기만 하면 되는 일이었다.

하지만 산을 넘으니 또 산이었다. 이번에는 통합신당 지도체제가 문제였다. 신혼집 명의를 누구 앞으로 할지를 두고 티격태격하는 꼴이었다. 김대중, 김영삼 두 사람 다 2선으로 후퇴할지, 최소한 총선 때까지는 두 사람이 공동대표를 할지를 두고 논란이 일었다. 설상가상으로 통일민주당은 소선거구제로 당론을 변경하려고 했지만, 일부 의원들은 자기 생존이 걸린지라 극렬히 반발했다. 반발을 무마할 시간을 갖자며 통합대회를 3월 10일로 미뤘다. 소선거구제를 두고 우왕좌왕하던 통일민주당이 불쑥 조건을 내걸었다. 소선거구제로 당론을 정해 함께 선거법 개정안을 제출하되, 먼저 김대중이 2선으로 후퇴하라고 했다.

물고기끼리 치고받으니 어부만 살판났다. 3월 8일, 민정당은 선거법을 단독으로 강행 처리 해버렸다. 민정당 당론은 중선거구제였지만 야당이 소선거구제 단일안을 제출할 기미가 보이자 스스로 소선거구제를 담은 선거법 개정안을 제출해 강행 통과시켰다. 야당이 주장하는 소선거구제로 바꾼 건 의외였지만, 제1당이 전국구 절반을 차지하는 유신 시대 조항은 그대로였다. 야당은 민정당이 낸 법안에 반대했지만, 닭 쫓던 개 지붕 쳐다보는 꼴이 되고 말았다. 평민당은 소선거구제 선거법을 공동으로 제출하는 데 미적거린 통일민주당을 원망했다. 죽도 밥도 아닐 성싶어지자 김대중이 통일민주당에 최후통첩을 날렸다. '양김 공동대표제'와 '연합공천' 가운데 양자택일하라고 했다. 연합공천은 총선 전에 통합을 실현한다는 원칙에서 후퇴한 것이었다. 3월 11일 통일민주당은 공동대표제와 연합공천 둘 다 거부했다. 그러자 김대중이 한 발 더 물러섰다. 자신이 2선 후퇴할 테니 연합공천을 하자고 했다. 합당하기에는 시간이 촉박하니 양당이 연합공천을 하고 합동선거대책기구를 만들어 선거를 치르자는 것이었다. 김영삼은 통합이면 통합이지 연합공천이 뭐냐며 국민을 속이는 짓이라고 얼굴을 찌푸렸다. 실제로 여론도 좋지 않았다. 그 와중에 재야 세력과 무소속 의원들이 통일민주당과 부분 통합을 했다. 구석에 몰린 김대중은 마지막 승부수를 던졌다. 3월 17일, 야권 통합을 위해 조건 없이 총재직을 사퇴했다.

 재를 털어내니 마지막 불씨가 살아났다. 3월 18일, 통합 협상 테이블이 다시 마련되었다. 두 김 씨는 2선 후퇴했으니 지도부를 어떻게 꾸릴지부터 정해야 했다. 집단지도체제에 합의했으나 대표최고위원을 지명할지 경선할지를 두고 의견이 엇갈렸다. 통일민주당은 자신이 지명권을 가져야 한다고 했고, 평민당은 통합대회에서 경선하자고 했다. 결론이 안 나고, 협상만 이어졌다. 3월 19일 저녁, 돌발 사고가 터졌다. 협상이 벌어지고 있던 곳으로 통합을 촉구한다는 학생과 괴청년들이 쳐들어와 난동을 부렸다. 이백여 명이나 되는 청년들은 '무조건 통합' '민주당 각성' 등을 외치며 협상장을 아수라장으로 만들었다. 통일민주당은 평민당이 폭력을 뒤에서 사주했다며 사과를 요구했고, 평민당은 통합을 방해하려는 불순 세력이 벌인 짓이거나 통일민주당이 꾸민 자작극이라며 사과를 거부했다. 서로에게 책임을 떠넘기느라 입질과 삿대질이 사나웠다. 이쯤 되면 같이 살던 사람도 갈라설 만했다. 통합은 물 건너갔다. 제 코가 석 자라 싸움은 오래 가지도 않았다.

 야당은 제각기 공천에 들어갔다. 기이한 공천이었다. 여당인 민정당은 전국 224개 전 지역구에 후보자를 공천했다. 반면 통일민주당은 호남을 피했고 평민당은 영남과 충청에 후보자를 안 냈다. 김종필 신민주공화당도 호남에는 발을 들이지 않았다. 제13대 총선은 그야말로 땅따먹기 선거였다. 한 지역구에서 한 사람만 당선되는 소선거구제 영향도 있었다. 어쨌든 민주당은 영남과 부산에 터 잡기로 하고 김영삼을 부산 서구에 공천했다. 평민당은 서울에 거물급들을 공천해 바람을 일으키기로 했다. 김대중은 전국구 11번으로 출마해 배수진을 쳤다. 김종필은 충남 부여에 출마해 충청도에 공을 들였다. 1선거구에서 1인만 당선되는 소선거구제여서 자기 근거지에 전력투구하려는 속셈이었다. 합동연설회가 시작되었다. 야3당이 일제히 여당을 향해 포문을 여니 화력이 대단했다. 때마침 전두환 동생 전경환이 저지른 새마을 비리가 드러났다. 제5공화국 부정 비리가 선거 최대 이슈로 떠올랐다. 야당이 거센 공세를 퍼부어대는데 민정당은 안정 의석을 달라고 호소하는 것 말고는 마땅한 대응책이 없었다. 그런 와중에도 야당들은 제1야당 자리를 두고 경쟁했다. 통일민주당은 자신이 '정통 선명 야당'이라며 표를 몰아달라고 했다. 평민당은 '전 국민의 중산층화' 같은 정책을 제시하며 자신을 키워달라고 했다. 그렇게 18일간 이어졌던 뜨거운 봄날은 갔다.

이변이 일어났다. 1988년 4월 26일 밤, 투표함이 열리자 민정당은 초상집이 되었다. 참패였다. 한국 정치사에서 처음으로 여소야대라는 말이 등장했다. 민정당은 34퍼센트 득표율에 125석을 얻어 과반에 훨씬 못 미쳤다. 대통령 선거가 끝난 지 5개월도 지나지 않아 치른 허니문 선거였으니 더 참혹했다. 제1야당 자리에는 평민당이 앉았다. 19.2퍼센트를 얻어 70석을 차지했고 통일민주당은 23.8퍼센트로 59석을 얻었다. 김종필이 이끈 공화당은 15.6퍼센트로 35석을 차지했다. 대선에서 2등을 했던 통일민주당이 총선에서는 제1야당 자리를 평민당에게 내주었다. 어쨌든 세 야당이 얻은 득표율은 58.6퍼센트였고 의석을 합하면 164석이었다. 여소야대의 4당 체제는 여태까지 한 번도 경험해보지 못한 현실이었다. 세 야당이 뭉치면 야당만으로도 국회 운영이 가능한 현실! 반대로 여당은 세 야당이 협조하지 않으면 아무것도 할 수 없었다. 하도 꿈같은 현실이라 금세 달아나기라도 할까 봐 세 야당 총재는 급히 만났다. 13대 국회가 시작되자마자 5공 비리와 광주 문제를 우선 다루기로 했다. 그 문제들을 다룰 특별위원회 구성에도 뜻을 같이했다. 민정당은 국회가 열리기도 전에 야당들이 설쳐대는 꼴이 아니꼽고 고까웠지만, 어쩔 수 없었다. 앞날이 걱정이었다. 아니나 다를까 국회 문을 열자마자 여소야대라는 냉혹한 현실이 펼쳐졌다. 국회 개원식에 나온 노태우 대통령은 '정부와 국회는 문제를 함께 풀어갈 동반자'라고 했다. 김재순 국회의장도 '대화와 타협정치를 확고한 전통으로 세울 수 있는 황금분할'이라며 4당 체제를 환영했다. 민정당 윤길중 대표도 4당 체제가 '서로 협력해 정치다운 정치를 하라는 국민 명령'이라고 했다. 정부와 여당은 속이야 썩어들어가도 겉으로는 그렇게 알랑방귀 뀌듯 여소야대를 예찬했다. 야당들도 여당과 어깨를 나란히 하게 된 것에 뿌듯했다. 김대중은 국민이 '대화와 타협으로 화합하는 정치'를 하라고 4당 체제를 만들어주었다고 했다. 김영삼도 대화와 참여로 하는 정치를 말했다. 김종필도 대화와 타협으로 민주화를 이루라는 국민 명령이니 경건하게 받들자고 했다. 그 누구도 혼자서는 밀어붙일 수 없는 상황임을 모두가 알고 있었다.

 습관은 무서웠다. 대화가 살길이라면서도 대결하던 습관대로 했다. 상대와 타협해야 한다면서 상대를 타도하려 들었다. 5공 비리 문제와 광주 문제 해결을 두고 여야 입장 차가 컸다. 특히 전두환과 그 친인척 조사는 첨예한 쟁점이 되었다. 민정당이 적극 방어에 나서자 야당은 치명타를 날렸다. 헌정 사상 최초로 대법원장 임명동의안을 부결시켜버린 것이다. 1988년 7월 2일, 야당은 박정희 독재 정권에 협력했다며 정기승 대법원장 후보자를 반대했지만, 여당은 기어코 대법원장 임명동의안을 제출하고 표결을 강행했다. 표결 결과는 찬성 141표, 반대 6표, 기권 134표, 무효 14표로 부결이었다. 평민당과 통일민주당 의원 전원이 백지투표를 던져 기권했다. 여소야대에서 처음 벌어진 표 대결에서 진 민정당은 큰 충격에 빠졌다. 표 대결로는 아무것도 할 수 없다는 냉엄한 현실을 깨달았다. 야당은 심지어 여당 없이 법안을 통과시키기도 했다. 정부 여당은 대통령 거부권을 써야 하는 궁색한 처지에 몰렸다. 야3당이 청문회 등을 열기 위해 '국정감사 및 조사에 관한 법률안'과 '국회 증언 감정에 관한 법률'을 통과시키자 노태우는 거부권을 썼다. 전두환이 국회에 출석하는 것만은 기필코 막겠다는 의도였다. 야당은 국무위원 해임건의안을 내겠다며 맞섰다. 다행히 여야는 일부 내용을 수정해서 합의로 재의결했다. 여당 처지가 말이 아니었다.

 신세 한탄만 하고 있을 일이 아니었다. 변화에 적응하든지 상황을 바꾸든지 무슨 수를 내야 했다. 내각제 하자는 소리도 나왔고, 야당과 대연정해야 한다는 말도 있었다. 여당이 하고 싶다고 그렇게 할 수 있는 것도 아니라 속으로만 끙끙 앓았다. 그러든가 말든가 야당은 태연히 제 갈 길을 갔다. 국정감사에서 5공이 저지른 비리를 낱낱이 파헤쳤고 연루자들 증언이 국민에게 생생히 전해졌다. 청문회에서는 광주학살 진상이 밝혀지고 있었다. 정권을 향한 야당 공세가 거셌고 국민 여론도 나빠졌다. 정부와 여당은 곤혹스러웠다. 5공 비리와 광주학살 주범인 전두환을 유배 보내 민심을 잠재우려고 했다. 1988년 11월 23일, 전두환은 사과문을 발표하고 이순자와 함께 강원도 골짝에 있는 백담사로 향했다. 사흘 후 노태우는 5공 비리 청산을 연내에 마무리하겠다며 여섯 가지 민주화 조치를 밝혔다.

 야당은 공세를 멈추지 않았고, 5공 청산을 향한 길은 멀었다. 제5공화국 창업 공신 노태우에게 그 길은 고역이었다. 그 고역을 떨칠 방안으로 중간평가 카드가 떠올랐다. 대통령 선거 나흘 전인 1987년 12월 12일 노태우는 선거 상황이 여의치 않자 중간평가라는 승부수를 던졌었다.

1988년 가을, 올림픽을 치른 이후 오늘 약속을 포함해서 6·29 선언과 그간의 모든 선거공약 이행 여부에 대해 국민 여러분으로부터 중간평가를 받도록 하겠습니다.

대통령인데 국민이 그만두라면 그만두겠다니 누가 들어도 솔깃했다. '제2의 6·29 선언'이라고 호들갑을 떨 만했다. 하지만 막상 대통령이 되고 나니 마음이 변했다. 여측이심(如厠二心)이라고 노태우가 딱 그랬다. 천신만고 끝에 대통령이 되었는데 모든 것을 잃을 수도 있는 중간평가만은 어떻게든 피하고 싶었다. 그랬던 노태우가 느닷없이 중간평가 카드를 스스로 꺼낸 데는 이유가 있었다. 약속 이행을 명분 삼아, 국민 시선을 5공 청산에서 중간평가로 슬그머니 돌려놓을 수 있었다. 게다가 신임만 받으면 민심을 등에 업고 야당을 제압할 수도 있었다. 물론 불신임을 받으면 최악의 상황으로 몰릴 위험도 있었다. '도 아니면 모' 같은 모험이 내키지 않았던 보통 사람 노태우였지만, 결국 독한 결단을 내렸다. 전두환도 백담사로 보낸 데다, 서울올림픽을 잘 치른 마당이어서 여론이 나쁘지 않았다. 주변에선 좋은 지지율 수치를 들이밀기도 했다. 달리 야당 기세를 꺾을 방도도 없었다. 1989년 1월 17일, 신년 기자회견에서 노태우는 중간평가에 대한 입장을 발표했다. "지금 당장에라도 중간평가를 받을 용의가 충분히 있다. 여야 정치권에서 합리적으로 생각하는 바를 들어 적절한 시기와 방법을 자신이 결정하겠다." 노태우를 물태우라 조롱하던 사람들은 머쓱해졌다.

중간평가 약속을 지키겠다니 반길 일이었지만, 마냥 달갑지만은 않았다. 5공 비리 청산이나 민주화, 민생 문제 해결 등 어느 것 하나 제대로 매듭짓지 않았는데 평가할 게 뭐가 있냐는 반발이 터져 나왔다. 중간평가를 빌미로 5공 비리 청산 요구를 뭉개거나 뒤로 미루려 한다고 의심했다. 의심뿐만 아니라 걱정도 있었다. 노태우 정권이 좋은 여론을 등에 업고 중간평가로 재신임을 얻는다면 여소야대를 무력화할 수도 있었기 때문이다. 대통령 한 지 일 년밖에 되지 않은 상황에서 신임과 연계된 중간평가는 불안과 혼란을 야기할 수 있었다. 야3당 모두 의심하고 걱정했지만 입장은 조금씩 달랐다. 평민당은 중간평가가 급하지 않다고 보았다. 5공 청산이 먼저라고 했다. 정부가 하는 것을 봐서 중간평가를 적절하게 활용하자는 주장이었다. 통일민주당은 중간평가를 조기에 하라고 요구했다. 대통령 신임 여부와 연계해야 한다며, 자신들은 불신임 운동을 전개하겠다고 했다. 공화당은 처음에는 가타부타 말이 없더니 대통령 신임을 국민투표로 묻는 것은 위헌 소지가 크다며 반대 입장을 내비쳤다. 헌법 제72조는 국민투표에 부칠 수 있는 사안을 '외교·국방·통일 기타 국가안위에 관한 중요정책'으로 한정하고 있다는 것이다. 그야말로 3당 3색이었다.

야3당이 이뤄온 찰떡 공조가 모래 공조가 될 판이었다. 3당 총재는 급히 만났다. 1989년 3월 4일 회담에서 '선 5공 청산, 후 신임 연계 중간평가'라는 원칙을 세웠다.

중간평가는 노태우 대통령이 약속한 신임국민투표 형식으로 이뤄져야 한다. 그러나 그 시기는 5공 청산 및 민주화실천 등 국민이 평가할 만한 실적을 올린 이후여야 한다. 중간평가를 강행한다면 야3당은 모든 민주국민과 결속해 노태우 정권의 불신임을 통한 퇴진을 위해 적극 투쟁할 것이다.

야당이 중간평가 조기 실시에 반대하자 정부와 여당은 오히려 중간평가를 강행하겠다는 입장을 단호히 했다. 5공 청산은 중간평가와는 별개라며 '선 중간평가, 후 5공 청산'을 고집했다. 중간평가 시기는 공약한 사람이 결정할 문제이니 왈가왈부하지 말라고도 했다. 정부와 여당은 중간평가 실무 준비에 들어갔다.

왈가왈부하지 말라더니 야당 말을 들어보겠다고 했다. 노태우는 3월 7일에는 김종필, 3월 10일에는 김대중을 개별적으로 만났다. 김종필은 중간평가는 국민에게 부담을 주고 정치 안정에 도움이 안 되니 신중해야 한다고 했다. 김대중은 노태우가 전두환 국회 증언 문제 등에서 의지를 보이자 중간평가를 연기하되, 대통령 신임보다는 정책평가로 하자고 했다. 중간평가를 신임투표로 하면 정권 퇴진 투쟁으로 이어질 것이고, 그러면 국가적 혼란이 생길 것이라며 우려를 표했다. 말이 떨어지기가 무섭게 통일민주당이 발끈했다. 야합이라는 것이다. 단순한 정책평가는 국민과 한 약속을 깨는 것이니 절대 안 된다고 했다. 반드시 대통령 신임과 연계해야 한다고 주장했다. 야당 공조가 깨지는 한이 있더라도 대통령 신임 국민투표를 추진하겠다고 했다. 평민당은 그런 태도는 '판을 흔들고 싶은 제2야당의 의도'일 뿐이라고 낮잡았다.

야당이 왈가왈부했지만, 결정은 노태우가 했다. 말도 많고 탈도 많은 중간평가를 유보하겠다고 했다. 3월 20일, 노태우는 나라 상황이 갈등과 대립으로 치닫는 것이 우려스럽다고 했다. 그 우려 때문에 중간평가를 미루겠다고 했다. 사실상 포기 선언으로 들렸다.

> **이 시기에 중간평가를 위한 국민투표를 실시하는 것은**
> **나라와 국민에게 도움이 되지 않는 것으로 판단했습니다.**
> **이 시점에서 중간평가는 실시하지 않겠습니다.**
> **앞으로 이 문제는 그 시기와 방법 등을 신중히 재검토하여**
> **반드시 나라의 장래에 도움이 되는 방향에서 결정할 것입니다.**

야3당은 적절한 선택이라고 환영했다. 중간평가 연기 결정을 두고 민주화를 바라는 다수 국민이 승리했다고 평가하면서, 5공 청산과 민주화 실천에 매진하라고 했다. 중간평가 논란은 그렇게 지나가는 듯했지만, 여야 모두에 짙은 그림자를 드리웠다. 노태우와 여당은 씁쓸했다. 공약을 지키겠다는데, 그것마저도 맘대로 못한다는 무력감에 빠졌다. 그 무력감을 불러온 여소야대 상황이 너무도 원망스러웠다. 야당은 야당대로 문제가 있었다. 야합이니 배신이니 하는 거친 말이 오갔다. 평민당 주도로 중간평가 문제가 해결되자, 통일민주당은 큰 위기감까지 느꼈다. 김영삼은 민정당, 평민당, 공화당을 싸잡아 비판하면서 통일민주당을 소외시킨 "1김(金) 3노(盧) 상황"이라고 비난했다.

 중간평가를 유보하더니 보통 사람 노태우가 강한 사람으로 돌변했다. 그 사이 4월 14일에는 강원도 동해시에서 보궐선거가 열렸다. 큰 표차로 민정당 후보가 당선되었다. 그러자 공안정국이 몰려왔다. 문익환, 황석영, 임수경 등 재야 인사와 학생 방북이 줄을 이었다. 그 와중에 평민당 서경원 의원이 북한에 다녀왔다는 사실이 알려졌다. 정부는 서경원 의원 방북에 김대중 총재가 연루되었다는 허위 사실을 조작했다. '체제전복 세력의 선동을 더는 두고 볼 수 없다'며 싹 다 잡아들일 기세였다. 뒤늦게 밝혀진 사실이지만, 이즈음 노태우는 '청명계획'도 세워두었다. 여차하면 비상계엄을 실시해 주요 야당 인사와 민주 인사들을 체포, 검거하겠다는 계획이었다. 실행되지는 않았지만, 여소야대 상황을 힘으로 뒤엎으려는 흉계였다. 어쨌든 노태우는 모처럼 자신감이 차올랐다. 내친김에 아주 쐐기를 박았다. 1989년 6월 9일, 국론 분열을 막기 위해 중간평가를 받지 않겠다고 했다. 이제 그 말은 꺼내지도 말라고 했다. 중간평가를 5공 청산, 광주 문제 해결과 연계해왔던 평민당과 통일민주당은 반발했다. 특히 5공 청산과 광주 문제 해결 의지를 믿고 중간평가 연기에 동의해주었던 평민당은 뒤통수를 세게 얻어맞았다. 거기다 공안정국을 조성해 평민당을 코너로 몰기까지 했다. 공화당은 당초에 필요 없었던 공약이라며 중간평가를 폐기한 것은 잘한 일이라고 거들었다. 야권 공조가 크게 흔들리기 시작하자 노태우는 여소야대를 뒤집을 판 짜기에 들어갔다. 정계 개편 시나리오를 펼치기 시작한 것이다.

야3당 공조가 반짝 회복되는 듯했다. 1989년 10월 19일, 야3당 총재가 오랜만에 다시 만났다. 연내에 5공 청산이 안 되면, 함께 정권 퇴진 운동을 벌이기로 했다. 공안정국을 조성한 정부에도 엄중 경고를 보냈다. 그러면서 3당 공조도 더 확실히 해가자고 했다. 이날 합의한 내용을 토대로 12월 15일에는 청와대에서 영수회담도 했다. 6시간 50분 동안 진행된 마라톤회담에서 5공 청산과 광주민주화운동 등 야당 측이 요구한 11개 사항에 합의했다. 백담사에 있는 전두환도 청문회 자리에 앉히기로 했다. 그야말로 대타협이었다. 이날 이룬 대타협을 두고 언론은 시간에 쫓겨 '황망한 청산 의식'을 치렀다고 꾸짖기도 했지만, 야당은 5공 청산이라는 무거운 짐을 내려놓을 수 있었다. 무거운 짐을 던 대통령과 3당 총재는 "정치적 안정을 굳건히 하기 위해 최선의 노력을 다하자"고 약속했다. 그 오묘한 약속을 두고 서로 다른 속내를 품고 있었다. 누구는 4당 체제 유지가 안정이라고 했고, 또 누구는 4당 체제를 바꾸어야 안정이 온다고 했다.

김대중은 4당 체제를 무너뜨려서는 안 된다고 했다. 12월 22일 《동아일보》 인터뷰에서 4당 체제는 주권자인 국민이 정해놓은 현실이라고 딱 잘라 말했다. 그 현실을 인위적으로 바꾸는 정계 개편이나 내각제가 정국을 더 불안하게 할 거라고 경고했다. 그런 변화가 필요하다면 다음 선거에서 국민 선택에 맡기라고 했다. 그는 진보개혁주의 쪽으로 가는 평민당과 온건보수주의 노선인 통일민주당이 서로 경쟁하는 것이 정치 발전에 훨씬 도움될 것이라고 봤다. 오락가락하던 김영삼도 입장을 정리한 듯했다. 12월 25일, 《동아일보》와 가진 송년 인터뷰에서 김영삼은 김대중과는 전혀 다른 주장을 폈다. 현 4당 체제를 극도로 비난했다. 4당 체제가 만들어진 것부터가 비극이라고 했다. 정국을 안정시키려면 정계를 개편해야 한다고 했다. 머릿속에 개편 방안도 있으나 구체적인 것은 내년에 가서 이야기하자며 뭔가 구상하고 있는 듯한 냄새를 피웠다. 김종필은 이미 정계 개편론자가 되어 있었다. 12월 26일 인터뷰에서 그는 정계 개편이 진행될 방향까지 내비쳤다. 이전처럼 아는 사람끼리 모이는 야권 통합은 의미가 없다고 했다. 이제는 색깔을 중심으로 헤쳐 모여서 보수 대 혁신 구도로 재편해야 한다며 정계 개편 기획자라도 되는 듯 말했다. 박준규 민정당 대표도 4당 체제에서 나타난 문제점을 지적했다. 5공 청산이라는 숙제도 푼 마당에 야3당 공조가 무슨 의미가 있냐고도 했다. 보혁구도까지는 아니더라도 정책 노선이나 견해 차이에 따라 양당 구도로 재편하는 것이 바람직하지 않겠냐고 바람을 넣었다.

그러는 와중에도 노태우는 한껏 연막을 피웠다. 1990년 1월 10일 신년 기자회견이 상황을 더 미궁에 빠뜨렸다. "지금 연합이다 통합이다 하는 문제에 대해 정치권에서 여러 얘기가 진전돼 나가는 듯 하나 나는 아직까지 연합 또는 통합문제를 구상하거나 검토한 적이 없다." 말은 그렇게 해놓고 곧장 3당 총재를 연달아 만났다. 노태우는 김대중을 만나 추파를 던졌다. 고생 그만하고 합치자고 했다. 김대중은 말 같지 않은 소리라며 정색했다. 인위적인 정계 개편은 국민 통합에도, 국정 안정에도, 대통령에게도 결코 도움이 되지 않는다고 경고했다. 김영삼과 김종필은 달랐다. 가능하면 빠른 시일 내에 구국 차원에서 보수 연합 형태로 정계를 개편해야 한다고 했다. 마침내 연막이 걷혔다. 노태우는 '구국의 결단'을 내렸다. 인위적인 정계 개편을 생각해본 적 없다던 그가 자기 말을 뒤집는 데는 딱 12일이 걸렸다. 1990년 1월 22일, '구국의 결단'이라는 휘장을 두른 거대한 공룡이 태어난다는 소식이 온 나라에 퍼졌다. 민정당, 민주당, 공화당이 '민족·민주세력 통합을 통한 새 역사 창조'를 위해 한 몸이 되기로 했다는 것이다.

> **4대 정당으로 갈라진 현재 구조로는 나라 안팎의 도전을
> 효율적으로 헤쳐 나라의 밝은 앞날을 개척할 수 없다.
> (…) 당파적 이해로 분열 대결하는 정치에 종지부를 찍기로 했다.**

3당은 2월 9일 합당 절차를 마무리했고, 민주자유당이라는 217석 공룡 여당이 탄생했다. 총재는 노태우, 김영삼은 대표최고위원, 김종필과 박태준이 최고위원을 맡았다. 여당과 야당이 합쳐서 신당을 만든 것은 헌정 사상 처음 있는 일이었다. 여소야대 4당 체제가 졸지에 여대야소 양당 체제로 바뀌었다.

통일민주당이 한 선택은 충격 그 자체였다. 1955년 민주당 이후 수많은 분열과 통합이 있었지만, 민주당 계열 정당이 여당과 통합한 적은 한 번도 없었다. 더구나 군사독재 세력을 '보수'로 둔갑시켜 그들과 손을 맞잡았다. 이름하여, 보수 대연합이었다. 아무리 그래도 어떻게 군부 독재 정권과 손을 잡을 수 있냐는 비판이 쏟아졌다. 김영삼은 잠시도 머뭇거리지 않고 호기롭게 말했다. "호랑이를 잡기 위해 호랑이 굴에 들어간다." 그 말에는 일말의 진심이 있었다. 김영삼이 대권을 잡을 수 있는 길은 3당 합당뿐이었다. 그런 합당에 끝까지 반발했던 이들도 있었다. 이기택, 노무현, 김정길 등 통일민주당 소속 일부 의원들은 김영삼을 따라가지 않았다. 그들은 3당 합당은 쿠데타 세력과 야합한 것이라며 파렴치한 국민 배신행위라고 반발했다. 이들은 무소속 의원들과 함께 1990년 6월 18일 민주당을 창당했다. 사람들은 그 민주당을 '꼬마 민주당'이라고 불렀다.

평민당은 하루아침에 낙동강 오리알 신세가 되었다. 분하기 이를 데 없었다. 3당 합당을 정치 야합, '정치 야합' '정치 쿠데타' '반란 행위'라며 거칠게 비난했다. 국민이 선거로 만든 4당 체제를 밀실에서 야합으로 뒤엎은 것은 국민을 배신한 처사라고 했다. 그 배신은 영구 집권을 꿈꾼 유신체제로 회귀하려는 의도라며 맞서 싸우겠다는 의

지를 불태웠다. 하지만 의지만 불탔다. 사방이 막혀 고립무원이었고, 앞은 보이지 않아 막막하기만 했다. 통일민주당이 3당 합당에 가담함으로써 평민당은 이념적·지역적으로 철저히 고립되었다. 민주당 역사에 이토록 완전한 고립은 없었다. 민자당은 '보수 대 혁신'이라는 대결 구도를 만들어냈다. 자신은 자유민주주의를 지키고 대한민국을 번영시킬 우익이라고 포장했다. 반면 김대중과 평민당은 자유민주주의를 부정하는 좌익 세력이라며 색깔론을 펼치기 시작했다. 3당 합당은 호남을 고립시키는 비호남 연합이기도 했다. 평민당은 그 고립과 포위를 뚫고 너른 평원으로 나아가려 몸부림쳤다. 더 넓어지고 더 커져야 했던 평민당은 중도 민주 세력을 아우르며 민주 대연합 구축에 나섰다.

굿바이 민주당

13대 총선에 이어 14대 총선도 여소야대로 끝났다. 여당 꼴이 말이 아니었다. 험한 소리 들어가며 3당 합당까지 했는데, 결과는 실망스럽고 민망스러웠다. 민자당은 짐짓 태연한 표정으로 민심을 하늘의 뜻으로 받들겠다고 했다. 입에 발린 소리였다. 뒤돌아서서는 곧바로 여소야대를 여대야소로 뒤집으려는 작업에 들어갔다. 눈치를 보고 자시고 할 것도 없었다. 선거 다음 날부터 경북 문경에서 무소속으로 당선된 이승무 의원을 시작으로 서석재, 김길홍, 최돈웅, 하순봉, 박현기, 정필근 의원을 잇달아 영입했다. 그렇게 해서 단박에 과반을 너끈히 채웠다.

그래도 졌으니 책임은 물어야 했다. 책임론은 대표인 김영삼을 향했다. 김영삼은 이번에도 승부수를 띄웠다. 선거 끝난 지 나흘 만인 3월 28일 냉큼 대선 출마를 선언하며 판을 뒤집은 것이다. 책임을 다투던 판이 대선 후보를 두고 싸우는 판으로 바뀌었다. 김영삼은 이 정도 진 것을 다행으로 알라고 했다. 대패가 빤한 선거를 박빙 승부로 이끌었다며 고마운 줄 알라고 큰소리쳤다. 대선에서도 자신만이 필승 카드라고 스스로를 치켜세우니, 책임론은 명함도 못 내밀어보고 쏙 들어갔다. 김영삼을 궁지에 빠뜨리려던 민정계는 입맛만 다셔야 했다. 계획은 어그러졌지만, 그렇다고 판을 깰 수도 없었다. 어쩔 수 없이 김영삼이 벌인 판에 끼어들었다. 이종찬, 박태준 같은 이들이 출마를 저울질한다는 소문이 무성했다. 공화계 김종필은 출마를 두고 이렇다 저렇다 말이 없더니 뜻 모를 말 한마디만 툭 던졌다. "나는 한 번도 누구를 반대해본 적 없다."

민주계와 민정계가 연일 신경전을 벌이는 통에 민자당은 하루도 조용할 날이 없었다. 기자들은 연일 민자당 집안싸움 기사 쓰기에 바빴다. 그런 기자들에게 김영삼은 민자당에 계파 같은 건 없다고 알려줬다. 단지 친YS와 반YS가 있을 뿐이라며 민자당이 자신을 중심으로 돌아간다는 자신감을 뿜었다. 저 자신감이 어디서 오는지 모두가 궁금했다. 암만해도 어딘가 믿는 구석이 있어 보였다. 아니나 다를까, 민정계 관리자를 자처하며 출마 의지를 강하게 드러냈던 박태준이 돌연 불출마를 선언했다. 노태우가 손을 썼다는 소문이 돌았다. 불출마하라고 어르고 달랬다는 것이다. 소문이 소문을 낳았다. 노태우가 대통령 임기 후를 보장받으려고 울며 겨자 먹기로 김영삼을 민다는 말도 돌았다. 김종필까지 김영삼을 지지하고 나섰다. 이렇게 김영삼이 대세가 되니 판은 일거에 정리되었다. 이런 대세에 맞서 민정계 대표로 나섰던 이종찬은 불공정한 경선에 울분을 터뜨리며, 전당대회를 이틀 앞두고 경선을 포기했다. 사실상 단독 후보가 된 김영삼은 5월 19일 마침내 대선 후보로 선출되었고 이종찬은 끝내 민자당을 떠났다.

총선 결과가 흡족했던지 민주당은 그 어느 때보다 평안했다. 김대중, 이기택 쌍두마차도 안정적으로 내달렸다. 연말에 있을 제14대 대선 준비에도 시동을 걸었다. 총선에 승리한 민주당은 집권 가능성이 그 어느 때보다 높다는 기대에 부풀었다. 연일 흘러나오는 민자당 집안싸움 소리도 그런 기대를 부채질했다. 민주당은 대선 후보를 완전 자유 경선으로 뽑기로 했다. 보나 마나 김대중 압승일 텐데 자유 경선이 무슨 의미가 있냐는 말들도 많았다. 겉만 번지르르한 껍데기 자유 경선이라는 것이다. 그러자 민자당 경선을 보라고 했다. 민자당 경선이야말로 공정하지도 자유롭지도 않은 '무늬만 경선'이라며, 아닌 말로 '더러운 권력다툼' 아니고 뭐냐고 했다.

김대중은 5월 16일 민주당 대선 후보 출마 선언을 했다. 표정도 말도 비장했다. "모든 것을 바쳐 마지막 결전을 감행함으로써 그동안 이루지 못했던 정권교체의 꿈을 성취하겠다." '마지막 결전'이라는 대목에서는 목이 메는 듯했다. 이기택도 민주계 지지를 기반으로 출마를 선언했다. 이기택과 민주계는 들러리 경선이라는 시선을 의식했다. 그런 말 말라며 자신은 정책 대결로 정치 개혁 비전을 제시하겠다고 잔뜩 벼렀다. 호기로웠지만 당선보다는 차기 주자 자리를 확실히 해두겠다는 의도도 없지 않았다. 1992년 5월 25일과 26일에 대선 후보를 뽑는 전당대회가 열렸다. 경선 결과는 예상대로였다. 대의원 2,348명이 투표에 참여해 1,413표를 얻은 김대중이 대통령 후보로 뽑혔다. 이어진 최고위원 선거는 치열했다. 대표최고위원을 제외하고 모두 8명을 뽑는데 16명이나 출마했다. 김상현, 김영배, 조세형, 박영숙, 정대철, 김원기 등 신민당계 6명과 민주당계 김정길, 이부영이 당선되었다. 구색 갖추기 경선이 될 것이라는 예상은 빗나갔다. 그날 풍경을 한 언론은 이렇게 스케치했다. '어느 모로 보나 일찍이 볼 수 없었던 대의원의 날이었다.' 그러면서 '정치의 재미를 보여줬다'는 관전평도 내놓았다.

그야말로 '세기의 대결'이 다가오고 있었다. 한국 정치를 주름잡아 온 거인 둘이 여야 후보로 맞붙으니 볼거리도 이런 볼거리가 없었다. 김대중은 세 번째 도전이었으며 김영삼은 두 번째였다. 여기에 정주영이 '경제 대통령'이 되겠다며 도전장을 냈다. 대한민국을 주름잡던 현대그룹 회장이 대통령에 나섰으니 이 또한 흥미를 더했다. 5월 15일, 통일국민당 대통령 후보로 뽑힌 정주영은 잔뜩 흥분한 목소리로 외쳤다. "경제에 활기를 불어넣고 성실과 정직이 존중되고 부패와 술수가 자취를 감추는 사회를 만들겠다." 세 사람이 불꽃 튀는 대결을 시작했다. 그런데 세 후보 말고도 사활을 걸고 대선에 뛰어든 사람이 있었다. 바로 노태우였다.

노태우는 사력을 다해 김영삼을 도왔다. 아닌 게 아니라 김영삼과 정말로 운명 공동체라도 되는 모양이었다. 8월 25일에는 총재직까지 김영삼에게 넘겼다. 당을 움직일 수 있게 힘을 실어준 것이다. 그뿐이 아니었다. 지난 14대 총선에서 부정선거가 있었다는 폭로가 터져 민자당이 궁지에 몰리자 해결사 노릇도 자처했다. 1992년 8월 31일, 민주당사에서 한준수 연기군수가 양심선언을 했다. 지난 총선에서 내무부 장관과 충남지사가 민자당 후보를 당선시키려고 관권선거를 저질렀다는 것이다. 민주당은 제 버릇 개 못 준다며 대선 때도 못된 버릇 나올까 염려했다. 부정선거 DNA를 갖고 있으니 못 믿겠다며 정부를 압박했다. 민자당은 난데없이 인신공격을 퍼붓기 시작했다. 양심선언을 한 의도가 순수하지 않다고 했다. 한 군수가 인사에 불만과 앙심이 있었다고 우겼다. 급기야는 경찰이 민주당사에 피신해 있던 그를 강제로 잡아갔다. 도둑은 안 잡고, 도둑이야 소리친 사람을 잡아갔다는 비난이 쏟아졌다. 민심도 흉흉해졌다. 노태우는 주특기를 살려 '고독한 결단'을 내렸다. 민자당을 탈당하고 중립내각을 구성하겠다는 9·18 선언을 한 것이다. 민자당은 '제2의 6·29 선언'이라고 호들갑을 떨었다. 노태우는 엄정중립을 지키고 공정선거를 할 테니 '이 사람 믿어주세요'라고 호소했다. 믿어달라니 일단은 국민도 야당도 믿어줬다. 그랬던 국민과 야당이 폭삭 속았음을 깨닫기까지는 그리 오랜 시간이 걸리지 않았다.

'우연한' 일들이 계속 일어났다. 때아닌 '북풍(北風)'이 불어닥쳤다.

10월 6일은 대선 두어 달 앞이었고, 노태우가 탈당한 날이었다. 하필 그날 안기부는 잔뜩 흥분한 목소리로 어마어마한 간첩단 사건을 발표했다. 남로당 이후 최대 간첩단이라니 흥분할 만했다. 거물급 간첩 이선실이 사백여 명을 포섭해서 '남한조선노동당'을 만들었다는 것이다. 국민은 충격에 빠졌다. 충격과 함께 발표 시점이 우연치고는 하도 공교로우니 묘한 기시감에서 헤어날 수 없었다. 1987년 제13대 대선 때도 그랬다. 투표일 하루 앞두고 안기부가 펼친 'KAL기 폭파범 김현희 압송 작전'이 그 기시감을 준 정체였다. 안기부는 그때나 이때나 공교로운 우연일 뿐이라고 우겼다. 그 말을 곧이곧대로 믿는 사람은 많지 않았다. 오히려 간첩들이 오랫동안 그 많은 사람을 포섭하는 줄도 모르고 뭐 했냐는 질타가 쏟아졌다. 그러거나 말거나 간첩단 수사를 정치권으로까지 확대했다. 김대중 대표 비서와 민주당 부대변인도 구속했다. 기다렸다는 듯이 민자당은 민주당에 색깔을 입히기 시작했다. 비서가 연루되었는데 김대중이라고 구린 데가 없겠냐고 몰아갔다. 갈수록 태산이었다. 민주당 안에 간첩단 사건 관련자가 상당수 있다느니 평양방송이 남한 특정 후보를 지지하라고 했다느니 마구 선동질을 해댔다. 김대중은 몰아치는 색깔론이 원망스럽고 한스러웠다. 그래도 어쩔 수 없었다. 국민에게 고개를 숙였다. "하지만 먼저 나의 사무보조원이 이 문제에 관련돼 물의를 일으킨 데 대해서 국민 여러분께 다시 한 번 사과의 말씀을 드립니다." 민주당은 육군3사관학교 출신 예비역 장교들을 대거 영입해 '이기는 반공'을 다짐하며 색깔론 시비를 벗어나려고 애를 썼다.

북풍만 몰고 온 것이 아니다. 탈당 방해 공작도 벌였다. 김복동 납치 사건도 그런 공작이었다. 민정계 일부는 김영삼이 대선 후보가 되자 크게 동요하며, 탈당 움직임을 보였다. 그들이 탈당하면 대구·경북 지역이 흔들릴 것은 안 봐도 그림이었다. 노태우와 김영삼은 민정계 의원들을 어르고 달랬다. 그런 와중에 민정계 관리자 박태준이

10월 10일 탈당을 발표했다. 탈당 봇물이 터질 찰나였다. 노태우 처남 김복동까지 탈당하겠다고 했다. 그는 11월 17일 탈당 기자회견을 하러 자기 지역구인 대구로 내려갔다. 차가 동대구 톨게이트에 들어서는 순간, 안기부 직원과 경찰이 덮쳤다. 그를 납치해 내려왔던 길로 황급히 올라갔다. 목적지는 청와대였다. 국회의원이 백주에 납치되었고, 그 납치에 대통령이 관여했다는 사실이 알려지자 난리가 났다. 민주당은 대통령더러 어찌 된 일인지 해명하라고 했다. 핑계 없는 무덤은 없다고 청와대는 궁색한 말 몇 마디로 변명했다. '대통령이 처남을 좀 보자는 것인데 뭐가 문제냐.' 졸지에 보통 사람 노태우가 가족 일에 공권력을 동원하는 특권층이 된 것이다. 처남은 매형과 오붓하게 만난 다음 날 보도자료를 뿌렸다. '대통령과 가족의 충고를 받아들여 민자당에 남겠다.' 탈당을 물린다는 내용이었다. 민주당은 김복동 납치 사건이 노태우와 김영삼이 합작한 치졸한 공작이라고 맹비난했다. 중립내각 하겠다면서 국민에게 사기를 쳤다고 했다. 노태우가 앞에서만 중립내각을 외치고 뒤로는 김영삼을 돕고 있다면서 선거 공정성까지 문제 삼았다.

선거 공정성을 의심할 증거는 또 있었다. 대선 일주일 전인 12월 11일, 부산에 있는 한 식당에서 수상한 모임이 열렸다. 김기춘 전 법무부 장관이 '초원복국집'으로 안기부 부산지부장, 부산시장, 부산경찰청장 등 부산을 쥐락펴락하는 사람들을 불러 모았다. 지체 높은 양반들 말하는 꼬락서니가 참 한심했다. '지역감정을 좀 일으켜야 된다.' 더 듣자니 그 정도는 애교 수준이었다. '우리가 남이가'를 호기롭게 외치더니, '이번에 안 되면 영도다리에 빠져 죽자'라며 비장하게 끝냈다. 표 계산까지 오갔다. 그런 대화를 엿듣는 귀가 있었다. 통일국민당 측이 미리 설치해둔 비밀 녹음기였다. 국민당은 이 녹음기를 선거 사흘 전인 12월 15일에 틀었다. 공무원들이 노골적으로 선거에 개입하고 지역감정을 부추기자고 다짐하는 말을 전 국민이 들었다. 민자당에게는 악재도 이런 악재가 없었다. 국민은 분노하고 김영삼은 궁지에 몰려 자고 나면 판이 뒤집어질 것으로 생각했다. 순진한 생각이었다. 악재가 호재로 변하는 것은 순식간이었다. 공직자가 저지른 불법 선거 개입 사건이 정당이 벌인 불법 도청 사건, 사생활 침해 사건으로 돌변했다. 판이 전혀 다른 방향으로 뒤집힌 것이다. 뒤집힌 그 판 위에서 김영삼도 재주를 부렸다. 자신이 그 더러운 공작 정치 '최대 피해자'라고 울부짖었다. 그 울부짖음 덕이었을까. 놀라운 일이 벌어졌다. 공작 정치 피해자 김영삼을 지키자는 지역감정이 일어난 것이다. 상상도 못 한 역풍이었다.

　노태우는 그렇게 뒷구멍으로 김영삼을 돕고 있었다. 공명선거는 공허한 구호에 지나지 않았다. 민주당은 정권교체를 위해 죽을힘을 써야 했다. '이번에는 바꿔보자'는 구호를 내걸었다. 상금을 삼백만 원이나 걸고 공모한 구호였다. 대선 날인 12월 18일이 금요일이어서 '금요일에는 바꿉시다'라는 광고도 냈다. 정권을 바꾸기 위해 먼저 김대중을 바꿨다. 새로운 모습을 한 김대중, 뉴 DJ 플랜이 등장했다. '빨갱이' '민주투사'라는 이미지가 너무 강해 보수층들은 김대중을 무서워했다. 그런 이미지를 좀 누그러트려 거부감을 줄여볼 생각이었다. 부드러워 보이려 난생처음 화장도 했다. 양복 윗주머니에는 손수건을 색깔 맞춰 꽂아 멋을 부렸다. 만면 가득 미소를 지어 무뚝뚝함도 지웠다. 그러나 뉴 DJ가 추구한 핵심 목표는 치장이 아니라 화합이었다. "국민이 민주적 자유를 마음껏 누리고 더불어 잘사는 사회 속에 대화합을 이루는 정치가 바로 뉴 DJ플랜" 목표였다. 국민 화해와 단결, 나라 발전을 위해 "우리는 민주주의를 지지하는 누구와도 기꺼이 손잡겠다"고 했다. 세계 8대 경제 대국을 만들겠다는 야무진 꿈도 꿨다.

　제14대 대통령 선거가 열렸다. 12월 18일, 전국 각지에서 2천 4백만여 명이 투표지를 받아 들고 기표소로 향했다. 투표지 위에는 민자당 김영삼, 민주당 김대중, 국민당 정주영, 신정당 박찬종, 대한정의당 이병호, 무소속 김옥선, 백기완 등이 쓰여 있었다. 도장 찍은 투표지를 누가 볼까 꼭꼭 접어 투표함에 넣었다. 개표가 시작되고, 밤새 자신이 찍은 후보 당락을 가슴 졸이며 지켜봤다. 그날 밤 대한민국은 환호와 탄성, 탄식과 흐느낌으로 뒤범벅이었다. 개표 초반부터 벌어진 표차는 밤새 줄어들지 않았다. 밤 12시경에는 당락이 거의 드러났다. 김대중이 졌다. 김영삼 득표율은 41.4퍼센트, 김대중은 33.4퍼센트였다. 초접전이라던 여론조사와는 딴판이었다. 김영삼이 막판에 '초원복집 효과'를 톡톡히 봤다고들 했다. 김대중은 순진하게도 초원복집 효과로 오히려 자신이 백만 표 정도는 이길 것이라고 예상했었다. 민주당사에서 개표 중계를 지켜보던 김대중은 예상이 틀렸다는 것이 확실해지자 11시쯤 집으로 돌아갔다. 새벽녘에 잠에서 깨 몇 마디 불러주자 부인 이희호가 받아 적었다. 다음 날 아침 당사로 온 김대중은 이희호가 흘린 눈물에 흠뻑 젖은 그 종이를 꺼내 읽었다.

존경하는 국민 여러분!
저는 또다시 국민 여러분의 신임을 얻는 데 실패했습니다.
(…) 저는 오늘로 국회의원직을 사퇴하고 평범한 시민이 되겠습니다.
이로써 40년의 파란 많았던 정치 생활에 사실상 종말을 고한다고
생각하니 감개무량한 심정을 금할 길이 없습니다.
(…) 국민 여러분과 당원 동지 여러분의 행운을 빕니다.

정치를 그만두겠다는 것이다. 평생을 정치인으로 살았던 김대중이 정치를 그만둔다는 말이 믿기지가 않았다. 평범한 시민이 된 김대중은 영국으로 건너갔다.

김대중 없는 민주당을 상상해본 사람은 거의 없었다. 상상도 못 한

일이 현실이 되자 민주당은 흔들렸다. 누군가는 다시 키를 잡고 배를 몰아야 했다. 공동대표였던 김대중이 떠난 빈자리는 따로 채우지 않기로 했다. 이기택 대표 1인 과도체제를 전당대회까지 유지했다. 3월 11일에 전당대회가 열렸다. 새벽부터 대의원 5천 4백여 명이 서울올림픽체조경기장으로 모여들기 시작했다. 대표최고위원 1명과 최고위원 8명을 뽑는 순서가 절정이었다. 대표최고위원 후보는 이기택, 김상현, 정대철이었다. 자정 넘어 심야 결선투표를 할 만큼 승부는 치열했다. 결선투표에서 이기택이 347표 차로 김상현을 누르고 대표최고위원으로 뽑혔다. 동교동계가 이기택을 밀어 김심(金心)을 드러낸 결과였다. 최고위원에는 김원기, 유준상, 조세형, 권노갑, 노무현, 한광옥, 신순범, 이부영이 당선되었다. 이기택은 당선 인사에서 "김영삼 대통령은 우리 당과 김대중 전 대표에게 가했던 용공음해에 대해서 우선 사과해야만 여야관계가 정상화할 수 있음을 알아야 할 것"이라고 날을 세웠다. 언론은 '흠잡을 데 없는 완전자유경선으로 당권경쟁을 한 모습은 정통 야당의 저력을 보여준 것'이라고 민주당 기를 살려줬다. 3월 18일에는 국회 역사상 처음으로 의원총회에서 의원들이 직접 김태식을 원내총무로 뽑았다. 새 지도부를 꾸린 민주당은 심기일전했지만, 국민 눈에 띄지 않았다. 그럴 만했다. 대통령이 된 김영삼이 연일 펼치는 개혁 행진이 너무도 현란하고 시끌벅적해 민주당은 보일 새도, 들릴 틈도 없었다.

누구도 김영삼은 못 말렸다. 반독재 투쟁으로 잔뼈가 굵어서 그런지 화끈했다. 개가 짖어도 기차는 간다더니 그는 누가 뭐래도 앞만 보고 달렸다. 고위공직자 재산을 처음으로 공개했다. 대통령 취임 이틀 뒤에 열린 첫 국무회의에서 김영삼은 자기 재산부터 공개할 테니 다른 고위공직자들도 재산을 공개하라고 했다. 공직자가 재산을 모은 내력도 조사했다. 부정한 재산을 가진 공직자에게는 '명예보다 돈이 더 중요하면 공직을 떠나라'고 했다. 공직자 부정부패에 신물이나 있던 국민은 통쾌했다. 더 큰 일도 벌였다. 군부 내 패거리였던 하나회를 하루아침에 없애버렸다. 정치군인 싹을 잘라 문민정부 진가를 보여준 것이다. 김영삼 아니면 못할 일이라고 입이 닳도록 칭찬하는 사람들이 많았다. 금융실명제도 도입했다. 이제 다른 사람 이름으로는 금융거래를 할 수 없게 되었다. 세금을 떼어먹거나 돈을 숨겨두지 못하게 한 것이다. 유흥을 즐기던 대통령 안전가옥들도 부숴버렸다. 청와대 앞길과 뒤편 인왕산도 개방했다. 자고 일어나면 펼쳐지는 깜짝쇼에 김영삼 지지율은 인왕산보다 더 높이 올랐다. 금방이라도 신한국이 열릴 것만 같았다.

민주당은 망연자실, 먼 산만 보았다. 개혁한다는데 발목을 잡을 수도 없는 노릇이었다. 바야흐로 문민정부가 도래했으니 야당도 새로운 길을 찾아야 했지만, 갈피를 못 잡았다. 야당은 있어도 그만, 없어도 그만인 존재가 되어버렸다. 그러는 와중에 치러진 국회의원 보궐선거는 해보나 마나였다. 민자당 후보들이 핏대를 세워 개혁을 부르짖는 판이었다. 민주당을 '개혁을 위한 견제 세력이 아니라 개혁에 대한 견제 세력이며 개혁을 방해하는 수구 세력'이라고 모욕했다. 그런 공세에 속수무책이던 민주당은 그나마 '제도적 개혁'을 들고 나왔다. '오직 대통령 원맨쇼로 진행되는 즉흥 개혁은 진짜 개혁이 아니다. 야당이 견제해야 진짜 개혁을 이룰 수 있다.' 그러나 궁색하고 억지스럽게 들릴 뿐, 전혀 먹혀들지 않았다. 선거 결과는 참혹했다. 1993년 4월 3곳, 6월 3곳, 8월 2곳 중에서 한 곳 빼고는 모두 졌다. 그 유명한 손학규도 4월 보궐선거에서 민자당 소속으로 광명시에서 당선되어 정치를 시작했다. 어쨌든 민자당은 자신감이 충만했고, 민주당은 무력감만 팽배했다. 대통령까지 야당을 대놓고 무시했다. 이기택은 야당 대표로서 방북을 추진하겠다고 했다. 이기택을 만난 김영삼은 '나라를 대표하는 사람은 대통령인 나지 이 대표가 아니'라며 분수를 알라고 면박을 줬다. 이 소식을 들은 민주당 사람들 가슴은 울분과 비애로 뒤죽박죽이었다. '이대로는 안 된다'는 위기감과 절박함도 밀려왔다. 그 위기감이 멀리 영국에 있던 김대중에게까지 전해졌던 모양이다. 1993년 7월 4일, 한국을 떠난 지 159일 만에 김대중이 귀국했다. 귀국 인사로 '절대 정치는 하지 않겠다'고 했지만, 그 말을 믿지 않는 이들도 있었다. 그들 보라는 듯 김대중은 정치와 거리를 뒀다. 한반도 평화와 아시아 민주 발전을 향한 길을 모색한다는 취지로 비정치단체인 아시아태평양평화재단(아태재단)을 세웠다. 그런데도 민주당 안에는 김심(金心)에 줄을 대는 사람들이 많아졌다.

민자당에도 문제는 있었다. 3당 합당 체제가 뿌리부터 흔들리고 있었다. 민주계는 대표였던 김종필을 흔들어댔다. 호랑이를 잡고 나니 호랑이 굴까지 탐이 났던 것이다. 민주계는 새 부대가 아니어서 새 술을 못 담고 있다는 볼멘소리를 했다. 김종필이 '조용히 그만둘 수 있게 내버려두라'고 했지만 잠시도 가만두지 않았다. 결국 1995년 1월 19일 민자당 대표직을 그만두었다. 말리는 이도 없었다. 1995년 2월 9일, 김종필은 아예 민자당을 떠나겠다고 했다. 민자당을 나오자마자 일사천리로 창당 작업을 진행했다. 이름을 자유민주연합(자민련)으로 정하고 2월 21일에 창당 발기인 대회를 열었다. 현역 의원 9명이 함께한 자리에서 김종필은 지금까지 참아왔던 말들을 쏟아냈다. 김영삼 정권을 독선과 오만 가득한 '문민독재'라고 했다. 엊그제까지 한솥밥을 먹었다는 사실이 믿기지 않을 만큼 지독한 독설이었다. 3월 30일에 창당한 자민련은 현역 의원들을 22명이나 모아 원내교섭단체로 등록했다. 이로써 들어선 지 오 년 만에 3당 합당 체제는 완전히 무너졌다.

민정계와 공화계 일부가 떨어져 나가니 민자당은 위기를 맞았다. 안으로만 그런 게 아니었다. 밖으로도 악재가 한둘이 아니었다. 집권 3년 차를 맞아 개혁이 시들해지자 기대는 금세 실망으로 바뀌었다. 지금껏 관망하던 이들도 정부를 비판하기 시작했다. 사건 사고도 끊이질 않았다. 경부선을 달리던 열차가 뒤집혔고, 해남을 지나던 여객기가 야산으로 떨어졌다. 서해 앞바다에서는 배가 가라앉고 멀쩡하던 한강 다리가 내려앉았다. 충주호를 떠다니던 유람선에서는 불이 났고 대구 지하철 공사장에서는 가스관이 폭발했다. 서울 한복판에 서 있던 백화점까지 무너졌다. 전국 각지에서 많은 사람이 죽었고 그 소식을 듣는 국민들은 슬프고 불안했다. 그런 상황에서 지방선거가 찾아왔다. 1995년 6월 27일 치르는 지방선거는 제1회 전국동시지방선거였다. 처음으로 광역단체장, 광역의회의원, 기초단체장, 기초의회의원을 동시에 뽑았다. 민자당이 분열했고 민심은 흉흉한지라 민주당도 승산이 있었다. 그동안 세도 불렸다. 1995년 2월 24일, 민자당에서 탈당한 이종찬이 만든 새한국당, 김근태 대표가 이끄는 통일시대국민회의를 흡수 통합했다. 정치와 거리를 두던 김대중도 힘을 보태 민주당 후보들을 지원 유세했다. 김대중까지 나서니 다시 3김이 선거를 주도하는 꼴이 되었다. 신 3김 시대가 온 것이다. 김영삼은 그렇게 엮이는 것이 싫었던 모양이다. 세대교체론을 들고 나왔다. "나의 임기가 끝날 때가 되면 90퍼센트 이상의 국민이 정계의 세대교체를 원할 것으로 확신한다." 김대중과 김종필이 정치적으로 재기하지 못하게 하려는 쐐기였다. 자신을 포함해 3김은 이제 완전히 물러나야 한다는 것이다. 김영삼이 펼친 논개 작전에 '갈 테면 혼자 가라'는 듯 김대중은 지역등권론을, 김종필은 내각제를 설파하면서 여전히 건재함을 과시했다. 김대중은 특정 지역이 모든 권한과 혜택을 독점하고 나머지 지역을 소외시켜서는 나라가 발전할 수 없다고 지적했다. 모든 지역이 수평적으로 대등한 권리를 가진 진정한 지방화 시대를 열어야 미래도 열린다고 주장했다. 이 지역등권론으로 민주당은 시끌시끌했다. 오히려 지역감정을 키운다는 비판이 일었다. 경상도 패권주의 운운하니 경상도 지역 민주당 후보들은 선거 망친다며 불만이 컸다. 심지어 김대중이 지역 유세를 못 다니게 하라고 요구할 정도였다.

지방선거 투표율이 놀랄 만치 높았다. 68.4퍼센트였다. 왜 사람들이 투표장으로 몰렸는지는 투표 결과가 말해줬다. 심판하러 나온 사람들이었다. 투표함이 열리자 민자당은 침통, 민주당과 자민련은 축제 분위기였다. 민주당은 15명 시도지사 중에 서울시장을 비롯해 4명을 당선시켰다. 서울에서는 구청장 25명 중에서 23명이, 서울시의회 의원 133명 중에서 122명이 민주당이었다. 충청과 강원도 시도지사 네 자리는 자민련이 가져갔다. 민자당은 참패했고, 민주당과 자민련이 압승했다.

선거가 끝났는데도 시끄러웠다. 이긴 쪽은 이긴 쪽대로, 진 쪽은 진 쪽대로 사정이 있었다. 민주당 승리를 가장 반긴 이는 김대중이었다. 민주당이 이긴 덕에 김대중은 정치에 복귀할 발판을 마련했다. 그 발판을 딛고 1995년 7월 18일 다시 정치에 뛰어들었다. 먼저 사과부터 했다.

지난 1992년 12월 19일에 한 정계 은퇴 약속을 지키지 못한 데 대해 진심으로 사과 말씀을 드린다. 그러나 국가적 위기와 야당의 기능 마비를 바로잡는 데 조그마한 힘이라도 보태야 한다는 결론에 도달하게 됐다.

복귀는 수월하지 않았다. 이기택과 사이가 틀어질 대로 틀어진 상태였다. 지방선거에서 경기도지사 공천 문제로 두 사람은 큰 갈등을 겪었다. 이기택은 오래전부터 김대중 복귀가 마뜩잖았다. 상왕 노릇 말라고 불만을 노골적으로 드러내기도 했다. 김대중이 민주당으로 들어가면 이기택과 갈등이 생길 것은 뻔했다. 당권 경쟁도 피할 수 없었다. 사과하고 복귀하는 마당에 볼썽사납게 당권 경쟁까지 벌일 수는 없었다. 설사 김대중이 당권을 잡는다 해도 당을 운영하기가 순탄치 않을 게 분명했다. 김대중은 신당 창당 쪽으로 방향을 잡았다. 민주당을 구하려는 '구당' 모임이 이기택 퇴진을 요구하면서 김대중에게도 신당을 창당하지 말라고 요구했지만, 허사였다. 이기택은 퇴진을 거부했고, 김대중은 창당을 거행했다.

민주당이 결국 쪼개졌다. 신당은 1995년 8월 11일 창당 발기인 대회를, 9월 5일 창당대회를 열었다. 당명은 새정치국민회의로 했다. 민주당이 있는 데다 민주화가 진전된 시대 상황을 반영해 당명에 '민주'라는 단어를 넣지 않기로 했다. "국민의 참여민주주의를 바탕으로 중산층과 서민의 이익을 대변하고, 복리를 증진하는 중도정당"이라고 자신을 규정한 국민회의는 "조국광복 운동의 정통성과 이 나라 민주화를 선도해온 정통 민족 민주 세력이 모인 정당"이라고 선언했다. 민주당 현역 95명 중에서 53명이 국민회의에 참여했고 42명이 남았다. 민주당에서 탈당하지 못한 전국구 12명도 몸만 민주당에 있었고, 마음은 국민회의에 있었다. 민주당은 신당 창당이 "개인적인 권력욕을 성취하기 위해 국민과 역사를 저버린 행위"라고 맹비난했다. 국민회의는 김대중을 내세워 1997년 정권교체를 이루는 것이 궁극적 목표임을 부인하지 않았다.

지방선거를 참패한 민자당은 살기 위해 몸부림쳤다. 이러다가 다 죽는다는 위기감이 커졌다. 살기 위해서는 변해야 했다. 뛰는 게 취미인 김영삼과 함께 민자당도 다시 뛰었다. 이름부터 바꿔 거듭났다. 1995년 12월 6일, 5년 10개월 된 민자당 간판을 신한국당으로 바꿨다. 신한국은 김영삼 정부가 내세운 국정 목표였다. 취임연설문 제목도 '우리 다 함께 신한국으로'였다. 역사 바로 세우기 시즌2도 시작했다. 12·12 사태와 5·17 쿠데타를 재조사해 전두환과 노태우를 구속했다. '성공한 쿠데타는 처벌할 수 없다'는 엽기적인 논리로 전두환과 노태우에게 면죄부를 줬던 검찰이 납작 엎드린 것이다. 참신한 인물을 영입하는 데도 심혈을 기울였다. '모래시계 검사'로 떴던 홍준표, 운동권이었던 이재오, 김문수 등 정치 신인들을 대거 영입했다.

제15대 총선이 열렸다. 1996년 4월 11일 신한국당, 새정치국민회의, 민주당, 자민련이 겨뤘다. 민주당은 국민회의와 갈라진 후 시민사회 세력이 만든 개혁신당과 통합해 진보적 색채를 강화했다. 국민회의는 창당 7개월 만에 선거에 뛰어들었다. 개명한 신한국당은 지방선거 때 악몽이 가시지 않아 잔뜩 긴장했다. 투표가 끝나고 밤 9시께가 되니 당락이 드러나기 시작했다. 신한국당은 개명한 덕을 톡톡히 봤고, 새정치국민회의와 민주당은 분열한 대가를 혹독히 치렀다. 자민련은 충청권 28석 중 24석을 쓸어 담아 충청권 터줏대감으로 자리 잡았다. 신한국당은 139석, 새정치국민회의는 79석, 민주당은 15석, 자민련은 50석을 얻었다. 여당인 신한국당은 과반에도 못 미쳐 여소야대였지만 잔칫집 분위기였다. 직전 지방선거에서 대패한 데다 대통령 지지율이 바닥인 상황이었으니 이보다 더 좋을 수 없었다. 승부처는 서울이었다. 세대교체 바람이 불었다. 신한국당에 들어온 정치 신인들이 몰고 온 바람이었다. 그 바람에 국민회의 중진들은 추풍낙엽처럼 떨어졌다. 게다가 국민회의와 민주당이 갈라지는 바람에 야권 지지표가 산산이 흩어졌고, 신한국당은 어부지리를 챙겼다. 민주당은 고작 1석, 새정치국민회의는 18석에 그쳤다. 반면 신한국당은 27석이나 얻어 총선 사상 처음으로 여당이 서울 의석 과반을 차지하는 기록을 세웠다.

　잘했든 못했든 분열이 패배를 낳았다는 사실은 분명했다. 국민회의와 민주당 둘 다 잃은 게 많았다. 지방선거에서 이긴 여세를 몰아 충분히 승리할 수 있었던 선거였다. 국민회의는 도로 호남당으로 쪼그라들었다. 민주당은 존립 자체가 어려운 지경에 빠졌다. 이기택은 물론 지도부들이 대부분 낙선했다. 의석은 겨우 15석으로 원내교섭단체도 만들지 못했다. 선거 때 외쳤던 '웰컴 민주당'이 '굿바이 민주당'이라는 메아리로 돌아왔다. 여당은 똘똘 뭉쳐 있고 야당은 자민련까지 셋으로 쪼개져 있었다. 결과가 이러니 '무엇을 위한 분당이었냐'고 원망하는 소리만 컸다. 채 일 년도 남지 않은 대선을 앞두고 국민회의도 민주당도 고민이 깊어졌다. 1997년 정권교체를 위해서는 지역 고립을 넘어야 하고, 야권 통합도 이루어야 한다. 야권은 다시 그 어려운 숙제를 받아들고 쩔쩔맸다. 대선으로 가는 발걸음이 한없이 무거웠다.

거대 여당의 침몰

갓 떠오른 햇빛이 덜 걷힌 안개를 천천히 밀어내고 있었다. 새천년 첫 대통령이 국민 대표들과 손잡고 단상에 올랐다. 국민이 참여하는 정부를 만들겠다는 포부였다. 손을 들어 성실한 대통령이 되겠다는 선서를 마치자, 예포 스물한 발이 울려 퍼지며 새 대통령 앞날에 행운을 빌었다. 노무현은 자신이 꿈꾼 '희망의 나라'를 이렇게 말했다.

반칙과 특권이 용납되는 시대는 이제 끝나야 합니다.
정의가 패배하고 기회주의자가 득세하는 굴절된 풍토는 청산되어야
합니다. 원칙을 바로 세워 신뢰 사회를 만듭시다.
정정당당하게 노력하는 사람이 성공하는 사회로 나아갑시다.
정직하고 성실한 대다수 국민이 보람을 느끼게 해드려야 합니다.

그 꿈을 이루기 위해 신명을 다해 모든 것을 국가와 민족 앞에 바치겠노라고 다짐했다. 노무현이 카랑카랑한 목소리로 다짐하는 동안, 뒤편에 앉은 전임 대통령 김대중은 지그시 눈을 감은 채 듣고 있었다. 감회에 젖은 듯, 얼굴에는 빙긋이 미소가 돌았다. 새삼, 역사는 발전하고 인생은 아름답다고 생각했다. 안개가 걷힌 하늘에서 이른 봄 햇살이 내리고 있었다.

　천신만고 끝에 대선에서 승리했으니 들뜰 만했다. 그런데도 새천년민주당에는 축제 분위기는커녕, 적이 긴장감만 흘렀다. 훈풍 대신 태풍이 몰려오고 있었다. 노무현은 취임사에서 "개혁과 통합"을 강조했다. 당선 직후 기자회견에서도 개혁 대상 1호로 민주당을 찍었다. 민주당이 환골탈태해야 한다고 했다. 민주당부터 개혁해야 정치 개혁이 가능하다는 것이다. 대선 전에도 다짐했었다. '당선되면 신당 창당 수준으로 정치 개혁을 하겠다.' 그럴 만도 했다. 대선을 치르는 동안 민주당은 한심하기 짝이 없었다. 지지율이 좀 떨어졌다고 하여 국민과 당원이 직접 뽑은 후보를 교체하자느니, 재경선을 하자느니 하며 소란을 피웠다. 후보 단일화를 추진하겠다며 조직을 만들더니 급기야 탈당까지 했다. 그들과 달리 후보 지지율이 10퍼센트대로 떨어질 때도, 흔들리지 않고 끝까지 버텨준 동지들도 있었다. 대선 한복판에서 당은 그렇게 갈라져서 서로 으르렁대며 싸웠다. 그런 악조건 속에서 이긴 것은 오로지 국민 덕이었다.

　노무현과 함께했던 동지들이 당에서 신주류가 되었다. 그들은 당이 환골탈태하는 데 앞장섰다. 김대중 시대를 풍미했던 동교동계는 비주류가 되었다. 마음이 급했던지 신주류 개혁파는 선거 승리 사흘 만에 당에 폭탄을 터뜨렸다. 천정배, 신기남, 정동영 등 개혁파 의원 23명은 대뜸 민주당을 해체하고 신당을 만들자고 했다. 2002년 12월 22일, 그들은 그 이유를 이렇게 설명했다. '노무현 당선은 민주당 승리가 아니며 민주당 재집권을 바란 것도 아니다. 한나라당과 민주당이 주도해온 낡은 정치를 청산하라고 국민이 요구하고 있다.' 결국 낡은 정치와 지역주의에 물든 구주류에게 물러나라는 소리였다. 신주류 중에서도 온건파는 당을 깨자는 말에 아연실색해 말리고 나섰다. 분열은 안 된다는 것이다. 당을 새롭게 해 통합하는 수준에서 신당을 만들자고 했다. 신당을 만들자는 입장도 이렇게 개혁신당이냐, 통합신당이냐로 갈렸다.

신주류도 당장 당을 깰 만한 처지는 아니었다. 속도 조절에 나섰다. 우선은 당 개혁특위를 주도해 개혁을 추진하기로 했다. 그러나 그것도 쉽지 않았다. 당원이 주도하는 상향식 공천을 위해 지구당 위원장직을 폐지하자는 개혁안조차 당내 반발에 부딪혀 무산되었다. 그러던 차에 2003년 4월 24일, 새 정부 출범 2개월 만에 첫 선거가 치러졌다. 국회의원 선거구는 3곳뿐이었지만, 민심을 알리는 풍향계여서 관심이 높았다. 3곳 다 민주당 의원이 사퇴하거나 당선무효로 치러지는 보궐선거였다. 싹 다 이겨봐야 본전이었다. 그러나 결과는 참담했다. 본전은커녕 3석 모두 고스란히 내줬다. 그나마 구주류 반대에도 신주류가 사실상 연합공천 형태로 밀었던 개혁당 유시민은 당선되었다. 나머지 두 곳은 한나라당이 가져갔다. 기초단체장 2명과 광역의원 3명도 모두 뺏겼다. 민주당은 그야말로 유구무언이었다. 개혁 세력과 연대해 유시민을 당선시킨 신주류는 그나마 화풀이라도 할 수 있었다. '민주당에 대한 사형선고를 넘어 사형 집행을 당한 격이니 신당 창당을 서둘러야 한다.' 선거 참패가 신당 창당론에 다시 불을 지폈다.

주사위는 던져졌다. 개혁신당파가 마침내 창당 버튼을 눌렀다. 2003년 4월 28일, 신당 창당 결의문을 발표했다. 신당창당위원회를 당내에 설치해 민주당을 발전적으로 해체하고 신당을 만들겠다는 내용이었다. 그러자 구주류 이십여 명도 맞불을 놓았다. 4월 30일에 '통합과 개혁을 위한 모임'을 만들고 민주당 사수를 외쳤다. 그들은 신당 창당은 쿠데타적 발상이라며 '신당을 만들겠다는 사람들은 떠나라'고 을러댔다. 신주류도 물러서지 않았다. 눈에 핏발을 세우며, '선혈이 낭자할 정도로 싸워야 한다'는 섬뜩한 말을 거침없이 내뱉었다. 그렇게 둘은 다시 돌아올 수 없는 강을 건너고 있었다. 신주류 내 온건파가 나서서 개혁신당파를 달랬다. 개혁하자는 사람들을 모두 모아서 새천년민주당을 중심으로 개혁적인 통합신당을 만들자고 설득했다. 민주화운동 대부 김근태와 재야파도 같은 입장이었다. 결국 신주류 내 개혁파와 온건파 의원 65명은 뜻을 모았다. 2003년 5월 16일에 '정치개혁과 국민통합을 위한 신당추진 모임(신당추진 모임)'을 만들고 이렇게 선언했다.

국민과 기간당원이 직접 참여하는 상향식 참여민주주의를 실현하는 국민참여정당을 창당하겠다.

개혁신당이냐 통합신당이냐를 넘어, 국민통합과 국민참여라는 더 큰 그림을 그리기 시작한 것이다. 아울러 민주당 가치를 계승하고 배제 없는 참여를 보장하기로 했다.

신당추진 모임은 우선 당 안에 신당추진위원회를 설치하는 쪽으로 방향을 잡았다. 그러려면 먼저 당무회의에서 신당 창당을 의결해야 했다. 산 넘어 산이었다. 구주류는 몸싸움까지 벌이며 당무회의를 번번이 막아섰다. 이러지도 저러지도 못하는 답답한 상황이 이어졌다. 구주류가 당무회의를 계속 막는 한 당 차원에서 창당 절차를 진행할 수 없었다. 그러는 와중에 한나라당에서도 독수리 5형제라 불린 개혁소장파 의원들이 정치 개혁을 외치며 탈당했다. 그들은 민주당 신주류가 추진하는 신당에 합류 의사를 밝혔다. 시민단체와 재야 세력들도 개혁신당 창당에 힘을 보탰다. 신주류는 신당 추진에 강한 동력을 얻은 셈이다.

우연한 순간이 역사적 순간일 때가 있다. 사진 한 장이 신주류를 도왔다. 사달이 난 것은 2003년 9월 4일 당무회의에서였다. 신주류는 더 늦출 수 없다며, 이날 신당 창당을 최종 의결하려고 했다. 구주류는 또다시 회의를 저지하고 나섰고, 회의장은 욕설과 몸싸움으로 아수라장이 되었다. 의자에 앉아 있던 신주류 측 이미경 의원이 머리채를 잡혀 고통스러워하고, 머리채를 잡은 구주류 쪽 문팔괘 여성특위 부위원장은 득의양양한 표정을 지었다. 그러는 동안 누군가 회의장에 민주당가를 틀어 놓았다. '너와 나 하나 되어 힘차게 나아가자 새 희망 민주당!' 울려 퍼진 당가는 이 기이한 풍경을 적나라하게 풍자하고 있었다. 어쨌든 불과 '1초의 장면'이 '민주당 사실상 갈라섰다'는 제목과 함께 신문 1면을 장식했다. 이 머리끄덩이 사진은 분열을 우려해 신당 창당을 망설이고 있던 온건파의 감정을 자극했다. 이 사건 당일 민주당 의원 31명이 탈당계를 냈다. 분당을 막으려고 백방으로 노력하던 김근태는 이날 '석고대죄하는 심정으로 국민께 용서를 구한다'며 3일간 시한부 단식 농성에 들어갔다. 끝내 그는 "민주당이 정치적으로 사망했다"는 탄식을 남기고 신당 창당에 합류했다. 이날 국민통합신당 창당준비위원회도 꾸려져 김원기가 위원장을 맡았다.

　이러는 중에도 노무현 의중은 알 수 없었다. 임기 초반에 여당 분열을 바랄 리 없었다. 애초에는 당을 쪼개지 않은 통합신당을 바라는 듯했다. 100일 기자회견에서도 신당 창당에는 전혀 관여하지 않는다고 했다. 그렇지만 상황이 변했고 그도 입장을 정해야 할 때가 왔다. 어쩌면 머리끄덩이 사진은 그에게도 충격이었을지 모른다. 2003년 9월 17일, 광주·전남 지역 언론인 간담회에서 "신당 창당을 언제까지 회피할 수만은 없다"며 당적 문제를 적절한 시점에 판단하겠다고 했다. 언론은 사실상 신당을 지지한 것으로 해석했다. 구주류는 들끓었다. 살 만해지니 조강지처를 버린다며, '대통령 만들어 준 민주당을 배신'했다고 맹비난했다. 신주류 37명이 9월 20일에 민주당을 정식으로 탈당했다. 그들은 '국민참여통합신당'이라는 이름으로 새 원내교섭단체를 등록했다. 김근태가 원내대표를 맡았다. 한

나라당에서 탈당한 독수리 5형제 김부겸, 김영춘, 안영근, 이부영, 이우재도 합류했다. 민주당에 남은 구주류는 대통령에게 탈당을 요구했고, 마침내 노무현도 9월 29일에 민주당을 탈당했다. 당선된 지 7개월 만에 대통령이 탈당하며 여당은 사라졌다.

국민참여통합신당은 창당 작업에 박차를 가했다. 2003년 10월 22일, 신당 이름을 열린우리당(우리당)으로 정했다. '참여와 통합' 정신을 담은 이름이었다. 유시민과 김원웅이 이끌던 개혁당도 합류해 현역 의원은 47명이 되었다. 한나라당은 149명, 민주당은 60명이었다. 11월 11일에는 창당대회를 열었다. 대회장에는 '국민의 당입니다, 우리의 당입니다'라고 쓴 플래카드를 내걸었다. 개혁적 국민통합정당을 만들겠다며 '새로운 정치' '잘사는 나라' '따뜻한 사회' '한반도 평화'를 4대 강령으로 내세웠다. 사실 정책과 강령은 새천년민주당과 큰 차이가 없었다. 임시지도부를 꾸려 김원기를 공동의장으로 선출했다. 그는 "낡은 정치의 썩은 뿌리를 단호히 끊겠다"며, "지역주의에 기생하고 안주해 명맥을 이어온 정치인들을 이 땅에서 남김없이 몰아낼 것을 약속한다"고 목소리를 높였다. 노무현 대통령도 창당 축하 메시지를 보냈다. "국민통합과 깨끗한 정치를 이끄는 견인차가 되어달라." 2004년 1월 11일에는 지도부 선출을 위한 전당대회를 열고, 정동영을 당의장으로 선출했다.

졸지에 야당이 된 새천년민주당도 새로운 지도부를 선출했다. 새 대표로 선출된 조순형은 다가오는 17대 총선에서 노무현 정부와 우리당을 심판하자고 목소리를 높였다. 민주당은 배신감에 휩싸여 한나라당과 손잡고 노무현 정부 공격하기에 열을 올렸다. 이런 참에 노무현 측근이 불법 자금을 받은 혐의로 검찰 수사를 받게 되었다. 한나라당과 민주당은 대통령 측근 비리 조사를 목적으로 하는 특검을 요구했다. 우리당은 검찰 수사가 우선이라고 맞섰지만, 한나라당은 검찰이 최고 권력자를 수사할 수 있겠냐며 특검해야 한다고 고집했다. 한나라당과 민주당이 합세하는 바람에 특검법안은 재석 192명 중 찬성 183표, 반대 2표, 기권 7표로 국회를 통과했다. 노무현은 거부권을 행사했지만 한나라당과 민주당은 재표결해서 통과시켰다. 재석 266명에 찬성 209표였다. 1987년 민주화 이후 대통령이 거부권을 행사한 법안이 재의결된 것은 처음이었다. 무시무시한 힘이었다.

노무현은 식물 대통령이나 다름없었다. 의회를 견제할 수 있는 거부권마저 무용지물이었다. 한나라당과 민주당 의석을 합치면 3분의 2가 넘었다. 마음만 먹으면 못할 일이 없었다. 그렇다고 열린우리당 지지율이 높은 것도 아니었다. 대통령도, 당도 고립무원이었다. 제17대 총선에서 우리당 승리가 절박했다. 2003년 12월 24일, 노무현은 총선에 출마하는 전직 비서관들이 모인 자리에서 덕담을 건넸다. "내년 총선에서 민주당을 찍는 것은 한나라당을 도와주는 것으로 인식될 것이니 열심히 잘해주기 바란다. 여러분이 잘될 수 있는 바람이 일어날 수 있도록 나도 잘해보겠다." 신년 기자회견에서는 열린우리당이 지지하는 정당이라 입당하고 싶다는 애정도 표현했다. 2004년 2월 24일 참여정부 1주년을 맞아 마련된 기자회견에서는 '국민들이 총선에서 열린우리당을 압도적으로 지지해줄 것'이라는 기대감을 드러냈다. 한나라당과 민주당은 노골적인 선거 개입이라고 펄쩍 뛰며 발끈했다. 선거부정방지법 등을 어겼다며 검찰과 선관위에 고발하기까지 했다. 연신 만지작거리던 탄핵 카드를 반쯤은 주머니 밖으로 내보였다. 까딱하면 꺼낼 수 있다는 경고이자 위협이었다. 한나라당 대표 최병렬도 2004년 2월 4일 국회 교섭단체대표 연설에서 엄포를 놨다. 대통령이 우리당 선거를 돕는 꼴이 참으로 목불인견이라며 탄핵도 못 할 게 없다고 했다. 그다음 날 민주당 조순형 대표도 국회 연설에서 탄핵에 맞장구를 쳤다. 마지막 대표 연설에서 정동영 우리당 의장은 두 당이 대통령 탄핵을 들먹거리는 것이 국민 상식에 맞느냐고 질타하며, 국민 저항에 부딪힐 것이라고 경고했다. 이렇게 대통령 탄핵이 태풍의 눈으로 떠오르고 있었다.

한나라당도 대통령 탄핵이 부담스러웠다. 역풍을 우려하는 의원들이 많았고, 여론도 안 좋았다. 그런데도 구태여 탄핵 카드를 만지작거린 데는 그럴 만한 이유가 있었다. 2003년 연말에 세상을 발칵 뒤집어놓은 '차떼기' 사건이 일어났다. 2002년 제16대 총선에서 한나라당이 대기업으로부터 무려 백억 원이나 되는 불법정치자금을 받은 사실이 드러났다. 더 엽기적인 것은 돈 상자가 가득 실린 트럭을 통째로 받았다는 사실이다. '차떼기 정당'이라는 조롱과 뭇매가 쏟아졌다. 한식에 죽으나 청명에 죽으나, 차떼기로 망하나 탄핵으로 망하나, 결국 매한가지라는 생각이었을 것이다. 한나라당은 탄핵에 승부를 걸었다. 때마침 중앙선관위가 노무현 발언이 공무원이 지켜야 할 선거 중립 의무를 어겼다는 결정과 함께 경고 조치를 내렸다. 민주당과 한나라당은 이 결정을 근거로 공동으로 대통령 탄핵에 나섰다. 2004년 3월 9일, 한나라당 108명과 민주당 51명, 모두 159명이 서명해 대통령 탄핵소추안이 발의되었다. '노 대통령은 나라를 운영할 자격이 없다'는 이유였다.

기구한 운명이었다. 노무현은 헌정 사상 처음으로 탄핵소추를 당한 대통령이 되었다. 탄핵안이 발의되자 우리당 의원들은 '내란 음모에 준하는 의회쿠데타'라며 울부짖었다. 몸으로라도 탄핵안 통과를 막자고 국회 본회의장에 진을 쳤다. 3월 12일 새벽 3시 50분경 본회의장은 전쟁터로 변했다. 담요에 누워, 의자에 앉아 눈을 붙이고 있던 우리당 의원들 사이로 야당 의원들이 밀고 들어왔다. 점령군이 의장석을 향해 맹렬히 돌진하자 저항군도 필사적으로 항전했다. 야당 의원들은 끝내 의장석을 포기하고 일시 퇴각했으나, 아침 11시경이 되자 다시 본회의장으로 몰려들었다. 이번에는 맨몸이 아니었다. 질서유지권을 발동해 저항군을 제압했다. 그 덕에 탄핵안 심의를 번갯

불에 콩 구워 먹듯, 3분 만에 끝내고 표결을 진행했다. 결국 총 투표 수 195표 중 찬성 193표, 반대 2표로 헌정 사상 처음으로 대통령 탄핵소추안이 통과되었다. 대통령 직무도 그 순간 정지되었다. 텔레비전으로 박수와 만세 소리, 통곡과 울부짖음이 뒤범벅된 국회 상황을 지켜보던 국민은 복장이 터졌다.

　그 난리를 칠 땐 언제고, 이제 와서 뒤탈을 걱정했다. 한나라당과 민주당은 역풍이 불까 전전긍긍했다. 탄핵 전부터 이미 여론은 압도적으로 탄핵을 반대했다. 3월 9일에 발표된 한국갤럽 조사에서 탄핵 반대가 53.9퍼센트였고, 탄핵 찬성은 고작 27.8퍼센트에 불과했다. 국민은 빈대 잡자고 초가삼간을 태워먹는 것도 유분수지, 그깟 일로 대통령을 몰아내는 건 지나치다고 여겼다. 야당은 그런 민심쯤은 무시한 채, 구더기 무서워서 장 못 담그겠냐는 식으로 덤볐다. 하지만 민심은 구더기가 아니었다. 역풍은 상상을 초월했다. 하룻밤 새에 지지율이 요동쳤다. 탄핵 직후 실시된 각종 여론조사에서, 우리당 지지율은 급상승했다. 모든 야당 지지율을 합친 것보다 두 배 이상 높았다. 한나라당과 민주당은 일시적인 동정표에 불과하다며 짐짓 태연한 척했지만, 자고 나면 떨어지는 지지율에 당혹감을 감추지 못했다. 결국 탄핵을 주도한 지도부에게 책임을 씌우고 새 지도부 구성에 나섰다. 간장 다 쏟아놓고 뚜껑 덮는 격이었지만, 달리 방법이 없었다. 한나라당은 총선을 한 달가량 앞둔 3월 23일에 서둘러 새 대표를 뽑았다. 박근혜가 압도적인 지지로 대표 자리에 올랐다. 보수층을 결집시킬 수 있는 유일한 대안으로 본 것이다. 대표 수락 연설에서부터 절박함이 묻어났다. '내일부터 구당사에 들어가지 않겠다.' 여의도 구석에 천막당사를 차렸고, 당사에 걸려 있던 한나라당 현판을 떼다 그곳에 내걸었다. 그러면서 여당을 견제할 수 있게만 해달라고 국민에게 읍소했다. 그 덕이었는지 지지세를 조금씩 회복했다. 민주당은 그마저도 하지 못했다. 수습에 나섰지만, 내분까지 일어나 선거운동조차 제대로 펼 수 없었다. 선대위원장이 광주로 내려가 삼보일배까지 했지만, 호남 민심마저 싸늘했다. 선거는 그만한 일로 국민이 뽑은 대통령을 탄핵한 야당을 심판하자는 분위기로 흘러갔다.

　민심은 확연했다. 압도적인 국민이 탄핵심판론에 동조했다. 우리당은 표정 관리조차 힘들었다. 부자 몸조심을 했어야 했다. 정동영이 청년들에게 투표 참여를 호소하면서 '60대 이상은 투표를 안 하셔도 된다'고 하는 바람에 문제가 커졌다. 한나라당은 '노인 폄하' '천인공노할 망언'이라며 파상공세를 이어갔다. 우리당 운동원들이 노인정을 피해 다녀야 할 정도였다. 사태가 눈덩이처럼 커지자, 정동영은 선거를 사흘 앞두고 선대위원장과 비례대표 후보직도 사퇴했다. 4월 15일, 많은 유권자가 투표소를 찾았다. 대통령 탄핵이라는 핵폭탄이 터져서인지 투표율이 지난 총선보다 높았다. 열린우리당은 152명이 당선되는 압승을 거뒀다. 총선 전 47석에 불과했던 우리당은 창당 4개월 만에 대승을 거뒀다. 선거에서 여당이 단독으로 과반을 차지한 것은 처음 있는 일이었다. 위기에 몰렸던 한나라당은 구사일생했다. 121명이나 당선되고 보니 안도하여 한숨이 절로 나왔다. 영남이 버팀목이었다. 영남권 전체 68개 지역구에서 60곳을 따낼 정도였다. 민주노동당이 10석을 얻어 제3당이 되었고 민주당은 9석에 그쳐 제4당으로 쪼그라들었다.

　총선 결과가 민심대로 나왔듯이, 탄핵 심판도 국민 뜻에서 벗어나지 않았다. 선거 한 달 뒤 헌법재판소는 탄핵안을 기각했다. '탄핵 사유가 있다고 보지 않는다.' 노무현은 직무 정지 63일 만에 대통령직에 복귀했다. 우리당도, 대통령도 다시 활력을 찾았다. 총선 승리와 탄핵 기각으로 국민으로부터 재신임을 받은 것이나 다름없었다. 흔들렸던 개혁 깃발을 다시 높이 들었다. 2004년 10월 20일, 우리당은 4대 개혁입법을 국회에 제출했다. 국가보안법 폐지안, 사립학교법 개정안, 과거사진상규명법안, 언론관계법안이었다. 과반 의석이었는데도 쉽사리 법안을 통과시키지 못했다. 우선 한나라당이 완강히 반대했다. 4대 법안이 국민을 갈라 치는 '4대 국론분열법'이라며 결사적으로 막았다. 보수 언론도 여론전을 펼치며 법안 통과를 방해했다. 바깥에서만 시끄러운 게 아니었다. 우리당 내부도 갈라지기 시작했다. 당시 우리당은 정치사회분야 개혁을 서둘러 추진하자는 개혁파와 경제와 민생을 우선해야 한다는 실용파로 나뉘었다. 4대 개혁 법안 처리 방식을 두고도 입장이 달랐다. 한쪽은 강행 처리를 주장했고, 다른 한쪽은 일방적으로 강행 처리를 하면 안 된다고 맞섰다. 갈등이 가장 첨예했던 건 국가보안법이었다. 즉각 폐지하자는 개혁파와 수정·보완하자는 실용파가 실랑이를 벌였다. 완전 폐지냐, 수정·보완이냐를 놓고 오락가락하는 모습이 국민 눈에 곱게 보일 리 없었다.

열린우리당은 커진 몸집을 제대로 못 가누고 휘청거렸다. 152명이나 되는 의원들 의견이 중구난방이었다. 조율하고 조정하는 리더십은 찾아볼 수 없었다. 목에 힘이 잔뜩 들어가 목소리가 커졌고, 오만과 독선이 묻어났다. 고만고만한 모임들이 생겨 힘을 키우느라 계파 간 대립도 심했고, 지도부 교체가 잦아졌다. 비만 와도 지도부 탓을 하느라 3년 9개월 동안 의장이 8번이나 바뀌었다. 4번은 그마저도 비상대책위원회 체제였다. 그러다 보니 의장 평균 재임 기간은 5개월이 채 되지 않았다. 그런 꼴로 선거를 이긴다는 것은 언감생심이었다. 민심은 저만치 떠나가고 있었고, 끝도 모를 긴 패배 행렬이 시작되었다. 2005년 4월 30일 재보궐선거가 치러진 23곳에서 완패했고, 의석은 146석으로 줄어 여소야대로 바뀌었다. 2005년 10월 26일 국회의원 재보궐선거도 4곳에서 모두 졌다. 화룡점정은 2006년 제4회 지방선거였다. 우리당은 치욕스러운 선거 캠페인을 해야 했다. 모든 당직자가 가슴에 '싹쓸이만은 막아주세요'라는 구차한 문구가 적힌 리본을 달고 다녔다. 한나라당은 그 리본을 보고 '구

결정치'라며 조롱했다. "패배가 자명해지니 경기하다 말고 감독이 선수들을 그라운드 밖으로 불러낸 뒤 심판에게 영패나 모면하게 해달라고 사정하는 꼴이다." 민심은 무서웠다. 처참히 패배했다. 16개 광역단체장 중에서 전북 한 군데만 이겼다. 기초자치단체장은 한나라당 155명, 열린우리당 19명이었다. 67.4퍼센트를 한나라당이 가져간 것이다. 서울 구청장은 25 대 0으로 싹쓸이당했고, 서울 시의원 106석 중 102석을 한나라당이 가져갔다. 우리당은 고작 비례대표 4석을 얻었다. 가히 재앙 수준이었다. 그것으로 끝이 아니었다. 2006년 7월 국회의원 재보궐선거 4곳도 한나라당이 휩쓸었다. 10월 보궐선거에서도 당선자는 없었다. 열린우리당 선거 사전에 '당선'과 '승리'라는 단어는 사라지고, 아련한 추억으로만 남았다.

정당치고 선거에서 지고도 버틸 장사는 없다. 게다가 대선이 코앞이었다. 새천년민주당과 통합하자는 말들이 나왔다. 당을 해체하고 야권 통합 신당을 차리자는 신당파와 당을 쇄신하자는 사수파가 갈등하기 시작했다. 신당파는 '열린우리당은 실패했다'는 고백과 함께 친노가 중심인 열린우리당을 깨고 판을 다시 짜자고 했다. 노무현과 친노 그룹은 열린우리당 사수를 외쳤다. 그러나 대세는 기울고 있었다. 김한길 원내대표는 국회 연설에서 "열린우리당의 실패를 일부 시인하고 지킬 것과 버릴 것을 가려내 다시 시작하자"고 했다. 노무현은 말이 신당이지 지역당을 만들자는 것 아니냐며 "신당을 하려면 나가서 하라"고 발끈했다. 그러자 김근태 당의장은 '당원은 당의 결정을 존중해야 한다'고 쏘아붙였다. 대통령에게 탈당까지 요구했다. 2007년 2월 28일 노무현은 우리당을 탈당했다.

열린우리당은 그렇게 침몰하고 있었다. 2006년 12월, 당 지지율이 한 자리 수로 내려앉았다. 침몰하는 배에서 뛰어내리려는 사람들로 뱃머리가 붐볐다. 뛰어내리면서도 어디로 갈지 머릿속은 복잡했다. 여기저기로 흩어지느라 어지러울 정도였다. 2007년 들어서자 탈당이 시작되었다. 2007년 2월 김한길이 의원 23명과 함께 탈당 신호탄을 쐈다. 탈당해서 중도개혁통합신당추진모임을 만들더니 중도개혁통합신당을 창당했다. 그 신당이 새천년민주당과 통합해 다시 중도통합민주당이 생겼다. 그러던 참에 이명박, 박근혜와 대권 경쟁에 나섰던 손학규가 한나라당을 탈당했다. 이명박이 밖은 시베리아라며 만류했으나, 그에게는 친이계와 친박계만 득실거리는 한나라당도 시베리아나 마찬가지였다. 그가 탈당하자 신당 창당 흐름이 빨라졌다. 6월 들어 우리당 의원들이 조직적이고 계획적으로 탈당하기 시작했다. 당 사수파가 완강히 버티고 있으니, 당을 해체하고 신당을 창당하는 것은 불가능했다. 자발적으로 당을 나가 당 밖에 3지대 신당을 만들고, 그 신당을 중심으로 범여권 대통합신당을 만든다는 구상이었다. 헤쳐 모이자는 것이다. 2007년 7월 24일에 범여권 세력이 신당창당준비위원회를 발족했다. 그러자 중도통합민주당은 신당에 참여할지를 두고 시끄럽더니, 김한길 등이 다시 탈당해 신당 창당에 합류했다. 8월 5일 마침내 열린우리당 탈당파, 중도통합민주당 탈당파, 손학규 전 지사를 주축으로 하는 한나라당 탈당파, 시민사회세력이 모인 미래창조연대가 뭉쳐 대통합민주신당을 창당했다. '대통합'이라는 이름은 길고 깊었던 '분열의 시간'을 끝내겠다는 다짐처럼 들렸다.

대통합이라는 그림을 완성하는 데 마지막 퍼즐이 남았다. 대통합민주신당은 58석으로 쪼그라든 우리당에 손을 내밀었다. 친노 세력을 배제하지 않을 테니 들어오라는 것이었다. 우리당도 싫지 않았다. 기다리고 있었다는 듯 냉큼 그 제안을 받아들였다. 2007년 8월 20일, 우리당이 대통합민주신당에 들어가는 방식으로 합당했다. '백년정당'이 되겠다던 다짐을 뒤로한 채 3년 9개월 만에 간판을 내렸다. 합당으로 대통합민주신당은 143석으로 의석이 늘어 다시 원내 제1당이 되었다. 몇 달간 탈당, 분당, 창당, 합당한답시고 야단법석을 떨었지만, 들여다보면 그 나물에 그 밥이었다. '도로 열린우리당'이라는 비아냥을 들어도 쌌다. 한나라당 사람, 시민사회 세력을 더했으니 이전보다는 더 커진 것 아니냐는 말조차 민망할 뿐이었다.

대통합민주신당은 제17대 대통령 선거 채비에 들어갔다. 예비경선과 본경선에 일반 국민과 당원 168만 명이 참여했다. 정당 사상 처음으로 모바일 투표도 진행했고 여론조사도 10퍼센트 반영했다. 준비 기간이 짧아 관리는 부실했고, 말도 많고 탈도 많은 경선이 진행되었다. 불법 시비가 끊이지 않았고, 심지어는 경선 순위 발표가 뒤바뀌는 일도 벌어졌다. 손학규, 이해찬, 정동영이 그 혼란 속에서 경쟁을 벌였고, 우여곡절 끝에 정동영이 대통령 후보로 뽑혔다. 한나라당은 이미 8월 20일 경선을 마무리했다. 이명박이 박근혜를 누르고 대선 후보가 되자마자, 판세는 단숨에 기울었다. 이명박이 일찍이 멀찌감치 앞서갔고, 정동영은 따라잡느라 안간힘을 썼다. 어떻게든 범여권 후보를 단일화해보려고 무진장 애를 썼지만 모두 허사였다. 유한킴벌리 사장 출신 문국현과 막판 단일화에 사력을 다했지만, 끝내 불발되고 말았다. 별수가 없으니 이명박 최대 약점인 BBK, 다스 사건을 주구장창 물고 늘어졌다. 검찰은 선거 2주 전에 혐의가 없다는 결론을 내려, 이명박에게 날개까지 달아줬다. 대통합민주신당은 닭 쫓던 개처럼 먼 지붕만 쳐다봤다. 12월 19일, 투표가 끝나고 개표가 4퍼센트밖에 진행되지 않았는데, 이명박 당선이 확실하다는 자막이 떴다. 정동영은 26.1퍼센트에 그쳐, 48.7퍼센트를 얻은 이명박에게 역대 대선 최대 격차로 졌다. 민주당 정부 10년은 그렇게 무참한 패배로 막을 내렸다.

싸우다 끝난 새정치

민주당은 끝없이 표류했다. 몹시 흔들리며 앞으로 나가지 못했다. 찢긴 돛은 바람을 모을 수 없었고, 부러진 노는 파도를 가르지 못했다. 키를 잡은 선장은 하나같이 잠시도 못 버티고 나가떨어졌다. 파도가 거세서도, 바람이 세차서도 아니었다. 배 안에서 서로 티격태격하느라 제풀에 무너졌다. 계속된 표류에 절망은 짙어지고 희망은 옅어졌다. 이명박 정권이 들어선 내내 민주당은 그런 모습이었다. 마침내 독재자의 딸이 눈앞에서 대통령이 되는 광경까지 지켜봐야 했다.

먹구름 사이로 햇살이 잠깐 얼굴을 내밀었다. 2010년 지방선거가 끝나자 민주당 사람들 얼굴에는 오랜만에 화색이 돌았다. 연패의 늪을 겨우 빠져나왔으니, 그럴 만도 했다. 물론 승리를 이끈 일등공신은 이명박이었다. 하도 헛삽질을 해대니 민심이 돌아섰다. 차려진 밥상에 숟가락만 얹어 얻은 승리였다. 그 밥상이 다시 차려질 것 같지는 않았다. 한나라당은 실패한 친이명박계 사람들을 밀어내고, 박근혜를 차기 권력으로 밀어 올렸다. 그렇게 한나라당은 스스로 이명박과 선을 긋고 있었다. 민주당이 이명박 심판하자는 소릴 못 하게 하려는 속셈이었다. 한나라당이 그처럼 발 빠르게 움직이는 와중에도, 민주당 하는 짓은 가관이었다. 당권 다툼에 날 새우느라 도끼 자루 썩는 줄도 몰랐다. 2012년 총선과 대선을 앞두고 싸움은 더 심해졌다. 정권을 되찾아 올 수 있는 절호의 기회를 눈앞에 두고도, 민주당은 거듭 비상대책위원회를 꾸려야 할 만큼 위태위태했다.

오랜만에 화색을 찾았지만 오래가지 못했다. 승리 한 달 만에 당 분위기가 어수선해졌다. 8월에 있을 당 대표 선거를 두고 경쟁이 시작된 탓이었다. 당내 비주류는 2010년 7월 4일에 '민주희망쇄신연대'를 만들어 결집했다. 정동영, 박주선 의원 등이 정세균 대표 체제에 반기를 들었다. 친노 세력이 당을 사당화하고 당내 민주주의를 후퇴시켰다고 비판했다. 재보궐선거가 코앞인데, 당권을 두고 집안싸움하는 모습이 국민 눈에 고울 리 없었다. 예감이 좋지 않았고, 그 불길한 예감은 현실이 되었다. 7월 28일, 국회의원 재보궐선거에서 민주당은 완패하다시피 했다. 8곳 중에서 한나라당이 5곳, 민주당이 3곳을 차지했다. 패배의 쓴 잔을 들이키자마자, 버릇처럼 네 탓 공방이 벌어졌다. 주류 측은 패배 국면을 어떻게든 눙치고 넘어가려고 했다. 비주류 측은 득달같이 지도부 공격에 나섰다. 지방선거 승리에 도취해 선거를 흥청망청 치르는 바람에 졌다며 당장 사퇴하라고 지도부를 을러댔다. 곧 전당대회가 열릴 텐데도 그새를 못 기다렸다. 결국 지도부는 물러났고, 비상대책위원회가 들어섰다. 원내대표 박지원이 비상대책위원장을 맡았다. 민심에 회초리를 맞고도, 아파하는 사람이 없었다. 오직 당권을 향한 이전투구만 계속되었다. 반대로 한나라당은 떡 본 김에 굿하듯 요란했다. 재보궐선거에서 민심이 자신들에게 기운 것을 감지하자, '친서민' 행보로 민심을 더 깊숙이 파고들었다.

민주당은 2010년 10월 3일에 새 지도부를 뽑기로 했다. 당 대표에 출마한 이들은 사사건건 충돌했다. 지도체제, 지도부 선출 방식, 지역위원장 선출 방식 등 유불리를 따지느라 머리를 싸맸다. 대표최고위원 자리는 정동영, 정세균, 손학규가 3강을 이뤘다. 지도부 선출은 대의원 직접투표 70퍼센트, 당원 여론조사 30퍼센트를 반영하기로 했다. 10월 3일, 인천 문학경기장은 만 명이 넘는 당원들로 가득 찼다. 임기 2년 동안 민주당을 이끌 새 대표로 손학규가 뽑혔다. 춘천 한 농가에서 이 년 동안 칩거하다 돌아온 그가 두 번째 민주당 당 대표직을 맡게 된 것이다. 당원들은 정권교체를 바랐다. 누가 중도층을 공략할 수 있는 인물인지를 따졌고, 2007년에 잃은 600만 표를 되찾아 반드시 정권교체하겠다는 손학규에게서 큰 희망을 보았다. 그 기대에 화답하듯 손학규는 대표 수락 연설에서 지지도 1등 정당, 수권정당을 선언한다며 "진보정당과 연대, 연합하는 전략을 펴 한나라당 지지로 돌아선 중도 세력을 끌어안겠다"고 약속했다.

약속한 연합 전략이 펼쳐졌다. 2011년 4월 27일, 국회의원 재보궐 선거에서 민주당은 야권 연대를 성사시켰다. 텃밭인 순천을 야4당 연합 후보인 민주노동당 후보에게 과감하게 내줬다. 김해에는 국민참여당 후보가 나갔다. 한나라당 심장부인 성남분당에는 손학규 대표가 직접 출마했다. 강원도지사에는 민주당 최문순을 내보냈다. 김해만 아깝게 지고 나머지 세 곳을 야당 연합이 이겼다. 기초단체장도 야권이 6석을 얻었고, 한나라당은 2석에 그쳤다. 야권 연대가 승리한 것이다. 일 년 앞으로 다가온 총선과 대선에서 승리할 수 있는 공식이 만들어진 듯 보였다. 선거를 승리로 이끌고, 험지에서 살아 돌아온 손학규는 날개를 달았다.

손학규는 이번 참에 아예 야권 연대를 넘어서 야권을 통합하자고 했다. 이른바 '빅텐트론'이었다. 총선과 대선에서 승리하려면 한나라당과 야권이 일대일 구도를 만들어야 한다는 것이다. 각 당 노선과 정책에 큰 차이가 없고, 있다 해도 정당이 이념적 다양성을 갖는 것이 나쁠 것도 없다고 했다. 선거 때마다 후보 단일화를 두고 진을 빼는 것도 이제는 지겹다 싶었다. 하지만 민노당, 진보신당, 참여당 등 다른 야당은 선을 그었다. 민주당과 통합하기보다는 연대가 낫다고 했다. "후보 단일화가 잘 안 되니 통합하자는 것은 데이트하기 불편하니 결혼하자는 꼴"이라며 아직 결혼할 마음이 없다고 잘라 말했다. 그럼에도 불구하고 민주당 지도부는 2011년 7월 10일, 야3당에게 야4당 통합특위 연석회의를 구성해서 통합문제를 논의하자고 제안했다. 반응은 시큰둥했다. 9월 6일에는 야권 통합정당을 추진하려는 '혁신과 통합'이 발족했다. 혁신과 통합에는 진보 성향 시민사회 인사들과 친노 세력들이 가담했다.

그러던 중 서울시장 보궐선거가 열렸다. 오세훈이 사퇴하는 바람에 치르는 선거였다. 민주당이 주도하던 서울시 의회는 오세훈 서울시장과 무상급식 문제로 오랫동안 실랑이를 벌였다. 오세훈은 무상급식을 '부자 급식'이라면서 강하게 반대했다. 가난한 집 아이들만 선별해서 급식해야 한다고 버텼다. 그러자 시의회는 2010년 12월에 초등학교 무상급식 조례안을 통과시켰다. 오세훈은 반발하며 조례안 공포를 거부했다. 이에 맞서 시의회 의장이 직권으로 조례안을 공포해버렸다. 코너에 몰린 오세훈은 승부수를 던졌다. 무상급식 실시 여부를 주민투표로 결정하자면서 시장직을 걸겠다고 했다. 전면 무상급식 찬성이 많으면, 시장을 그만두겠다는 것이다. 투표율이 33.3퍼센트에 못 미쳐 개표할 수 없게 되는 경우에도 시장직을 사퇴하겠다고 했다. 그렇게 8월 24일 서울시 주민투표가 실시되었다. 투표율이 25.7퍼센트에 그쳐 투표함은 열어보지도 못하고 폐기되었다. 오세훈은 약속대로 사퇴했고, 보궐선거가 열리게 되었다.

서울시장 선거는 보궐선거였지만, 빅 매치였다. 당내에서는 박영선, 천정배, 추미애 등 쟁쟁한 이들이 후보 경선에 나섰다. 치열한 경쟁 끝에 박영선이 후보가 되었다. 민주당 후보가 불안했던지, 시민사회에서는 박원순 변호사가 출마하기를 원했다. 정치와 거리를 두며 백두대간을 걷고 있던 박원순은 수염이 덥수룩한 채 서울에 나타났다. 출마를 결심한 것이다. 결심은 했지만 지지율이 5퍼센트 정도로 형편없었다. 그러나 안철수와 포옹하는 사진이 공개되자 지지율은 단박에 급상승했다. 서울시장 후보로 압도적 지지를 받던 안철수가 시장 출마를 포기하고 돌연 박원순 지지를 선언한 것이다. 9월 21일, 박원순은 공식적으로 출마 선언을 했다. 민주당은 야권에 단일 후보 경선을 제안했고, 무소속 박원순과 민노당 후보도 참여하겠다고 했다. 이들은 10월 3일에 단일화 경선을 하기로 했다. 여론조사가 아니라 참여형 경선 방식이었다. 선거인단 3만 명 중 60퍼센트가 투표했다. 박원순이 52.15퍼센트를 얻어 경선에서 승리했다. 박영선은 45.57퍼센트를 기록했다. 조직도 경험도 없는 무소속 후보에게 졌으니, 민주당 체면이 말이 아니었다. 어쨌든 단일 후보가 된 박원순에게 민주당은 당력을 쏟아부었다. 박원순 바람은 본선에서도 이어졌다. 그는 53.4퍼센트를 얻어 46.21퍼센트를 얻은 나경원을 물리치고 서울시장에 당선되었다.

　단일화 경선에서 무소속 후보에게 진 민주당은 깊은 위기의식을 느꼈다. 야권 통합이 더 절실해졌다. 하지만 각 당이 생각하는 바가 각양각색이어서 통합은 수월치 않았다. 손학규 대표는 민주진보 통합정당을 만들기 위해 각 정당 및 정파 대표자들이 함께하는 연석회의를 열자고 제의했지만, 결국 헛물만 켠 셈이 되었다. 진보 진영은 민주당이 더는 구애하지 못하게 아예 딴살림을 차렸다. 2011년 12월 13일 민주노동당, 국민참여당, 새진보통합연대가 뭉쳐 통합진보당을 만든 것이다. 민주당은 하는 수 없이 눈을 다른 데로 돌려야 했다. 통합에 적극적인 의사를 보인 '혁신과 통합'을 상대로 통합을 시도했다. 그것도 쉬운 일은 아니었다. 줄다리기와 기싸움이 이어졌다. 혁신과 통합을 이끄는 문재인이 유력한 차기 대선 주자로 떠오르자 견제하는 세력이 있었던 것이다. 혁신과 통합은 친노 세력 외곽조직이라며 거부감을 드러내는 사람들도 있었다. 12월 7일, 손학규와 문재인이 만나 통합정당 지도부 선출 방식을 당원, 대의원, 시민이 참여하는 개방형 국민참여경선으로 하자고 합의했다. 당 대 당 통합을 위해 혁신과 통합이 시민통합당을 만들었다. 시민통합당에는 문재인, 이해찬 등이 참여했고 진보신당 탈당 인사들과 창조한국당 일부도 함께했다. 이 통합을 두고 민주당 내 반발도 만만치 않았다. 2011년 12월 11일, 통합 여부를 결정하는 전당대회에서는 몸싸움까지 벌어졌다. 결국 대의원 표결로 통합이 결정되었다. 2011년 12월 16일, 민주당과 시민통합당이 합당하고 한국노총까지 참여해 '민주통합당'을 만들었다. 이 통합으로 시민사회 세력이 대거 민주당으로 들어왔다. 그들이 민주당에 경제민주화나 보편적 복지 같은 진보적인 색채를 더 짙게 했다. 이때부터 민주당이 '민주진보진영'이라는 이름으로 불리기 시작했다.

19대 총선 날이 빠르게 다가오고 있었다. 선거가 다가올수록 이명박 정권을 심판하자는 분위기가 하늘을 찌를 듯했다. 엎친 데 덮친 격으로 한나라당 관계자가 지난 보궐선거에서 중앙선관위 홈페이지를 디도스(DDoS) 공격 했다는 사실까지 밝혀졌다. 이 좋은 분위기 속에서 민주통합당은 통합 후 지도부를 뽑는 첫 전당대회를 열었다. 2012년 1월 15일 한명숙이 대표로 선출되었다. 대의원 30퍼센트, 당원 및 일반 시민 70퍼센트가 참여한 경선에 일반 시민 선거인단 수가 50만 명을 넘어섰다. 온라인 투표 방식을 도입한 결과였다. 최고위원에는 문성근, 박영선, 이인영, 박지원, 김부겸이 당선되었다. 전당대회 다음 날부터 총선 준비에 들어갔다. 통합진보당과 선거 연대를 하는 게 필승 전략이었다. 그러나 당 내부 단합도 이루기 힘들었다. 공천 과정에서 연일 터져 나오는 밥그릇 싸움은 점입가경이었다. 친노와 구민주계 사이 갈등도 다시 도졌다. 통합진보당과 추진한 선거 연대도 매끄럽지 않았다. 한 지역구 후보가 듣기 민망한 막말을 했다는 사실이 알려져 큰 파장을 낳기도 했다. 민주통합당은 그렇게 무너지고 있었다. 한나라당은 달랐다. 내우외환으로 벼랑 끝에 몰리자 무섭게 변했다. 당 대표였던 홍준표가 5개월 만에 물러나고, 차기 대권을 노리는 박근혜가 구원투수로 다시 등판했다. 박근혜는 비상대책위원회를 꾸리고 운명이라도 걸었다는 듯 총선 준비에 사력을 다했다. 당명까지 새누리당으로 바꾸고 당색도 빨간색으로 바꿨다. 강령에는 경제민주화 조항까지 넣었다. 그야말로 환골탈태에 가까운 변신이었다. 그 절박함이 눈물겨울 정도였다. 지성을 들이니 하늘 같은 민심이 움직였다. 새누리당은 과반인 152석을 얻었다. 민주당은 127석에 그쳤다. 박근혜는 선거의 여왕으로 등극했고, 민주당은 다시 휘청거리기 시작했다.

한명숙 대표는 불과 3개월 만에 물러났다. 당은 갈피를 못 잡고 흔들렸다. 비대위를 꾸릴지 말지 왈가왈부하다가 문성근 최고위원이 당분간 대표직무대행을 맡기로 했다. 3주간 직무대행을 하다 2012년 5월 4일, 원내대표를 선출해 비상대책위원회를 구성했다. 박지원이 원내대표에 뽑혔고 비상대책위원장을 맡아 6월 9일 전당대회를 준비했다. 이 과정에서 담합론이 불거졌다. 박지원과 이해찬이 '친노, 비노 가르지 말고 정권교체를 위해 둘이서 원내대표와 당 대표를 하자'고 합의했던 것이다. 당 단합을 위해 불가피한 선택이라고 했지만, 당내에서는 담합이라며 거세게 반발했다. 결국 2012년 6월 9일, 전당대회가 열렸다. 이해찬이 24.3퍼센트를 얻어 23.8퍼센트를 얻은 김한길을 간발 차이로 누르고 당 대표가 되었다. 이해찬은 수락 연설에서 민주당을 안정된 수권정당으로 만들어 반드시 정권교체를 이루겠다고 다짐했다. 민주당은 곧바로 새 지도부를 꾸리고, 정권교체를 향한 본격적인 여정에 들어갔다.

제18대 대통령 선거가 성큼 다가오고 있었다. 민주당은 김두관, 문재인, 손학규, 정세균 네 명이 맞붙어 대선 후보 경선을 치렀다. 국민 경선을 거쳐 9월 16일에 문재인이 최종 후보로 선출되었다. 새누리당은 8월 20일, 일찌감치 박근혜를 대선 후보로 선출한 상태였다. 한편 '안철수 현상'으로 정치권을 강타하고 있던 안철수도 9월 19일 무소속으로 대선 출마를 선언했다. 그는 새 정치를 내세우며 기존 정치권과 선을 그었다. 민주당은 선거운동 기간 내내 안철수와 후보 단일화에 매달렸다. 안철수가 시종일관 뜨뜻미지근한 태도로 나오자 민주당은 애가 달았다. 이에 안철수는 "골리앗과 싸우는 다윗이 된 느낌"이라며 압박감을 토로하기도 했다. 단일화를 하려거든 구태를 버리고 쇄신하라고 선공을 날리기도 했다. 쇄신이 하루아침에 뚝딱 이루어질 일은 아니었다. 선거가 코앞인데 새 정치 타령만 하니 민주당은 안절부절이었다. 결국 문재인이 11월 6일에 안철수를 만났다. 대선 후보 등록일인 11월 25일 전까지 단일화를 이루자고 합의하고 구체적인 협상에 들어갔지만, 단일화 협상은 잘나가는가 싶다가 이내 제동이 걸렸다. 안철수는 새 정치에 진심인 듯했다. 구태정치를 비판하면서 에둘러 민주당 지도부 사퇴를 요구하고 나선 것이다. 지도부가 총사퇴해 인적 쇄신 의지를 보이라고 했다. 민주당 안에서도 동조하는 목소리가 커졌다. 박근혜가 앞서고 있는 상황이라 무엇이든 해야 했다. 결국 11월 18일, 이해찬이 결단을 내렸다. "정권교체와 단일화를 위한 밀알이 되겠다." 그렇게 대표에 오른 지 겨우 5개월 만에 자리에서 물러났다.

어쨌든 단일화할 물꼬가 트였다. 이해찬 대표가 사퇴 의사를 밝힌 직후 문재인은 당장 단일화 논의를 재개하자고 했고, 안철수도 '모든 것을 걸고 단일화를 하겠다'고 화답했다. 결국 두 사람은 18일 밤에 다시 만났다. 이제 어떤 방식으로 단일화할지 선택하는 문제만 남았다. 안철수 측이 단일화 방식으로 여론조사 50퍼센트, 공론조사 50퍼센트를 제안했다. 민주당은 당혹스러웠다. 특히 공론조사 50퍼센트가 문제였다. 공론조사 대상자를 민주당은 대의원, 안철수 쪽은 후보 캠프 후원자로 하자는 것인데, 민주당은 그 방식이 안철수 쪽에 일방적으로 유리하다고 봤다. 민주당 대의원 중에는 비노 성향이 상당수 있어서 표가 갈릴 수 있는 반면, 안 후보 쪽 대상자는 100퍼센트 안 후보를 지지하는 성향이니 표가 갈릴 일이 없었다. 결국 단일화 방식이 정해지지 않은 상황에서 두 후보는 21일 밤 TV 토론을 벌였다. 다음 날 오전 두 후보가 만나 단일화 방식을 논의했지만, 결론 없이 헤어졌다. 사흘 후면 후보 등록이라 보는 사람들은 피가 말랐다. 보다 못한 시민사회도 단일화를 압박하고 나섰다. 23일 밤, 안철수가 돌연 문재인 후보 지지를 선언하며 후보를 사퇴했다. 길고 지루한 단일화 협상 끝에 찾아온, 허무한 결말이었다. 아름다운 단일화는 아니었다.

대선 막바지, 충격적인 의혹이 터졌다. 이명박 정권 국정원이 조직적으로 인터넷 여론 조작 활동을 했다는 이른바 '국정원 댓글 공작' 의혹이었다. 민주당은 문재인 후보 비방 댓글 활동이 벌어지고 있다는 제보를 받고 경찰, 선관위 직원과 함께 그 장소를 찾아갔다. 그곳은 국정원 소속 여직원이 거주하는 오피스텔이었다. 현장에 출동한 경찰이 문을 열어달라고 했지만, 안에서는 문을 걸어 잠그고 버텼다. 민주당은 명백한 선거 개입이자 여론 조작이라며 강하게 반발했지만, 새누리당은 민주당이 한 여성을 감금해 인권을 철저히 짓밟았다며 되레 목소리를 높였다. 초원복집 사건 때 본 재미를 다시 보고 싶은 모양이었다. 박근혜 후보는 TV 토론에서 '국정원 여직원이 댓글을 달았다는 증거가 없는 걸로 나왔다'고 제법 아는 체를 했다. 아직 수사 결과도 나오지 않은 시점에 그렇게 말하는 것이 어딘지 '짜고 치는 고스톱' 같았다. 아니나 다를까 TV 토론이 끝난 그 오밤중에 경찰은 국정원 여직원이 댓글을 단 흔적이 없다는 수사 결과를 긴급 보도자료로 뿌렸다.

12월 19일, 선거가 끝났다. 투표 열기는 뜨거웠다. 투표율은 지난 대선보다 12퍼센트포인트나 올라 75.8퍼센트를 기록했다. 투표율이 높으면 야당이 유리하다는 통설에 기대 민주당은 내심 승리를 점치기도 했다. 새누리당 선대위본부장이라는 사람이 투표율을 낮춰야 이긴다며 '중간층이 투표를 포기하도록 하는 게 전략'이라고 말할 정도였다. 6시가 되자마자 출구조사 결과가 나왔다. 박근혜가 근소한 차로 이기는 조사도, 문재인이 근소하게 이기는 조사도 있었다. 어쨌든 초박빙 접전이 될 듯했다. 그러나 정작 투표함 뚜껑을 열자 승부는 싱거웠다. 밤 9시 경에 이미 박근혜 당선이 유력하다는 예측이 나오기 시작했다. 결국 박근혜가 51.55퍼센트를 얻어 18대 대통령에 당선되었다. 역대 대선 최대 득표율이었다. 문재인은 48.02퍼센트를 얻는 데 그쳤다. 박근혜 당선으로 입법부도 행정부도 모두 새누리당 손에 넘어갔다.

문재인은 첫 번째 도전에 실패했다. 이명박이 저지른 온갖 실정을 심판하지 못했다. 게다가 독재자의 딸이 대통령이 되는 것도 막지 못했다. 문재인도, 민주당도 참담한 심정이었다. 참담한 패배는 당에 거센 후폭풍을 몰고 왔다. 다시 비상대책위를 꾸리기로 했지만, 비대위원장 자리를 놓고 또다시 주류와 비주류가 옥신각신했다. 선거에 진 마당에 비상대책위원장 자리 하나를 두고도 파벌끼리 싸움을 벌인 것이다. 돌고 돌아 문희상이 비대위원장을 맡았다. 문희상은 60년 정통 야당이라는 자랑스러운 역사만 빼고 모든 것을 바꾸겠다고 했다. 그러나 60년 역사에 뿌리를 박고 있는 당답지 않게 흔들리고 또 흔들렸다. 대선평가위원회가 발표한 '대선평가보고서'조차 주류와 비주류 간 싸움거리가 되었다. 당을 혁신하겠다며 사즉생을 외쳤지만 죽기 살기로 서로 싸우기만 했다. 그렇게 싸우다가는 정말 다 죽을 판이었다. 아니나 다를까 정당 지지율은 10퍼센트대까지 추락했다. 더 떨어지려야 떨어질 데도 없어 보였다. 그런 상태로 2013년 4월 24일 재보궐선거를 치렀다. 민주당은 국회의원 3석과 기초단체장, 광역의원, 기초의원 9석 중에 단 한 석도 얻지 못했다. 참패였고, 수모였다.

　민주당은 폭삭 망했고, 문희상 비대위는 수명을 다했다. 2013년 5월 4일, 전당대회가 열렸고, 비주류 김한길이 대표로 뽑혔다. 친노 주류에게 총선과 대선 패배 책임을 물은 것이다. 당명을 민주통합당에서 다시 민주당으로 바꾸고, 정강정책도 중도노선을 강화했다. 2014년 3월 2일, 김한길은 독자 창당을 준비하던 안철수 측 새정치연합과 통합하기로 했다. 6월에 있을 지방선거에서 승리하려는 포석이었다. 3월 26일, 민주당과 새정치연합이 통합해 새정치민주연합을 창당했다. 대표는 김한길과 안철수가 공동으로 맡았다. 안철수는 '도로 민주당'이 될까 우려해 당명에서 '민주'를 빼자고 했지만, 민주당은 양보하지 않았다. 당 색깔은 파랑으로 바꾸었다.

6월 지방선거를 앞두고 엄청난 참사가 일어났다. 2014년 4월 16일, 제주로 향하던 세월호가 침몰한 것이다. 배 안에는 수학여행 가던 학생들이 가득했다. 생때같은 아이들이 죽었다. 희생자 299명, 실종자 5명이나 되는 대참사였다. 온 나라가 충격에 빠졌다. 특히 국민은 정부와 국가가 왜 존재하는지 물었다. 정부의 초기 대응과 구조 활동은 너무나 불성실하고 무능했다. 충격은 분노로 바뀌었다. 마침 6월 4일에 제6회 지방선거가 열렸다. 분위기로 봐서는 새정치민주연합이 이기는 것이 자연스러웠다. 하지만 결과는 부자연스러웠다. 새누리당은 광역단체장 8명, 기초자치단체장 117명을, 새정치민주연합은 광역단체장 9명, 기초자치단체장 80명을 당선시켰다. 새누리당은 선방했다. 오히려 사 년 전 지방선거보다 많은 의석을 얻었다. 눈물을 흘리면서 사과한 박근혜에게 국민이 박절하지 못해 그랬는지도 모른다. 어쨌든 세월호 참사로 국민 분노가 컸는데도, 민심은 새정치민주연합 손을 화끈하게 들어주지 않았다. 표를 얻고 싶으면 뼈를 깎는 반성과 혁신을 하라는 충고였다. 확실히 새정치민주연합은 그 충고를 깊이 새기지 않았다. 그랬다면 지방선거 두 달 후에 치러진 재보궐선거에서 그토록 참패하지는 않았을 것이다. 7월 30일, 국회의원 15석을 채우는 선거에서 새정치민주연합은 참혹하게 졌다. 전라도 3석을 포함해 4석만 얻었고, 나머지 11석 모두 새누리당이 가져갔다. 심지어 전라도 순천까지 새누리당에 내주는 치욕을 맛봐야 했다.

선거를 했다 하면 지고, 그때마다 지도부가 갈렸다. 안철수, 김한길 공동대표가 물러나고 박영선 원내대표가 위원장을 맡아 비상대책위원회를 꾸렸다. 이번에는 비대위라는 이름이 민망했던지 국민공감혁신위원회라고 불렀다. 국민이 공감할 만한 혁신으로 당을 재건하겠다는 의지였다. 그러던 참에 세월호 특별법 처리 문제를 두고 강경파와 온건파 간 갈등이 커졌다. 세월호 특별법 합의 과정에서 여당에 너무 지나치게 양보했다는 것이다. 폭풍 친 언덕에서 무지개가 뜨길 기다린다던 박영선마저 끝내 무지개를 못 본 채 물러나야 했다. 비바람은 멈추지 않았다. 민망했지만 다시 문희상이 비대위원장으로 돌아와야 했다. 그는 첫 일성으로 당을 정상화할 때까지 계파 활동을 중단하자고 했다. 그 계파 활동이 패배를 재생산하고 공멸을 자초하고 있었던 것이다. 그 문제를 모르는 사람은 없었다.

그러나 문제는 좀처럼 풀릴 기미가 안 보였다. 2015년 2월로 전당대회가 잡히자 계파 갈등은 더 악화했다. 문재인, 박지원, 이인영 등이 당 대표 출마 의사를 밝혔다. 모두가 한목소리로, 당선되면 당내 파벌정치를 청산하겠다고 했다. 그 말이 무색하게 당 대표 경선은 또 친노와 비노로 나뉘어 경쟁했고, 분당을 우려할 만큼 치열했다. 2월 8일 전당대회에서 문재인은 45.3퍼센트를 얻어 41.7퍼센트를 차지한 박지원을 누르고 당선되었다. 간발의 차였다. 문재인은 수락 연설에서 박근혜 정권과 전면전을 시작하겠다고 선언하며 화살을 당 밖으로 돌렸다. 당 안에서는 계파 갈등을 없애 계파의 기억 자도 안 나오게 하겠다고 다짐했다.

전당대회가 끝나자마자 문재인은 곧바로 시험대에 올랐다. 4월 29일, 재보궐선거가 열렸다. 통합진보당 해산으로 생긴 빈자리를 메우는 선거였다. 4곳 선거구에서 새정치민주연합은 모두 패했다. 광주에서도 무소속으로 나온 천정배에게 졌다. 당장 책임론과 함께 당 대표는 사퇴하라는 요구가 나왔지만, 문재인은 거부했다. 당을 더 개혁하고 단합시키는 것이 책임지는 방법이라고 버텼다. 그러던 참에 원내대표를 새로 뽑았는데, 비노 이종걸이 뽑혔다. 당내 의원 상당수가 문재인 견제에 동조한 것이다. 잠잠하던 사퇴론이 다시 잇달았다. 김한길과 안철수가 그 길잡이를 했다. 문재인도 물러서지 않았다. '사심 가득한 지도부 흔들기'라며 불쾌감까지 드러냈다. 비노는 적반하장이라며 거세게 반발했다. 최고위원회가 열리면 그때마다 책임론을 두고 싸우느라 삿대질과 고성이 오갔고, 심지어는 당무를 거부하는 일까지 벌어졌다. 봉숭아학당이 따로 없었다. 문재인은 정면 돌파를 택했다. 당내 모든 계파가 참여하는 혁신기구를 만들겠다고 했다. 안철수에게 혁신기구위원장을 맡아달라고 제안했지만, 안철수는 거절했다. 하는 수 없이 외부에서 김상곤을 위원장으로 영입해 혁신위를 꾸렸다. 그러자 이번에는 자기 사람만 심는다고 걸고 넘어졌다. 혁신위가 문재인 전위부대라는 것이다. 혁신위가 혁신안을 내놓자 국민 관심과 공감을 기대할 수 없다고 야박하게 평가했다. 그게 끝이 아니었다. 사무총장을 새로 임명하자 친노 인사라며 일제히 들고 일어났다. 사무총장은 총선 공천에 영향력을 미치는 핵심 자리였다. 비노 진영은 공천에서 불이익을 볼까 봐 걱정이 컸던 것이다.

당은 중구난방이요, 오합지졸이었다. 문재인은 당원과 국민께 당 대표 재신임을 묻겠다고 선언했다. 비노는 이마저도 반대파를 협박하려는 꼼수라고 깎아내렸다. 그러자 문재인은 문재인, 안철수, 박원순 3인이 함께 당을 이끄는 문안박 연대까지 제안했다. 안철수는 이번에도 현실성 없는 얘기라며 일언지하에 거절했다. 그러면서 당 대표직을 사퇴하라는 주장만 끊임없이 되풀이했다. 당 대표가 사퇴한 후에 새 지도부를 뽑는 혁신전당대회를 열어야 한다는 것이다. 문재인은 이런 줄다리기가 '지긋지긋하다'고 했다. 결심이라도 한 듯 입술을 앙다물고 전당대회는 없다고 단호하게 말했다. 총선이 코앞인데 당 분열이 뻔히 보이는 전당대회를 하는 게 무슨 도움이 되겠냐고 했다. 이러나저러나 분열은 매한가지였다. 결국 안철수는 2015년 12월 13일 탈당을 선언했다. 안철수계 의원들과 친노패권주의를 비판하던 동교동계도 탈당에 합류했다. 2016년 1월 7일에는 김한길도 탈당했다. 탈당한 인사들이 모여 1월 25일 국민의당을 만들었다. 총선을 앞두고 모두가 그렇게 제 살길 찾아 떠났다. 앓던 이도 빠질 때는 아픈 법이다. 어쨌든 지긋지긋한 싸움은 끝났지만, 새정치민주연합은 상처투성이였다. 허전하고 아픈 마음으로 또다시 새로운 출발에 나섰다.

III

통합의 순간

민중의 이름으로

박정희가 한강 다리를 건넜다. 1961년 5월 16일 그 좋은 봄날, 때아닌 한파가 몰아쳐 세상이 얼어붙었다. 정당은 해산당했고, 정치인은 감금당했다. 그 동토를 뚫고 일어나려는 사람들이 있었고, 그들이 당을 만들었으니 바로 민중당이다. 민중당은 1955년에 창당한 민주당이 분열해 처음으로 다시 통합한 정당이다. 다시 뭉친 지 5개월 만에 간판을 내려야 했던 '비운의 당'이기도 했다. 민주당 역사에서 잠깐 나타났다 사라졌지만, 민주당 사람들이 어두운 시대를 건너는 데 큰 버팀목이 되었다.

한강 다리를 넘어온 박정희는 비장했다.

**부패하고 무능한 현 정권과 기성 정치인들에게 이 이상 더
국가와 민족의 운명을 맡겨둘 수 없다.**

기성 정당과 정치인은 부패와 무능을 상징하는 존재였다. 부패와 무능을 빌미 삼아 정치인과 정당을 박멸하려는 광란이 시작되었다.

입법, 사법, 행정 3권을 한 손에 틀어쥔 국가재건최고회의를 설치했다. 헌법과 법률을 휴지통에 처박고 제 맘대로 비상조치법을 만들어 마구 휘둘렀다. 쿠데타를 일으킨 지 일주일 뒤에는 참의원, 민의원, 지방의회를 해산하고, 모든 정당을 해체했다. 정치인도 손봤다. 1962년 3월 16일 정치활동정화법(정정법)을 만들어 구정치인 4,369명에게 정치 활동을 못 하게 했다. 대통령이던 윤보선은 이 법에 서명한 지 6일 만에 하야했다. 정치인에게 정치를 못 하게 하는 정정법은 옳지 않다는 항의 표시였다. 대한민국은 더 이상 모든 권력이 국민한테서 나오는 민주공화국이 아니었다. 군인 총부리가 권력을 좌우하는 군부공화국이었다.

박정희는 청야 작전이라도 하듯 걸리적거리는 것들은 깡그리 쓸어버렸다. 정당도, 국회도 없애 정치인들은 모일 데도, 할 일도 없었다. 야당 사람들은 모래알처럼 흩어졌다. 박정희는 그 위에 무소불위한 성을 짓기 시작했다. 1962년 7월부터는 헌법심의특별위원회를 구성해 헌법 개정 작업에 들어갔다. 제2공화국 내각책임제와 양원제를 다시 대통령제와 단원제로 바꿨다. 12월 17일, 개헌 국민투표로 헌법안을 확정해 12월 26일 공포했다. 헌법이 공포되고 5일 후인 12월 31일에는 최초로 정당법도 등장했다. 정당 설립과 활동을 규제하려는 의도가 다분했다. 이제 한강 다리를 건너면서 했던 약속을 지킬 시간이 다가오고 있었다. '혁명 과업이 끝나면 양심적이고 참신한 정치인에게 정권을 돌려주겠다.' 민정 이양할 시간이 다가오자 쿠데타 세력은 바빠졌다. 박정희는 1963년 1월 1일, 정당 활동 금지 조치를 해제했다. 호위무사가 되어줄 신당이 필요했던 것이다.

우리가 가질 정당은 만인에게 문호를 개방할 것이며 혁신동지들만의 정당이 아니라 온 국민의 정당임을 인식해야 할 것이다.

창당 작업은 중앙정보부장을 그만두고 민간인이 된 김종필이 주도했다. 1월 17일, 신당 이름을 민주공화당으로 확정했다. '정치의 시간'이 되었으나 군인들은 서툴렀다. 창당 작업은 매끄럽지 않았고, 신당 추진 세력들 안에서도 주도권 다툼이 벌어졌다. 주도권 다툼에서 밀린 김종필은 2월 25일 외유를 떠나고, 2월 26일 민주공화당이 창당했다. 정치의 시간을 되찾아 본업으로 돌아온 야당 사람들은 잃어버린 시간을 벌충하려는 듯 바쁘게 움직였다. 조직을 정비하고 대정부 투쟁에 나섰다. 상황이 생각과는 다르게 돌아가자 박정희는 주춤했다. 3월 16일에 군정을 4년 더 연장하겠다는 성명을 발표했다.

**우후죽순 격의 정당난립, 정치인의 무상한 이합집산,
추잡한 파쟁 등이 군정연장을 불가피하게 하였다.**

헌법도 내팽개친 마당에 혁명 공약쯤이야 눈에도 안 들어왔다. 혁명 공약은 권력을 낚는 미끼였을 뿐이다.

1963년 새해 첫날, 정당 활동 금지가 풀려 야권 인사들이 한 자리에 모였다. 그들은 무엇부터 해야 하는지를 알았다. 모래알처럼 흩어진 사람들을 모아 창당에 나서려고 했다. 창당 논의는 민주당에서 갈라졌던 신민당계와 민주당계가 따로 진행했다. 신민당계는 자유당계, 무소속 사람들과 함께 범야권 단일정당을 만들자고 뜻을 모았다. 1월 3일, 김병로 집에서 윤보선, 이인, 전진한이 모임을 가졌다. 이날 공동성명에서 그들은 창당하겠다고 포문을 열었다.

**민정의 기본을 확고히 하기 위하여 범야 세력의 대동단결로서 꾸며지는
새 정당은 결코 기성그룹의 연합체가 아니다.**

같은 날 민주당계 사람은 민주당 최고위원이었던 박순천 집에 따로

모였다. 진행되는 야당 단일 운동에 참여하기로 하고, 박순천과 홍익표가 모든 권한을 위임받아 통합 논의를 진행한다는 방침을 세웠다. 1월 7일부터 신민당계, 민주당계, 자유당계, 무소속은 함께 만나 단일 야당 논의를 시작했다. 이 첫 모임에서 민주당 최고위원이었던 박순천은 사과부터 했다. 민주당 정부가 위임받은 책무를 다하지 못해 9개월 만에 권력을 빼앗기고 헌정 중단을 초래했으니 '죄인'이라며 용서를 빌었다.

> 국민의 주권이 박탈당하는 것을 보고서도 가만히 있었던 천추의 과오를 범한 나 같은 죄인이 어찌 정치에 다시 발을 들여놓겠습니까?
> 그러나 민주주의의 구현은 더욱 불투명한 상태에 놓여 있고 많은 일꾼이 묶여 있는 현 정세는 상처받은 우리에게까지 재기를 요구하고 있습니다.

단일 야당 세력은 당명을 가칭 민정당(民政黨)으로 정했다. 군정을 민정으로 되돌린다는 의미였다. 평화적 정권교체를 하는 주역이 되겠다는 포부였다. 그래서 기본 노선도 '자유민주주의'와 '평화적 정권교체'로 잡았다. 갈 길은 바쁜데, 걸림돌이 나타났다. 곧 있을 5대 대선에 나갈 대통령 후보 문제가 불거진 것이다. 후보를 어떻게 뽑을지를 사전에 정하자는 제안이 나왔다. 민주당계에서는 계파 사람 말고 순수 재야 인사를 후보로 정하자고 했다. 윤보선, 김병로, 이인, 전진한, 박순천, 김법린 등 각 정파 대표 6인은 대통령 후보에 나서지 말자는 의미였다. 그런 제안에는 민주당계 속사정이 있었다. 장면이 아직 연금 상태여서 민주당계에는 대통령 후보로 내세울 만한 거물급 인사가 없었다. 다른 정파들은 아직은 때가 이르니 대통령 후보 결정을 차후로 미루자고 했다. 설왕설래가 이어졌지만 민주당계 협상 대표는 뜻을 굽히지 않았다. 별다른 진전이 없자 그들은 회의장을 나왔다. 첫 만남부터 분위기가 좀 꿀꿀했다. 잊혔는가 싶었지만 민주당이 신파와 구파로 갈라져 싸우던 때 마음에 생긴 상처가 아직도 아물지 않은 듯했다. 민주당을 박차고 나간 신민당 사람들이 여태 미웠는지도 모른다. 어쨌든 그 상처가 두려움으로 밀려왔다. 뭉쳤다가 깨져서 다시 국민에게 실망을 주느니 차라리 처음부터 연합하는 선에서 대선을 치르는 게 나을 수 있다고 여겼다. 결국 민주당계는 다시 협상장으로 돌아오지 않은 채, 따로 민주당 재건 운동에 나섰다.

신민당계는 하던 대로 창당을 추진했다. 마침내 새로운 야당 민정당이 탄생했다. 1963년 5월 14일, 서울시민회관에 대의원 850명이 모였다. 대표최고위원에는 김병로, 최고위원에는 김도연, 백남훈, 이인, 전진한, 김법린, 서정귀가 선출되었다. 대통령 후보로는 윤보선을 만장일치로 지명했다. 한편 민주당계는 2월 1일 발기인 대회를 열고 민주당을 재건하기로 했다. 7월 18일 서울시민회관에서 박순천을 대표최고위원으로 하는 민주당이 다시 섰다. 한국 정당 사상 처음으로 여성 당수가 탄생하는 순간이었다. 민주당은 창당대회 결의문에서 야권 연합을 이뤄 단일 대선 후보를 추대하기 위해 노력하겠다고 다짐했다. 정부를 향해서는 식량난과 물가고를 해결하고, 정치사찰 대신 반공 사찰과 치안 확보에 집중하라고 질타했다.

야당 세력이 전부 민정당과 민주당으로 합류한 것은 아니었다. 허정을 중심으로 한 신정당, 이범석이 이끄는 민우당 등으로 사분오열했다. 비록 뿔뿔이 흩어져 있었지만, 군정을 끝내고 평화적 정권교체를 이루려면 단일 야당으로 뭉쳐야 한다는 생각만큼은 하나였다. 특히 쿠데타 세력이 민주공화당을 창당한 터라 통합은 더 절박했다. 야당 세력은 급한 대로 이합집산을 시도했다. 민주당이 신정당과 통합에 나섰지만 실패했다. 민정당도 신정당, 민우당과 함께 '국민의당'을 만들어 합당을 시도했다. 윤보선이 대통령 불출마 선언을 발표하면서 급물살을 타 국민의당을 만들어 통합했다. 윤보선이 출마 선언을 번복하면서 합당과 동시에 분당하는 촌극도 벌어졌다.

시작과 탄생, 통합과 창당이 빚어내는 소란이 한동안 이어졌다. 그런 와중에 군정 지속과 민정 이양 사이를 갈팡질팡하던 박정희는 민정 이양으로 방향을 잡았다. 그에 따라 제5대 대통령 선거 날이 1963년 10월 15일로 정해졌다. 8월 30일 군복을 벗으면서 박정희는 천하에 없는 불운한 군인 행세를 했다. "다시는 이 나라에 본인 같은 불운한 군인이 없도록 하자." 전역사였지만 대통령 출마 선언이나 다름없었다. 박정희는 대통령권한대행과 최고회의 의장 등 공직을 그대로 유지한 채 선거운동을 하겠다고 했다. 야당은 일제히 반발했다. 민주당 김대중 대변인은 카랑카랑한 목소리로 비판했다. "박 의장은 3권을 한 손에 쥐고 있는 만큼 마땅히 현직을 사퇴하고 다른 후보와 일대일로 싸워야 한다."

　야당 세력은 잔뜩 긴장했다. 꿩 대신 닭이라도 잡아야 했다. 통합은 이루지 못했지만 윤보선을 사실상 야권 단일 후보로 밀었다. 민주당은 쿠데타 세력에게 정권을 내준 죄의식과 책임이 커서 대통령 후보를 안 내기로 했다. 어쨌든 야당 세력이 선거 연합을 이루자 제아무리 박정희라도 겨뤄볼 만했다. 연합 후보 윤보선은 선전했다. 비록 졌지만 박정희와 표차가 15만 6,026표에 불과했다. 정당 해산, 정치 활동 금지로 만신창이가 되었던 야당 세력이 보인 정치 회복력은 놀라울 정도였다. 대선이 끝나고 11월 26일 제6대 국회의원 선거가 치러졌다. 이 선거에서는 야당 모두가 제 밥그릇을 찾아 나서느라 가리가리 나뉘어 각개 전투를 벌였다. 결과는 불 보듯 뻔했다. 여당인 민주공화당이 의원정수 175명 중 110명을 차지했고, 야당은 민정당에서 41명, 민주당에서 13명, 자유민주당에서 9명, 국민의당에서 2명이 당선되었다. 공화당 득표율은 32퍼센트였고, 야4당 득표율 합은 50.6퍼센트였다. 야당 세력이 참패했지만 뭉치면 이길 수 있다는 희망은 남았다.

　대승을 한 공화당은 힘자랑을 시작했다. 제6대 국회 시작부터 야당은 갖은 수모를 당해야 했다. 12개 상임위원장 자리 중에서 야당에게는 꼴랑 한 개만 주고 열한 개를 독차지했다. 20석이 안되니 원내교섭단체를 못 만들고 있던 민주당, 자유민주당, 국민의당은 12월 4일 세 당 이름에 있는 '민'자를 따와서 삼민회(三民會)라는 공동교섭단체를 꾸렸다. 아예 당을 합치자는 소리도 있었지만 시간을 더 갖기로 했다. 해를 넘기면서 온 나라가 들끓었다. 이 년 넘게 쉬쉬해오던 굴욕적인 한일 청구권 협상 내용이 알려진 것이다. 1962년 11월에 이미 김종필 중앙정보부장은 오히라 일본 외무상과 청구권 문제를 합의했다. 뒤늦게 알려진 합의 내용은 충격적이었다. 일본이 한국에 독립축하금 명목으로 6억 달러를 무상 제공한다고 했다. 그 돈은 사죄도 배상도 아닌 독립축하금이랬다. 액수도 장면 정부가 배상금 명목으로 요구했던 23억 달러보다 턱없이 작았다. 대한국민이라면 누구라도 모욕감과 굴욕감을 느낄 만했다.

야4당은 국민들이 느끼는 분노를 잘 알고 있었다. 1964년 3월 9일 대일굴욕외교 반대 범국민 투쟁위원회를 결성했다. 야권이 오랜만에 공동으로 반정부투쟁에 나선 것이다. 이승만 때 대동단결을 외치며 호헌동지회를 만들어 사사오입 개헌 반대 투쟁을 했던 기억이 돋았다. 지도부는 단식투쟁에 돌입했고 전국을 돌며 반대 유세도 이어갔다. 대학생도 거리로 뛰쳐나와 굴욕적인 한일회담을 규탄했다. 박정희 정권은 군사정권답게 말보다는 주먹이 앞섰다. 곧장 계엄령을 발동했다. 야당은 계엄 해제를 요구했고, 정부는 한참을 버티다가 계엄을 해제했다. 거저가 아니었다. 해제 조건으로 언론윤리위원회법을 들고 나왔다. 언론 통제를 강화해 반정부 여론을 잠재우려는 의도였다.

투쟁이 통합을 불렀다. 뭉쳐서 싸우자는 분위기가 커졌고 통합 논의에도 다시 불이 붙었다. 2단계 통합론이 흘러나왔다. 민주당, 자유민주당, 국민의당이 먼저 소통합을 이루고, 그 다음 단계에서 민정당과 대통합을 하자는 구상으로 3+1 형태였다. 삼민회로 뭉쳐 활동하던 민주당, 자유민주당, 국민의당은 본격적으로 통합을 논의했다. 1964년 5월 2일, 3당 대표들은 합당을 추진한다는 성명서를 발표했다.

> 재야 세력의 대동단결을 위한 과정으로서
> 우선 3당이 합당하려는 것이다.

당명은 민주당을 쓰기로 했다. 합당이 거의 마무리되어 가고 있었다. 다 될 참에 자유민주당이 통합 전당대회 대의원 비율을 두고 불만을 표했다. 끝내 합의에 이르지 못했고 자유민주당은 빠지기로 했다. 결국 민주당과 국민의당만 1964년 9월 17일 합쳤다. 민주당과 국민의당은 내친김에 대통합에 나서겠다는 입장을 밝혔다.

> 우리는 양당의 통합만으로 자족하려는 것이 아니라
> 보다 더한 노력으로 완미한 재야 세력
> 대단합의 실을 거두기를 기약하면서
> 국민 여러분과 재야 정당 동지들의 양해를 구하는 바이다.

자유민주당은 이탈하여 민정당과 통합을 추진했다. 당시 민정당과 자유민주당 내부 사정은 복잡하고 어수선했다. 두 당 모두 언론윤리위원회법 문제로 강경파와 온건파 간에 한바탕 큰 소동이 벌어졌다. 민정당에서는 강경파 윤보선이 온건파 유진산을 제명하는 진산파동을 겪었다. 자유민주당도 온건파 소선규를 몰아냈다. 당을 장악한 강경파들은 줄어든 당세를 강화하기 위해 합당에 적극 나섰다. 결국 자유민주당이 민정당에 흡수 통합되는 방식으로 1964년 11월 26일에 합당했다. 이제 야권 통합은 민정당과 민주당이 합치는 대통합 단계로 들어섰다. 굽이굽이 도느라 힘든 여정이었지만 따지고 보면 결별했던 그 옛날 민주당 신파와 구파가 다시 합치는 꼴이었다.

1965년 4월에 한일협정이 최종 타결되었다. 6월 22일에는 협정이 정식 조인되었다. 이제 국회 비준만 남았다. 국회가 비준안을 심의하기 전에 야당들은 합치라는 여론이 커졌다. 힘을 모아서 비준안 통과를 막으라는 압력이었다. 민정당과 민주당 사이 야권 통합 논의도 급물살을 탔다. 양당 협상단은 3월 25일부터 '통합만이 야당과 국민이 사는 길'이라는 공동성명을 발표하며 협상을 시작했다. 협상단은 양당 간 세력 조정 문제 등은 통합 이후로 미루자는 선 통합 후 조정 원칙에 합의했다. 4월 24일에는 통합신당 이름을 민중당으로 하기로 결정했다. 지도체제는 집단지도체제로 하고 대표최고위원을 두기로 했다. 지구당 비율은 민정당과 민주당이 6 대 4로 합의했다.

마침내 양당은 민중당 창당을 선언했다. 말하자면 두 당이 약혼하는 날이었다. 1965년 5월 3일, 두 당 협상단과 소속 의원들은 서울시민회관 대강당에 모였다. 윤보선 민정당 총재와 박순천 민주당 대표최고위원이 인사말을 했고 합당선언문도 채택했다. 윤보선은 감개무량한 듯 눈시울을 붉혔다.

> 해방 후 20년간에 걸친 정치인의 이합집산이
> 오늘날 민중당으로 그 끝을 맺었다.

박순천은 헤어졌던 지난날 과오를 되풀이하지 않아야 한다는 걱정이 컸던지 신신당부했다.

> 원래 한 집안이었던 우리이니만큼 당을 합치는 것은 물론 마음도 한데 합쳐야 할 것이고 사용과 사심을 버리고 나보다 나은 사람, 나보다 잘난 사람을 내세워 다시는 국민에게 실망을 주어서는 안 된다.

한 신문은 그날 행사장 분위기를 이렇게 전했다. '윤보선과 박순천이 마치 수줍은 신랑 신부처럼 기쁨을 감추지 못하고 연신 싱글벙글 웃고 있었다.' 이날 채택된 통합선언문은 이재형 의원이 낭독했다. 시국이 엄중했던지라 내용은 비장했다.

> 민중당은 민중을 위한 정당이다. 민중당은 이 나라 자유민주세력의 총집결체가 되기를 기약하는 정당이며, 민중당은 군사적 권력집단이자 부패한 특권정당인 박 정권과 정면 투쟁할 결의를 굳게 한 정당이다.

1965년 6월 14일, 민중당 창당대회가 열렸다. 이날 전당대회가 본격적으로 진행되기에 앞서 결의문을 채택했다. 한일협정이 국회에서 비준된다면 당 소속 의원 전원이 의원직을 사퇴한다는 비장한 각오였다. 민중당이 이날 정한 강경투쟁 방침이 결국 족쇄가 되어 민중당을 갈라놓을 것이라고는 아무도 생각하지 못했다. 창당선언문에서 민중당은 모든 민주 세력이 총집결한 당이라는 점을 강조했다. 또한 민주당 전통을 계승한 정당이라는 점도 확실하게 해 두었다.

> 민중당은 이 나라 자유 민주 세력의 집결체를 자부하는 정당이다.
> 민중당은 3·1정신을 계승하여 반공민주독립을 전취하였으며
> 반독재 민주수호투쟁으로 4월 혁명의 원동력이 되었으며
> 군사적 권력통치와 무한부패의 특권정치로부터
> 국민의 권익을 사수해 온 민정, 민주 양당의 빛나는 전통의 토대 위에
> 모든 민주 세력의 총집결을 기약하는 정당이다.

전당대회 최대 관심은 '누가 대표최고위원으로 뽑히느냐'였다. 경쟁자는 윤보선과 박순천이었다. 승부는 싱거울 듯 보였다. 의석수로 보나 당세로 보나 민정당 윤보선 당선은 십중팔구였다. 그렇게 예상

해도 아무도 토를 달지 않았다. 하지만 확실히 정치는 생물이다. 대이변이 일어난 것이다. 박순천이 총 투표수 994표 중 513표를 얻어 460표에 그친 윤보선을 눌렀다. 무슨 일이 일어난 것일까? 가히 기적이라 할 만큼 놀라운 사건이었지만, 어쨌든 현실 정치에 하늘에서 뚝 떨어지는 기적 같은 것은 없는 법이다.

민중당 창당을 목전에 두고 심각한 문제가 불거졌다. 민정당에서 윤보선과 갈등 끝에 제명된 유진산이 민중당에 입당하겠다고 했다. 유진산은 제명을 받아들여 무소속 의원이 되었다. 이후 법원에 제명 효력정지 가처분 신청을 냈고 법원이 받아들였다. 제명이 잘못되었다는 것이다. 유진산은 그 결정을 근거로 통합창당대회 대의원 자격이 있다고 당당하게 큰소리쳤다. 윤보선은 막무가내로 나왔다. 유진산이 창당대회에 참석하는 것을 허가할 수 없으며, 민중당 당원 자격도 인정할 수 없다고 완강히 버텼다. 다 된 밥에 코 빠뜨릴까 봐 지켜보는 사람들은 안절부절했다. 다행히 유진산이 한 발 물러섰다. 창당대회에 참석하지 않겠다고 한 것이다. 당 운영위원회도 논란 끝에 윤보선에게 타협안을 제시했다. '유진산이 창당대회에 참석하지 않고, 어떤 당직도 맡지 않는다. 대신 민중당 당원 자격은 인정한다.' 윤보선 측근들은 그즈음 불안한 낌새를 알아차렸다. 유진산이 반윤보선 연합에 나서려는 움직임이 있었던 것이다. 윤보선에게 타협안을 받아들여 상황을 좋게 마무리하자고 조언했다. 윤보선은 그깟 유진산이 뭐가 무서워 타협안 따위를 받아들이냐며 거절했다. 설사 유진산이 움직여도 대세에 큰 지장이 없다고 믿었던 것이다.

치명적인 오판이었다. 유진산은 얕잡아볼 사람이 아니었다. 윤보선이 고깝게 나오자 유진산은 자신이 움직일 수 있는 세력을 총동원해 민주당 계열과 반윤보선 연합작전을 실행에 옮겼다. 윤보선이 독단과 독선으로 당을 운영하는 데 반기를 들고 이번 전당대회에서는 박순천을 밀자는 합의를 이끌어낸 것이다. 당 대표 경선에 출마했던 이들도 사퇴하고 반윤보선 연합전선에 합류했다. 윤보선 대세론이 무너지는 순간이었다. 윤보선이 누군가? 제2공화국 대통령이었으며, 박정희에 맞서 불과 15만 표 차이로 석패했던 그야말로 '거물 중 거물'이었다. 한일협정에 반대하는 강경투쟁을 이끌며 그 힘으로 야당 통합을 성사시킨 그가 '통합의 순간' 유진산한테 발목을 잡혀 체면을 구겼다.

　한일협정 반대 투쟁은 민중당의 시작이자 끝이었다. 한일협정 반대 투쟁에 힘을 합치면서 탄생한 단일 야당 민중당이 한일협정 반대 투쟁 방식을 두고 끝내 갈라지고 만다. 전당대회에서 했던 약속, 한일협정 비준을 막지 못하면 의원직을 총사퇴하겠다는 그 강경투쟁 방침이 당을 파국으로 몰고 간 불씨였다. 창당 5개월 만에 강경파들은 약속을 어겼다며 집단 탈당해 딴살림을 차렸다. 민주당 사람들은 신한당과 민중당으로 갈려서 또다시 통합의 순간을 기다려야 했다.

새로운 민주를 향해

민중당이 다시 쪼개졌다. 차라리 합치지나 말 것을, 분열은 또 상처를 남겼다. 분열한 사람들 사이에는 다시는 건널 수 없을 듯한 심연이 패였다. 그 상처와 심연이 생긴 지 채 반년도 되지 않아 다시 통합하자는 소리가 나왔다. 그들은 상처를 지우고 심연을 건널 수 있을까? 1967년에 치러지는 제6대 대통령 선거를 앞두고 민중당과 신한당은 그 물음 앞에 섰다. 상처는 누구 책임인가? 어떻게 그 상처를 치유할 것인가? 가로놓인 심연은 어떻게 건널 것인가? 누가 앞장설 것인가? 풀어야 할 숙제는 많았고, 답을 찾기란 쉽지 않았다.

단일 야당 민중당 깃발은 한일협정 소용돌이 속에서 부러졌다. 의원직 총사퇴와 당 해체를 주장하던 강경파는 기어코 민중당을 박차고 나갔다. 볼썽사나운 이별이었다. 강경파는 마시던 우물에 침까지 뱉고 나갔다. 민중당이 공화당 '하청 정당'이 되어 국민을 배신했다고 독설과 저주를 한껏 퍼부었다. 1966년 3월 30일, 민중당을 나온 강경파는 선명 야당을 기치로 신한당을 창당했다. 윤보선이 당 대표는 물론 대통령 후보로 추대되었다. 때 이른 지명을 두고 대통령 후보 되겠다고 탈당했다는 뒷말들이 많았다. 어쨌든 후보는 되었지만 고민이 깊었다. 야당이 갈라진 채로 선거를 해봤자 백전백패라는 건 너도 알고 나도 아는 사실이었다. 더군다나 공화당과 박정희는 대놓고 장기 집권할 채비를 하고 있었다. 공화당 의장인 김종필은 기자들 앞에서 "한국의 정치적 안정과 경제부흥을 이루자면 장기 집권을 해야 한다"라고 말하고 다녔다. 정부 여당이 장기 집권을 향해 덤비는 마당에, 야당이 뭉치지 않으면 아무런 희망이 없었다.

벼룩도 낯짝이 있는 법이다. 아무리 그래도 싫다며 집 나온 지 얼마나 됐다고 다시 합치자는 말을 꺼내기가 너무 민망스러웠다. 상종 못 할 사람들이라고 침까지 뱉고 갈라섰으니 더욱 그랬다. 그러나 궁하면 통하고 절박하면 힘이 난다. 그 힘이 염치나 체면을 압도했다. 분당 당사자인 윤보선이 먼저 말을 꺼냈다. 1966년 7월 23일 기자회견에서 절박한 심정을 드러냈다. '대선을 이기려면 야당 통합이 절실하다.' 단일 야당과 단일 후보를 내는 데 필요하다면 자신은 신한당 대통령 후보를 사퇴할 용의가 있다는 입장도 밝혔다. 그러면서도 민중당이 선명하고 애국적인 자세를 보이지 않고 있으니 현 시점에서는 민중당과 통합이나 후보 단일화를 논의할 수 없다고 선을 그었다. 박순천 민중당 대표는 어이없어하며 곧장 응답했다. 만약 대선 후보를 사퇴한 후에 단일화 교섭을 제의해 오면 만나는 주겠다고 했다. 주거니 받거니 이야기를 나눴지만 속 빈 말이 허공을 맴돌 뿐이었다. 차마 대놓고 말은 못했지만, 그들은 서로를 너무나도 잘 알고 있었다. 윤보선은 자신 외에 그 누구를 단일 후보로 세운다 해도 결코 후보를 사퇴하지 않을 것이다. 해가 동쪽에서 뜬다는 사실만큼이나 분명한 바였다. 한편 민중당은 하늘이 무너지지 않고서야 윤보선을 단일 후보로 받아들일 리 만무했다.

모르는 것도 아니면서 속내를 감춘 채 밀고 당기기만 계속했다. 박순천이 윤보선에게 만나자고 했다. 아니나 다를까 윤보선은 만남에 조건을 걸었다. 민중당이 먼저 반성해야 한다고 했다. 한일협상 반대 투쟁을 포기한 채 무작정 원내로 복귀한 점을 문제 삼았다. 그렇게 공화당 이중대 노릇해서 국민을 배신했으니 국민 앞에 사과하라고 했다. 당을 잘못된 노선으로 이끌고 박정희 정권에 항복한 지도부도 물러나라고 요구했다. 통합하더라도 분당 책임이 민중당에 있다는 점을 확실히 해두려는 포석이었다. 민중당은 턱없는 소리라며 그 요구를 단칼에 잘랐다. 그러자 신한당은 기다렸다는 듯이 민중당이 단일화를 사실상 거부했다고 비난했다. 윤보선 하는 요구를 듣자니 통합을 하자는 건지 말자는 건지 고개를 갸웃하게 되었다. 그가 그렇게 세게 나오는 데는 이유가 있었다. 그는 민중당에는 자신과 겨룰 만한 인물이 없다는 자신감으로 충만했다. 대통령을 했고 직전 선거에서 박정희를 15만 표 차로 위협했으니 그럴 만도 했다. 실제로 민중당 안에는 윤보선만 한 인지도나 신망을 갖춘 정치 거물이 없었다. 그렇다고 마냥 윤보선에게 휘둘릴 수만은 없었다. 안에 인물이 없다고 한탄만 할 일이 아니었다. 우선 야당 세력과 통합을 주도해 단일 후보를 내세운다는 계획을 세웠다. 그 계획을 실행할 조직으로 12인 야당통합추진위를 구성했다. 통합 대상은 신한당, 구민주계, 조국수호협의회, 구자유당계 등이었다. 통합이 여의치 않으면 당내에서 후보를 낼 수밖에 없었다. 후보 물망에 오른 당내 인사는 허정, 박순천, 전진한 등이었다.

　재야 세력도 야권 통합을 간절히 바랐다. 박정희 정권에 맞서려면 이기는 통합이 필요했고, 그러려면 민중당과 신한당이 하루빨리 손을 잡아야 했다. 그런데도 민중당은 신한당을 닭 보듯 경시했고, 신한당은 민중당을 소 보듯 무시했다. 애가 탈 노릇이었다. 여론으로 압박하는 수밖에 없었다. 9월 27일 이인, 백남훈, 신숙, 박기출, 함석헌 등 재야 인사 이십여 명이 야당 통합을 촉구하는 시국 선언을 했다. 부패하고 매국적인 정권에 나라 운명을 맡길 것이냐며 야당이 대동단결해서 그들을 이기자고 절절하게 호소했다.

**야당은 정권 쟁탈만을 위한 추악한 싸움과 분열의 습성을 지양,
소이(小異)를 버리고 대동(大同)을 취해 단일화를 이룩하여
절망 속의 국민을 향도하라.**

더는 민중당과 신한당 두 당에만 맡겨둘 일이 아니었다. 더 이상 미적거리다가는 통합도, 정권교체도 물 건너갈 판이었다. 이참에 아예 모두가 모여 야당 대통령 후보 단일화를 논의할 '재야지도자전체회의'를 열자고 제안했다. 재야 세력은 바삐 움직였다. 10월 5일부터는 각 당 지도부를 찾아다니며 대통령 후보 단일화에 동참하라고 압박했다. 그렇게 통합 기운은 달아오르고 희망이 피어오르는 듯했다. 그 찰나에 또다시 윤보선이 찬물을 끼얹었다. 그는 재야 세력이 추진하는 단일화를 두고 공화당이 사주했다며 날을 세웠고, 오히려 야당을 분열시키려는 책동이라고 몰아붙였다. 그러면서 후보 단일화는 사실상 불가능하니 공연히 힘 빼지 말라며 김을 뺐다.

증오가 증오를 낳고, 분열이 분열을 불렀다. 윤보선이 그렇게 나오자 박순천도 되갚았다. 1966년 10월 15일, 민중당 박순천 대표는 대구에서 작심하고 기자들과 만났다. 10월 22일 임시전당대회에서 대통령 후보를 지명하겠다는 계획을 밝혔다. 그 자리에서 대선 후보 기준도 못 박았다. 5·16에 관여했거나 5·16정권에 참여한 사람은 후보로 삼을 수 없다고 했다. 누가 들어도 윤보선을 겨냥한 기준이었다. 사실 민중당 주류인 민주당계가 윤보선에 품은 불신은 그 뿌리가 깊고도 질겼다. 윤보선이 장면 정부를 무너뜨린 쿠데타에 방조를 넘어 협력 내지는 내통했다는 의심이 지금껏 가시지 않았다. 쿠데타 직후 윤보선이 "올 것이 왔다"고 말했다는 소문이 그 의심의 근원이었다. 민주당 정부가 무너지기를 바라고 있었던 것 아니냐는 비난이 뒤

따랐다. 그 불신 때문이었든, 단일화 몽니 때문이든 박순천이 내세운 기준을 보면 윤보선을 단일 후보에서 제외하겠다는 의도가 분명했다.

그날 박순천 회견에는 소위 진산파동을 겪으며 윤보선과 구원(舊怨)이 깊은 유진산 부대표도 함께 있었다. 그도 박순천을 거들어 한마디 보탰다. "민중당 대통령 후보는 당내외를 막론해 국민 뜻을 대표할 수 있는 인사가 될 것이다." 윤보선과 겨룰 만한 후보를 당 밖에서라도 데려오겠다는 뜻이었다. 언론도 민중당이 대통령 후보로 당외 재야 인사를 내세울 것이라고 추측했다. 실제로 민중당은 재야 인사들을 물밑으로 접촉하고 있었다. 구체적인 이름이 언론에 오르내리기 시작했다. 10월 16일에는 이범석, 백낙준, 유진오 3인으로 압축해 접촉하고 있다는 사실이 언론에 알려졌다. 초반에는 영입 전망이 밝지 않았다. 누구도 선뜻 후보로 나서겠다고 하지 않았다. 그럴 수밖에 없었다. 윤보선이 저렇게 버티고 있는 상황에서 후보가 된다손 쳐도 단일화가 불투명했고, 승산 또한 희박했다. 그들은 하나같이 '대통령 후보 단일화가 선행되지 않으면 나설 수 없다'고 입을 모았다. 물론 그 말은 민중당이 단일화에 적극 나서라는 압박이기도 했다. 그중 이범석은 당 대표직과 국회의원 공천권 등을 요구한 것으로 알려졌다. 민중당은 그와 교섭을 중단하고, 백낙준과 유진오를 계속 만나 설득을 이어갔다. 하루하루 전해지는 소식 하나하나에 일희일비하던 차에 끝이 가까운 듯한 기류가 감지되었다. 10월 18일 유진오가 입을 열어 후보 수락 가능성을 내비쳤다. "현 시점에서 국민과 나 자신이 염려하는 몇 가지 점을 상의한 후 의견이 합치되면 정당인으로서 같이 일할 각오다." 곧 민중당 교섭 대표들과 만나 최종 결론을 내겠다는 말도 덧붙였다. 민중당 사람들은 한껏 달떴다. 박순천, 유진산, 서범석, 홍익표, 김영삼 등 5인이 후보 지명 문제를 결정할 권한을 위임받아 유진오, 백낙준과 막판 교섭을 벌이기로 했다.

교섭 대표 5인은 지금까지 교섭 결과를 바탕으로 최종 담판에 들어갔다. 결국 10월 19일 유진오를 민중당 제6대 대통령 선거 공천 후보자로 확정했다. 백낙준은 전체 야당 후보 단일화가 먼저라며 일단 입당한 후 단일화하자는 제안을 받아들이지 않았다. 유진오를 영입한 민중당은 들썩였고 흥분을 감추지 못했다. 유진오가 누군가! 인지도가 높고 평판도 좋은 거물이었다. 대한민국 제헌헌법을 기초했고 고려대 총장과 법제처장을 지냈다. 한일회담에도 참여해 행정과 외교 경험이 풍부했다. 일흔 살인 윤보선보다 열 살이나 젊었고 신선한 느낌이었다.

유진오가 마침내 민중당에 입당했다. 10월 20일 당원번호 52만 1천 8백 99번을 받고 입당 수속을 마친 그 주위로 기자들이 몰려들었고 카메라 셔터 소리가 요란했다. 입당 소감을 묻자 그가 던진 첫마디는 묵직하고도 단호했다. "야당연합전선을 위해 끝까지 노력하겠다." 야당은 여당에 갈 표를 끌어와야지 야당끼리 서로 헐뜯느라 표를 분산시키는 일은 하지 말아야 한다고 야당 전체에 일침을 날렸다. 쏟아지는 질문에도 막힘이 없었다. 왜 민중당을 선택했냐고 묻자 "민중당이 내 신념과 가장 가깝고 차기 정권을 담당할 능력과 실력을 갖춘 정당이라고 판단했기 때문"이라고 했다. 그는 입당 성명에서 "다음 선거에서 민중당은 우리 역사상 처음으로 합헌적 정권교체를 이룰 것"이라며 공화당을 심판해야 할 다섯 가지 이유도 열거했다. 첫째, 외국 자본을 불법·부정하게 도입하여 한국 경제의 대외 예속화를 초래할 위기에 봉착했으며 이러한 정세가 계속되면 우리나라는 신판 식민지로 전락할 위기에 놓였다. 둘째, 국민경제의 균형적 발전이 파괴되어 부익부 빈익빈 현상을 낳아 일반 대중과 농민 도시 근로자들의 경제생활은 파탄에 직면했다. 셋째, 5·16에서 일소를 공약했던 부정부패가 확대 승화했다. 넷째, 부실한 경제계획과 천문학적 정치자금 살포 등 화려한 쇼적 행정으로 낭비 정권화했다. 다섯째, 권력과 금력으로 인간관계를 좌우하여 국민 정기를 땅에 떨어뜨렸다.

입당 이틀 후인 10월 22일, 제6대 대통령 후보 지명을 위한 전당대회가 열렸다. 애초에는 투표 없이 만장일치로 후보를 지명할 계획이었다. 그러나 비주류가 이의를 제기해 하는 수 없이 투표에 들어갔다. 대의원 1,187명 중에서 1,048명이 참석해 실시한 무기명 투표에서 유진오는 872표를 얻어 대통령 후보로 지명되었다. 민중당은 대선에서 기필코 합헌적 정권교체를 이루자며 그러려면 야당이 합심해야 한다는 결의문을 낭독했다.

야당이 야당을 비난 중상하여 공화당만을 이롭게 하는 우를 배격하고
야당 세력 단일화에 성의를 다하겠다.

민중당은 한결 가볍게, 아주 바쁘게 움직이기 시작했다. 10월 28일 유진오는 안국동에 있는 윤보선 자택을 인사차 방문했다. 첫 상견례 자리라 후보 단일화 관련한 구체적인 이야기는 오가지 않았다. 그래도 의미는 컸다. 단일화를 향한 첫걸음을 뗐고, 대화할 길을 텄다. 29일에는 야권 후보 단일화를 촉구하는 재야 인사들과 만났다. 그들은 민중당에 신한당과 단합할 구체적인 방안을 제시하라고 요구했다. 민중당은 여건이 더 성숙되어야 할 것 같다며 좀 지켜보자고 했다.

사람들 애타는 속을 아는지 모르는지 민중당과 신한당은 겉으로만 뱅뱅 돌았다. 직접 단일화 교섭에 들어가는 대신 각자 지방을 돌아다니며 박정희 정권 실정을 비판하는 시국 강연회를 열었다. 세를 과시해 단일화 협상에서 우위를 차지하려는 의도가 다분했다. 지방 순회 강연회에 각 당 지도부가 총출동해 분위기를 띄웠다. 강연회마다 열기가 넘치자 긴장한 정부 여당은 사전 선거운동이라며 경찰에게 단속하라고 지시했다. 민중당과 신한당은 한목소리로 경찰이 야당 집회를 방해한다고 비난하며 강연회를 강행했다. 11월 22일 청주 강연회에서 유진오는 야당 후보 단일화를 실현할 구체적인 방도를 마련했다고 말했다. 두 당이 지방 순회 유세를 모두 마치면 적극 교섭하겠다는 의지도 밝혔다. 다음 날 바로 윤보선이 대거리를 했다. 언제든지 만날 용의가 있으니 단일화 방안이 있다면 하루속히 공표해달라고 했다.

중이 제 머리 못 깎고 있으니 재야 세력이 나섰다. 11월 24일, 백남훈, 함석헌, 임철호, 박기출 등 재야 세력은 반독재 민주 세력 단일화를 직접 추진하려고 조직을 만들었다. 단일화할 현실적인 방법도 제시했다. 민중당과 신한당이 각각 낸 두 후보 중에서 하나가 스스로 물러나라고 했다. 두 당이 듣기에는 그 방법이야말로 가장 비현실적이었다. 재야 인사들이 백방으로 애쓰는 와중에도 두 당은 티격태격 기싸움에만 몰두했다. 갈수록 태산이었다. 민중당이 공화당과 선거법 개정에 합의하자 신한당은 발끈했다. 한일협상 때처럼 또 공화당 들러리나 선다고 맹비난했다. 유진오 후보는 이런 일이 반복되자 답답함을 감추지 못했다. 우선 서로 헐뜯지 말자고 호소했다. 후보 단일화를 하려면 먼저 분위기와 조건을 만들어야 할 것 아니냐고 한탄했다.

12월 6일부터 민중당과 신한당 비주류 인사들과 재야 세력이 함께 야당대통령후보단일화추진준비위원회를 만들어 활동을 시작했다. 민중당 사람으로는 허정, 전진한, 김준연, 나용균, 홍익표, 유옥우 등이 참여했다. 신한당에서는 장택상, 김도연, 정일형, 정해영 등이 나섰다. 재야 인사로는 이범석, 이인, 김홍일, 백남훈 등이었다. 허정, 이범석, 장택상이 고문을 맡았고 홍익표, 정해영, 유옥우 등 10명을 실무위원으로 두었다. 이들은 민중당과 신한당이 화해하고 재단합할 수 있는 조정자 역할을 하겠다고 했다. 후보 단일화 방안도 제시했다. 유진오와 윤보선 중 한 사람을 양보시키는 것이었다.

당내 비주류가 움직이자 민중당 지도부는 단일화 주도권을 뺏기지 않으려고 재빨리 움직였다. 12월 10일에는 야당통합대책 6인소위를 구성해, 대통령 후보 단일화를 위한 방안을 확정했다. 먼저 야당을 통합한 뒤에 통합 야당 후보를 지명하기로 하고, 신한당에 야당 통합을 공식 제안했다. 신한당은 민중당 진의를 모르겠다며 잔뜩 경계하는 눈초리더니 이틀 후 결국 통합 제안을 거절했다. 민중당이 건넨 제안을 재야가 추진 중인 야당 대통령 후보 단일화를 견제하려는 위장술이라고 깎아내렸다. 야당 통합을 먼저 하자는 것은 말이 안 된다고 비난했다. 이 시점에서 통합은 시간상으로 불가능한데, 이런 상황을 모를 리 없는 민중당이 돌연 야당 통합을 하자는 건 단일화를 피하려는 국민 기만 전술이라는 것이다. 그 비난은 그럴싸했지만 사실 자가당착(自家撞着)이었다. 재야가 주도한 후보 단일화 운동을 '공화당이 사주한 야당 분열 공작'이라고 입에 거품 물고 비난했던 것이 불과 엊그제 일이었고, 그 주축이 바로 윤보선이었다.

12월 24일, 마침내 재야 세력 중심으로 야당대통령후보단일화추진위원회가 정식 출범했다. 야당 대통령 후보 단일화에 조정자로 나서겠다며 민중당과 신한당이 단일화에 적극 임해달라고 당부하고 호소했다. 만약 단일 후보 추대가 뜻대로 안 되면 추진위는 특정 정당에 대거 입당해 실질적인 단일 후보를 이루겠다는 구상도 밝혔다. 최악의 상황을 대비해 미리 경고해둔 것이다. 신한당이 통합을 거부하긴 했지만 민중당은 구체적인 통합 방안을 내놓으며 설득에 나섰다. 1월 초순까지 양당통합위원회를 구성하고 당수와 대통령 후보를 분리하자고 했다. 즉 한 사람이, 그리고 한 당이 대통령 후보와 당수 자리를 다 차지하지 못하게 하고, 선출은 통합전당대회에서 민주적인 방식으로 하자는 것이다.

연말이 되자, 대통령 후보 단일화 방안이 어느 정도 윤곽을 드러냈다. 크게 세 가지였다. 민중당이 내놓은 야당통합안, 신한당이 구상하는 윤보선·유진오 중 양자택일안, 다른 하나는 양자 동반 사퇴 후 제3후보 추대안이었다. 그런 와중에 재야 세력이 꾸린 야당대통령후보단일화추진위원회가 새로운 단일화 방안을 제시했다. 네 가지 항목으로 된 이 방안은 두 당 입장을 최대한 고려해 만든 조정안이자 타협안이었다. 첫째, 양당을 통합해 대통령 후보와 당수를 분리한다. 둘째, 통합 야당 명칭은 후보를 내지 않는 정당 이름으로 한다. 셋째, 민중당은 원내 복귀를 사과하는 성명을 내고 신한당은 이를 양해한다. 넷째, 민중당, 신한당, 추진위에서 각 3인씩, 총 9인으로 통합공식대표단을 구성해 후보와 당수 등의 사전 조정 작업을 벌인다. 이 방안에 민중당은 원칙적으로 찬성한 반면, 신한당은 전면 거부했다. 원내 복귀 사과로는 부족하다며 원내 복귀를 주도한 지도부 인책까지 요구했다. 그러면서 통합공식대표단에 대표도 파견하지 않겠다고 선을 그었다. 민중당은 통합하자는 마당에 인책까지 요구하는 건 지나치다며 적당히 하라고 힐난했다. 언론도 이 지긋지긋한 공방에 고개를 절레절레 저었다. 1월 12일, 대부분 신문은 '이쯤 되면 후보 단일화는 사실상 물 건너간 것 같다'고 예측하며 씁쓸해했다.

    변덕이 죽 끓듯 하는 가운데 기자들만 죽어났다. 신한당은 그런 기자들을 더 난처하게 만들었다. 야당 통합과 후보 단일화가 사실상 끝났다는 1월 12일 자 조간신문 예측 기사들이 오보가 되었다. 그날 조간신문 잉크 냄새가 가시지도 않은 오전에 신한당은 긴급 발표를 했다. 추진위가 제안한 단일화 방안을 수용하고, 통합공식대표단도 파견해 논의를 이어가겠다고 했다. 황당했지만 기자들은 단일화 불씨가 다시 살아났다며 자신이 쓴 추측 기사를 뒤집어야 했다. 석간 지면을 위해 '단일화 논의 다시 속개'라는 기사 초안을 준비했지만, 그 기사마저 가다가 멈춰야 했다. 신한당이 오후 들어 다시 입장을 뒤집은 것이다. 추진위 단일화 방안을 거부한다고 밝혔다. 원내 복귀한 책임을 지고 민중당 지도층이 물러나야 한다는 원래 입장으로 돌아갔다. 참 바쁘고 변덕스러운 하루였다.

이쯤 되니 상황은 돌이킬 수 없는 지경에 이르렀다. 1월 13일, 결국 야당대통령후보단일화추진위원회는 해체를 선언했다. 마지막 남긴 말은 짧고 허망한 한탄이었다.

역부족으로 국민의 여망인 단일화 성취를 이룩하지 못한 것을 송구스럽게 생각한다.

민중당도 폭발했다. 신한당 변덕을 더는 못 참겠다는 듯 잔뜩 악담을 퍼부었다. 신한당이 독선과 고집으로 단일화를 끝내 무산시켰다고 분을 삭이지 못했다. '역사의 죄인'이라는 말까지 써가며 맹렬히 비난했다. 분노가 컸지만 오래가지는 않았다. 민중당은 재빨리 제 앞가림에 나섰다. 이른 시간 안에 선거대책본부를 구성해 독자적으로 선거 준비에 들어가기로 했다.

열흘 후, 다시 한 번 판이 뒤집혔다. 1월 23일 윤보선이 돌연 단일화추진위 앞으로 서한을 보냈다. 해체를 선언했던 추진위가 급히 서한을 열어 보니 당혹스럽고 놀라운 내용이었다. 자신을 포함해 유진오, 백낙준, 이범석 4자 회담을 열어 1월 중에 야당 대통령 후보 단일화를 매듭짓자고 했다. 명확하고 상세한 단일화 방식까지 함께 제시했다. 첫째, 단일 후보와 당수 선출은 민중당, 신한당 양당 후보와 민중당이 대통령 후보로 교섭한 바 있는 백낙준, 이범석 씨를 합한 4자 회의 결정에 따른다. 둘째, 양당 통합은 복잡한 신설 통합은 거의 불가능하므로 간단한 통합 방식을 택한다. 셋째, 통합신당 운영기구 구성은 총선거 뒤로 미루고 우선 선거대책기구를 두고 운영 원칙은 4자 회담에서 결정한다. 넷째, 통합신당 지구당조직책 임명과 국회의원 공천은 선거대책기구에서 협의하여 결정한다. 다섯째, 통합

신당은 부패적 요인을 막고 파벌을 용납하지 않는다. 여섯째, 4자 회담은 1월 말 이내에 완결한다. 추진위는 이 서한을 보고 변덕에 당황하고, 내용에 놀랐으며, 그 방식에 흥분했다. 기대가 차올랐지만 이런저런 우려도 컸다. 일단은 차분히 서한을 검토했다. 그리고 해체를 선언했으니 추진위는 정식으로 해체하고 4자 회담에 단일화 문제를 위임하기로 결정했다.

서한을 보낸 다음 날, 민중당도 당황해 급히 운영위원회를 열었다. 윤보선 제안을 두고 당 방침을 협의했다. 윤보선이 다시 뒤통수를 쳤다는 불만도 컸다. 민중당은 입장을 쉽게 결정하지 못하고 우왕좌왕했다. 윤보선이 4자 회담 구성원으로 제안한 백낙준은 일단 긍정적 반응을 보였지만, 이범석은 4자 회담 참여를 일언지하에 거절했다. 거절한 이유는 수긍할 만했다. 야당 단일화는 민중당과 신한당이 하는 것이니만큼 양당에서 책임 있는 인사가 공통된 사명감을 갖고 타결해야 한다는 것이다. 당 밖에 있는 사람이 이래라 저래라 결정할 일은 아니라고 했다. 백번 옳은 소리였다.

서한을 보낸 윤보선은 그제야 다급해 보였다. '그렇게 급했으면 진즉에 하지 그랬냐'는 불만이 나올 만도 했다. 1월 24일 밤, 윤보선이 직접 유진오 집을 찾아갔다. 두 사람은 마주 앉아 두 시간 넘게 이야기를 나누었다. 유진오는 양당이 먼저 통합 선언을 하자고 제안했다. 통합 방식도 못 박았다. 신한당이 하자는 흡수 통합 대신 양당이 대등한 입장에서 신설합당 하자고 했다. 통합을 논의하는 주체는 4자 회담이든, 추진위가 제안했던 9인 대표 모임이든 상관없다고 했다. 그러면서 통합하자는 마당이니 민중당 간부를 인책하라는 요구는 거두라고 했다. 윤보선은 잠자코 듣다 고개만 끄덕였다. 이튿날에도 두 사람은 만나 대화를 이어갔다. 어느 정도 결론이 났다. 두 당이 조속한 시일 안에 합당한다는 데 뜻을 모았다. 윤보선은 이범석을 설득해 4자 회담도 열기로 했다. 야당 통합은 이제 급물살을 탔다. 1월

27일, 역사적인 4자 회담이 열렸다. 그 자리에서 합당 방식은 신설합당으로 결정되었다. 통합 실무와 관련된 사항은 야당통합협의를 위한 9인 위원회에 맡기기로 했다. 이제 '대통령 후보와 당수를 어떻게 안배할 것인가'만 남았다. 민감한 문제였던 만큼 왈가왈부하다 잡음이 생겨 통합이 무산될까 봐 4자 회담에 전권을 주기로 했다. 4자 회담에서 결론이 나오면 그 결론에 따라 통합전당대회 전에 대통령 후보와 당수를 안배하기로 했다. 최종적으로 통합전당대회에서 그 안배에 따라 대통령 후보와 당수를 지명하기로 했다. 통합 실무를 맡은 9인 위원회는 곧바로 절차를 논의했다. 2월 7일 오전에 양당 통합선언대회를 열고 오후에 통합전당대회를 치르기로 했다. 야당 통합과 후보 단일화를 위한 무대 준비까지 모두 끝이 났다.

1967년 2월 2일, 이날에 민주당사에 길이 남을 당명이 탄생했다. 신민당! 신한당에서 신을, 민중당에서 '민'을 따온 이름이었다. 1960년에 창당한 신민당이 분열을 상징했다면, 이날 탄생한 신민당은 통합을 상징했다. 같은 날, 공화당도 대선 채비를 했다. 전당대회를 열어 박정희를 제6대 대통령 선거 후보로 지명했다. 이제 신민당 이름을 걸고 박정희와 겨룰 후보를 내세울 차례였다. 통합을 앞두고 신한당과 민중당은 자당 후보가 단일 후보로 지명되기를 내심 간절히 바랐다. 2월 5일, 대통령 후보와 당수를 결정하는 전권을 위임받은 4자 회담이 열렸다. 숱한 눈과 귀가 4자 회담에 쏠렸다. 회담은 좀처럼 끝나지 않았다. 회담이 예상보다 길어지자 기자들은 웅성거렸고, 당 사람들도 술렁거렸다. 이런저런 추측들이 떠도는 와중에 누군가 살짝 회담장 분위기를 전했다. 유진오와 윤보선이 서로 대통령 후보를 양보하려는 통에 회담이 좀체 끝나지 않고 있다는 미담이었다. 회담은 무려 세 시간이 지나서야 끝났다. 드디어 네 사람이 기자들 앞에 섰다. 이범석이 회담 결과를 발표했다. '대통령 후보는 윤보선, 당수는 유진오.' 그 말이 떨어지기가 무섭게 카메라 셔터 소리가 폭죽처럼 터졌고, 플래시는 불꽃처럼 번쩍였다. 네 사람은 환하게 웃고 있었다. 기어코 대통령 후보가 된 윤보선이 한마디 했다. 표정은 상기되었고 목소리는 떨렸다. "나보다 유능하고 훌륭한 이가 있어 대통령 후보 맡기를 주저했으나 여러분이 권하여 십자가를 지는 어려운 일을 맡게 됐다." 당수로 추대된 유진오는 단단한 표정으로 각오를 밝혔다. "모든 재야 세력을 총집결하여 이번 선거에서 필승을 기하고 새로운 기풍과 생리를 만들어 나갈 생각이다." 이날의 풍경을 기록한 신문은 "처녀 마리아가 예수를 낳은 기적이 야당에도 일어났다"고 썼다. 과정은 지독했고, 결과는 극적이었다.

신민당이 탄생하는 순간이 왔다. 1967년 2월 7일 오전 11시, 숱한 파도를 넘어 마침내 이룬 기적이었다. 이 순간, 두 당은 역사 속으로 사라지고, 이름 한 자씩만을 신민당에 남겨두었다. 양당 대표는 마지막 작별 인사를 나누고, 시작을 축복하며 손을 맞잡았다. 신한당 윤보선 대표는 '형식적인 통합이 아닌 진실된 통합'을 이루자고 했다. 민중당 박순천 대표도 '진실로 합쳐야 국민의 올바른 지지를 받을 것'이라고 당부했다. 양당이 추천한 대의원 각 28명과 재야 측 대의원 4명 등 모두 54명은 대통령 후보에 윤보선, 당수에 유진오를 만장일치로 추대했다. 이로써 윤보선은 생애 세 번째로 대통령 후보가 되었고, 유진오는 입당한 지 백여 일 만에 제1야당 대표라는 중책을 맡았다. 대통령 후보로 추대된 윤보선은 후보 수락 연설에서 "평화적인 정권교체의 전통을 이 땅에 토착시키는 보람찬 대업을 이룩하겠으며 여생의 모두를 다 바쳐 민족의 새로운 활로를 기어이 개혁할 것"이라고 약속했다.

서범석이 읽어 내려간 합당선언문에는 신민당 역사와 미래가 고스란히 담겨 있었다. 반일 반공 반독재 투쟁을 해온 피어린 민주당 전통이 민중당에 이어 신민당으로 이어졌다고 선언했다.

이 엄숙한 시점에서 신성한 역사의 심판대에 오른 우리는 무거운 사명을 자각하고 한결같이 떨리는 마음으로 동서고금에 없는 한국정당사의 기적을 이룩했으니 그는 바로 신민당 창당이다.

신민당을 범국민정당, 전진정당, 정책정당으로 만들자고 다짐했다. 그 다짐에 걸맞게 신민당은 한국 현대사의 수많은 순간을 함께했다. 신민당이 창당하자마자 6대 대선과 7대 총선이라는 심판대가 기다리고 있었다.

조용한 혁명

 도끼가 제 자루 못 깎는 법이다. 정당도 그렇다. 정당이 스스로 혁신하기는 바늘귀에 밧줄을 꿰는 일만큼이나 어렵다. 혁신은 늘 주류와 비주류 간 권력 싸움으로 변질되기 일쑤다. 결국은 절이 싫으면 중이 떠나듯, 분당으로 끝이 난다. 그만큼 어렵고 고되니, 혁신한답시고 법석을 떨지만 결국은 방만 바꾸다 만다. 그 어려운 일을 할 수 있는 절호의 기회가 있기는 하다. 아이러니하게도, 처절하게 졌을 때다. 그때가 기회다. 하지만 그 기회는 다만 스쳐 가는 순간일 뿐이다. 기회의 신은 뒷머리가 없다. 기회가 현실이 되려면, 역사 속을 지나가는 신의 앞머리를 단호히 붙잡는 용기와 기백을 가진 사람들이 있어야 한다. 신민당은 제6대 대선, 제7대 총선, 3선 개헌 국민투표에서 연거푸 졌다. 그 순간 신민당에는 신의 앞머리만이 아니라 옷자락과 바짓가랑이까지 붙들고 늘어지려는 이들이 나타났다.

 유진오 시대가 열리는 듯했다. 당은 대선과 총선에서 잇달아 졌지만, 유진오에게 거는 기대와 신뢰가 사뭇 높았다. 당을 해체하는 모험까지 감행하며 3선 개헌 반대 투쟁을 일사불란하게 이끌어 존재감을 확고하게 다졌고, 정치력도 한창 물이 올랐다. 계파 간 갈등도 어르고 달래며 가라앉혔다. 그러니 혈혈단신으로 당에 들어왔음에도 주변에 사람이 제법 모였다. 특히 그가 윤보선에게 대통령 후보직을 양보하다시피 해 야당 통합을 이뤘을 때, 야당에서 보기 드문 대인배라는 칭송도 자자했다. 다음 대선이 그가 오를 무대가 될 것을 의심하는 사람은 별로 없었다. 그렇게 유진오에게 정치적 황금기가 오는가 싶더니, 대뜸 불운이 먼저 찾아왔다. 3선 개헌 반대 투쟁이 한창이던 1969년 9월 10일 뇌졸중으로 쓰러지고 만 것이다. 날벼락 같은 소식이었다. 3선 개헌이 이루어지고 난 후에도 유진오는 병상에 있었다. 신민당 사람들은 누구랄 것 없이 신익희와 조병옥을 떠올렸다. 그들은 선거를 앞두고 황망히 세상을 떠났고, 신민당은 선거를 제대로 치러보지도 못했다. 다음 대선이 채 이 년도 남지 않은 시점이었다. 신민당 사람들은 그 쓰라린 비극이 반복될지 모른다는 불안에 흔들렸다. 팔팔한 박정희는 이미 3선을 향해 내달리기 시작했는데, 병상에 누워 있는 유진오만 바라봐야 하는 상황도 불안감을 더했다. 결국 일본에서 치료를 받던 유진오가 1970년 1월 7일 총재직에서 물러났다.

    신민당에 혼란이 밀려들었다. 이번 기회에 당풍을 쇄신하자는 목소리가 터져 나오기 시작했다. 어떻게 혁신할 것인지를 두고는 의견이 분분했다. 대선 후보와 당 대표를 나누자는 권력분점론이 나왔다. 당 지도층을 젊은 사람들로 바꾸자는 세대교체론도 있었다. 재야 인사들을 대거 영입해 새로운 인물들로 바꾸자는 인물교체론도 나왔다. 무엇이 되었든 혁신은 거스를 수 없는 흐름이 되었다. 우선은 유진오가 사퇴해 공석이 된 총재를 새로 뽑아야 했다. 총재 선출을 계기로 구체적인 혁신 방향을 정할 수 있었다. 임시전당대회가 1970년 1월 26일로 잡혔다. 전당대회 날짜가 잡히자 총재만 뽑을 것이 아니라 대권 후보도 함께 뽑자는 요구가 터져 나왔다. 공화당은 사실상 박정희를 다음 대선 후보로 이미 굳힌 상태이니 신민당도 하루라도 빨리 대선 후보를 결정해 선거 체제로 돌입해야 승산이 있다는 것이었다. 일리 있는 말이었다.

40대 인사들이 나섰다. 그들은 '파벌'이 아니라 '세대'를 내세웠다. 세대교체만이 당을 근본적으로 바꿀 수 있다고 주장했다. 이른바 40대 기수론이 등장하는 순간이었다. 확실히 신민당은 늙은 정당이었다. 공화당은 30대와 40대가 주도하는 반면, 신민당은 60대가 중심이었다. 당내 젊은 세대들은 60대 지도층이 현 상태를 유지하는 데만 골몰하고 있다고 비판했다. 그러니 당이 생기를 잃고 민심도 잃었다는 것이다. 새 술을 새 부대에 담자는 세대교체 바람에 신민당 사람들은 적잖이 놀라고 당황했다. 세대교체 바람은 시원하고 신선하다 싶더니 어느새 세찬 태풍이 되어가고 있었다.

마흔둘 김영삼이 선수를 쳤다. 신민당 원내총무였던 그는 1969년 11월 8일 예고 없는 폭탄선언을 했다. '대통령 후보에 출마하겠다.' 그는 40대가 깃발을 들고 당을 이끌어야 한다고 했다. 신민당을 뒤흔든 40대 기수론이 신호탄을 터뜨린 순간이었다.

> 박정희 정권의 불법적이고 강압적인 삼선개헌 강행 이후 오늘의 내외정세를 냉정히 분석하고 수많은 당내외 동지들의 의견들을 종합한 끝에 71년 선거에 신민당이 내세울 대통령 후보에 출마하기로 했다.

그는 '외람된다'는 말로 출마 선언을 시작했다. 그만큼 당내 선배 정치인들에게서 쏟아질 냉소와 비난을 의식하고 있었다.

> 외람될지언정 빈사 상태에 빠진 민주주의를 회생시키기 위해 고뇌에 찬 결단을 했다.

1971년 대선에서 승리하려면 하루라도 빨리 대선 후보를 뽑아 선거 체제에 돌입해야 한다고 주장하기도 했다. 전당대회에서 당 총재뿐만 아니라 대권 후보도 함께 뽑자는 것이다. 어쨌든 김영삼이 추켜든 40대 기수론은 신민당을 넘어 정치권 전체에 파란을 일으켰다. 파벌도, 서열도, 나이도 아랑곳않는 도전이었다. 공화당은 내심 이런 신선함이 부러웠는지 생트집을 잡았다. '여야총무회담이 진행되는 마당에 원내총무가 출마 선언을 하는 게 말이 되나.' 신민당 노장층도 40대 기수론을 엉뚱하고 생뚱맞은 소리쯤으로 치부하며, 냉소를 보냈다. 겉으로야 그랬지만 생각은 흔들렸고 계산이 복잡했다. 당내 의견도 분분했다. 체제 정비가 우선인 마당에 개인플레이를 해서 당에 분란을 일으킨다고 궁시렁대기도 했다. 한편 정정당당하게 경쟁한다는데 뭐가 문제냐는 응원도 있었다. 결정은 대의원들이 하는 것이니 가타부타 말할 일이 아니라는 사람들도 많았다.

　당 총재 권한대행을 맡고 있던 유진산은 심기가 편치 않았다. 그는 이미 당권은 자신이 쥐고 대선 후보는 유진오가 맡는 그림을 그려두었다. 그런데 김영삼이 그 좋은 풍경을 망치려 드니 불쾌하기 짝이 없었다. 믿는 도끼에 발등을 찍혔다는 생각에 분하기까지 했다. 진산계 핵심 인물 김영삼이 대선 후보 출마 선언을 하면서 보스인 자신에게 한마디 상의도 하지 않았기 때문이다. 김영삼이 진산계라는 사실은 또 다른 반발을 불러왔다. 김영삼이 대권에 도전함으로써 진산계가 당권에 대권까지 다 해먹겠다는 것이냐는 불만이 나왔다. 그런 당내 반발 때문에 유진산 자신이 당권을 쥐겠다는 계획마저 어그러질 판이었다. 진산계 독식에 반발해 반진산계가 연합할 것은 불 보듯 뻔했다. 유진산은 자신에게 불똥이 튀는 것만은 막아야 했다. 1월 전당대회에서는 당 총재만 선출하고 대선 후보는 나중에 지명하자고 설득했다. 우선 당권은 잡고 보자는 속셈이었다. 그럴싸한 명분도 있었다. 유진오가 대권 후보를 바라고 있으니 그가 건강이 좋아질 때까지는 기다려주는 게 도리 아니겠냐고 했다. 유진산은 일본에서 요양 치료 중인 유진오를 만난 이야기를 꺼내며 그도 대권에 도전할 의사가 있고, 지명을 좀 미뤄주기를 바라고 있다고 전했다. 대권을 양보했고, 계속되는 선거와 투쟁에 헌신한 유진오에게 대선 후보에 나설 기회를 줘야 한다는 의견이 많았다. 안타깝고 짠한 마음에 이번 전당대회에서는 당 총재만 뽑자는 쪽으로 분위기가 흘러갔다. 김영삼도 한발 물러서야 했다. 대선 후보를 5월에 뽑는다는 약속만 확실히 하면 동시 지명 요구를 철회하겠다고 했다. 누이 좋고 매부 좋은 선택이었다. 유진산 측 요구를 들어주는 대신, 후보 지명에서 도움을 받겠다는 계산도 있었다.

큰 산을 넘자 이번에는 너른 들이 펼쳐졌다. 마흔셋 김대중이 세대교체 깃발을 들었다. 그는 1969년 11월 18일에 기자들을 만나 대통령 후보에 나설 뜻을 내비쳤다. 그로부터 두어 달 뒤에는 대통령 후보에 나서겠다고 공식 발표했다. 조기에 대선 후보를 결정해야만 신민당이 공화당에 맞서 1971년 대선에서 승리할 수 있다고 했다. 그러려면 전당대회에서 당 총재와 대선 후보를 동시에 지명해야 한다고 주장했다. 유진산은 전당대회 직전에 김영삼과 김대중을 자택으로 불렀다. 이번 전당대회에서는 당 총재만 뽑고, 대신 6월에 대선 후보 지명대회를 연다는 조항을 당헌에 넣겠다고 약속하여 타협을 보았다.

급한 불을 껐으니 이제 관심은 당 총재 선거에 쏠렸다. 총재 후보로 나선 이들은 유진산, 이재형, 정일형이었다. 대세는 유진산이었지만 끝까지 모를 일이었다. 그에게 드리워진 치명적 약점 때문이었다. 진산파동을 거치면서 그는 '사쿠라'라는 오명을 얻었다. 타협을 말하지만, 실제로는 야합을 일삼는다는 비판이 자자했다. 그가 주장하는 온건론을 마뜩잖게 여겼던 비주류 세력들은 선명 야당을 내세워 반유진산 연합을 형성했다. 유진산과 악연이 깊은 윤보선까지 유진산에 반대한다는 성명을 발표했다. 총재 후보로 나선 이재형과 정일형도 뜻을 모았다. 전당대회 1차 투표까지는 서로 경쟁하되, 2차 투표에서는 1차 투표에서 투표수가 적은 쪽이 물러나 투표수가 많은 쪽에 표를 몰아주기로 했다. 전당대회가 열렸다. 1970년 1월 26일, 대의원 606명이 전당대회에 모였다. 총재 선출 투표가 시작되었다. 투표 방식은 3차 결선투표였다. 1차 투표에서 과반이 없으면 2차 투표를 하고, 2차 투표에서도 과반이 없으면 1, 2위 두 명만 놓고 3차 투표를 하는 방식이었다. 1차 투표 결과는 유진산 286표, 이재형 192표, 정일형 125표, 무효 3표였다. 과반 득표자가 없어 2차 투표에 들어갔다. 투표가 시작되기 전 정일형은 곧바로 신상발언을 신청해 약속한 대로 후보를 사퇴하며 이재형 후보를 지지해달라고 호소했다. 유진산과 이재형이 맞붙은 2차 투표에서 유진산은 327표, 이재형은 276표를 얻었다. 유진산이 간신히 과반을 차지해 총재에 당선되었다. 늘 2인자였던 유진산이 마침내 당권을 잡았다. 그는 자타가 인정하는 온건론자였다. 당선된 다음 날부터 온건노선인 '참여 하의 투쟁'을 설파했다.

강경노선만을 능사로 하지 않고, 국민의 공감과 지지를 획득할 수 있는 설득력 있는 정책대안 제시에 힘쓸 방침이다.

유진산 체제는 시작부터 순탄하지 않았다. 당 고문이던 윤보선이 먼저 반기를 들었다. 유진산이 제시한 노선을 '위장 야당 노선'이라고 비난하며 악감정을 숨기지 않았다. 같은 당에 있을 수 없다며 탈당하기까지 했다. 1970년 2월 2일 윤보선은 악담을 쏟아내며 탈당을 선언했다.

신민당이 이번 전당대회에서 도저히 용납할 수 없는 타락된 작풍 가운데 야당의 당위를 부정함으로써 국민의 진정을 반영하는 정당이 아니라 왜곡하는 공화당 통치 질서의 일부분으로 전락하고 말았음을 느꼈다.

일부 인사들이 윤보선과 함께 탈당했다. 그들은 1971년에 국민당을 창당했다. 총재가 되었지만 유진산은 머리가 복잡했다. 어찌어찌 미뤄둔 대선 후보 지명이라는 큰일을 치러야 했기 때문이다. 그러는 사이에도 당 안에서는 40대 기수론이 갈수록 힘을 얻고 있었다. 언론도 40대 기수론에 갈채를 보냈다.

새로운 역사를 창조하는 데에는 젊은 지도자의 젊은 정력과 젊은 감각과 젊은 용기와 젊은 추진력이 필요하다.

1970년 2월 12일에는 이제 갓 입당한 이철승까지 40대 기수론에 올라탔다. 깃발 하나를 두고 기수 세 명이 경쟁하는 판이었다. 유진산으로서는 그 판이 달가울 리 없었다. 이제 65세밖에 안 된 자신을 뒷방 늙은이 취급하는 말들이 몹시 거슬리고 거북했다. 게다가 자신이 대선 후보가 되지 말란 법도 없었다. 일흔에 출마했던 윤보선에 비하면 자신은 청년 아닌가! 젊음이 좋다지만 그냥 오냐오냐 받아줄 일이 아니었다. 당 총재가 된 유진산은 40대 기수론에 대놓고 적개심을 드러내기 시작했다.

사람들은 그런 유진산에게 의심스런 눈초리를 보냈다. 대선 후보 출마 여부를 두고 가타부타 말이 없자 의심은 더 커졌다. 중앙정보부가 유진산을 대선 후보로 만들려고 물심양면으로 돕는다는 소문까지 돌았다. 1970년 3월 4일 당 총재 첫 기자회견에서 유진산은 당헌에 있는 대로 대통령 후보는 6월에 뽑겠다고 했다. 그러면서 "아직 대통령 후보로 나설 결심을 하지 않았다"고 말했다. 그 말을 두고 해석이 분분했다. 어떻게 해석해도 후보에 나서지 않겠다는 말로 들리지는 않았다. 설왕설래가 이어지자 더 분명한 입장을 내놓았다. "오는 6월 대통령 후보 지명대회에 출마하지 않겠다." 그것이 전부가 아니었다. 40대 기수론에 반대한다는 말도 덧붙였다. "신민당 대통령 후보는 세대를 가리지 않고 모든 국민의 존경과 지지를 받을 수 있는 인사를 당내외에서 찾아 추대할 생각이며 이를 위해 모든 성의와 노력을 기울이겠다." 그는 대통령 후보가 40대라야 한다는 생각은 '구상유취'한 노릇이라고 했다. 대통령 후보를 세대 문제와 결부시키는 것은 "정치적 미성년자의 사고"라며 묵과할 수 없다고 강하게 성토했다. 후보에 안 나온다면서도 누구는 안 된다고 하니 무슨 꿍꿍인지 의아했다.

당 총재가 이렇게 나오자, 대통령 후보 출마 문제를 두고 당은 그야말로 혼돈에 빠졌다. 백가쟁명이었다. '40대 후보 세 명이 단일화해야 한다' '유진산 총재가 대권 후보까지 해야 한다' '유진오를 후보로 추대해야 한다' '당외 인사를 후보로 영입하자' '국민후보 추대를 위해 범국민협의회를 만들자' 입 달린 사람은 모두 한마디씩 보탰다. 그 통에 6월에 후보를 지명하자는 약속은 공수표가 되었다. 우선 혼란을 정리할 시간이 필요했다. 당 정무회의는 후보 지명대회를 9월로 연기하기로 결정했다. 유진산은 시간을 벌었다. 그 사이 세상이 어떻게 달라질지 모를 일이었다. 유진산은 부지런히 움직였다. 해외 순방도 가고, 박정희와 영수회담도 했다. 대선 후보 출마를 끝까지 저울질하고 있었던 것이다. 이런저런 노력을 했지만 기울어진 저울은 올라올 줄 몰랐고, 바닥을 친 인기도 올라가지 않았다. 결국 꿩 대신 닭을 선택했다. 대선 후보 출마는 일단 포기했다. 질 싸움에는 덤비지 않겠다는 노련함이었다. 대신 40대 기수 세 명에게 후보 단일화를 요구했고, 단일화가 안 되면 자신이 후보를 지명하겠다고 했다. 칼자루를 쥐겠다는 속셈이었다. 뚱딴지같은 소리였다. 아무도 그에게 후보를 지명할 권한을 주지 않았다. 대의원들이 전당대회에서 후보를 뽑으면 될 일이었다. 40대 기수들은 즉각 반격에 나섰다. 함께 모여 유진산이 한 제안을 거부했다. 단일화를 해도 자신들이 알아서 할 테니 간섭 말라고 쏘아붙였다. 40대 기수들이 내건 목표는 당을 혁신하겠다는 것이었으니 당연했다. 셋은 1970년 7월 23일에 모여 몇 가지를 합의한 후에 보란 듯 성명을 발표했다.

9월 대통령 후보 지명대회를 개최하고, 당풍개혁에 적극 협력한다.
1971년 선거를 앞두고 공동협력과
젊은 후보 단일화에 최선의 노력을 다한다.

유진산도 만만치는 않았다. 몽니를 부리기 시작했다. 단일화 시한을 못 박았다. 그때까지 단일화하지 않으면 자신이 출마하겠다는 뜻까지 내비쳤다. 못 박아둔 시한까지 단일화는 이루어지지 못했다. 총재 말을 귓등으로도 듣지 않자, 유진산은 참다못해 최후통첩을 날렸다. 자신은 출마하지 않을 테니, 대신 후보 지명권을 넘기라고 했다. 상황은 갑작스레 이상한 방향으로 흘러갔다. 앞서 한 차례 거부했던 그 황당한 요구를, 이번에는 김영삼과 이철승이 받아들인 것이다. 둘은 입장을 바꾸면서 '당 혼란을 막으려는 불가피한 선택'이라는 명분을 내세웠다. 그러나 그 명분은 껍데기일 뿐, 치밀한 계산과 은근한 기대가 잔뜩 깔려 있었다. 팔은 안으로 굽는다는 세상인심을 믿었던 것이다. 유진산과 같은 계파인 김영삼, 유진산이 아들처럼 아끼던 이철승. 그들은 각자 유진산 팔이 자기 쪽으로 굽을 것이라고 철석같이 믿었다. 누구에게 굽을지는 마지막까지 모를 일이지만 적어도 한 가지는 분명했다. 유진산과 김대중 사이 악연을 놓고 봤을 때, 유진산 팔이 절대 그쪽으로 기울지는 않을 거라는 사실이었다. 속이 훤히 들여다보이는 그 판에 김대중이 끼어들 리 만무했다. 외톨이가 된 김대중은 유진산을 정면으로 공격했다. '총재가 대선 후보를 지명하는 것이 민주주의에 어울리는 짓이냐.' 그러거나 말거나 유진산은 애초 계획대로 밀고 나갔다. 제안을 수용한 김영삼과 이철승 중에서 결국 김영삼을 지명했다. 하지만 김대중이 응하지 않았으니 지명이라기보다는 추천에 가까웠다. 어쨌든 유진산이 김영삼을 대통령 후보로 추천한다고 공개 발표하자, 분위기는 급속히 김영삼 쪽으로 기울었다. 그렇게 김영삼 대세론이 형성되기 시작했다.

　1970년 9월 29일 전당대회가 열렸다. 3선에 도전할 박정희에게 맞설 신민당 대선 후보를 뽑는 자리였다. 무대 위에는 "민주세력 한데 뭉쳐 정권교체 이룩하자"라는 구호가 적힌 현수막이 내걸렸다. 유진산 총재는 인사말부터 노골적이었다. 자신이 지명한 김영삼 후보를 지지해달라고 호소했다. 총재가 지명한 사람에게 후보를 양보하고 출마를 접은 이철승을 극찬하기도 했다. 에둘렀지만 김대중을 비난하는 말이었다. 김영삼 지지자들은 열광했고, 분위기가 후끈 달아올랐다. 김영삼 대세론이 현실이 되는 듯했다. 이철승도 신상발언에 나서 당 총재가 지명한 김영삼에게 축하 인사를 건넸다. 자기들끼리 북 치고 장구 치고 다했다. 하지만 축하 인사를 나누기에는 아직 너무 일렀다. 대의원 885명이 참여한 투표에서 김영삼은 421표, 김대중은 382표를 얻었다. 누구도 과반을 얻지 못했다. 그 결과에 사람들은 술렁였고 분위기는 일렁였다. 2차 투표에 들어갔다. 대세론은 어디 가고 긴장감만 가득했다. 투표 결과가 발표되었다. "신민당 대통령 후보 김대중 확정!" 기적 같은 반전이었다. 884명이 투표해 김대중이 과반인 443표를 훌쩍 넘긴 458표를 얻었다. 김영삼은 410표를 얻었다. 1차 투표 때보다 오히려 득표가 줄었다. 1차 투표와 2차 투표 사이, 그 짧은 시간 동안 도대체 무슨 일이 있었던 걸까?

　분명한 사실은 2차 투표에서 이철승 지지자들이 대거 김대중에게 표를 던졌다는 것이다. 이철승은 사실 몹시 화가 나 있었다. 그는 내심 유진산이 자신을 후보로 지명할 것이라 믿고 있었는데, 김영삼을 후보로 지명하자 충격과 배신감을 감추지 못했다. 그 배신감이 얼마나 컸던지 주변에 이런 말까지 흘렸다. '이웃집 색시 믿다가 장가 못 가는 신세가 되었다.' 이미 엎질러진 물이었다. 겉으로는 김영삼을 돕겠다고 했지만, 마음도 손발도 움직이지 않았다. 이철승을 따르는 대의원들은 눈치만 살피며 갈팡질팡했다. 김대중은 그 틈을 파고들었다. 1차 투표 후 곧바로 이철승 측 대의원들을 집중 공략했다. "우리 당의 대통령 후보는 바로 이 사람, 김대중이 될 것입니다." 김대중을 찍으면 김대중이 된다는, 실현 가능한 희망을 심어주어 표심을 흔들었다. 그들은 김대중 쪽으로 기울었다. 그렇다고 그들이 단지 말 몇 마디에 설득된 것은 아니었다. 전날 밤 자정까지 청진동과 무교동 뒷골목 여관에 묵고 있던 자신들을 찾아와 지지를 호소하던 김대중 부부에게서 간절함과 절박함을 느낀 터였다. 김대중은 안전장치도 하나 더 마련해두었다. 이철승 측 사람을 만나 이번에 자신을 밀어주면 다음 총재로 이철승을 밀겠다고 귀띔했다. 바람은 그렇게 일고 있었던 것이다.

마침내 40대 김대중이 기수가 되어 신민당 깃발을 잡았다. 김대중은 자신이 당선된 것은 신민당이 이룬 '조용한 혁명'이라고 말했다. 이 혁명이 '정권교체'로 이어지게 온 신명을 바치겠다며 후보 수락 연설을 했다.

> 오늘의 승리는 결코 개인의 것이 아니며 당과 국민의 것으로 한없는 감사를 드린다. 그것은 신민당의 발전을 저해하는 정보정치에 대한 승리며, 대회에서 표결하면 당이 혼란에 빠질 것이라는 우려가 기우에 불과하다는 것이 선의의 경쟁을 통해 증명됐으며,
> 당의 원로들이 사십 대에게 후보를 양보해준 거룩한 뜻이
> 당을 젊게 한 점 등 세 가지의 승리를 뜻한다.

이날 펼쳐진 승부는 민주당 역사에 길이 남을 멋진 드라마 한 편이었다. 소란도 난동도 분당도 없었다. 경쟁이 있었고, 설득이 있었고, 역전이 있었고, 승복이 있었다. 그 속에서 신민당은 세대교체라는 엄청난 혁신을 조용하고 멋지게 이뤄냈다. 혁신이 분열이 아니라 통합을 이루어낸 전무후무한 순간이었다. 모두가 승자였다. 패자가 있었다면 단 한 사람, 유진산뿐이었다. 김영삼은 40대 기수론을 이끈 것에 만족했고, 투표 결과에 승복했다. 단상에 올라선 그는 감동적인 연설로 당원들 가슴에 불을 지폈다.

김대중 씨의 승리는 곧 나의 승리요, 나는 김대중 씨를 대통령으로 만들기 위해 전라도에서 경상도로, 또 멀리 무주구천동에 이르기까지 있는 힘을 아끼지 않겠다.

이철승도 김대중 당선을 축하하며 지지를 선언했다. 신민당은 그렇게, 한국 정치사에 전례 없는 조용한 혁명을 민주적으로 이뤄냈다. 대통령 후보를 대의원들이 투표로 직접 결정한 것은 한국 역사상 처음 있는 일이었다. 신민당이 이날 이룬 '조용한 혁명'에 국민이 거는 기대는 한껏 치솟았고, 박정희는 간담이 서늘했다. 승자 김대중은 박정희와 맞붙을 일전을 벌써부터 벼르고 있었다.

오 년 만의 해후

시작부터 참 지독했다. 전두환은 정권을 잡자마자 신민당을 하루아침에 없애버렸다. 당만 해산한 것이 아니었다. 당 잃고 흩어진 사람들 손발까지 묶었다. 그러나 박정희 치하에서도 13년 넘게 싸워온 신민당이었다. 묶인 줄이 단단해 옴짝달싹못했지만 끊임없이 발버둥 쳤다. 그러자 작은 틈새가 생겼다. 그 작은 틈새로 꿈틀거림이 시작됐다. 그리하여 마침내 1984년, 민주화추진협의회(민추협)가 탄생했다. 정치 활동도, 정당 활동도 금지당한 사람들, 차마 관제 야당에는 들어가지 못한 사람들이 꿈틀거리며 만든 조직, 그 형태는 정당도 아니고 재야 단체도 아닌 특이한 모습이었다. 민추협은 끊어진 민주당 역사를 이어주는 다리 역할을 했다. 그 다리를 건너 민주당의 정통성을 이어받은 신한민주당이 다시 태어났다.

민추협은 1984년 12월 11일에 신당 창당을 결정했다. 새로 당을 만들어 곧 다가올 제12대 총선에 참여하기로 한 것이다. 쉬운 결정은 아니었다. 전두환 정권 아래에서 야당은 순응하지 않고는 배길 수 없었다. 순응을 거부하는 순간 수난이 닥칠 것이 불 보듯 뻔했다. 이런 상황이었으니 신당 창당 자체를 망설이는 목소리도 적지 않았다. 그들은 당을 만들지 말고 체제 바깥에서 선명한 싸움을 하는 편이 낫다고 주장했다. 신당을 만들자는 사람들 생각은 달랐다. 언제까지 재야 세력으로 싸울 것이냐고 불만을 쏟아냈다. 정당을 만들어서 싸워야만 국민이 대안 세력으로 인정해줄 것 아니냐고 했다. 순응하는 관제 야당이 아니라 저항하는 선명 야당을 만들면 국민들로부터 지지를 얻을 수 있다고 자신했다. 특히 정치 활동 금지에서 풀려난 구 신민당 출신들은 신당 창당과 총선 참여에 적극적이었다. 논란은 치열했지만 어느 순간 가닥이 잡혔다. 군부독재와 맞서 싸우는 데는 정당이 유리하고, 선거가 싸우기 좋은 여건이 된다는 데 뜻을 모았다. 또한 선거는 '민정당 반대 투쟁이 핵심'이라는 원칙도 확인했다.

1984년 12월 12일, 민추협은 상임운영위원회를 열어 신당 창당원칙을 확정했다.

민주 세력이 중심이 되어야 하며, 선명한 민주 투쟁을 전개해야 한다.
당원의 순수한 의지로 운영하는 민주정당이어야 한다.
민추협 등 반독재 민주 세력의 투쟁을 계승해야 한다.
민주화 세력과 연대를 강화하고 그들을 대변해야 한다.

그 원칙 아래 본격적으로 창당 작업이 진행되었다. 신당은 민추협 계열뿐만 아니라 민추협에 참여하지 않은 정치인도 참여할 수 있게 개방했다. 민추협 계열과 비민추협 계열 참여 비율은 5 대 5로 맞추기로 했다. 12월 15일에는 12인으로 구성된 창당발기준비위원회를 꾸리고 이민우가 위원장을 맡아 발기인 대회를 준비했다. 실무 준비에 참여한 인사 대부분은 신민당 해산 당시 신민당 정무위원들이었다.

창당 작업은 일사천리로 진행되었다. 12월 17일에는 신당 이름도 정했다. 대한민주당, 신당, 신한민주당 등 네댓 개가 거론되었고, 최종적으로 신한민주당으로 결정했다. 신한민주당으로 하기까지는 우여곡절이 있었다. 애초에는 '신민당'을 계승한다는 뜻에서 같은 이름을 쓰려고 했지만 정당법이 발목을 잡았다. 정당법 제43조에 따라 해산 또는 등록 취소된 정당 명칭을 다시 사용할 수 없었던 것이다. 그래도 약칭을 신민당으로 할 수 있어서 신한민주당으로 선택했다. 신민당이라는 이름에 겁이 났던지 정부는 정당법을 들어 신민당을 약칭으로도 사용하지 못하게 하려고 했다. 중앙선관위가 곤란해졌다. 정당법 제43조를 곧이곧대로 적용하면 민주정의당의 약칭인 민정당도 문제가 생겼다. 한자는 다르지만 1963년에 이미 민정당이 있었기 때문이다. 중앙선관위가 딱 부러지는 해석을 내리지 않아 유야무야되는 바람에 신민당이라는 약칭을 그대로 사용했다.

신당, 그것도 선명 야당을 만든다는데 멀뚱히 보고 있을 전두환이 아니었다. 신당을 창당하려는 움직임이 빨라지자 전두환은 자신이 애용하는 독재 사전을 펼쳤다. 분열시켜 지배하라! 그 신성한 가르침을 급히 실행에 옮기기 시작했다. 총선을 두어 달 앞두고 느닷없이 관용을 베풀었다. 1984년 11월 30일, 정치 활동을 금지했던 99명 중에서 84명을 풀어주었다. 그중에는 쟁쟁한 정치인들이 많이 포함되어 있었다. 현역 의원들에게 위협적인 경쟁자들이 많아 총선에 큰 영향을 줄 수 있었다. 그런데도 과감하게 풀어주니 언론은 '페어플레이 정신' '민주정치를 위한 결단'이라며 극찬했다. 전두환이 그런 칭송이나 듣자고 풀어준 것은 아니었다. 그 속에는 치밀한 정치적 계산이 숨어 있었다. 야당 세력을 분열시키려는 것이었다. 풀려난 이들은 선명 야당이랍시고 신당을 창당할 것이고, 그들이 창당한 선명 야당이 온건한 민한당과 경쟁하면 야당 표가 갈릴 것이다. 그러면 어부지리로 정부 여당이 압승하지 않겠는가? 김대중, 김영삼만은 해금하지 않은 걸 보면 그 의도는 더욱 분명했다. 야권에 강한 구심점이 생기면 혹 떼려다 혹 붙이는 꼴이 될 수 있으니 최소한의 안전장치를 둔 것이다. 그러나 세상이 논리나 계산대로만 돌아간다면 얼마나 좋겠는가! 머릿속 계산은 죽은 회색이지만, 현실은 살아 있는 초록빛이었다.

분열은커녕 모여들기 시작했다. 발기인 대회를 하루 앞둔 1984년 12월 19일 반가운 소식이 들렸다. 민한당 소속 국회의원 8명과 전직 의원들이 대거 탈당해 신민당에 입당하겠다고 선언했다.

**민주화를 바라는 국민 여망을 집결시킬 필요성을 느껴
민주화추진협의회에 가입하고 신한민주당에 참여하기로 하였다.**

그들은 관제 야당 의원 노릇 부끄러워 못 해먹겠다고 했다. 며칠 전에는 정부가 야당 간부들에게 훈장을 수여한다는 발표도 있었다. 과거와 달리 건전한 대정부 비판과 대화로 문제를 해결하여 의회 발전에 기여했다는 이유였다. 야당을 능멸한다는 불만과 반발이 터져 나왔다. 계산이 어그러지고 일이 이상하게 돌아가자 전두환 정권은 당황했다. 정권 보위부인 안기부가 나섰다. 탈당 선언한 의원들을 잡아다가 탈당을 철회하라고 갖은 협박과 회유를 했다. 가족들까지 들먹이며 위협했지만, 기대와 희망이 생기니 위협도 먹히지 않았다. 상황은 이미 돌이킬 수 없었다. 그나마 탈당자가 늘어나는 것만이라도 막으려고 사력을 다했다. 탈당 사태에 민한당도 사색이 되었다. 대책 마련에 나섰지만 뾰족한 수가 없었다. 탈당은 계속 이어졌다. 3차 해금으로 풀려난 인사들도 대부분 신한민주당으로 몰려들었다. 입당을 두고 논란이 있었던 이철승을 비롯해 신도환, 김재광 등도 함께하기로 했다. 신한민주당은 금방이라도 신민당이 지닌 옛 명성을 되찾을 수 있을 것 같았다.

1984년 12월 20일, 창당 발기인 대회가 열리는 그날에는 눈이 유난히도 많이 내렸다. 서울 동숭동 흥사단 강당에 115명이 모여 창당

준비위원장으로 이민우를 선출했다. 부위원장에는 김녹영, 조연하, 이기택, 김수한, 노승환, 박용만을 뽑았다. 이날 발기인들은 창당취지문에서 "국민 모두가 혼연히 참여하여 국민의 손으로 육성하는 자생, 자율적 민주정당을 창당하기로 뜻을 모았다"고 선언했다. 자생 자율적 민주정당임을 강조해 관제 야당과 차별성도 강조했다. 민주회복과 평화적 정권교체를 당 목표로 제시했다. 당내 실질적인 구심인 김영삼, 김대중이 정치 활동을 못 하게 막고 있는 정치풍토쇄신법도 폐지하라고 요구했다. 국민에게 드리는 메시지에서는 다부진 포부도 밝혔다.

**민주 세력의 총결집체인 신한민주당은
폭력정치와 반민주적 헌정 파괴 행위를 배격하고
국민의 힘에 의한 평화적 정권교체를 실현해 보일 것이다.**

한 달 후, 신한민주당이 탄생했다. 1985년 1월 18일, 서울 앰버서더 호텔에 모인 대의원 532명은 가슴이 터질 듯했다. 해산된 지 사 년이 넘는 시간 동안 쓰러질지언정 결코 굴복하지 않았기에 마침내 이날을 맞게 되었다. 모진 시간을 견디며 얼굴에 주름이 깊어졌지만, 눈빛에서만은 여전히 다부진 결기가 느껴졌다. 오랜 공백이 무색하게, 연단에 오른 사람들은 왕년에 보였던 연설 실력을 유감없이 발휘했다. 오히려 더 날이 선 듯했다. 신민당 대변인이었던 김수한은 창당 대회 선언문을 쩌렁쩌렁하게 낭독했고, 박정희를 몰아붙여 파동을 일으켰던 김옥선은 국민에게 보내는 메시지를 절절하게 읽어 내려갔다. 민한당을 탈당해 새로 입당한 의원들이 단상에 오르자 대회장 분위기는 절정에 달했다. 단일지도체제냐 집단지도체제냐를 놓고 민추협 계열과 비민추협 계열이 옥신각신하기도 했으나, 단일지도체제로 하되 총재단 합의제로 하자는 절충안으로 뜻을 모았다. 총재로는 창당준비위원장인 이민우를 만장일치로 선출했다. 김녹영, 이기택, 조연하, 김수한, 노승환은 부총재에 뽑혀 신한민주당 지도부가 되었다.

당이 추구할 정책도 제시했다. 이날 제시한 정책들은 한국 민주화를 향한 핵심 과제들이었다. 대통령은 직선제로 뽑고 임기는 4년 중임제를 선택했다. 지방자치제를 이른 시간 안에 실시하기로 했다. 자유 경제 체제를 확립하는 데 필요한 정책들도 내세웠다. 군이 정치적 중립을 엄정하게 지키라고 요구하기도 했다. 창당선언문에 담긴 내용은 비장했다.

**민주화의 열망과 민주적 역량을 총집결, 민족의 주체세력으로
모든 반민주적 세력과 요소들을 과감히 제거하는 데 앞장서겠다.**

총재로 선출된 이민우가 인사말에 나섰다. 떨리는 목소리로 연설하다가 감격에 복받쳐 말을 잇지 못하는 순간들이 있었다. 그때마다 모두가 일어나 박수를 보냈다. "신한민주당의 발전과 이 땅의 민주주의를 위해 여생을 바쳐 투쟁하겠다는 말밖에 이 감격을 누르고 더 할 말이 없다." 한겨울 정월이었지만 새로운 봄기운이 완연했다.

창당대회가 있던 1월 18일은 하필 전두환 생일이었다. 신민당이 일부러 그런 것은 아니었다지만 전두환 기분이 좋을 리 없었고, 쪼잔하게도 맞불을 놨다. 생일인데 쉬지도 않고 국무회의를 열어 총선 날짜를 2월 12일로 정해버렸다. 불과 25일 뒤였다. 신민당은 창당하자마자 선거를 치러야 하는 벅찬 상황을 맞았다. 조기 선거는 이승만 정권 때부터 야당을 괴롭히고 싶을 때마다 써먹는 단골 메뉴였다. 신민당은 오래전부터 2월 조기 선거 조짐을 감지하고 계속 반대해왔다. 문제는 단지 준비 기간이 짧다는 것만은 아니었다. 2월 엄동설한에 치르는 선거는 선거운동도 쉽지 않고, 유권자들이 투표에 참여하

기도 어렵다는 우려가 있었다. 신민당이 공정한 경쟁을 하자고 암만 말해봐야 소 귀에 경 읽기였다. 선거를 하는 것만도 감사하라는 식이었다.

어쩔 수 없이 서두르는 수밖에 없었다. 신민당은 1985년 1월 22일 선거대책본부를 열었다. 김재광이 본부장을 맡았다. 1월 24일에는 10대 총선 공약도 내놓았다. 대통령 직선제, 국정감사권 부활, 지방자치제 전면 실시, 노동3권 보장, 학원 자율화, 여성 지위 향상, 전경제도 폐지 등이었다. 1월 28일에는 후보 등록이 끝났다. 추위 속에서도 선거 분위기는 뜨겁게 달아올랐다. 기자들이 지방을 돌며 전한 민심은 그야말로 '선거 열풍'이었다. 그 열기에 기름을 붓는 소식이 들려 왔다. '김대중이 한국에 들어온다.' 이미 1984년 9월에 미국 언론들은 김대중이 귀국할 가능성을 보도한 바 있었다. 귀국한다는 소문은 파다했지만 오는 날짜는 차일피일 미뤄졌다. 오려는 자와 막으려는 자 사이에 팽팽한 기싸움이 계속되고 있었던 것이다. 전두환 정권은 들어오기만 하면 바로 구속시킨다고 으름장을 놨다. 그만큼 김대중 귀국이 선거에 미칠 파장을 두려워하고 있었다. 김대중은 구속이야 두려울 것도 없었다. 하지만 목숨이 위태로웠다. 일 년 반 전에 필리핀 야당 지도자 아키노가 그랬다. 삼 년간 미국에서 망명하던 그는 독재자 마르코스와 싸우기 위해 조국 필리핀으로 돌아가기로 했다. 그렇게 귀국길에 올라 마닐라국제공항에 내렸으나 고국 땅을 밟아보기도 전에 총에 맞아 목숨을 잃었다. 김대중은 친구 아키노가 갔던 길이라도 마다하지 않겠다고 했다. 귀국일이 2월 8일로 잡혔다. 민추협과 신민당은 공동으로 환영대책위원회를 꾸렸다. 김영삼이 위원장을, 이민우가 부위원장을 맡아 귀국 환영 준비를 했다.

김대중은 미국으로 떠난 지 삼 년 만에 귀국하며 폭풍을 몰고 왔다. 선거를 나흘 앞둔 1985년 2월 8일 김포공항에 나타난 그는 혼자가 아니었다. 하원의원, 교수 등 그를 응원하는 미국 친구들이 동행했다. 아키노가 당한 비극이 재현되는 일을 막겠다며 인간 방패로 나선 것이다. 공항 주변에는 오만 명이 넘는 환영 인파가 몰려들었다. 그 거대한 물결 속에 환영위원장인 김영삼이 보이지 않았다. 경찰 백오십여 명이 이른 아침부터 집을 빽빽하게 에워싸는 바람에 밖으로 나올 수 없었던 것이다. "양심이 있으면 비켜라!" 호통치며 실랑이를 벌였지만 경찰들은 먼 산만 바라봤다. 몸은 빠져나오지 못했지만 "날 힘으로 감금할 수는 있다. 하지만 민주주의에 대한 내 마음은 전두환이 절대 뺏지 못한다!" 외치는 절규가 상도동 골목을 뚫고 퍼져 나갔다.

이민우 총재는 신민당 깃발을 앞세우고 김포공항으로 향했다. 길목마다 들어선 경찰 저지선을 하나하나 뚫고 국제선 청사까지 도착했으나 김대중 발끝조차 못 봤다. 경찰은 김대중과 환영 나온 대중 사이를 냉혹하고 매몰차게 갈라놓았다. 김대중을 황급히 미니버스에 태우고 모든 창문을 가린 채 도로를 질주했다. 거리마다 환영 인파가 가득했지만 김대중은 그 물결을 볼 수 없었다. 그 길로 김대중은 동교동 자택에 갇혔다. 정부는 이날 생색인지 엄포인지 모를 애매한 입장을 내놨다.

김 씨는 현재 형집행정지 중일 뿐만 아니라 정치풍토쇄신에 관한 특별조치법에 의해 정치 활동이 금지되어 있기 때문에 정치 활동은 허용되지 않으나 통상적인 활동은 자유로울 것이다.

그러면서 이번에 정부가 취한 관용 조치를 고맙게 받아들이라고 했다. 그렇게 철저히 김대중을 가두었지만 그가 몰고 온 거대한 폭풍까지 막을 수는 없었다.

한겨울에 불어닥친 폭풍에 선거판은 요동쳤다. 제12대 총선일인 2월 12일 아침부터 투표소는 인산인해였다. 분위기가 예사롭지 않았다. 아니나 다를까 이날 투표율은 놀라웠다. 이승만 때 치른 제4대 총선 이후 가장 높았다. 이전까지 70퍼센트대였던 투표율이 84.5퍼센트로 껑충 뛰었다. 진짜 놀라운 일은 투표함이 열리고 나서 벌어졌다. 신민당은 67석을 얻어 제1야당이 되었다. 제1야당이던 민한당은 35석밖에 얻지 못했다. 민정당은 148석을 얻어 과반을 확보했지만 개표 상황을 좀 더 들여다보면 속 빈 강정이었다. 신민당이 서울에서 얻은 득표율은 42.7퍼센트, 민정당보다 15퍼센트포인트 앞선 수치였다. 서울 14개 모든 선거구에서 당선되었고 더군다나 12개 선거구에서는 1등 당선이었다. 당시는 중선거구제로 한 선거구에서 두 명을 뽑았다. 지금처럼 한 명만 뽑는 소선거구제라면 신민당이 서울을 싹쓸이하고도 남았다. 부산, 대구, 인천 등 대도시에서 신민당은 득표율에서 민정당을 모두 앞섰다. 부산에서는 6석을 얻어 3석에 그친 민정당을 앞섰다. 신민당, 민한당, 국민당의 득표율을 모두 합치면 58.1퍼센트로 실질적으로는 여소야대였다. 모든 면에서 선거 혁명이었다. 창당한 지 불과 25일 된 신한민주당이 돌풍을 일으킨 것이다.

전두환 정권은 된서리를 맞아 정신이 혼미했다. 쿠데타 이후 한 번도 경험해보지 못한 세상이 눈앞에 펼쳐졌다. 그 새로운 세상에 적응할 생각은 않고 되돌릴 생각만 했다. 관제 야당 거느리고 신선놀음하던 때로 되돌아갈 방법을 찾으려 머리를 굴렸다. 배운 게 도둑질이라고 찾은 게 고작 쿠데타였다. 할 줄 아는 게 그것밖에 없었던 것이다. 총선이 끝나자마자 전두환은 보안사령관과 머리를 맞댔다. 그렇게 떠올린 친위 쿠데타 시나리오는 제법 그럴싸했다. 4월에 전두환이 레이건 대통령을 만나러 미국에 가면, 그때를 노려 준비된 군대가 친위 쿠데타를 일으킨다는 계획이었다. 야당이 선동으로 표를 많이 얻어서 나라가 혼란해졌다는 점을 명분으로 삼자고 했다. 쿠데타가 일어나면, 전두환이 그 소식을 듣고 천리타국 미국에서 급히 날아와 쿠데타를 진압하고, 그 과정에서 국회를 해산하는 것으로 계획은 끝이 난다. 하지만 전두환도 늙었는지 어쨌는지 쿠데타가 무리라는 의견을 듣고는 접었다. 대신 정치 공작으로 야권을 분열시키는 쪽이 안전하다는 의견을 따랐다. 말로는 평화적 정권교체를 떠들더니 정권 유지에 전전긍긍했던 것이다. 깊이 감추어뒀던 이 쿠데타 계획이 드러난 것은 그로부터 십 년이 지난 1996년이었다. 어쨌든 신한민주당은 겨우내 언 땅을 뚫고 힘차게 일어난 죽순처럼, 독재가 지배하는 땅 한복판에서 솟아올랐다. 지독한 독재자 전두환조차 그 힘찬 기세를 꺾을 수 없었다.

3당 야합에 맞서

3당이 합당했다. 천지가 개벽하듯 하루아침에 3당이 뭉쳤을 때는 다 그만한 이유가 있었다. 평민당을 호남 향우회나 혁신 세력 패거리쯤으로 전락시키려는 노림수였다. 그러면서 스스로를 '온 나라의 민족민주 세력을 총결집시킨 민주의 수호자, 국민의 대변자'라 자처했다. 결국 3당 합당은 장기 집권으로 가는 길을 닦고 판을 다시 짜려는 짓이었다. 평민당은 하루아침에 외톨이가 되었다. 세상 물정 모르는 이들은 쭉정이는 가고 알곡만 남았다느니, 오히려 진정한 야당을 보여줄 기회라느니, '즐거운 고립'이라느니 입방아를 찧어댔다. 그런 한가한 소리나 하고 있을 때가 아니었다. 포위망을 뚫어야 했고, 지역 기반과 지지 기반을 넓혀야 했다. 살아남으려면, 그 길밖에 없었다.

가장 급한 건 호남 포위망을 푸는 일이었다. 무엇이라도 해야 했다. 먼저 당 운영 중심을 비호남 인사들로 재편했다. 원내총무와 정책위의장 자리에 서울 지역구 의원인 김영배, 조세형을 앉혔다. 3당 합당 후 처음 열린 도당 결성대회도 경남에서 시작했다. 2월 4일 창원에서 있었던 경남도당 결성대회에서 김대중은 김영삼이 합당한 것을 애석해하면서 그와 맺은 오랜 우정을 강조했다. 우회적으로 영남 지역에 손을 내밀려는 노력으로 보였다. 동시에 3당 합당에 반대해 통일민주당을 탈당한 의원들을 영입하기 위해 공을 들였다. 그들 대부분은 지역구가 부산이었다. 애초엔 김영삼을 따라나서지 않을 의원도 제법 있을 것이라고 봤지만, 막상 남은 이들은 예닐곱에 불과했다. 수는 적었지만, 5공 청문회 등에서 맹활약을 한 스타급 의원들이었다. 잔류파 중심에는 이기택이 있었다. 그는 6선 의원으로 4·19세대를 상징하는 인물이었다. 초선이었지만 청문회에서 두각을 나타낸 노무현도 있었다. 호남당 이미지를 벗고 전국 정당으로 나아가야 했던 평민당 입장에서는 구미가 당길 수밖에 없었다. 그러나 잔류파 의원들 처지는 정반대였다. 부산에서 호남당인 평민당 간판을 다는 순간 낙선은 따놓은 당상이요, 당선은 하늘에서 별 따기였다. 지역감정은 그렇게 무서웠다. 명분과 실리 사이에 있는 틈을 메울 묘수를 찾느라 긴 줄다리기가 시작되었다.

평민당은 보수-혁신이라는 인위적인 구도 또한 깨뜨려야 했다. 한때 반독재 투쟁을 하던 사람들이 군부독재 패거리와 손을 잡더니 '보수 대연합'이라고 그럴듯하게 포장했다. 그러면서 평민당을 대뜸 '혁신 세력'이라 부르기 시작했다. 이승만 정권 시절부터 지금껏 혁신 세력이라면 무조건 때려잡아 씨를 말렸던 그들이다. 까딱하면 평민당에 색깔을 씌워 동네북처럼 이리 패고 저리 팰 것이 불 보듯 뻔했다. 실제로 그들은 보혁구도를 앞세우며 혁신 세력을 천하의 불한당이나 반체제 세력으로 여겼다.

민족사와 문화전통을 부정하고 대한민국의 건국과정과 그 뒤 발전을 비판적으로 보는 시각을 지녔다. 종교적 신앙과 전통적 윤리도덕에 대한 회의적 태도를 보이며 현재의 체제가 노동자·농민·소시민의 희생으로 유지된다고 본다. 미국과 일본을 제국주의로 규정하고 자유경쟁의

자본주의 경제 질서를 부정한다.

보혁구도는 사실상 쳐놓은 덫이었다. 평민당은 그 덫을 피하느라 재야 세력과 손잡는 것조차 망설였다. 이래저래 진퇴양난이던 중 1990년 2월 1일 '중도민주세력통합추진위원회'를 설치했다. 평민당 중심으로 야권을 통합하려는 것이었다. '중도민주세력'이라고 한 것은 혁신 세력과 구분하려는 의도였다. 이미 일부 재야 세력이 진보 정당을 만들고 있던 터라 평민당은 중도보수 정당으로 방향을 잡았다. 반독재민주세력을 모두 모아 지지층을 넓히겠다는 것이다.

한편 통일민주당 잔류파는 '신야당추진모임'을 꾸려 신당 창당에 나섰다. 애초에는 김대중 총재가 2선으로 물러난다면 그것을 명분 삼아 창당 없이 통합하자는 말도 있었다. 평민당은 야권 구심점인 김대중에게 2선으로 물러나라는 주장은 말이 안 된다고 봤다. 오히려 그런 주장은 현 정권이 바라는 것이라며 부화뇌동 말라고 강하게 비판했다. 은행나무도 열매를 맺으려면 마주 서야 하는지라, 신야당추진모임도 우선 당을 만들겠다고 했다. 당 대 당 통합을 염두에 두고 '선 창당 후 통합' 원칙을 세웠다. 서울 지역구 무소속 박찬종 의원과 이철 의원 등 전직 의원까지 모여들었다. 6월 전에 창당을 매듭짓고 지방선거에도 참여하기로 했다. 1990년 2월 27일에는 창당 발기인 대회를 열어 당명을 '민주당'으로 정했다. 막상 창당이 가시화하자 따로 창당하지 말고 통합해야 한다는 목소리가 커졌다. 김대중도 통합한다면 지도체제까지 바꿀 용의가 있다며 '햇볕정책'을 구사했다. 거대 여당과 맞서 싸워야 하는 때이니만큼 단일지도체제로 일사불란하게 당을 운영해야 한다는 게 원래 김대중 생각이었다. 집단지도체제가 자칫 봉숭아학당이 될지 모른다고 적이 우려했다. 그런 그가 "중도민주정치세력을 영입하기 위해 당의 문호를 완전히 개방해놓고 있다. 특히 민주당(가칭) 등의 세력을 영입하기 위해 당의 체제를 바꾸어 집단지도체제로 할 수도 있다"라고 제안한 것이다. 그런데도 협상 실마리는 좀처럼 잡히지 않았고, 협상장 문은 열리지 않았다. 당 대표 경선을 먼저 하고 나중에 조직책을 선정하자거나, 먼저 합당하고 후에 당 대표 경선을 하자는 주장들만 어지러이 나돌았다.

답답하던 차에 모처럼 반가운 소식도 들려 왔다. 1990년 4월 3일 국회의원 보궐선거가 있었다. 대구에서는 정호용이 12·12 군사 반란 주동 혐의로 의원직을 자진 사퇴했고, 충북 진천·음성에서는 김완태 민자당 의원이 별세하여 치르는 선거였다. 3당 합당 이후 처음 치르는 선거라 자연스레 전국에서 이목이 쏠릴 수밖에 없었다. 평민당은 두 곳 다 후보를 내지 않았고, 아직 창당도 안 한 민주당(가칭)이 대구에 백승홍, 음성·진천에 허탁을 후보로 내세웠다. 사실상 야권 단일 후보였다. 예상을 뒤엎고 허탁 후보가 민자당 후보를 무려 6,263표 차로 눌렀다. 대구 백승홍 후보도 지기는 했지만, 민자당 문희갑과 시종 팽팽한 접전을 벌이다 아쉽게 졌다. 언론은 대이변이라며 민심이 3당 합당을 단호히 심판했다고 전했다. 창당을 앞둔 민주당은 한껏 고무되었고 인기도 치솟았다. 평민당은 민자당이 국민 심판을 받았다는 논평을 내놓기는 했지만, 기세가 오를 대로 오른 민주당을 바라보며 내심 초조함을 감추지 못했다. 시간이 흐르면 민주당이 자연스레 평민당에 흡수될 거라 보았던 예상이 빗나가고 있었다. 그럼에도 불구하고 보궐선거 승리는 야권이 뭉치기만 하면 충분히 이길 수 있다는 사실을 뚜렷이 입증했다. 아이러니하게도, 이 선거는 야권 통합이 절실히 필요함을 다시금 일깨워주었지만, 오히려 실제로 통합할 가능성은 더욱 멀어지게 만들었다.

야당 통합을 향한 목소리는 날이 갈수록 커졌다. 양당 통합파 의원들이 손을 맞잡았다. '민주당이 출범하기 전에 야권이 모여 새로운 당을 창당하자.' 민주당(가칭) 창당준비위원회도 결국 '선 창당 후 통합' 원칙을 접고 통합 협상에 나섰다. 양당 모두 공식 협상대표단을 꾸려 마침내 1990년 5월 8일 첫 협상에 들어갔다. 통합하는 원칙부터 세웠다. '범민주 세력의 대동단결과 민주적 절차에 따라 통합을 추진한다.' 당 대 당 통합, 집단지도체제, 대표를 경선으로 선출하자는 세 가지 조건에도 어렵사리 합의했다. 대표를 민주적 경선으로 뽑자고 했으니 이제 김대중 총재 2선 퇴진을 왈가왈부하지 못하게 되었다. 산을 넘으니 또 산이었다. 이번에는 지분 문제가 발목을 잡았다. 민주당은 '민주적 경선이 가능하려면 지분을 50 대 50으로 해야 한다'고 했다. 평민당은 펄쩍 뛰었다. '원내 의석 70석과 8석인 두 당이 지분을 똑같이 하자는 것은 억지다.' 그러면서 현실에 바탕을 둔 당 대 당 통합을 해야 한다고 주장했다. 협상은 이 문제로 한 걸음도 더 나아가지 못했다. 각자가 주구장창 자기 주장만 해대니 협상은 같은 자리만 맴돌았다. 설상가상으로 민주당 안이 시끄러워졌다. 통합협상단이 통합 원칙과 조건에 어렵게 합의했건만 이기택 창당준비위원장이 느닷없이 '김대중 총재 2선 후퇴'를 들고 나와 합의를 되돌렸다. 거기다 이미 합의한 세 가지 통합 조건에도 반대해 지금까지 협상한 내용을 모두 휴지 조각으로 만들어버렸다. 확실히 민주당 안에서는 통합을 놓고 방향이 혼란했고, 의견도 난무했다. 결국 민주당은 통합 대신 창당을 택했다. 1990년 6월 15일 창당대회를 열고 이기택을 총재로 선출하면서 '젊은 야당'과 '정치권 세대교체'를 다짐했다. 구호는 신선했고, 이미지 또한 참신했다. 현역 의원은 고작 8명에 불과한 '꼬마' 정당이었지만, 당 인기는 만만치 않았다. 한 신문이 민주당 창당 직후 발표한 당 지지율 여론조사에서는 민자당 11.4퍼센트, 평민당 16.0퍼센트, 민주당 13.5퍼센트로 민자당을 앞지를 정도였다. 그러나 잘나갈 때 조심했어야 했다. 의원은 8명뿐인데도 잡음과 갈등이 끊이지 않았다. 사사건건 갈라진 목소리가 밖으로 새어 나왔다. 그야말로 8인 8색이었다. 단일한 통합안을 내놓는 것은 꿈도 꾸기 힘들었다.

식어가던 통합 열기가 다시 불타오른 건 순전히 민자당 덕이었다. 3당 합당으로 공룡 정당이 된 민자당은 허우대만 멀쩡했지 제 역할을 못했다. 그래서였을까, 조바심을 내더니 결국 무리수를 뒀다. 1990년 7월 민자당은 무려 26개 반민주 악법을 단번에 날치기로 통과시켰다. 민주당 노무현, 김정길, 이철 의원과 평민당 이해찬 의원이 날치기에 항의해 의원직 사퇴서를 냈다. 작은 불씨가 들불로 번지듯, 이들이 보인 용기는 야권 공동 투쟁에 불을 붙였다. 김대중과 이기택이 급히 만났다. 양당 의원 모두 의원직을 사퇴하고 장외 공동 투쟁에 나서기로 합의했다. 재야 세력까지 합쳐 야권을 통합한다는 원칙도 재확인했다. 7월 23일 평민당과 민주당 의원 전원이 동반 사퇴서를 제출했다. 평민당과 민주당, 재야의 '범민주통합수권정당추진회의(통추위)'가 함께 모여 통합추진협의기구를 꾸리고 통합 논의도 다시 시작했다. 1990년 7월 27일에는 평민당이 전당대회를 열어 야권 통합을 다짐했다. 이날은 마치 야권통합결의대회 같았다. '범민주 통합 수권정당 건설에 대한 특별 결의문'도 채택해 야권 통합 의지를 단단히 했다.

> **범민주 세력이 하나로 뭉쳐 수권정당을 건설하라는 국민적 성원에 힘입어, 야합과 변절을 용납하지 않고 민주화의 대의를 지켜온 '민주당'과 반독재 민주운동의 기수로 투쟁의 대열을 이루어온 재야 민주 인사들의 '통합추진회의'와 함께 범민주 단일 수권정당을 건설할 것을 선언한다.**

마음을 정해놓고도 밀고 당기기를 계속했다. 한쪽이 손을 내밀면 다른 쪽은 손을 거뒀다. 되는 일이 없자 평민당이 용기를 냈다. 통합 선언을 먼저 하고 세부적인 조정은 나중에 하자고 했다. 일단 청첩장을 돌리고 나면, 죽이 되든 밥이 되든 어떻게든 결혼을 하게 되지 않겠냐는 것이다. 민주당은 마음이 흔들렸고, 생각도 혼란했다. 이제 와서 여러 말들이 부딪쳤다. 통합 선언을 먼저 하자는 사람도, 김대중 총재 2선 후퇴가 보장된 뒤에 통합 선언을 해야 한다는 사람도 있었다. 논란 끝에 결국은 '선 협상 후 통합 선언'으로 정리했다. 미처 풀지 못한 매듭을 남겨둔 채 덥석 합치면, 얼마 안 가 티격태격하다 다시 갈라설 수 있다는 우려 때문이었다. 다람쥐 쳇바퀴 돌듯 협상은 다시 처음으로 돌아가기를 반복했다. 보다 못해 재야 통추위가 나섰다. '평민당, 민주당, 재야의 3인 공동대표제, 3자 동수 조직특위 구성'이라는 절충안이었다. 매력적이었지만 양당은 그마저도 퇴짜를 놓았고, 결국 통합 협상은 다시 멈춰 섰다. 협상도 협상이었지만 당시 정세도 녹록지는 않았다. 1990년 10월 8일에는 김대중 총재가 지방자치제를 전면 실시하라고 요구하며 단식투쟁에 들어갔다. 11월 9일에는 영광·함평에서 보궐선거가 있었다. 평민당은 영남대 교수였던 이수인을 호남에 공천했다. 지역색을 벗고 싶은 마음이 간절했기 때문이다. 물론 압도적으로 당선되었다. 1990년 11월 16일에는 이기택 총재가 야권 통합 실패에 책임을 지고 총재직에서 물러났다. 양당 틈서리에 끼어 이리 치이고 저리 치이던 통추위도 결국 해산했다.

어느새 통합은 뒷전으로 밀려났다. 양당은 통합보다는 각자 세 불리기에 나섰다. 다가오는 지방선거를 대비하려는 것이었다. 지방선거 결과에 따라 누가 통합 과정에서 주도권을 쥘 것인가가 판가름 날 수 있었기 때문이다. 양당 모두 호남과 영남 울타리를 벗어나려고 재야 세력에 눈길을 돌렸다. 민주당은 아예 제2창당을 선언하며 재야 세력과 구야당 원로 그룹들을 끌어들이는 데 공을 들였다. 그 중심에는 통추위에서 활동했던 이부영, 유인태 등 민주연합파가 있었다. 1991년 2월 3일, 민주당은 민주연합파와 손잡고 이기택을 다시 총재로 추대했다.

민주당과 민주연합의 결합으로 제2창당의 힘찬 거보를 내디디며 나아가 민주 세력의 대단결을 이루어내고 통합 수권정당을 건설한다.

민주연합을 흡수한 민주당은 다시금 통합의 깃발을 들고 평민당에 손을 내밀었다. 야권 통합 시계가 다시 천천히 돌아가기 시작했다.

　평민당도 더는 머뭇거릴 수가 없었다. 재야 세력과 통합에 나섰다. 6월에 있을 광역의회 선거를 대비해 호남 외 지역, 특히 영남권에 연고가 있는 재야 세력을 물색했다. 재야 인사를 개별적으로 영입하는 방식 대신, 재야와 시민사회 세력이 먼저 당을 만들고 그 당과 당 대 당으로 통합하는 방식을 추진하기로 했다. 반독재 민주화 투쟁과 여성 권익 향상 운동을 해온 이우정 교수가 창당 작업을 이끌고 종교계·학계·여성계·법조계에 포진한 친평민당 인사들이 합류했다. 1991년 3월 23일, 그들은 '신민주연합당' 창당 발기인 대회를 열었다. 1991년 4월 9일, 평민당은 아직 '창당준비위원회' 상태인 신민주연합당창당준비위원회와 통합전당대회를 했다. 통합 신당 이름은 신민주연합당, 약칭으로는 신민당이었다. 창당한 지 3년 5개월 만에 평민당의 황색 깃발은 역사 속으로 사라졌다.

범민주 수권통합야당 건설과 민간 민주정부 수립이라는 민족사적 부름에 답하여 신민주연합당으로 통합한다.

지도체제는 총재, 수석최고위원, 최고위원으로 이루어진 단일성 집단지도체제였다. 당 총재에는 김대중이 선출되었다. 신민주연합당은 "극우와 극좌를 배제하고 중도노선을 가되 안정 속에서 개혁을 추구하고 중산층과 서민 대중의 권익"을 대표하는 당을 자임했다. 이우정이 수석최고위원을 맡았다. 최고위원은 철저히 지역 안배를 고려해 전국을 아우르는 인물들로 꾸렸다. 신민당은 '믿음의 정치'

'함께하는 정치' '화해의 정치'를 하겠다고 약속하며 새로운 정치 시대를 열겠다고 했다.

몸집을 급하게 키워 부실하고 허술하기 짝이 없었다. 숨 가쁘게 출범한 신민당은 몇 발짝 떼기도 전에 금세 휘청거렸다. 민주당도 마찬가지였다. 두 당 모두 1991년 6월 20일 실시된 광역의회 선거에서 대패한 것이다. 지난 3월 27일 기초의회 선거에서도 이미 조짐이 보였다. 정당 공천이 없던 선거였지만, 사실상 민자당 성향 후보들이 전체 당선자 중 75퍼센트를 휩쓸었다. 그때는 '정당 이름을 걸지 않았다'는 이유로 퉁 치고 넘겼지만, 이번 광역의회 선거는 달랐다. 정당이 직접 후보를 공천했고 선거운동도 이끌었다. 결과는 참담했다. 시도 광역의원 866명을 뽑는 선거에서 민자당은 564명, 무려 65.1퍼센트를 당선시켰다. 반면 신민당은 고작 19.1퍼센트인 165명을 당선시켰다. 민주당은 더 처참했다. 2.4퍼센트인 21명만 광역의회에 들어갔다. 특히 신민당에게 이번 패배는 뼈아팠다. 김대중 총재가 단식까지 해가며 삼십 년 만에 부활시킨 지방선거였다. 그토록 갈망했던 지방선거였건만, 철저하게 외면당했다. 신민당은 호남 외에서는 제대로 힘 한 번 써보지 못했다. 서울에서도 완패했다. 패배한 충격보다 위기감과 절박함이 더 컸다. 이대로 가다간 내년에 치를 총선과 대선에서도 공멸할 것이 불 보듯 뻔했다.

돌파구는 암만해도 통합밖에 없었다. 광역의회 선거가 끝난 직후 신민당은 '야권통합추진특별위원회'를 띄웠다. 그만큼 통합이 절박했다. 그런데도 통합 방식을 두고 당 안에서는 갈등이 끊이지 않았다. 그동안 금기시되었던 김대중 2선 후퇴를 결단하자는 목소리까지 나오기 시작했다. 설상가상, 13대 총선 당시 공천을 둘러싸고 금품이 오갔다는 폭로까지 나왔다. 신민당은 그야말로 혼란의 도가니로 빠져들었다. 한편 민주당은 7월 10일 '범민주세력 통합추진특별위원회'를 꾸려 자체 통합안을 마련했다. 통합 야당 지도체제는 최고위원 집단지도체제로 하고 김대중 신민주연합당 총재와 이기택 민주당 총재를 공동대표로 한다는 통합안을 공식 발표했다. 그러자 김대중도 세 가지 지도체제를 제시하며 선택하라고 다시 공을 민주당에 넘겼다. 총재와 대표최고위원 합의로 운영하는 단일성 집단지도체제, 자유 경선으로 뽑는 순수 집단지도체제, 당을 법적으로 대표하는 상임대표가 있는 공동대표제였다. 민주당은 단일성 집단지도체제와 순수 집단지도체제에는 반대 의사를 분명히 했다. 그나마 상임공동대표제가 눈에 들어오기는 했지만, 흡족하지는 않았다. 김대중이 상임대표를 맡아 혼자서 공천권을 행사할 수 있다는 우려가 있었기 때문이다. 민주당은 어떻게든 신민당에 흡수되는 모양새만은 피하고 싶었다. 흡수 통합된다는 인상을 주지 않으려면, 김대중과 이기택이 6 대 4로 지분을 행사하는 공동대표제를 해야 한다는 입장이었다.

어쨌든 공동대표제에 실마리가 있을 것 같았다. 양당 협상 대표는 이 실마리를 붙들고 본격적인 협상에 들어갔다. 1991년 9월 6일, 협상단은 머리를 맞대고 논의한 끝에 절묘한 방안을 찾아냈다. 양당 대표가 공동대표로 동등한 권한을 갖되, 통합당의 법적인 대표권은 신민당이 맡는 방안이었다. 서로가 한 걸음씩 물러선 결과였다. 신민당은 고집하던 상임대표를 포기했고, 민주당은 꺼리던 법적 대표권을 인정했다. 어렵게 찾은 실마리를 놓지 않으니 얽히고설킨 실타래가 풀린 것이다. 마침내 통합의 순간이 찾아왔다. 1991년 9월 10일 김대중과 이기택은 통합을 선언했다. 통합당 이름은 민주당으로 정했다. 김대중과 이기택이 공동대표로 당무를 합의 처리하며, 공동대표 중 연장자가 당을 대표해 선거관리위원회에 법적 대표로 등록한다는 내용이었다. 최고위원회와 조직강화특별위원회는 신민당과 민주당이 5 대 5, 같은 수로 구성하기로 했다. 주요 당직도 같은 비율로 균형을 맞췄다. 사무총장은 김원기 신민당 의원, 원내총무는 김정길 민주당 의원, 정책위의장은 유준상 신민당 의원, 대변인은 노무현 민주당 의원이 맡기로 했다. 모든 것이 반반이었다. 민주당은 창당선언문에서 "새로운 시대에 부응하는 과학정당, 중산층과 서민을 위한 개혁적 정책을 실천하는 정책정당, 당내 민주주의를 실현하는 민주정당"을 만들겠다고 다짐했다.

일 년 넘는 시간을 들여 우여곡절 끝에 이룬 통합이었다. 의석수로만 보면 신민당 67석, 민주당 8석으로 격차가 컸지만 대등한 통합이었다. 숫자 논리로만 보면 신민당이 양보한 셈이지만, 실상은 얻은 것이 더 컸다. 김대중과 신민당에게는 영남 지역으로 정치적 기반을 넓혀 호남당 이미지를 벗는 일이 아주 절실한 과제였다. 통합으로 그 과제를 해결할 좋은 기반을 마련한 것이다. 반면 소수 정당으로서 얻은 게 많아 보였지만 민주당 의원들은 오히려 힘든 결단을 내렸다. 반호남, 반김대중 정서가 강한 영남에서 신민당 간판을 다는 것은 다음 선거에서 낙선을 각오한 일이었다. 이래저래 다음 해 있을 제14대 총선에 시선이 갈 수밖에 없었다. 민주당 사람들은 통합으로 얻을 결실을 잔뜩 기대했다.

제14대 총선은 여러모로 흥미를 끌기에 충분했다. 3당 합당 이후 처음 치르는 전국 단위 선거였다. 민자당이 노린 보수 연합과 지역 연합이 과연 어떤 위력을 보일지 자못 궁금했다. 통합을 이룬 민주당이 지방선거 패배를 딛고 일어설 수 있을지, 지역색을 벗고 전국 정당으로 발돋움할 수 있을지도 큰 관심거리였다. 특히 민주당 부산 지역 국회의원들이 살아 돌아올지도 주요한 관전 포인트였다. 무엇보다 이번 총선은 김영삼과 김대중이 맞붙을 연말 대선 전초전 성격이 컸다. 민심이 누구에게 쏠릴지도 큰 관심거리였다. 그런 와중에 뜻밖에 복병이 나타났다. 현대그룹 창업주인 정주영이 통일국민당(국민당)을 창당해 총선에 뛰어든 것이다. 제14대 대통령 선거에 출마하려는 포석이었다. 국민당은 민자당과 민주당 공천에서 떨어진 이들을 대거 영입해 세를 키웠다. 반값 아파트 공급, 경부고속도로 복층화, 초중등학교 전면 무상급식 등 파격적인 공약도 들고 나와 민심을 자극했다. 민주당에게는 큰 타격이자 낭패였다. 야권 통합 여세를 몰아 민자당과 일대일로 정면승부를 볼 판이었는데 국민당이 출현하여 그 구도가 틀어져버렸다. 세상만사가 뜻대로 되지 않았다. 민주당은 국민당도 견제해야 하는 곤혹스러운 처지가 되었다.

(국민당은) 이 당 저 당 철새처럼 당을 옮겨 다니던 사람들과 온갖 정치노선을 가진 사람들이 모인 잡화상일 뿐이다.

1992년 3월 24일 제14대 총선, 돌풍이 몰아쳤다. 그 돌풍에 무너진 쪽은 무거운 침묵에 잠겼고, 돌풍을 일으킨 쪽은 달뜬 기색을 감추지 않았다. 다시 여소야대 국회가 만들어졌다. "통합야당 밀어주어 일당 독주 막자" "날치기당한 여소야대 총선으로 되찾자"는 민주당 구호가 현실이 된 순간이었다. 민자당은 149석을 얻는 데 그쳐 과반 의석에서 1석이 모자랐다. 민주당은 97석, 국민당은 31석이었다. 급조된 통일국민당이 적지 않은 의석을 차지했다. 민자당은 의석이 많이 줄었고, 민주당은 크게 늘었다. 무려 22석이 늘어났다. 통합이 성공을 거둔 것이다. 선거 결과를 좀 더 들여다보면 성공은 확연했다. 서울 지역구 의석 44석 중에서 절반이 넘는 25석을 차지해 13대 총선보다 8석을 더 얻었다. 뿐만 아니라 득표율에서도 민자당을 앞섰다. 경기도와 충청권에서도 민주당은 선전했다. 경기도에서는 1석뿐이었던 의석을 8석으로 늘렸다. 물론 절반의 성공으로 기뻐하기에는 절반의 패배가 너무 도드라졌다. 대구, 경북, 경남, 강원에서는 단 한 명도 당선자를 내지 못했다. 부산에서 출마한 노무현, 김정길 같은 내로라하는 정치인조차 모두 낙선했다. 지역감정이라는 벽은 그만큼 높고 두터웠다. 김영삼이 '부산 대통령' 바람을 넣어 부산 민심이 출렁인 탓도 있기는 했다. 당선자 대회에서 김대중은 특히 부산 지역 낙선자들에게 안타까운 마음을 드러냈다.

**김정길 총무와 노무현 대변인이 지역갈등을 해소하기 위해
한 알의 '밀알'이 썩듯이 희생된 것이 가슴 아프다.**

비록 두껍고 높은 벽을 넘지는 못했지만, 그 도전과 희생을 밑거름 삼아 민주당은 영남에서 다시 뿌리내리기 시작했다. 곧 있을 대통령 선거에도 서광이 비치는 듯했다.

거대한 연합군

제15대 총선 결과는 어쨌든 여소야대였다. 국민회의는 본래 의석보다는 늘었다느니, 제1야당을 지켰다느니 하며 패배감을 감추려 애썼다. 자민련은 적지도 많지도 않은 의석이지만 중요한 역할을 할 만큼은 얻었으니 만족한다고 했다. 절묘한 황금분할이니 뭐니 하는 소리도 나왔다. 그렇게라도 분위기를 추스르려던 야당에 신한국당이 찬물을 끼얹었다. 여기저기서 의원들을 빼내 금세 여대야소로 판을 뒤집어버렸다. 야당은 여소야대를 만들어준 민의를 저버렸다고 노발대발했다. 그러자 신한국당은 '정치인이 애도 아니고 자기 소신껏 결정한 것을 누가 뭐라 할 수 있냐'고 책임을 비껴 갔다. 그렇게 야당을 한껏 자극하고 화를 돋웠다.

야당이 화가 날 만도 했다. 염치 없고 눈치도 없이 대놓고 야당 당선자를 빼갔다. 공손히 모셔 간 것도 아니었다. 으르고 겁박한 흔적들이 완연했다. 그뿐만이 아니었다. 검찰도 선거범죄를 철저히 수사한답시고 칼을 빼 들더니 유독 야당 당선자들만을 겨누었다. 누가 봐도 노골적인 표적 수사였다. 야당 당선자를 하나씩 날리고 재선거를 해서 여당 과반 의석을 채우려는 속셈이 뻔히 보였다. 여당이 하는 짓과 이런저런 횡포에 야당들은 불만이 극에 달했다. 국민회의와 자민련은 함께 대응하자는 신호를 주고받았다. 김대중과 김종필은 망설임 없이 걸음을 맞췄다. 1996년 5월 4일, 두 사람이 한자리에 앉아 한목소리로 여당에 요구했다. '부정선거를 시인하라. 책임자를 문책하라. 야당 당선자 빼가기도 멈추라.' 이 요구에 응하지 않으면 국회 구성에 협조하지 않을 것이고, 거리에서 싸움을 이어가겠다고 엄포를 놓았다. 신한국당은 그런 엄포쯤은 가볍게 뭉개고 갔다. 총선을 치른 지 39일 만에 그들은 기어코 과반 의석을 손에 넣었다. 당하고만 있을 수 없었다. 국민회의는 곧장 헌법소원을 냈다. 국민이 선거로 만들어낸 여소야대를 마음대로 짓밟는 것은 대의제도, 국민주권주의, 정당제도 등 헌법 기본 원칙을 뒤흔든 헌법 침해라는 것이다. 국회에는 발도 들이지 않고 거리로, 광장으로 나갔다. 1996년 5월 26일 보라매공원에서 국민회의와 자민련은 나란히 '4·11 총선민의수호결의대회'를 열었다. '민의를 왜곡 말라!' 수십만 군중이 외치는 구호가 하늘을 찌를 듯했다. 이십만 인파가 공원을 가득 메우니 두 당 사람들도 놀랐다. 둘이서 함께라면 뭐라도 할 것 같은 묘한 흥분이 감돌았다.

  공원에서의 흥분된 만남 이후, 둘 사이는 한층 더 오붓해졌다. 두 당 의원들이 빈번히 한 자리에 모여 합동의원총회도 열었다. 의견을 나누고 정책도 만들며 인연은 점점 깊어졌고, 사이는 더욱 가까워졌다. 그러면서 자연스레 공조가 이루어졌다. 6월 26일에는 함께 추진할 정책 16개를 정해서 발표했다. 그렇게 오붓하게 지내는가 싶더니 두 당은 더 과감해졌다. 1996년 재보궐선거에서 후보 단일화까지 이뤄냈다. 노원구청장에 자민련 김용채를 단일 후보로 내세워 당선시켰다. 오산시장도 그렇게 당선되었다. 이듬해에 치러진 국회의원 재보궐선거에서도 공조한 위력은 유감없이 드러났다. 두 당은 수도권 세 곳에서 단일 후보를 내세워 압승을 거뒀다. 공조가 연전연승으로 이어지자 내친김에 대선에서도 힘을 합치자는 소리가 나오기 시작했다. 가장 먼저 가장 크게 목소리를 낸 이는 다름 아닌 김종필이었다. 그는 1996년 11월 28일에 대선 후보 단일화 이야기를 처음 꺼냈다.

**내년 대통령 선거에서 반드시 수평적 정권교체를 이뤄야 하며,
그러기 위해서는 야권 후보를 단일화해야 한다.**

불감청이언정 고소원이라고 자민련이 먼저 말을 꺼내주니 국민회의는 좋다구나 했다.

사실 국민회의는 애초부터 큰 그림을 그리고 있었다. 두 당 공조에는 그 그림이 깔려 있었다. 1996년 4월 총선 패배 이후, 국민회의는 초조하고 막막했다. 다음 대선에서 이기려면 무슨 수를 내야 했다. 그때 비책이 돌았다. 말이 비책이지 특별한 것은 아니었다. 뭉치면 이긴다는 상식이었다. 총선 직후부터 국민회의는 자민련과의 연합, 소위 '김대중–김종필 연합(DJP연합)' 구상을 마련했다. 지지를 넓히는 것이 목적이었던 연합에서 자민련은 매력적인 대상이었다. 야권 연합, 지역 연합, 이념 연합이 모두 가능한 상대였다. 야권 연합 없이는 필패였다. 지난 총선 때 야권이 갈라져서 졌다는 것은 너도 알고 나도 아는 사실이었다. 총선이 끝난 뒤, 한 언론사가 발표한 여론조사에서도 야당 분열 때문에 여당을 찍었다는 응답자가 27.1퍼센트에 달했다. 지역 연합 역시 승리에 큰 보탬이 될 것이 분명했다. 김대중은 지난 지방선거 때부터 일찌감치 지역등권론을 폈다. 모든 지역이 소외받지 않고 대등한 권리를 누려야 한다는 주장이었다. 물론 그 주장이 오히려 지역감정을 부추긴다는 비판도 있었다. 그 비판을 의식해 지역등권론을 지역연합론으로 발전시켰다. 자민련과 국민회의

가 연합해 충청과 호남이 손잡고 정권교체하자는 구상이었다. 이념 연합도 꼭 필요했다. 이번 대선에서도 김대중에게 '빨갱이' 그림자가 따라붙을 건 불 보듯 뻔했다. '찐 보수' 자민련이 색깔론을 막아줄 든든한 방파제가 되리라는 기대가 컸다.

우려도 없지는 않았다. 가릴 것은 가려야지 아무하고나 손잡아서 이기면 뭐 하냐는 비판이 많았다. 가까이하기엔 너무 먼 사이 아니냐는 것이다. 이념과 정체성이 다른 두 당이 손잡는 것은 원칙도 명분도 없는 야합이라는 지적도 나왔다. 회의론도 만만치 않았다. 김종필이 너무 무리한 요구를 한다는 것이다. 결국은 손을 뗄 수밖에 없을 것이라며, 닭 쫓던 개 지붕 쳐다보는 꼴 날 거라는 우려가 컸다. 그런 불만과 회의는 어쩌면 당연한 일이었다. 한국에서는 경험해본 적 없는 연합정치였던 것이다. 합당도 하지 않은 두 정당, 그것도 색깔이 전혀 다른 두 당이 공동정부를 전제로 정책을 조율해가면서 단일 대통령 후보로 선거를 치르는 것은 확실히 새로운 정치 실험이었다. 김대중은 어리둥절해하는 사람들에게 찬찬히 설명했다. 독일 같은 나라에서는 좌파당이 보수당과 손잡고 연합정부를 구성해 나라를 운영한다고 사례까지 들어가며 설득했다. 어찌 되었든 국민회의는 자민련과 연합을 성공시키려고 온 정성을 다했다.

국민회의는 1997년 5월 19일 대선 후보를 선출하는 전당대회를 열었다. 당내에서는 당권과 대권을 분리하자는 요구가 컸다. 한 사람에게 모든 권한을 다 주면 누구누구 사당처럼 비춰지지 않겠냐는 것이다. 사실 이 주장은 대선 후보를 뽑을 때마다 나오는 소리였다. 이번에도 한동안 설왕설래가 있었지만 후보가 총재직을 겸임할 수 있게 하자고 절충했다. 한 사람이 당권과 대권에 모두 도전할 수 있게 하되, 각각 따로 선거해서 뽑기로 한 것이다. 1971년 대선 당시, 김대중이 대선 후보로 나섰을 때 유진산 당수가 적극적으로 돕지 않았던 뼈아픈 기억도 작용했다. 비주류는 미국 예비 선거제도 같은 국민

경선 제도도 도입하자고 요구했다. 모든 야권 세력에서 대선에 출마하고 싶은 사람은 다 나와 국민이 직접 선출하는 범야권 단일 후보를 만들자는 것이다. 야권 전체를 통합하자는 제안이었지만 결국 받아들여지지 않았고, 대의원 경선을 했다. 대선 후보 선출에서 정대철과 맞붙은 김대중이 78.04퍼센트를 얻어 대선 후보가 되었다. 총재 후보로는 김상현이 김대중에 맞섰다. 김대중이 당선되어 총재직까지 거머쥐었다.

 대선 후보를 정한 국민회의는 자민련과 후보 단일화 협상에 적극 나섰다. 1997년 6월 9일에 '야권대통령후보단일화추진위원회'를 꾸렸다. 6월 24일, 김종필을 대선 후보로 결정한 자민련도 7월 2일에 '대통령후보단일화협상을 위한 수권위원회'를 만들었다. 양당 단일화 협상단은 7월 11일부터 협상에 들어갔다. 협상은 순조롭지 않았고 한동안 팽팽한 줄다리기가 이어졌다. 그러나 일이 풀릴 조짐이 보이기 시작했다. 대구·경북 지역 정치 거물 박태준이 DJP연합을 지지하며 합류하기로 한 것이다. 1997년 9월 28일, 박태준과 김대중은 일본에서 열린 올림픽 축구 예선 한일전을 함께 관람했다. 다음 날 도쿄 한 호텔 식당에서 만난 그들은 전날 한국이 이겨서 그랬는지는 몰라도 어딘지 흐뭇해 보였다. 알고 보니 산업화 세력과 민주화 세력의 화해, 영남과 호남의 화해를 이루자는 데 뜻을 함께했던 것이다. 이제 남은 과제는 김종필과 단일화였다. 그것만 성사되면 김대중은 유례없이 막강한 후보가 될 수 있을 것 같았다. 당시 여론조사 결과도 그 예측을 뒷받침해줬다. 갤럽이 10월 25일에 발표한 대선 후보 지지도는 김대중 35.4퍼센트, 이회창 21.2퍼센트, 이인제 28.8퍼센트, 조순 7.5퍼센트, 김종필 6.8퍼센트, 기타 인물 0.3퍼센트였다. 이런 흐름이 김종필로 하여금 오랫동안 망설여온 결단을 내리게 했다.

 김종필이 마침내 후보 단일화 합의문에 서명했다. 1997년 10월 31일, 양당은 '여야간 정권교체를 위한 새정치국민회의-자유민주연합의 대통령후보단일화 등에 관한 합의문'을 발표했다. '대선 후보를 김대중으로 단일화한다. 집권하면 양당 공동정부를 구성한다. 총리는 자민련이 맡는다.' 이런 약속들에 더해 1999년 말까지 내각제 개헌을 마친다고 합의했다. 경제부처 장관 임명권은 총리가 갖고, 지방선거 수도권 광역단체장 중 한 명을 자민련 소속으로 공천하기로 했다. 합의문에 서명한 김대중은 들뜬 기색이 역력했다. 상기된 표정으로 감격스러움을 표했다.

> 야권의 후보 단일화는 지금까지 우리를 짓눌러온
> 지역적 대립, 계층 간 대립에 종지부를 찍는 계기가 될 것이다.

신한국당도 대선 준비를 시작했다. 집권 여당인 데다 총선까지 이긴 터라 대선 분위기는 일찌감치 달아올랐다. 그런 분위기를 타고 여러 인사가 앞다투어 대선에 출마하겠다고 나섰다. 언론은 이들을 잠룡이라고 불렀다. 때가 다가오자 잠룡들이 서로 승천하겠다고 내지르는 소리가 악머구리 끓듯 했다. 김영삼은 그 소란이 마뜩잖았다. 신문이고 방송이고 사방 천지에서 쏟아지는 잠룡 얘기가 현직 대통령을 꿔다 놓은 보릿자루로 만들었다. 그래도 아직은 살아 있는 권력이었다. 김영삼이 잠룡들에게 한소리했다. '자기 목소리 내는 것을 자제하라.' 섬뜩한 경고였으나, 기억력 좋은 사람에게는 그 경고가 앞뒤가 맞지 않는 자가당착으로 들렸다. 제14대 총선이 끝나자마자 대선 출마를 선언해 당에 일대 회오리를 일으켰던 장본인이 바로 김영삼이었기 때문이다. 그래서인지 자제하라는 경고는 별로 먹혀들지 않았다. 김영삼은 붉으락푸르락 달아올라 더 강력한 경고를 날렸다. '독불장군에게는 미래가 없다.' 너희 미래는 내 손에 달려 있으니 알아서들 하라는 협박이었다.

그러나 저물어가는 권력은 두렵지 않았는지, 잠룡들은 아랑곳없었다. 앞다퉈 대선 레이스에 뛰어들었다. 초반에는 예비후보 8명이 각축을 벌였다. 잠룡이 많다 한들 다 같은 잠룡은 아니었다. 잠룡 중 잠룡이 있었던 것이다. 김영삼과도 맞장 떴던 대쪽 총리, "허수아비 총리는 안 한다"며 초연히 총리직을 내던졌던 사람, 1996년 신한국당에 입당해 제15대 총선에서 전국구 국회의원이 되어 당 총재까지 맡은 사람. 바로 이회창이었다. 당권을 쥐고 있는 그가 활개를 치니 다른 잠룡들은 기세가 크게 꺾일 수밖에 없었다. 두 명이 벌써 나가떨어져 최종 경선에는 6명이 겨뤘다. 7월 21일 후보를 선출하는 전당대회가 열렸다. 1차 투표에서 이회창은 41퍼센트인 4,955표를 얻어 1,774표를 얻어 2위를 한 이인제와 표차가 컸다. 하지만 이회창이 얻은 표도 과반은 안 되어서 결선투표로 갔다. 이인제는 희망을 품고 있었다. 김덕룡, 이수성, 이한동, 이인제 4인이 2위 후보를 밀어주기로 미리 입을 맞춰두었던 것이다. 그러나 기대와는 달리 결선투표에서 이회창은 60퍼센트를 득표하고 이인제는 40퍼센트에 그쳤다. 결국 이회창이 제15대 대통령 선거 신한국당 후보가 되었다.

　후보가 된 기쁨이 채 가시기도 전에 병풍(兵風)이 불어닥쳤다. 경선을 마친 이회창 지지율은 50퍼센트를 넘길 정도로 승천했다. 이제 본선거를 향해 열심히 달릴 일만 남은 듯 보였다. 신발 끈을 동여매려던 바로 그 순간, 뜻밖의 악재가 터졌다. 아들 병역 비리 의혹이 흘러나왔다. 아들 둘이 모두 부정한 방법을 써 체중 미달로 병역을 면제받았다는 것이다. 이회창에게는 그야말로 마른하늘에 날벼락이었다. '대쪽 총리'라는 강직한 이미지가 다 무너질 판이었다. 합법적인 면제라고 하소연했지만, 그 말을 믿는 사람은 많지 않았다. 고의로 체중을 줄였거나 정치적 연줄을 동원했을 거라는 의심을 거두지 않았다. 아니나 다를까 지지율이 곤두박질쳤다. 10퍼센트대까지 떨어진 지지율은 9월 들어서도 20퍼센트 초반을 못 벗어났다. 정치에서 지지율에는 장사가 없다. 지지율이 떨어지니 싸워보기도 전에 위기감이 높아졌다. 후보를 바꿔야 하는 것 아니냐는 소리가 여기저기서 들렸다. 경선 패배에 망연자실하던 이인제는 다시 희망을 품고 후보 교체론에 부채질을 했다. 그런다고 물러날 이회창이 아니었다. 이인제가 그 사실을 모를 리 없으면서도 후보 교체론을 들고 나온 데는 다 계산이 있었다. 후보 교체를 빌미 삼아 경선에 불복하고 탈당하려는 것이었다. 김영삼까지 나서서 만류했지만 이인제는 개의치 않고 제 갈 길을 갔다. 결국 대선을 두 달 앞둔 9월 13일에 신한국당을 탈당했다. 그를 지지하는 일부 의원들과 지구당 위원장들도 같이 나와 국민신당을 만들었다. 이인제는 국민신당 후보로 대선에 출마했다. 국민회의가 연합군을 만드는 동안 신한국당에는 반란군이 생긴 것이다.

이회창은 초조했다. 떨어진 지지율이 다시 오르지 않자 반전을 노리고 승부수를 던졌다. 1997년 10월 7일, 신한국당 사무총장이 상기된 표정으로 긴급 기자회견을 열었다.

**김대중 총재가 자신의 처조카를 시켜서 365개의
가·차명 및 도명 계좌를 통해 670억 원의 비자금을 관리해왔다.**

검은 돈이 드러났으니 검찰은 수사하여 출처를 밝히라고 목소리를 잔뜩 높였다. 이것이 바로 김대중 비자금 사건이다. 그 충격적인 주장에 국민회의는 즉각 반발했다. '김대중 죽이기' 공작이라고 규정하고 정치 공세일 뿐이라고 일축했다. 신한국당은 김대중을 뇌물수수 혐의 등으로 고발하기까지 했다. 김대중은 한 치도 물러서지 않고 강하게 맞받아쳤다. '수사할 거면 모두 하라. 김영삼 대통령 비자금까지 전부 공개하면 나도 공개하겠다.' 김대중이 정면 대응하자 신한국당은 되로 주고 말로 받아야 할 처지가 되었다. 당당하게 대응했기 때문인지, 공격이 어설펐기 때문인지 김대중 지지율은 1위에서 꿈쩍도 안 했다. 수사에 나설 듯하던 검찰도 신한국당을 도와주지 않았다. 김대중 비자금 수사를 대선 이후로 미루겠다고 했다. 결국 신한국당이 던진 승부수는 무리수로 끝나고 말았다.

    대선 한복판에 외환위기까지 덮쳤다. 경제는 파탄 났고 나라는 사실상 부도 상태였다. 1997년 초부터 재벌 그룹이 줄줄이 무너지고 은행도 잇따라 문을 닫았다. 노동자는 거리로 내몰렸고, 외국 투자자는 썰물처럼 빠져나갔다. 그 결과 외환 보유액이 급격히 줄어 결국 11월 21일 국제통화기금(IMF)에 구제금융을 공식 신청해야 했다. 그렇게 국가부도 사태가 일어났다. 국민회의는 정부와 여당을 싸잡아 책임을 추궁했다.

국가 경제 파탄 원인은 김영삼 정부와 이에 관여해 혜택받은 이회창과 한나라당에 있다.

이회창 입장에서는 억울할 수 있었지만 현 정부 실정을 여당이 책임지는 것은 당연지사였다. 그런데도 여당은 뻔뻔하게 나왔다. 당시 IMF 협상 내용이 한국에 너무 불리해 경제에 큰 타격을 줄 거라는 지적들이 많았다. 김대중도 IMF에서 자금을 지원받되, 우리나라 입장을 더 반영해 필요한 부분은 '재협상'하자고 주장했다. 이때 재협상은 '기존 협상은 인정하되 현실적 필요에 따라 추가 협상을 하자'는 의미였다. 그런데도 여당과 조선일보 등은 김대중이 IMF 협상을 반대하는 것처럼 왜곡하고 국민을 속였다. '김대중이 재협상을 하자고 해 IMF가 자금 지원을 꺼린다'는 주장까지 했다. 국민 불안을 부추기려는 의도였다. 국민과 나라 걱정은 찾아볼 수 없고 선거에 이길 욕심만 태산이었다.

    신한국당은 국민회의와 자민련이 연합하자 적잖이 당황했다. 짐짓 태연한 표정을 지었지만 불안한 눈빛은 감출 수 없었다. 앞에서는 '권력욕에 불타는 두 김 씨가 추잡한 노욕을 부린다'며 험한 말을 해댔지만, 뒤로는 반DJP연합을 내걸고 통합민주당과 합당을 모색하고 있었다. 총선에서 풍비박산 난 통합민주당은 쪼그라들 대로 쪼그라들어 있었다. 열 명도 안 되는 의원으로 근근이 버티는 형편이었다. 당 개혁을 외치는 비주류들이 국민통합추진회의(통추)를 만들어 이기택 지도부와 갈등을 빚고 있었다. 그런 와중에 서울시장 조순이 8월 20일 통합민주당에 입당해 총재가 되었다. 9월 11일에는 대통령 후보로 뽑혀 대선을 준비했다. 후보만 뽑아놓고 모두가 딴생각을 하고 있었다. 조순 독자 출마가 부질없음을 다 알고 있었던 것이다. 이인제와 단일화를 하자느니, 여당 후보와 연대하자느니, 독자 출마를 하자는 둥 각양각색이었다. 조순도 독자 출마를 고집할 생각이 없었다. 이회창에게 연대를 제안했다. 이회창이 그 제안을 받아들여 11월 7일 둘이 만났다. 그들은 곧바로 당 대 당 통합을 이루고 이회창이 대선 후보, 조순이 총재를 하기로 합의했다. 그러면서 "낡고 부패한 3김정치 시대를 청산하고 정치혁신을 주도하기 위하여 서로 뜻과 힘을 모으기로 했다"고 발표했다. 1997년 11월 21일 신한국당과 통합민주당은 한나라당으로 한 몸이 되었다.

　통합민주당이 통째로 합당한 것은 아니었다. 3당 합당할 때 통일민주당 의원 몇이 잔류해 꼬마 민주당을 했듯이 이번에도 몇은 남았다. 통합민주당 비주류 개혁파였던 국민통합추진회의 사람들 중에는 신한국당과 합당을 반대한 이들이 있었다. 그들은 신한국당으로 가지 않고 국민회의로 왔다. 민주당을 분당시킨 김대중이 밉지만, 정권교체를 위해서는 국민회의로 가자는 '김대중 배웅론'을 내세웠던 것이다. 물론 통추 사람들 중 민주당을 쪼갠 김대중에게 원망이 사무친 이들은 신한국당으로 갔다. 국민회의는 통추 사람들 입당을 반겼다. 노무현, 김정길 등은 부산·경남 지역 득표에 크게 기여할 수 있었다. 통추 사람들은 도덕성과 개혁성에서 신망이 컸던 터라, DJP연합으로 보수성이 강해졌다는 불만을 누그러뜨리고 민주 개혁 진영을 끌어들이는 데 큰 힘이 되었다. 김대중은 11월 10일 통추 사람들을 만나 1995년 민주당 분당에 사과했다. "결과적으로 여러분들이 희생되고 피해를 본 데 대해 미안하게 생각한다." 사흘 뒤에 통추 대표인 김원기를 포함해 노무현, 김정길, 박석무, 유인태, 원혜영, 홍기훈, 황의성 등이 국민회의에 입당했다.

통추와 국민회의는 50년 여당의 부패와 부조리를 청산하는 여야 정권교체가 이 시대 최대의 사명이자 최고의 개혁이라는 점에 인식을 같이하고 대선에서 함께 힘을 합치기로 했다.

이제 대선 진용이 짜였다. 국민회의 김대중, 한나라당 이회창, 국민신당 이인제가 맞붙는 3파전이었다. 세 후보 모두 '바꾸자'고 했다. 김대중은 정권을 바꾸자고 했고, 이회창은 3김을 바꾸자고 했고, 이인제는 세대를 바꾸자고 했다. 국민회의는 정권교체를 위해 크게 두 방향으로 선거운동을 전개했다. 하나는 '준비된 대통령'이었다. 대통령이 되기 위해 사십 년을 준비해온 김대중에게 딱 어울리는 말이었다. 오랜 세월 준비했으니 꼭 한 번 기회를 달라고 호소하고 다녔다. 정치 신인이나 다름없었던 이회창과 대비를 이루며 경제위기로 불안한 국민들에게 안정감을 주었다. 그 방향이 먹혀들었다. 선거 직전에 한국갤럽이 발표한 여론조사에서 경제와 외교, 국방 모두 김대중이 가장 잘할 것으로 나왔다. 다른 하나는 연합정권론이었다. DJP연합, 통추 영입으로 국민회의는 거대한 연합군이 되었고, 그 위력을 최대로 발휘했다. 국민회의는 국민들에게 지역, 이념, 세대를 아우르는 통합의 나라를 보여주려고 했다. 1997년 12월 3일 첫 TV 찬조 연설에 나선 노무현도 그 점을 강조했다.

**지역갈등을 극복하고 지역통합을 이루려는 사람,
호남과 충청 및 TK와 PK가 연합한 야권 단일 후보를 밀어주자.**

이날 노무현 연설은 찬조 연설을 통틀어 최고 시청률을 기록하기도 했다.

마침내 투표 날이 밝았다. 1997년 12월 18일에 유권자는 7명 후보 중에 한 명을 선택했다. 저녁 6시에 투표가 끝나자 7시가 넘어가면서부터 개표가 시작되었다. 김대중과 이회창은 밤새 50차례가 넘게 엎치락뒤치락했다. 심장이 약한 사람은 못 볼 정도였다. 밤 10시가 넘어가면서부터 김대중이 앞서기 시작했지만 근소한 차였다. 마침내 김대중이 40.3퍼센트 득표율로 당선되었다. 이회창과는 고작 39만 557표 차이밖에 안 났다. 이인제는 19.2퍼센트를 얻었다. 곳곳에서 터져 나오는 만세 소리가 잠든 시간을 깨우고 있었다.

실로 역사적인 승리였다. 광복 이후 단 한 번도 없었던 여야 간 평화적 정권교체가 마침내 현실이 된 것이다. 새정치국민회의는 거대한 연합 세력을 구축해 뿌리 깊은 지역주의라는 벽을 무너뜨리려고 사력을 다했고, 의미 있는 결실도 거두었다. 특히 지지 기반이 약했던 충청도에서 무려 43만 표 차로 이긴 것은 놀라운 일이었다. 모두가 반신반의했던 '연합정치'라는 정치 실험 또한 일단은 성공했다. 지역과 색깔이 다른 정당이 합당이 아닌 연합이라는 이름 아래 힘을 모아 대선 승리를 이루어낸 것이다. 정책을 합의하되 밀실에서 하지 않고 모든 과정을 국민 앞에 투명하게 알렸다. 결국 선거라는 심판대에서 그 정당성을 인정받을 수 있었다. 이처럼 극적으로 권력을 잡은 국민회의는 국란에 처한 나라를 다시 일으켜 세워야 하는 막중한 사명을 짊어지게 되었다. 김대중 당선인 첫 일성 또한 그 비장한 각오를 고스란히 담고 있었다.

50년 헌정사상 처음으로 선거에 의한 정권교체를 이룬 저력으로 국민 모두의 힘을 모아 경제위기 국난을 극복해 나가는 데 온 힘을 다하겠다.

새천년의 문을 열다

벅찬 감격과 기쁨에 가슴이 터질 듯 울컥했다. 광복 후 선거로 이룬 여야 간 첫 정권교체니 그럴 만했다. 국민회의는 그 역사적 순간을 이룬 주역이 되었다. 만년 야당으로 살며 체념해온 시간이 길었던 탓인지 쉬 실감이 나지 않았다. 1998년 2월 25일, 그날이 돼서야 비로소 집권당이라는 현실을 마주할 수 있었다. 눈부신 햇살을 가르며 김대중이 당당히 등장했다.

온갖 시련과 장벽을 넘어 진정한 국민의 정부를 탄생시킨 국민께 찬양과 감사를 바친다.

그는 끝내 그 말을 다 잇지 못하고 목이 메었다. 그 순간, 정권교체가 지닌 역사적 무게가 고스란히 느껴졌고, 민주당이 겪어야 했던 사십여 년 풍상이 주마등처럼 스쳐 갔다. 수난을 견뎠고, 저항에 주저하지 않았으며, 분열에 아파했고, 통합으로 승리를 이끌어온 순간들이었다. 뭐라 말로 다할 수 없는 감회도 잠시, 국민회의 사람들은 이내 국민의 정부를 성공시켜야 한다는 사명감으로 신발끈을 단단히 묶었다. 당 사람들 손을 잡고 '고생만 시켜서 미안하다. 이 운명을 함께 짊어지고 나가자'라고 말하는 김대중은 눈시울이 붉어져 있었다.

 녹록지 않은 출발이었다. 나라는 사실상 부도 상태였다. 나라 경제를 IMF가 쥐락펴락하고 있었다. 하루라도 빨리 IMF 관리체제에서 벗어나자면 거대 야당인 한나라당 도움이 절실했다. 김대중은 취임사에서, 잘못은 정부가 저질렀는데 고통은 국민이 당하는 현실에 분통을 터뜨리며 말을 잇지 못했다. 복받치는 감정을 가까스로 누르며, 한나라당을 향해 애절하고 간절하게 부탁하고 당부했다. '일 년만 도와달라. 국민과 나라를 위해서 함께 협력하자. 모든 것을 함께 상의할 테니 부디 그렇게 해달라.' 겉으로는 부탁받는 입장이었지만, 사실 집권 여당이었던 한나라당은 석고대죄를 해도 시원치 않을 판이었다. 나라 꼴을 엉망진창으로 만들고 국민 삶을 나락에 몰아넣은 책임이 너무도 크고 무거웠다. 머리까지 조아리지는 못해도 조금이라도 양심과 책임감이 있다면 수습에 나선 새 정부를 돕는 시늉이라도 했어야 했다. 그런데도 한나라당은 일 년은커녕 단 하루도 그 도리를 다할 생각이 없었다.

 국민회의는 마음이 급했다. 하루라도 빨리 국민의 정부가 제대로 일을 시작하도록 도와야 했다. 취임식 당일 임시국회를 열어 김종필 총리 임명 동의안을 표결하자고 했다. 그러나 한나라당 머릿속에는 온통 한 가지 생각뿐이었다. '밀리면 죽는다. 흩어져도 죽는다.' 제 살 궁리만 하느라 똘똘 뭉쳐 동의안을 반대했다. 혹시라도 내부에서 찬성표가 나올까 전전긍긍하더니 아예 표결에 불참해버렸다. 대통령 취임식을 한 바로 그날부터 딴죽을 걸고 총리 인준을 거부한 것이다. 남의 집 잔칫날에 재 뿌릴 심보가 아니라면 차마 그럴 수는 없었다. 3월 2일 다시 표결을 시도했지만, 이참에는 꼼수를 부렸다. 표결에 참여하되 기표소에 들어가지도 않고 투표지를 받은 그대로 투표함에 넣는 백지투표를 했다. 그 바람에 표결은 중단되었고, 본회의장은 고성과 소란으로 아수라장이 되었다. 들끓는 여론에 비난이 빗발쳤다. 국민은 나라 살리겠다고 아이 백일반지, 돌반지까지 내놓는 마당에 한나라당은 자기들 살겠다고 백지투표를 하는 게 말이 되냐며 분노했다. 총리가 없으면 장관을 제청하지도 못하고, 장관이 없으면 정부조차 구성할 수 없었다. 결국 어쩔 수 없이 지난 정부 총리인 고건이 새 정부 장관들을 제청하는 기묘한 상황이 벌어지고 말았다. 김종필은 3월 3일 총리서리라는 임시직 총리가 되었고, 그 서리 딱지를 떼는 데 무려 167일이나 걸렸다.

시작이 반이라는데 그 중요한 시작을 망친 셈이었다. 대통령 취임 첫날부터 한나라당이 몽니를 부리니 전조가 심상치 않았다. 새 정부는 급한 마음에 속이 타들어 갔다. IMF 국난을 하루라도 빨리 벗어나려니 앞날은 험하고 갈 길이 먼데 한나라당이 하나부터 열까지 사사건건 발목을 잡았던 것이다. 그러나저러나 161석을 가진 한나라당 협조 없이는 할 수 있는 게 없었다. 무슨 수를 내야 했다. 그렇다고 누구처럼 국회를 해산하거나 총칼로 판을 엎을 수는 없었다. 국민회의는 해법으로 정계 개편을 만지작거렸다. 김대중은 취임식 날 자신이 간곡히 전한 부탁을 모질게 걷어찬 한나라당에 섭섭함과 원망을 감추지 않았다.

야당은 취임식 그날부터 도와주지 않았다. 오전에 의사당 밖에서는 취임식을 했는데 오후에는 의사당 안에서 난리를 쳤고, 예산안으로 2, 3개월을 끌었으며 정부조직법은 난도질을 했다.

하지만 정계 개편은 생각처럼 간단치가 않았다. 그도 그럴 것이 야당일 때 국민회의는 인위적인 정계 개편을 시종일관 반대하고 비판했었다. 민의를 따르고 존중해야 한다는 이유였다. 그랬던 국민회의가 이제 와서 정계 개편을 꺼내 드니 당장 비난이 쏟아졌다. '내가 하면 로맨스고 남이 하면 불륜인가?' 요샛말로 '내로남불' 말라는 소리였다. 국민회의는 사색이 되어 손사래를 쳤다. 민심을 거스르는 정계 개편이 아니라 본디 민심대로 돌려놓는 원상회복일 뿐이라고 했다. 국민회의가 내세우는 논리는 이랬다. '국민이 15대 총선 때 신한국당에 139석을 주어 여소야대를 만들었는데, 신한국당이 야당 의원들을 빼내 인위적으로 여대야소를 만들었다. 그러니 애초에 국민이 만들어준 상태로 되돌려놓아야 한다. 그것이 민심을 따르는 것이다.' 논리는 그럴싸했지만, 그런 정계 개편에 국민도 찬성하는지는 살펴볼 필요가 있었다. 때마침 그럴 기회가 왔다.

　제2회 동시지방선거가 성큼 다가왔다. 선거 날인 1998년 6월 4일은 마침 정부가 출범한 지 백 일 되는 즈음이었다. 정국 주도권을 잡느냐 마느냐를 결정하는 중요한 분수령 선거였다. 국민회의로서는 이기기만 하면 한나라당을 흔들어놓고 정계를 개편할 동력도 얻을 수 있는 기회였다. 그 사실을 모를 리 없는 한나라당도 잔뜩 긴장했다. 반드시 이겨야만 대선 패배 이후 동요하는 의원들을 붙잡아둘 수 있었다. 국민회의는 지방선거에서도 공동정부를 운영하는 자민련과 연합했다. 선거 날이 되었다. 각 당은 치열하게 선거전을 벌였지만, 막상 투표소는 설렁했다. 아니나 다를까 투표율도 뚝 떨어졌다. 봄날이었지만 IMF 한파가 여전해 하루하루 버티기도 힘들었던지라 사람들이 정치에 마음 쓸 겨를이 없었을지도 모른다. 선거 연합 덕분인지, 이제 막 시작한 새 정부를 밀어주고 싶었던 건지, 아니면 한나라당에 실망했기 때문인지 어쨌든 민심은 여당 손을 들어주었다. 전국 16개 광역자치단체장 중에서 국민회의 6석, 자민련 4석을 얻어 여권이 10석을 가져왔다. 수도권, 충청도, 전라도, 제주도를 모두 휩쓴 결과였다. 한나라당은 영남과 강원을 넘지 못한 채 시도지사 6석에 그쳤다. 기초단체장과 광역의회 의원 당선자도 국민회의가 한나라당을 크게 앞질렀다. 서울 구청장 당선자는 한나라당 4배에 달했다. 정계 개편을 내걸고 치른 선거에서 큰 승리를 거두었으니 민심도 정계 개편에 찬성하는 것으로 받아들일 만했다.

김대중도 자신감을 얻었다. 정계 개편 의지를 분명하고 단호하게 드러냈다. 국난을 돌파하고 개혁을 완수하려면 정계 개편은 피할 수 없는 선택이라고 못 박았다. 한나라당 의원들은 동요했다. 특히 국민회의가 압승한 수도권 의원들은 재빠르게 계산기를 두드리기 시작했다. 다음 선거에 한나라당 간판으로 출마했다가는 당선되기 어렵겠다는 계산이 나오고 있었다. 그 틈새로 국민회의와 자민련이 물밑 작업에 들어갔다. 작업 성과는 금세 나타났다. 1998년 8월 3일 국회의장을 선출할 때 즈음 한나라당에는 흩어지면 죽는다는 결기가 사라졌다. 전열이 무너졌고, 마음은 흐트러졌다. 한나라당 의석은 여전히 과반인 151명이었고, 이들이 일심동체로 움직이면 국회의장은 한나라당이 차지할 수 있었다. 국민회의와 자민련은 의장 후보로 9선인 자민련 박준규 의원을 공동으로 지명했다. 자민련 의원이지만 원래 그는 조병옥 비서로 시작해서 5대 국회에서 민주당 의원으로 정치에 입문한 인물이었다. 어쨌든 6시간 동안 3차 표결까지 갈 정도로 표 대결은 치열했다. 결국 박준규가 총 투표수 295표 중 찬성 149표를 얻어 아슬아슬한 과반으로 의장에 당선되었다. 한나라당에서 10표 남짓 이탈표가 나온 것이다. 한나라당이 내세운 오세응 후보는 139표를 얻어 딱 10표 차로 졌다. 이탈은 여기서 그치지 않았다. 8월 17일에 이뤄진 김종필 총리 임명 동의안 표결에서는 이탈표가 무더기로 나왔다. 찬성 171표, 반대 65표, 기권 7표, 무효 12표로 김종필은 총리에 임명되었다. 총리서리로 일한 지 167일 만이었다. 그렇게 한나라당은 흔들리고 있었다. 이런 와중에 8월 28일에는 이만섭, 이인제 등 국민신당 소속 의원들이 국민회의와 통합했다. 힘을 줄수록 손가락 사이로 모래알 빠져나가듯 한나라당 의원들은 하나

둘씩 당을 빠져나갔다. 1998년 12월에는 한나라당 136석, 국민회의 105석, 자민련 53석으로 한나라당 과반이 무너졌고, 여권은 과반을 채웠다.

한나라당은 급격히 흔들렸다. 강력하게 당권을 쥐고 흔들었던 이회창이 사라진 빈자리는 생각보다 컸다. 그가 떠나자 당은 구심점을 잃고 갈피를 잡지 못했다. 그 빈자리를 메울 방도도 달리 없었다. 대선 패배를 책임지고 물러났던 이회창이 당을 수습할 책임을 맡고 돌아왔다. 1998년 8월 31일 전당대회에서 한나라당은 그를 다시 총재 자리에 앉혔다. 대선 패배 8개월 만에 화려하게 복귀한 것이다. 총재직 2년을 보장받았던 조순은 명예롭지 않게 명예총재로 물러났다. 이회창은 다가온 총선 공천권을 손에 쥐고 당을 장악해서 대권에 다시 도전할 속셈이었다. 제1야당 총재로 돌아온 이회창은 김대중과 본격적인 대결을 시작했다.

지방선거에서 승리한 국민회의와 자민련은 한숨 돌렸다. 낯선 길 위에 선 공동정부는 덜컹거리면서도 어찌어찌 굴러는 갔다. 여기저기서 삐걱대는 소리도 났지만 그때마다 급히 기름칠을 해가며 상황을 넘겼다. 하지만 기름칠만으로는 안 되는 문제도 있었다. 바로 내각제 개헌이었다. 지방선거가 끝난 뒤, 자민련은 계산할 것은 계산하자며 청구서를 내밀었다. 내각제 약속을 지킬 때가 되었다는 것이다. DJP연합 합의서에는 제15대 국회 임기 안에 개헌한다는 약속이 있었다. 국민회의는 곤혹스러웠다. 현실적으로 개헌은 어림없는 일이었다. 개헌안을 국민투표에 부치려면 국회 재적 의원 3분의 2가 찬성해야 했고, 그러려면 한나라당 협조가 필수였는데 한나라당이 개헌에 동조할 리가 만무했다. 국민회의는 시기상조론을 폈다. 되지도 않을 개헌에 매달릴 때가 아니라는 논리였다. 개헌을 바라는 민심이 높지도 않았고, 특히 내각제에는 반응이 냉랭했다. 자민련은 언제는 상황이 좋았냐며 국민을 설득해 여론을 만들어서라도 돌파하자고 했다. 국민회의가 계속 뜨뜻미지근한 태도를 보이자 자민련은 내각책임제추진위원회까지 만들어 압박했다. 1999년 3월 3일, 국회 대정부 질문에서는 국민회의와 자민련 의원들이 내각제 개헌 문제로 설전까지 벌이며 충돌했다. 김종필은 총리직 사퇴까지 들먹이며 배수진을 쳤다. 분위기가 심상치 않았다. 이런 와중에 국민회의에서는 자민련과 합당하자는 이야기가 수면 위로 떠올랐다. 합당으로 우선 내각제 목소리를 잠재우려는 의도로 보였다. 그런 다음 한나라당 영남권 의원들까지 흡수해 전국 정당으로 확장한다는 구상이었다. 자민련 안에서는 의견이 엇갈렸다. 비충청권 의원들은 합당에 긍정적이었지만 충청권 의원들은 강하게 반발했다. 분위기가 혼란스러워지자, 1999년 7월 21일 김대중, 김종필, 박태준이 만났다. 셋은 내각제 개헌을 미루기로 하고 양당 공조를 강화하되 합당은 하지 않기로 했다. 내각제 합의 당시와는 사정이 너무나도 많이 달라져 개헌을 연기하지 않을 수 없다는 데 뜻을 모았다. 어지럽던 정국이 겨우 진정되는 기미가 보였다.

내각제 개헌 문제를 털고 나자, 국민회의는 곧장 신당 창당 작업에 나섰다. 1999년 7월 23일, 국민회의 이만섭 총재권한대행은 기자회견을 열어 신당 창당을 선언했다. 현 상태로는 다음 총선에서 과반 의석을 확보하기는커녕 정국 주도권조차 쥘 수 없다는 위기감이 컸다. 이대로는 공동정부 운영도 쉽지 않았다. 공동정부라는 한 지붕 아래서 같이 살기는 하지만, 국민회의도 자민련도 둘 다 행복해 보이지는 않았다. 말이 공동정부지 죽도 밥도 아니라는 볼멘소리도 많았다. 국민회의 사람들은 집권 후반기에 국정을 안정적으로 운영하려면 단독으로 제1당이 되어야 한다는 공감대를 이뤘다. 8월 30일, 국민회의 중앙위원회가 열렸다. 김대중은 이 자리에서 '개혁적 국민정당'을 표방한 신당을 만들자고 했다. 개혁적 보수 세력과 건전한 혁신 세력을 대거 받아들여 소외돼온 서민과 중산층을 대변하자는 것이다. 이념과 정책만이 아니라 인물 면에서도 큰 변화를 추구했다. 9월 10일 열린 신당 창당 발기인 대회는 큰 변화를 예고했다. 그 자리에는 386 운동권, 여러 분야 유명 인사, 군 출신 인사 등 각계각층 사람들이 함께했다. 서영훈 전 KBS 사장, 장영신 한국여성경제인연합회 회장, 송자 명지대 총장, 이재정 성공회신학대 총장, 이창복 민주개혁국민연합 상임대표, 한명숙 여성단체연합 공동대표, 장태완 전 수경사령관, 이인영 전 전대협 의장 등 쟁쟁한 인물들이 수두룩했다. 그 면면에 언론도 놀라는 눈치였다. 때마침 세계적인 지휘자 정명훈이 신당에 합류한다는 보도가 나갔다. 부러웠는지 한나라당은 세계적인 예술가를 국내 정치에 끌어들여서는 안 된다고 괜히 딴죽을 걸었다. 국민회의는 베르디도 이탈리아 초대 국민회의 의원까지 지냈다며 뭐가 문제냐고 면박을 줬다. 11월 25일에는 대부분 외부 인사로 창당준비위원회를 꾸렸다. 당명도 공모를 거쳐 가칭 '새천년민주신당'으로 정했다. 다가오는 새천년에 거는 기대와 희망이 물씬한 이름이었다. 자민련은 신당 참여를 저울질하다 그냥 자민련으로 남기로 했다. 12월 22일에 김대중과 김종필이 만나 합당은 하지 않지만 제16대 총선은 연합공천으로 치르기로 했다.

마침내 새천년이 왔다. 새로운 시대로 들어가는 문턱에서, 새천년민주당이 태어났다. 신당은 2000년 1월 20일 창당대회를 열고 '새천년민주당' 출범을 선언했다. 21세기가 시작되었으니 새천년이요, 초심으로 돌아가 민주주의를 더 강화하자는 의미로 민주당이었다. 약칭은 민주당으로 했다. 4년 4개월 만에 국민회의는 간판을 내렸다. 이날 총재로는 김대중을, 대표로는 서영훈을 뽑았다. 다가올 4월 총선은 이인제가 선대위원장을 맡아 이끌기로 했다. 창당대회를 휘감은 화두는 개혁이었다. 정치개혁은 물론 지식기반산업과 첨단산업을 육성하고 생산적 복지를 실현해 사회개혁을 이루자고 했다. 창당선언문에 그 방향이 잘 담겼다.

모든 민주 세력과 21세기 국가경영을 주도할 각계 인사가 함께 모여 민주주의와 시장경제, 생산적 복지의 병행 발전을 구현하고 21세기 지식 기반 시대를 선도하는 개혁적 국민정당이 될 것이며, 전문성과 창의성을 바탕으로 미래를 여는 희망의 새 정치를 꽃피우는 데 전력을 다할 것이다.

당 강령은 3대 이념, 즉 민주주의, 시장경제, 생산적 복지를 핵심 노선으로 제시했다. 또한 새천년민주당은 '중산층과 서민의 권익을 대변하는 국민적 개혁정당'임을 밝혔다. 창당대회를 유심히 지켜보던 자민련은 강령에 내각제 개헌이 빠졌음을 금세 알아차렸다. 민주당이 국민회의 후신이라면 당연히 내각제 개헌을 강령에 포함해야 한다고 했다. 강령에 내각제 개헌을 뺀 것은 약속 위반이자 신의를 배신한 행위라고 날을 세웠다. 신의를 깼으니 공조도 깨자고 했다.

다가오는 제16대 총선은 오랜만에 '민주당' 이름으로 치르게 됐다. 새천년민주당, 한나라당, 자유민주연합, 민주국민당 4당이 겨뤘다. 민주당은 자민련과 연합공천을 시도했지만 걸리는 게 많았다. 설상가상으로 연합공천을 더 어렵게 하는 상황이 생겼다. 사백여 시민단체가 모인 총선시민연대가 공천하면 안 되는 인사 명단을 발표하고 낙천 낙선운동을 벌인 것이다. 명단에는 한나라당 29명, 민주당 16명, 자민련 16명이 들어 있었다. 수는 한나라당 인사가 제일 많았지만, 비율로 보면 자민련 인사가 가장 많았고 무엇보다 김종필 총재도 포함되어 있었다. 자민련은 'JP 죽이기'라며 민주당이 시민단체와 짬짜미한 것 아니냐고 의심했다. 결국 자민련은 2000년 2월 24일, 민주당과 더 이상 공조하지 않는다며 공조 파기를 선언했다. DJP연합이 사실상 해체되자 민주당은 독자적으로 선거를 치르기로 하고 단독 공천을 하는 등 선거전에 돌입했다. 구호는 "안정 속의 개혁"이었다. 경제위기를 극복하고 개혁을 이루려면 정치적 안정이 필요하고, 그러려면 집권 여당이 다수 의석을 가져야 한다고 했다. 전국 정당화를 목표로 120석 정도를 노렸다. 합당한 국민신당 이인제가 선거대책위원장을 맡아 자민련에 내줬던 충청권 공략에도 공을 들였다. 선거 구도는 1여 3야로 쉽지 않았다. 야당들은 모두 정부 심판론을 앞세워 정부 실책에 집중 포화를 날렸다.

 집중 공격으로 수세에 몰렸던 민주당에 호재가 생겼다. 선거를 사흘 앞두고, 역사상 최초로 남북정상회담이 열린다는 발표가 났다. 6월 13일부터 15일까지 김대중이 북한을 방문해 김정일 국방위원장과 회담을 하기로 했다. 나라 운명이 걸린 중대사였지만, 각 당은 선거에 미칠 영향과 유불리를 따졌다. 민주당에 도움이 될 거라는 말이 있는가 하면, 위기를 느낀 야당 지지자들이 결집해 오히려 독이 될 거라는 전망도 있었다. 4월 13일, 제16대 총선이 치러졌다. 투표 시간이 끝나자마자 발표된 방송사 출구조사에서 민주당이 제1당이 되는 것으로 나와 민주당사가 들썩였지만, 좋다 말았다. 막상 투표함이 열리자 결과는 딴판이었다. 한나라당이 133석을 차지해 제1당이 되었다. 민주당은 115석을 얻었다. 자민련은 17석으로 쪼그라들었다. 민주당은 제1당으로 올라서지 못한 것이 아쉬웠지만, 그래도 충청에서 8석, 강원에서 5석을 얻어 전국 정당으로 발돋움할 토대를 마련했다는 점을 위안 삼았다. 노무현, 김정길 등이 도전한 부산·경남에서는 이번에도 헛물만 켰다. 어쨌든 제15대 총선보다 30석 웃돌아 그나마 다행이었다.

 총선 결과를 놓고 보니, 민주당도 자민련도 서로가 절실해졌다. 자민련은 17석으로 쪼그라들어 원내교섭단체도 못 만들 형편이 되었다. 민주당도 국정을 안정적으로 운영하려면 자민당과 다시 공조해야 했다. 그래서 자민련을 원내교섭단체로 만들어주기로 했다. 그 과정에서 정치사에 길이 남을 '의원 꿔주기'라는 해괴한 짓을 벌였다. 민주당 의원 3명을 자민련에 꿔줘 20명을 맞춘 것이다. 자민련 의원

하나가 눈 뜨고는 이런 꼴을 못 보겠다며 저항하다 결국 제명되었다. 그 바람에 다시 의원 한 명이 부족해지자 민주당은 한 명을 더 꿔줬다. 이렇게 민주당 의원 4명이 보따리만 싸서 자민련으로 갔다. 이 듣도 보도 못한 '의원 꿔주기'로 자민련은 원내교섭단체가 되었고 양당 공조도 다시 이루어졌다. 어쨌든 누이 좋고 매부도 좋았다. 좋긴 좋았는데 좋다 말았다. 2001년 8월 24일, 한나라당이 임동원 통일부 장관 해임건의안을 제출했다. 8·15 때 북한을 다녀온 일부 인사들이 이적 행위를 했는데 통일부 장관이 이를 방조했다는 것이다. 거기에 북한 선박이 영해를 침범했는데도 묵인했다는 책임을 덧댔다. 자민련은 청와대에 '좋은 말 할 때 알아서 사퇴시키라'고 경고했다. 청와대가 나서서 달랬지만 자민련은 결국 한나라당과 손잡고 해임안에 찬성표를 던졌다. 재적 의원 271명 중 267명이 무기명 비밀투표를 해 찬성 148표, 반대 119표로 해임안은 통과되었다. 장독을 깨뜨렸는데 살림을 같이할 수는 없는 노릇이다. 이로써 3년 10개월간 덜컹거리며 굴러온 DJP 공조는 최종적으로 파국을 맞았다. 물론 집 나간 의원들은 길 잃지 않고 연어처럼 집으로 돌아왔다.

 이런 와중에도 대선 시계는 바삐 돌아가고 있었다. 민주당은 대선 후보를 뽑는 데 정당 사상 처음으로 국민경선제도를 도입하기로 했다. 사실 이 제도는 제15대 대선 당시 비주류가 강력히 주장했던 것인데, 그때는 받아들여지지 않았다. 이번에는 달랐다. 도입까지 우여곡절이 많았지만 도입해야만 한다는 절박함이 있었다. 2001년 10월 25일 치른 국회의원 재보궐선거에서 민주당은 3곳 모두 고배를 마셨다. 이 패배가 당 쇄신 운동에 불을 당겼다. 당내 개혁파들은 당을 좌지우지하는 동교동계 핵심 인사들에게 2선으로 물러나라고 요구했다. 당내 민주주의도 확대하자고 했다. 김대중도 혁신 움직임에 고개를 끄덕였고, 11월 8일에는 스스로 당 총재직까지 내려놨다. 곧바로 민주당은 '당 쇄신과 발전을 위한 특별대책위원회'를 설치해 개혁안을 만들었다. 2002년 1월 7일 열린 당무위원회는 개혁안을 확정했다. 당 총재직을 폐지하고 집단지도체제를 도입하기로 했다. 대선 후보와 당 대표도 분리하기로 했다. 원내 일은 원내총무가 맡아서 하고 정책 결정은 의원총회에서 의결하는 원내정당화도 추진했다. 공천도 당원들 의사를 존중하는 상향식 공천으로 바꾸기로 했다. 그런 변화 속에서 대선 후보 선출에도 국민참여경선제를 도입하게 된 것이다. 당시로서는 획기적인 변화였지만 김대중은 이 개혁안을 하나도 거르지 않고 전격 수용했다.

그렇게 국민경선제가 도입되었다. 경선 참여 비율은 대의원 20퍼센트, 일반 당원 30퍼센트에 국민이 무려 50퍼센트를 차지했다. 일반 국민 3만 5천 명이 직접 후보를 선택했다. 국민선거인단 모집에 무려 190만 명이 신청할 만큼 흥행했다. 2002년 3월 9일부터 제주를 시작으로 50일간 경선 레이스가 펼쳐졌다. 경선 전까지 대세는 이인제였다. 당내 주류 세력이었던 동교동계가 그를 밀고 있다는 소문이 파다했다. 나름 내세운 명분은 DJP연합 시즌2 재집권 전략이었다. 충청 출신 이인제와 호남 기반 동교동계가 손을 잡아야 재집권할 수 있다는 논리였다. 새천년에도 여전히 지난 세기에나 어울릴 정치 공학을 되풀이하고 있었던 것이다. 어쨌든 이인제 외에도 김근태, 노무현, 정동영, 한화갑 등 쟁쟁한 이들이 줄줄이 경선 후보로 나섰다. 첫 경선지 제주에서는 한화갑이 1위, 이인제가 2위를 했다. 노무현은 3위였다. 다음 경선지 울산에서는 노무현이 1위를 했다. 유일한 경상도 사람이니 그저 지역 덕을 본 것인 줄만 알았다. 그런데 이어진 경선지 광주에서 부산 사람 노무현이 또다시 1위를 했다. 거대한 노풍이 일고 있었던 것이다. 그 거대한 바람은 순식간에 노무현을 서울까지 밀어 올렸다. 지지율 2퍼센트로 시작했던 노무현은 기어코 대선 후보 자격을 거머쥐었다. 시작은 초라했으나 그 끝은 찬란했다. 경선이 끝나자 지지율도 60퍼센트를 넘어섰다. 한나라당 대선 후보

이회창을 너끈히 이기고 있었다.

개나리 같은 노란 풍선이 가득한 기분 좋은 봄날이었다. 그 좋은 봄날을 시샘하듯 된바람이 불어닥쳤다. 숱한 스캔들이 터졌고, 대통령 자녀 비리 의혹까지 불거져 검찰이 수사에 나섰다. 여론은 기름을 부은 듯 들끓었다. 2002년 5월 6일, 김대중은 결국 사과하고 민주당을 탈당했다. 국정에만 전념하면서 공정하게 선거를 관리하겠다고 했다. 당에 부담 주지 않으려는 의도였을 것이다. 평생을 민주당과 함께했던 김대중이 그렇게 민주당과 작별했다. 야당은 위장 탈당이라며 공세를 늦추지 않았다. 어쨌든 그 거센 된바람이 노무현 지지율도 꺾어놓았다. 이런 악조건 속에서 6월 13일 제3회 전국동시지방선거가 다가왔다. 대선 전초전인 만큼 선거전이 치열했다. 노무현은 꺾인 지지율을 다시 끌어올리려고 안간힘을 썼다. 후보 경선 중에 "부산, 경남, 울산 3곳의 광역단체장 선거 중 1곳 이상 이기지 못하면 후보로서 재신임을 받겠다"는 말까지 했다. 백약이 무효인 듯 민주당 지지율도, 후보 지지율도 계속 떨어지기만 하여 전망이 어두웠다. 설상가상으로 투표율에도 비상이 걸렸다. 국민 관심은 온통 한일 월드컵 축구에 가 있었다. 한국은 조 예선에서 연전연승하고 있었다. 그 감격과 흥분에 밀려 선거는 뒷전이었다. 아니나 다를까 투표율은 50퍼센트에도 못 미쳤다. 1963년 중앙선관위가 설립된 이래 전국 선거 중 가장 낮았다. 거리에는 태극기 물결이 일렁였지만 투표소는 한산하다 못해 썰렁했다. 결국 민주당은 참패했다. 참패 소식조차 월드컵 16강전 진출이라는 기쁨에 묻혀 덜 민망했다는 것만은 다행이었다. 한나라당이 압승했고, 자민련은 몰락했으며, 민주노동당이 새롭게 약진했다. 16개 시도지사 선거에서 한나라당은 11개 지역에서 승리했고 사상 처음으로 서울시장도 차지했다. 대전시장과 충북도지사도 한나라당이 가져갔다. 민주당은 전남, 전북, 광주, 제주에서만 승리했다. 자치단체장도 전체의 60.3퍼센트를 한나라당이 가져갔다. 정당별 지지율에서도 한나라당이 52.1퍼센트로 29.1퍼센트를 얻은 민주당을 크게 앞섰다.

대선 전초전이 대패로 끝나자 민주당은 혼비백산했다. 누구보다 속이 타들어가는 사람은 노무현이었다. 그래도 아직 말미가 있어 불안을 미뤄두었다. 8월 8일 국회의원 재보궐선거가 그 불안을 감내할 수 있는 임계점이었다. 선거구가 13곳에 달해 '미니 총선'이나 다름없었다. 민주당도 노무현도 사력을 다했지만 결과는 참담했다. 민주당은 호남 2곳을 제외한 11곳 모두를 한나라당에게 내줬다. 노무현 텃밭인 부산에서도 2곳 모두 큰 표차로 졌다. 이쯤 되니 이회창 대세론이 거침없이 날아올랐다. 미뤄뒀던 불안이 되살아나 노무현과 민주당을 뒤흔들었다. 노무현으로는 안 된다는 둥, 후보를 사퇴하라는 둥, 재경선을 해야 한다는 둥 하며 당은 일순간 혼란에 빠졌다. 한화갑 대표까지 나서 후보를 재검토하자고 들쑤셨다. 민주당은 위기감에 휩싸여 결국 '반이회창 연대'를 고리로 신당을 창당해 대선 후보를 재선출하는 쪽으로 방향을 틀었다. 책임론에 휩싸인 노무현도 어쩔 수 없이 그 방안을 수용했다. 당무회의는 신당추진위원회 구성을 결정했다. 그러자 이제는 아예 후보직을 먼저 내려놓으라는 요구까지 나왔다. 대선 후보가 사퇴하고 나서 신당을 창당해야 한다는 것이다. 노무현은 그 요구에는 단호하게 선을 그었다. '후보를 사퇴한 뒤에 신당이 만들어지지 않으면 어떻게 할 것이냐'는 것이었다.

그러던 와중에 때마침 정몽준이 9월 17일 대선 출마를 선언했다. 월드컵 유치위원장이었던 그는 한일월드컵 4강 신화라는 영광을 고스란히 가져갔다. 재주는 축구 대표팀이 부리고, 덕은 정몽준이 보는 셈이었다. 2002년 8월 23일 KBS 여론조사는 충격적이었다. 이회창 31.3퍼센트, 정몽준 29.7퍼센트, 노무현 18.3퍼센트로 노무현은 정몽준에게도 크게 밀리고 있었다. 얄궂게 정몽준이 민주당과 연합해 신당 후보로 나선다고 가정했을 때 지지 의사도 물었다. 정몽준

40.9퍼센트, 이회창 35.7퍼센트로 정몽준이 5퍼센트포인트 이상 앞섰다. 반대로 노무현이 신당 후보가 될 경우에는 노무현 32.9퍼센트, 이회창 39.1퍼센트로 뒤졌다. 상황이 이러자 민주당 안에서 정몽준 쪽을 흘끗거리는 이들이 늘어났다. 수구냉전 세력인 한나라당 후보가 집권하는 것만은 어떻게든 막아야 한다는 그럴싸한 명분도 있었다. 그들이 10월 4일 노무현과 정몽준 단일화를 이루겠다며 '대통령 후보 단일화 추진협의회(후단협)'를 만들었다. 의원 34명이 후단협에 이름을 올렸다. 말이 좋아 후보 단일화지 속내는 뻔했다. 노무현을 내리고 정몽준을 올리려는 기획이었다. 국민경선에서 노무현 손을 번쩍 들어 당선을 선언했던 국민경선 관리위원장이 후단협 회장을 맡았다. 한나라당 후보 집권을 막아야 한다고 외치던 후단협 부회장은 결국 한나라당에 입당했다. 노무현한테 설렁탕 국물 한 그릇도 못 얻어먹어서든, 노무현 장인이 빨치산이어서든, 그들은 노무현이 싫었던 것이다. 기괴하고 엽기적인 풍경이었다. 그러나 월드컵 열기가 식고 승리했던 기억이 아련해지며 정몽준도 지지율이 축나기 시작했다. 그러자 당장이라도 탈당할 기세였던 후단협 사람들도 다시 힐끗힐끗 곁눈질을 하기 시작했다.

    노무현이 결단을 내렸다. 11월 3일, 노무현은 정몽준에게 '국민경선을 통한 후보 단일화'를 공식 제안했다. 단일화를 하겠다는데도 후단협 소속 의원 11명이 기어이 민주당을 탈당했다. 본심을 드러낸 것이다. 아니나 다를까 그들은 곧 정몽준을 공개 지지했다. 정몽준 측도 지지율이 계속 떨어지자 후보 단일화로 기울기 시작했다. 양측은 협상단을 꾸려 협상에 들어갔고, 단일화 방식을 두고 막판 줄다리기를 벌였다. 당원조사냐 여론조사냐가 쟁점이었다. 민주당이 양보했다. 정몽준 측이 요구한 전화 여론조사 방식을 받아들이겠다고 했다. 이제 두 사람이 만나 단일화 방식 등에 최종 합의하는 일만 남았다. 11월 15일 밤, 노무현과 정몽준이 만나 새벽까지 단일화 회담을 했다. 마침내 두 사람이 밤새 회담 결과를 초조하게 기다리던 기자들과 당직자들 앞에 섰다. "단일화를 성공적으로 마무리해 대선에서 승리하기로 했다." 두 사람 입에서 그 말이 나오자 온 회담장에 환호와 박수가 터졌다. 카메라 플래시가 터지는 가운데 두 사람은 헤어진 형제라도 만난 듯 얼싸안고 포옹했다. 곧바로 어두운 거리로 나가 포장마차에 자리를 잡았다. 소주잔을 채워 러브샷까지 했다. 불콰해진 두 얼굴이 떠오르는 둥근 달처럼 보기에 좋았다.

판이 뒤집어졌다. 팔짱 끼고 지켜보고만 있던 민주당 의원들도 마침내 팔짱을 풀었다. 선거대책위원회 회의에 한 번도 얼굴을 비치지 않던 이들까지 속속 나타났다. 모두가 입을 모았다. '노무현 후보로 단일화하기 위해 당력을 총집결하자.' 단일화 일정이 정해졌다. 11월 22일 한 차례 TV 토론을 하고 나서 11월 24일에 단일화 여론조사를 하기로 했다. 조사 문항은 간명했다. '한나라당 이회창 후보와 경쟁할 단일 후보로서 노무현 후보와 정몽준 후보 중 누구를 지지하겠느냐?' 이 짧은 문구가 완성되기까지 숱한 우여곡절이 있었다. 어쨌든 운명의 순간이 왔다. 11월 24일, 7시간 동안 여론조사가 진행되었다. 11월 25일 새벽 0시 15분, 수많은 눈과 귀가 라마다 르네상스 호텔로 쏠렸다. 그 지난했던 단일화 여정에 비해 결과를 발표하는 순간은 허망할 만큼 짧았다. 그리고 함성이 터졌다. "노무현! 노무현!" 노무현이 정몽준을 꺾고 단일 후보가 되었다. 정몽준은 곧바로 '축하한다. 노 후보를 열심히 돕겠다'고 말했다. 멋진 승복이었다. 두 사람이 아름다운 단일화를 보여준 덕분인지 노무현 지지율은 급등했다. 무섭게 치솟더니 마침내 이회창을 앞서기 시작했다. 그런 와중에 이인제가 엽기적인 행각을 벌였다. 12월 1일 민주당을 탈당하더니 곧바로 이회창 지지를 선언한 것이다. 세상은 참 요지경이었다. 그렇게 그는 타의 추종을 불허하는 경선 불복의 전설이 되어갔다.

노무현과 정몽준. 러브샷으로 정을 나눈 두 사람은 다정하게 유세장을 누볐다. 마이크를 주거니 받거니 하며 연설하는 모습은 승리를 점치기에 부족함이 없었다. 하지만 확실히 '운명의 장난'이라는 것은 존재한다. 그러지 않고서야 상상도 하지 못한 일이 벌어질 리 없다. 정몽준이 다 된 밥상을 엎었다. 선거 바로 전날 밤에 노무현 지지를 전격 철회한 것이다. 노무현이 유세 중에 했던 말이 심기를 건드린 모양이었다. 말 몇 마디 대가치고는 너무도 가혹했다. 민주당 사람들은 날벼락을 맞아 눈앞이 캄캄했다. 무엇이라도 해야 했다. 만나면 딱히 무슨 말을 해야 할지는 몰랐지만 노무현은 무작정 정몽준 집으로 향했다. 엄동설한 칼바람 속에서 그 집 앞을 한참 서성였지만, 끝내 문은 열리지 않았다. 문전박대였다. 발길을 돌리면서도 자꾸만 뒤를 돌아다보았다. 한밤중에 벌어진 그 진풍경에 《조선일보》만 신이 났다. '정몽준, 노무현을 버렸다'는 자극적인 제목을 단 호외를 동이 트기도 전에 거리마다 뿌려댔다. 정몽준도 '노무현은 곤란하다'고 했으니 유권자도 현명하게 판단하라는 훈계가 가득했다.

12월 19일, 마침내 선거일 새벽이 밝았다. 그날 투표소 문이 열리기도 전에 집을 나와 울면서 거리에 깔린 조선일보를 바삐 거두어들이던 이들이 있었다. 민주당 당원과 노사모 회원 들이었다. 무엇이라도 해야 했다. 하루 종일 휴대폰으로, 인터넷으로 서로에게 투표를 독려했다. 노무현을 지키려는 마음들은 그렇게 간절하고 절절했다. 오후 6시 정각, 투표소가 닫히자마자 방송사들은 출구조사를 띄웠다. 온 나라 사람들이 숨죽이던 그 찰나에 함성이 터졌다. 노무현이 근소한 차로 앞서 있었다. 그래도 마음을 놓을 수는 없었다. 새 투표함을 열 때마다 순위가 바뀌니 손에 잡히는 건 땀뿐이었다. 밤 10시 무렵, 표차가 벌어지기 시작했다. 그제야 승리가 보이는 듯했다. 결국 노무현이 48.91퍼센트를 얻어 46.58퍼센트를 얻은 이회창을 눌렀다. 바보 노무현이 제16대 대통령에 당선된 것이다. 당선되자마자 노무현은 말했다.

모든 것은 국민의 힘이었습니다.

국민이 쓴 한 편 드라마는 그렇게 끝이 났다. 민주당 45년 역사를 딛고 새천년에 맞이한 첫 승리였다.

새정치국민회의와 김대중이 집권함으로써 대한민국은 많은 변화를 맞았다. 고통을 견뎌 IMF 경제위기를 넘어섰다. 햇볕을 품어 반세기 동안이나 꽁꽁 얼어붙은 남북간 벽을 녹였다. 여성부와 국가인권위원회를 두어 여성과 약자의 인권을 크게 증진했다. 미래를 꿈꿔 IT 강국을 향해 나아갔다. 특히 더 넓고 민주적인 새천년민주당을 창당해 재집권 토대를 만들었다. 무엇보다 국민경선제 도입 등 정당민주주의를 획기적으로 발전시킨 결과가 새천년민주당과 노무현이 승리하는 토대가 되었다. 국민이 참여해 국민이 일군 것이었기에 노무현이 거둔 승리는 더욱 값졌다. 연속 집권으로 민주당은 만년 야당이 아니라 언제라도 나라를 운영할 수 있는 듬직한 집권 세력으로 인정받기 시작했다. 이제 국민 모두가 새로운 세기를 열어갈 민주당과 노무현의 정치를 잔뜩 기대하고 있었다.

백년정당의 꿈

떠날 사람은 떠났다. 왜 떠나는지, 어디로 가는지는 묻지 않았다. 새정치를 찾아 떠난다니 붙잡기도 뭐했다. 빈자리는 금세 채워졌다. 당원들이 몰려들었다. 새정치민주연합이 한국 정당 최초로 도입한 온라인 당원 가입 시스템 덕분이었다. 도입 이틀 만인 2015년 12월 17일까지 2만 명이 가입했다. 그야말로 온라인 당원 열풍이었다. 문재인 대표도 신바람이 난 모양이었다. 1만 번째 가입자에게는 점심 번개를 쐈다. 당 분위기가 살아나자 새로운 시작을 도모했다. 이름부터 바꾸기로 했다. '새 정치' 저작권자가 당을 나갔으니 새정치민주연합이라는 이름이 괜히 민망스럽기도 했다. 새 당명을 공모하니 3천 2백여 개나 쏟아졌다. 그 이름에는 당에 가졌던 아쉬움과 바람들이 고스란히 담겨 있었다. 대부분 이름엔 '민주당'이 들어갔다. 그만큼 지지자들은 '민주당'이라는 이름에 자랑과 긍지, 애정을 갖고 있었던 것이다. 2015년 12월 28일, 마침내 '더불어민주당'이라는 이름이 선정되었다. 분당과 탈당으로 얼룩진 역사를 반복하지 말자는 바람 같았다. 더 넓고 포용적인 당이 되자는 다짐 같기도 했다. 민주당은 이름을 공개하면서 선언했다.

'국민과 더불어, 좋은 정치인과 더불어, 혁신과 더불어, 약자와 더불어'
100년 가는 정당을 만들겠다.

간판만 바꾼 게 아니었다. 새 이름에 맞게 혁신에도 박차를 가했다. 무엇보다 당원 권리를 강화했다. 온라인 당원 가입 시스템을 도입해 당원이 당 의사결정에 쉽게 참여할 수 있게 했다. 새 부대를 채울 새로운 인물들도 영입했다. 표창원 경찰대 교수를 시작으로 김병관 웹진 이사회 의장, 이수혁 국정원 차장 같은 각 분야 전문가들이었다. 영입된 인물들은 변화를 상징했다. 옳은 말만 하는 운동권 정당이 아니라 국민 삶을 나아지게 하는 유능한 정당으로 변하겠다는 다짐이었다. 표창원이 입당하며 한 말에서 절박한 민주당 상황을 엿볼 수 있었다. "문 대표의 입당 요청에 응하게 된 것은 와해되고 분열하는 제1야당의 모습이 너무 안쓰러웠기 때문이다. 이번엔 부족한 제 힘이라도 보태드려야 한다는 의무감이 강하게 느껴졌다."

그 와중에도 탈당이 이어졌다. 손학규계 의원들과 김대중 측근 인사들, 호남 의원들이 차례로 나갔다. 박지원마저 잠시 떠난다는 말을 남기고 떠났다. 그들은 먼저 나간 사람들이 만든 국민의당으로 갔다. 박영선과 몇몇 수도권 의원들도 탈당한다는 소문이 돌았다. 민주당 사람들은 불안해하며 동요했다. 이러다가 기둥뿌리까지 흔들릴지 모른다며 걱정이 태산이었다. 문재인은 깊은 고심 끝에 반전 카드를 꺼냈다. 선거대책위원회를 조기에 꾸리고 나서 대표직에서 물러나겠다고 했다. 그리고 파격적인 인사를 선대위원장에 앉혔다. 박근혜 정권을 탄생시킨 일등공신 김종인이었다. 중도보수 성향인 김종인이 선대위원장으로 총선을 이끈다는 소식에 민주당 사람들은 기대 반 우려 반이었다. 중도층으로 당 지지를 확장할 좋은 선택이라는 반응도 있었지만, 진보층 유권자가 실망할 것을 우려하는 목소리도 있었다. 그가 독선적으로 당을 이끌 거라는 걱정도 있었다. 어쨌든 그는 2016년 1월 27일 중앙위원회에서 비상대책위원회 위원장으로도 선출되어 막강한 권한을 갖게 되었다.

이러구러 선대위가 꾸려지자, 문재인은 모든 당직에서 사퇴하고 백의종군했다. '피할 수 없는 운명'이라며 받아들인 당 대표직이었다. 정치 생명을 걸고 나선 자리였지만, 당의 승리를 위해 내려놓는다고 했다. 그러면서 총선에서 여당 과반을 막지 못하면 정계를 은퇴하겠다는 배수진까지 쳤다. 당은 빠르게 안정을 되찾았다. 탈당을 입에 올리던 의원들도 언제 그랬냐는 듯 잠잠해졌다. 당내 총선 분위기가 잡히자, 시선은 당 밖으로 향했다. 야당은 갈라졌고, 여당은 어부지리를 노리고 있었다. 이 구도대로는 불리했다. 구도를 새로 짜려는 생각으로 선수를 쳤다. 2016년 3월 2일, 김종인은 국민의당에 야권 통합을 제안했다. '야권 승리와 정권교체를 하려면 야권이 단합해야 한다.' 통합을 호소했고 그럴 만한 명분도 있었다. '당 대표가 사퇴 안 한다고 탈당하지 않았느냐, 이제는 그 문제가 해결되었으니 다시 돌아오라.' 국민의당이 야권 통합에 응할 리 만무했다. 그런데도 통합을 제안한 데는 노림수가 있었다. 국민의당은 민주당을 탈당한 세력에 지나지 않는다는 점을 국민 앞에 분명히 드러내려는 의도였다. 끝내 야권 통합이 무산되면 야당 종갓집인 민주당에 표를 몰아달라는 소리였다. 국민의당은 단박에 흔들렸고 안철수는 격앙했다. 통합은 물론이고 연대도 거부했다. 국민의당 선거대책위원장을 맡은 김한길 생각은 달랐다. 여당 독주를 막으려면 수도권만이라도 반드시 야권 연대를 해야 한다고 주장했다. 안철수는 그 주장을 받아들이지 않았다. 김한길은 결국 선대위원장에서 물러났고, 국민의당은 자중지란에 빠졌다.

새누리당 입장에서 야당 분열은 춤이라도 출 일이었다. 그런데도 춤추고 자시고 할 겨를이 없었다. 점입가경으로 치닫는 집안싸움이 못 봐줄 정도였다. 친박, 비박을 넘어 진박까지 가세해 진흙탕 싸움이 벌어졌다. 그 싸움을 부추긴 사람은 다름 아닌 박근혜였다. 그는 정부 정책에 자꾸 딴죽을 거는 야당은 물론, 말 안 듣는 여당 의원들까지 못마땅했다. 그들에게 박근혜가 보내는 날선 눈빛이 날아들어 꽂혔다. "진실한 사람들만이 선택받을 수 있도록 부탁드립니다." 박근혜는 진실한 사람, 소위 진박들로만 당을 채우고 싶었다. 물갈이가 시작되었다. 그러자 새누리당 사람들은 너도나도 자신이 진박임을 과시했다. 그런다고 아무나 진박이 되는 것은 아니었다. 급기야 진박을 가려내는 '진박 감별사'라는 희한한 직업까지 생겼다. 공천관리위원장을 맡은 이한구가 친박, 진박 공천을 주도했다. 공천이 비박 학살 양상으로 흘러가자 비박계 당 대표 김무성은 낯빛이 붉으락푸르락해졌다. '이렇게 한다면 공천관리위를 해산할 수도 있다'고 해도 그러거나 말거나 공천위원회는 아랑곳하지 않았다. 심지어 공천에서 떨어뜨릴 사람 이름이 대문짝만하게 적힌 살생부까지 나돌았다. 사태는 걷잡을 수 없이 흘러갔다. 명색이 대표인데 김무성은 완전히 핫바지 취급을 받았다. 그는 부아가 치민 나머지 독창적이고 기상천외한 투쟁을 벌였다. 공천에 문제가 있다고 판단한 5개 지역을 무공천하겠다는 말만 남긴 채 부산으로 날아가버렸다. 공천장에 찍어야 할 대표 도장도 챙겨 갔다. 소위 '옥새 투쟁'을 벌인 것이다. 선거를 앞두고 벌어진 여당 집안싸움이 민주당에게 나쁠 건 없었지만 씁쓸했다. 새누리당이 그렇게 죽을 쑤는데도 민주당 지지율은 좀처럼 오르지 않았기 때문이다. 답답할 노릇이었다. 민심은 마치 그렇게 말하는 듯했다. '새누리당도 문제지만 민주당은 더 문제야.' 새누리당은 그런 민심에 오만해져서 그 난리를 피우면서도 '야당을 심판하자'는 소리나 해댔다. 새누리당은 자신이 과반 혹은 과반에 가까운 의석으로 완승할 거라고 확신하고 있었다.

자만하고도 이기는 선거는 없다. 민심을 호락호락하게 보다 큰 코 다친다는 상식은 2016년 4월 13일 총선에서도 여지없이 확인됐다. 그 상식을 애써 무시했던 자들은 화들짝 놀라 뒤늦게 후회했다. 새누리당은 야당을 심판하자고 했지만 국민은 새누리당을 심판했다. 박근혜는 국회를 심판해달라고 했지만 국민은 정권을 심판했다. 집권 여당을 통째로 '응징'한 것이다. 과반은커녕 제1당 자리도 민주당에 내준 참패였다. 민주당은 123석을 얻어 원내 제1당이 되었다. 새누리당은 122석에 그쳤다. 신생당인 국민의당은 38석이나 얻어 약진했다. 집권 여당이 과반 의석을 얻지 못한 것은 2000년 16대 총선 이후 처음이었다. 16년 만에 여소야대 국회가 이루어진 것이다. 빨간색 일색이던 영남에도 파란 점이 드문드문 찍혔다. 민주당 후보가 부산에서 5명, 경남에서 3명, 대구에서도 1명 당선되었다. 민주당은 제1당이 되었지만 대놓고 좋아할 수만은 없었다. 호남이 민주당에 매서운 회초리를 든 것이다. 국민의당과 벌인 혈투에서 참패하고 말았다. 총 28석 중에서 23석을 국민의당이 가져갔다. 놀랍고 무섭고 아픈 결과였다. 호남 사람들은 노무현 정권과 문재인이 호남을 홀대했다고 믿었다. 문재인이 한때 노무현 정권을 '부산 정권'이라고 했던 말도 상처로 남아 있었다. 민주당은 호남을 곶감만 빼먹는 곳간쯤으로 여긴다는 분노와 서운함도 깊었다. 문재인이 광주를 찾아 '두 번 실망시키지 않겠다'고 읍소했지만, 호남은 마음을 열지 않았다. 선거가 끝나고 문재인은 안타까운 듯 말했다. '호남 패배는 아주 아프다.' 민주당은 부랴부랴 제20대 국회의원 당선자 워크숍을 광주에서 열었다. 그 자리에서 다시 호남과 손잡고 정권교체로 나가자고 다짐했다. 다가올 대선에서 민주당이 호남과 화해하지 못하면 승리는 불가능에 가깝다는 것을 모두가 알고 있었다.

어찌되었건 제1당이 되었으니, 오랜만에 화색이 돌았다. 이제 정권교체라는 꿈을 키울 시간이었다. 우선 7개월 동안 비어 있던 당 지도부를 세워야 했다. 2016년 8월 27일, 전당대회가 열렸다. 제1당 대표를 뽑는 선거여서 그 무게감이 컸다. 추미애, 이종걸, 김상곤이 당 대표 경선에 올랐다. 친문과 비문 구도가 뚜렷했다. 추미애는 당을 중도개혁 정당으로 만들어 정체성과 자부심을 회복하겠다고 했다. 이종걸은 당이 이미 친문 일색인데 당 대표까지 친문이면 안 된다며 '비문 당 대표'를 강조했다. 김상곤은 특정 계파에 매이지 않은 자신이 당 외연을 확장할 수 있다고 했다. 결국 친문재인계 지지를 등에 업은 추미애가 압도적으로 승리했다. 추미애는 54.03퍼센트를 얻었고 이종걸은 23.89퍼센트, 김상곤은 22.08퍼센트에 그쳤다. 노무현 탄핵에 참여했던 추미애와 민주당 당원들이 화해하는 순간이었다. 화해를 위해 추미애는 탄핵 참여를 거듭 사과했고, 당원들은 그 손을 잡아주었다. 당선 소감에서 '이제부터 친문, 비문 그런 소리가 나지 않도록 하겠다'며 '하늘이 두 쪽 나도 반드시 정권교체를 이루겠다'고 다짐했다. 다가올 대선 경선도 공정하고 깨끗하게 관리해 역사에 길이 남을 경선으로 만들겠다고 약속했다. 어쨌든 이제는 대선 승리를 향해 달려 나갈 시간이었다.

한편 새누리당은 총선 패배에 아연했다. 그러잖아도 여당 구실 못해 민심을 잃었는데, 의석까지 쪼그라들었으니 앞날이 캄캄했다. 당이 무력감에 빠지자 박근혜도 레임덕에 빠져들었다. 정권에 힘이 빠지자 항간에 소문으로만 떠돌던 말들이 하나둘씩 폭로되기 시작했다. 이런저런 비리와 추문들도 쏟아졌다. 언제 무슨 일이 벌어져도 이상하지 않을 불길한 기운이 가득했다. 결국 봇물이 터졌다. '국정농단'이 벌어진 실상이 백일하에 드러났다. 이미 오래 전에 경고된 바가 있었다. 2007년 이명박과 박근혜가 맞붙은 한나라당 대선 경선 때였다. 이명박 측은 '박근혜가 대통령이 되면 최태민 목사 일가에 의한 국정농단이 일어날 것'이라고 경고했다. 그때는 밑도 끝도 없는 말이라며 누구도 귀담아듣지 않았다. 박근혜도 허무맹랑한 잡소리라며 가소롭다는 듯 웃어넘겼다. 그 가소로운 일이 수년이 지나 이제는 정권을 뿌리채 흔드는 쓰나미가 되었다.

　민주당은 사방에서 쏟아지는 제보를 받고 있었다. 처음에는 반신반의했지만 갈수록 확신하게 되었다. 사상 초유의 '국정농단'일 가능성이 컸다. 2016년 9월 초부터는 원내대표를 중심으로 팀을 꾸렸다. 퍼즐 맞추기가 시작되었다. 2016년 9월 20일 대정부 질문 중에 조응천 의원 입에서 최순실이라는 이름이 튀어나왔다. '우병우 민정비서관 발탁, 윤전추 행정관 청와대 입성'도 최순실 작품이라는 소문이 있다고 폭로한 것이다. 청와대는 일고할 가치도 없는 폭로라고 잡아뗐다. 그러나 이미 봇물은 터지기 시작했고, 가래로도 못 막을 지경이 되었다. 곧바로 한겨레가 특종을 터트렸다. 민간인인 최순실이 권력 서열 1위로 추앙받으며 국정을 주물렀다는 내용이었다. 베일에 싸인 인물, 최순실이 핵심 실세라는 말에 국민은 충격에 빠졌다. 하지만 박근혜·최순실 주연 막장 드라마는 아직 개봉도 안 한 상태였다.

　민주당은 9월 26일부터 시작되는 국정감사를 단단히 별렀다. 국정농단 실체를 낱낱이 밝히는 것이 최대 목표였다. 국감을 시작하기 전에 먼저 김재수 농림축산부 장관 해임을 추진하기로 했다. 이미 인사청문회에서 도덕성에 심각한 문제가 드러났지만, 박근혜는 그깟 게 뭐가 대수냐는 듯 장관에 앉혔다. 제 버릇 개 못 주고 기어코 사고를 쳤다. 장관이 되자 야당과 언론이 자신을 음해했다고 싸잡아 비난하는 글을 대학 동문 게시판에 올린 것이다. 그가 최순실과 연결되었다는 의혹도 있었다. 민주당은 다른 야당과 공조해서 해임건의안을 냈다. 9월 24일 야3당은 우여곡절 끝에 해임건의안을 통과시켰다. 박근혜는 이판사판으로 나왔다. 국회가 의결한 국무위원 해임건의안을 거부했다. 설상가상으로 해임건의안을 의결한 야당에 항의한답시고 새누리당 대표 이정현이 뜬금없이 뒷북 단식 농성에 들어갔다. 방귀 뀐 놈이 성내는 꼴이었다. 곡기 끊은 사람을 두고 웃을 일은 아니었지만, 우스꽝스러운 것은 사실이었다. 해임안을 거부당했으니 단식을 해도 민주당이 해야 할 판에 여당 대표가 왜 그러는지 어안이 벙벙했다. 이유는 곧 드러났다. 대표가 단식한다는 핑계로 새누리당도 국정감사를 거부했다. 단식은 박근혜와 최순실 이름이 국감장에 오르내리는 것을 막으려는 눈물겨운 충심이었다. 민주당도 물러서지 않았다. 야당 단독으로 국감을 열고, 모든 상임위원회에서 최순실 국정 개입 문제를 다루기 시작했다. 그만큼 최순실 손길이 안 미친 곳이 없었다. 야당 공세가 거세지자 새누리당은 화들짝 놀라 황급히 국감장으로 돌아왔다. 이정현도 단식을 중단했다. 박근혜와 최순실을 무방비 상태로 둘 수는 없었던 것이다.

가린다고 감춰질 일도, 감춘다고 없어질 일도 아니었다. 2016년 10월 24일 JTBC가 저녁 뉴스에서 최순실 태블릿PC에 대해 보도했다. 판도라의 상자가 열렸다. 그날 박근혜는 개헌 논의를 꺼내 국면을 바꿔보려고 했다. 그러나 JTBC 보도 한 방에 모든 계획이 산산조각 났다. 태블릿PC에는 최순실이 대통령 연설문을 사전에 보거나 수정한 흔적들이 고스란히 남아 있었다. 대통령 연설문 44개 등 이백여 개가 넘는 정부 기밀문서들도 있었다. 시민들은 저녁 밥상머리에서 국정농단 증거를 생생히 보고 들었다. 박근혜도 더는 잡아뗄 수 없었다. 하는 수 없이 보도 다음 날인 10월 25일 '95초'짜리 사과를 했다. 그 내용은 맹탕에다 녹화 영상이었다. 국민이 듣고 싶은 말 대신 자신이 하고 싶은 말만 했다. 의혹에는 털끝만큼도 해명하지 않았다. 그렇게 95초 동안 보는 사람 염장을 지르니 결국 시민들이 거리로 나오기 시작했다.

이게 나라냐! 한탄이 절로 났다. 나라는 나라로되 '최순실의 나라'였다. 국민이 뽑은 대통령 대신, 듣도 보도 못한 민간인이 국정을 주무르고 있었다. 그것은 단순한 부패가 아니라 국정농단이자 헌정 파괴였다. 온 나라가 들끓었다. 광장과 거리로 쏟아진 시민들은 분노하고 원망하고 자책했다. 도대체 어쩌다 나라가 이 지경이 됐는지, 왜 이렇게 만들었는지 도무지 이해할 수 없었다. 이해가 안 되니 분노가 솟구쳤다. 나라가 이 모양이 되도록 내버려두었다고 자책하기도 했다. 2016년 10월 29일 광장이 열렸고, 열린 광장에 촛불이 타올랐다. 타오르는 촛불에 민주당도 놀라 바삐 움직였다. 국회에서 박근혜 국정농단을 엄정하게 수사할 특별검찰과 국회 국정조사를 동시에 추진했다. 새누리당도 거부할 명분이 없었다. 11월 17일, 국회 본회의에서 '박근혜 정부의 최순실 등 민간인에 의한 국정농단 의혹 사건 규명을 위한 특별검사 임명법'과 '박근혜 정부의 최순실 등 민간인에 의한 국정농단 의혹 사건 진상규명을 위한 국정조사' 요구안이 가결되었다. 곧바로 특검이 꾸려졌다. 그 특검은 장안에 소문난 칼잡이 윤석열과 한동훈이 활극을 펼칠 무대였다.

특검이 문제가 아니었다. 시민들은 하루라도 빨리 박근혜를 탄핵하라고 외쳤다. 그러나 야당은 탄핵이라는 말을 입 밖에 내기를 주저했다. 역풍을 두려워하는 기색이 역력했다. 탄핵으로 곤욕을 치러 트라우마가 있는 추미애가 당 대표 아닌가! 아직 법을 위반했다는 근거가 부족해 탄핵까지는 무리라고 보았을 수도 있다. 새누리당 의원 일부가 탄핵에 찬성하지 않으면 탄핵안이 통과될 수 없다는 현실도 무시할 수 없었을 것이다. 그러는 사이 이런저런 수습 방안들이 중구난방으로 쏟아졌다. '거국중립내각' 구성에서부터 '질서 있는 하야'까지 다양했다. 민주당은 애초에 거국중립내각 구성을 요구했다. 대통령은 국정에서 손을 떼고 국회가 선출한 국무총리에게 내정을 맡기는 방안이었다. 문제는 그러기까지 박근혜 입만 바라봐야 한다는 점이었다. 박근혜가 스스로 2선으로 물러나거나 자진하여 사퇴하기만을 기다려야 하는 것이다. 무모하고 순진한 발상이었다. 야당은 확실히 박근혜 사촌형부 김종필 말을 귀담아들었어야 했다. '박근혜는 오천만 국민이 달려들어도 절대 안 물러날 것이다.' 물러나라는 사람들을 조롱하듯 박근혜는 책임총리랍시고 김병준을 떡하니 지명했다. 어이가 없었다. 참여정부 인사였으니 거국중립내각 아니냐 억지까지 부렸다. 누가 봐도 대통령 자리 지킬 바람막이 총리 하나 앉혀놓고 뭉개려는 꼼수였다.

그깟 꼼수로는 촛불을 꺼뜨릴 수 없었다. 촛불 행렬은 갈수록 늘어났고, 분노가 커져갔다. 광장의 요구도 날로 거세졌다. 개각이나 중립내각 따위는 집어치우고 즉각 퇴진하라고 했다. 시민들은 이제 주저하는 민주당을 압박했다. 민주당 안에도 탄핵과 하야를 주장하는 목소리가 있었지만, 당론은 아니었다. 퇴진이나 탄핵 당론을 정하지 못한 채 눈치만 봤다. 그런 와중에 추미애 대표가 뜬금없이 박근혜에게 양자 회담을 제안했다. 제1당 대표로서 대통령을 만나 허심탄회하게 민심을 전하겠다고 했다. 그 말에 당원들과 시민들은 부아통이 터졌다. 박근혜가 민심을 몰라서 저렇게 버티고 있겠냐고 한탄했다. 다른 야당 대표는 쏙 빼놓고 자신만 박근혜를 만나겠다니 그들도 가만있지 않았다. 까닥하다간 다른 야당들과 공조도 흔들릴 판이었다. 당 안팎에서 부적절하다는 여론이 커지자 결국은 청와대 회담을 취소했다. 그러는 새 오히려 새누리당 비박계가 '탄핵'을 입에 올렸다. 11월 13일 김무성이 국민을 배신한 대통령은 탄핵해야 한다고 했다. 박근혜 탄핵을 공식화한 것이다. 11월 15일에는 그동안 신중하기만 했던 문재인도 박근혜에게 조건 없는 퇴진을 요구했다. 문재인, 박원순, 이재명, 안철수, 심상정 등 야권 대선 주자들은 11월 20일에 만나 "박근혜 대통령의 범죄사실이 명백하고 중대하고 탄핵 사유가 된다는 점을 확인하고, 국민적 퇴진 운동과 병행해 탄핵 추진을 논의해줄 것"을 야당과 국회에 공식 요청했다.

드디어 민주당이 탄핵을 당론으로 정했다. 11월 21일 탄핵 추진 기구를 설치하고 탄핵에 나섰다. 12월 2일에 탄핵안을 표결하는 쪽으로 가닥을 잡았다. 탄핵소추가 눈앞에 닥치자 박근혜는 어떻게든 탄핵을 피해보려고 마지막 발버둥을 쳤다. 11월 29일 또 한 번 국민 담화를 냈다. 벌써 세 번째 담화였다. 임기 단축을 포함한 진퇴 문제를 국회 결정에 맡기겠다고 했다. 국회에서 여야가 합의하면 물러나겠다는 뜻이었지만, 비열하고 교활한 말장난에 지나지 않았다. 국회 결정, 즉 여야 합의가 현실적으로 불가능하다는 것을 모를 리 없었다. 어쨌든 국회가 박근혜가 넘긴 공을 받으면 갑론을박이 벌어질 수밖에 없었다. 그러다 보면 탄핵하자는 사람들도 의견이 갈릴 것이고 끝내 결정을 못 할 테니 그때는 책임을 국회에 떠넘기겠다는 계산이었다. 탄핵 시계를 늦추어 탄핵 공조를 흐트러뜨리겠다는 술책이었다. 그 술책이 통했다. 각 당은 계산이 복잡해졌다. 이때 새누리당은 기다렸다는 듯 맞장구를 쳤다. 대통령이 항복한 것이라고 자락을 깔았다. 이제 상황이 바뀌었으니 탄핵을 원점에서 다시 검토해야 한다고 했다. 탄핵을 주장했던 비박계도 흔들렸다. 결국 새누리당은 '4월 퇴진, 6월 선거'를 당론으로 채택했다. 야권 공조도 흔들렸다. 국민의당은 비박계를 설득해야 한다며 탄핵안 의결을 늦추자고 했다. 결국 계획했던 12월 2일 탄핵안 표결은 물 건너갔다. 그 와중에도 민주당 원내지도부는 탄핵표를 모으느라 바삐 움직였다.

촛불은 흔들리지 않았다. 흔들리기는커녕 되레 횃불이 되었다. 12월 3일, 전국에서는 역사상 최대 규모인 232만 명 넘는 시민이 촛불을 들었다. 어느 철부지가 '촛불은 촛불일 뿐, 바람 불면 꺼진다'고 조롱했지만, 그것은 바람 불면 꺼지는 여린 불꽃이 아니라 바람이 불수록 더욱 거세지는 들불이었다. 결국 촛불이 이겼다. 마침내 2016년 12월 8일 탄핵소추안이 국회 본회의에 보고되었다. 뇌물죄, 직권남용죄 등 많은 법률 위반과 국정농단, 세월호 참사 부실 대응으로 국민주권주의, 생명권 보장 등 헌법을 위배했다는 내용이었다. 민주당 의원들은 결연했다. 다음 날 있을 표결에서 탄핵안이 부결되면 전원 의원직을 사퇴하겠다는 배수진까지 쳤다. 12월 9일 탄핵의 날이 밝았다. 헌정 사상 두 번째 대통령 탄핵소추안 표결이 진행되었다. 세월호 유가족들이 본회의장 방청석에서 지켜보고 있었다. 총 투표수는 299표였다. 찬성 234표, 반대 56표, 무효 7표, 기권 2표로 탄핵안은 가결되었다. 새누리당에서 적어도 60명 이상이 찬성에 표결한 결과였다. 촛불이 거대한 혁명을 이뤘고 위대한 승리를 낳았다.

탄핵안이 통과되자 새누리당에 후폭풍이 밀려왔다. 새누리당은 탄핵 찬성과 반대로 갈려 분당하는 길로 향했다. 결국 12월 27일 비박계 29명이 탈당했다. 그들은 '따뜻한 보수' '깨끗한 보수'를 기치로 바른정당을 창당했다. 새누리당은 당명을 '자유한국당'으로 바꿨다. 그러는 사이 박근혜 탄핵 심판 선고일이 다가왔다. 2017년 3월 10일, 헌법재판소는 대통령 박근혜를 파면했다. 헌정사상 처음 대통령이 파면되었다. 재판관 8명 전원일치 결정이었다. 대통령이 저지른 위법 위헌행위가 국민의 신임을 배반했으니 헌법 수호 차원에서 용서할 수 없다고 했다. 피 한 방울 흘리지 않고 서슬 퍼런 권력을 끌어내렸다. 국민 혁명을 이룬 역사적 순간이었다. 이제 헌법 68조에 따라 60일 내에 후임 대통령을 선출해야 했다.

대선이 2017년 5월 9일로 잡혔다. 한겨울을 광장에서 난 국민 덕에 피어난 장미 대선이었다. 민주당은 3월 12일 후보 등록을 시작해 4월 3일까지 본경선을 치렀다. 과반 득표자가 없으면 결선까지 가야 했다. 경선 후보로는 문재인, 이재명, 안희정, 최성이 출마했다. 완전국민경선제로 치르는 경선에 국민선거인단이 214만 명이나 몰렸다. 문재인이 일찌감치 대세론을 굳힌 모양새였지만 치열하고 뜨거운 경쟁이 펼쳐졌다. 선거인단 중 71.6퍼센트가 참여하는 높은 투표율을 보였다. 결국 문재인이 57퍼센트를 얻어 결선 없이 후보로 확정되었다. 제19대 대선은 더불어민주당 문재인, 자유한국당 홍준표, 바른정당 유승민, 국민의당 안철수, 정의당 심상정이 경쟁했다. 민주당 사람들은 '나라를 나라답게!'라고 외쳤다. 새 정부는 나라를 다시 나라답게 만드는 막중한 사명을 지녔고 그 사명을 민주당과 문재인에게 맡겨달라고 호소했다. 국민도 그 사명을 민주당과 문재인에게 맡기려는 듯했다. 어대문(어차피 대통령은 문재인)이라는 기분 좋은 말들이 떠돌았다. 문재인 대세론을 꺾기 위해 다른 후보들이 연대하거나 후보 단일화를 시도했지만 무위로 끝났다. 결국 문재인은 다른 후보들을 큰 표차로 꺾었다. 문재인 41.8퍼센트, 홍준표 24.3퍼센트, 안철수 21.41퍼센트, 유승민 6.76퍼센트, 심상정 6.17퍼센트였다.

　탄핵을 거치면서 더불어민주당은 더욱 단단해졌다. 더불어민주당이라는 이름을 걸고 처음 치르는 대선에서도 승리했다. 총선 승리에 이어 십 년 만에 정권교체를 이룬 주역이 된 것이다. 그러나 정권교체로 만족할 수도, 기뻐할 수도 없는 처지였다. 국민은 이게 나라냐며 현직 대통령을 탄핵했다. 나라에 드리운 그림자가 너무 짙고, 국민 가슴에 새겨진 상처가 몹시도 컸다. 그런 터라 새로운 대통령과 민주당에게 거는 기대는 자못 높았다. 그 기대를 알기에 민주당 사람들은 단단하고 엄숙하게 다짐했다. '민주당과 당원이 하나되어 문 대통령을 뒷받침하자.' '민주당 정부는 어떤 경우에도 사사로운 이익을 챙기거나 국민을 배신하지 말자.' '국민이 바라는 공정하고 평화로운 나라를 만들자.' 피할 수 없는 운명이자 두려운 소명이었다. 문재인은 그 소명을 가슴에 품고 이렇다 할 취임식도 없이 비어 있는 대통령 자리로 급히 달려갔다.

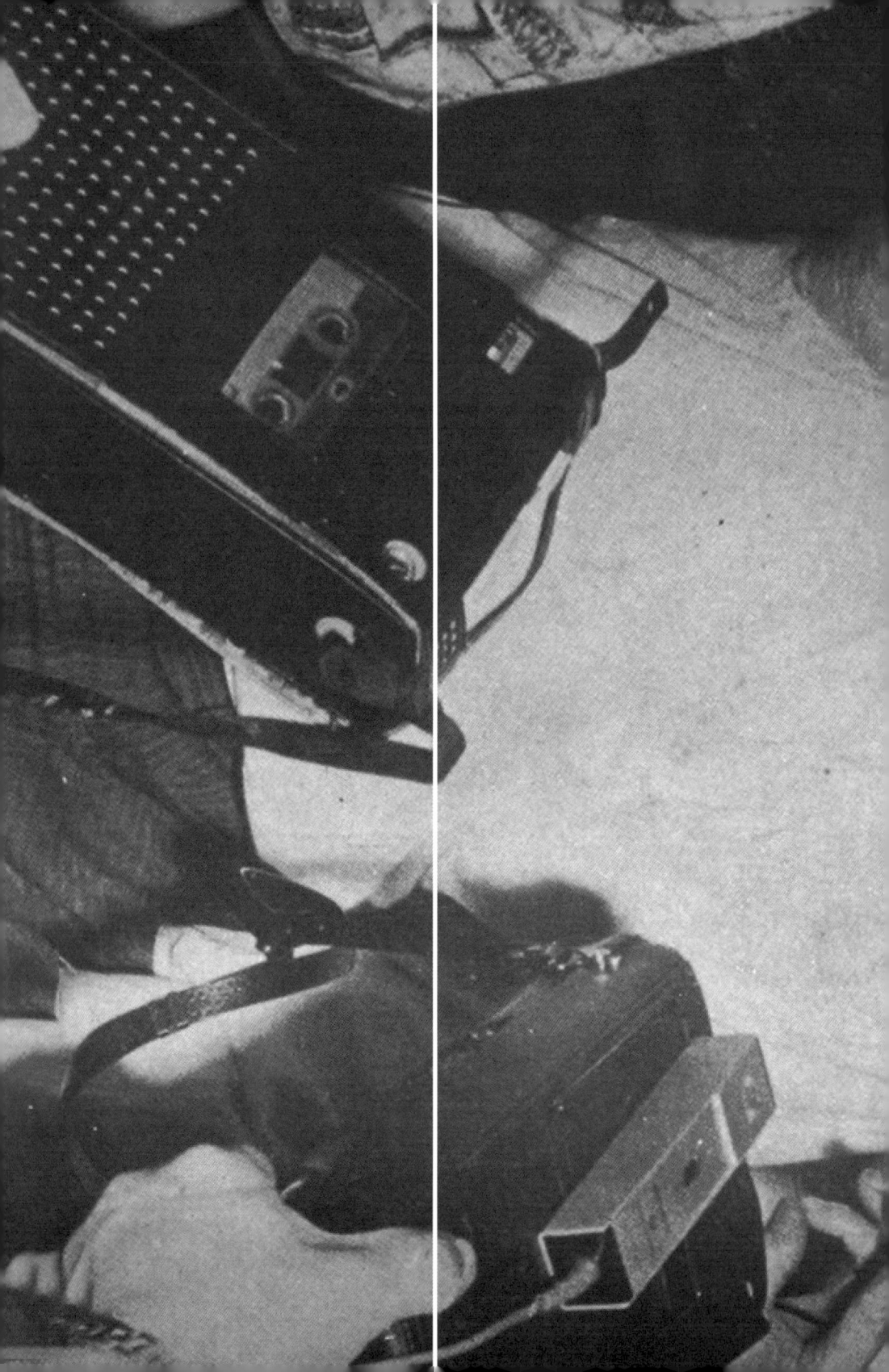

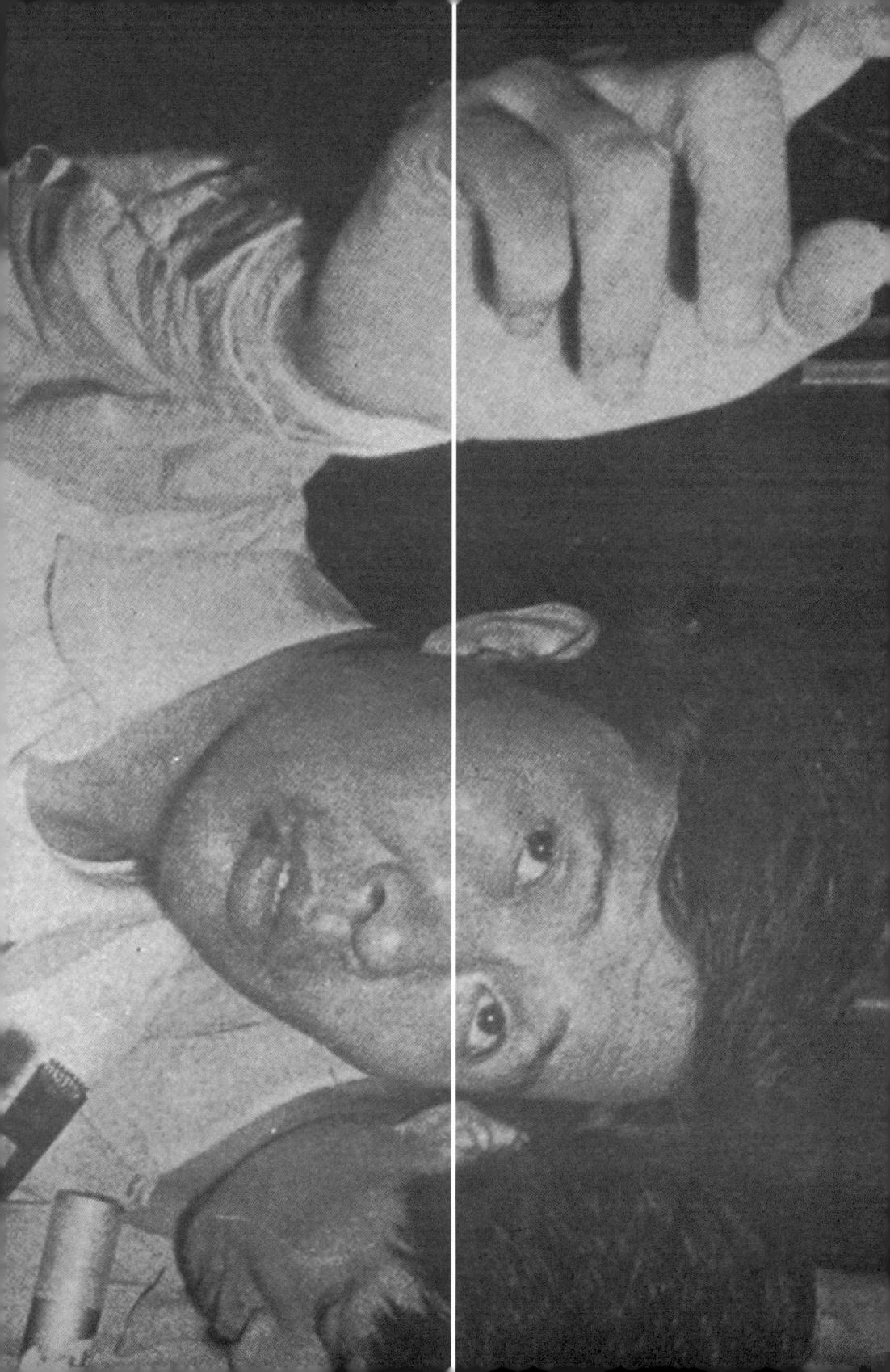

IV

수난의 순간

곰사냥

　백주에 총성이 울렸다. 민주당 창당 1주년 기념식 자리였다. 이날을 기뻐하는 축포는 아니었다. 축하하는 함성 대신 찢어지는 비명이 터졌다. 단발의 총성, 총구는 누구를 겨누었는가? 누가, 왜 그에게 총구를 겨누었을까? 여하튼 이날 울린 총성은 민주당과 민주당 사람들이 겪게 될 수난의 서막을 알리는 역사적 신호탄이었다.
　1956년 9월 28일, 서울 명동 한복판이 들썩였다. 명동에 있는 극장 시공관(市公館)에서 민주당 창당 이후 첫 전당대회가 열린 것이다. 극장 밖까지 인파가 넘쳤고, 극장 안은 열기로 후끈했다. 일 년 전인 1955년 9월 19일, 같은 자리에 전국 대의원 이천여 명이 모여 민주당을 창당했다. 쿠데타와 사사오입 파동으로 짓밟힌 민주주의를 되살리기 위해 야당 세력이 하나로 뭉쳤다. 그날 극장 안은 비장하다 못해 짙은 절박감까지 느껴졌다. 하지만 그로부터 일 년이 지나 다시 모인 이날은 분위기가 사뭇 달랐다. 사람들 표정은 밝았고 목소리도 들떠 있었다. 그럴 만했다. 넉 달 전 5·15 대선에서 부통령 후보 장면이 정권 2인자 이기붕을 20여만 표 차로 꺾었다. 창당한 지 채 일 년도 안 된 민주당이 국민 손으로 직접 뽑은 부통령을 갖게 된 것이다. 하지만 그 승리는 우연도, 기적도 아니었다. 민심은 이미 이승만 정권을 떠나 있었다. 그랬기에 '못 살겠다 갈아보자'는 민주당에 마지막 희망을 걸었던 것이다. 그러나 운명의 장난이었을까. 대통령 후보 신익희가 선거를 열흘 앞두고 갑작스레 세상을 떠났다. 민주당도, 국민도 비통했다. 부통령 후보 장면은 망연자실했다. 짝 잃은 외기러기 마냥 외롭고 가슴 아픈 선거를 치러야 했지만, 국민은 신익희의 비통한 죽음을 딛고 장면을 선택했다. 민주당 이름으로 거둔 첫 승리였다.

국민이 직접 선택한 부통령, 그는 결코 대통령의 하수인이 아니었다. 헌법이 부통령에게 준 권한은 막강했다. 참의원 의장과 헌법위원회 위원장, 탄핵재판소 재판장 등 3개 국가기관을 맡는 수장이다. 그뿐만이 아니었다. 대통령도 될 수 있다. 헌법 제55조는 "대통령이 궐위된 때에는 부통령이 대통령이 되고 잔임 기간 중 재임한다"고 정하고 있었다. 당원과 국민이 장면 부통령에게 거는 기대가 이만저만이 아니었다. 장면도 그 무게를 잘 알고 있었기에 자신이 가진 권한을 본때 있게 쓰겠다고 다짐했다. 대통령을 견제하고 국민 열망을 대변하는 부통령이 되겠다는 것이다. 당선 직후인 1956년 6월 6일, 장면은 부통령인 자신에 주어진 막중한 사명을 이렇게 말했다.

> **부통령이 대통령께 정책 진언을 하는 것은 당연한 일이지만,**
> **'반대당에서 나온 부통령'으로서 나의 제언은 왕왕 자극적인 것이 될 가능성도 있을 것이다.** (…) 그렇다고 해서 나는 대통령과의 대립을 일부러 조성하고 정부 내에서 견제 역할에만 치중하겠다는 것은 아니다. 누차 언명하는 바이지만 나는 이 대통령과 많은 공통점을 가지고 있다. **나는 대통령에게 가능한 한 협조를 아끼지 않을 것이며 정부를 화목하게 이끌고 가기에 힘쓸 것이다.**

**그러나 이러한 나의 방침이 국민들의 열망을 대변하는 데 지장을
초래하는 일은 없을 줄 안다.**

　부통령이 된 장면은 민주당 전당대회에 잠시라도 들르고 싶었다. 선거 내내 함께 뛴 동지들을 만나고 싶었다. 당원들도 부통령이 된 장면을 보고 싶기는 마찬가지였다. 그렇지만 대회장에 들르기가 쉬운 일은 아니었다. 불길한 첩보를 들은 것이다. '장 부통령이 민주당 전당대회장을 가는 길에 혜화동 로터리에서 저격한다.' 암살 계획이었다. 장면은 잠시 망설였지만, 야당 인사에게 으레 있는 위협쯤으로 여겼다. 부통령이 된 뒤 경찰 경호도 제법 강화되었기에 조금은 마음을 놓기도 했다. 그래도 혹시 몰라 대회장으로 가는 길을 바꿨다. 나중에 밝혀진 일이지만, 경찰도 암살 첩보를 사전에 입수했다. 그러나 아무런 대비를 하지 않았다.
　2시부터 전당대회가 시작되었다. 초가을인데도 극장 안 공기는 후끈 달아올랐다. 무대에 앉아 있던 장면은 2시 30분쯤 연단에 올라 짧게 인사했다. 만장한 당원들은 갈채와 환호를 쏟아냈다. 장면이 그처럼 열띤 분위기를 뒤로하고 출입구 쪽으로 걸음을 옮기려던 순간, 단발 총성이 모든 소란을 집어삼켰다. 장면을 겨냥한 총탄은 그 왼쪽 손바닥을 관통했다. 극장은 순식간에 아수라장으로 변했다. 장면은 그 자리에서 주저앉았지만, 곧바로 주위 사람 부축을 받고 일어나서 다시 무대로 올라섰다. 걱정하는 눈빛들을 향해 괜찮다며 오른손을 흔들었다. 왼손을 감싼 흰 붕대 위로 붉게 물든 핏자국이 선명했다. 당원들은 가슴을 쓸어내렸다. 장면은 경찰 호위를 받으며 급히 가까운 병원으로 이동해 치료를 받았다.
　누가 총을 쏘았을까? 이천 명 넘는 사람들이 지켜보는 가운데, 그것도 국민이 선출한 부통령을 백주에 저격한 대범한 자는 도대체 누구란 말인가? 대담한 범행치고는 모든 게 어설펐다. 범인이 쏜 총은

미제 미쓰식 6연발 권총이었다. 총 안엔 담담탄 세 발이 남아 있었다. 담담탄이라 하는 이유는 인도 담담시에서 만들어졌기 때문이다. 탄에 독이 많이 들어 있어서 파편만 맞아도 독이 온몸으로 퍼져 치명상을 입게 된다. 그만큼 끔찍한 무기이기에 이미 세계적으로 사용이 금지되어 있었다. 한국에서는 구하려야 구할 수도 없었다. 그런 탄환을 사용했다는 사실 하나만으로도 범행 의도는 분명했다. 위협이 아니라 살의였다. 범인은 딱 한 발을 쏘고서 급히 도망쳤지만 멀리도 못 갔다. 극장을 빠져나가려다 경호원과 주위 사람들에게 붙잡혀 그 자리에서 흠씬 두들겨 맞았다.

얼마나 맞았던지, 피범벅이 되었다. 경찰은 흥분한 군중에게서 범인을 겨우 떼어내서는 혼수상태에 빠진 중환자라며 굳이 국립경찰병원으로 데려가 입원시켰다. 이 과정을 지휘한 이는 악명 높은 치안국장 김종원이었다. 그가 하는 짓이 여간 이상한 것이 아니었다. 뭐가 그리 급했던지 김종원은 그날로 기자회견을 열었다. 범인을 앉혀놓고는 수사 내용을 주저리주저리 늘어놨다.

총을 쏜 자는 28세 김상붕이다.
제대 군인인데 총은 이름 모를 미국 군인에게 샀다.
체포 당시 신익희 사진과 가짜 동아일보 기자증도 가지고 있었다.
공범은 없고 단독범행이다.

황당하기 그지없는 내용이었다. 더 기이한 건 범인이라는 김상붕이었다. 핏자국이 남은 얼굴로 제법 확신범인 체하며 자신이 왜 장면을 쐈는지 기자들 앞에서 일장연설을 늘어놨다.

민주당에 입당하려 했는데 당 내부에서 싸움만 하기에 입당하지 않았다.
장 부통령이 나라를 위해 공정하게 일할 줄 알았는데

**나의 원수인 일본 놈과 친하게 하려 했기 때문에
나는 내 원수와 같이 생각하고 이 나라를 평온하게 하기 위해
장 부통령을 저격할 것을 결심했다.**

누가 들으면 독립투사라도 납신 줄로 착각할 정도였다.
　김종원 치안국장은 김상붕 단독범행이라고 단언했다. 그가 발표한 범행 동기는 단순하다 못해 순수하기까지 했다. 민주당 구파를 지지하는 당원이 신파 리더인 장면을 제거하려 했다는 것이다. 총을 쏜 뒤 '조병옥 만세'를 외친 것이 그 근거였다. 조병옥은 구파를 대표했고, 장면은 신파를 이끌었다. 범인이 지니고 있었던 가짜 《동아일보》 기자증도 결정적 증거인 양 내세웠다. 당시 《동아일보》는 민주당 구파에 우호적인 신문이었다. 모든 것이 지나치게 그럴듯해 오히려 짜맞춘 각본 냄새가 풀풀 났다. 무엇보다 결정적인 허점은 범행 동기였다. 장면이 친일을 하니 죽이려 했다는 말은 민주당 신파와 구파 갈등과는 거리가 먼 이야기였다. 오히려 이승만이 신익희와 장면을 싸잡아 '친일용공'이라고 몰아붙이던 공세에 더 가까웠다. 의혹은 꼬리를 물었다. 피습 사건 사흘 뒤, 국회 본회의가 열렸다. 그 자리에서 민주당 의원들은 갖가지 의혹을 하나씩 끄집어내 따졌다.
　범인 김상붕이 정말로 '조병옥 박사 만세'를 외쳤는지부터가 의심스러웠다. 이 한마디가 사건이 지닌 성격을 가르는 아주 중요한 열쇠였다. 김종원은 범인이 그 한마디를 외쳤다는 이유로 이 사건이 민주당 내 계파 싸움에서 비롯되었다고 일축했다. 범행 배후도 민주당 안에 있을 수 있다는 의혹을 확산시키려는 듯했다. 그러나 김상붕이 사건 현장에서 진짜로 '조병옥 박사 만세'를 외쳤느냐는 의심이 불거졌다. 김종원은 김상붕이 '조병옥 박사 만세'라고 외친 사실을 의심할 여지가 없다고 했다. 만세 소리를 들은 이가 한두 사람이 아니라는 것이다. 새빨간 거짓말이었다. 총격 현장에서 그런 소리를 들었다는

사람이 아무도 없었다. 귀신이 곡할 노릇이었다. 민주당 의원들은 어느 귀신이 그 소리를 들었다는 것이냐며 '그 소리 들었다는 귀신 좀 데려와보라'고 했다. 귀신 대신 내무부 장관이 국회로 왔다. 내무부 장관 이익흥은 귀신 씻나락 까먹는 소리를 해댔다.

범인이 그렇게 진술하고 있고, 또 그때 옆에 있던 경찰관도 조병옥 박사 만세는 못 들었지만 하여간 만세라는 말은 들은 일이 있다.

배후가 있느냐 없느냐도 논란이었다. 경찰은 처음부터 단독범이라고 못 박았다. 그러나 청년 혼자서 총과 담담탄을 구하고, 기자증을 위조하여 경호를 뚫고 마침내 부통령을 저격했다는 경찰 측 주장을 곧이곧대로 믿기는 어려웠다. 아니나 다를까 경찰은 이틀 만에 공범을 잡았다고 발표했다. 김상붕이 자백해서 잡았다는 공범은 38세 최훈이었다. 그는 1957년 5월 초순 민주당에 입당해 6월부터 성동구 갑구에서 총무 겸 재정부장으로 활동하다 한 달 만에 당내 분규로 탈당한 이력을 갖고 있었다. 그가 밝힌 범행 동기는 김상붕과 판박이였다.

민주당 신파가 구파인 조병옥 대표최고위원까지 제거하고 당을 독점하려는 데 불만과 앙심을 품었다. 장면 부통령이 친일용공을 주장해 국가의 장래가 심히 걱정되었다.

말만 들으면 친일파 암살에 나선 독립군이 따로 없었다. 경찰은 부통령을 저격한 이 어마어마한 사건을 '애국 청년 둘이 애국심 하나로 의기투합해 벌인 것'으로 결론지으려고 했다. 서둘러 내린 결론이 도리어 의심을 키웠다. 경찰 발표는 진짜 몸통이 따로 있다는 의심을 지우지 못했다. 공범 최훈의 이력과 행적이 드러나자 의심은 확신이 되어갔다. 국회가 구성한 '장부통령피습사건특별조사위원회'는 진상조사에 들어갔고 조사보고에서 "범인 최훈의 과거 경력과 또 그 하수자인 김상붕의 경력을 미루어 양인이 진술하는 동기만으로 이런 대범죄를 하리라고 인정키에는 수긍할 수 없는 여러 가지 점이 많다"고 지적했다. 최훈의 범죄 전력은 화려해 한두 줄로는 끝나지 않았다. 사기, 절취, 공금횡령죄, 공문서 위조죄, 사설첩보기관 운영, 무면허약품 중개업까지 누가 봐도 애국 청년으로 살아온 삶은 아니었다. 민주당 의원들은 최훈이 애초부터 의도를 갖고 민주당에 들어와서 프락치 노릇을 했을 가능성이 있다고 봤다. 배후가 따로 있을 수 있다는 것이다. 그래서 내무부 장관에게 배후를 수사하라고 계속 요구했다.

앞길이 구만리 같은 젊은이들이 왜 그토록 무모한 짓을 벌였을까? 장면을 쏴서 두 청년이 얻을 게 대체 무엇이었을까? 애국심 하나로 눙치기에는 도저히 이해할 수 없는 일이었다. 아니나 다를까 최훈이 먼저 흔들렸다. 죄를 다 뒤집어쓰게 생기니 두렵고 억울했던 모양이다. 폭로가 시작되었다. 자신은 시키는 대로 했을 뿐이라고 했다. 그러면서 성동경찰서 사찰 주임 이덕신이 지시했다고 불었다. 일개 사찰 주임이 이 어마어마한 테러를 주도한 몸통일 리 없었다. 그렇게 깃털들만 바람에 까불리고 있었다. 국회 진상조사단도 끝내 몸통은 밝히지 못했다. 재판 과정에서 김상붕은 '최훈 배후에 경찰이 있는 것 같다'고 진술했다. 국회 진상조사 과정에서도 최훈이 치안국 특정 과장 장영복, 중앙분실장 박사일 등과 접촉했다는 사실이 드러났다. 김종원 치안국장 이름도 오르내렸지만 흐지부지 묻혔다. 민주당은 몸통을 밝히라고 요구했지만, 자유당은 "국민을 선동하지 말라"며 맞섰다. 그 꼴이 방귀 뀐 놈이 성내는 듯 보였다.

세상사란 우연의 연속이다. 그래서 끝날 때까지는 끝난 게 아니다. 장면 부통령 저격 사건도 그렇게 끝을 향해 가고 있었다. 피고인 이덕신, 최훈, 김상붕은 모두 사형을 선고받았다. 1957년 3월 21일 사형선고가 내려지자마자 이덕신과 김상붕은 억울하다며 법정에서 고래고래 소리를 질렀다. 최훈은 그런 두 사람을 바라보다 조용히 고개를 숙였다. 대법원도 이 원심을 최종 확정했다. 그제야 진짜 배후들은 모든 게 다 끝났다고 긴장을 풀었을 것이다. 그러나 그깟 판결로 천라지망(天羅地網)을 피할 수는 없었다. 사건이 있고 4년 뒤, 4·19혁명으로 장면 정부가 들어섰다. 자유당 정권이 저지른 온갖 부정부패를 청산하는 과정에서 장면 부통령 암살극을 꾸몄던 음험한 각본이 드러났다. 각본을 쓴 자, 일을 꾸민 감독, 그것을 실행한 배우들까지 모두가 화려했다. 그날 시립극장 시공관에서 펼쳐진 암살극 제목은 '곰사냥'이었다. 제작자는 이기붕이었다. 기획은 자유당 국회의원 임흥순이 맡았다. 임흥순은 총감독으로 내무부 장관 이익흥을 앉혔다. 그는 목표가 곰, 즉 장면이라는 사실을 정확히 전달받았다. 배우 캐스팅은 치안국장 김종원이 맡았다. 그는 배우와 엑스트라에게 연기를 지도하기까지 했다. 협찬은 서울시경, 성동경찰서가 나섰다. 극의 주제는 '민주당 내부에서 벌어진 권력 싸움 속에서 쓰러져 가는 비극의 주인공 장면 부통령'이었다. 그래서 민주당 당적이 있었던 최훈과 김상붕을 주연으로 뽑았다. 1956년 9월 28일, 그들 모두가 시립극장 시공관에서 펼쳐진 부통령 암살극에 참여했다. 이 저질 암살극에는 상 대신 역사적 단죄가 내려졌다. 1961년 7월 13일, 대법원은 배역에 맞는 형을 확정했다. 임흥순, 이익흥은 살인미수죄로 무기징역을, 김종원은 징역 15년을 받았다.

그들은 왜 곰사냥에 나섰을까? 왜 일국의 부통령을 제거하려고 했던 것일까? 그 답을 찾으려면 우선 시간을 1956년 5월 15일로 돌려야 한다. 제3대 대선은 이승만에게 치욕스러운 결과를 안겼다. 자신은 가까스로 대통령에 당선되었지만, 부통령 후보로 내세운 이기붕은 낙선했다. 온갖 부정선거를 뚫고 민주당 장면이 부통령이 되었다.

이승만, 이기붕, 자유당이 미처 경험한 적 없는 패배였다. 훌훌 털어 버리면 그만인 그런 패배가 아니었다. 장면은 단지 부통령 자리 하나 꿰찬 게 아니었다. 언제라도 대통령이 될 수 있는 자리에 앉은 것이다. 여든 넘은 노대통령이 어느 날 갑자기 세상을 떠나면, 자동으로 장면 부통령이 대통령이 된다. 이승만과 자유당은 어쩔 수 없이 폭탄을 지고 사는 꼴이 되었다.

위기에서 벗어나는 길은 과감하게 그 원인과 단절하는 것뿐이다. 장면을 그대로 둔 채로는 두 다리 뻗고 잠을 잘 수가 없었다. 처음에는 제도를 바꿔 상황을 바꿔보려 시도했다. 대선 직후인 5월 18일, 제45회 국무회의에서 이승만은 불쑥 개헌 의사를 내비쳤다. 대통령이라는 사람 머릿속에 나라와 국민 걱정은 없고 오직 권력 욕심만 그득했다. 선거 결과는 국민의 뜻이건만, 어떻게든 그 결과로 만들어진 상황을 바꿔보려 오기를 부렸다.

**민주국가에서는 경험에 의하여 불비된 헌법이나 법률을
실제에 적합하도록 시정해야 한다.**

이승만이 뜯어고치려고 한 것은 바로 '부통령이 대통령직을 승계하는 헌법 규정'이었다. 이 발언이 전해지자, 자유당은 실제로 개헌 작업에 나섰다. 미국처럼 대통령과 부통령을 러닝메이트로 해 동반 당선되도록 하거나 대통령이 부통령을 지명하는 안을 구상했다. 속이 빤히 보이니 민주당이 동의할 리 만무했다. 좀 더 현실적이고 확실한 방법이 필요했다. 결국 믿을 것은 힘밖에 없었다. 늘 해왔던 대로 힘으로 누르고, 조작하고, 덮기로 했다. 그 모든 것을 충직하게 수행할 하수인으로는 이미 눈여겨봐둔 이들이 있었으니, 바로 이익흥과 김종원이었다. 이승만은 그들을 각각 내무부 장관과 치안국장에 앉혔다.

이승만식 엽기적 용인술이 빛나는 순간이었다. 이익흥이 누구인가? 일제강점기에 경찰서장까지 지내며 독립군을 잡아다 고문했던 지독한 친일파다. 그 악랄한 버릇이 해방 이후에도 달라지지 않았다. 한국전쟁 당시 서울시 경찰국장을 지내며 정부 말을 철석같이 믿고 서울에 남아 있던 시민들을 부역자로 몰아 무자비하게 죽이는 데 앞장섰다. 3선 개헌을 할 때 일본 규슈 법대 출신다운 비상하고도 해괴망측한 사사오입 논리를 이승만에게 건넨 자도 이익흥이었다. 그게 다가 아니다. 그가 이승만에게 바친 아부와 아첨은 따를 자가 없었다. 경기도지사를 하던 1955년, 이승만 80회 생일에 맞춰 남한산성에 '각하' 만수무강을 기원하는 송수탑(頌壽塔)을 세웠다. 장관이 된 뒤에도 아부는 더하면 더했지 덜하지 않았다. 그가 아부와 아첨으로 막강한 권력을 누린다는 소문은 천지사방에 퍼져, 장관은 장관인데 '아부 장관'이라는 별칭까지 생겨났다. 그 유명한 '방귀 아부' 이야기 주인공도 이익흥이다. 유옥우 의원이 국회 본회의에서 말한 바에 따르면 그 이야기란 이러하다.

**대통령이 속이 불편하셨는지 어쨌는지 모르지만 아마
'방귀'를 좀 꾸셨다고 해요. 그랬더니 옆에 앉아 있던 이익흥 내무장관이,
그 아부 잘하는 그 내무장관이, 그 기술 좋은 내무장관이
'속이 시원하시겠습니다.' 그런 이야기를 했다 그 말이에요.**

대통령 뱃속 사정까지 살필 줄 아니 내무부 장관에 앉힐 만했다.

내무부 장관이 되어서는 그저 말로 아첨하는 데 그치지 않았다. 이승만 곁에서 그야말로 입속 혀처럼 굴었다. 그는 이승만이 자신을 내무부 장관에 앉힌 의중을 너무도 잘 알고 있었다. 무엇을 해야 하는지도 훤했다. 대선 끝나고 1956년 8월 13일에 치러지는 지방선거를 이겨야 했다. 그것이 이승만 뜻이요, 이익흥이 할 바였다. 그는 곧바

로 움직였다. 공무원과 경찰을 총동원해 야당 입후보자 등록을 방해하는 등 노골적으로 선거에 개입했다. 도저히 눈 뜨고 볼 수 없는 횡포였다. 보다 못한 민주당과 무소속 의원들은 7월 27일, 사상 처음으로 거리 시위에 나섰다. 시위가 벌어진 국회의사당 앞 태평로에 이익흥이 나타났다. 내무부 장관이 직접 경찰을 지휘하고 있었다. 시위가 시작하자마자 소란이 벌어졌다. 이익흥은 행렬에 뒤처져 있던 무소속 김선태 의원을 발견하고서 고함을 쳤다. "공산당 김선태를 잡아라!" 그 소리를 듣고 뛰어온 이는 치안국장 김종원이었다. 그 둘이 함께 우격다짐으로 김선태 의원 입을 틀어막고 팔을 꺾어 강제로 경찰차에 실어 가서는 구속시켜버렸다. 안하무인도 이런 안하무인이 따로 없었다.

　곰사냥을 추진한 김종원, 그는 또 누구인가? 일제강점기 때 일본 관동군에 자원입대해 태평양전쟁에 참전했다. 그때 그가 벌인 잔인하고 엽기적인 만행은 일제 상관들조차 혀를 내두를 정도였다고 전해진다. 해방 이후에도 그 잔인함은 이어졌다. 특히 거창 양민학살사건 때, 그는 수많은 민간인을 잔혹하게 학살했다. 목격자들은 그가 인간으로서는 차마 못 할 짓을 서슴없이 저질렀다고 분노를 감추지 못했다. 생존자들은 주민들이 국군에게 학살당했다는 증언을 쏟아냈고, 마침내 국회 조사단이 거창으로 내려갔다. 그때 빨치산으로 보이는 이들이 어디선가 나타나 국회 조사단을 기습 공격했다. 조잡한 삼류 연극이었다. 김종원이 자기 부대원을 빨치산으로 위장시켜 조사단을 공격한 것이다. 이 '가짜 공비 사건'으로 그는 징역 3년 형을 선고받았다. 그러나 어찌 된 영문인지 형을 산 지 채 4개월도 지나지 않아 이승만은 그를 사면한다. 사면에 그치지 않고 그를 경찰로 특별 채용해 지방경찰국장 자리에 앉히기까지 했다. 그는 이승만이 기대하는 바를 저버리지 않았다. 1956년 대선 때, 그는 전남 경찰국장이었다. 대선 당시 전남 지역 경찰이 어찌나 극심하게 선거에 개입했던

지 야당 반발이 이만저만이 아니었다. 대선이 끝나자마자 그는 마침내 경찰 총수인 치안국장이 되었다. 이승만은 이익흥과 김종원이 필요했다. 두 하수인이 벌이는 멋진 콤비 플레이를 기대했던 것이다.

이승만 자신도 할 일을 했다. 부통령이 된 장면을 고약할 정도로 따돌렸다. 그 고약한 태도를 보며 장면은 대통령이 증오하는 부통령, 고독한 부통령으로 살아야 할 운명을 예감했다. 1956년 8월 15일, 중앙청에서 정부통령 취임식이 열렸다. 단상 위에 오른 장면은 민망하고 수치스러웠다. 행사 주인공 중 한 사람인 부통령이 앉을 자리조차 없었던 것이다. 불청객처럼 쭈뼛거리다 남는 자리를 찾아 앉았다. 자리쯤이야 실수려니 넘길 수도 있었다. 문제는 그다음부터였다. 장면은 취임사도 하지 못했다. 부통령도 취임하는 자리이니 부통령 취임사 순서쯤은 둘 수도 있었다. 물론 전례에 따라 생략했을 수도 있다. 1952년 8월 15일에 열린 취임식에서도 함태영 부통령은 취임사를 하지 않았다. 하지만 그때는 전쟁 중이라 식 자체를 간소하게 한다는 취지로 대통령 취임사 외에는 모두 생략했던 것이다. 1948년 7월 24일에 있었던 정부통령 취임식에서 국회가 선출한 이시형 부통령은 취임사를 했다. 이시형이 사임해 제2대 부통령이 된 김성수도 1951년 5월 18일 국회에서 당선 인사를 했다. 취임사를 준비했던 장면은 못내 아쉬웠다. 그런 와중에 장면을 당황케 하는 일이 또 벌어졌다. 이승만은 식장에 모인 3부 요인이며 외국 대사들을 다 소개하면서도 끝내 장면만은 소개하지 않고 따돌렸다. 취임식 내내 장면을 유심히 살핀 기자는 그가 내내 '무표정'이었고 '무엇인지 깊은 생각에 잠긴' 듯했다고 전했다.

장면은 대통령이 지명한 부통령이 아니었다. 야당 후보로 국민이 직접 뽑았다. 이승만 눈치나 보고 있을 이유가 없었다. 취임식 자리에서 대놓고 따돌림당한 장면은 그 모욕을 당하고만 있지 않았다. 취임식이 끝나자 취임식에서 읽지 못한 취임사를 성명으로 발표했다.

공심을 떠나 권세나 이욕에 사로잡혀 민주주의를 역행하는 일이 조금이라도 있다면 우리는 곧 조국에 대한 죄인이 될 것입니다.

하마터면 이승만은 그 말을 면전에서 들을 뻔했다. 취임식 다음 날에는 외신 기자회견을 열어 작심한 듯 이승만 정권을 비판했다. '현 정부가 민주주의를 유린하고 있다'고 목소리를 높였다. 일본과도 정상적인 외교 관계를 맺어 대일 청구권 문제 등을 해결해야 한다고 주장했다. 자신은 '국민들이 직접 뽑은 부통령으로서 국내 문제에서 독자적인 행동을 취할 것이며 정부의 무능을 감시하고 헌법 위반을 막겠다'고 선언했다. 무시하고 따돌려서 틀어막을 수 있는 입이 아니었다.

장면은 더 이상 야당만의 지도자가 아니었다. 일국의 부통령이었다. 그러니만큼 그가 하는 한마디 한마디는 국내외적으로 파급력이 클 수밖에 없었다. 장면 입을 어찌하지 못해 이승만 정권은 노심초사했다. 특히 장면이 기자회견에서 말한 내용이 신문에 대서특필되자, 자유당은 바로 다음 날 국회에 '장면 부통령 경고 결의안'을 들고 나왔다. 외국 기자들 앞에서 나라 망신을 시켜도 유분수라며, 부통령이나 된 사람이 어떻게 그럴 수가 있냐고 노발대발했다. 한국이 부패했으니 원조를 거둬 가라는 말이냐, 한국이 민주주의 안 하니 내정간섭이라도 해달라는 말이냐고 비아냥댔다. 그러면서 국민 앞에 사과하라고 윽박질렀다. 장면을 옹졸한 소인배로 몰기까지 했다. 취임식장에서 좀 서운하게 했다고 대통령을 공격하는 게 부통령이라는 사람이 할 짓이냐고 맹비난했다.

민주당 의원들은 장면이 틀린 말 했느냐고 맞섰다. 정부가 헌법을 어긴 것도 사실이고, 부정부패를 일삼은 것도 사실 아니냐며 실상들을 하나하나 들췄다. 국민은 굶주리고 헐벗었는데, 엄청난 돈을 들여 남산에 이승만 동상을 세우는 건 제정신이냐고 비판했다. 그러는 와중에 의석에 앉아 있던 누군가가 한마디 외침으로 자유당 사람들 속마음을 드러내버렸다. "부통령을 처리해버려!" 이협우 자유당 의원이었다. 그는 평소에는 있는지 없는지도 알 수 없는 '벙어리 국회의원'으로 유명했다. 그런 그가 가뭄에 콩 나듯 겨우 한마디 한 것을 귀밝은 민주당 김영삼 의원이 그만 듣고 말았다. 김영삼은 그 즉시 자리에서 일어나 쏘아붙였다.

부통령을 죽이기라도 하겠다는 것이냐? 말 조심하시오.

몸싸움 전문으로 이름난 이협우도 그 맹렬한 기세에 꼬리를 내렸다. 어쨌든 장면 부통령을 처리해버리려는 음모는 그렇게 조용히 진행되고 있었다.

장면 부통령 암살을 사주한 가장 윗선은 이기붕으로 드러났다. 죽은 자는 말이 없으니, 어쩌면 이미 자살한 이기붕에게 모든 책임을 덮어씌웠는지도 모른다. 분명한 것은 부통령을 암살하려 했던 정치 테러 진상을 밝히고 책임자를 처벌하는 일에 이승만이 조금도 적극적이지 않았다는 사실이다. 국회 진상조사단 조사 결과 치안국장 김종원 등 고위급 경찰관 수명이 연루되었다는 사실이 백일하에 드러났다. 당연히 경찰을 통솔하는 내무부 장관 정도는 책임지고 물러나야 했다. 언론이 연일 사퇴를 요구했고 민심도 그랬다. 여론을 등에 업고 민주당은 내무부 장관 이익흥 불신임안을 세 번이나 제출했다. 자유당 의원들은 세 번 모두 부결시켰다. 세 번째에서까지 부결된 것은 순전히 이승만 대통령이 요구했기 때문이었다. 세 번째 불신임안에는 자유당 의원들도 찬성하는 분위기였다. 그러자 이승만은 직접 나서 분위기를 다잡았다. 이익흥을 감싸며 부결을 독려하는 담화를 발표한 것이다. 당시에는 국회에서 불신임안이 가결되면 장관은 대통령 손을 거칠 것도 없이 그 즉시 사퇴해야 했다.

경찰 세 사람이 이 사건으로 구속되었다는 것으로 해서
경찰을 주관하는 내무장관이 파면되든지 신임해야 한다 하나
수만 명 경찰이 있는 중에 그 몇 사람 부하의 잘못으로
내무장관이 책임을 지면 장관 할 사람이 없을 것이고
그 사람이 내무장관을 맡은 이후에 잘못했다는 사건이 드러난 것이
없으니 국민이 갈아달라 한다고 그냥 갈아내기는 어려운 일이다.

이쯤 되면 몹시 궁금하다. 이승만은 도대체 왜 그랬을까? 왜 그토록 이익흥을 감쌌을까? 왜 김종원같이 잔악무도하고 엽기적인 자를 사면하여 치안국장까지 시켰을까? 왜 민주당과 장면을 그토록 증오하고 무자비하게 탄압했을까? 누구보다 그 문제로 고독한 나날과 불면의 밤을 보냈고, 생사를 오가기까지 했던 장면 부통령이 내린 평가가 사실에 가까울 것 같다. 장면은 이승만이라는 사람을 이렇게 평가했다.

정적이라면 무자비하게 제거하려고 한 놀라울 만한 이 박사의 편협성을,
나에 대한 증오의 감정을 예로써 다음과 같이 생각할 수 있다.
첫째, 자신을 봉건 군주적인 지존의 존재로 착각하고 자신에게
정치적으로 적대하는 사람은 완전히 역적이라고 생각하거나,
둘째, 민주당이 국민으로부터 큰 지지를 받기 시작하므로
자신이 선정한 후계자가 국민에게 멸시당하는 것을 불쾌하게
생각함으로써 반동 감정에 사로잡혀 있거나,
셋째, 노령으로 인해 모든 사물을 반사적인 감정으로 보거나
(…) 뿐만 아니라 그 주위를 둘러싸고 있는 소위 인의 장막의 주인공들이
공명심과 질투심과 사욕만으로써 이 박사의 그런 성정을 더욱 조장시켜,
드디어 옳은 판단을 하나도 내릴 수 없게 하였던 것이다.

장면 부통령 저격 사건은 장면 개인만을 향한 것이 아니었다. 이제 막 발을 뗀 민주당을 향한 노골적인 정치 테러였다. 장면 테러 사건에는 정적을 인정하지 않고 무자비하게 제거하려는 독재자의 본성, 상대 세력을 분열시켜 권력을 유지하는 독재 정권의 본색이 고스란히 담겨 있다. 그러나 민주당 사람들은 정치 테러에도 움츠러들지 않았다. 국민과 함께 독재와 부패에 저항했다. 모진 수난 속에서도 민주주의를 향한 투쟁을 역사적 소명이자 정치적 운명으로 받아들였다. 그렇게 민주당은 죽다 살아난 장면을 내세워 기어코 민주당 정부를 수립한다.

짓밟힌 장충단

푸르고 따스한 늦봄이었다. 1957년 5월 25일, 그 평온한 토요일 아침에 안개 걷힌 장충단공원은 이른 시각부터 술렁였다. 가끔 있는 정치집회가 열리는 모양이었다. 연단이 세워지고 그 위에는 '자유당 폭정규탄대회'라는 현수막이 걸렸다. 언제부턴가 사람들은 민주당 집회에 빠져들었다. 어디서 유세를 한다고만 하면 만사를 제치고 몰려들었다. 그곳에만 가면 막힌 속이 뚫리고 맺힌 응어리가 풀렸다. 대나무 숲에 외치듯 정권 욕을 실컷 해대니, 그만큼 속 시원한 일도 없었다. 그러나 그날은 달랐다. 대회는 열리자마자 중단되었고 유세장은 아수라장이 되었다. 신문은 민주당이 한 '폭정 규탄'이 아니라 괴한들이 벌인 '폭력 난동' 기사로 도배됐다. 한 신문은 그 풍경을 이렇게 전했다.

> 우리나라 민주주의의 종언을 고하는 불길한 만가인 것 같아
> 차마 눈물 없이는 바라볼 수 없었다.

현장에 있었던 외국 기자도 안타까움에 한마디했다.

**한국인은 민주주의가 무엇인지 모르고 설사 안다고 해도
이룰 수 없을 것이다.**

푸르른 봄날, 장충단공원에서는 도대체 무슨 일이 벌어졌던 것일까?
이날 모인 인파를 누구는 20만, 누구는 30만이 넘었다고 했다. 얼마가 되었건 공원은 바늘 하나 꽂을 틈 없이 사람들로 꽉 들어찼다. 사람들이 공원 바깥으로도 늘어서서 그 끝이 어디인지 보이지 않았다. 서울 사대문 안이 들썩일 정도였다. 오전까지만 해도 공원 주변을 어슬렁거리며 질서를 잡던 경찰은 대회가 시작하자 어디론가 종적을 감췄다. 가나오나 순사만 보면 흥분하는 야당 사람들을 자극하지 않으려고 알아서 비켜주었는지도 모른다. 하지만 폭력배들이 연설회를 습격할 거라는 소문이 돌고 있었다. 그런 마당에 경찰이 꽁무니를 뺀 건 어째 좀 수상했다. 어쨌든 경찰이 떠난 대회장에 질서를 유지하고 경비할 책임은 '장군의 아들' 김두한 의원이 맡고 있었다. 그러나 천하의 김두한도 긴장한 기색이 역력했다. 얼굴은 잔뜩 굳었고, 목덜미와 이마에 땀이 흥건했다. 곳곳에 세워둔 사람들에게 연신 소리치며 눈을 부라렸다. 그렇게 경계를 늦추지 않는 사이 연단 주변으로 파나마모자를 눌러쓴 낯익은 얼굴들이 얼씬거리기 시작했다. 서울을 활보하며 행패를 부리는 깡패들이었다. 예감이 좋지 않았다. 뒤에서 "뚱뚱한 놈 앉으라!"라고 고래고래 소리를 질렀지만 김두한은 못 들은 척, 꾹 참고 경비에만 신경 썼다.

한창 볕이 내리쬐는 오후 3시쯤, 드디어 연설회가 시작되었다. 민주당과 다른 야당 의원들이 단상 주변으로 모여들었다. 사회를 맡은 민관식 의원이 무대 위로 올라왔다. 첫 연사로 노농당(勞農黨) 전진한 의원을 소개했다. 제헌의원으로 제헌헌법에 노동자 이익균점권 조

항을 넣는 데 큰 역할을 한 인물이다. 이승만 정권에서 초대 사회부 장관을 지낼 정도로 이승만에 우호적이었지만, 지금은 그를 매섭게 비판하는 야당 지도자로 돌아섰다. 자신이 창당한 노농당 당수이기도 했다. 그는 자유당이 하는 모든 짓이 문제투성이고 불순하다며 조목조목 짚어 나갔다. 이제라도 반성하고 고치라고 호통쳤다. 최후 일각까지 국민 주권을 지키기 위해 투쟁할 것이라고 다부진 의지를 밝히자 만장에 박수가 일었다. 구름 떼 같은 청중을 보고는 들떴는지 연설은 40분을 훌쩍 넘겼다.

 연설회는 절정에 이르렀다. 민주당 대표최고위원 조병옥이 무대에 오르자 수십만 군중은 환호와 박수를 보냈다. 조병옥은 손 흔들어 화답하고는, 두어 번 헛기침하여 목을 다듬은 후 마이크 앞으로 나섰다. 바로 그 순간, 연단 아래에 떼 지어 있던 청년들이 다짜고짜 야유를 보냈다. 야유하는 데 그치지 않고 돌이며 유리병까지 던졌다. "무슨 짓들이냐!" 조병옥이 눈을 부릅뜬 채 그들을 향해 소리쳤다. 소란이 일자 약속이라도 한 듯 파나마모자를 쓴 무리가 무대 앞으로 뛰어들었다. 김두한은 올 것이 왔다고 생각했다. 경비 선 당원들에게 막으라고 다급히 소리쳤지만, 역부족이었다. 난동을 걷잡을 수 없었다. 무리는 연단 위로 뛰어올라 책상이며 의자를 내동댕이쳤다. 마이크를 부러뜨리고, 앰프에 휘발유를 끼얹어 불까지 질렀다. 기자들이 사진을 찍자 카메라를 빼앗아 짓밟았다. 행사장은 삽시간에 아수라장이 되었다. 천하의 김두한조차 속수무책이었다. 난동은 오십여 분간 계속되었다. 날장구를 쳐도 유분수지, 코빼기도 안 보이던 경찰은 난동이 다 끝난 뒤에야 나타나 부산을 떨었다. 뒷북도 이상했지만 하는 짓은 더 요상했다. 난동 부린 자들을 체포하기는커녕, 흥분한 청중을 해산시키려고만 했다. 범인이랍시고 붙잡은 게 고작 엄한 대학생 한 명이었다. 그는 땀을 뻘뻘 흘리며 앰프에 붙은 불을 끈 죄밖에 없었다.

야당 의원들은 울분에 휩싸였다. 도저히 그냥 넘길 수 없었다. 난장판이 된 연단 위로 다시 올라왔다. 국민주권옹호투쟁위원장인 장택상이 목이 터져라 울부짖었다.

오늘 이 사태야말로
독재가 이 나라를 망치고 있다는 증거 아니고 무엇이겠냐?
수십만 장병의 시체 위에 세운 이 나라를 지키고 폭도를 처단하라!

조병옥도 비분강개했다.

우리 육십오 명의 야당 의원들은 생명을 걸고 싸울 것이니
여러분도 함께 민주주의를 지키자!

흥분한 청중들은 조병옥을 연호했다. 끝으로 곽상훈이 연단에 올라 상기된 표정으로 '민주주의 만세'를 선창했다. 청중들도 따라 민주주의 만세를 목 놓아 외쳤다. 저물어 가는 늦봄, 장충단공원에는 그렇게 '민주주의 파괴'를 한탄하는 소리와 '민주주의 만세'를 부르짖는 소리가 뒤엉켰다.
  누가, 왜 이날 행사를 열었는가? 자유당이 어떤 짓을 했기에 그 폭정을 규탄하려고 했던 걸까? 이날 연설회는 야당이 뭉쳐 만든 국민주권옹호투쟁위원회가 열었다. 이 위원회를 만든 데는 그만한 이유가 있었다. 1956년 5월 15일 대통령 선거에서 민주당 장면이 부통령에 당선되었다. 민심은 이승만을 떠나고 있었다. 신익희가 갑작스럽게 서거하지 않았다면 대통령 당선도 쉽지 않았을 것이다. 상황이 그 지경이 되었으면 민심을 돌보고 수습하는 것이 상책이건만, 이승만은 국민과 싸우자고 들었다. 이익흥과 김종원을 내무부 장관과 치안국장에 임명했다. 지난 대선에서 지독한 부정선거를 저지르는 데 앞

장섰던 자들을 오히려 포상하듯 영전시킨 것이다. 단순한 보은 인사가 아니었다. 8월 8일에 치를 지방선거에서 다시 한 번 그 실력을 써먹으려는 노림수였다. 아니나 다를까 지방선거를 앞두고 관권 선거가 판을 쳤다. 전국 방방곡곡에서 후보 등록 방해가 극심했다. 김영삼은 참다 못해 7월 26일 국회 본회의에서 폭로했다.

야당 의원들이 등록을 하기 위하여 모든 일건 서류를 갖추어 놓은 것을 집에서 혹은 등록하려는 찰나에 괴한에게 탈취당하였으며 구타, 납치까지 당했다. 개개인이 등록하려다가 모두 실패한 까닭에 우리 민주당 경남도당에서는 집단적으로 등록을 하기 위하여 후보자 약 25명을 함께 집합시켜서 같은 버스에 태워 서부 출장소로 갔었다. 그러나 소장 이하 관계 직원들이 전부 도망하여 이 집단 등록은 실패했다.

등록조차 못 한 야당 후보들이 속출했다. 이대로라면 선거는 해보나 마나였다. 민주당 조재천 의원은 '지방의회 의원과 시읍면장 후보자의 등록 기한에 관한 임시조치 법안'을 제출했다. 국민 기본권인 참정권이 부당한 방해로 침해되었으니 회복하자는 것이었다. 자유당이 법안 표결에 응할 리 없었다. 표결은 끝내 무산되었지만, 두고만 볼 수 없었다. 민주당을 중심으로 모든 야당이 힘을 합쳐 대응하기로 결의하고, '국민주권옹호투쟁위원회'를 발족했다. 7월 27일에는 국민주권옹호투쟁위원회 의원들이 거리 시위에 나섰다. 이승만 정권에서 처음으로 하는 거리 시위였다. 야당이 뭐라고 떠들든 아랑곳없이 경찰과 공무원은 충성 경쟁이라도 하듯 선거에 개입했다. 결국 지방선거는 자유당 압승으로 끝났다.

그런 와중에 9월 28일 장면 부통령이 저격당한다. 부통령 암살 미수라는 국가적 충격에도 이승만은 강 건너 불구경하듯 했다. 책임자를 문책하기는커녕, 오히려 두둔하고 나섰다. 그 뻔뻔함과 태연함에 민주당은 물론 모든 야당 세력이 들끓었다. 1957년 1월 25일 '이승만 대통령 경고 결의안'을 국회에 제출했다. 결의안 제안자는 국민주권옹호투쟁위원회 위원장 장택상이었다. 장관과 국무총리까지 지냈던 그는 이승만이 사사오입 개헌을 하자 자유당을 탈당해 반독재 투쟁에 앞장서서 싸웠다. 그날 결의안을 제안하면서 장택상은 이승만이 저지르고 있는 독재 실상을 낱낱이 고발했다. 자유당 의원들은 게거품을 물며 삿대질하고 고성을 질러댔다. 장택상은 눈 하나 깜짝하지 않고 끝까지 발언을 이어갔다. 연설이 끝나자 야당 의원들은 잘했다며 우레 같은 박수를 보냈다. 자유당 의원들이 방해해 결의안은 상정조차 못 했지만, 언론은 장택상 발언을 대서특필했다. 절대권력자가 쌓은 신성불가침한 성벽이 그렇게 조금씩 허물어지고 있었다.

> **행정부의 수반인 이승만 대통령은 8년의 집정에서 위헌, 위법을**
> **마음대로 하고 경찰권을 이용하여 공명선거를 방해하였으며**
> **소수 특권계급을 제외한 국민경제를 파탄의 위기에 몰아넣고**
> **경찰의 장 부통령 저격 조종에 국회의 정치적 책임 추궁을 간섭하는가**
> **하면, 모든 면에 실정을 거듭함으로써 대한민국의 법질서와 민주건설에**
> **많은 과오를 저질렀으므로, 국민의 이름으로 이 대통령에게**
> **경고하는 동시에 그 시정을 촉구한다.**

야당 비판을 귀담아들을 겨를이 없었다. 이승만과 자유당 머릿속에는 오직 일 년 뒤, 제4대 총선에서 승리할 생각만 들어차 있었다. 염치도 눈치도 내던지고, 물불도 가리지 않았다. 먼저 선거법부터 유리하게 손보려고 했다. 입후보자 추천인을 늘리고 공탁금도 높였다. 돈 없고 빽 없는 야당 후보는 아예 출마조차 어렵게 만들려는 속셈이었다. 국민반도 적극 활용했다. 일제강점기 때 주민들을 통제하고 동원하던 애국반을 흉내 낸 이 조직은 주민에게 정부 정책을 홍보하고 주민 서로가 반정부 행위를 감시하게 만드는 도구였다. 선거에 악용하려는 의도가 뻔했지만, 행정체제를 효율적으로 돌아가게 하는 조직이라고 잡아뗐다. 그러나 꼬리가 너무 길어 그만 언론에 밟히고 말았다. "국민반을 중심으로 경찰 정보망을 정비하라." 전국 경찰국장회의에서 나온 지시가 폭로되었다. 거기다 공무원 성분을 조사하고 대학생 사상을 감시하겠다는 계획까지 뒤이어 발표했다. 이제는 국가 조직 전체가 국민을 통제하려는 판이었다.

 민주당이 분기탱천할 수밖에 없었다. 1957년 4월 16일 국회 본회의에서 현석호 의원은 내무부 장관 장경근을 몰아세웠다. 국민반 문제, 공무원 국가관 확립, 대학생 사상 동향 조사를 지시한 의도가 뭐냐고 캐물었다. 헌법이 엄연히 보장하는 결사의 자유, 공무원의 정치적 중립, 학문의 자유를 정면으로 침해하는 짓을 멈추라고 했다. 장경근은 번드르르한 답변을 내놓았다. 국민반이 일제강점기 애국반 부활 아니냐는 지적에 "애국반은 전쟁을 수행하기 위해서 총독부정치를 실행시키는 상의하달기관"이었지만 국민반은 "국민과 정부와의 의사소통, 국민의 의사를 반영시키는 하의상통(下意上通)"이라고 스리슬쩍 눙쳤다. 공무원에게 국가관을 확립하겠다는 것도 여당을 지지하라는 것이 아니라 '이 나라를 민주공화국으로 지키기 위해 독립정신을 잊지 말자'는 교육이라며 문제 될 게 없다고 넘어갔다. 대학생 사상 동향 조사도 학원에 적색분자가 침투하지 못하게 막자는 것인데 뭐가 잘못되었냐고 짐짓 큰소리를 쳤다. 그럴싸한 말장난으로 의원들을 바보 취급하자, 민주당이 자랑하는 달변가 박영종 의원이 발끈해 한소리 했다. '말 같지 않은 궤변 말라, 독재국가면 모를까 세계 어느 자유국가가 하의상통을 언론이나 의회가 아니라 행정조직에서 나서서 하느냐.' 모든 민주국가에서는 주민 의사를 모으고 대변하는 일을 언론이나 의회가 하지 행정조직이 하지 않는다고 지적했다. 논쟁이 몇 차례 더 이어졌다. 4월 26일 야당은 국민반 해체, 공무원 정치적 중립, 학원 자율성 보장을 요구하는 건의안을 제출하지만 간단히 부결되고 만다.

소수당인 민주당이 국회에서 할 수 있는 일은 고작 장관들 붙잡고 왈가왈부하는 것밖에는 없었다. 그래봤자 종일 장관들 콧방귀 뀌는 소리나 듣고 있어야 했다. 자유당은 그마저 못마땅했던지 국회법을 고치자고 나섰다. 국회의장이 의원 질의나 토론을 종결할 수 있는 권한을 강화하겠다고 했다. 야당 의원이 질의하고 토론하는 것조차 정부 발목잡기쯤으로 여긴 것이다. 이제는 국회에서 '말할 자유'마저 빼앗길 판이었다. 1957년 5월 3일에도 국회법과 선거법 개정안을 두고 여야가 실랑이를 벌였다. 그러던 도중 자유당이 황당한 짓을 벌였다. 회의 도중 떼거리로 본회의장을 퇴장해버린 것이다. '야당 국회의원들이 국회를 정쟁 무대'로 쓰게 판을 깔아줄 필요가 없다는 이유였다. 소수 야당에게 국회에서 질의권조차 허용하지 않겠다는 속내를 그대로 드러낸 것이다. 이를 지켜보던 한 기자는 집권 여당이 회의 도중 계획적인 퇴장을 감행한 것은 세계 의정 사상 유례가 없는 비겁한 짓이라고 꾸짖었다.

민주당은 허를 찔렸다. 전혀 예상하지 못한 상황이었다. 자리를 뜨는 자유당 의원들을 향해 흥분하여 고성을 질렀고 본회의장은 수라장이 되었다. 그런 가운데 사회를 보던 부의장이 산회를 선포해 국회는 폐회되었다. 계류 중이던 법률안, 결산안, 청원, 결의안 등 백여 개 의안도 모두 폐기되고 말았다. '회기 중에 의결되지 아니한 의안은 차기국회에 계속되지 아니한다'는 국회법 제61조에 따른 것이다. 차기 국회로 넘기려면 국회 동의가 필요했다. 자유당은 야당 버르장머리를 고치겠다고 했다. 이번 회기에 안 되면 다음 회기로 넘기는 것이 버릇이 되어서 야당이 늘 법안 심의에 전력을 다하지 않는다는 것이다. 야당이 제출한 장면 부총리 저격 사건 조사위 재구성안 등 자유당이 껄끄러워한 의안들도 모두 자동 폐기되고 말았다. 자유당 속셈은 빤했다. 내년 총선에서 야당이 여당을 공격할 빌미가 될 수 있는 안건을 일시에 없애버리려는 의도였다.

자유당은 곧 그 짓을 후회하게 된다. 민주당은 더 이상 무기력한 야당이 아니었다. 자유당이 상상한 그 이상으로 강경한 투쟁을 시작했다. 민주당과 야당, 무소속이 손을 맞잡고 국민주권옹호투쟁위원회를 구성해 공동 투쟁을 벌이기로 했다. 투쟁의 시작을 알리는 성명서를 발표했다. 제목부터 비장했다. '중대시기는 왔다.'

> **명년 선거를 앞두고 자유당은 종래의 부정선거를 가일층 재현할 수 있도록 선거법 개악을 강행하려고 하고 있다. 만약 우리가 이를 막지 못할 때에는 명년 선거는 추악상을 연출할 것이며 야당 의원의 당선 여부는 고사하고 국민의 주권도 참정권도 찾아볼 수 없게 될 것이고 일당독재는 완성되어 민주주의는 그 종언을 고할 것이다.**
> **이에 우리는 사력을 경주하여 최후의 일각까지 최대의 투쟁을 단행할 것이다. 그러나 우리의 최저의 요구마저 관철되지 못할 경우에는 우리들도 맡은 임무를 수행할 수 없는 최후 단계에 도달하게 될 것이므로 우리들은 부득이 국민 앞에 사과하고 그 자리를 물러나겠다는 결의를 피력하는 바이다.** (1957. 5. 3.)

먼저 배수진을 쳤다. 야당 의원 모두가 의원직 사퇴서에 서명했다. 전국을 돌며 시국 강연회도 열기로 했다. 첫 강연회는 반독재 투쟁 성지가 된 한강 백사장에서 5월 25일 개최하기로 했다. 그러나 한강 백사장 유세가 트라우마가 된 모양인지 용산구청과 서울시는 한강 백사장 사용을 허가해주지 않았다. 민주당은 그때는 되고 지금은 안 된다는 이유가 뭐냐고 따졌다. 국회에 나온 내무부 장관이 변명이랍시고 내놓은 답변이 참 가관이었다. 백사장은 너무 광활해서 경찰이 통제할 수 없기에 허가를 내줄 수 없다고 했다. 말 같지 않은 소리를 한참 주저리주저리 늘어놓고 있을 때, 갑자기 본회의장이 캄캄해졌다. 정전이었다. 어둠 속에서 민주당 의원 누군가가 소리쳤다. '거짓말하지 말라고 불이 꺼진 것이다. 바른말을 해야 불이 안 꺼진다.' 어두운 장내는 웃음바다가 되었다. 어쨌든 그렇게 해서 시국 강연회 장소는 장충단공원으로 바뀌었다.

장충단공원 집회 방해는 명백한 정치 테러였다. 계획적이고 조직적이었다. 정치적 목적도 분명했다. 이날 테러는 야당 사람들에게 부산정치파동을 떠오르게 했다. 국민주권옹호투쟁위원회는 사건 다음 날 '애국시민에게 사과한다'는 제목으로 성명을 발표했다.

그동안 신문 지상에서만 보고 듣고 하던 폭력이 이날 수십만 시민의 눈앞에서 실연이 되었습니다. 이날 완력으로 민주주의를 압살하고 휘발유로 국민주권을 소각하던 저 독재의 모습을 시민 여러분은 똑똑히 목격했습니다. 실낱같은 법질서도 이제부터는 수도 서울에서도 찾아볼 수 없게 되었습니다. 이날 우리는 땅을 치고 울었습니다. 수십만 군중도 가슴속으로 울었습니다. 장충단에 잠든 역대 충혼들도 지하에서 울었습니다.

그렇다면 누가 야당 의원들을, 수십만 군중을, 장충단에 잠든 충혼들을 울렸는가? 휘발유로 민주주의를 소각해버린 자들은 누구인가? 답은 경찰이 밝혀야 했다. 이전 테러 사건들처럼 '정체불명 괴한'이 그랬다고 어물쩍 넘길 수는 없었다. 백주에 수많은 사람이 두 눈으로 보았고, 많은 기자가 사진으로 현장을 생생하게 기록했다. 그 사진들이 순식간에 사방팔방으로 퍼졌다. 그렇게 현장은 박제되었다. 난동자들은 '정체불명 괴한'이 아니라 '정체 분명한 폭력배'였다. 그런데도 경찰 수사는 굼벵이 걸음이었다. 민주당만 애가 탔다. 평소에는 없는 죄까지 만들어내는 탁월한 재능을 가진 경찰이 이토록 중대한 사건에는 왜 두 손 놓고 있냐고 따졌다. 하지만 이는 순진한 생각이었다. 경찰은 범인을 찾아 헤매지 않았지만, 그렇다고 손 놓고 있지도 않았다. 이 사건은 애초부터 '민주당 신구파 집안싸움'이라는 프레임으로 기획된 것이었다. 내내 가만히 있다가 조병옥이 단상에 올라 연설하는 때를 맞춰 난동이 일어났다는 것이 그 증거다. 조병옥이 이승만을 신랄하게 비판하기 시작하자, 앞에 있던 이들이 삿대질하는 액션을 취하며 "너도 이승만 밑에서 일하던 놈 아니냐"는 대사를 질렀다. 명백히 조병옥을 향한 공격으로 간주되는 정황이 조병옥에 반대하는 신파가 구파를 공격한 사건이라는 증거로 제시되었다. 장면 부통령 저격 사건 때와 조작 방식이 흡사했다. 그때는 범인이 "조병옥 만세"를 외쳤다는 이유를 들어 구파가 신파를 공격한 사건으로 몰고 갔었다. 자유당도 민주당이 자작극을 벌였을 가능성이 크다며 그 흑막을 밝히라고 경찰을 압박했다.

각본대로 경찰이 움직일 차례였다. 괴한의 정체가 뭐냐고 채근하는 기자들 앞에서 경찰은 한동안 꿀 먹은 벙어리 행세를 했다. 그러더니 느닷없이 말문이 터져 민주당 내부 사람 소행이라고 발표했다. 그 내부 사람이 자진 출두해 범행을 자백했다는데 이철민이라는 자였다. 그는 민주당원으로 민주혁신동지회라는 단체를 만들어 장면 지지에 앞장섰다고 했다. 조병옥이 민주당을 장악해 독재를 하자 불만을 품고 있었다고 했다. 아닌 게 아니라 그 날 장충단공원 일대에는 민주혁신동지회 이름으로 삐라 수만 장이 뿌려졌다. 내무부 장관은 이철민이 민주당 당원증을 가지고 있고, 신익희 1주기 추모식에도 참여해 헌시를 낭송한 점을 들어 당 간부 아니겠냐는 추측까지 덧붙였다. 민주당은 즉시 반발했다. 이철민은 민주당에 입당한 지 두 달 만에 시의원 공천에서 탈락하자 앙심을 품고 탈당한 인물이라고 했다. 그가 자유당에 매수되어 장충단 집회 테러를 민주당 내분으로 몰아가고 있다고 강하게 의심했다. 그가 추모식에서 헌시를 낭송했다는 말도 금시초문이라고 잘랐다. 민주당은 경찰이 장면 부통령 저격 사건 속편을 만들고 있다며 잔뜩 경계했다.

국민을 잠시 속일 수는 있어도 완전히 속일 수는 없었다. 현장을 본 눈이 수십만 개고, 현장을 찍은 카메라 렌즈도 헤아릴 수 없었다. 5월 27일 자 《동아일보》는 테러 당시 생생한 사진들을 내보냈다. 많은 사람이 그 사진 속에서 현장을 목격했다. 누군가가 그 사진을 보고 사진에 나온 인물마다 이름을 표시해 다시 신문사에 제보했다. 그 제보가 6월 10일 자 《동아일보》에 다시 실렸다. 수사하지 않을 수 없는 상황이 된 것이다. 검찰은 인물들을 특정해 경찰에게 체포하라고 지시했다. 간이 배 밖으로 나오기라도 한 듯, 경찰은 검찰 지시마저 뭉갰다. 뭉개는 정도가 아니라 범인들과 내통하고 있었다. 범인들은 경찰로부터 도움을 받으며 검찰과 언론 추적을 비웃듯 따돌리고 유유히 서울 시내를 활보했다.

총선이 코앞에 닥치자 자유당 정권은 다급했다. 사건을 질질 끌어서 좋을 게 없었다. 빨리 정리해서 야당 공세를 막아야 했다. 사건이 일어난 지 6개월이 지난 12월, 뜻밖에도 범인이 제 발로 경찰서를 찾았다. 동대문을 주름잡던 조직폭력배 이정재 부하 유지광이었다. 한겨울에 나타난 그는 사건에 엮인 사람들을 줄줄이 끌어낼 수 있는 고구마 줄기가 아니었다. 가을에 미처 캐지 못하고 묻혀 있던 떨거지 고구마 하나일 뿐이었다. 끝내 배후는 밝히지 않은 채, 유지광만 고작 재물손괴죄로 재판을 받았다. 세상을 떠들썩하게 만든 테러 사건은 주동자 1명이 8개월 동안 감옥살이하는 것으로 끝이 났다. 그 후 유지광 두목 이정재는 자유당 이천군당 위원장이 되어 국회의원이 돼보겠다는 야무진 꿈을 꿨다. 이제 '정치 깡패' 전성시대가 올 모양이었다.

실제로 장충단 집회 테러 사건 배후가 밝혀지지 않은 채 유야무야

되자, 정치 깡패들은 날개를 단다. 자유당 정권 사병 노릇을 하며 야당과 언론, 시민에게 거침없이 폭력을 휘둘렀다. 정권은 이를 방조하고 묵인하고 비호했다. 그러는 사이 그 폭력은 권력을 좀먹고, 이승만 정권 몰락에도 일조했다. 1960년 3·15 부정선거에도 깡패들을 모아 만든 대한반공청년단이 앞장섰다. 같은 해 4월 18일 고려대생 습격 사건도 그들이 벌인 짓이었다. 고려대생 습격 사건을 주도한 유지광은 자신을 지켜줄 정권이 무너진 이후에야 모든 것을 털어놨다. 다시 재판정에 선 그는 자유당, 경찰, 폭력 조직이 장충단 집회 테러 사건을 미리 계획했다고 폭로했다. 테러를 지시한 사람은 동대문파 두목이자 자유당 감찰부차장이었던 이정재였다. 이정재는 민주당 집회 장소가 장충단공원으로 정해지자 이기붕과 자유당 간부들을 만나 치밀한 테러 계획을 짜고 유지광에게 지시한 것으로 밝혀졌다.

장충단 집회 테러는 권력을 잃어가는 이승만 정권이 드러낸 민낯이었다. 권력은 국민으로부터 나오는 것이어서 민심이 떠나면 권력도 함께 사라진다. 온갖 실정과 악행에 민심은 이승만에게 등 돌리고 있었다. 손가락 사이로 모래가 새듯 상실해가는 권력을 독재자는 폭력으로 메꾸려고 했다. 권력이 칼끝이나 총구에서 나오는 줄로 착각하고 있었던 것이다. 경쟁자와 반대자만 폭력으로 제압하면 권력을 차지할 수 있다고 생각했다. 그래서 민주당 지도부의 생명을 위협했고, 민주당을 찢어놓으려고 했다. 국민이 민주당에 보내는 기대가 커질수록, 독재 정권이 휘두르는 폭력은 잔혹해졌다. 그 모진 수난에도 민주당은 꿋꿋이 서서 '반독재 민주화'라는 깃발을 들고 싸워 나갔다. 민주당이 가진 힘은 약했지만, 국민에게서 나오는 권력은 강했다. 민주당은 그 권력이 끝내는 독재자가 휘두르는 폭력을 이긴다는 굳은 믿음을 갖고 있었다.

조작된 반혁명

권력이 폭력을 이겼고, 국민이 이승만 독재를 무너뜨렸다. 거저 얻은 승리가 아니었다. 국민이 피땀 흘려 투쟁한 끝에 이룬 승리였고, 그 승리가 민주당 정부를 세웠다. 모든 시작이 그렇듯 민주당 정부는 서툴고 가녀렸다. 국민이 바란 혁명정부의 소명을 다하기도 전에 매서운 반역이 몰아쳤고, 혁명으로 맺은 여린 꽃망울은 허망하게 떨어졌다. 그 자리로 이번에는 단단히 무장한 박정희 군사정권이 들어섰다. 이유야 어찌 되었건, 그 반역을 막지 못한 책임은 민주당 정부에 있었다. 민주당 정부를 이끌었던 수장 장면 총리는 그 안타깝고 죄스러운 마음을 이렇게 고백했다.

> 집권 구 개월 미만에 모든 것이 뜻한 바대로 속히 이루어지지 못하여 가혹한 현실은 환멸과 초조를 불러냈고, 마침내 의회정치의 중단이라는 중대한 사태를 가져왔으니 이에 대한 모든 책임은 응당 민주당이 짊어져야 할 것이오, 특히 영도의 책임을 가졌던 본인의 두 어깨에 전적으로 있음은 두말할 것도 없습니다.

> (…) 국민의 커다란 기대에 부응하지 못하였으니 이제 와서 해방 십육 년간을 온갖 고난을 극복하면서 장래만을 믿어온 삼천만 동포에게 무슨 말로써 사과해야 할지 알지 못하여 아울러 사월혁명의 꽃인 학도제군에게나 지금은 해산되어버린 구 민참 양원의 선배동지 여러분이며 십육 년을 독재에 항거하여 피눈물의 싸움으로 집과 몸을 희생하여 온 전 민주당 당원 여러분 앞에 충심으로 사과하는 바입니다.

장면은 순진했다. 그 애절한 사과가 혁명 세력 심기를 건드릴 줄은 미처 몰랐다. 민주당 정부가 망쳐놓은 나라를 살리려고 목숨을 걸고 혁명을 일으켰건만, '의회정치를 중단시킨 사태'라니 불경스럽기 짝이 없었다. 미완의 4·19혁명을 완성하려는 '5·16혁명'을 모독한 말이었다. 그런 불경과 모독을 쿠데타 세력은 '반혁명'이라 규정했다. 반혁명 세력을 깡그리 도살하려는 사냥이 시작되었다. 그 풍경은 마치 옛 왕조 시절, 역모로 왕이 된 자가 반대자를 다시 역적으로 몰아 제거하던 그 모습과 다를 바 없었다. 왕조 시대 풍경이 민주공화국 대한민국에서 되살아난 것이다. 고작 군인 3,500명을 데리고 쿠데타로 빼앗은 정권이니 왜 불안하지 않았겠는가! 장차 조금이라도 화근이 될 성싶으면 물불 안 가리고 잡아 족쳤다. 심지어는 목숨을 걸고 함께 한강 다리를 건넌 동지들조차 반혁명 세력으로 몰아 솎아낼 정도였다. 아무튼 장면은 가장 큰 사냥감이었고, 옛 민주당은 가장 너른 사냥터였다. 무자비한 사냥에 사냥터 안은 금세 선혈이 낭자했다.

잔뜩 사냥감을 노리던 군인 박정희가 방아쇠를 당겼다. 1961년 7월 4일은 미국 독립기념일이었다. 하필이면 공교롭게도 그 전날인 1961년 7월 3일 박정희는 국가재건최고회의 의장에 취임했고, 하필 그날 반공법도 공포했다. 공산주의를 막고 국가 안전, 국민 자유를 지키겠다고 했다. 왜 하필 이날이었을까? 미국 독립을 기념해 선물이라도 주고 싶었던 것일까? 그랬을 것이다. 쿠데타 세력은 미국으로부터 지지받기를 절실히 원했다. 그러자면 무엇보다 먼저 박정희 자신이 사상 검증을 통과해야 했다. 미국에게 좌익 경력을 의심받고 있었기 때문이다. 의심을 불식하려면 철저한 반공 정부를 세우겠다는 의지를 보여줄 필요가 있었다. 반공법은 그렇게 탄생했다. 다음 날에는 그 첫 제물까지 발표했으니, 바로 옛 민주당이었다. 국가재건 최고회의 원충연 공보실장은 '전 민주당 정권의 용공정책 진상'을 밝혔다. 천인공노할 '어마어마한 사건'이라며 흥분을 감추지 못했다.

> **그동안 불철주야 민주당 정부 요인들의 용공음모를 예의 수사하여 오던 바 그 천인공노할 진상이 역력히 밝혀졌다. (…) 그들은 권력을 역이용하여 이 나라를 공산화할 무서운 용공음모에 가담하여 왔었다. 소위 국무총리 장면을 비롯하여 민주당 정부에서도 가장 핵심이며 장면의 심복이었던 전 법무부 장관 조재천, 전 내무부 장관 신현돈, 전 국방부 장관 현석호, 전 대검찰청 총장 이태희, 전 재무부 장관 김영선, 전 상공부 장관 주요한, 전 무임소장관 김선태, 전 외무부 장관 정일형, 전 조폐공사 사장 선우종원 등이 모조리 이 어마어마한 사건에 관계되어 있다.**

세상은 참 요지경이다. 원충연 공보실장 운명을 보면 더욱 그렇다. 어마어마한 사건을 발표하던 그날, 원충연은 훗날 자신이 반혁명 주역이 될 줄은 꿈에도 몰랐을 것이다. 그 발표를 한 지 4년 후인 1965년 5월 10일에 그가 반국가단체를 결성해 반란을 꾸몄다는 소식이 신문 1면을 장식했다. 박정희가 민정 이양을 미루고 굴욕적인 한일협정을 추진하는 데 불만을 품고 거사를 준비했다는 내용이었다. 원충연은 진짜로 반혁명을 꾸몄다고 당당히 인정했다. 그랬으니 그는 적어도 억울할 일이 없었다. 하지만 1961년 7월 4일 반국가세력으로 지목당한 민주당 정부 각료들은 억울했다. 용공분자를 등용하고, 용공단체를 물질적으로 도와 나라를 공산화하려고 했다는 말은 새빨간 거짓말이었다. 그 단체는 한국전쟁 전후에 있었던 민간인 학살 사건 피해 유족들이 만든 것이었다. 피학살자유족회를 공산당과 연계된 용공단체로 지목하고, 장면이 그 단체에 기금 1만 환을 제공한 것까지 문제 삼았다. 어처구니없는 억지였다. 억울한 죽음의 진상을 규명하고 가해자를 처벌해 한을 풀어달라고 목소리를 내는 단체를 용공단체로 모는 것 자체가 파렴치한 짓이었다. 아무런 증거도 없이 사건을 터뜨리며 노리는 바는 분명했다. 민주당 정부를 용공정부로 몰아 박정희의 반공노선을 부각시키려는 쇼였다. 민주당 정부를 철저히 욕보이고 망가뜨려 쿠데타를 정당화하려는 계산도 있었다. 장면은 그 속을 충분히 가늠했지만, 정부를 책임졌던 자신이 모든 것을 감당하리라 마음먹었다. 그러니 다른 사람들에게는 관용을 베풀어달라고 간곡히 호소했다.

> **진심으로 부탁하는 것은 민주당 정권의 모든 잘못의 책임을 통틀어 본인 장면에게 돌리고 수많은 인재들로 하여금 새 마음으로 재출발하여 한 번 더 국가민족을 위해 헌신할 수 있도록 관용을 베풀어 민족통단합의 길을 열어주기를 바라는 것입니다. 그리된다면 본인은 어떠한 문책이라도 감수할 것이며 앞으로는 정치를 떠난 하나의 평범한 시민으로서 나의 여생을 국가민족을 위해 바칠 것입니다.**

태산이 요동쳤건만 튀어나온 건 쥐 한 마리였다. '어마어마한 사건' '깜짝 놀랄 사건' '천인공노할 사건'이라고 잔뜩 변죽만 울리더니, 끝내 아무 일도 일어나지 않았다. 반혁명 우두머리라던 장면을 사형하기는커녕 기소조차 못 했다. 고작 집에다 가두더니 1961년 11월 10일에는 그조차 풀어줬다. 대역죄에 가담했다던 공모자 23명도 같은 날 모두 불기소했다. 재판에 넘기지 않고 모두 풀어준 것이다. 헛

짚은 사건이든, 조작한 사건이든 간에 어쨌든 용두사미로 끝났다. 민망해할 법도 하건만, 어찌 된 일인지 수사 당국은 오히려 득의양양했다. 실패한 사냥이 아니라 성공한 쇼였던 것이다. 미국 독립기념일 즈음하여 반공법을 공포한 것부터가 그랬다. 확고한 반공주의 노선을 보여주려는 연출이었다. 그 연출을 위해 민주당 사람들을 희생양 삼았다. 그 모습이 마음에 들었던지 케네디는 박정희에게 미국행 티켓을 줬다. 미국 방문길에 오른 박정희는 케네디와 함께 1961년 11월 15일 "공산주의의 팽창에 대처하는 공동 이익을 인정하여 군사원조를 제공할 것도 재확인했다"라고 공동성명을 발표했다.

한 번 재미를 본 박정희는 또 판을 벌였다. 이번 무대 사회자는 중앙정보부장 김종필이었다. 1962년 6월 1일, 또 다른 '어마어마한 반국가 사건'이 무대에 올랐다. '구민주당 반혁명 음모사건'이었다. 구민주당 정치인들이 권력을 빼앗긴 데 분개한 나머지 정권을 뒤엎으려고 했다는 것이다. 일부 군인들까지 꼬드겨 일을 꾸몄다고 했다. 김종필은 단호했다. '혁명정부가 구정치인들을 너무 관대하게 대해주어 이런 일이 생겼다'고 했다. 그러면서 배신감에 이를 갈듯 선언했다. '더 이상 관용은 없다. 이번 기회에 배은망덕한 구정치인들을 발본색원하겠다.' 각 신문 1면마다 그 어마어마한 반국가 사건에 가담한 민주당 인사들 사진이 큼지막하게 실렸다. 하필 그들 사진 옆에는 나치 전범 아이히만 얼굴과 사형 집행 소식이 나란히 있었다.

**이 사건은 작년 11월경부터 모의되어 왔으며
효창공원 등의 장소에서 김상돈, 조중서 등을 중심으로 이성렬, 인순창,
김인칙, 이진숙, 김용옥 등 핵심분자들이 사십여 차나 밀회,
6월 13일을 기해 무력 쿠데타를 일으키는 동시, 민주당 계열을 중심으로
한 범국민봉기로 정부를 전복, 집단지도제의 과도정부를 거쳐
8월 15일에 민정 이양을 한다는 음모를 꾸며온 것이라고 한다.**

민주당 사람들 수난 시대였다. 그들은 이미 뿔뿔이 흩어져 지내고 있었건만, 군사정권은 아주 씨를 말리겠다는 기세로 괴롭혀댔다. 그렇게 민주당 사람들은 군사정권의 억센 손아귀 안에서 바스러지고 있었다. 불발로 끝난 지난해 '전 민주당 정권의 용공정책' 사건과는 비교도 안 될 만큼 '어마어마한' 사건이었다. 사건에 연루된 41명 대부분이 민주당에 몸담았거나 관련된 사람들이었다. 김상돈 전 서울시장, 조중서 민주당 조직부장, 김대중 민주당 선전부장, 박선철 민주당 중앙위원, 김인칙 예비역 대령, 박진효 국제연합유격전우회장 등이었다. 그들을 5월부터 잡아들여 수사한 결과를 이날 발표한 것이다. 제헌국회 때 반민특위 위원장을 맡았고, 장면 정부에서 첫 민선 서울시장에 당선되었던 김상돈을 주동자로 지목했다. 본인뿐만 아니라 부인, 아들까지 구속했다. 김대중은 이희호와 결혼식을 올린 지 10여 일 만에 잡혀 갔다. 한 달 동안 구속 수사를 받았지만 풀려났다. 털면 먼지 하나쯤 안 나오겠나 싶었겠지만 뜻대로 되지 않았다.

7월 14일, 군법회의 검찰부는 이들 대부분을 국가보안법 위반으로 구속 기소했다고 발표했다. 8월 27일 '구민주당 반혁명 음모사건' 결심공판이 열렸다. 검찰관은 조중서 등 5명에게는 사형을, 김상돈에게는 징역 10년을 구형했다. 9월 29일 열린 1심에서도 검찰이 구형한 대로 사형과 무기징역 등 중형이 선고되었다. 주동자라던 김상돈은 무죄가 났다. 이듬해 2월에 열린 2심에서는 대체로 형량이 낮아졌고, 6월 20일 대법원이 이를 확정했다. 이상한 판결이었다. 어마어마한 반혁명 음모랍시고 했다는 짓은 너무도 하잘것없었다. 졸지에 낭인이 된 정치인 몇 사람과 예비역 군인들이 신세타령이나 하며 군사정권에 대한 불평불만을 늘어놓았을 뿐이다. 그 안에 뒤섞여 있던 정보원들이 그 불평불만들을 수집했다. 그 수집한 말들을 짜 맞춰 사건을 조작한 것이다. 그들이 산책이나 하면서 이야기를 나누던 효창공원은 반혁명을 꾸민 본부로 둔갑했다. 이제 막 권력을 찬탈한 시퍼런 군사정권을 상대로 낭인 몇 사람이 언감생심 반혁명을 꾸몄다니, 참으로 기가 찰 노릇이었다. 그런 하잘것없는 짓들도 하 수상한 시절 덕에 반혁명이 되었다.

민주당을 향한 탄압은 전 방위적이었다. 시간을 되돌려 1962년 6월 17일로 가자. '구 민주당 반혁명 음모사건'을 발표하고 2주가 지난 시점이었다. 중앙정보부는 이날 또 다른 반혁명 음모를 발표했다. 소위 이주당 사건이다. 반공동지회 중앙지도위원 안병도, 이주당 기획위원 정명악, 예비역 헌병 중령 이용환 등이 박정희와 김종필을 암살하고, 군사정권을 뒤엎으려고 했다는 무시무시한 내용이었다. 사건에 엮인 사람은 모두 74명이었다. 이주당은 4·19 이후에 등장했다가 곧 사라진 정당이다. 이주당은 인간성과 물질성 합일주의를 이념으로 삼았다. 기존 입법, 사법, 행정 3권에 경제권을 더해 사권 분립론을 정책으로 내세웠다. 이 사건에 이름이 오르내리는 인물 대부분은 이주당과 깊은 관련이 없었다. 이주당 핵심 관련자는 정명악 정도에 불과했다. 중앙정보부는 민주당과 아무런 관련이 없어 보이는 이 사건을 민주당과 엮는 신통방통한 재주를 부렸다.

이주당 따위가 안중에 있을 리 없었다. 과녁은 처음부터 민주당 사람들이었다. 중앙정보부는 이 사건에도 구민주당 최고위층 간부가 연루되어 있다고 발표했다. 그래서 이 사건을 '구민주계·이주당 반혁명사건'으로 불렀다. 이 명칭 때문에 이주당 사건을 6월 1일에 발표했던 '구민주당 반혁명 음모사건'과 혼동하는 경우가 많다. 구민주당 반혁명 음모사건 재판과 이주당 사건 재판이 동시에 진행되었던 것도 혼동을 부추겼지만, 둘은 전혀 다른 사건이다. 어쨌든 7월 15일 민주당 최고위층 간부가 누군지 밝혀졌다. 장면이었다. 장면이 안병도, 이용환 등이 세운 계획에 찬동해 자금을 제공했다는 것이다. 반혁명이 성공하면 장면을 총리로 복귀시킨다는 약속도 있었다고 했다. 수사 당국은 또 장면을 엮으려니 좀 과하다 싶었던지, 박정희가 장면 관련해서는 불문에 부치라고 지시했다는 말도 슬쩍 흘렸다. 어쨌든 장면은 '어마어마한 사건' 두 개를 일으킨 주동자가 되었다.

8월 28일, 검찰은 이주당 사건 공판에서 장면에게 무기징역을 구형하고 곧바로 구속했다. 구속되던 순간, 장면은 씁쓸한 웃음을 지으며 말했다.

5·16 이후에 많은 분들이 감옥에 가서 고생하는데 이유야 어떻든 나도 가야지. 그래야 나의 마음이 가벼워진다.

마음은 가벼웠을지 모르지만, 몸은 점점 피폐해 갔다. 9월 27일 열린 1심에서 징역 10년을 선고받았으나 건강이 악화되어 10월 15일 병보석으로 풀려났다. 장면은 자신이 결백하다는 걸 입증하기 위해 항소했다. 1963년 2월 11일 육군고등군법회의는 혐의를 인정해 징역 3년과 집행유예 5년을 선고했고, 6월 20일 대법원이 이를 최종확정했다.

박정희는 자신이 해산한 민주당과 민주당 사람들에게 왜 그토록 무자비하고 잔인하고 지독했을까? 박정희는 한강 다리를 건너며 혁명 공약을 발표했었다. '혁명과업'을 이루면 언제든지 '참신하고 양심적인 정치인들'에게 정권을 넘기겠다고 했다. 그나마 그 약속이라도 있어서 국민은 잠시 군정을 감내했다. 4·19혁명을 이룬 국민 아닌가! 국민도 군정이 계속되는 것을 원하지 않았고, 미국도 민정 이양을 압박하고 있었다. 박정희도 1961년 소위 '8·12 성명'을 발표해 1963년에는 민정에 이양하겠다고 요란을 떨었다. 11월에 미국에 가서도 걱정하는 케네디를 안심시켰다. 여기저기서 호언장담하긴 했지만, 막상 민정에 이양하려니 불안이 엄습했다. 민주당 사람들이 가장 마음에 걸렸다. 하루아침에 정권을 뺏겼으니 원망이 얼마나 깊겠는가! 오랜 시간 독재 정권과 맞서 싸워왔으니 그 저력은 또 어떻겠는가! 장면 같은 지도자들은 여전히 국민에게 인기도 높았다. 무엇 하나 얕잡을 수 없었다. 민정을 하면 다시 돌아올 민주당 사람들과 경쟁해야 한다는 것이 영 꺼림직했다. 국민도 쿠데타 세력에 적극적으로 저항하지 않았지만, 그렇다고 적극적으로 지지하지도 않았다. 이런저런 불안 때문에 박정희는 민정 이양이 내키지 않았다. 그래서 민정과 군정 사이에서 종잡을 수 없이 오락가락 흔들렸다.

어찌 되었든 민정 이양은 피할 수 없었다. 민정 이양을 하고도 권력을 유지하는 방법을 찾아야 했다. 그러려면 우선 사전 정지 작업이 필요했다. 민주당 사람들부터 확실히 잡도리해두어야 했다. 그들을 반혁명 세력, 역적으로 몰아 확실히 손발을 묶어두기로 했다. 작은 꼬투리들을 잡고 그걸 요리조리 짜 맞춰 어마어마한 사건으로 엮었다. 특히 장면을 그토록 모질고 가혹하게 대했다. 그는 쿠데타 직전까지 민주당 '보스'였고, 쿠데타 이후에도 민주당 사람들이 모이는 구심점이었다. 장면은 언제든지 박정희에게 경쟁자가 될 수 있었다. 장면이 겪은 수난은 그가 민주당 지도자였다는 사실, 박정희에게 최대 경쟁자라는 사실에서 비롯된 숙명이었다.

그렇다고 반혁명 몰이를 언제까지 계속할 수는 없었다. 더군다나 수십 명을 엮는 자잘한 사냥만으로는 판을 갈 수가 없었다. 구정치인을 싹 다 잡아치우고 그 자리를 새로운 정치군인들로 채우려면 다른 수가 필요했다. 쿠데타 세력은 '구정치인들의 도전을 물리칠' 거대한 집권 계획을 짰다. 1962년 3월 16일, 그야말로 거대한 기획을 발표했다. 바로 정치활동정화법(정정법)이었다. 구정치인을 정치에서 추방해 얼씬 못 하게 하거나 길들이려는 음모였다. 이제부터 정치를 하려면 허가를 받아야 했다. 정정법에 따라 구정치인으로 선정된 사람은 정치정화위원회에 적격심사를 신청하고 심사에 통과해야 정치 활동을 할 수 있었다. 심사는 엿장수 마음대로였다. 기준이나 원칙은 없었다. 민망했던지 부랴부랴 기준이랍시고 만들었는데 눈 가리고 아옹하는 꼴이었다. '혁명과업을 지지하는가' '국가와 민족에 현저한 공로가 있는가' 따위였다. 적격 판정을 못 받으면 6년 동안이나 손발이 묶여 산송장 신세가 되었다. 그런 무지막지한 악법을 만들어두고도 박정희는 넉살도 좋았다.

진정하고도 굳건한 민주주의 토대를 구축하려는 것이다.

그러면서 이승만 때 저지른 부정부패와 부정선거 가담자를 처벌하려고 민주당 정부가 만든 반민주행위자 공민권제한법은 폐지했다. "가혹한 정치적 보복"이라는 이유였다. 그렇게 박정희는 물구나무를 서서 거꾸로 나아가기 시작했다.

정정법 대상자를 발표했다. 1962년 3월 30일 1차 발표를 시작으로 3차에 걸쳐 발표했다. 민주당 사람들 씨를 말리고, 뿌리까지 뽑겠다는 서슬이 무시무시했다. 민주당 관련자 819명, 신민당 관련자 663명, 여기다 민주당계 참의원과 민의원 이백여 명이 대상자였다. 정정법 총 대상자는 무려 4,369명이었다. 구색을 갖추느라 그랬는지 자유당 정권에서 부정부패와 부정선거를 저지른 사람들도 꽤 있었다. 그것은 그저 시늉이었다. 1차로 적격 판정을 받은 1,336명 중 절반은 자유당 정권에서 부정부패와 부정선거에 가담한 자들이었다. 애초에 정화가 목적이 아니었던 것이다. 정정법은 민정 이양을 염두에 둔 치밀한 기획이었다는 점에서, 부정선거 가담자들을 많이 풀어준 것은 의심을 살 만했다. 민정 이양 이후 치르는 선거에 부정선거 기술자들을 써먹으려는 의도 같기도 했다.

반면 민주당 정치인들에게는 가혹하기 짝이 없었다. 민주당 사람들이 적격 판정을 받기는 그야말로 하늘에서 별 따기였다. 설령 적격 판정을 준다 해도 공짜는 없었다. 은전을 받았으면 혁명을 지지해야 했다. 그 인색한 은전이나마 받은 이들 중에는 혁명 지지로 돌아선 사람이 적지 않았다. 가령 곽상훈은 정치 활동 금지가 해제되면서 성명을 발표했다. "군정을 비판할 이유 없다." 민주당 최고위원에 민의원 의장까지 했던 그였으니, 민주당 사람들이 받은 충격은 이만저만이 아니었다. 그는 그 이후 다시는 민주당에 발을 들이지 않았다. 야당 정치인들은 졸지에 '사쿠라'라는 조롱을 받아야 했다. 군정과 줄을 대고 있는 것은 아닌지 서로를 의심했다. 이탈과 분열이 극에 달했다. 그런 판국에 당을 다시 만드는 것은 언감생심 꿈도 꿀 수 없었다.

몇 차례 찔끔찔끔 정치 활동 금지를 풀어주기는 했지만, 오롯이 박정희 마음에 달려 있었다. 그가 하고 싶으면 하고, 말고 싶으면 마는 일이었다. 누가 언제 해제될지 감을 잡을 수가 없었다. 그러는 와중에도 단 한 사람 장면에게는 털끝만큼도 아량을 베풀지 않았다. 1963년 대선에서도, 총선에서도 '민주당의 보스'를 산송장으로 만들어놓았다. 그렇게 묶여 있던 장면은 1966년 5월 16일에야 정치 활동이 허용되었다. 1965년 6월 21일 풀려난 이승만보다 더 늦었다. 하지만 그때는 이미 죽음이 눈앞에 찾아와 있었다. 결국 정치 활동 금지가 풀린 지 한 달이 되지 않아 장면은 파란만장한 생을 마치고 "당파도 없고 선거도 없고 정정법도 없는 천국"으로 떠났다.

모진 수난의 시절이었다. 특히 박정희 군사 쿠데타가 일어나고 일년 반 동안은 민주당 역사에서 가장 지독한 탄압을 받았다. 민주당 정부가 키운 민주주의의 싹은 매서운 삭풍에 졌고, 혹독한 겨울이 찾아왔다. 군사정권은 민주당 정부만 무너뜨린 것이 아니었다. 민주당 간판까지 떼 갔다. 간판만 떼 간 것이 아니라 다시는 간판을 내걸지 못하게 하려고 했다. 조작과 음모로 민주당과 민주당 사람들은 만신창이가 되었다. 결국 민주당이 사라졌다. 민주당이 사라지니 국민은 기댈 곳이 없었다. 그러나 박정희는 몰랐을 것이다. 기댈 곳 없는 국민이야말로 독재에 맞설 가장 강력한 '반혁명 세력'이라는 사실을.

그런 국민이 있는 한 민주당은 다시 돌아오리라는 사실을. 이름이야 달라지면 어떤가!

날아든 질산병

신민당 원내총무를 맡고 있는 김영삼은 바빴다. 1967년 대통령 선거와 총선에서 연거푸 진 터라 당을 추슬러야 했다. 총선에서 박정희 정권이 저지른 불법과 부정이 정국을 뒤흔들었다. 설상가상으로 1968년 연초에 터진 김신조 피습 사건과 푸에블로호 납북 사건을 빌미로 공안정국이 만들어졌다. 여기에 3선 개헌을 할지 모른다는 불안까지 겹쳐 신민당은 긴장의 끈을 놓을 수가 없었다. 국가 안보를 튼튼히 하려면 박정희가 계속 집권해야 한다는 둥, 3선 개헌을 해 박정희에게 집권할 기회를 줘야 한다는 둥, 공화당은 연일 추파를 던지고 있었다. 박정희도 하루가 멀다 하고 말을 바꿨다. 3선 개헌은 절대 안 하겠다더니 '개헌을 하더라도 아직 시기가 아니'라고 했다. 능청스럽게 이지렁을 떨었지만 3선 개헌을 하겠다는 말이었다. 신민당은 급해졌다. 당 운명을 걸고 3선 개헌을 막겠다고 선언했다. 당시 유진오 총재는 정치 경험이 적어 원내총무인 김영삼 역할이 컸다.

1969년 6월 20일 저녁이었다. 유진오 총재, 김영삼 원내총무, 양일동 의원 등 신민당 지도부가 청진동에 있는 한정식집 장원에 모였다. 맛 좋기로 소문난 집이었지만, 밥맛이 날 리 없었다. 밥은 먹는 둥 마는 둥 하며 3선 개헌을 막으려면 신민당이 뭘 해야 할지 심각한 이야기를 주고받았다. 밤 10시경, 자리를 파하고 장원을 나온 김영삼은 상도동 집으로 향했다. 차가 좁고 어두운 집 앞 골목길로 들어섰는데, 무슨 사고가 생겼는지 길 가운데에 작업복 차림을 한 사내 세 명이 앉아 있었다. 비켜달라고 전조등을 켜니 사내들은 눈이 부셨는지 인상을 찌푸리며 자리에서 일어섰다. 그중 두 명이 차 앞으로 다가오더니 갑자기 저희들끼리 싸우기 시작했다. 예감이 좋지 않았지만 어쩔 수 없이 차를 세웠다. 그 순간 다른 한 명이 잽싸게 차로 다가와 잠겨 있는 뒷문을 열려고 했다. 왼손으로 차 문손잡이를 계속 당기는데, 오른손에 무언가를 들고 있었다. 김영삼은 수류탄이라고 직감하고 운전사에게 차를 달리라고 소리쳤다. 급발진하는 굉음이 한밤중 골목길을 뒤흔들었다. 놀란 괴한은 손에 들고 있던 것을 차 꽁무니에 집어던졌다. 차 뒤쪽에서 펑 하는 소리가 났다. 범인들은 그러고는 놀랐는지 줄행랑을 놨다.

  사고 흔적은 처참했다. 차벽은 녹아내렸고, 사건 현장 아스팔트 바닥은 부글부글 끓어 구멍이 패었다. 국립과학수사연구소에서 현장 감식을 해 범인들이 집어던진 병 속에 들었던 물질이 질산(窒酸)이라고 밝혔다. 살에 닿으면 순식간에 파고 들어가 목숨을 앗아 가는 위험한 액체다. 일본식 표현으로는 초산(硝酸)이라고 부르는데, 대부분 신문은 한자 표기 없이 일본식으로 초산 테러라고 불렀다. 사람들이 질산보다는 초산이라는 말에 익숙해서 그렇게 쓴 모양이다. 하지만 한국 사람들이 흔히 말하는 초산은 초산(硝酸)이 아니라 아세트산인 초산(醋酸)으로 식초의 주원료다. 쉽게 구할 수 있고 크게 위험하지 않은 초산(醋酸)과 달리 질산(硝酸)은 폭발물 제조에 주로 쓰이는 위험 물질이어서 일반인은 구하기 쉽지 않다. 어쨌거나 하마터면 갓 마흔을 넘긴 젊은 정치인이 큰 화를 당할 뻔했다.

왜 하필 김영삼이었을까? 어둠 깔린 골목길에서 김영삼을 기다리고 있던 자들은 도대체 누구였을까? 누가 그들 손에 질산병을 쥐여 주었을까? 이 사건은 결국 어떻게 매듭지어졌을까? 사건이 일어날 그 무렵, 정치 상황은 몹시 험악했다. 박정희 정권과 공화당은 대통령 3선을 막는 헌법 조항을 고치려고 안달이었다. 당시 헌법 제69조는 대통령에게 한 차례 중임만을 허용했다. 그 조항대로라면 박정희는 2년 뒤 있을 대통령 선거에 출마할 수 없었다. 박정희는 이미 제7대 총선에서 이 중임 제한을 없애려는 권력욕을 노골적으로 드러냈다. 1967년 6월 8일 치러진 총선은 온통 불법과 부정으로 뒤덮였다. 공화당은 개헌 의석을 확보하기 위해 물불을 가리지 않았다. 박정희도 조바심이 나 엉덩이 붙일 새가 없었다. 지방을 누비며 직접 선거 운동을 하고 다녔다. 공화당이 압승하지 못하면 그게 더 이상할 정도였다. 아니나 다를까 공화당은 총 의석 175석 중 129석을 얻어 개헌 의석을 훌쩍 넘겼다. 해도 적당하게 했어야 하는데 무리한 탓에 탈이 났다. 부정선거를 규탄하는 목소리가 거셌고, 신민당도 '선거 쿠데타' '유례없는 망국 선거'라며 분개했다. 말로만 그치지 않았다. 신민당 당선자들은 의원 등록을 거부한 채 국회 문턱도 밟지 않았다. 그러면서 대통령이 사과하고 재선거를 치를 것을 요구했다. 신민당이 이토록 강경하게 맞선 이유는 비단 부정선거 때문만은 아니었다. 그 부정선거 뒤에 도사린 3선 개헌 음모를 막아낼 첫 번째 방어선을 구축하려는 의지였다.

신민당이 죽기 살기로 나오자 박정희와 공화당은 애가 탔다. 개헌 열차를 서둘러 출발시키려면 국회를 속히 정상화해야 했다. 벼룩도 낯짝이 있는지라 결자해지하는 시늉은 했다. 천하의 박정희가 두 번씩이나 유감을 표했다. 공화당도 부정선거로 당선된 9명을 제명했다. 그렇게 나오니 신민당도 마냥 뻗댈 수만은 없었다. 대화할 물꼬가 트였다. 공화당은 신민당을 만나 사태를 해결할 실마리를 찾으려고 노력했고, 신민당이 내세우는 몇 가지 요구도 차차 수용하겠다고 약속했다. 이렇게 6개월 넘게 이어진 6·8 부정선거 파동이 막을 내렸다.

신민당 당선자들이 국회에 모습을 드러냈다. 1967년 11월 29일, 마침내 국회가 돌아가기 시작했다. 하지만 국회 정상화는 박정희와 공화당이 개헌 열차에 시동을 거는 순간이기도 했다. 여태 뜸만 들이던 박정희도 개헌 열차에 오를 마음을 굳혔다. 신민당이 개헌 열차가 질주하게 내버려둘 리 없었다. 신민당 유진오 대표는 단호하게 경고했다.

3선 개헌은 민주주의의 돌아오지 않는 다리이며, 누구도 이를 건너려 하지 않는데, 독재하려는 사람만이 이를 건너려 하고 있다.

신민당이 아무리 당세가 약하기로서니 민주주의가 파괴되는 것을 그냥 두고 볼 수는 없었다. 신민당은 국회의원 총사퇴까지 내걸며 3선 개헌 저지에 당 운명을 걸었다. 재야 인사들과 함께 '3선 개헌 국민반대 범국민투쟁위원회'도 꾸렸다.

그러던 중에 김영삼 원내총무가 테러를 당한 것이다. 누가 봐도 개헌하는 데 걸림돌이 되는 신민당을 향한 정치 테러였다. 유진오 신민당 대표도 이 사건을 그렇게 보았다.

지금 추진되고 있는 3선 개헌의 분위기를 조성하기 위한 인위적인 공포 분위기 조성의 첫 단계 작업으로 볼 수밖에 없다.

모든 테러가 그렇듯, 질산 테러도 3선 개헌에 찍소리 못하게 공포 분위기를 만들려는 차원이었다. 그렇다면 왜 하필 김영삼이었을까? 짚이는 대목이 있긴 했다. 원내총무 김영삼은 신민당에서 개헌 반대 투쟁을 주도했다. '개헌'은 그에게 일종의 정치적 트라우마였다. 김영삼은 1954년 자유당 소속으로 최연소 국회의원에 당선되었다. 선거가 끝나자마자 자유당은 3선 개헌을 추진했다. 그는 3선 개헌에 어떤 입장을 취할지 선택해야 했다. 일단 개헌안에 서명은 했다. 그러나 그 개헌안이 국회에서 부결되었음에도 자유당은 사사오입이라는 망측한 논리를 들어 결과를 뒤집어버렸다. 이에 김영삼은 더 이상 참지 못하고 동료 의원 12명과 함께 자유당을 탈당했다. 그들은 자괴감을 금할 수 없다며 여과 없이 부끄러워하고 분노했다. 3선 개헌안에 서명한 것 자체가 문제라고 비판받기도 했지만, 김영삼은 서명이 무단으로 사용되었다고 해명했다.

그렇게 김영삼은 하루아침에 야당 국회의원이 되었다. 1955년에 창당한 민주당에 입당한 것이다. 야당 정치인이 된 그는 이승만 3선 개헌 악몽을 떨치기라도 하려는 듯, 박정희 3선 개헌을 막는 데 앞장섰다. 1969년 1월 7일 기자회견에서 공화당 윤치영 의장서리가 '단군 이래의 위인인 박정희 대통령을 계속 집권시키기 위한 개헌이 필요하다'며 개헌 가능성을 내비치자 김영삼은 섬뜩한 경고를 날렸다.

자유당이 말기에 개헌을 기도해서 저질렀던 전철을 밟지 말기 바란다.

질산 테러가 일어나기 딱 일주일 전이었다. 1969년 6월 13일 국회 본회의장에서 김영삼이 첫 발언자로 나섰다. 등장하자마자 군기라도 잡듯, 불참하여 자리를 비운 국무위원들을 호되게 질책했다. 국회를 업신여기는 태도라고 쏘아붙였다. 그러더니 노골적이고 서슴없이 박정희와 중앙정보부를 직격했다. 독재, 쿠데타, 반역자 같은 불경하고 독한 말들을 쏟아냈다.

> 우리나라는 민주주의국가가 아니라 한마디로 독재국가다
> 이렇게 단언합니다. 이 나라에 무슨 언론의 자유가 있으며 우리에게
> 신체의 자유가 있느냐 하는 말입니다. 오늘 본 의원이 이야기하고 있는
> 이 시간에도 아마 전체의 신문사에다가 중앙정보부에서 전화해 가지고
> 오늘 김영삼이가 본회의에서 얘기하는 것은 쓰지 말라
> 이렇게 하고 있는 것으로 알고 있습니다.
> (…) 본 의원은 이 3선개헌 음모는 제2의 쿠데타다 이렇게 단언합니다.
> 5·16 쿠데타에 이어 다시 제2의 쿠데타다 이렇게 단언하는 것입니다.
> (…) 나는 김형욱 중앙정보부장에게 충고합니다. 제2의 최인규가 되지
> 않기 위해서 민족의 영원한 반역자가 되지 않기 위해서
> 그러한 무리한 짓을 하지 말라 하는 것을 권고하는 것입니다.

정권을 향한 비수가 날아다니자 본회의장에는 전운이 감돌았다.

김영삼 말이 맞았다. 대부분 언론은 이날 그가 한 발언을 외면했다. 그나마 《동아일보》는 1면 머리기사로 내보냈지만, 독재니 쿠데타니 하는 단어는 감히 쓰지 못했다. 하지만 언론을 막는다고 그가 말하는 것까지 막을 수는 없었으니, 아예 입을 틀어막을 심산으로 질산 테러를 벌였던 것이다. '터진 입이라고 나불대지 말라, 말을 하려면 생명까지 걸라'는 섬뜩한 경고였다. 신민당 송원영 대변인은 즉각 성명을 냈다. "이 사건은 조직적이고 계획적인 정치 테러"이며 "정치 보복행위"라고 단언했다. 사건을 꾸민 배후가 있다고 의심하지 않을 수 없다며 철저한 진상 규명을 요구했다. 반면 공화당 대변인은 "정치적인 것이건 사감에 의한 것이건" 불상사가 생겨 유감이라는 한가한 논평을 내놓았다. 성급하게 정치 테러로 단정해 호들갑 떨지 말라는 말처럼 들렸다.

질산 테러 다음 날, 국회 본회의가 열렸다. 본회의장은 이 문제로 시끌시끌했다. 사건 당사자 김영삼이 신상발언에 나섰다. 주눅 든 기

색이라고는 찾아볼 수 없었다. 대뜸 독재자를 독재자라 부르는데 뭐가 문제냐고 따졌다. 이번 사건은 독재자를 비판한 정치인에게 가한 정치 보복이요, 정치인 입을 틀어막으려는 정치 테러라고 했다. 그 정치 보복과 정치 테러를 기획하고 실행을 주도한 곳은 중앙정보부라고 단언했다. 분노를 참지 못한 듯 더 커진 목소리로 박정희 정권에 저주를 퍼부었다. '칼로 흥한 자는 칼로 망할 것이다.' 총이 아니라 질산을 사용한 것도 완전하고 완벽한 살인을 꾀한 증거라고 했다.

> 저는 단언합니다. 이것은 지난 13일에 국회 본회의장에서 특히 개헌 문제를 논의하는 과정에서 '이 나라는 독재국가요, 특히 독재국가로 끌고 나가고 있는 그 원부(怨府)가 중앙정보부다. 그 책임자인 김형욱이는 제2의 최인규와 같고 민족의 반역자다. 이러한 무리가 이 땅 위에 있는 동안까지는 다시는 이 나라의 민주주의는 살길이 없다' 하는 얘기를 한 사람입니다. 여기에 대한 보복이라 이렇게 생각하는 것입니다.
> 다시 말하면 중앙정보부에서 했다. 김영삼이를 죽이기 위해서 중앙정보부에서 음모한 것이다. 총이나 권총을 가지고 쏘는 경우에는 실수하는 예가 있어요. 잘못 쏘아 가지고 다리나 팔에 맞을 수는 있지만, 차 옆에서 한 치 바깥에서 문 열어 가지고 그 병으로 나한테 뒤집어씌웠다고 했을 때에 나는 죽을 수밖에 없습니다.
> 완전살인 범죄를 꾀했던 것입니다.

김영삼은 유별나게 김형욱을 물고 늘어졌다. 이번 사건 배후로도 꼭 집어 김형욱을 지목했다. 그럴 만한 이유가 있었다. 육사 8기 김형욱은 3선 개헌에 방해가 되는 걸림돌을 치우기 위해 공갈 협박을 서슴지 않았고, 조작과 고문도 마다하지 않았다. 개헌 반대 세력을 제거하는 데 악역이란 악역은 전부 도맡았다. 사람들이 '남산 멧돼지'라고 부를 만했다. 질산 테러 일주일 전, 김영삼은 국회 본회의에서 김형욱을 겨냥해 '3·15 부정선거 주동자로 교수형당한 최인규 꼴 안 나려면 자중하라'고 경고했다. 이 발언이 김형욱 심기를 몹시도 건든 모양이었다. 테러가 발생하기 얼마 전, 고흥문 신민당 사무총장을 만나 그가 했다는 말은 섬뜩할 정도였다. "김영삼이 배때기에는 칼이 안 들어가나?" 그런 말을 한 자가 말로만 그쳤을 리 없다고 김영삼은 확신했다. 말이 바뀐 것은 칼 대신 질산을 썼다는 점뿐이었다.

뭐라도 하는 시늉은 해야 했다. 내무부 장관 박경원은 정상천 서울시경 국장에게 지시를 내렸다. 수사에 경찰력을 총동원해 신속히 범인을 잡으라고 했다. 경찰은 범인 몽타주를 뿌리고 현상금까지 걸었다. 범인을 보았거나 질산 출처를 신고하는 사람에게 20만 원을, 범인을 검거하는 경찰에게는 1계급 특진을 약속했다. 조금 지나 현상금을 100만 원으로 올렸다. 당시 100만 원은 지금으로 하면 거의 3천만 원에 가까운 큰돈이었다. 그런데도 감감무소식이었다. 경찰이 범인을 안 잡는 것인지, 못 잡는 것인지 모르겠다는 의심도 커졌다. 경찰 수사가 제자리걸음이니 국회가 꾸린 진상조사특별위원회도 할 수 있는 게 없었다.

그렇다면 범인은 누구였을까? 사건 배후나 몸통은 밝혀졌을까? 김영삼 말대로 정치 보복이고 중앙정보부가 꾸민 짓이라면, 애초부터 범인을 잡는다는 것은 불가능했다. 여태까지 야당 인사를 겨냥한 테러는 배후나 몸통이 시원히 밝혀진 적이 거의 없었다. 이 사건은 몸통은 고사하고 꼬리조차 못 밝힌 채 미제로 남는다. 이상한 것은 다른 사건과 달리 정부가 사건 초기부터 수사 의지를 강력하게 내비쳤다는 점이다. 그럴 만했다. 정부와 공화당은 사건 해결에 적극적으로 나서는 척이라도 해야 하는 상황이었다. 자칫하면 야당이 하는 3선 개헌 반대 투쟁에 빌미를 줄 수 있었기 때문이다. 그런 점에서 경찰이 왜 꼬리라도 잘라서 이 사건을 적당히 덮으려고 하지 않았는지 의문이다. 아마도 경찰은 곤혹스러웠을 것이다. 신민당이 정치 테러라고 단정하는 마당에, 범인이라고 잡아봤자 오히려 배후나 몸통을 잡아들이라는 압박만 더 커질 것이 불 보듯 뻔했다. 그런 곤혹스러운 상황을 넘기려고 그랬는지는 모르지만, 누군가 김영삼 집에 계속 전화를 걸어 협박했다. "더 이상 사건을 확대하면 일가족을 몰살하겠다."

어쨌거나 이 사건은 3선 개헌 저지 투쟁을 키우는 불씨가 되었다. 신민당은 전국을 돌며 3선 개헌 반대 연설회를 벌였는데, 그때마다 이 사건을 끄집어냈다. 테러와 폭력을 일삼는 정권 실체를 보여주는 생생한 증거였던 것이다. 김영삼 개인에게도 이 사건은 큰 의미가 있었다. 이 사건을 계기로 김영삼은 박정희에 맞설 정치 지도자로 부각했다. 질산은 김영삼을 쓰러뜨리지 못했고, 오히려 수난당하는 야당 지도자로 키웠다. 확실히 반독재 투쟁 의지로 가득한 김영삼 연설은 사람들 가슴에 불을 질렀다.

공화당은 자유당 말기적 독재 수법으로 일방통행하고 있다.
개헌 저지 투쟁을 위해 의정 단상에서 피를 흘릴 각오로 싸우겠다.
테러 정치로부터 해방되기 전에는 민주주의는 없다.
공포정치로부터 국민을 해방해야 된다.

납치된 망명자

 죽고 죽이는 싸움을 하려는 것이 아니었다. 가슴에 맺힌 증오심을 풀려는 것도 아니었다. 민주당 사람들에겐 꿈이 있었다. 정의가 강물처럼 흐르고, 자유가 들꽃처럼 만발하고, 통일을 향한 희망이 무지개처럼 떠오르는 나라, 모두가 함께 잘사는 나라, 그런 나라를 만들고 싶었다. 누가 그런 나라를 더 잘 만들 수 있는지 경쟁하고 싶었다. 그러나 독재자는 그 경쟁마저 허락하지 않았다. 경쟁자를 힘으로 짓누르고, 끝내는 아예 없애려 들었다. '독재자는 언제나 무자비하였고, 추호의 아량도 보여주지 않았다.'
 박정희는 1967년 들어 영구 집권을 향해 거침없이 달리기 시작했다. 신민당은 그 질주를 온몸으로 막아섰다. 신민당 입이었던 김대중 대변인은 하루가 멀다 하고 독재 정권의 참상과 민낯을 폭로했다. 점점 짙어지는 영구 집권 음모도 거침없이 들춰냈다. 그럴수록 김대중을 향한 박정희의 미움은 커져갔다. 사실 박정희가 김대중을 눈엣가시로 삼은 건 어제오늘이 아니다. 박정희와 윤보선이 맞붙었던 1963년 제5대 대선 때부터였다. 김대중은 아무도 문제 삼지 않던 박정희의 위헌, 위법 문제를 집요하게 물고 늘어졌다. 박정희가 공화당에 입당하는 과정에서 헌법을 위반했다고 주장했다. 대통령권한대행과 최고회의 의장직을 사퇴하지 않은 채 공화당에 입당했으니, 헌법 제53조, 국회법 제19조를 어겼다고 지적했다. 대통령은 정당에 가입할 수 없었고, 국회의장이 정당에 적을 두어선 안 되었다. 그 주장에는 틀린 말이 없었고, 결국 박정희는 입당 날짜를 조작하는 낯부끄러운 짓을 해야 했다. 그 치욕과 수모로 입은 상처가 깊었다. 그날 이후, 박정희는 평생 김대중에게 복수를 별렀다.

제7대 국회의원 선거가 1967년 6월 8일에 열렸다. 김대중은 어디로 출마할지를 두고 심각하게 고민했다. 그도 그럴 것이 목포로 다시 나가면 박정희가 가만있지 않을 게 뻔했다. 당에서도 우려가 컸다. 비례대표로 나가 당선 걱정 없이 전국을 돌며 지원 유세를 하라는 제안도 있었으나, 김대중은 다시 목포에 출마하기로 했다. 박정희가 해코지하는 게 두렵기는 했지만, 정면 돌파하기로 했다. 아니나 다를까 박정희는 김대중을 꼭 집어서 낙선시키라고 지시했다.

이번 선거에서 김대중은 무슨 일이 있더라도 낙선시켜야 한다.
여당 후보 10명이나 20명 떨어져도 상관없다.
하지만 김대중만은 절대 당선시켜서는 안 된다.

지시하는 데 그치지 않았다. 김대중 때려잡는 토벌 작전을 직접 진두지휘했다. 국무위원들이 덜컹대는 호남선을 타고 목포까지 내려가 국무회의를 열었다. 박정희 자신도 대통령 선거 때조차 들르지 않았던 목포를 두 번씩이나 찾았다. 시내를 훑고 다니고 목포 개발 공약까지 쏟아내며 그야말로 '더러운 선거'를 주도했다. 천신만고 끝에 김대중은 그 더러운 판에서 결국 살아 돌아왔다. 공화당이 전국에서 130석이나 차지해 전체 의석 3분의 2를 넘기는 압승을 거뒀지만, 박정희는 웃지 못했다. 목포에서 김대중이 거둔 승리 하나가 공화당이 전국에서 거둔 대승을 압도한 것이다.

어쨌든 김대중은 단숨에 신민당 지도자로 떠올랐다. 그는 3선 개헌을 막는 투쟁에서 선봉에 섰다. 특히 1969년 7월 19일 서울 효창운동장에서 열린 '3선개헌 반대 범국민 시국대강연회'에서 김대중이 쏟아낸 가시 돋친 말들은 박정희 간담을 서늘케 했다. 3선 개헌에 나선 박정희와 공화당은 일하는 소가 아니라 '미친 소'라고 하자 만장한 사람들은 박장대소했다. "미친 황소가 갈 길은 도살장뿐"이라고 비수를 날렸으며, "남들은 정치한다고 평생 노력해도 국회의원 한 번 못하는 사람이 수두룩한데, 한밤중에 한강 다리 건너서 남의 정권 뺏어서 10년간 해먹었으면 됐지, 무슨 3선 개헌이냐"고 날을 세우며 박정희를 파렴치한으로 몰았다. 사실 이 말은 박정희가 이승만을 비판하면서 했던 말을 되돌려준 것에 불과했다.

> **12년이나 해먹었으면 그만이지 4선까지 노려 부정선거를 했다니 될 말이기나 하오? 우선 그, 자기 아니면 안 된다는 사고방식이 돼먹지 않았어요.**

1969년 9월 14일은 일요일이었다. '일하는 황소'가 아니라고 해서 화가 난 모양이었다. 공화당 의원들은 일요일 새벽에도 분주히 일했다. 그 깊은 새벽에 몰래 모여 3선 개헌안을 날치기로 통과시켰다. 일요일 꼭두새벽에 그 짓을 하니 사람들 눈에는 확실히 '미친 소'로 보였다. 통과된 개헌안은 10월 17일 국민투표를 거쳐 확정되었다. 3선 개헌에 성공한 박정희는 1971년 4월에 치러질 제7대 대선에 공화당 후보로 나섰다. 신민당은 김대중을 후보로 내세웠다. 김대중이 대선 후보로 결정되던 날, 박정희는 붉으락푸르락해져서 죄 없는 담배만 연신 빨아댔다. 그토록 원치 않던 상황이 온 것이다. 정권을 빼앗으려고 목숨 걸고 한강 다리를 건너온 박정희, 민주주의를 위해 목숨을 걸겠다는 김대중. 운명을 건 대회전이 시작됐다. 40대 기수 김대중은 기세가 한껏 올랐다. 선거에 들어가기도 전에 박정희를 '후보 자격도 없는 사람'이라고 매섭게 몰아붙였다. 이미 위헌이라고 지적한 바 있었던 공화당 입당 전력 문제를 다시 꺼낸 것이다. 김대중은 박정희가 선거에서 이기면 반드시 총통이 되어서 영구 집권을 할 것이라고 경고했다. 속내를 들킨 사람처럼 박정희는 굳어버렸다. 김대중을 그대로 놔뒀다간 큰코다칠 게 뻔했다. 칼날은 이미 벼려졌고, '김대중 죽이기'는 그렇게 시작되었다. 1971년 제7대 대선이 그 시작이었다.

대선을 석 달 앞둔 1971년 1월 27일 밤 9시 37분, 그날은 설날이었다. 온 가족이 떠들썩한 명절을 보내고 쉬고 있을 시간에 서울 동교동 한 주택가에서 '꽝' 하는 폭음이 터졌다. 놀란 개들이 짖고, 이웃들이 뛰쳐나왔다. 곧 사고 난 집이 서울 마포구 동교동 178의 1, 김대중 집이라는 사실이 알려졌다. 불에 탄 헝겊 조각들이 마당을 나뒹굴고, 짙은 화약 냄새가 진동했다. 다행히도 그때 집주인은 미국에 있었다. 사고 이틀 전, 김대중은 미국행 비행기를 탔다. 대선을 앞둔 바쁜 시기에 미국에 간 까닭은 무엇일까? 박정희 정권은 김대중에게 대대적인 색깔 공세를 폈다. 김대중은 그 공세를 막을 방법으로 미국 방문을 선택했다. 본격적인 선거운동에 앞서 색깔론을 일축하려는 것이었다. 미국 정관계 인사들을 만나는 것만으로도 색깔론을 한풀 꺾을 수 있었다. 게다가 미국 관리들이 김대중 정책을 지지하고 신뢰를 보낸다면 선거에도 큰 도움이 될 것이었다. 언론도 미국 방문에 관심을 보였다. 김대중이 어디를 갔는지, 누구를 만났는지, 무슨 말을 했는지 일거수일투족을 크게 보도했다. 그러던 차에 주인 없는 집에서 폭발 사고가 일어난 것이다.

보통 일이 아니었다. 국회도, 국민도 큰 충격에 휩싸였다. 대선을 코앞에 두고 제1야당 대통령 후보를 겨냥한 테러였다. 국회는 헌정 20년사에 처음 있는 중대하고 심각한 사건으로 여겼다. 사건 발생 이틀 만에 특별조사위원회까지 만들어 진상 밝히기에 나섰다. 신민당은 신경을 곤두세울 수밖에 없었다. 김대중 집에 폭발 사고가 나고 얼마 후에는 신민당 선거대책본부장인 정일형 집에서도 불이 나 아래채가 홀라당 타버렸다. 우연으로 보기에는 석연치 않았다. 대선을 앞두고 정권이 무슨 흉계를 꾸밀지 몰라 신민당은 불안하기만 했다. 어쨌든 경찰은 예상과 달리 사건 초반부터 대대적인 수사에 나섰다. 사건 당일에도 120명을 투입해 집안을 샅샅이 뒤졌다. 수사본부까지 꾸려 수사진 수백 명을 동원했고, 전국 2천 6백여 개 화약제조공장과 판매상을 수사했다. 그렇게 대대적인 수사를 벌인 지 14일째 되는 날, 범인을 특정해 발표했다. 내용은 놀랍고 황당했다. 고양이가 정일형 집에 불을 냈다는 발표에 댈 게 아니었다. 범인이 김대중 조카라고 했다. 폭발 사고는 삼촌인 김대중 집에 사는 열다섯 살 중학생이 장난으로 벌인 짓이라고 결론 냈다. 명절 때 가족을 놀라게 할 생각으로 그랬다고 했다. 장난삼아 장난감 딱총 화약을 모아 사제 폭발물을 만들고 대통령 후보인 삼촌 집에 던졌다는 자백을 받았다고 했다. 범행 동기가 우발적 장난이라면서도 검찰은 이 사건을 정치 테러라고 주장했다. 뭔가 앞뒤가 안 맞았다. '선거를 앞두고 정치 테러를 가장함으로써 사회 공안을 문란케 할 고의에서 저지른 소행'이라는 것이다. 검찰은 15세 소년을 정치 테러범으로 구속하기까지 했다. 공화당은 한술 더 떴다. 김대중이 어린 조카를 이용해 자작극을 벌였을 가능성이 높다고 했다. 그러면서 든 근거는 황당하게도 김대중 조카가 지능지수가 높다는 사실이었다. 똑똑하니 삼촌이 짠 조작극에 가담해 일을 정교하게 잘 처리할 능력이 된다는 논리였다. 급기야는 신민당을 향해 '국민 앞에 사과하고 일련의 조작극을 즉시 중단'하라고 핏대를 세웠다.

상식적으로나 인륜적으로나 말이 안 되는 소리였다. 아니나 다를까 구속된 지 사흘 만에 조카는 풀려났다. 재판정이 아닌 병원에서 구속적부심이 열렸다. 장티푸스에 걸려 병원에 입원해 있었기 때문이다. 그럴 만도 했다. 경찰이 구정물 통에다 머리를 처박으며 고문했고, 물 주전자를 갖다 놓고 물고문을 하겠다고 위협하기까지 했다. 어린 소년이 그런 꼴을 당하고도 병나지 않았다면 그게 더 이상할 정도였다. 재판부는 증거가 불충분하고 구속이 부당하다며 석방을 결정했다. 조카가 고문에 못 이겨 허위로 자백했다는 사실은 나중에 드러났다. 소년이 진범이라고 큰소리치던 검찰은 쥐구멍을 찾아도 모자랄 판에, 오히려 분명히 배후가 있다고 억지를 쓰며 끝까지 오기를 부렸다.

그렇다면 진짜 범인은 누굴까? 그렇게 대대적인 수사를 벌였지만 진범은 끝내 밝혀지지 않았다. 주인도 없는 집에 폭발물을 던진 이유 역시 미궁에 빠지고 만다. 김대중을 죽이려는 시도가 아니었다는 것만은 분명하다. 그 당시 김대중이 미국에 있다는 건 세상이 다 아는 사실이었기 때문이다. 그렇다면 누가, 왜 주인도 없는 집에 폭발물을 던졌을까? 빈 집에 폭발물을 던진 의도를 몇 가지 짚어볼 수 있다.

먼저는 김대중이 미국에서 급히 귀국해야 하는 상황을 만들려는 의도였을 수 있다. 그렇다면 김대중이 미국을 방문하는 게 마뜩잖았던 사람 짓이었을 것이다. 폭발 사건 소식으로 미국 방문 성과를 최대한 축소하고 아예 덮어버리려는 의도가 다분했다. 공연한 추측이 아니다. 김대중이 미국을 방문한다는 소식이 알려지자 박정희는 잔뜩 긴장해서 온갖 방해 공작을 벌였다. 김대중이 출국하기 한 달 전, 주미한국대사는 미국 국무부 차관을 만나 생떼를 썼다. '미국은 한국 대선에 절대 중립적이라는 공개성명을 발표해달라.' 김대중은 일개 국회의원이니 미국 고위 인사는 만나지 않도록 해달라는 오지랖도 부렸다. 급기야는 닉슨 대통령과 만나는 것도 무산시켰다. 그런 와중에도 이희호 여사가 백악관에서 닉슨 부인을 따로 만났다. 두 부인이 만났다는 소식만으로도 화제가 되었다. 그러자 공화당이 난데없이 '두 여사는 만난 적이 없다'고 뭘 좀 안다는 듯이 주장하며, 가짜뉴스를 퍼뜨렸다고 되레 신민당을 비난했다. 만났으니 만났다고 한 것이지만 신민당도 난감했다. 만남을 증명할 유일한 증거인 사진이 없어진 것이다. 이희호가 닉슨 부인과 찍은 사진을 뽑으려고 사진관에 맡겨둔 필름이 쥐도 새도 모르게 사라져버렸다. 물증 없이 옥신각신하던 중에 닉슨 부인이 두 손으로 이희호 손을 다정하게 맞잡고 인사하는 모습이 신문에 대문짝만하게 실렸다. 재미 언론인 문명자 기자가 공화당이 억지 부리는 꼴을 보다 못해 자신이 가지고 있던 사진을 한국 언론에 공개한 것이다. 어쨌든 김대중은 미국 방문 일정을 끝까지 잘 마치고 돌아왔으니, 폭발 테러는 실패한 셈이다. 그 실패에 쐐기라도 박듯 《워싱턴 포스트》는 1971년 2월 13일 김대중 미국 방문을 총결산하는 긴 분석 기사를 냈다.

다시는 전쟁터가 되면 안 된다. 한국의 도전자 목표를 밝히다.

그 멋진 제목 아래 김대중의 선거공약과 주장, 선거 상황까지 아주 상세하게 소개되었다.

달리 짚이는 정황도 있었다. 신민당 대선 준비에 차질을 주려 했는지도 모른다. 신민당은 이 사건을 정치 테러라고 규정했지만, 공화당과 수사 당국은 밑도 끝도 없이 조작이라느니 자작극이라느니 하며 몰아갔다. 신민당이 김대중을 정권으로부터 탄압받는 피해자로 둔갑시켜 국민에게 동정을 사려고 계략을 꾸몄다는 것이다. 그 파렴치한 조작극에 어린 조카까지 이용했다는 주장은 실로 충격적이었으니, 김대중은 졸지에 피도 눈물도 없는 야비한 삼촌으로 전락했다. 사건 다음 날 열린 국회 내무위원회에서 공화당 박주현 의원도 조작극을 주장했다. 야당이 각본대로 조작한 사건일 가능성이 크다며 수사 방향까지 제시했다.

> 약자동정이라는 국민의 심리나 감정을 이용해서 이와 같은 철없는 불장난을 감행해 가지고 국민의 심리에 동정을 얻고 약자동정을 이용하려고 하는 저의가 있었다고 할 것 같으면 이것은 국민의 이름으로 엄단해야 할 것이며 근절해야 한다고 강력히 주장하는 바입니다.

상황은 점점 이상한 방향으로 흘러갔다. 경찰도 어느 순간부터 '자작극'에 초점을 맞춰 수사했다. 신민당 사람과 김대중 주변 사람 오십여 명을 마구잡이로 조사했다. 그렇게 들쑤시고 다니니 신민당 대선 캠프는 순식간에 쑥대밭이 되었다. 조직 상황이나 정치자금, 하는 일 등 모든 정보를 캐내려 했다. 이쯤 되면 수사가 아니라 사찰이었다. 심지어 목포까지 내려가 주변 인물들을 샅샅이 뒤졌다. 그중 경찰이 유독 집요하게 파고든 인물이 있었다. 바로 김대중 핵심 참모 엄창록이었다. 다른 사람을 조사할 때도 경찰은 번번이 엄창록을 들먹였고 꼬치꼬치 캐물었다. 엄창록 부인과 운전사까지 연행해서 조사를 벌였다. 동교동에서 폭발물이 터지던 날에도 낮부터 이상한 차량이 그를 미행했다는 사실이 드러났다.

엄창록이 누구길래 그 난리를 피운 걸까? 그럴 만했다. 그는 김대중의 그림자였다. 인제에서, 목포에서 김대중이 국회의원에 연거푸 당선되는 데는 늘 엄창록이 있었다. 그는 '선거 도사' '선거판 여우'로 통했다. '목포대첩'에서 김대중이 박정희를 이길 때도 그 활약이 전설처럼 회자되었다. 공화당 사람들은 그를 탐내는 동시에 두려워했다. 그를 그대로 두고 대선을 치르는 게 찜찜하고 불안했다. 폭발 사건을 조사하던 국회 조사위원회에서도 공화당 의원들은 엄창록을 물고 늘어지며 엉뚱한 질문들을 퍼부어댔다. 거의 엄창록 청문회라 불러도 될 정도였다.

세간에는 이 사건이 조작의 명수요, 조작극의 전문가인 김대중 의원의 보좌역인 엄창록이의 소행이라는 소리가 많아 의심이 짙고 있습니다. 엄창록에 대해서 수사를 해봤다면 그 결과는 어떤 것인가?

이 사건은 엄창록 씨에 의해 조작된 건 아닌가?
엄 씨는 책략에 능한 사람인데 대선에서 이 같은 책략을 또 사용해 공명선거를 해칠 사람으로 보지 않는가?

사건이 난 지 며칠 후 엄창록은 어딘가로 끌려갔다. 그 뒤로 엄창록은 다시는 김대중 캠프에 나타나지 않았다. 대선을 이끌 핵심 선거 참모가 사라진 것이다. 이 사건이 대선에 타격을 줄 의도였다면 성공을 거둔 셈이다.

김대중은 1971년 4월 27일 치러진 제7대 대선에서 박정희에게 분패했다. 졌지만 쉴 겨를이 없었다. 대선이 끝난 지 한 달도 채 안 되어 곧바로 제8대 총선을 치러야 했다. 신민당 간판이 된 김대중은 총선까지 진두지휘해야 했다. 박정희 영구총통 시대를 막느냐 못 막느냐가 달린 중요한 선거였다. 김대중도 절박하고 독한 마음으로 선거운동에 나설 채비를 했다. 그러던 중에 당 안에서 사달이 났다. 총선이 20일도 채 안 남았는데 소위 '진산파동'으로 당이 흔들렸다. 유진산 당수가 자기 지역구를 포기하고 후보 등록 마지막 날 전국구(비례대표) 1번 후보로 등록해버렸다. 유진산이 포기한 영등포갑에는 박정희 처조카사위가 공화당 후보로 나선 상태였다. 유진산이 공화당과 뒷거래를 했다는 소문이 삽시간에 퍼졌고, 당원들은 격분했다. 유진산은 더 이상 당수 자리를 지킬 수 없었다. 당이 그 모양이니 민심은 곤두박질했고, 총선 전망은 어두웠다. 개헌을 막을 수 있는 3분의

1 의석조차 얻기 어렵다는 위기감이 번졌다. 그 위기감을 뚫고 김대중은 절박한 심정으로 전국 방방곡곡을 돌며 유세를 펼쳤다. 유세장 열기가 조금씩 달아오르고, 민심이 꿈틀대기 시작했다. 절망은 그렇게 조금씩 희망이 되어갔다.

그날도 김대중은 전라도 유세를 마치고 서울 영등포역 유세를 하러 급히 가는 길이었다. 5월 24일 목포비행장에서 비행기를 타려고 했지만, 하필 전날 비가 내려 비행기가 뜰 수 없었다. 다행히 광주비행장에서는 비행기가 뜰 수 있다고 하여 급히 광주로 향했다. 국도를 따라 한참을 달리는데, 맞은편에서 달려오던 트럭이 갑자기 급커브를 틀었다. 그러더니 중앙선을 넘어 김대중이 탄 차로 돌진했다. 운전사는 기겁하여 운전대를 틀었다. 뒷범퍼가 트럭에 받히는 바람에 차는 도로 아래 논두렁으로 굴러떨어졌다. 여기저기서 신음 소리가 들렸다. 천만다행으로 모두 무사했지만, 김대중은 골반과 다리를 크게 다쳤다. 급히 가까운 병원으로 옮겨 응급수술을 받아야 했다. 낮 3시 유세를 보러 영등포역에 온 사람들은 김대중이 사고를 당했다는 소식을 들었다. 모두가 실색해 자리를 뜨지 못했다. 밤 8시가 되었는데도 영등포역 광장은 사람들로 가득 차 있었다. 그때 김대중이 나타났다. 팔과 다리에 깁스를 한 채였다.

나는 열 번 쓰러지면 열한 번 일어나고, 백 번 쓰러지면 천 번 일어나서 이 땅에 민주주의를 세우고 대중이 잘사는 사회를 만들겠습니다.

무대에 선 김대중이 포효하니, 무대 아래 청중들은 환호했다.

이 사고를 처리하는 과정은 온통 의혹투성이였다. 제1야당 대선후보까지 한 사람이 의문스러운 교통사고를 당했는데도 대부분 언론은 사고 내용을 제대로 보도하지 못했다. 검찰은 이 사건을 단순 교통사고로 처리했다. 사고를 낸 트럭이 공화당 국회의원 아들 회사 소유였다는 사실이 알려졌지만, 그저 우연이라고 했다. 설령 그것은 우연이라 해도, 이상한 점들이 한둘이 아니었다. 사고가 난 곳에서 10분 거리에 무안경찰서가 있었는데, 사고 현장에 경찰이 나타나지 않았다. 경찰은 사고가 나고 두 시간 뒤에야 병원에 들렀다. 더 수상한 건 트럭 뒤를 따라오던 승용차였다. 그 승용차는 사고를 보고도 그냥 지나쳤는데, 두 시간 뒤에 김대중이 치료받는 병원에 다시 나타났다. 신민당은 그런 정황 하나하나를 문제 삼았지만, 수사 당국은 한 귀로 듣고 한 귀로 흘렸다. 김대중도 이 사건을 교통사고로 위장한 암살미수 사건이라고 판단했다. 시대가 어두우니 진실은 빛을 잃었다. 의혹이 눈덩이처럼 커갔지만, 빛이 들지 않으니 얼음은 녹을 줄을 몰랐다.

시대가 어두우니 국민이 스스로 빛이 되었다. 총선 결과는 놀라웠다. 신민당이 대약진했다. 제7대 총선 때보다 두 배나 많은 의석을 얻었다. 개헌을 막을 수 있는 최소 의석인 65석보다 무려 24석이나 많은 89석을 차지했다. 특히 서울에서 신민당 바람이 거셌다. 19곳 중 진 데는 유진산이 포기한 영등포갑이 유일했다. 압승을 자신했던 공화당은 어처구니없는 결과라며 당황하더니 엄한 데다 화풀이를 했다. 맨날 공화당만 헐뜯는다며 언론 탓하기 바빴다. 입만 살아서 언론 탓이나 하고 있는 공화당이 박정희 보기에는 한가하고 한심했다. 그는 다른 문제를 근심하고 있었다. 바로 김대중이었다. 그가 저토록 펄펄 뛰어다니는 한, 두 다리 뻗고 잘 수 없었다.

승리에 들뜬 분위기는 오래가지 못했다. 박정희가 마침내 유신의 발톱을 드러낸 것이다. 김대중도 나날이 불안해졌다. 교통사고로 다친 다리를 치료하는 중에도 정보기관이 해코지할까 봐 걱정해야 할 정도였다. 김대중은 좀 더 안전히 치료받기 위해 일본을 오갔다. 1972년 10월 17일, 기어코 박정희는 비상계엄령을 내리고 유신을 선포했다. 영구 집권으로 가는 길로 들어선 것이다. 김대중이 "정권교체를 하지 못하면 우리나라는 영원히 박정희 총통제가 되고 말 것"이라고 경고했던 말이 현실이 되었다. 그때도 김대중은 치료차 일본에 가 있었다. 타국에서 한국 뉴스를 보며 그 마음은 슬픔과 분노로 뒤엉켰다. 유신을 선포한 박정희는 신민당도, 김대중도 가만두지 않았다.

김대중은 귀국을 포기했다. 망명을 선택한 것이다. 계엄으로 국회가 해산되고 정치 활동이 금지되었다. 그런 마당에 한국에 머문다는 것은 아무 의미가 없었다. 하루아침에 망명자 신세가 된 그는 일본과 미국을 오가며 박정희 유신 독재와 싸움을 시작했다. 미국 정계 인사들을 만나 호소했다. '미국의 지원이 독재 정권 유지에 악용되어서는 안 된다.' 박정희 정권은 김대중이 미국과 한국을 이간질하는 반국가적 망동을 하고 있다고 여론전을 폈다. 그러면서 그 일거수일투족을 감시했지만, 김대중은 아랑곳하지 않았다. 1973년에는 교포들과 함께 반정부 투쟁 조직을 꾸렸다. 한국민주회복통일촉진국민회의(한민통)였다. 워싱턴에 한민통 미국 본부를 세운 김대중은 일본 지부도 만들려고 일본행 비행기에 올랐다.

분위기가 심상치 않았다. 1973년 7월 10일 김대중이 일본에 도착하자마자 불길한 얘기가 들려 왔다. 누군가 김대중을 해치려 한다는 첩보였다. 하지만 크게 개의치 않았다. 중앙정보부가 암살을 시도할 것이라는 소문은 미국에서부터 들었던 바였기 때문이다. 어쨌든 조심하기는 해야 했으니 쥐도 새도 모르게 거처를 옮겨 다녔다. 그러던 중 김대중은 신병 치료차 일본에 와 있던 민주통일당 대표 양일동을 그랜드팔레스 호텔에서 만났다. 8월 8일, 여름 도쿄는 후덥지근하기가 이를 데 없었다. 양일동과 한참 대화를 나누다 다음 약속 시간에 맞춰 방을 나서는 순간, 괴한 대여섯 명이 김대중 일행을 가로막았다. 그들은 김대중 입을 틀어막고 멱살을 붙잡아 옆방으로 끌고 갔다. 그러고는 마취제 묻은 손수건을 코와 입에 들이대니, 흐릿해가는

의식에 체념이 일렁였다. '이제 죽는구나!'

괴한들은 김대중을 끌고 나와 차에 싣고 호텔을 빠져나갔다. 한참을 달려 도착한 곳에선 파도 소리가 들렸다. 차에서 내려 모터보트로 부산하게 옮겨 탔다. 보트가 굉음을 내며 물살을 가르는가 싶더니, 어느새 시끄러운 모터 소리가 멎고 사람들 웅성이는 소리가 났다. 큰 배 용금호가 그를 기다리고 있었다. 용금호에 있던 자들이 김대중을 배 밑 창고로 끌고 갔다. 판자에다 몸을 묶더니 눈에 테이프를 칭칭 감았다. 몸에는 수십 킬로그램은 됨직한 무언가를 매달았다. 그러면서 자기들끼리 상어밥이 어쩌구저쩌구 수군댔다. 어렴풋이 들려오는 그 말들이 무시무시한 예감을 불러왔다. '나를 수장시키려는구나.' 그때였다. 밖에서 펑펑하는 소리가 들렸다. "비행기다!" 예상치 못한 비행기 출현에 선원들은 혼비백산해 갑판 위를 우당탕 뛰어다녔다. 배가 갑자기 요란한 엔진 소리를 내며 달리기 시작했다. 한참을 달리더니 다시 속도를 줄였다. 어느 항구에 닿은 모양이었다. 부산이었다. 의사로 보이는 사람이 올라와 김대중에게 포도당과 수면제 주사를 놓았다.

납치된 지 6일째인 8월 13일 밤 10시 15분경, 괴한들이 김대중을 어딘가에 내려놓고 사라졌다. 눈을 가린 붕대를 풀자 눈앞에 나타난 건 꿈에도 그리던 동교동 집이었다. 김대중은 "막 퇴근해서 돌아오는 가장들처럼 초인종을 눌렀다." 아내와 자식들은 대문을 열고 퇴근하는 가장을 맞이하듯 그를 반겼지만, 찢어진 입술과 피 묻은 이마에 억장이 무너졌다. 이 험난한 귀환 소식은 곧장 세계로 타전되었다. 유신 정권 보도 통제가 엄혹했지만, 국내 신문들까지 김대중 육성 인터뷰와 사건 내막을 대대적으로 보도했다. 국내외에 엄청난 파장이 일기 시작했다.

국회도 9월 22일부터 열린 본회의에서 이 사건을 다뤘다. 의원들은 너나없이 늦장 수사를 호되게 질책했다. 사건이 발생한 지 한 달이 지났는데 왜 이렇다 할 진척이 없는 것이냐, 경찰은 도대체 뭐 하는 것이냐는 비난이 쏟아졌다. 법무부 장관은 수많은 전담수사관을 전국에 풀어서 수사하고 있다는 말만 앵무새처럼 되풀이했다. 공화당과 유정회 의원들은 사건 본질을 이상한 방향으로 몰고 갔다. 조국을 배신한 김대중에게 책임이 있다고 했다. 해외 교포들을 이간질하는 반국가적인 말과 행위로 애국심 높은 사람들을 자극하고 다니니 결국 이런 사태가 벌어졌다고 김대중을 탓했다. 대통령 후보까지 한 사람이 반국가적 흑색선전으로 조국을 배신하고 망신시켰다며 그를 나무라기까지 했다. 피해자에게 책임을 묻는 전형적인 2차 가해였다.

신민당은 정권이 김대중 납치에 개입했다고 확신했다. 국회 본회의에서 김영삼 의원은 중앙정보부 소행이라는 의혹을 지울 수 없다며, 정부가 결백하다면 아니라고 말만 하지 말고 범인을 잡아서 결백을 증명하라고 다그쳤다. 그러지 못할 거면 아예 내각이 총사퇴하라고 요구했다. 그러면서 대한민국에는 '통치만 있지 정치는 없다'는 유명한 말을 남겼다. 김수한 의원은 김대중이 한 해외 활동이 반국가적이었다면 왜 사건이 벌어진 지금에 와서야 뒷북을 치냐며 따졌다. 외교안보 분야 대정부 질문에서는 정일형 의원이 발언한 내용으로 큰 소동이 일어나기도 했다. 그는 김대중 납치범을 자기도 알고, 국민도 알고, 외국 사람도 다 알고 있다며 바로 박정희 정권이라고 확신했다.

무엇 때문에 한 정권이 개인을 상대로 하여 이토록 심한 피해망상증에 걸려 있는지 알 수가 없소. 외국에서는 물론이고 많은 국민들이 이번 사건을 중앙정보부가 한 소행이라고 단정하고 있다.

이 발언이 나오자 본회의장은 벌집을 쑤셔놓은 듯 술렁였다. 진통 끝에 이 발언은 회의록에서 삭제되었고, 공화당은 정일형 의원을 징계해야 한다면서 입에 거품을 물었다.

박정희 정권과 공화당 측 대응은 이번에도 달라지지 않았다. 야당이 정치 테러를 당할 때마다 꺼냈던 대응 방식이었다. '북한 소행이거나 자작극이다.' 박정희는 사건 직후 청와대에서 레스터 울프 미국 상원의원을 만나 이렇게 말했다.

납치사건이 북한 소행이거나 자신을 돋보이게 하려는 김대중 씨 자작극일지 모른다.

하지만 더는 그런 철 지난 대응 방식이 통하지 않았다. 그런 태도가 오히려 유신 반대 불길에 기름을 부었다. 전국 대학생은 김대중 납치 사건 진상 규명을 외치며 유신체제 철폐를 요구했다. 신민당은 재야 인사, 종교 지도자들과 손잡고 '민주 회복을 위한 1만 인 개헌 청원 운동'을 벌였다. 북한 소행이라는 말에 뿔이 났는지 북한은 이 사건을 빌미로 남북대화를 중단했다. 일본도 주권을 침해당했다며 반발했다. 사태가 외교 갈등으로까지 번져 가자, 김종필 국무총리는 황망히 일본으로 건너갔다. 박정희 친서를 전달하며 '다시는 이런 일이 없을 것'이라고 고개를 숙여야 했다.

늘 그랬듯, 마지막 대응법은 사건을 '미궁'에 가두는 것이었다. 사건 직후부터 중앙정보부 소행이라는 소문이 파다했고, 그와 관련된 범행 당사자 증언도 잇따랐다. 그런데도 정부는 가타부타 말이 없었다. 이후락 중앙정보부장을 슬그머니 파면하면서도 정작 범인은 잡지 않았다. 되레 피해자인 김대중만 동교동 집에 갇히는 '처벌'을 받았다. 한참이 지나 사건 전모가 드러났다. 예상에서 조금도 어긋나지 않았다. 김대중 납치 사건은 중앙정보부 고위급들이 직접 기획하고 실행한 정교한 작전, 일명 "KT 작전"이었다. 이후락을 꼭짓점으로 고위급 라인이 일사불란하게 움직였다. 그가 직접 지시를 내렸고, 이철희 해외 담당 차장보와 하태준 해외공작국장이 전체 계획을 주도했다. 일본 현지에서 움직인 이들도 말단 직원이 아니었다. 주일공사, 해외공작단장, 참사관, 1등 서기관 등 고위급 외교관들이 범행에 손을 보탰다. 작전에 투입된 46명이 9개 조 실행팀으로 나뉘어 치밀하게 움직였다. 이 모든 사실이 공식 확인된 것은 2007년 과거사진상규명위원회를 통해서였다. 박정희가 직접 지시했는지는 명쾌하게 밝혀지지 않았다. 그렇지만 최소한 명시적이거나 묵시적인 승인은 있었다고 봤다. 직접 지시 여부를 떠나, 대통령으로서 책임을 피할 수는 없었다. 과거사진상규명위원회는 이렇게 결론 내렸다.

박 전 대통령의 직접 지시와 무관하게 대통령 직속 기관인 중앙정보부가 납치를 실행하고 사후 은폐까지 기도한 사실에 비춰 박 전 대통령은 통치권자로서 법적·정치적 책임을 면하기 어렵다.

어두운 시대는 민주당 사람들이 겪은 수난으로 얼룩졌다. 서슬 퍼런 독재가 휘두른 폭력 아래, 그들은 스러지고 또 스러졌다. 가만히 있었더라면 아무 일 없었을지도 모른다. 그런데도 왜 그토록 몸부림쳤을까? 죽음이 턱 밑까지 조여 오는데도 왜 그 무모한 싸움을 멈추지 않았을까? 그깟 권력을 갖고 싶어서 목숨 내놓고 독재자와 싸웠을 리 없다. 역사를 반 발자국이라도 앞으로 밀고 나가겠다는 소명의식이 아니라면, 나라와 국민을 향한 한없는 사랑이 아니라면, 민주주의를 지키려는 단단한 용기가 아니라면, 그것이 아니라면 미치지 않고서야 어떻게 그 무모한 싸움을 계속할 수 있었겠는가!

새벽은 온다

노동자가 스스로 몸에 불을 붙였다. 스물두 살 청년 재단사 전태일이었다. 그는 좀 더 나은 환경에서 노동할 수 있게 해달라고 구청을 찾았고, 노동청을 찾았다. 마침내는 박정희 대통령에게 탄원서까지 썼지만 달라진 것도, 돌아온 답도 없었다. 결국 1970년 11월 13일, 전태일은 청계천 거리 한복판에 섰다. "노동자는 기계가 아니다." 그 한 마디를 외쳤을 뿐이건만 무수한 구타가 쏟아졌다. 결국 몸에 불을 질렀다. 불꽃이 되어 절규했다. "근로기준법을 준수하라!" 전태일이 분신하고 일주일이 지나, 당시 신민당 대통령 후보였던 김대중은 전주 유세에서 눈시울을 붉혔다. 전태일의 죽음은 "절망에 찬 사회현실에 대한 일대 경종"이라고 했다. 정부를 질타하며 반성을 촉구했다.

서울 평화시장 피복노동자 전태일 씨의 분신자살은
결코 일개 피복직장 노동조건에 대한 반항이 아니라
실로 현 정권의 반근로자적 노동정책에 대한 항의인 것이다.

신민당은 대통령 선거에서 '전태일 정신의 구현'을 공약으로 내걸었다.

유신체제에서 서민과 노동자 삶은 더 팍팍해졌다. 기댈 곳은 미우나 고우나 신민당뿐이었다. 박정희 정권은 농민과 노동자에게 희생을 강요하며 기업가에게는 특혜를 안겼다. 1978년 제10대 총선에서 신민당은 '신민 위에 서민 있고, 공화 위에 재벌 있다'는 구호를 내걸었다. 서민과 노동자, 농민 편이 되겠다고 했다. 국민은 그런 신민당에 기대를 걸었고, 그 기대가 최초로 득표율에서 여당보다 1.1퍼센트포인트 앞서는 역사적 승리로 나타났다. 총선 승리 뒤, 신민당은 선언했다.

민주통치, 공평경제, 서민옹호에 최선을 다하겠다.

그 기대와 약속이 시험대에 올랐다. 바로 1979년 8월 9일부터 신민당사를 무대로 일어난 YH 사건이다.

YH무역은 한때 국내 최대 가발 수출업체였다. 수출 순위 15위를 할 정도로 승승장구했지만, 여공들은 적은 월급으로 연명했다. 그들 대부분은 농촌에서 국민학교나 중학교를 갓 마치고 서울로 올라온 어린 소녀들이었다. 1970년대 후반에 들어서 가발 수출이 감소한 데다 무리하게 사업을 확장하느라 회사는 심각한 자금난에 빠졌다. 그러든가 말든가 사업주는 회삿돈을 해외로 빼돌리며 제 배만 채웠다. 결국 여공들은 나 몰라라 하고 1979년 4월 폐업 공고를 냈다. 낮은 임금에 죽도록 일만 하고 그나마 밀린 월급도 받지 못한 여공들은 길바닥에 나 앉을 판이었다. 전태일이 그랬던 것처럼 노동청에 찾아갔지만, 그때처럼 헛일이었다. 누구도 여공들 목소리 따위는 귓등으로도 듣지 않았다. 그나마 노조가 있었다. 노조로 뭉친 그들은 나약하지 않았다. 경찰이 들이닥쳐 때리고 끌고 갔지만, 여공들은 다시 공장으로 돌아와 농성을 벌였다. 노동청이 중재에 나서 회사가 폐업을 철회하는가 싶더니, 8월 6일 다시 폐업 공고를 냈다. 여공들도 다시 농성을 벌였다. 회사도 이번에는 물러서지 않을 기세였다. 공장에서 농성을 못 하도록 물과 전기를 끊었다. 여공들을 공장에 고립시켜 무너뜨리려고 했다. 전태일을 이은 후예들은 세상 아무도 모르는 무기력한 패배를 당하지 말자고 다짐했다. 그러려면 농성장을 옮겨야 했다. 그래서 장소를 물색했다. 자신들이 겪은 억울함을 온 세상 사람들에게 알릴 수 있는 곳, 자신들을 잠시라도 지켜줄 곳, 마지막으로 기댈 수 있는 언덕. 역시 신민당뿐이었다. 재야 인사들이 나섰다. 그들은 미리 신민당 총재 김영삼을 만나 신민당사에서 여공들과 만나게 주선했다. 김영삼은 신민당사는 누구에게나 열려 있다면서 최선을 다해 돕겠다고 했다. 1979년 8월 9일 아침, 여공 187명은 신민당사 주변 골목에 흩어져 몸을 웅크린 채 신호를 기다렸다. 그리고 9시 종이 울리자 여기저기서 우르르 뛰쳐나와 신민당사로 몰려갔다. 곧장 신민당사 4층 강당으로 올라가 자리를 잡고는 준비해 온 현수막을 창밖에 내걸었다.

배고파 못 살겠다 먹을 것을 달라
우리를 나가라면 어디로 가란 말인가

김영삼도 곧바로 4층으로 올라갔다. 여공들 앞에 서서 따뜻한 위로를 건넸다. "여러분들이야말로 산업발전의 역군이며 애국자인데 이렇게 푸대접을 받아서야 되겠느냐." 김영삼은 신민당 이름을 걸고 해결하겠다고 약속했다. 기자들도 신민당사에 진을 치고 취재를 시작했다. 농성 사진이 상세한 소식과 함께 신문에 대문짝만하게 실렸다. 온 국민 눈과 귀가 신민당사에 쏠렸다. 신민당도 해결책을 찾기 위해 동분서주했다. 여당에 국회 보건사회위원회를 즉각 열 것을 요구하고 사회노동문제대책위원회도 구성했다.

8월 무더위는 새벽까지도 식지 않았다. 여공들이 신민당사에 진을 친 다음 날, 박정희는 '농성을 빨리 강제해산하라'고 닦달했다. 그 말이 떨어지기가 무섭게 경찰이 신민당사를 포위하기 시작했다. 창밖으로 그 모습을 본 여공들 얼굴에는 불안한 기색이 역력했다. 서로 어깨동무를 하고 목이 터져라 노래를 불렀지만, 불안을 떨칠 수는 없었다. 김영삼은 상황을 보고받고 4층 강당으로 올라갔다. '경찰이 야당 당사를 습격하지는 못할 것이다. 의원들도 함께 당사에 있으니 큰일 없을 것이다.' 여공들은 그 말을 듣고 그제야 조금 마음을 놓았다. 황낙주 원내총무는 밖으로 나가 경찰 지휘관에게 여공들을 자극하면 사태가 심각해질 수 있다며 철수하라고 요청했다. 경찰은 꿈쩍도 하지 않았다. 분위기가 심상찮은 방향으로 흘러가자 신민당 사람들은 만일의 사태를 대비하기 시작했다. 당직자와 의원들은 모두 2층 총재실에 모여 있었다.

마침내 새벽 2시경, 바깥에서 경적 소리가 세 번 울림과 함께 경찰 1천여 명이 신민당사 안으로 밀고 들어왔다. 쩌벅쩌벅 계단을 오르는 군홧발 소리가 그치지 않았다. 곤봉 내리치는 소리, 신음 소리, 비명 소리, 덤비는 소리가 뒤엉켰다. 유리창이 깨지고 벽이 무너졌다. 아수라장이 따로 없었다. 경찰은 총재실 문을 부수고 국회의원과 당직자를 마구 두들겨 팼다. 김영삼 총재도 끌고 나가 집으로 데려갔다. 박권흠 대변인은 얼굴을 알아볼 수 없을 정도로 피범벅이 되었다. 중상을 입은 당직자들도 모두 끌려나갔다. 2층을 제압한 경찰은 4층으로 향했다. 여공들은 서로 팔짱을 끼고 버텼다. 경찰은 저항하는 여공들 머리채를 휘어잡고 떼어냈다. 떼어낸 여공을 사지채로 들어 올리거나 개처럼 끌고 가 버스에 실었다. 그 순간 귀를 째는 듯한 비명 소리가 들렸다. "사람이 떨어졌다!" 분신한 전태일과 동갑 나이, 스물두 살 여공 김경숙이었다. 그는 경찰이 휘두르는 폭력을 피하려다 추락했건만, 경찰은 그 비극적인 죽음마저 조작했다. 김경숙이 스스로 손목을 그어 동맥을 끊고 투신했다고 발표했다.

신민당사는 그야말로 폐허가 되었다. 믿기 어려운 광경이었다. 경찰이 제1야당 당사를 짓밟은 것이다. 언론도 '충격'이라고 썼다. 집으로 끌려갔던 김영삼은 날이 밝자마자 그 폐허로 돌아와 바깥에 현수막을 내걸었다.

밤이 깊을수록 새벽이 가깝다.

곧바로 의원총회와 정무회의를 열고, 비상대책위원회를 구성했다. 의원들은 여공들이 농성했던 4층 그 자리에서 무기한 농성에 들어갔다. 변호사 출신 의원들을 중심으로 YH여공 변호인단도 꾸렸다. 김영삼 총재도 단호히 투쟁하겠다는 입장을 밝혔다.

**이번 사건은 신민당과 YH회사 근로자만의 문제가 아니고
모든 대한민국 국민과 9백50만 근로자에 대한 폭거다.**

공화당은 적반하장으로 나왔다. 신민당이 노사문제를 정치적으로 이용한다고 비난했다. 순진한 여공들을 뒤에서 조종한 불순한 세력을 모조리 잡아들여야 한다고 길길이 날뛰었다. 박정희도 배후를 조사해 불순 세력을 색출하라고 지시했다. 정권은 강경하게 나왔고, 결국 신민당은 18일 만에 농성을 중단했다. 그럴 수밖에 없었던 사정도 있었다.

신민당은 내우외환에 직면했다. 하필 당사 4층에서 농성을 시작한 8월 13일에 신민당 원외 지구당 위원장 3인이 서울민사지방법원에 김영삼 총재 직무를 정지시켜달라는 가처분 신청을 낸 것이다. 법원이 이 신청을 받아들여 김영삼 총재는 직무 정지되었고, 정운갑이 직

무대행에 지명됐다. 신민당은 법원 판결을 받아들이자는 쪽과 거부하자는 쪽으로 갈려 싸웠다. 당은 거의 양분 상태로 치달았다. 정권이 그 배후에서 공작을 벌였다. 김영삼을 총재에서 끌어내려 신민당을 흔들려는 의도였다. 김영삼은 물러서지 않고 박정희 정권 타도를 위해 싸우겠다는 강수를 뒀다. 어디 해볼 테면 한번 해보라는 듯 박정희는 더 큰 칼을 빼 들었다. 이번에는 총재 자리가 아니라 아예 국회의원직에서 몰아낼 궁리를 했다. 마침내 기회가 왔다. 박정희 정권은 병아리 본 솔개처럼 그 기회를 놓치지 않았다.

그리하여 낚아챈 것이 《뉴욕타임스》 기사였다. 9월 15일, 김영삼은 상도동 자택에서 《뉴욕타임스》와 기자회견을 했다. YH 사건과 가처분 파동을 지나면서 박정희와 정면 대결에 나선 김영삼은 거침이 없었다. 미국에게 대놓고 '독재자 박정희냐, 대한민국 국민이냐' 선택하라고 했다.

내가 미국 관리들에게 미국은 공개적이고 직접적인 압력을 통해서만이 박 대통령을 제어할 수 있다고 말할 때마다 그들은 한국의 국내정치 문제에 간여할 수 없다고 대답했다. 이것은 납득이 안 가는 논리다. 미국은 우리를 보호하기 위하여 3만 명의 지상군을 파견하고 있는데 그것은 국내문제에 대한 간여가 아니란 말인가.

이 인터뷰는 엄청난 파장을 몰고 왔다. 미국 정부도 입장이 난처해졌다. 누구 편을 들 수도, 그렇다고 모른 척할 수도 없었다. 미 국무부는 곧바로 절묘한 입장을 내놨다. 한국 정부는 김영삼 총재를 구속하지 말라고 했고, 김영삼 총재는 충동적인 발언으로 정부를 자극하지 말라며 양측 모두에 자제를 요구했다. 서로 한 발씩 물러나라는 것이었는데, 둘은 물러나기는커녕 오히려 한 발씩 더 앞으로 내디뎠다. 그렇게 나오니 결정적인 충돌은 불가피해 보였다.

박정희와 공화당은 득달같이 달려들었다. 주한미군을 내정간섭으로 보는 시각을 드러냈다며 '용공' '이적 행위' '국가 모독' 같은 유치찬란한 딱지를 붙였다. 미국에 민주화 압력을 넣으라고 요청한 것을 두고는 사대주의자라는 비난도 서슴지 않았다. 여당 의원들은 징계할 사유가 차고도 넘친다며 김영삼 징계를 밀어붙였다. 1979년 9월 22일 여당 의원 158명이 서명한 김영삼 총재 징계동의안이 국회에 제출됐다.

> 국회의원 김영삼은 본분을 일탈하여 국헌을 위배하고
> 국가안위와 국리민복을 현저히 저해하는 허위사실을 유포하는 등
> 반국가적인 언동을 함으로써 스스로 주권을 모독하여
> 국회의 위신을 실추시키고 국회의원으로서의 품위를 손상시켰다.

신민당은 격렬히 반발했다. 징계 사유가 타당하지 않을뿐더러 터무니없다고 맞섰다. 의원은 국회 내에서 한 행위와 의원 직무로 행한 행위에 대해서만 징계를 받는다는 국회법을 근거로 댔다. 야당 총재가 정권을 비판하면서 집권하겠다는 것이 무슨 잘못이며, 민족적 양심으로 우방 미국에 강력히 충고하고 비판한 것이 어째서 사대주의냐고 되물었다. 김영삼 발언이 법을 어겼다면 사법적으로 다툴 일이지 국회에서 징계할 사안은 아니라고 조목조목 반박했다. 여당 의원들은 들은 체도 안 했고, 징계할 결심도 꺾지 않았다. 10월 2일, 마지막 자비라도 베푸는 듯 사과하고 해명할 기회를 주겠다고 했다. 고개를 숙이라는 것이었다. 그것마저 거부하면 더 빨리 제명하겠다고 엄포를 놨다.

한식에 죽으나 청명에 죽으나 매한가지였다. 신민당은 마음을 단단히 먹었다. 총재 직무정지 가처분 사태로 산산이 갈라졌던 당 안에서 모처럼 한목소리가 나왔다. 똘똘 뭉쳐야 산다는 절박감이 묻어났

다. 10월 2일 소속 의원 67명 중 64명이 참여해 의원총회를 열었다. 병원에 입원 중인 의원까지 참석할 정도였다. 김영삼 총재는 결전을 앞둔 장수처럼 비장한 각오를 세웠다.

우리들은 오늘 죽고 영원히 사느냐, 오늘 살고 영원히 죽느냐를 선택해야 한다. 나는 비굴하게 살고 싶지 않다.

모든 의원이 김영삼 총재와 운명을 같이하자는 투쟁 결의문까지 채택했다.

우리는 김 총재에 대한 징계가 신민당 전체에 대한 정치 보복이며 우리 당을 지지한 절대다수 국민에 대한 도전적인 망동으로 규탄한다.

제1야당 총재 제명은 무리수였고, 그 무리수가 분당 직전까지 간 신민당을 되살렸다. 전화위복이란 말조차 모자랄 정도였다. 신민당은 똘똘 뭉쳐 다시 총구를 바깥으로 돌렸다.

　박정희와 공화당은 이미 정상이 아니었다. 김영삼과 제1야당 신민당을 얕잡아도 너무 얕잡았다. 야당 대표이자 최다선 의원 제명은 정치사에서 유례를 찾을 수 없는 폭거였다. 그 무리한 일을 대뜸 무대포로 밀어붙였다. 10월 3일에는 징계 사유를 발표했다. 김영삼을 잡자고 짜놓은 징계 사유는 넓고도 촘촘한 그물이었다. 안 걸릴 것이 없었고, 빠져나갈 틈도 없었다. 미국 정부에게 한국 정부에 압력을 넣어달라고 한 반민족적 사대망동, 주한미군의 존재를 미국의 내정간섭인 양 주장한 것, 거짓말로 국민 여론을 왜곡한 점, 현행 헌법을 지킬 필요가 없다며 폭력혁명을 선동한 점, 김일성에게 면담을 제안해 국론분열을 획책한 점, 신민당의 성격을 해방정당이라고 말해 계급정당화를 획책한 점 등이 징계 사유였다. 징계 사유를 확정했으니 이제는 속전속결로 끝낼 계획을 세웠다. 공화당은 거사일을 10월 4일로 잡았다.

　마침내 그날이 밝았다. 국회는 긴장감으로 뒤덮였다. 신민당 의원들이 먼저 움직였다. 모두가 본회의장에 모여 의장석을 점거했다. 의장석에 오르려는 백두진 국회의장을 온몸으로 막았다. 여야 의원들은 고성과 몸싸움을 섞어가며 난투극을 벌였다. 일진일퇴가 거듭되자 백두진은 단상에 오르기를 포기하고 본회의장을 빠져나갔다. 그가 사라진 후 잠잠했던 본회의장이 느닷없이 웅성거렸다. 점심시간이 지날 무렵 백두진 의장이 다시 본회의장에 나타난 것이다. 이번에는 구태여 의장석에 오르려 시도하지 않았다. 의장이 있는 곳이면 어디나 의장석이란 듯 통로에 서서 외쳤다. "제명안을 법사위에 보내는 것에 이의 없습니까?" "이의 없습니다." 방망이 대신 손을 들어 법사위 회부를 선포하고는 사라져버렸다. 걸린 시간은 딱 1분이었다. 본회의장에 있던 신민당 의원들도, 기자들도 의장이 무슨 말을 했는지, 무슨 일이 벌어졌는지 영문을 모를 정도로 순식간이었다. 법사위도 번갯불에 콩 볶듯 진행되었다. 사복경찰관 이백여 명이 회의장 주변을 지킨 가운데 여당 단독으로 제명안을 후다닥 해치웠다. "제명안에 이의가 없느냐" 질의하고 "이의가 없다"고 응답하는 데 걸린 시간은 딱 40초였다. 오후에 법사위를 거친 제명안이 다시 본회의로 돌아와 처리되었다. 대한민국 30년 의정 사상 첫 의원 제명이 기록되는 순간이었다. 제명 국회의원 1호가 된 김영삼은 비통한 목소리로 짧게 한마디 했다.

하늘이 두렵지 않느냐고 묻고 싶다.

　신민당도 배수진을 쳤다. '제명 무효화 투쟁'을 벌이기로 했다. 우선 의원직 총사퇴론이 일었지만, 주류와 비주류 사이에 온도차가 있었다. 비주류는 신중하자는 입장이었다. 김영삼도 의원들에게 원내에 남아 투쟁해달라고 부탁했다. 의원직 사퇴 문제를 특별하게 다루기 위해 사퇴문제협의회를 구성하기로 했다. 신민당이 의원직 총사퇴를 주저하는 데는 그럴 만한 이유가 있었다. 한일협정 반대 투쟁을 하던 시절, 의원직 총사퇴 문제가 당내 노선 싸움으로 번져 분당까지 갔던 기억이 생생했다. 논란 끝에 사퇴하는 것에는 합의했지만, 사퇴 방법을 두고 의견이 다시 엇갈렸다. 총재에게 일괄사표를 내자는 의견과 모든 의원이 각자 국회의장에게 직접 내자는 의견이 있었다. 비주류 측은 총재에게 일괄 제출하면 총재가 당권을 강화하는 데 이용할 수 있다고 우려했다. 논란 끝에 10월 13일 소속 의원 66명 전원이 의원직 사퇴서를 냈다. 황낙주 총무가 의원 개개인이 낸 사퇴서를 모아 곧바로 국회 사무처에 접수했다. 공화당은 처음에는 '유권자나 국민에 대한 배신이다' '사퇴를 정치적 무기로 쓴다'며 맹비난하다가 곧 태도를 바꿨다. 애초에는 모두 반려하겠다고 하더니 시간이 지나자 '선별사퇴'를 들고 나왔다. 누구는 사퇴시키고 누구는 반려하겠다는 것이다. 의도는 분명했다. 사퇴서를 무기로 써서 신민당을 쪼개놓으려는 비열하고 파렴치한 책략이었다.

　유신 정권 말기 최후의 발악이었다. 그 바람에 민주당은 역사상 일찍이 없었던 모진 수난을 겪어야 했다. 하는 짓들이 차마 눈 뜨고는 볼 수 없을 지경이었다. 국민 인내심도 한계에 이르렀고, 결국 민심이 폭발했다. 10월 15일 부마항쟁이 터졌다. 막아보겠다고 부산 일대에 비상계엄을 내렸지만, 이미 터진 둑은 가래로도 막을 수 없었다. 결국 삽교천에 새 둑 쌓는 것을 보고 온 날, 박정희는 비참한 죽음을 맞았다. 사실 둑은 오래전부터 허물어지고 있었다. 야당 당사를 초토화하며 여공들을 무참하게 짓밟았을 때, 제1야당 총재를 국회에서 내쫓았을 때, 야당을 파괴하려고 간계를 부렸을 때, 그때 국민은 박정희 정권이 드러낸 민낯을 보았다. 그것이 부마항쟁에 나선 이유라고 거리로 쏟아진 학생들은 절규했다.

모든 경제적 모순과 실정을 근로자의 불순으로 뒤집어씌우고
협박 공포 폭력으로 짓눌러 왔음을 YH 사건에서 단적으로 보여주고
있고 저들의 입으로나마 나불대던 민주공화국의 형식논리마저도 이제는
부정함을 야당의 파괴음모에서 깨닫게 하여 주었다.

사형선고

'김대중을 체포했다.' 1980년 5월 18일, 전두환 계엄사령부가 긴급 발표를 냈다. 김대중에게 무슨 일이 벌어진 것일까? 무슨 일이 벌어지려는 것일까? 이 긴급 발표는 국내는 물론 세계로 타전되었다. 김대중 체포가 어떤 징조이며 어떤 드라마일지 세계가 주시했다. 5월 20일 독일 한 신문은 잔뜩 불안한 어조로 불길한 예감을 드러냈다.

**김대중을 체포하면서 잔인한 폭력을 행사한 군인들이 보여준 대담성은 앞날의 불길한 징조를 예감케 하고 있다.
남한에서는 새로운 드라마가 분명히 시작되었다.**

5월 17일 밤 10시경, 동교동 김대중 자택에 초인종 소리가 요란하게 울렸다. 누구냐고 물을 새도 없었다. 검은 그림자들이 빠끔히 열린 문을 밀어젖히고 군홧발로 집안에 들이닥쳤다. 그들은 M16 개머리판을 휘두르며 영문을 몰라 어릿어릿하게 서 있는 집안사람들을 구석으로 몰았다. 총에 꽂힌 대검이 가정집 전등불 아래서 더욱 날카로운 빛을 뿜어냈다. 군인 40명이 응접실을 접수했다. 그중 몇이 김대중 가슴팍에 총구를 들이댔고, 장교 하나가 앞으로 나오더니 험악한 목소리로 말했다. "합수부에서 나왔습니다. 잠깐 같이 갑시다." 반항하면 그대로 쏘라는 명령까지 받고 온 터라 거칠 것이 없었다. 그렇게 김대중은 부인과 자식들이 지켜보는 가운데 양팔을 군인들에게 붙잡혀 그 길로 중앙정보부로 끌려갔다. 전두환이 쓴 각본은 이렇게 시작부터 거칠었다.

　1979년 10월 26일, 김재규가 쏜 총탄에 유신의 심장이 멎었다. 18년 철권통치가 무너진 것이다. 만물이 생동하기 시작했다. 대지를 뚫고 솟아나려는 것들이 꿈틀대자 세상은 술렁였다. 봄날이 시작된 것이다. 당장 유신체제를 대신할 정부를 어떻게 세울지 여러 말들이 오갔다. 신민당은 3개월간 대통령권한대행 체제로 과도정부를 운영하자고 했다. 과도정부체제에서 새 헌법을 만들고, 새 헌법에 따라 대통령 선거를 치르자는 것이다. 공화당 생각은 달랐다. 일단 현행 헌법 아래서 보궐선거로 대통령을 뽑아 과도정부를 세우자고 했다. 그런 다음 차분히 개헌해 새 정부를 세우자는 입장이었다. 신민당은 여러 사정을 고려해 한 발 물러섰다. '과도정부 3개월' 주장을 접고 유신헌법에 따라 대통령 보궐선거를 하는 쪽으로 기울었다. 다만 조속한 시일 안에 개헌하고 대선을 치르자는 암묵적 합의가 있었다. 여야는 당파에 크게 치우치지 않은 최규하를 대통령으로 세워 과도체제를 유지하기로 했다. 1979년 11월 10일 특별담화에서 최규하 총리는 정치 일정을 밝혔다.

새로 선출되는 대통령은 현행 헌법에 규정된 잔여임기를 채우지 않고 현실적으로 가능한 빠른 기간 내에 각계각층의 의견을 광범하게 들어서 헌법을 개정하고 그 헌법에 따라 선거를 실시해야 한다.

1979년 12월 6일, 통일주체국민회의에서 제10대 대통령으로 선출된 최규하는 취임사에서 더 구체적으로 일정을 밝혔다.

**1년 정도면 국민의 대다수가 찬동할 수 있는 내용이 담긴 헌법을
마련할 수 있을 것으로 생각한다.**

모두가 바라는 바였다.

　겨울 껍질이 터지고, 오래 묵은 허물 벗겨지는 소리가 세상에 요란했다. 1979년 12월 8일 0시를 기해 마침내 그 악명 높은 긴급조치 제9호가 해제되었다. 독재에 빼앗긴 자유를 외치는 노동자들, 기자들, 학생들, 교수들 목소리가 온 천지에 쩌렁쩌렁 울렸다. 1980년 2월에는 정치 활동이 제한되었던 인사 687명도 복권되었다. 신민당도 기지개를 켜기 시작했다. 반유신, 반독재 투쟁에 앞장섰던 신민당의 시대가 오는 듯했다. 평화적 정권교체라는 꿈이 현실로 다가오고 있었다. 1980년 1월 31일 신민당 서울시지부 결성식에서 김영삼 총재는 신민당이 집권하는 것은 역사적 순리라고 말했다.

**유신체제를 무너뜨린 장본인이 나와 신민당인 만큼,
10·26 이후를 대체할 세력은 당연히 신민당이어야 한다.**

차기 대권 꿈에 부푼 듯했다. 집에 갇혀 있던 김대중도 자유를 되찾았고, 3월 1일에는 완전히 복권되었다. 지난 1979년 5월 30일 전당대회에 불현듯 나타나 김영삼 후보를 지지한 적은 있지만, 공식적인 정치 활동 재개는 7년 만이었다. 그는 신민당이 상황을 주도해 끌고 나아가야 한다고 생각했지만 선뜻 신민당에 입당하지는 않았다. 대신 당 밖에서 재야 인사들과 함께하고 있었다.

　이제 남은 문제는 하나였다. 누구를 대통령 후보로 할 것인가? 신

민당 안에서는 김영삼 중심 당권파와 김대중을 지지하는 비당권파 간에 신경전이 한동안 이어졌다. 분위기는 점점 험악해졌다. 1980년 3월부터 이어진 지구당 개편대회에서는 폭력 사태까지 발생했다. 상황이 심상치 않자 두 사람은 4월 4일 신라호텔에서 마주 앉았다. 투표 경쟁으로 대통령 후보를 뽑지 말자고 합의했다. 후보 문제로 다툴 만큼 한가한 때가 아니라는 데 뜻을 같이했다. 김대중은 "대통령 후보 경쟁에 열중한 나머지, 민주주의의 소생을 속으로 원치 않는 자들에게 어부지리를 안겨줄 것"을 우려했다. 확실히 낙관하기는 일렀다. 위기를 알리는 불길한 징후가 도사리고 있었다. 그 심상치 않은 조짐들이 불안과 우려를 키웠다.

최규하는 이상하리만치 개헌을 머뭇거렸다. 1년 안에 개헌해 조속히 대선을 치르겠다는 약속을 뭉갰다. 국민은 조바심을 냈다. 하루라도 빨리 대통령 직선제 헌법을 만들어 평화적 정권교체가 이루어지기를 바랐다. 신민당은 급한 대로 국회 주도로 개헌안을 마련하려고 애썼다. 국회가 개헌안을 만들어 정부에 보내면, 정부가 그 개헌안을 국민투표에 부치는 과정을 준비했다. 그 계획에 따라 국회는 이미 1979년 11월 26일에 헌법개정심의특별위원회를 설치해 대통령 직선제 개헌안을 거의 완성해가고 있었다. 그러는 마당에 최규하가 엉뚱한 생각을 드러냈다. 국회가 아니라 정부 주도로 개헌안을 만들겠다는 것이다. 최규하 정부는 과도체제이고 유신 정권 연장이었기 때문에 개헌 작업을 주도한다는 것은 누가 봐도 어불성설이었다. 그런데도 그는 뜻을 굽히지 않았다. 기어코 개헌 작업에 나섰다. 1980년 3월 13일 대통령 직속으로 헌법개정심의위원회를 설치했다. 헌법개정심의위원회 개회식 인사에서 최규하는 자신이 염두에 둔 개헌 방향도 내비쳤다.

**국가권력이 대통령에게 과중하게 집중된 정치 제도하에서는,
대통령의 유고나 돌연한 궐위가 바로 국가적 위기에 직결되기 쉽다.**

언론은 최규하가 구상하고 있는 개헌 방향까지 보도하기 시작했다. 최규하가 정부 형태로 "내각책임제를 가미한 대통령중심제"를 바라고 있다는 것이다. 소위 '이원집정부제'였다. 대통령이 외교와 국방을 맡고, 내정은 총리가 책임지는 구조다. 농담 반 진담 반으로 최규하가 진짜 대통령을 해보고 싶은 모양이라는 소리까지 떠돌았다. 그가 정말로 대권 욕심을 품고 있었는지는 모를 일이다. 그렇지만 느닷없는 이원집정부제 소문이 혼란을 불러왔고, 그 혼란이 민주화의 봄을 지체시켰다는 사실만은 분명했다.

혼란이 커지는 가운데, 봄은 좀처럼 오지 않았다. 그러는 새 세상은 신군부 천지가 되어가고 있었다. 전두환, 노태우를 축으로 하는 신군부는 12·12 군사 반란 이후 군 주도권을 완전히 거머쥐었다. 그런 그들이 전두환 집권 프로젝트를 치밀하게 준비하고 있었는데도, 무슨 꿍꿍이였는지 최규하는 신군부를 묵인하고 방조했다. 그렇게 신군부는 비상계엄과 합동수사본부를 유지하면서 실권을 키워갔다. 1980년 4월 14일, 최규하는 국군보안사령관 전두환에게 중앙정보부까지 맡겼다. 정보부법은 현역 군인이 정보부장을 할 수 없다고 규정하고 있었다. 그래서 '중앙정보부장 서리'라는 직책을 만드는 꼼수까지 부렸다. 이제 전두환은 날개를 달았고, 비상할 채비를 마쳤다. 군과 민간 정보기관을 모두 장악해 정보와 자금을 한 손에 쥐었으니, 권력을 찬탈할 시간만 호시탐탐 노리고 있었다.

무슨 일이 터질 것만 같았다. 그 불안한 예감이 학생들을 거리로 이끌었다. 정치투쟁을 자제해오던 서울 지역 대학생들이 5월 14일, 마침내 거리로 쏟아져 나왔다. 자그마치 7만 명이나 되었다. 서울만 그런 것이 아니라 전국 11개 대학에서 수만 명이 시위에 나섰다. 5월

15일에는 더 불어나 10만 명이 서울역 앞에 모였다. "계엄 철폐!" "전두환 퇴진!" 외치는 소리가 서울역 광장을 가득 메웠다. 날이 저물어가자 소리도 잦아들기 시작했다. 학생들은 신군부가 학생 시위를 구실로 쿠데타를 일으킬지도 모른다는 걱정에 우왕좌왕했다. 게다가 신군부가 장악한 언론은 학생 시위가 사회를 혼란케 하는 원흉이라고 몰아세웠다. 정부도 학생들에게 엄포를 놓으며 날을 세웠다.

학생들이 사회를 불안에 떨게 하는 질서파괴행동을 계속한다면 언제까지나 그냥 보고만 있을 수는 없다.

물론 으르기만 한 것은 아니었다. 달래기도 했다. 연말까지 개헌안을 확정하고 내년 상반기에는 정상적으로 선거를 치러 평화롭게 정권을 이양할 테니, 정부를 믿고 학원으로 돌아가라고 설득했다. 신민당도 시위를 자제하고 질서를 유지해달라고 호소했다. 신군부가 무력을 쓸 빌미를 줄까 우려한 것이다. 국민 여론도 썩 호의적이지 않았다. 학생들은 다시 학교를 향해 무거운 발걸음을 옮겼다. '회군'한 것이다. 16일부터는 거리 시위를 잠정 중단하기로 결정했다.

5월 16일, 폭풍전야처럼 긴장감이 가득했다. 이른 아침에 김대중과 김영삼이 만나 비상계엄령 즉각 해제, 모든 정치범의 석방과 복권, 정부 주도의 개헌 작업 포기 등 6개 시국 수습책을 공동으로 발표했다. 동이 틀 무렵부터 신민당 당직자들도 바쁘게 움직였다. 박한상 사무총장과 한영수 학원문제조사단장 등이 모여 대책을 논의했고, 정부에 시국 수습을 위한 구체적인 약속을 내놓으라고 요구했다. 당 소속 국회의원 66명 전원 이름으로 '민주화를 위한 정치일정의 완결에 관한 건의안'을 국회에 냈다. 금년 안에 개헌안 국민투표와 대통령과 국회의원 선거, 정권 이양 등 모든 정치 일정을 끝내자는 내용이었다. 김영삼 총재는 최규하 대통령에게 시국 수습을 위한 면담도 제안했다. 신군부는 그 시국 수습책에 코웃음을 쳤다. 준비해 둔 '시국 수습 방안'이 따로 있었던 것이다. 유일한 시국 수습책은 다른 게 아니라 전두환 집권이었다. 집권 수단도 확실히 해두었다. '비상계엄 전국 확대' '국회해산 및 정치 활동 금지' '국가보위 비상기구 설치' '정치인 체포' 등이었다. 정치로 권력을 획득하는 것이 아니라 폭력으로 정권을 찬탈할 계획이었다. 신군부는 상당 기간 치밀하게 그 폭력을 계획하고 준비했다. 1980년 2월부터 특전부대를 비롯한 주요 부대는 '충정훈련'을 실시했다. 군인이 나서 시위대를 진압하기 위한 준비와 훈련이었다.

5월 17일, 봄은 오지도 않은 채 끝나버렸다. 오후 9시 임시국무회의가 열렸고 그 자리에서 신군부가 계획한 시국 수습책이 통과되었다. 12·12 군사 반란으로 시작된 쿠데타는 절정으로 치달았다. 정부는 비상계엄을 전국으로 확대한다고 발표했다. 비상계엄을 확대할 명분 거리가 필요했다. 그래서 그날 밤 김대중을 잡아들였다. 김대중이 내란을 음모했다는 구실로 계엄을 확대하려고 한 것이다. 계엄사령부는 포고령 10호를 발표해 대학교 휴교령, 언론 보도 사전 검열 강화, 집회 및 시위 금지 조치도 내렸다. 정치 활동도 전면 중단시켰고, 18일 새벽 2시에는 무장한 군인들이 국회를 점령했다. 계엄을 확대하며 구실로 내세운 것은 "북괴의 동태와 전국적으로 확대된 소요사태 등을 감안할 때, 전국 일원이 비상사태에 있다고 판단했기 때문"이었다. 그야말로 구실일 뿐이었다. 그러면서 사회 혼란 조성 및 학생 노조 소요 관련 배후 조종 혐의자로 김대중을 연행 조사하고 있다고 발표했다. 재야·학생운동 지도자·언론인 2,699명을 속속 잡아들였다. 신민당 총재 김영삼도 집에 가뒀다. 모든 일이 전광석화였다.

전두환이 준비한 시국 수습책은 군인들 발걸음처럼 잰 듯이 착착 진행되었다. 그러던 참에 예상치 못한 일이 벌어졌다. 격렬한 저항이 시작됐다. 광주가 일어난 것이다. 계엄군은 광주로 진입했다. 그들과 함께 학살이, 고문이, 강제 진압이 왔다. 계엄군은 18일부터 전남대 정문을 막았다. 계엄군은 정문 앞에 모여 연좌농성하던 이백 명 넘는 학생들을 무자비하게 진압했다. 이에 학생들은 광주 시내로 진출해 시위를 이어갔고, 여기에 시민들까지 가세했다. 학생들과 시민들이 처절하게 저항하는 가운데 계엄군은 잔인한 학살을 서슴지 않았다. 계엄군은 충정훈련에서 익힌 기술을 유감없이 발휘했다. 시민에게 총을 난사하고, 곤봉을 휘둘렀다. 그 잔인한 학살 현장을 신군부는 북한이 개입한 김대중 내란 음모라 뒤집어씌웠다.

김대중이 남산 중앙정보부로 끌려갔던 5월 17일 밤, 그 지하실에 김대중만 있었던 것이 아니다. 그와 가까운 재야 인사는 물론 학생과 교수들까지 잡혀 왔다. 1980년 봄을 마중하느라 누구보다 바빴던 사람들이었다. 그날 밤부터 당장 고문이 시작되었다. 고함과 흐느낌, 비명 소리가 밤낮으로 남산 기슭을 맴돌았다.

사나흘씩 잠을 못 잔 적이 여러 번이었고, 여러 차례 발가벗겨져 온갖 수모를 당하였으며, 어찌나 많이 맞았던지 앉는 것은 물론이고 누울 수조차 없어서 사흘간 엎드려 지낸 경우도 있었다.

그 처참한 고문이 육신을 타고 영혼을 짓누르니, 입에서는 허위 자백이 흘러나왔다. 5월 22일, 합동수사본부는 중간 수사 결과를 발표했다. 빨갱이 김대중이 공범들과 내란 음모를 꾸몄다고 했다.

10·26 사태의 발생을 정권 획득의 호기로 인식한 김대중은, 정상적인 정당 활동과 합법적인 계기를 통해서는 정권 획득이 생각대로 되지 않는다고 판단하고, 정부에 대한 국민의 불신풍조를 심화시켜, 선동을 통해 변칙적인 혁명 사태를 일으켰다.

신군부는 하마터면 김대중 역적 무리가 나라를 뒤집을 뻔한 것을 자신들이 미리 막았다며 득의양양했다. 그렇게 각본은 클라이맥스에 이르렀다. 반역자를 때려잡아 나라를 구한 '구국 영웅' 전두환이 탄생하는 순간이었다. 김대중이 겪어야 했던 수난과 비극은, 그 영웅담을 돋보이게 하려는 장식물에 불과했다.

1980년 7월 4일, 전두환 신군부는 조작된 시나리오를 완성하고 마침내 최종 발표회를 가졌다. 김대중을 기소한 줄기는 크게 세 갈래였다. 학생들을 선동해 내란 음모를 꾸몄고, 광주항쟁을 사주했으며, 반국가단체를 만들어 두목 노릇 했다는 혐의였다. 김대중이 고약한 대통령병에 걸려 급기야는 역모까지 꾸몄다는 스토리였다.

> 10·26 이후의 사회혼란은 이번 수사결과에서 나타난 바와 같이 김대중의 성급한 집권욕 때문에 빚어진 것이다. 국민 모두가 바라는 국가안보, 경제발전, 정치발전을 이룩하기 위해서는 김대중과 같은 사이비 정치인이나 혹은 '민주'의 가면을 쓴 적색요소는 법의 심판에 따라 정치영역에서 배제되어야 한다.

그중에서도 광주와 김대중을 엮는 대목은 가히 엽기적이었다. 광주에서 벌인 무참한 인간 사냥을 정당화하려고 김대중을 희생양 삼았다. 검찰은 김대중을 광주항쟁 배후 조종자로 만드는 데 안간힘을 썼다. 여기에 전남대 복학생 정동년이 걸려들었다. 1965년 한일회담 국회 비준을 반대하다 22살에 퇴학당한 그는 15년 만에 겨우 대학으로 돌아와 공부하던 만학도였다. 그가 4월 12일 김대중 자택을 방문한다. 김대중에게 전남대에서 강연해달라고 부탁하려던 참이었지만, 그가 집에 없어 방명록에 이름 석 자만 남겨두었다. 그 이름 석 자가 사달을 부를 줄은 꿈에도 몰랐다. 그 터럭만 한 사실 하나가 집채만 한 증거로 둔갑했다. 고문이 없었다면 불가능한 일이었다. 그는 고문당하면서도 허위 자백을 하고 싶지 않아 발버둥 쳤다. 밥숟가락을 갈아서 배를 찢어 자살하려고 했지만 그마저도 실패했다. 결국 계속되는 고문에 무너지고 말았다. 수사관들이 들이민 각본 속 배역을 연기해야만 했다.

1980년 5월 5일 동교동계 김상현을 따라 김대중 집으로 가 3백만 원 받았고, 5월 8일 김상현으로부터도 2백만 원 받았다. 그 돈을 광주에서 소요를 일으키는 자금으로 썼다.

김대중이 일으킨 민중 봉기를 함께한 동지로 둔갑한 정동년은 사형수가 되었다.

내란 음모만으로는 약했다. 내란 음모는 최고형이 무기징역에 불과했다. 신군부는 김대중을 살려두지 않겠다는 결심으로 '반국가단체 수괴'라는 무시무시한 혐의까지 덧씌웠다. 김대중이 일본에서 한국민주회복통일촉진국민회의라는 반국가단체를 만들어 의장을 했으니 반국가단체 수괴라는 것이다. 국가보안법 제1조 1항 위반으로 몰았다.

김대중은 해방 직후부터 좌익활동에 가담한 열성 공산주의자였으며 해외에서 북괴의 노선에 동조하는 반국가단체인 한민통을 만들었으며 이들 불순분자들과 근래에도 접촉해 왔다.

한민통 문제는 1973년 김대중 납치 사건 당시 한국과 일본 정부 사이에 이미 외교 쟁점이 된 사안이었다. 한국 정보요원들이 일본 국내법을 어기면서 김대중을 납치해 가자, 한일 관계는 갈등에 빠졌다. 당시 김종필 국무총리가 일본 총리와 외상에게 사과까지 하면서 김대중이 한민통 활동한 것을 더 이상 문제 삼지 않기로 정치적 합의를 보았다. 서슬이 시퍼렇던 박정희 정권이 이 문제를 일절 거론하지 않았던 이유다. 그런데도 전두환 정권이 일본과 했던 정치적 합의를 깨면서까지 이 문제를 다시 꺼낸 것이다. 사형선고를 받은 김대중은 일본이 이 사안을 문제 삼을 것이라고 확신했지만, 일본 정부는 그런 기대와 희망을 저버렸다. 일본은 아무런 조치도 취하지 않았고, 고작 '우려를 표명한다'는 말로 눙치고 넘겼다.

어마어마한 사건치고, 내놓은 증거는 뜬금없고 허술하고 초라했다. 박정희 정권은 반혁명 사건들을 조작하며 그럴싸하게 짜깁기라도 했다. 반혁명에 필요한 군대나 경찰을 움직일 만한 예비역 장성 하나쯤은 끼워 넣었다. 전두환 일당은 무모할 만큼 막무가내였다. 김대중이 오합지졸 학생들을 선동해 신군부를 상대로 내란을 꾀했다는 삼류소설을 마구 써댔다. 심지어 "각목이나 화염병은커녕 부지깽이나 박카스병 하나 가지고 다녔다는 증거"가 없었다. 국선 변호인 소종팔 변호사가 "도대체 뭘 들고 내란을 하려 했다는 것인가?"라면서 강하게 항의할 정도였다. 그런데도 검찰은 9월 11일 열린 결심공판에서 김대중에게 사형을 구형했다. 다른 피고인들은 징역 12년에서 3년까지 받았다. 9월 13일 김대중은 무려 1시간 40분 동안 최후진술을 했다. 그것은 흡사 후대에게 남기는 유언 같았다. 그 유언이 끝나자 방청석에 있던 사람들이 일제히 일어나 애국가를 불렀다.

내가 죽더라도 국민 손에 의해 민주주의가 살아날 것을 확신합니다.
나는 아마도 사형 판결을 받고 또 틀림없이 처형당하겠지만 (…)
나는 여기서 공동 피고 여러분께 유언을 남기고 싶습니다.
내 판단으로 머지않아 1980년대에는 민주주의가 회복될 것입니다.
(…) 그때가 되거든 먼저 죽어간 나를 위해서든, 또 다른 누구를 위해서든
정치적인 보복이 이 땅에서 행해지지 않도록 부탁하고 싶습니다.
이것이야말로 내 마지막 남은 소망이기도 하고

또 하느님의 이름으로 하는 내 마지막 유언입니다.

선고 공판은 9월 17일에 열렸다. "김대중 사형!" 이듬해 1월 대법원은 사형을 확정했다. 야당 대통령 후보까지 한 사람을 반국가단체 수괴로 조작해 사형을 내리다니, 기가 찰 노릇이었다. 1959년 이승만이 정적 조봉암을 국가변란죄로 사형시켰던 참혹한 역사가 재연되었다. 조봉암이 죽어가며 남긴 마지막 말이 떠올랐다.

**나는 공산당도 아니고 간첩도 아니오.
책임정치, 수탈 없는 경제, 평화통일 이 세 가지를 주장한 죄밖에 없소.
그저 이승만과의 선거에서 져서 정치적 이유로 죽는 것이오.
나는 이렇게 사라지지만 앞으로 이런 비극은 없어야 할 것이오.**

죽음으로 남긴 절규에도 그 비극이 되풀이되고 있었다.

사형을 확정한 지 한 시간쯤 지나 전두환은 김대중을 무기징역으로 감형했다. 당시 헌법 제54조에 따라 "대통령은 법률이 정하는 바에 의하여 사면·감형·복권을 명"할 수 있었다. 조봉암이 한 유언을 생각했을까? 죄수복 입은 김대중이 애처로웠던 것일까? 그럴 리가 없었다. 다른 꿍꿍이가 있었다. 5일 뒤인 1월 28일, 전두환은 레이건 미국 대통령과 회담을 하려고 출국했다. 기시감이 들었다. 박정희도 민주당 용공 사건 연루자에게 무죄를 내린 날, 미국 방문을 발표하고 그다음 날 케네디를 만나기 위해 미국행 비행기에 올랐었다. 미국 정부는 김대중 사형에 반대했고, 전두환은 그런 미국을 상대로 김대중을 인질 삼아 협상을 했다. 사형을 면해주며 기어코 미국 방문 기회를 따낸 것이다. 그런데도 전두환 정권은 자신들이 김대중에게 큰 선처를 베푼 것처럼 발표했다.

김대중이 전두환 대통령 앞으로 그간 국내외에 물의를 일으켜 국가안보에 누를 끼친 데 대하여 책임을 통감하며 국민 앞에 미안하게 생각해 마지않는다면서 특별한 아량과 너그러운 선처를 호소해 왔다.

김대중은 1982년 3월 3일에 무기징역형에서 징역 20년으로 감형되었다. 1982년 12월 23일에는 형 집행 정지로 출소해 두 번째 미국 망명길에 올랐다. 그로부터 오 년 후 김대중은 내란 음모 사건에서 사면 복권 되었다. 그 길로 자신과 함께 엮여 반란의 땅이 된 광주를 찾았다. 광주 영령들 앞에서 "여러분이 흘린 피는 역사와 더불어 영원할 것이다"라며 펑펑 울었다. 그 모습이 보는 사람 가슴을 쥐어뜯었다. 김대중은 1998년 마침내 대한민국 제15대 대통령이 되었고, 임기를 마친 2003년 김대중 내란 음모 사건 재심을 청구했다. 재판 결과는 무죄였다. 재판부는 판결문에서 "1979년 12·12사태와 1980년 5·18을 전후해 발생한 신군부의 헌정파괴범행을 저지하거나 반대함으로써 헌법의 존립과 헌정질서를 수호하기 위해 행한 정당한 행위이므로 형법 제20조의 정당행위에 해당, 범죄가 되지 않는다"고 밝혔다. 재심 법정에서 김대중은 이렇게 말했다.

민족과 국가를 위해 충성을 다하다 역적으로 몰려 억울한 죽음을 당한 사람들은 수백 년이 지나야 오명을 벗는데, 나는 당대에 이런 기회를 갖게 됐다. 법의 정의를 바로 세우고, 후세에 교훈을 남기기 위해 좋은 판결을 해주기 바란다.

무죄를 받은 김대중은 "이번 판결로 국민과 역사는 반드시 승리한다는 것을 다시 한 번 깨달았다"고 말했다. 김대중과 함께 전두환에게 짓밟힌 민주당 역사도 복권되었다.

광란의 용팔이

대한민국에게 1987년은 단지 달력 속 날짜가 아니다. 그해는 대한국민 가슴에 새겨진 뜨거운 역사이자 대한민국 민주화의 장엄한 순간이다. 그해, 온 나라는 전쟁터였다. 그 시작은 1월 14일 대학생 박종철의 죽음이었다. 그 죽음이 거대한 분노를 깨웠다. 노동자들은 거리로 쏟아졌고, 이한열은 거리에서 쓰러졌다. 6월 10일 넥타이 맨 시민들이 거리를 뒤덮었고, 6월 29일 마침내 독재 정권은 항복을 선언했다. 그러나 그 끝은 12월 16일 전두환 후계자 노태우의 당선이었다. 1987년의 시작과 끝은 그렇게나 부조리했다.

그해, 신한민주당 역시 전쟁터였다. 신한민주당은 '독재타도! 직선제 개헌!'이라 쓰인 깃발을 들고 거리로 나갔다. 그 치열한 투쟁 와중에도 신한민주당은 찢어지고 갈라졌다. 밖에서는 직선제 개헌을 외쳤지만 정작 당 안에는 직선제 개헌을 흔드는 세력이 있었다. 서로 싸우고 싸우다 마침내 당은 쪼개졌고, 통일민주당 창당으로 이어졌다. 그 과정에서 정권이 꾸민 공작에 놀아났고, 조직폭력배가 휘두르는 폭력에 짓밟혔다. 급기야 창당 방해 사건, 일명 용팔이 사건이 벌어졌다.

본명은 김용남이지만, 팔자수염을 길렀다고 사람들은 그를 용팔이라 불렀다. 용팔이는 전국체전 역도 금메달리스트였다. 어쩌다 고등학교 때부터 조폭 세계에 발을 들여 두목까지 올라간 '순수한' 깡패였다. 그렇게 순수한 깡패가 왜 통일민주당 창당을 방해했을까? 1987년 4월 20일부터 통일민주당은 지구당 창당대회를 열었다. 조폭 형님 회갑 잔치가 아니었으니 당연히 용팔이는 초대받지 않았다. 그런데도 그는 창당대회장마다 나타났다. 물론 혼자가 아니었다. 흰 목장갑을 낀 손에 화환 대신 각목을 쥔 각목부대를 거느렸다. 그들은 박수와 축가 대신 폭행과 난동으로 창당대회장을 아수라장으로 만들었다. 쫓겨난 당원들은 겁에 질린 눈빛으로 힐끗거리며 대회장 주변을 어슬렁거렸고, 용팔이는 그들을 조롱하듯 깨진 유리창 너머로 담배 연기를 내뿜었다.

88올림픽을 앞두고 대통령이 연일 '안정과 질서'를 부르짖던 때였다. 아무리 막돼먹은 깡패라 해도 벌건 대낮에 제1야당 행사에서 각목을 휘두르며 사람을 팬다는 건, 간이 배 밖으로 나오지 않고서야 감히 엄두도 못 낼 일이었다. 그런데도 그런 무법천지가 펼쳐졌고, 경찰은 두 손 놓고 멀뚱히 구경만 했다. 용팔이 팔자수염에 주눅이라도 들었던 걸까? 그럴 리 없다. 1987년 경찰이 어떤 경찰인가? 박종철을 고문해서 죽이고, 최루탄을 쏘아 이한열과 이석규를 죽이고, 곤봉으로 시위대를 곤죽으로 만들던 경찰이다. 그러니 더 이상한 일이었다. 왜 깡패들 앞에서 허수아비처럼 서 있기만 했을까? 경찰 지휘부는 난동을 막으라는 지시도, 주동자를 잡으라는 명령도 내리지 않았다. 그뿐만이 아니었다. 수사본부도 차리지 않고 있다가 사건 발생 3일 만에야 부랴부랴 꾸렸다. 언론이 크게 떠들고 민심이 흉흉해지자 그렇게 일하는 시늉만 했다.

수사본부는 차려만 놓았지 개점휴업 상태였다. 치안본부가 위에서 감 놔라 배 놔라 하니 수사본부가 제대로 돌아갈 리가 없었다. 폭력배 72명을 수배해놓고도, 고작 자수한 조무래기들 몇 명 앉혀놓고 시간을 때웠다. 조무래기들은 아는 것이 없고, 할 말도 없었다. 그저 용팔이가 뿌린 돈 냄새를 맡고 몰려들었을 뿐이었다. 무슨 원한이 있어 통일민주당 창당대회장을 쑥대밭으로 만들었는지, 각목부대를 동원한 돈은 어디서 흘러나왔는지, 누구와 일을 꾸몄는지, 그 모든 질문에 답할 수 있는 사람은 오직 용팔이뿐이었다. 용팔이 없는 수사는 바람 빠진 타이어였다.

시간이 지나도 용팔이는 잡히지 않았다. 아니, 안 잡는 것처럼 보였다. 경찰은 보통 중범죄인이 1개월 동안 안 잡히면 현상 수배를 내리는데, 용팔이만은 예외였다. 2개월이 넘도록 잡히지 않는데도 전단지 한 장 돌리지 않았다. 경찰이 '종적을 모른다'는 말만 되풀이하니 "그럼 용팔이가 현재 파리에 있나 보다"라는 비아냥이 쏟아졌다. 이쯤 되니 궁금한 게 한둘이 아니었다. '순수한 깡패' 용팔이는 어쩌다 정치에 휘말리게 되었을까? 왜 통일민주당 창당대회장을 찾아갔을까? 왜 통일민주당은 시작부터 그런 수모를 당했을까? 그 답을 찾기 전에, 통일민주당이 창당하게 된 상황부터 살펴보는 게 좋겠다.

전두환은 정권을 잡자마자 신민당을 해산했다. 1980년 이후 신민당 사람들은 수년 동안 뿔뿔이 흩어져 살아야 했다. 그렇게 흩어져 있던 그들이 '독재타도! 직선제 개헌!' 깃발 아래 총결집해 신한민주당을 창당했다. 1985년 1월 18일이었다. 김영삼, 김대중이 실질적인 주축이었지만, 당무에 나설 수는 없었다. 당시 그들은 정치 활동이 금지된 상태였다. 그래서 이민우를 당 총재로 추대해 관리를 맡겼다. 제12대 총선은 2월 12일로 정해졌다. 총선까지 채 한 달도 안 남았다. 신한민주당은 '한겨울 엄동설한에 무슨 선거냐'며 2월 선거에 반대했다. 국민들이 투표에 참여하기가 어려우니 총선을 미루자고 강력히 요구했다. 물론 정부는 귓등으로도 듣지 않았다. 어쩔 수 없이 창당 한 달 만에 선거를 치러야 했다. 그야말로 악조건이었다. 다행히 한겨울 선거판에 직선제 개헌 열풍이 불었다. 그 열풍 덕에 신민당은 제1야당이 되었다. 전두환 정권에서 야당 노릇하던 관제 야당, 위성 야당들은 보기 좋게 몰락했다. 몰락한 당을 버리고 새로운 희망, 신한민주당으로 거처를 옮기는 의원들이 줄을 이었다. 선거에서 얻은 의석은 67석이었지만, 단숨에 103석으로 늘었다. 신한민주당은 그렇게 사상 최대로 거대한 야당이 되었다.

거대 야당이 된 신민당은 직선제 개헌 고삐를 바짝 조였다. 전두환은 호헌론으로 맞섰다. 자기 임기 중에는 헌법을 털끝 하나 고치지 않겠다는 뜻이었다. 그럴싸한 논리도 내세웠다. 대통령 직선제를 하면 국론이 분열되고 평화적 정권교체마저 어려워진다는 것이었다. 말이 좋아 평화적 정권교체지, 속내는 자신이 정해둔 후계자에게 권력을 넘기고, 자신도 평화롭게 살겠다는 계산이었다. 그 알량한 속내를 국민이 모를 리 없었다. 개헌을 바라는 민심이 호헌 의지를 압도했고, 신민당은 그 민심을 등에 업고 압박하는 기세를 높여갔다. 전두환은 그 기세를 꺾는답시고 비열한 잔꾀를 부렸다. 느닷없이 개헌을 수용하겠다고 했다.

국회에서 여야가 합의해 건의하면 재임 기간에도 헌법을 개정할 용의가 있다.

개헌하겠다니 반가운 일이었지만, 갑작스러운 변심이 의뭉스러웠다. 아니나 다를까 흑심이 곧 드러났다. 개헌은 개헌이로되 내각제 개헌을 하자고 했다. 전두환이 꾸민 계략이었다. 개헌을 바라는 민심이 거대해 '개헌이냐 호헌이냐'로 싸우는 건 전두환에게 절대적으로 불리했다. 그 불리한 싸움을 '의원내각제 개헌이냐 대통령 직선제 개헌이냐'로 바꾸려고 했던 것이다. 민정당은 물론 신민당 안에도 내각제 개헌에 동조하는 사람들이 꽤 있었다. 그래도 신민당이 내각제 개헌을 받을 리 만무했다. 그것을 모를 리 없으면서도 전두환이 내각제 개헌을 들고 나온 이유는 뻔했다. 깽판을 놓으려는 심산이었다. 신민당이 내각제를 거부하면 '개헌이고 뭐고 다 집어치우고 이대로 가자'고 할 명분이 생기는 것이다. 내각제에 마음이 있는 야당 내 인사들을 달뜨게 해 야당을 분열시키려는 의도도 다분했다.

정권이 요령을 부리자, 상황이 요동쳤다. 1986년 12월 24일, 신민당 이민우 총재가 난데없이 '이민우 구상'이라는 것을 발표했다. 전두환이 먼저 일곱 가지 민주화 조치를 취하면 그다음에 내각제 개헌 논의에 나서겠다는 파격적인 제안이었다. 일곱 가지 민주화 조치란 언론 자유 보장, 구속자 석방, 사면 복권, 공무원의 정치 중립 보장, 국회의원 선거법 협상, 지방자치제도 도입 등이었다. 이민우 구상은 신민당 안에 폭풍우를 몰고 왔다. 직선제 개헌이 엄연한 당론인데 총재가 그 당론에 도전한 것이다. 그 도전을 지지하고 응원하는 비주류 의원들도 있었다. 하루아침에 신민당은 내각제 지지파와 내각제 반대파로 갈려 골이 깊어졌다. 김영삼과 김대중은 분열을 막으려고 백방으로 애썼지만 되돌릴 수 없었다. 이철승, 이택돈, 이택희 등 비주류 9명은 민주연합이라는 별도 모임까지 만들었다. 그들은 당이 김영삼, 김대중 중심으로 운영되는 것을 맹비난했다. 거기에 흉흉한 소문까지 나돌았다. 이민우 총재가 정권으로부터 내각제 개헌을 하면 대통령 자리를 넘겨주겠다는 약속을 받았다는 것이다. 당은 걷잡을 수 없는 불신과 혼란 속으로 빠져들었다.

김영삼과 김대중은 결단을 내렸다. 정치 공작에 휘둘린 당내 인사들과 결별하겠다고 선언했다. 자신들이 만든 신민당을 떠나 신당, 통일민주당을 만들겠다는 것이다. 대다수 의원이 통일민주당에 합류했다. 신민당을 어떻게 만들었는데, 떠나려니 만감이 교차했다. 곤혹스러웠지만, 세간살이 몇 가지만 챙겨 신당으로 옮겨 갔다. 신당으로 떠나는 마음에는 안타까움이 깊었지만 기대도 컸다. 이제 김영삼과 김대중이 전면에 나서서 독재 정권과 선명하게 싸워주기를 바랐던 것이다. 이민우 구상에 호들갑을 떨며 반기던 정부 여당은 당황했다. 야당이 집안싸움하느라 직선제 개헌이고 뭐고 신경 쓸 겨를이 없을 줄 알았건만, 그 예상이 보기 좋게 빗나간 것이다. 그래서 곧바로 궤도를 수정했다. 전두환이 호헌조치를 발표했다. 88올림픽이 끝날 때까지는 개헌 논의를 일체 금지한다는 것이다. 하필이면 그 '구국의 결단'을 통일민주당이 창당 발기인 대회를 열었던 4월 13일에 했다. 통일민주당을 향한 경고이자 위협이었다. 그 위협과 용팔이 사이에는 어떤 관계가 있었을까? 어쨌든 이 대목에서 용팔이가 등장한다.

통일민주당은 4월 20일부터 24일까지 지구당 창당대회를 열었다. 용팔이는 부지런했다. 지구당 창당대회가 열리는 곳마다 찾아다녔다. 각목을 들고 떼거리로 몰려다니며 20여 곳이 넘는 지구당 창당대회장을 죄다 난장판으로 만들었다. 언론은 이 폭력 현장을 신민당원과 통일민주당원 간에 벌어진 싸움이라고 보도했다. 그럴 만한 이유도 있었다. 용팔이 일당은 자신들을 신민당 청년당원이라고 떠들어댔다. 그런 데다 쳐들어간 지구당사 바깥으로 "분당이 웬 말인가 국민은 분노했다"라는 구호를 큼지막하게 써서 떡하니 내걸었다. 누가 보면 영락없이 애당심 깊은 열혈 당원들이었다. 사실 용팔이는 '분당'이 무슨 뜻인지조차 몰랐다. 장면 부총리를 저격한 범인이 '조병옥 만세'를 외쳤다는 것만큼이나 우스꽝스러운 풍경이었다. 정치공작 냄새가 풀풀 났지만, 기자들은 그 냄새까지 기사에 싣지는 않았다. 통일민주당은 그 난리를 뚫고 5월 1일, 기어코 중앙당 창당대회를 했다.

통일민주당은 창당 방해 난동에 격분했다. 용팔이는 하수인일 뿐 '정부가 개입한 비열한 정치 공작'이라는 것이다. 김영삼 통일민주당 총재는 "안기부가 조직적으로 개입했다는 증거를 갖고 있다"고 말하기도 했다. 실제로 구체적인 증거를 내놓지는 않았지만, 억측은 아니었다. 내년이면 올림픽이 열리는 나라에서 깡패들이 백주에 각목을 들고 다니는 것도 모자라 제1야당 창당대회장에서 난동을 부렸다. 경찰은 그 난동을 지켜보기만 했다. 그런 일들이 가능하리라고는 누구도 생각하지 못했다. 배후가 있다는 의심을 지울 수 없었다. 누가 용팔이를 보냈을까? 경찰은 신민당 총무국장 이용구를 지목했다. 그러나 그는 용팔이가 체포되기 사흘 전 마치 누가 미리 알려주기라도 한 듯 바람처럼 해외로 도피했다. 일개 야당 총무국장 혼자서 이런 어마어마한 일을 꾸몄을 리 만무했다. 게다가 용팔이가 체포될 것을 귀신같이 알고 도주했다는 사실도 의구심을 자아냈다. 어쨌든 용팔이를 잡아야 사건의 실마리를 풀 수 있었다.

마침내 용팔이가 잡혔다. 1988년 9월 24일, 사건이 일어난 지 1년 6개월 만이었다. 붙잡힌 시각도 기가 막혔다. 하필 그날은 서울올림픽이 한창이었다. 전 세계인의 눈이 칼 루이스와 벤 존슨이 100미터 달리기 맞대결을 펼치는 서울잠실경기장으로 쏠려 있었다. 바로 그 시각에 텔레비전에 용팔이 검거 소식이 떴다. 전국체전 금메달리스트 용팔이는 올림픽 출전 선수라도 되는 듯 당당했다. 하루 뒤, 신민당 청년부장을 맡았던 이선준도 잡혔다. 수사는 이상한 방향으로 흘러갔다. 수사는 야당을 파괴하려는 정치 공작 대신, 분당을 둘러싼 민주당 내분으로 방향을 잡았다. 몸통도 드러났다. 이민우 구상을 지지했던 신민당 이택희 의원과 이택돈 의원이었다. 이택돈 의원은 잠적했고 이택희 의원은 실형 2년을 선고받았다. 용팔이에게는 징역 2년 6개월이 선고되었다.

수사 결과는 믿을 게 못 되었다. 군사정권 아래서 야당 당직자와 정치인 몇 명이서 무슨 돈과 배포로 그런 대담한 짓을 저지를 수 있겠는가? 경찰이 야당 의원들과 내통이라도 해서 난동을 막지 않고 수사에도 늑장을 부렸단 말인가? '야당의 분열을 막고, 김두한처럼 국회의원 한번 해보고 싶어서 그랬다'는 용팔이 말을 믿으란 말인가? 용팔이가 붙잡히던 날 금메달을 딴 존슨은 이후 금지 약물 복용으로 금메달을 박탈당할 때 '자신은 어떤 음모에 희생당했다'며 억울하다고 했다. 용팔이도 벤 존슨처럼 말했다. 정치인들에게 이용당했다며 배신감을 토로했다.

 안기부가 개입했다는 김영삼 주장은 그냥 하는 말이었을까? 이 사건은 전국에서 울려 퍼진 "독재타도! 직선제 개헌!" 함성 소리에 묻혀 흐지부지되고 말았다. 안기부가 개입한 정치 공작이라고 주장했던 김영삼도 이 사건을 그냥 마음속에 묻었다. 경찰도 사건 자료를 캐비닛 안에 그냥 넣어두었던 모양이다. 그러나 1993년 2월 24일, 경찰 캐비닛이 열렸고 이택희와 함께 몸통으로 지목되었던 이택돈이 수배된 지 오 년 만에 붙잡혔다. 이날은 김영삼 대통령 취임식 하루 전날이었다. 경찰이 대통령에게 취임 선물이라도 하고 싶었던 걸까? 대통령이 된 김영삼은 자기 주장을 증명해 보이고 싶었다. 마음속에 담아두었던 이 사건을 꺼내 재수사를 지시했다. 수사 결과는 예상을 훨씬 뛰어넘었다. 김영삼 주장처럼 통일민주당 창당대회 방해 사건은 국가안전기획부(안기부)가 벌인 공작이었다. 장세동 안기부장이 신민당 이택희, 이택돈 의원과 몇 차례 만나 통일민주당 창당을 방해하자고 했다. 그러면서 활동하는 데 쓰라고 안기부 공금 5억 원을 줬다. 안기부장이 통일민주당 창당을 방해하는 데 앞장서서 야당 의원들을 배후 조종했던 것이다. 야당 의원들은 그 돈으로 용팔이와 다른 행동대원들에게 활동비를 지급했다. 검찰은 이 사건을 "민주주의에 대한 국민의 여망을 짓밟은 공작정치의 산물"로 규정했다.

 이제 관심은 자연스레 전두환에게 쏠렸다. 전두환은 어쩌면 그런 폭력 난동과는 전혀 어울리지 않는 사람인지도 모른다. 1984년 국정연설에서 그는 '폭력에 대한 증오와 평화에 대한 신념'이 자신에게 높은 신앙이 되었다고 고백했던 사람이다. 그렇다면 불경한 장세동이 감히 그 숭고한 신앙을 더럽혔단 말인가? 그가 독단으로 그런 일을 벌였을 리 없다. 장세동이 누구인가. 대통령 경호실장으로서 '대통령 경호'의 새로운 차원을 연 인물이다. 대통령 신변만 보호하는 것이 아니라 '심기'까지 편안케 해야 한다는, 이른바 '심기 경호'를 도입한 장본인이다. 그런 그가 대통령 의중을 모르는 채로 야당 의원을 매수하고 야당 창당을 방해하는 일을 꾸몄다는 건 납득하기 어렵다. 적어도 대통령 심기를 살핀 뒤 묵인 속에서 진행했을 가능성이 크다. 검찰도 그렇게 의심하며 전두환 개입 여부를 조사했지만 결국 장세동 신념을 꺾을 수는 없었다. "차라리 내가 역사의 수레바퀴에 깔려 죽는 한이 있어도 각하가 구속되는 것은 막겠다"며 버티고 나왔다. 하는 수 없이 장세동만 구속하는 것으로 사건은 매듭지어졌다. 장세동은 재판에서 통일민주당 창당을 막아야 한다는 뜻에 동의해 돈을 준 것은 사실이라고 시인했다. 다만 용팔이를 동원하는 줄은 몰랐다고 항변했다. 재판부는 그 주장을 받아들이지 않았고, 그를 꾸짖기까지 했다.

> **건전 야당의 창당을 방해하고 민주발전에 악영향을 끼친 점을 묵과할 수 없다.**

대법원은 징역 1년 6개월을 확정했다.

용팔이 사건은 정치 공작과 정치 테러의 새로운 차원을 열었다. 이 사건은 확실히 이전 정치 테러와는 달랐다. 그전까지 정권은 야당을 향한 정치 테러를 야당 내부 싸움으로 보이게 하려 조작했다. 장면 부통령 저격이 그랬고, 장충단 집회 방해 사건이 그랬다. 적어도 민주당 내부인이 테러에 직접 개입한 적은 없었다. 오히려 민주당은 하나로 똘똘 뭉쳐 조작과 테러에 맞섰다. 그러나 용팔이 사건은 달랐다. 당 내부에서 반대 세력을 제압하려고 정보기관과 손잡고 공작 정치에 가담했다. 내부자가 정보기관으로부터 돈을 받아 깡패에게 폭력을 하청 준 것이다. 참으로 슬픈 일이었다.

운명이다

훈훈한 풍경이었다. 전임 대통령 노무현과 신임 대통령 이명박이 취임식 단상에 나란히 섰다. 만장을 향해 함께 손도 흔들었다. 단상에서 내려온 노무현은 차에 올라 봉화마을로 향했다. 이명박은 웃는 낯으로 손을 흔들며 그를 배웅했다. 고향으로 가는 길, 회한이 밀려왔지만 후련하기도 했다. 봉화마을에 환영 나온 사람들 앞에 선 노무현은 촉촉해진 눈으로 그 후련한 심정을 꾹 눌러 담아 소리쳤다. "야 기분 좋다!" 돌아보면 시대는 단 한 번도 그를 비켜 가지 않았다. 그도 그 시대를 비켜서지 않았다. 그는 언제나 시대와 불화했고, 온몸으로 시대를 밀고 나갔다. 이제는 더 이상 시대와 불화할 일이 없을 줄로 알았다. 다시 시대 한복판으로 끌려 나올 일도 없을 줄 알았다. 그래서 후련한 마음으로 고향 봉화에 둥지를 틀었다.

민주당은 다시 야당이 되었다. 십 년간 여당 노릇하다가 하루아침에 신세가 뒤바뀐 것이다. 적응할 시간이 필요했다. 세상이 바뀌었다. 여당까지 해본 마당에 만년 야당 시절처럼 할 수는 없었다. 하지만 적응하고 자시고 할 겨를조차 없었다. 대통령 취임 두 달 뒤가 총선이었다. 대통합민주신당은 대선에서 처참하게 나가떨어졌지만, 그래도 서둘러 총선을 준비해야 했다. 하지만 막상 준비하려니 막막했다. 당에 의원들이야 차고 넘쳤지만, 총선을 진두지휘할 구심점이 없었다. 전당대회조차 열지 못하고, 결국 2008년 1월 10일 당내 합의로 손학규를 당 대표로 추대했다. 한나라당 출신 손학규가 당 대표가 된 것을 한탄하는 소리가 들리는가 싶더니, 급기야 탈당까지 이어졌다. 첫 주자는 이해찬이었다. 그는 1월 11일 대통합민주신당을 탈당하면서 민주당이 가치를 지키지 못하고 좌표를 잃을 것이라고 우려했다. 친노 그룹 좌장격인 그가 탈당하자 동요가 상당했다. 유시민도 탈당 대열에 섰다. 그는 유연한 진보정당을 만들고 싶다고 했다. 그 모습을 보며 이맛살을 찌푸리고 입을 삐죽이는 사람도 많았다. '한나라당 탈당 세력과 합당해서 대통합민주신당을 만들 때는 언제고, 이제 와서 그들과 함께 못 한다고 탈당하느냐'고 했다.

대통합민주신당은 나간다는 사람 붙잡는 대신 빈자리를 메웠다. 구민주계가 터 잡고 있던 새천년민주당에 통합을 제안한 것이다. 손학규는 "민주당과 통합은 민주개혁 세력, 특히 호남지역 국민의 여망인 만큼 이 여망을 받아들이겠다"고 말했다. 곧 있을 총선을 염두에 둔 포석이었다. 새천년민주당과 열린우리당으로 갈라지면서 흩어진 지지층을 다시 복원하려는 시도였다. 2008년 2월 11일, 마침내 대통합민주신당과 민주당은 '통합민주당'이라는 새 당명 아래 통합하기로 했다. 사실 양측은 2003년 9월까지 한솥밥을 먹던 사람들이었다. 4년 3개월간 헤어져 있다가 다시 만난 셈이다. 반가움과 서먹함이 뒤섞여 어색한 표정들이 오갔다. 당 대표직은 손학규와 박상천이 공동으로 맡기로 했다.

제18대 총선은 2008년 4월 9일에 치러졌다. 총선을 앞두고 여야 모두 '공천 학살'이라는 말이 유행처럼 떠돌았다. 한나라당 친이명박계가 자행한 공천 학살은 유별나게 지독했다. 공천 물갈이를 핑계로 친박근혜계 후보들을 쳐냈다. 시퍼런 대통령 힘을 뒷배 삼은 '잔혹 공천'이었다. 대선에서 꾹 참고 이명박을 도왔던 박근혜가 '저도 속고 국민도 속았다'며 뒷목 잡았을 정도였다. 통합민주당도 역시 공천 과정이 순탄치 않았다. 한 차례라도 전과가 있으면 공천하지 않겠다는 원칙을 세워 역대급 물갈이를 했다. 내로라하는 중진들도 예외는 아니었다. 이때 공천을 받지 못한 이인제는 또다시 탈당해 '탈당 전문가'다운 면모를 유감없이 보여줬다. 그는 그 길로 당을 나가 다시는 민주당 근처에 얼씬거리지 않았다. 이러나저러나 대통령 선거 직후에 치러지는, 이른바 허니문 선거였다. 꿀단지는 여당인 한나라당 몫이었고, 통합민주당은 군입만 다셨다. 정부 견제론을 내세웠지만 전혀 먹혀들지 않았다. 야당이 이겨봐야 새 정부 발목이나 잡을 거라는 우려가 컸다. 변변치 않은 야당이 누구를 견제할 주제나 되냐며 비아냥대기도 했다. 민심이 그랬다. 아니나 다를까 한나라당이 153석 과반을 얻어 압승했다. 여기에 보수정당인 선진당 18석, 친박무소속연대 12석, 친박연대 14석을 합치면 범보수 진영 의석은 200석에 가까웠다. 통합민주당은 81석이라는 초라한 성적을 거뒀다. 2003년 이후부터 이어진 길고도 참혹한 패배 행렬은 여전히 끝이 보이지 않았다.

총선을 압승한 이명박은 자신감이 차올랐다. 정부는 곧바로 한미 소고기 2차 협상을 마무리했다. '뼈와 내장을 포함한 30개월 이상, 대부분의 특정위험부위를 포함한 30개월 미만'인 미국산 소고기 수입을 허용하기로 했다. 협상 내용이 알려지자 언론과 전문가들은 광우병 위험성을 지적하기 시작했다. 국민은 불안했다. 여기에 2008년 4월 29일 자 MBC 〈피디수첩〉 방송이 기름을 부었다. 이날 방송분 제목은 '미국산 소고기, 광우병에서 안전한가?'였다. 이제 소고기 수입 문제는 축산농가가 피해를 받는 문제가 아니었다. 온 국민 먹거리와 건강 문제가 되었다. 사람들이 광장으로 모이기 시작했다. 5월

2일 '제1차 미국산 쇠고기 수입 반대 촛불문화제'를 시작으로 주말마다 촛불집회가 열렸다. 집회는 시위 양상으로 변해갔다. 6월 10일 집회에는 1987년 6월 항쟁 이후 최대 인파가 서울 도심에 모였다. 정부는 시위 군중을 막는답시고 도로 한복판에 컨테이너들을 쌓아 올렸다. 이른바 '명박산성'이었다. 그러나 한번 폭발한 민심은 그런 산성쯤은 뒤집어버리고도 남을 기세였다. 대통령 취임 석 달 만에 국정 지지율이 곤두박질쳤다. 대통령 된 주제에 '지지율 같은 건 신경 안 쓴다'고 큰소리치던 자도 있었지만, 결국 대통령치고 지지율에 장사 없다. 1987년에 노태우가 그랬듯이, 이명박도 6월 19일에 국민에게 항복했다. "국민이 원하지 않는 한 30개월령 이상의 미국산 소고기가 우리 식탁에 오르는 일이 절대 없도록 하겠다." 2008년 8월 15일, 마지막 촛불집회가 열렸다. 임기 시작한 지 5개월, 대통령 자리를 만끽하기도 전에 홍역을 치렀으니 민심 무서운 줄 알았을 것이다. 청와대 뒷산에 올라가 끝없이 이어진 촛불을 보며 '국민들을 편안하게 모시겠다고 다짐'했다니 만시지탄이지만 다행인 듯싶었다.

반성했다는 그 말 몇 마디를 믿은 게 잘못이었다. 떡잎이 누랬던 것을 잊지 말았어야 했다. 이명박은 대통령 후보 시절, 대선은 '친북좌파와 보수우파의 대결'이라는 발언으로 큰 논란을 일으켰다. 실언을 했다고 급히 손사래 쳤지만, 실은 실언이 아니었다. 대통령이 된 그는 정부 정책에 반기를 드는 세력이 보이는 족족 '친북좌파'라는 이념 딱지를 붙이기 시작했다. 민심을 부추겨 촛불집회 같은 반국가적 선동을 벌이는 세력이라며 국가 혼란을 부추기는 '적'으로 삼았다. 이명박은 그 적에 맞서 국가를 지키라는 사명이라도 부여받은 듯, 돈키호테처럼 적진을 향해 돌진했다. 정치는 돌연 적을 섬멸하는 전쟁으로 바뀌었다. 그 전쟁 정치가 결국 참혹한 불행을 낳게 될 줄을, 그는 정말 몰랐을까?

도처에서 전쟁이 벌어졌다. 검찰, 경찰, 국정원, 기무사, 국세청 같은 국가기관들을 총동원했다. 전쟁 지휘부가 청와대라는 것은 안 봐도 그림이었다. 이명박의 야심작 '4대강 사업'을 반대한 민간인과 단체를 불법 사찰했다. 미국산 소고기 수입 반대 집회를 주도했던 단체 사람들도 사찰 대상이었다. 정부를 비판하거나 진보적 견해나 생각을 드러낸 문화예술인 블랙리스트도 만들어 관리했다. 사회 곳곳에서 반정부 활동을 하고 있는 친북좌파 인사를 싹 쓸어내겠다는 야무진 꿈을 꾸고 있었다. 민주당 정부 10년에 익숙해진 국민은 이 모든 불법 사찰과 공작 정치가 어색하고 놀라울 뿐이었다. 이명박은 마치 호리병 속에 가둬두었던 못된 요괴를 다시 불러낸 사악한 마법사 같았다. 민주당 정부가 박물관 수장고에 처박아버린 독재라는 녹슨 칼을 다시 꺼내더니, 마구잡이로 휘둘렀다. '민주당 정부가 10년이나 집권했으니 이제 한국 민주주의는 흔들리지 않을 것이요, 독재는 불가능할 것'이라고 생각했지만 큰 착각이었다. 독재의 망령은 결코 죽지도, 사라지지도 않으며 늘 우리 주위를 배회하다가 때를 기다려 다시 나타난다는 그 말을, 잊지 말았어야 했다.

  야당도 적이었다. 촛불집회를 부추겨서 대통령을 탄핵하자며 대선 불복을 일삼고 있다는 것이다. 이명박은 민주당 정부 10년 동안 좌파 뿌리가 매우 깊고 넓게 퍼졌다고 믿었다. 그 세력이 북한에 동조해 시대착오적인 이념 갈등과 혼란을 부추기고 있다는 것이다. 광우병 촛불집회조차 야당 선동과 이념 갈등에서 비롯되었다고 했다. 이쯤 되면 망상에 가까웠다. 촛불을 든 국민들은 바로 지난 대선에서 자신을 대통령으로 뽑아주었던 그 사람들이었다. 그 국민에게 심판받은 야당은 촛불집회를 선동하려야 선동할 수도 없는 처지였다. 게다가 민주당은 총선 참패 이후 당을 수습하기에 바빠 제대로 야당 노릇할 겨를도 없었다. 총선에서 패배한 책임을 지고 공동대표인 손학규와 박상천이 물러났다. 2008년 7월 6일에 전당대회를 열어 대표를 뽑기로 했다. 정대철, 정세균, 추미애가 대표 경선에 나섰고, 정세균을 당 대표로 선출했다. 당 이름도 다시 '민주당'으로 바꿨다. 처음으로 돌아가 단결하자는 마음이었다. 당 대표가 된 정세균은 "민주당을 완벽히 하나로 단결시켜 강력한 야당, 실천 정당을 만들겠다"고 했다. 그제야 민주당은 야당 노릇할 채비를 서둘렀다.

민주 진영을 몰아붙이던 이명박은 마침내 '치명적인 공세'를 시작했다. 표적은 전임 대통령 노무현이었다. 왜 노무현이었을까? 왜 고향 마을 봉화에서 쌀농사를 짓고 막걸리나 걸치며 살던 노무현을 가만두지 않았던 것일까? 왜 손 흔들어 배웅해 보낸 노무현을 다시 정치 한복판으로 끌어낸 것일까? 더군다나 이명박은 '전직 대통령을 예우하는 문화 하나만큼은 확실한 전통으로 만들겠다'고 큰소리를 쳤다. 그 빈말을 믿은 것이 실수였다. 정권을 잡자마자 예우는커녕 지난 10년을 모욕하기 시작했다. 김대중·노무현 집권기를 '잃어버린 10년'이라고 조롱했다. 그 10년 동안 이룬 민주화와 개혁 성과를 무위로 돌리는 일을 착착 진행했다. 그러면서 보수 세력이 다시 안정적으로 집권할 수 있는 토대를 척척 놓아 갔다. 정권 분위기가 그러하니 국가기관들도 충성 경쟁에 뛰어들었다. 국정원은 간첩 잡으라는 특수공작비를 써서 노무현 전 대통령 뒷조사를 했다. 털어서 먼지 하나라도 나오면 나오는 족족 흠집을 내보려고 혈안이었다. 특히 민주당 지도자가 걸려든다면, 민주당 세력에 치명적이고 심대한 타격을 줄 수 있다고 확신했던 것이다.

촛불 시위에 좀 주눅이 드는가 싶더니 이명박 정권은 이내 반격을 시작했다. 노무현이 청와대 국정 자료를 무단으로 반출했다며 호들갑을 떨었다. 그가 무슨 엄청난 반국가적 행위라도 한 것처럼 몰아갔다. 사실은 달랐다. 노무현은 참여정부 때 국정 기록을 열람하기 위해 사본을 보관하고 있었을 뿐이다. 그것을 가지고 국가기록물을 무단으로 반출한 범법자라고 몰아세웠다. 노무현 측은 전임 대통령에게 열람권이 보장되어 있다는 점을 명백하게 해명했다. 그런데도 청와대와 한나라당은 '최대 기밀유출사건'이니 뭐니 하는 온갖 자극적인 단어를 총동원해 여론을 자극했다. 국가기록원에 사본을 반환하는 선에서 매듭지을 수도 있었을 일인데, 검찰은 끝내 수사에 나섰다. 관계된 실무자 예닐곱 명을 처벌하겠다고 으름장을 놨다. 엄한 실무자가 처벌받을 처지가 되자, 노무현은 이명박에게 편지를 썼다. 자신이 지시하여 한 일이니 모든 책임은 자신에게 있다며 실무자들에게 피해가 가지 않게 해달라고 부탁했다. '두려운 마음으로 물러서겠다'고 했다. 이명박은 잽을 날렸을 뿐인데 상대가 휘청거리니 신이 난 모양이었다. 더 큰 힘을 보여주고 싶어졌다. 주먹에 잔뜩 힘을 주고 결정타가 될 한 방을 노렸다.

국세청이 태광실업이라는 회사가 탈세한 혐의를 포착했다. 정·관계 로비를 대대적으로 벌인 정황도 잡았다. 여기에 노무현 정부 인사들이 대거 연루되어 있다고 했다. 국세청은 태광실업 박연차 회장을 검찰에 고발했다. 그렇게 박연차 게이트가 열렸다. 노무현 주변 사람들이 하루가 멀다 하고 구속되거나 수사를 받았다. 노무현 가족까지 소환 조사를 받았다. 그러나 진짜 타깃은 노무현이었다. 애초부터 검찰은 노무현을 향해 칼끝을 겨누고 있었다. 그리하여 마침내 노무현 수사가 시작되었다. 급기야 노무현을 서초동 대검찰청으로 불러 조사하기에 이르렀다. 노무현은 모든 혐의를 부인했다. 법적으로 거리낄 게 없다고 누차 해명했다. 하지만 검찰은 기소도, 무혐의 처분도 하지 않은 채 시간만 질질 끌었다. 당연히 그러는 동안에도 놀지 않고 언론에 먹잇감을 흘려주었다. 검찰 특기인 차도살인을 노린 것이다. 언론은 그 기대를 저버리지 않았다. 노무현을 조롱하고 망신 주면서 검찰 입속 혀처럼 굴었다. 5월 13일 한 언론사는 박연차가 노무현 부부에게 고가 시계를 선물했다고 보도했다. 그 시계가 나중에 논두렁에 버려졌다고 했다. 거짓말이었다. 거짓말이었지만 노무현을 망신 주고 의혹을 부풀리기에는 충분했다. 검찰이든 국정원이든 누가 기획했는지는 모르겠지만 치졸하고 악랄했다. 그렇게 온 국가기관과 언론이 나서서 한 사람을 처참하게 난도질했다. 너덜너덜해진 노무현 가슴속에서는 피가 철철 흐르고 있었다.

검찰 수사는 위태롭고 꼴사나웠다. 70퍼센트 넘는 국민이 노무현 구속 수사에 반대했다. 국민은 선거로 그 민심을 드러냈다. 노무현 수사가 절정이던 2009년 4월 29일 재보궐선거가 있었다. 검찰이 노무현을 부르기 하루 전이었다. 한나라당은 검찰 수사를 최대한 활용해 재보궐선거를 '노무현 심판 선거'로 몰고 갔다. 그러나 5곳 국회의원 선거에서 모두 패했다. 민주당과 진보신당, 무소속이 당선되었다. 울산과 경주에서도 한나라당은 패했다. 그제야 정신이 번쩍 들었다. 한나라당 안에서도 '뭔가 잘못되고 있다'는 불안과 불만이 새어 나왔다. 검찰 눈에는 그런 정치인들이 오히려 겁쟁이로 보였을 것이다. 검찰은 마치 사냥개 같았다. 주인이 가리키는 사냥감을 향해 집요하고 끈질기게 달려들었다. 일단 한번 물면 결코 놓지 않았다.

4월 30일, 결국 노무현은 검찰로 향했다. 서울로 가는 버스에 올라타면서 국민에게 머리를 숙였다. "국민 여러분께 면목 없다. 실망시켜드려 죄송하다." 착잡한 마음을 가눌 길이 없었다. 지지자들에게 '저를 버리셔야 한다'는 말까지 했다. 참담한 시간들이 그를 낙담케 한 것이다. 그리고 2009년 5월 23일 일요일 아침, 동네 뒷산으로 올라간 노무현은 끝내 돌아오지 않았다. 그의 친구 문재인이 침통한 표정으로 '충격적이고 슬픈 소식'을 전했다. 노무현이 극단적인 선택을 한 것이다. 왜 그런 선택을 했는지는 그가 남겨둔 글로 미루어 짐작만 할 수 있을 뿐이었다.

너무 많은 사람들에게 신세를 졌고, 나로 말미암아 여러 사람이 받은 고통이 너무 크다. 앞으로 받을 고통도 헤아릴 수가 없고, 여생도 남에게 짐이 될 일밖에 없다.

그는 다른 사람을 고통스럽게 해 미안하다고 했지만, 그를 떠나보낸 이들은 그를 지켜주지 못한 것이 미안해 가슴을 쳤다. 그 미안함이 모여 거대한 추모 물결을 이루었다. 노무현이 이루려던 가치가 사람들 가슴속에서 다시 꿈틀거리기 시작했다. 5월 27일 휠체어를 타고 영결식장에 찾아온 김대중은 오열했다. 권양숙 여사의 손을 잡고 '내 몸의 반이 무너진 심정'이라며 대성통곡했다. 민주당도 고통 속에서 다짐했다.

우리는 시대를 앞서간 당신을 무모하다고 비웃었던, 독침을 담은 펜과 혹독한 칼날에 찢기는 당신을 보며 무력했던 바보였다.
인권과 정의, 민주주의는 노 전 대통령이 떠난 지금 미완의 숙제라는 것을 깨달았다. 그 뜻은 살아남은 우리 몫이다. 당신을 따르겠다.

얼마 후 김대중 대통령도 건강 악화로 운명했다. 큰 지도자 두 명을 잃은 민주당은 비통을 딛고 전열을 정비했다. 민주당은 그제야 야당다운 야당으로 변해가고 있었다. 지지율도 한나라당을 앞서기 시작했다. 다수 국민은 이명박 정권이 정치 보복으로 노무현을 죽였다고 여겼다. 2009년 10월 28일 국회의원 재보궐선거 결과에도 그런 민심이 반영되었다. 민주당이 한나라당을 3대 2로 이긴 것이다. 간발의 차였지만 상반기 재보궐선거에 이어 연승을 했다. 수도권 민심이 돌아온 것도 반가운 일이었다. 민주당은 어느 정도 자신감을 회복했다. 곧 있을 지방선거에서도 해볼 만하다는 분위기가 감돌았다. 대선에서 패배한 책임이 크다며 스스로 '폐족'이라 자처해야 했던 친노 인사들도 조금씩 기지개를 펴기 시작했다. 노무현 정부에서 장관을 지낸 정세균 대표 위상도 강해졌다. 정세균 지휘 아래 민주당은 민주주의를 망가트릴 'MB악법'들을 육탄 저지하는 것도 마다하지 않았다. 민주당이 야성을 찾아가자 지지자들도 환호했다. 민주 개혁 세력도 민주당을 중심으로 다시 뭉치고 있었다.

민주당은 2010년 6월 2일에 치러질 제5회 지방선거를 준비했다. 그러던 중 악재가 터졌다. 2010년 3월 26일, 서해에서 해군 함정 '천안함'이 침몰하는 사건이 벌어졌다. 46명이 전사했다. 천안함 사건이 연일 신문과 방송을 뒤덮었다. 정부는 처음에는 북한 소행이라고 볼 수 없다는 입장이었다. 하지만 선거를 약 일주일 앞둔 5월 24일 이명박은 전쟁기념관에서 침몰 원인이 북한 잠수정에 의한 어뢰 공격이라고 공식 발표했다. 북풍을 선거에 이용하려는 의도가 분명했다. 실제로 선거 막판까지 민주당은 천안함 사건의 파장으로 고전했다. 하지만 민심의 물결은 도도했다. 천안함 사건이 MB심판론을 잠재우지는 못했다. 충격적인 사건이었지만 국민들은 민주당 정부가 10년간 이루었던 평화를 되찾기를 더 갈망했다. 남북한 간 화해와 협력이 계속되기를 바랐다.

선거판을 뒤흔든 의제는 '초중고 무상급식' 공약이었다. 민주당은 다른 야당, 시민단체와 함께 무상급식 정책을 지방선거 1번 공약으로 내밀었다. 그동안 저소득층 학생들만을 대상으로 시행했던 무상급식은 낙인효과가 커 비교육적이라는 지적이 많았다. 모두에게 무상급식을 해 가난을 차별하지 말자고 했다. 정부와 한나라당은 무상급식을 부자급식이라고 폄훼했다. 이건희 손자에게도 무상급식을 하는 게 말이 되냐는 둥, 나라를 망하게 할 포퓰리즘이라는 둥, 입방아를 찧어댔다. 그러나 부모들은 알고 있었다. 밥 먹는 데는 부자와 가난한 사람이 따로 없고, 밥 먹는 것을 부끄러운 일로 만들어서는 안 된다는 것을. 시민들은 민주당이 낸 무상급식 공약을 열렬히 지지했다.

민주당 공천도 신선했다. 40~50대 젊은 정치인들을 광역단체장과 기초단체장에 내보냈다. 이광재, 안희정, 송영길, 김두관(무소속) 등이 광역단체장으로 출마했다. 게다가 야당 표가 갈라지는 것을 막자며 지역별로 야권 후보를 단일화했다. 좋은 공약, 좋은 후보, 야권 단일화 3박자를 갖추니 선거 결과도 장단을 맞췄다. 민주당은 광역단체장을 7석이나 차지했다. 3석뿐이었는데 4석이나 늘어난 것이다. 무소속으로 출마했던 김두관 경남지사와 우근민 제주지사가 나중에 복당해 9석이 되었다. 기초단체장은 무려 93석이나 차지했다. 지난 선거에서는 39석이었다. 반면 한나라당은 광역단체장이 12석에서 6석으로 줄었다. 기초단체장은 155석에서 82석에 그쳤다. 한명숙과 오세훈이 맞붙은 서울시장 선거에서는 0.8퍼센트포인트 차로 아깝게 졌다. 그러나 전체 25석인 서울 구청장 중 21석을 민주당이 차지했다. 민주당이 이겼다. 열린우리당이 총선에서 승리한 이후 7년 만에 전국 선거에서 거둔 쾌거였다.

민주당이 다시 살아났다. 민주당 사람들은 눈물이 났다. 하도 기꺼워서 그랬는지, 하도 서러워서 그랬는지 모를 일이다. 그 승리의 순간, 민주당 사람들은 노무현과 그의 슬픈 운명을 떠올리고 있었다. 말 붙이기 좋아하는 사람들은 그렇게 말했다. 죽은 노무현이 산 이명박을 이겼다고. 그래서였을까. 많은 당선자가 봉화마을을 찾아 노무현 묘역을 참배했다. 따스했지만 그가 없어서 서러운 봄날이었다.

검찰 공화국

10년간 대한민국은 거대한 후퇴를 경험했다. 이제는 다시 전진해야 할 시간이었다. 대통령에 당선된 문재인은 시각을 지체할 수 없었다. 당선 바로 다음 날인 5월 10일, 제19대 대통령에 취임했다. 취임식은 조촐했다. 초대 손님도, 흥겨운 풍악도, 웅장한 예포도 없었다. 붉게 깔린 카펫이 그나마 행사 분위기를 돋웠다. 취임식은 채 30분도 걸리지 않았지만, 문재인 대통령 가슴속에는 앞으로 오 년을 위한 꿈이 꿈틀댔다. 나라를 나라답게 만드는 대역사를 시작하려는 다짐도 옹골찼다.

**문재인과 더불어민주당 정부에서 기회는 평등할 것입니다.
과정은 공정할 것입니다. 결과는 정의로울 것입니다.**

문재인 정부는 명실상부한 민주당 정부였다. 문재인도 그렇게 불리기를 바랐다. "제 뒤에 민주당이 든든하게 받쳐준다는 자신감을 갖고 제3기 민주정부를 힘차게 열어나가겠다"고 말했다. 그 어느 때보다 안정된 민주당은 정부를 뒷받침할 준비가 되어 있었다. 당 인사들도 내각에 적극 참여했다. 언론이 '이쯤 되면 의원내각제 아니냐'고 할 정도였다. 정부와 당은 운명 공동체라는 사명감으로 일했고, 크고 작은 일들을 성공적으로 해냈다. 2018년에는 제23회 평창 동계 올림픽을 멋지게 치러냈다. 한 외국 신문 칼럼에 '평창 올림픽의 문제는 문제가 없다는 것'이라고 했을 정도였다. 남북한 선수단이 공동 입장하는 모습에 남북 화해를 향한 희망도 부풀었다. 아니나 다를까 북한과 관계 개선이 급물살을 탔고, 김정은 위원장과 두 차례나 판문점에서 정상회담을 했다. 급기야는 문재인이 북한을 방문해 능라도 경기장에 꽉 들어찬 북한 주민들 앞에서 "우리 민족은 함께 살아야 한다"고 말하기도 했다. 그 말에 남북한 사람 모두가 흥분했다. '남북한 화해와 협력, 한반도 평화정착'이라는 민주당의 강령을 민주당 정부는 그처럼 성실히 이행하고 있었다. 물론 위기 상황도 있었다. 갑자기 발생한 코로나19로 온 세계가 공포에 떨어야 했고 한국도 예외는 아니었다. 민주당 정부는 모든 지혜와 역량을 쏟아부으며 사투를 벌였다. 온 국민이 적극 협력하고 참여한 덕에 K-방역은 성공했고, 한국은 세계적인 방역 모범 국가로 칭송받았다. 이게 나라냐고 한탄하던 것이 엊그제인데, 어느 새 나라다운 나라가 되어가고 있었던 것이다.

국민은 민주당 정부가 한 노력과 성과를 인정해주었다. 민주당은 대선에 이어 2018년 지방선거, 2020년 총선에서도 연이어 승리했다. 2018년 제7회 지방선거에서 유례없는 대승을 거뒀다. 광역단체장 14석, 기초단체장 151석을 얻었다. 함께 치른 국회의원 재보궐 선거에서 12석 중 11석을 차지했다. 반면 자유한국당은 광역단체장 2석, 기초단체장 53석에 그쳤다. 박정희 고향인 구미 시장마저 민주당이 따냈을 정도였다. 무엇보다 기뻤던 것은 부산·울산·경남 광역단체장을 차지한 것이다. 1990년 3당 합당으로 부산·경남 지역에서 잘려 나간 민주당 뿌리가 되살아났다. 부산·경남 지역에 다시 뿌리

내리려고 피땀 흘려가며 애썼던 사람들이 떠올랐다. 어쨌든 민주당 사람들이 들뜰 만했다. 그 기쁨이 가시기도 전에 더 큰 승리가 찾아왔다. 2020년 4월 15일 제21대 총선에서 민주당은 그야말로 '역사적인 승리'를 거뒀다. 코로나19가 한창이어서 투표율 걱정이 컸지만, 기우였다. 투표소마다 마스크와 비닐장갑으로 무장한 시민들이 넘쳐났다. 제14대 총선 이후 28년 만에 가장 높은 투표율이었다. 투표율만 그런 것이 아니었다. 1987년 민주화 이후 한 정당이 총선에서 180석을 휩쓴 것은 최초였다. 그 주역이 바로 더불어민주당이었다. 20대 총선부터 시작해 전국 선거 4연승이라는 신기록도 세웠다. 그야말로 민주당의 황금기였다.

힘을 얻은 민주당은 '거대한 후퇴'를 되돌리기에 나섰다. 특히 검찰의 퇴행을 바로잡는 일에 진력했다. 그래야만 했다. 검찰은 이명박, 박근혜 정부가 벌인 거대한 후퇴에 일조한 세력이기 때문이다. 정권은 검찰을 때로는 방패로, 때로는 창으로 이용하며 검찰정치를 했다. 그때마다 정치검찰은 정권은 보호하고 정적은 공격하는 식이었다. 그렇게 점점 더 무소불위한 권력이 되어갔다. 민주당 사람들은 특히 노무현의 비통한 죽음에 서린 검찰의 음험한 그림자를 똑똑히 기억하고 있었다. 검찰개혁은 민주당이 미뤄둘 수 없는 사명이었다.

민주당이 검찰개혁을 사명으로 여긴 것은 사실 어제오늘 일이 아니다. 김대중은 누구보다 지독하게 검찰에 당해본 사람이었다. 대통령이 되자 정권을 위해 검찰권을 행사하라고 하지 않을 테니 스스로 개혁하라고 당부했다. 이미 1997년 대선에서 검찰 수사권과 기소 독점권을 분산시키겠다고 약속했었다. 검찰이 수사도 하고 기소도 하는 것은 큰 문제였다. 맘만 먹으면 죄가 되는 사건도 부실 수사해 불기소로 무죄를 만들어줄 수 있었다. 반대로 기소하겠다고 마음만 먹으면 먼지 털듯 수사해 죄를 만들어냈다. 검찰이 가진 권한을 나누어 힘을 빼는 것이 바로 검찰개혁의 핵심이었다. 그 방안 중 하나로 고위공직자 부정 비리 수사와 기소를 전담하는 '고위공직자비리조사처'를 설치하겠다고 했다. 역대 정부 처음으로 검찰개혁을 국정 과제로 선정하기도 했다. 그러나 당시는 경제 위기 극복이 중요했던 때라 검찰개혁에 전력을 쏟지 못했다. 뒤이은 노무현 정부도 검찰개혁을 전면에 내세웠다. 마찬가지로 검찰 권력을 분산하는 것이 기본 방향이었다. 검찰권을 나누어야 상호 견제가 가능하기 때문이다. 대검 중수부를 폐지하고 이를 대체할 '고위공직자비리수사처'를 설치하려고 했다. 수사는 경찰이, 기소는 검찰이 하게 하는 수사권 조정도 큰 과제였다. 개혁 의지는 강했지만 검찰이 거세게 반발하는 바람에 결국 뜻을 이루지 못했다.

민주당 정부는 이번에는 실패하지 않겠다고 결심했다. 문재인도 대선 당시 약속했다. 수사권을 경찰에 넘기고 검찰은 기소권만 갖게 하겠다고 했다. 검경수사권을 조정하겠다는 뜻이었다. 이번에는 반드시 공수처를 설치하겠다고 했다. 이 두 가지는 김대중 이래로 민주당이 일관되게 추진해온 검찰개혁 방향이었다. 민주당 정부는 출범하자마자 검찰개혁에 시동을 걸었다. 하지만 속도는 나지 않았다. 국정농단 사건 등 지난 정부 적폐를 청산하는 데 먼저 집중해야 했다. 그리고 그 수단은 또다시 검찰이었으니, 아이러니였다. 개혁할 대상이 개혁하는 도구로 행세했다. 국민도 검찰이 추는 칼춤에 되레 박수를 보냈다. 그러느라 검찰개혁은 힘이 빠지는 듯 보였다. 집권 2년차에 민주당 정부는 검찰개혁에 다시 팔을 걷어붙이기 시작했다. 2019년 4월 29일, 바른미래당과 민주평화당, 정의당과 손잡고 공수처 설치법안, 검경수사권 조정법안을 신속처리안건으로 지정했다. 반발이 거셌다. 검찰이 거친 숨을 씩씩거리고 자유한국당도 극렬히 저항했지만, 민주당은 의지를 굽히지 않았다. 2019년 12월 30일에는 공수처법이, 2020년 1월 13일에는 검경 수사권 조정법안이 국회 본회의 문턱을 넘었다. 김대중 대통령 때부터 설치하려고 애썼던 공수처가 2020년 7월 15일에 마침내 출범했다. 검찰 기소독점권이 깨지는 역사적인 순간이었다. 경찰에게 수사권을 대폭 넘긴 검경 수사권 조정도 70년 만에 이룬 큰 변화였다. 검찰과 경찰은 이제 상하관계가 아니라 협력관계로 바뀌었다. 물론 완벽하지는 않았고 혼란도 있었다. 특히 검찰에 남겨둔 직접 수사권 범위가 여전히 너무 넓다는 불만이 제기되었다.

민주당이 검찰개혁의 고삐를 조이니, 검찰은 정권의 목덜미를 움켜잡았다. 물론 처음에는 검찰도 순응하는 듯했다. 검찰개혁을 바라는 민심이 거셌기 때문이다. 문재인은 검찰개혁에 동의한 윤석열을 검찰총장 후보로 지명했다. 윤석열은 국정농단 사건을 수사하며 유명세를 얻었다. 공수처 설치에도 기꺼이 찬성했고, 검경 수사권 조정도 옳은 방향이라고 했다. 국회 인사청문회에 나와서도 국회가 개혁 법안을 만들면 따르겠다고 철석같이 약속했다.

수사권 조정은 이미 입법과정에 있고 그 최종 결정은 국민과 국회의 권한임을 잘 알고 있다. 검찰은 제도의 설계자가 아니라 정해진 제도의 충실한 집행자여야 한다고 생각한다.

열 길 물속은 알아도 한 길 사람 속은 모른다. 윤석열은 막상 검찰총장이 되자 돌변해 민주당 정부 뒤통수를 쳤다. '사람에 충성하지 않고 조직에 충성한다'고 했을 때, 이미 눈치챘어야 했는지도 모른다. 그가 충성한 건 사람과 국민이 아니라 검찰이라는 조직이었다. 그는 끝내 철저한 검찰주의자로 행세했다.

문재인은 검찰개혁을 완수하려 했고, 그 적임자로 조국을 택했다. 민정수석이던 그를 법무부 장관 후보로 지명했다. 검찰개혁을 끝까지 밀고 나가겠다는 단단한 의지를 드러낸 것이다. 그렇게 한창 장관 인사청문회를 준비하던 때에 조국 일가를 둘러싼 각종 의혹이 터졌다. 그러자 검찰이 이상한 움직임을 보였다. 인사청문회가 시작하기도 전에, 조국 일가를 향한 전방위 수사에 들어갔다. 대통령이 지명한 장관 후보자를 검찰총장이 막고 나선 셈이었다. 민주당은 대통령 인사권까지 침해하면서 장관 임명을 막으려는 것이냐고 반발했다. 죄가 있으면 당연히 철저하게 수사해야 하지만, 온 가족을 도륙하다시피 하는 검찰 수사가 과도하다고 비판하는 여론도 컸다. 결국 조국은 피의자가 되었고, 장관 임명 35일 만인 2019년 10월 14일에 사퇴했다. 사태는 그렇게 일단락되었지만, 민주당 지지자들 사이에는 커다란 강 하나가 생기고 말았다. 이름하여 '조국의 강'이었다. 그 강을 사이에 두고 서서 서로 고래고래 소리를 질렀다. 조국 옹호가 곧 검찰개혁이라는 사람들과 죄 지은 사람까지 옹호할 만큼 검찰개혁이 금과옥조는 아니라는 사람으로 갈라져 날 선 공방이 오갔다. 그 강을 건널 다리는 보이지 않았다. 어쨌든 조국은 떠났고, 그 빈자리로 추미애가 왔다. 민주당 대표까지 지낸 중진 의원 추미애를 장관에 임명하며 전한 메시지는 분명했다. '검찰개혁에서 결코 밀리지 않겠다.' 밀리지 않기 위해서였는지 추미애는 윤석열을 징계해야 한다고 밀어붙였다. 추미애와 윤석열 사이 갈등은 걷잡을 수 없을 만큼 격해졌다. 그런 갈등을 두고도 문재인은 '법무부와 검찰이 함께 협력해 검찰개혁이라는 대과제를 잘 마무리해달라'고 당부만 했다.

    그러는 와중에 제21대 총선이 있었고, 민주당은 압승했다. 자신감이 차오른 민주당은 검찰개혁에 더 박차를 가했다. 검찰에 남겨둔 직접 수사권마저 경찰에 완전히 넘기자(검찰 수사권 완전 박탈, 일명 '검수완박')는 말이 나왔다. 신중론과 추진론이 맞섰다. 신중론자들은 방향은 맞지만 과정에서는 신중하자고 했다. 다양한 의견을 수렴하고 설득 과정을 거치자는 것이었다. 설득이고 자시고 할 겨를도 없이 검찰총장 윤석열은 검수완박에 극렬히 저항했다. 검수완박은 검찰을 폐지하겠다는 것이라며, 검찰을 폐지하면 민주주의와 법치주의가 후퇴할 것이라고 맹비난했다. 검찰이 민주주의와 법치를 파괴해 온 역사를 잘 아는 사람들에게는 씨알도 안 먹힐 소리였다. 그런데도 '검수완박하면 부패완판(부패가 완전히 판친다)'이라며 비아냥댔다. 연일 비판을 쏟아내더니 임기를 142일 남겨둔 2021년 3월 4일, 검찰총장직을 중도 사퇴했다. '정의와 상식이 무너지는 것을 더는 두고 볼 수 없다'는 게 이유였다. 정의와 상식을 다시 일으켜 세우겠다는 말처럼 들렸다. 아니나 다를까 2021년 6월 29일 대통령 출마를 선언하더니 노골적으로 민주당 정부에 각을 세우기 시작했다. '국민을 약탈'하는 정부, "무식한 삼류 바보들"이라는 험한 말까지 서슴지 않았다. 그런 정권을 갈아 치우겠다며 한 달 뒤에는 결국 국민의힘에 입당했다. 검찰총장을 하던 사람이 곧바로 대통령에 출마하는 것이 사리에 맞지 않는다는 말들이 많았지만, 아랑곳하지 않았다.

제20대 대통령 선거가 다가왔다. 민주당은 이래저래 걱정이 많았다. 민주당 정부 지지율이 말이 아니었다. 임기 초반 하늘 높은 줄 모르고 치솟던 지지율은 어느새 가파른 내리막길을 내달리고 있었다. 특히 부동산 정책 실패로 돌아선 민심은 이미 돌아올 수 없는 강을 건넌 듯했다. 연일 최고치를 기록할 정도로 아파트 가격이 오르자 서민은 분노하고 실망했다. 스물여섯 번이나 내놓은 부동산 정책도 무용지물이었다. '민주당 정부는 무능하다'는 말을 들어야 했다. 민생이 그 지경인데 검찰개혁을 밀어붙이니 오만하다는 인상까지 주었다. 설상가상으로 민주당 광역단체장들이 차례로 성폭력 파문에 휩싸이며 마지막 남은 도덕성까지 속절없이 무너졌다. 민주당은 그렇게 민심을 잃어가고 있었다. 대선을 일 년 앞두고 치른 서울시장과 부산시장 보궐선거에서 국민은 민주당을 매섭게 심판했다. 두 곳 모두 민주당 소속 전임 시장 성폭력 사건으로 치르게 된 선거였으니 그럴 만했다지만, 민심이 등을 돌린 이유는 그것뿐만이 아니었다. 민주당은 스스로 당헌을 뒤집었다. 당시 민주당 당헌은 당 소속 공직자가 잘못해 재보궐선거가 열리면 후보를 내지 않는다고 규정하고 있었다. 하지만 이낙연 대표는 당헌까지 바꿔가며 후보를 공천했다. 결국 두 곳 모두 참패했다. 대선을 앞둔 민주당에 짙은 먹구름이 자욱했다.

민주당은 대선 준비에 들어갔다. 2021년 9월 4일부터 대선 후보 경선을 시작했다. 경선에 나선 김두관, 이낙연, 이재명, 정세균, 추미애, 박용진은 모두 쟁쟁한 이들이었다. 민주당은 '내 손으로 직접 뽑는 민주당 대통령 후보'라는 콘셉트로 선거인단을 모집했다. 3차 모집까지 끝난 최종 선거인단 숫자는 216만 9,512명이었다. 역대 최고치였다. 경기도지사를 지낸 이재명이 독주했다. 추격 의지를 상실해가던 이낙연 측은 '대장동 의혹'까지 들고 나와 이재명을 공격했다. 그랬음에도 이재명은 50.29퍼센트를 득표하여 집권 여당 대통령 후보가 되었다. 2021년 10월 10일, 소년공 출신 대통령 후보 이재명은 후보 수락 연설에서 "이번 대선은 부패 기득권 세력과의 최후 대첩"이라는 강렬한 말을 남겨 환호를 받았다.

4연패로 몰락 위기에 처한 국민의힘은 절박했다. 정권을 되찾겠다는 의지는 무서울 정도였다. 30대 이준석을 당 대표로 선택했다. 정당 역사상 30대 당 대표는 처음이었다. 안철수가 이끄는 국민의당과도 합당을 시도했다. 문재인과 민주당에 반기를 들며 인기를 얻고 있던 윤석열까지 용병으로 영입했다. 윤석열이 입당하자 국민의힘 경선판은 출렁였다. 절박해서 그랬는지, 떨려서 그랬는지는 모르지만 윤석열은 손바닥에 임금 왕(王) 자까지 쓰고 후보 경선 토론에 나섰다. 그것이 정말로 효험이 있었는지 결국 홍준표를 누르고 국민의힘 대선 후보가 되었다. 정치 참여를 선언한 지 4개월에 국민의힘에 입당한 지 고작 한 달 된 초짜 정치인, 뿌리도 경력도 없는 신참 당원을 국민의힘은 대선 후보로 선택했다.

이제 각 당 후보가 결정되었다. 민주당 이재명, 국민의힘 윤석열,

국민의당 안철수, 정의당 심상정이었다. 정권 연장이냐, 정권교체냐. 민주당과 국민의힘 지지자들은 각기 총결집해 한 치 앞을 알 수 없는 접전을 펼쳤다. 선거를 두 주 앞두고 대통령 지지도 조사에서 이재명 38퍼센트, 윤석열 37퍼센트가 나왔다. 선거 일주일 전에는 다시 뒤집어져서 윤석열 39퍼센트, 이재명 38퍼센트가 되는 식이었다. 그런 상황이다 보니 국민의당 안철수 주가가 뛰었다. 누가 10퍼센트대 지지율을 보이는 안철수와 손을 잡느냐에 따라 승패가 갈릴 수 있었다. 양당을 애태우던 안철수는 결국 선거일 닷새 전이자 사전투표 하루 전인 3월 3일에 윤석열과 단일화를 전격 선언하고 후보직에서 물러났다.

2022년 3월 9일 대통령 선거가 치러졌다. 48.56퍼센트 대 47.83퍼센트. 고작 0.73퍼센트포인트, 24만 표 차로 이재명이 졌다. 역대 대통령 선거에서 가장 적은 표차였지만 패배는 패배였다. 정권을 교체하자는 민심을 끝내 넘지 못한 것이다. 당선이 확정되자 윤석열은 말했다.

**헌법정신을 존중하고 의회를 존중하고 야당과 협치하면서
국민을 잘 모시도록 하겠다.**

이 짧은 약속만 지켰더라면, 그에게도 나라에도 큰 불행은 없었을 것이다. 어쨌든 대선 직후에 있었던 지방선거에서도 국민의힘은 대승을 거뒀다. 지방선거까지 연패하자 민주당은 흔들렸다. 허니문 선거라 워낙에 이기기 힘든 선거이긴 했다. 그래도 분열을 피할 수는 없었다. '누가 차기 당권을 차지하느냐'라는 문제에 직면해 있었기에 당은 더욱 혼란했다. 한 편이 다른 편을 보고 '수박'이라고 말하면, '그러는 너는 개딸'이라는 답이 돌아왔다. 서로를 향한 혐오와 적대감이 당 안에 가득했다. 당원은 물론 의원들도 티격태격했다. 당을

혁신해야 한다고 주장하는 목소리가 여기저기서 터져 나왔다. 이런 혼란 속에 이재명이 다시 등장했다. 2022년 8월 28일 열린 전당대회에서 그는 77.77퍼센트에 달하는 압도적 당심으로 당 대표에 당선되었다. 당은 서서히 안정을 되찾아갔다.

바야흐로 검사 시대가 열린 듯했다. 박정희와 전두환이 군인들을 앞세웠듯, 윤석열은 검사들을 앞세웠다. 그때가 군부정권이었다면, 이제는 검찰 공화국이었다. 오랜 세월 정치권력이 수족처럼 부렸던 검찰이 이제 스스로 정치권력이 되었다. 대통령실과 내각은 물론이고 어디든 검사 천지였다. 금융사기 수사를 많이 해본 검사가 금융 전문가로 대접받는 식이었다. 그렇게 해서 전·현직 검사 183명이 정부 요직을 독차지했다. 윤석열은 검사가 제일 유능한 사람이라고 믿는 듯했다. 왜 검찰만 데려다 쓰냐고 지적하자 한다는 말이 가관이었다. '법을 잘 아는 검사들이 정관계에 진출하면 자연히 법치가 이루어지는 것이 아닌가?'

선진국 중 미국 같은 나라를 보면 거버먼트 어토니(검사) 경험을 가진 사람들이 정관계에 폭넓게 진출한다. 그게 법치국가 아니냐.

인사만 그런 것이 아니었다. 검찰총장 대통령은 검찰을 대통령 호위부대로 삼았다. 법기술은 정적을 제거하고 야당을 탄압하는 데 군부독재의 총칼보다 더 효과적이었다. 법치라는 탈을 쓸 수 있기 때문이다. 축소된 검찰 직접 수사권도 대통령령(시행령)으로 간단히 복원했다. 윤석열은 자기 최측근 검사를 법무부 장관에 앉혀놓고, 야당 대표와 전 정부를 마음대로 들쑤셨다. 그러면서 본인 가족과 검찰 가족은 철통같이 지켰다. 누가 봐도 검사에 의한, 검사를 위한, 검사의 정부였다. 국민도 그렇게 생각했다. 한 여론조사에서는 국민 61퍼센트가 나라가 검찰 공화국이 되어가고 있다는 데 동의했을 정도였다.

검찰 공화국은 검사들이 대통령 윤석열에게 충성하는 나라였다. 그 시작은 정적 제거였다. 표적은 윤석열과의 경쟁에서 패배한 상대, 이재명이었다. 그 모습을 보는 사람마다 입에서 해도 해도 너무한다는 말이 절로 나왔다. 한계도, 자제도, 절제도 없었다. 칼을 찔러 넣을 뿐 아니라 잡아 비틀기까지 했다. 검찰은 이재명을 상대로 무려 376번이나 압수수색을 했다. 그 부인도 129회나 압수수색을 당했다. 먼지란 먼지는 모조리 털더니 일곱 개 혐의를 걸어 수사하고 기소했다. 심지어 대선 토론회에서 '누굴 안다, 모른다' 한 말을 갖고도 공직선거법 위반 혐의를 걸어 기소했다. 한편 윤석열이 토론에서 늘어놓았던 온갖 거짓말에는 귀를 닫았다. 윤석열 부인 김건희가 주가를 조작했다는 정황을 보고서도 눈을 감아버렸다. 검찰은 전혀 공정하지도, 상식적이지도 않았다. 그 낌새를 어떻게 알았는지 이재명은 대통령 선거 유세 중에 이미 윤석열 후보가 당선되면 '검찰 공화국이 열릴 것'이라고 누누이 경고했었다.

검찰은 도대체 왜 그토록 잔혹하고 집요하게 이재명을 물고 늘어졌을까? 물론 첫째 목표는 이재명을 제거하는 것이었지만, 그뿐만이 아니다. 민주당을 풍비박산 내겠다는 의도도 분명했다. 민주당 구심이 된 이재명을 '사법리스크'로 옭아매서, 다른 도전자나 계파에 기회를 주고 결국 당이 분열되게 하겠다는 속셈이었다. 민주당 당원들은 지혜로웠다. 개딸이니 뭐니 하며 폄훼하고 조롱했지만 그럴수록 똘똘 뭉쳤고, 당원 스스로 당을 움직였다. 반면 의원들은 자기들끼리 친명과 비명으로 갈라져서 싸우며 흔들렸다. 그렇게 흔들리는 민주당을 검찰은 더 세게 흔들어 제꼈다. 2023년 2월 16일 검찰은 성남FC 사건 등으로 이재명에 대한 구속영장을 청구했다. 민주당 안에서는 이재명을 지키느냐, 다른 대안을 찾느냐는 문제를 놓고 갈등이 깊어졌다. 마침내 2월 27일 1차 체포동의안 표결이 진행됐다. 재석 297명 중 찬성 139명, 반대 138명으로 간신히 부결되었지만 찬성이 더 많았다. 민주당 내부에서 이십여 명 남짓이 이탈한 듯 보였다. 검찰은 조금만 더 흔들면 무너질 것이라 확신했는지 곧바로 2차 체포동의안 발부를 위한 준비에 들어갔다.

한심한 일이었다. 후쿠시마 오염수 방류, 홍범도 흉상 이전, 채 상병 순직 사건 등 잇따른 실책과 위기를, 윤석열은 이재명 한 사람 때려잡는 것으로 덮으려 했다. 이재명은 단식으로 맞섰다. 국정 혼란을 국민에게 사과하라고 대통령에게 요구했다. 내각을 새롭게 교체해 국정을 쇄신하라고도 했다. 대표 취임 1주년인 2023년 8월 31일에 맞춰 무기한 단식을 시작했다. 정부와 여당은 제1야당 대표 단식을 두고 '방탄 단식'이니 '위장 단식'이니 하며 조롱했다. 단식 19일째에 이재명은 건강 악화로 병원에 이송되었지만 병상에서 단식을 이어갔다. 그러는 사이에도 검찰은 대북송금 의혹을 앞세워 결국 두 번째 구속영장을 청구했다. 9월 21일, 국회 본회의에서 체포동의안 표결이 이루어졌다. 표결 직전 이재명은 민주당 의원들에게 부결을 호소했다.

명백히 불법부당한 이번 체포동의안 가결은 정치검찰의 공작수사에 날개를 달아주는 것이다.

하지만 이미 가결로 기운 의원들이 적지 않았다. 재석 295명 중 찬성 149명, 반대 136명으로 두 번째 체포동의안은 결국 가결되었다. 민주당에서 최소 삼십여 명이 찬성표를 던진 결과였다. 민주당 분위기는 그야말로 폭풍전야였다. 아니나 다를까, 곧바로 열린 의원총회는 아수라장이 되었다. 고성과 격한 말, 삿대질이 오갔다. 당원들도 좀체 분노를 가라앉히지 못했다. 어쨌든 이재명은 이제 마지막 관문을 지나야 했다. '구속이냐, 아니냐.' 2023년 9월 26일 영장실질심사가 진행되었다. 그리고 27일 새벽 3시 50분경 이재명은 초췌한 모습으로 서울 구치소를 나섰다. 법원이 구속영장을 기각한 것이다. 그 새벽까지 잠 못 이루며 결과를 기다리던 당원과 지지자들은 가슴을 쓸어내렸다. 이재명은 초췌한 모습으로 지팡이를 짚은 채 기자들 앞에 섰다. 힘이 없어 떨리는 목소리였지만 단호하고 간절하게 호소했다.

이제는 상대를 죽여 없애는 그런 전쟁이 아니라 경쟁하는 정치를 합시다.

안타깝게도 윤석열은 정치가 아닌 전쟁을 택했다. "의회를 존중하고 야당과 협치"하겠다던 말은 말짱 거짓이었다. 국회가 법안을 통과시키는 족족 거부권을 행사했다. 3년이 채 안 된 임기 동안 거부권만 무려 25번을 썼다. 이승만 이후 가장 많았다. 심지어는 자기 가족 비리 혐의를 조사하자는 특검법마저 거부했다. 가족을 지키고 싶었으면 대통령을 하지 말았어야 했다. 다른 대통령들은 거부권을 쓸 줄 몰라 안 쓴 것이 아니다. 국회를 존중하느라 대통령 권한을 자제하고 절제했던 것이다. 그러나 윤석열은 절제를 모르니 협치도 없었다. 민주당이 주도하는 국회와는 상대도 하지 않겠다니 어찌해 볼 도리가 없었다. 야당을 '종북주사파' '반국가단체' '반헌법 세력'으로 몰아붙였다. 그에게 민주당은 제거할 대상, 탄압할 대상에 지나지 않았던 것이다. 민주당이 수십 년 맞서 싸워온 독재자의 모습 그대로였다. 이승만은 조봉암을 탄압하고, 마침내는 사법 살인까지 저질렀다. 박정희는 장면을 그토록 모질고 가혹하게 대했다. 박정희와 전두환은 김대중을 제거하려는 음모를 잠시도 멈추지 않았다. '경쟁자를 제거하려 할 때' '야당이나 다른 의견을 가진 사람들을 탄압할 때' 민주주의는 어김없이 무너지기 시작한다. 차이와 다양성을 인정하지 않는 민주주의란 없다. 아니나 다를까 대한민국의 민주주의 지수는 임기 1년째부터 하락하기 시작하더니 급기야는 '독재화가 진행되는 나라'로 전락했다. '검찰 독재' '검찰 공화국'이라는 말은 과장이나 그저 지어낸 말이 아니었다. 현실이 그랬다.

　윤석열은 '분열해서 지배하라'는, 독재자들의 오래된 통치 방식을 그대로 따라 했다. 국민을 노골적으로 편 갈라 가리가리 찢어놓았다. 마음이야 어떻든 대통령이라면 말이라도 통합하는 시늉을 해야 했다. 대통령의 '대' 자는 높다거나 힘이 세다는 의미가 아니라 나라를 아우르고 통합하는 사람이라는 의미이기 때문이다. 그러나 윤석열은 그러지 않았다. 각종 기념일 축사에 '통합'이라는 말이 사라졌다. 대신 야당과 언론, 시민단체와 노동단체를 비난하는 말과 적대감만 차고 넘쳤다. 제1야당 대표 이재명을 범죄자 취급하며 만남조차 꺼렸다. 그렇게 혐오를 부추겼다. 총선에서 대패해 위기에 몰리자 그제야 처음으로 이재명을 만났다. 취임하고서 무려 720일 만이었다. 그 만남이 처음이자 마지막이 되었다. 김대중은 취임 후 2일 만에, 노무현은 14일 만에, 문재인은 취임 당일에 야당 대표를 만났다. 하다못해 역대 보수 정부에서도 윤석열과 같이 행동한 경우가 없었다. 노태우는 취임 93일 만에, 김영삼은 110일 만에, 이명박은 59일 만에, 박근혜는 46일 만에 야당 대표를 만났다. 국민을 하나로 모아야 할 대통령이 통합을 거부하고, 야당을 적대하니 국민 간에도 분열과 혐오가 깊어졌다.

　결국 우려했던 일이 벌어졌다. 끔찍한 테러였다. 2024년 1월 2일, 22대 총선을 3개월 정도 앞두고 이재명은 부산 가덕도 신공항 부지를 방문했다. 그날 10시경 기자들과 대화를 나누고 자리를 파하는 길이었다. 한 남자가 '사인 좀 해달라'며 다가왔다. 종이를 내밈과 동시에 남자는 예리한 칼로 곧장 이재명의 목 부위를 공격했다. 이재명은 그대로 바닥에 쓰러졌고, 그 주위로 피가 번졌다. 이후 부산에 있는 병원에서 응급처치를 하고, 헬기로 서울에 이송되어 응급수술을 받았다. 다행히 수술은 잘 끝났고 건강한 모습으로 퇴원할 수 있었다. 이재명은 퇴원하면서 국민께 감사 인사를 했다. 그 자리에서도 그는 죽이는 정치가 아닌 살리는 정치를 하자고 호소했다.

> 모두가 놀란 이번 사건이 증오의 정치, 대결의 정치를 끝내고 서로 존중하고 상생하는 제대로 된 정치로 복원하는 이정표가 되기를 진심으로 소망합니다. 상대를 죽여 없애야 하는 전쟁 같은 정치를 이제는 종식해야 합니다. 서로 존중하고 인정하고 타협하는 제대로 된 정치로 복원되기를 바랍니다.

범인은 67세 남성이었다. 국가기관이 개입한 것 아니냐는 의심도 있었지만 의심일 뿐이었다. 왜 칠순이 다 된 노인이 칼을 들었을까? 무슨 철천지원수라고 야당 대표를 향해 그런 짓을 저질렀을까? 모를 일이다. 분명한 것은 전쟁 같은 정치, 제거하는 정치가 안타깝고 참혹한 사건을 빚었다는 사실이다. 그래서 한 시민이 저지른 범행이라 해도 개인 문제로 치부할 수 없다. 비록 법을 앞세웠지만, 대통령과 국가기관이 나서서 정적을 제거하려 했다는 사실을 지울 수는 없다. 상대를 악마화해 혐오를 부추길 대로 부추겼다. 그 혐오가 그 대상을 물리적으로 제거해야 한다는 암시가 되지 말란 법이 없었다. 그 결과 대한민국은 언제라도 물리적 충돌로 번질 수 있는 심리적 내전 상태에 이르게 된 것이다. 늦었지만, 여기서 멈췄더라면, 이 비극에서 슬픔을 느꼈더라면, 그래서 다시 "헌법정신을 존중하고 의회를 존중하고 야당과 협치하면서 국민을 잘 모시도록 하겠다"는 초심으로 돌아갔더라면, 더 큰 비극은 없었을지도 모른다. 하지만 슬프게도 윤석열은 그 마지막 기회마저 걷어차버렸다. 그러고는 비참한 최후를 향해 미친 듯이 내달렸다.

V

저항의 순간

자유를 위해

하필 성탄 전야였다. 1958년 12월 24일, 아기 예수가 태어났다는 기쁜 소식 대신, 민주주의가 죽었다는 슬픈 탄식이 온 나라에 가득했다. 법안 하나를 두고 사달이 났다. "아이고, 아이고!" 민주당 사람들이 땅을 치며 울부짖는 통곡이 국회의사당을 무겁게 짓눌렀다. 언론은 그날을 대한민국 헌정사에서 씻을 수 없는 오점이라 기록했다. 누가, 무엇 때문에 역사에 그런 오점을 남겼는가? 무슨 법안이기에 하필 그날 그래야 했던 것일까? 민주당은 왜 그토록 처절하게 저항했던 것일까?

1958년 5월 2일 실시된 제4대 총선은 격렬했다. 자유당이 상대할 민주당은 그저 그런 옛 야당이 아니었다. 야당 세력이 이승만 독재에 맞서 대동단결해 만든 통합 야당이었다. 그렇기는 해도 자유당 기세가 워낙 드세 크게 욕심 부릴 상황은 아니었다. 개헌 저지선인 3분의 1 의석이라도 얻자는 마음이었다. 하지만 막상 선거에 들어가자 바람이 심상치 않았다. 특히 대도시에서 민주당 바람이 거셌다. 정권 2인자 이기붕이 자기 지역구인 서울 서대문갑에 출마할 엄두를 못 낼 정도였다. 결국 그는 서울을 버리고 이정재가 터 잡아둔 경기도 이천으로 내뺐다. 바람을 피한다고 해결될 문제가 아니었다. 이승만 정권은 민주당 바람을 막아보려고 경찰과 공무원들을 바람막이로 내세웠다. 온갖 관권선거, 부정선거로 떠난 민심을 붙들어보려 했지만 허사였다. 선거 결과, 자유당은 127석으로 10석이 줄었고, 민주당은 79석을 얻어 30석이 늘었다. 그 정도면 개헌을 너끈히 막고도 남았다. 민주당 사람들은 특히 서울을 싹 쓸었다는 사실에 들떴다. 서울 16개 선거구 중에서 15개를 이긴 것이다. 부산, 대구, 광주 같은 큰 도시들에서도 양상은 비슷했다. 반면 경북, 전남, 경기, 강원 등 농촌 지역은 이번에도 자유당에 표를 많이 줬다. 그야말로 '여촌야도'였다.

자유당으로서는 엎친 데 덮치기였다. 이미 제3대 정부통령 선거에서 민주당 장면에게 부통령 자리를 내준 터였다. 겉으론 태연한 척했지만, 가슴이 철렁했다. 그냥저냥 넘길 일이 아니었다. 2년 후에 있을 정부통령 선거를 생각하면 답답해 자다가도 벌떡 일어났다. 무슨 수를 내야 했지만 배운 게 도둑질이니 지금껏 해온 것 말고는 달리 할 줄 아는 게 없었다. 주구장창 색깔 타령, 반공 타령을 해댔다. 야당이 저렇게 활개를 치는 건 '반공의 요새가 흔들린 탓'이라고 했다. 누가 어떻게 반공의 요새를 흔들었단 말인가? 공산주의에 물든 세력과 선동질하는 언론이 주범이라고 했다. 그 선동질을 막는 게 급선무였다. 그래야 반공의 요새를 다시 굳건히 할 수 있다고 했다. 그 결론에 이승만도 흡족했다. 자나 깨나 나라와 국민만 걱정하는 자신에게 맞서는 무리는 공산주의자나 반국가세력이라는 것이 이승만 신념이었다. 조봉암 같은 자가 득세하고 장면이 부통령까지 되는 현실이야말로 '북한과 비밀리에 연결된 친공산주의자가 많다'는 증거 그 자체였다. 이승만 정권은 반국가세력을 일거에 쓸어버리지는 못하더라도 입을 틀어막고, 팔다리는 묶어버리기로 했다.

총선 전부터 조짐이 있었다. 희생양은 조봉암이었다. 그는 감히 무력북진통일론에 반기를 들고 평화통일론을 떠벌렸다. '피를 흘리지 않고 평화적인 방법으로 남북통일을 하자.' 대단할 것도 없는 그 주장에 사람들은 현혹되었다. 1956년 제3대 대선에서 이백만 명 넘는 국민이 그 주장에 열광해 조봉암을 찍었다. 경쟁자를 가만두는 독재자는 없다. 대선이 끝나자마자 조봉암에게 비극이 시작되었다. 1957년 11월 22일, 이근식 내무부 장관은 중대 발표를 했다. 평화통일을 주장한 인사와 정당을 조사하고 있다는 것이다. 내친김에 국가보안법도 손보겠다고 했다. 평화통일론은 나라 주권을 무시한 것이니 처단해야 하나, 현행 국가보안법으로는 역부족이기 때문이라고 했다. 이듬해 1월 12일, 치안국은 평화통일구호 등을 문제 삼아서 기어코 진보당 당수 조봉암과 간부들을 체포해 구속했다. 이승만은 소식을 듣고 '진즉에 처리되었어야 할 사람'이라며 흡족해했다. 제4대 총선은 그런 무시무시한 분위기 속에서 치러졌다.

민주당도 무력북진통일론을 비판하며 평화통일론을 들고 나왔다. 총선을 앞둔 1958년 4월 13일에는 '남북한 총선거로 통일을 이루자'는 선거 구호도 내놓았다. 그 주장은 기실 특별할 것도 없었다. 1954년 유엔 참전국 16개국이 참여한 제네바 회담에서 이미 나온 주장이었다. 그 회담에서 한국 대표단은 통일에 관한 14개 원칙을 제시했다. 그중 하나가 '유엔 감시 하의 자유 선거원칙'이었다. 민주당이 주장한 평화통일론은 그 원칙을 다시 확인한 정도였다. 어쨌거나 민주당이 선거를 앞두고 북진통일론을 비판하니, 울고 싶은데 뺨 때려준 격이었다. 자유당은 총선을 또다시 색깔론으로 뒤덮었다. 민주당은 용공통일은 결코 안 된다는 입장을 거듭 강조했다. 그런데도 자유당은 민주당이 제시한 통일 방안이 대한민국 정통성을 부정했다며 반국가 타령을 해댔다. 하지만 선거 결과에서 보듯, 색깔론은 예전만 못했다.

총선 결과로 불안해진 이승만 정권은 국가보안법 개정을 서둘렀다. 법이 너무 낡아서 시대에 맞지 않는다고 했다. 18개 조항과 부칙 2개 조항은 너무 단출해 교묘해지고 현대화한 북한 대남 전략에 대응할 수 없다고 주장했다. 간첩을 잡아봤자 제대로 처벌할 수 없다는 불만도 늘어놨다. 물론 국가보안법은 1948년 12월에 제정되어 10년이 지나기는 했지만, 말이 안 되는 소리였다. 국가보안법은 무소불위였다. 제정 직후인 1949년 한 해 동안만 이 법으로 잡아 가둔 사람이 무려 118,621명에 달할 정도였다. 정당이나 사회단체도 132개나 해산시켰다. 그래서 오히려 헌법이 보장하고 있는 사상의 자유나 집회결사의 자유를 해친다는 지적이 끊이질 않았다. 어쨌든 국가보안법 개정안이 1958년 8월 9일에 국회로 넘어왔다. 유치장에 잡아둘 수 있는 구류 기간 30일이 너무 짧다며 10일간 더 연장했다. 변호사를 만나는 것도 금지할 수 있게 했다. 사법경찰관이 작성한 조서를 증거로 채택할 수 있고, 군인이나 공무원이 한 선동 행위도 처벌할 수 있었다. 이런 개정안을 두고 민주당도 자유당도 마뜩잖았다. 민주당은 자유를 억압하고 국민 기본권을 침해할 소지가 큰 독소조항들이라고 반발했다. 반면 자유당은 조항들이 너무 물러빠져서 못마땅했다. 이 정도로 '정권'을 지킬 수 있겠냐며 불만스러워했다. 자유당 지도부는 법무부 장관을 만나 더 강력한 조항을 담아 오라고 요구했다.

　기어코 국가보안법 개정안이 더 강력해져서 돌아왔다. 11월 18일 다시 제출된 개정안은 전문 3장 40조, 부칙 2조로 방대하고도 세밀해졌다. 더 포악해진 조항들이 금방 눈에 띄었다.

국가의 정보를 수집한 자는 10년 이하의 징역에 처한다.

이렇게 되면 기밀이나 정보를 적에게 전달하지 않고 단순히 수집만 해도 처벌할 수 있게 된다.

헌법기관을 명예훼손할 경우 10년 이하의 징역에 처한다.

대통령이나 정부를 비판하기만 해도 처벌하겠다는 것이다. 진짜 막장은 제17조 인심혹란죄였다.

공연히 허위의 사실을 적시 또는 유포하거나 사실을 왜곡하여 적시 또는 유포함으로써 인심을 혹란케 하여 적을 이롭게 한 자는 5년 이하의 징역에 처한다.

이 조항은 누가 봐도 언론을 통제하겠다는 것이었다. 국민 눈을 가리고, 귀는 막겠다는 속셈이었다.

법조계와 언론계가 일제히 들끓었다. 대한변호사협회는 '이현령비현령법' '인권침해법'이라고 맹비난했다. 적용 범위가 너무 포괄적이고 애매해 엿장수 맘대로 잡아 가둘 수 있다는 것이다. 언론계는 끔찍한 법이라고 했다. '공산주의 선전을 퍼뜨리거나 유포한 행위'라는 규정은 너무 막연했다. 그런 막연한 죄에 중형을 가하는 것은 언론에 입 닥치고 있으라는 말이나 마찬가지였다. 일제강점기 치안유지법보다 더 악랄하다는 비판도 많았다. 민주당도 극렬히 반대하고 나섰다. 간첩 못 잡는 것을 애먼 법 탓으로 돌리지 말라고 했다. 선거 개입하고 야당 감시하는 데 쓴 공력을 절반만이라도 간첩 잡는 데 썼다면, 못 잡을 간첩이 어디 있었겠느냐고 따졌다. 민주당은 11월 23일, 개정안에 반대하는 성명을 내놓았다.

정부가 제출한 국가보안법은 공산 분자를 더 잡을 수 있는 이점보다는 언론자유를 말살하고 야당을 질식시키며 일반의 공사 생활을 위협할 해로운 점이 심대하다.

이승만은 그런 비판을 다 잠꼬대로 치부하고, 한시바삐 국가보안법 개정안을 통과시키라고 자유당을 닦달했다. 자유당도 올해 안에 반드시 개정안을 통과시키겠다고 다짐했다. 우선 분위기부터 다잡았다. '개정안에 반대하는 자는 공산당이다.' 조병옥 민주당 대표는 그 속내를 훤히 꿰뚫어 보고는 혀를 끌끌 찼다.

1960년 정부통령 선거에서 암묵 세계를 만들어
정권연장을 기도하고 있는 것이 뻔하다.

개정된 국가보안법을 정권을 지키는 칼로 쓸 게 분명했다. 그 칼을 누구에게 휘두를지도 불 보듯 뻔했다. 민주당은 총선이 끝나고 10월에 연 전당대회에서 공식적인 통일 방안을 선언했다.

유엔 감시 하의 자유선거로 통일 국회를 구성하고,
그 국회가 헌법을 제정해서 남북통일 정부를 수립한다.

1955년 창당 시에는 뚜렷한 통일 방안을 내놓지 않았었다. 강령에 "국력의 신장과 민주우방과의 제휴로서 국토통일과 국제주의의 확립을 기한다"는 정도만 담았다. 그랬던 민주당이 이승만이 주장해온 무력북진통일론에 정면으로 도전한 것이다. 정부와 자유당은 길길이 날뛰었다. 민주당 통일 방안이 헌법과 국시를 배반하고 북한을 이롭게 한다며 성을 냈다. 때마침 조병옥 대표 기자회견이 성난 데 기름을 부었다. 조병옥은 11월 23일 기자회견에서 "대한민국의 정부도 반공정부, 국회도 반공국회, 국민도 반공국민"인데 더 이상 무슨 반공이 필요하냐고 물었다. 그러면서 민주당 통일 방안을 용공이라고 비난하려면 1954년 제네바 UN 정치회담 때 변영태 외무부 장관이 제안한 한반도 통일에 관한 14개 조항도 철회하라고 맞섰다. 정부 대표단 말이나 민주당 말이나 무슨 차이가 있냐며 내로남불도 정도껏 하라고 했다.

  이승만과 자유당은 통일 방안 논쟁이 싫지 않았다. 손해 볼 게 없었던 것이다. 민주당을 용공으로 몰아 국가보안법 개정이 필요하다는 여론을 최대한 조성하려고 했다. 성동격서 격으로 사람들 관심이 통일 방안 논쟁에 쏠리는 동안 보안법 개정을 추진하려는 속셈도 있었다. 그래서 논쟁을 부채질하는 데 열을 올렸다. 이승만은 국무회의에서 "민주당의 남북통일론이 북한과 관련된 면이 있는지 알아보라"고 지시했다. 자유당도 조병옥 발언이 조봉암이 주장한 평화통일론이나 북한이 주장하는 통일안과 흡사하다며 흥분했다. 그러면서도 변영태 장관이 제네바에서 제안한 것과 같은 소리라면 국시 위반은 아니라고 했다. 이랬다저랬다였다. 자유당은 이 문제를 국회까지 끌고 가 논란을 키웠다. 12월 2일부터 국회에서는 통일 논쟁이 벌어졌다. 자유당이 주되게 문제 삼은 것은 '남북한총선거론'이었다. 제네바회담에서 남북한 총선거가 제안된 바 없는데도 교묘하게 왜곡했다는 것이다. 자유당 박상길 의원도 민주당이 억지를 부리고 있다고 했다. 남한 선거는 대한민국 헌법 절차 아래서 시행하고 북한 선거만 따로 유엔 감시 아래 실시한다는 것이 제네바 회담 내용이라고 주장했다. 사실 박상길 주장도, 민주당 주장도 틀린 말은 아니다. 한국 대표단이 제시한 14개 원칙이라는 것이 해석할 여지가 많았다. 어쨌든 8일 동안 타오르던 통일 논쟁은 말 그대로 논쟁만 하다 시나브로 사그라들었다.

  통일 논쟁으로 연막을 피우는 사이에 국가보안법 개정안은 고지를 향해 내달리고 있었다. 민주당은 어떻게든 속도를 늦춰 개정을 막으려고 애를 썼다. 국가보안법은 내부위원회, 국방위원회, 법제사법위원회 등 3개 상임위원회에 걸쳐 있었다. 그러니만큼 3개 상임위에서 따로따로 개정안 심사를 진행하자고 요구했다. 갈 길 바쁜 자유당이 그 요구에 응할 리 없었다. 연내에 법안을 통과시키려면 한시가 급했다. 더군다나 민주당이 세 개 상임위에서 문제점을 물고 늘어지면서 십자포화를 퍼부을 것은 안 봐도 그림이었다. 그렇게 되면 개정에 반대하는 여론만 비등해질 것이 뻔했다. 자유당은 이미 법제사법위원회에서 단독 심사할 계획을 세워두었다. 법안 관련 부처 장관이 해야 하는 부서(副署)도 법무부 장관만 해두었다. 법제사법위원회에만 관련된 법안이라고 우길 근거를 애초에 만들어둔 셈이다. 민주당은 보안법과 관련 있는 부처인 국방부 장관, 내무부 장관이 부서하지 않은 것은 관계 장관이 부서토록 한 헌법을 위반한 것이라고 따졌다. 헌법을 위반했으니 법안을 반려해야 한다는 내용으로 동의안을 냈지만 부결되었다. 자유당은 일사불란한 데다 용의주도하기까지 했다. 민주당은 속수무책이었다. 국가보안법 개정안은 12월 8일에 법사위로 넘어갔다. 법사위 심의가 시작되자 민주당은 심의 자체를 거부했다. 법무부 장관이 제안 설명조차 못 하게 막아 시간을 끌었다. 며칠 동안 법무부 장관은 회의장에 멀뚱히 앉아 있다가 펼쳐둔 서류만 챙겨 돌아가기를 되풀이했다.

통과시키려는 자와 막으려는 자가 숨 막히는 싸움을 벌였다. 양쪽 모두 숨 쉴 구멍이 필요했다. 공청회를 열기로 했다. 개정안 찬성 측과 반대 측 전문가 각각 세 명씩 공청회에 참석했다. 모두 내로라하는 전문가들이었다. 방청석에도 바늘 꽂을 틈도 없이 시민들이 들어찼다. 라디오로도 중계된 이날 공청회에서 전문가들은 찬반 입장이 분명했다. 그런 와중에도 인심혹란죄나 헌법기관에 대한 명예훼손죄는 문제가 있으니 삭제하는 것이 바람직하다는 데는 한목소리였다. 자유당은 그 소리를 한 귀로 듣고 한 귀로 흘렸다. 12월 14일부터 법사위는 법안 제안 설명을 건너뛰고 법안 질의를 진행했다. 민주당 의원들은 끝없는 질문과 토론으로 지연전술을 폈다. 조재천 의원은 혼자서 3일간 질문을 이어갔다. 그러던 참에 허를 찔리고 말았다.

12월 19일, 자유당 의원들은 회의 시간인 오후 3시 정각에 전광석화처럼 회의장에 모였다. 민주당 의원들은 아직 도착하지 않았다. 위원장은 그 틈을 놓치지 않고 옳다구나 하며 회의를 시작했다. 보안법을 원안대로 처리하자는 동의가 나오자 곧바로 받아들여 만장일치로 가결했다. 그러기까지 걸린 시간은 단 3분이었다. 3분 만에 뚝딱 해치우더니 아버지 제사라도 있는 사람들처럼 서둘러 자리를 떴다.

그 중요한 찰나에 민주당 의원들은 어디서 뭘 하고 있었을까? 의사당 지하 구내식당에서 점심을 먹으면서 회의를 준비하고 있었다. 그러다 시간이 되어 급히 회의장으로 올라갔지만, 입구에서 마주친 자유당 의원들은 자꾸만 눈길을 피했다. 무슨 일인가 싶어 헐레벌떡 들어가보니 이미 회의를 파한 뒤였다. 3분 지각이 되돌릴 수 없는 결과를 초래한 것이다. 방심한 것에 가슴을 쳤지만, 누구를 탓하고 자실 일이 아니었다. 당장 마지막 남은 본회의 표결을 어떻게 저지할 것인지가 문제였다. 민주당은 곧바로 의원총회를 열었다. 너나없이 본회의장에 드러눕자며 흥분했다. 당은 비상체제로 돌입했다. 민주당만 그런 것이 아니었다. 자유당도 보안법을 연내에 통과시키려 했다. 결국 이쪽도 저쪽도 총력전에 들어갔다.

민주당 의원 72인과 무소속 5인은 본회의장에 집결했다. 손에는 이불이며 베개 같은 침구류가 들려 있었다. 한겨울 밤을 한데서 지새우려니 단단히 채비했다. 온기라고는 없는 회의장 바닥에서 의원들은 닷새째 농성을 이어갔다. 그 사이 지도부가 이기붕 의장과 면담을 추진하는 등 다양한 해결 방안을 시도했지만 허사였다. 저격 사건 이후 바깥 활동을 삼가던 장면 부통령도 의원들을 격려하기 위해 의사당으로 첫걸음을 했다. 농성 엿새째가 되었다. 1958년 12월 24일 성탄절 이브, 아침부터 공기가 스산했다. 10시에 본회의가 잡혀 있었다. 민주당 의원들은 이른 아침부터 태세를 갖춰 표결을 막을 준비를 했다. 본회의가 열리기 15분 전인 9시 45분, 까마귀 떼 같은 '가죽 잠바들'이 본회의장 앞에 버글거렸다. 한희석 국회부의장이 경위권을 발동한 것이다. 가죽 잠바들은 매일 마주치던 낯익은 국회 경위들이 아니었다. 전국 경찰에서 뽑아 훈련시킨 무술 유단자들이었다. 누군가 '돌격'이라고 외치자 가죽 잠바 삼백 명이 본회의장 안으로 들이닥쳤다. 꽤나 훈련을 잘 받았는지 손발을 능숙하게 놀렸다. 가죽 잠바 세 명이 달려들어 농성 중인 의원 한 명을 떠메고 나가는 식이었다. 떠멘 의원들을 지하에 있는 구내식당으로 끌고 갔다. 본회의장은 삽시간에 아수라장이 되었다. 민주당 의원들은 맹렬히 저항했다. 소리를 지르고 발버둥 쳤지만 유단자들을 당해낼 재간이 없었다. 하릴없이 구내식당에 갇혔다. 끌려 나오면서 의원 몇몇이 다쳐 병원으로 후송되기도 했다. 그러는 동안 자유당 의원들은 인정머리라고는 눈곱만큼도 보이지 않았다. 시커먼 괴한들이 동료 의원들을 치고 받고 누르며 개처럼 끌고 가는데도 멀뚱히 바라만 보았다. 그러더니 민주당 의원들이 다 끌려 나가자 얼른 회의장 출입문을 걸어 잠그기까지 했다.

그제야 한희석 부의장은 개의를 선언했다. 곧장 국가보안법 개정안을 안건으로 올렸다. 법무부 장관이 짧게 제안 설명을 하고 질의와 토론 없이 표결로 들어갈 참이었다. 그때 이기붕 의장 요청이라며 수정안이 제출되었다. '허위의 사실을 적시 또는 유포'를 '허위의 사실을 허위인 줄 알면서 적시 또는 유포'로 바꾸자는 것이었다. '사실을 왜곡하여 적시 또는 유포'라는 문구는 '사실을 고의로 왜곡하여 적시 또는 유포'로 고쳤다. 기막힌 연출이자 짜고 치는 고스톱이었다. 마지막 순간에 겨우 몇 자 끼워 넣고는, 야당과 언론 의견을 반영했다고 생색 내려는 것이었다. 눈 가리고 아웅 하는 꼴이었다. 허위인 줄 알았는지 몰랐는지, 고의인지 아닌지를 귀신 아니고서야 누가 어떻게 안단 말인가? 자유당은 내친김에 예산안까지 모두 27개 안건을 전부 깨끗이 통과시켜버렸다. 그렇게 이승만에게 줄 성탄절 선물을 마련했다.

성탄절 이브였지만 들려 오는 소리는 캐럴 아닌 애국가였다. 개처럼 끌려가 갇힌 민주당 의원들이 지하 구내식당에서 부르는 노래였다. 울부짖는 이들도 있었다. 그렇게 갇힌 지 5시간 만에 무술경찰이 의원들을 끌어내 국회 밖으로 내쫓았다. 내쫓긴 의원들은 의사당 정문에 모여 서로 어깨를 겯고 외쳤다. "대한민국의 간판을 갈아라!" "대한민국 만세!" 김상돈 의원은 대한민국과 민주주의가 학살당했다며 곡을 했다. "아이고! 아이고!" 농성을 이끌었던 조병옥 대표는 통한으로 눈물만 머금은 채 아무 말도 하지 못했다. 끝난 판에 날장구가 무슨 소용이겠냐는 체념 같았다. 한탄과 통곡이 한창이던 순간 이번에는 완전무장한 경찰기동대가 의원들을 강제로 해산했다. 반항하는 의원은 억지로 택시에 태워 집으로 보냈다.

이틀 뒤인 12월 26일, 이승만은 성탄절에 받은 선물을 자랑하듯 국가보안법 개정안을 공포했다. 민주당은 슬픈 성명을 발표했다.

이로써 민주주의는 타살되고 민주독립과 공산주의 배격을 위하여 선열과 동포가 흘린 피도 무색하게 되었다.

자유당은 그 사달을 일으키고도 사과 한마디 없었다. 이기붕 의장은 도리어 "24일의 조치는 회의를 열고 필요한 질서 유지를 위해서 눈물을 머금고 한 것"이라고 낯 두꺼운 소리를 해댔다. 눈물은 왜 머금었는가? 눈물을 머금고라도 그런 짓을 해야 할 이유가 도대체 무엇이었는가? 무술경찰을 동원해 의원들을 감금하고 의결권을 빼앗는 반민주적 폭거와 헌정질서 파괴를 왜 해야만 했는가?

민주당은 강력한 장외투쟁을 벌이기로 했다. "국가보안법 개정 반대 전국 국민대회 발기 준비위"를 꾸리고 전국적으로 국민대회를 열어 보안법 반대 투쟁을 준비했다. 그마저도 쉽지 않았다. 경찰이 강력하게 막고 나섰기 때문이다. 민주당은 결국 전면적인 장외투쟁을 벌이지 못했다. 보안법 개정안이 통과된 직후인 1958년 12월 27일 자 성명에서 "의원직을 총사퇴함으로써 역부족을 국민 앞에 사과할 것도 생각하였으나 국회의석을 포기함은 정당 활동도 포기하고 모든 것을 자유당의 호구(虎口)에 내어 맡기는 것"이라며 원내 투쟁을 병행한다는 방침을 세웠다. 법이 시행된 1959년 1월 8일 이후부터 장외투쟁 분위기는 거의 사그라졌다. 1959년 5월경부터는 완전히 원내 투쟁으로 전환했다. 국회 안에서 보안법 파동 책임을 끈질기게 따졌다. 경위권 발동이 불법이라고 문제 삼아 국회의장 이기붕에 대한 사퇴권고 결의안을 내고, 무술경위를 채용한 비용 내역을 밝히기 위해 국정감사 결의안도 냈다. 하지만 모두 자유당 반대에 부딪혔다. 경위권을 발동하고 본회의 사회를 보았던 한희석 부의장이 사임하는 것으로 보안법 파동은 표면상 일단락되었다.

　보안법 파동 후유증은 자못 컸다. 이백여 일 동안 법안을 하나도 처리하지 못했을 정도로 국회는 완전히 마비되었다. 그러는 동안에도 보안법은 잘도 돌아갔다. 1959년 1월 8일부터 시행되어 고작 넉 달 만에 법 위반으로 체포한 사람이 290명에 달할 정도였다. 간첩이 갑자기 많아졌는지, 숨은 간첩이 그렇게 많았었는지는 모를 일이었다. 어쨌거나 우려했던 일들이 곳곳에서 벌어진 것만은 사실이다. 술을 마시다 대통령 욕한 것을 헌법기관 명예훼손 혐의로 붙잡아 갈 정도였다. 막걸리보안법 시대가 열린 것이다. 4월 들어서는 급기야 우려했던 사태가 찾아왔다. 가장 매섭게 독재 정권을 비판하던 《경향신문》이 폐간당했다. 보안법이 간첩 잡는 법이 아니라 '신문단속법'이라는 사실이 드러난 것이다. 이승만은 폐간 보고를 받고는 "법대로 했으면 됐다"고 흡족해했다. 법치가 독재 수단이 된 것이다. 독재의 충견이 된 법 앞에서 민주주의의 충견인 언론은 너무도 가녀렸다. 폐간되기 전 그해 1월 1일, 경향신문이 신년호에 실은 조지훈의 시는 그 가녀린 언론에 바치는, 미리 써둔 조사였다.

공산주의와 싸우기 위하여 공산주의를 닮아가는 무지가
불법을 자행하는 곳에
민주주의를 세운다면서 민주주의의 목을 조르는 폭력이
정의를 역설하는 곳에
버림받은 지성이여 짓밟힌 인권이여
너는 정말 무엇을 신념하고 살아가려느냐
(…)
백성을 배신한 독재의 주구 앞에 연약한 민주주의 충견은 교살되었다
(…)
새 아침 옷깃을 가다듬고 죽음을 생각는다.
육친의 죽음보다 더 슬픈 이 민주주의의 조종(弔鐘)이여!
(…)
우리는 무엇을 바라고 살아야 하는가 짓밟힌 자유여!
정말 우리는 무엇을 믿고 살아야 하는가 불행한 신념이여!

혁명의 불길

사람 팔자는 알 수 없다. 1960년 5월 29일, '민족의 태양' 이승만은 아침 햇살이 떠오를 무렵 망명길에 올랐다. 조국은 그에게 발붙일 땅 한 뼘조차 내주지 않았다. 스스로 자초한 일이었다. 그는 탐욕스러웠다. 국민에게서 주권을 도둑질해 자기 권력을 키웠다. 그는 잔혹했다. 빼앗긴 주권을 돌려달라는 국민을 향해 총을 쏘았다. 그 탐욕과 잔혹이 극에 달했을 때, 사람들은 독재의 민낯을 보았다. 시민들은 외쳤다. '껍데기는 가라! 가짜 민주주의, 속이 썩어 문드러진 좀비 민주주의는 이제 그만 가라! 진짜 살아서 팔팔 뛰는 민주주의, 국민이 주인 노릇 하는 민주주의여 오라!' 그 소박하고도 격렬한 바람이 혁명의 거대한 물결을 일으켰다. 1960년 4월 19일, 그날의 혁명은 지독하고 무모했던 3·15 선거 쿠데타에 맞서면서 시작되었다.

불안은 영혼마저 잠식하곤 한다. 1956년 제3대 대선이 끝나자 이승만은 극도로 불안했다. 선거 결과는 이승만에게 치욕과 곤욕을 안겼다. 야당은 밤낮으로 '못 살겠다 갈아보자' 외치며 거리를 누볐다. 야당이야 맨날 하는 소리 하는 것이니 무시할 수 있었지만, 국민까지 그 말에 맞장구를 치자 심사가 뒤틀렸다. 이만한 나라로 만든 사람이 누군데 이제 와 자기 때문에 못 살겠다며 갈아 치우자고 하는가. 배신감에 이를 갈았다. 그러든가 말든가 국민은 민주당 장면을 기어코 부통령으로 만들었다. 그뿐만이 아니다. 죽은 공명이 산 중달을 꾸짖는다는 말은 들어봤지만, 그 일이 자신에게 일어날 줄은 몰랐다. 죽은 신익희를 추모하는 열기가 선거판을 휘돌았다. 많은 표가 조봉암에게, 그리고 죽은 신익희에게 갔다. 그 둘이 받은 표를 합치면 이승만 표와 큰 차이가 없었다. 죽은 신익희, 공산주의자 조봉암과 겨뤄서 겨우 과반 득표를 한 셈이다. 온 나라가 공산당 천지가 된 것이 아니고서야 그럴 리가 없었다. 불안과 공포가 엄습했다. 사방에서 들려오는 '국부'니, '민족의 태양'이니 하는 아부에 취해 있을 때가 아니었다.

무슨 수를 써서라도 다음 대권을 잡아야 했다. 이승만은 일찌감치 정적 조봉암을 잡아 가뒀다. 갖은 반대를 무릎쓰고 막무가내로 국가보안법을 고친 덕을 톡톡히 봤다. 국가보안법을 들이밀어 신문사를 통째로 문 닫게 했다. 야당 기관지 노릇하던 《경향신문》은 오래전부터 눈엣가시였다. 이승만은 호시탐탐 노리다가 기회가 오자 병아리 본 솔개처럼 잠시도 망설이지 않았다. 몇몇 사설과 기사를 문제 삼아 내란선동죄, 국가보안법 위반 혐의로 덜미를 쳤다. 내란 선동 '증거'라는 것이 고작 "대통령도 잘못하면 국민이 갈아치울 수 있다"는 사설 한 줄이었다. 그러더니 결국 1959년 4월 30일 폐간 처분을 내렸다. 파란 눈 가진 외국인 기자도 《경향신문》을 폐간하며 노리는 것이 뭔지 훤히 알고 있었다. 이하는 《AP통신》 5월 17일 자 기사 일부다.

이번 폐간조치는 내년에 있을 정부통령 선거에서 이승만 대통령이 이끄는 자유당이 승리하기 위해서 취해졌으며, 자유당은 언론에 재갈을 물리는 등 가혹한 수단만이 1960년 선거 승리의 길이라고 믿고 있다.

이승만 정권은 그렇게 민주당 손발을 꽁꽁 묶고 입은 틀어막았다. 반대로 자신들 수족은 늘리고 목소리를 키웠다. 선거에서 손발 노릇 할 정치부대로 대한반공청년단을 만들고, 나팔수 노릇 할 선전부대로 반공예술인단을 꾸렸다. 1959년 1월 22일에 자신을 찾아온 대한반공청년단 각 도 대표에게 반공청년단 총재 이승만은 강렬한 교시를 내렸다.

반공으로 나라를 지켜라.

그들에게는 이승만이 곧 반공이요, 이승만에 반대하는 자는 용공이었다. 그들을 향해서는 테러도 서슴지 않았다. 나라 안에 깡패란 깡패들을 다 긁어모았다. 1959년 말에는 그 조직원 수가 무려 135만 명에 달했다. 1960년 정부통령 선거운동이 시작되자 반공청년단원들은 민주당 사람들 선거운동을 방해하는 것은 물론 백주에 폭력도 예사로 휘둘렀다. 경찰마저 그 뒤를 봐주고 있었으니 간이 배 밖으로 나올 만했다. 1960년 4월 18일 부정선거를 규탄하는 시위를 마치고 학교로 돌아가는 고려대 학생들을 무자비하게 공격한 이들도 바로 그들이었다. 4·19 이후 재판에서 대한반공청년단이 저지른 죄상이 낱낱이 드러났다.

**1960년 3월 15일 선거에서 이승만을 대통령으로,
이기붕을 부통령으로 당선시킬 것을 결의하고 조직원들에게 선전요령문,
선거자금을 비밀리에 배부해 부정선거 실시에 주도적 행위를 하고
청년들을 사주 동원했다.**

선전전위대 역할은 반공예술인단이 맡았다. 단장은 깡패 임화수였다. 1959년 3월에 반공예술을 한답시고 연예인들을 모아 꾸린 조직

이었다. 말이 좋아 반공예술이지, 실상은 스타 연예인들을 몰고 다니면서 민주당을 비난하고 자유당을 선전했다. 임화수는 배우들을 강제 동원해 '독립협회와 청년 리승만'이라는 선전영화까지 만들었다. 선거 유세나 행사에 오지 않는 연예인들은 빨갱이로 낙인찍어 불이익을 줬다. 문화예술계 블랙리스트가 그때부터 시작된 셈이다. 요구에 응하지 않으면 스타고 뭐고 소용없이, 갈비뼈가 똑 부러지도록 쥐어 터지기도 했다.

그러나 그런 외곽 조직만으로 될 일이 아니었다. 빈틈없이 강력하게, 실수 없이 깔끔하게 관권선거를 치르려면 일사불란한 지휘부가 필요했다. 그 중심에 '최후로 써먹을 총알' 최인규를 앉혔다. 1959년 3월, 최인규는 내무부 장관에 취임하면서 관권선거 의지를 노골적으로 드러냈다.

모든 공무원은 이승만 대통령에게 충성을 다해야 하며 차기 정부통령 선거에서는 기필코 자유당 입후보자가 당선되도록 해야 한다.

'콩밥을 먹어도 내가 먹고 징역을 가도 내가 간다.' 그는 그렇게 호기를 부리며 정치 중립 의무가 있는 공무원에게 대놓고 선거에 개입하라고 독려했다. 높은 사람이 솔선수범, 살신성인한다니 아랫사람들도 의지를 다졌다. 최인규를 중심으로 법무부, 체신부, 농림부, 국방부, 재무부 장관이 참여하는 6인위원회를 구성해서 범정부적으로 부정선거를 준비했다. 치안국장, 서울시경국장, 도지사들도 모두 믿을 만한 사람으로 물갈이했다. 부정선거 음모는 그렇게 은밀하고 치밀하게 뿌리를 내리고 있었다.

멍석을 깔았으니 이제 주인공이 등장할 차례였다. 1959년 6월 29일, 대선이 한참 남았는데도 자유당은 일찌감치 제4대 대통령 후보로 이승만을, 부통령 후보로 이기붕을 지명했다. 대통령 임기가 내년 5월까지였으니 후보를 지명하기엔 일러도 너무 일렀다. 애초에 이날 전당대회는 후보지명대회가 아니었다. 그런데도 전당대회를 하던 중, 사회자가 갑자기 정회를 선언하더니 느닷없이 차기 정부통령 지명대회를 개최하겠다고 했다. 모두가 미리 입을 맞추기라도 한 것처럼 만장일치로 그러자고 했다. 그렇게 이승만이 대통령 후보로 지명되었다. 이어서 부통령 후보는 이승만이 지명하는 사람으로 하자고 제안하니 모든 대의원이 기립박수로 찬성했다. 우스꽝스러우리만치 허술하고 허접했다. 10월 즈음에 열기로 했던 후보지명대회를 그렇게 앞당겨 허둥지둥 해치운 데는 나름대로 사정이 있었다. 당내에서 부통령 후보를 두고 가로왈 세로왈 해대는 상황을 빨리 정리해야 했다. 게다가 이승만이 유일하게 기댈 수 있는 이기붕은 건강 문제가 심각했다. 그런 이기붕을 부통령 만들려면, 그를 서둘러 후보 자리에 앉혀 당내 동요부터 잠재워야 했다. 이후 자유당 지도부는 부통령 지명을 받으러 이승만을 찾아간다. 그들이 나눈 대화는 참 단출했다. "내가 가장 미더워하는 이기붕이 어떠냐?" "당원들도 그렇게 할 것을 희망합니다." "그러면 쾌히 승낙한다." 그렇게 이기붕이 부통령 후보가 되었다. 지명을 받자마자 이기붕은 잔뜩 헛바람을 잡았다.

전 당원들이 온 힘을 합쳐 협조해준다면
나는 부통령후보자라기보다 부통령이라고 하여도 과언이 아니다.

지명이 곧 당선이라니, 헛바람처럼 들렸지만, 어째 뭘 좀 아는 눈치였다.
  민주당 상황은 전혀 딴판이었다. 자유당은 이미 만반의 준비를 마쳤건만, 집안싸움에 정신이 팔려 대선 준비는 꿈도 못 꿨다. 신파 장면과 구파 조병옥이 후보 자리를 두고 경쟁했다. 말이 경쟁이지 실상은 전쟁 같은 나날이었고, 그 싸움이 연일 신문 지면을 채웠다. 사실 그들 싸움은 어제오늘 일이 아니었다. 장파와 조파로 불리기도 한 신파와 구파는 사사건건 옥신거려 같은 당에 있는 것이 신기할 정도였다. 1958년 연말 국가보안법 개정 때에도 양측 갈등은 적이 심각했다. 당시 구파는 비밀리에 자유당과 접촉해 사태를 해결하려고 했다. 신파는 이 사실을 알고 구파가 당내 합의도 없이 자유당에 굴욕적인 밀서까지 보냈다며 괘씸히 여겼다. 구파도 할 말은 있었다. 명분만 내세워 강경투쟁으로 날밤을 새운댔자 되는 일이 뭐냐고 신파를 팔매질했다. 1959년에 들어서는 개헌 문제로 또 한 번 홍역을 치렀다. 구파는 신파 몰래 자유당과 내각제 개헌을 두고 비밀 협상을 벌이고 있었다. 구파는 내각제를 고리로 자유당과 보수 통합 명분으로 정계를 개편하는 것까지 생각하고 있었던 모양이다. 이 비밀 협상이 어떤 기자 귀로 흘러 들어갔다. 그리하여 신문에 폭로되니 민주당은 발칵 뒤집혔다. 신파는 내각책임제가 당론이기는 하지만 정권을 잡고 난 후에 개헌을 추진해야 한다는 입장이었다. 신파에는 대통령 후보로 내세울 장면이라는 거물이 있었기 때문이다. 결국 민주당 중앙상무위원회는 1959년 4월 14일 7시간 동안 격론을 벌인 끝에 결론을 내렸다. 내각제 개헌을 하더라도 대통령은 직선제로 뽑되, 내각제 개헌안을 제출하는 시기는 적당한 때에 다시 정하기로 합의했다. 그렇게 봉합했지만, 신·구파는 불신과 갈등에 몸살을 앓았다. 불구경만 해도 재미날 텐데, 자유당은 분열 공작을 벌여 불난 집에 부채질까지 했다. 이권 보장과 정치자금을 미끼로 민주당 의원 몇을 꼬드겨 탈당시킨 것이다. 결국 10월 9일 조정훈 의원 탈당을 시작으로 의원 6명이 민주당을 나갔다. 하나같이 '맨날 싸우는 당엔 못 있겠다'고 했다.

이러나저러나 민주당도 후보는 뽑아야 했다. 본격적인 후보 지명전에 들어가자 갈등은 폭발했다. 서로를 모함하는 괴문서들이 돌아다니고, 일부 지구당에선 구파와 신파 사이에 주먹다짐도 벌어졌다.

사태가 적전 분열로 치닫자 조병옥이 돌연 대통령 후보 포기를 선언했다. 1959년 10월 10일, 조병옥은 비장하고 침통한 얼굴로 기자회견을 했다.

국민과 당 동지들의 여망에 따르려던 대통령 후보 지명 경쟁을 결연히 포기한다.

그러면서 분규를 수습하고 민주당을 살려 역사적 책무를 다하자고 호소했다. 신파든 구파든 아연실색했다. 누구는 맏형 노릇 잘했다고 추켜세웠고, 누구는 지지자를 저버렸다며 안타까워했다. 어쨌든 민주당 사람들은 하나같이 놀라고 당황했다. 그제야 당이 반성하고 자숙해 철석같이 단결해야 한다고 한목소리를 냈다. 그러나 곧바로 당은 더 큰 혼란 속으로 빠져들었다. 그 혼란을 수습하느라 민주당은 최고위원 10인으로 '분규수습10인위원회'를 꾸렸다. 일단 정부통령 후보 지명대회는 1959년 11월 26일에 열기로 했다.

후보 지명을 위한 전당대회 날이 다가왔다. 전당대회를 하루 앞두고 조병옥은 긴급 성명을 발표했다. 정부통령 지명 문제에서 오직 당이 내린 명령만이 자신을 구속할 수 있다고 했다. 지명대회에서 자신을 대통령 후보로 지명한다면 당론에 복종하여 수락하겠다는 의미였다. 말을 뱅뱅 돌렸지만, 출마 포기 의사를 거둬들인 것이다. 1959년 11월 26일 오전 10시, 명동 시공관에 대의원 966명이 가득했다. 조병옥과 장면이 무대에 올라 악수를 했다. 그 모습에 만장한 대의원들은 환호하고 박수를 보냈다. 대회가 시작되고 먼저 후보 지명 방식을 표결로 정했다. 신파가 제안한 단기명 일회투표안이 채택되었다. 대의원은 대통령 후보에게 한 표씩만 던진다. 가장 많은 표를 얻은 사람이 대통령 후보가 되고, 차점자는 부통령 후보가 된다. 단, 대통령 후보는 총 투표수 중 과반을 얻어야 한다. 과반이 안 되면 재투표에 들어간다. 이날 과반은 483표였다. 지명 방식 표결에서 이긴 신파는 김칫국부터 마셨다. 이대로라면 대통령 후보 지명에서도 장면이 무난히 이길 것이라고 낙관했다. 반대로 구파는 당황한 기색이 역력했다. 그러나 투표 결과가 나오니, 전세가 뒤집혔다. 조병옥 484표, 장면 481표. 단 3표 차였지만 조병옥이 1차 투표에서 과반을 얻어 대통령 후보가 되었다. 그는 상기된 표정으로 무대에 올라 포부를 밝혔다. '모든 신명을 민주제단에 바칠 각오로 싸우겠다.' 조병옥과 장면은 손을 맞잡고 정부통령 후보 수락 선서문을 함께 낭독했다. 함성과 박수가 장내를 뒤흔들었다. 다음 날 이어진 전당대회에서는 장면이 당대표최고위원으로 선출되었다. 총 투표수 968명 중 장면 518표, 조병옥 447표였다. 당권과 대권을 신구파에게 각각 나누어 당 분열을 막으려는 대의원들의 지혜가 엿보였다. 당내 갈등이 민주적 절차로 깔끔하게 해소된 것이다.

 산 넘어 산이었다. 후보를 선출하고 선거 채비에 들어가나 싶더니, 또 한바탕 난리가 났다. 대통령 후보 조병옥이 1959년 12월 중순 청량리 위생병원에 입원했다. 민주당 사람들은 언론에 후보지명대회를 치르느라 과로한 탓이라고 태연히 알렸지만, 내심으로는 불안했고 공포가 엄습했다. 지난 대선에서 신익희를 잃은 아픈 기억 때문이었다. 다행히 조병옥은 며칠 뒤 퇴원했지만, 완치된 것은 아니었다. 이듬해 1월 29일 '낫는 대로 지체없이 달려오리라'는 다짐을 남기고 수술을 받기 위해 미국으로 건너갔다. 대선은 5월에 열릴 예정이었으니 치료만 잘된다면 큰 문제 없을 듯했다. 하지만 세상일이 뜻대로 돌아가지 않았다. 이승만 정권은 이기는 수를 찾느라 혈안이 되어 비열한 흉계를 꾸몄다. 1960년 2월 3일, 느닷없이 선거일을 두 달이나 당겨 3월 15일에 조기 대선을 치르겠다고 했다. 이유가 무척이나 어색하고 궁색했다. 농번기를 피하고, 어차피 치를 바에야 후딱 해치워 국민 생활을 안정시키자고 했다. 농번기에 제일 바쁜 소도 웃을 일이었다. 지금껏 대선은 5월에 열려왔고, 거기다 야당 후보가 5월 선거를 예상하고 신병 치료 중이라는 점에서 조기 대선은 그 의도를 의심할 만했다. 많은 언론도 조기 대선이 이치에도, 도리에도 맞지 않는다며 일제히 맹비난했다. 《조선일보》도 정부가 내세우는 이유가 너무도 저열하다고 지적했다. '5월 선거가 농사에 무슨 지장을 주냐, 오히려 3월이 자식 농사에 가장 바쁜 때다.' 3월은 각급 학교 입학시험이 있어서 대부분 학부형인 유권자가 아이들 진로 문제로 정신적 고통이 가장 클 때라는 것이었다. 또 선거가 국민 생활을 불안케 하니 후딱 치르자는 말도 사리에 맞지 않는다고 지적했다. 선거를 어쩔 수 없이 치르는 귀찮은 행사쯤으로 여기는 태도라고 꼬집었다. 조기 선거는 비열하다는 말까지 했다. 경쟁 후보가 수술을 앞둔 사정을 알면서도 그것을 악용하려 드니 꼴사납다는 것이다. 민주당도 조기 대선 결정은 야당 등에다 총을 쏘는 격이라며 추잡한 시도라고 거세게 반발했다. 그러든 말든 이승만은 눈 하나 깜짝하지 않았다. 후보자 등록 기간은 꿈쩍없이 2월 4일부터 2월 13일까지로 정해졌다.

조병옥도 1960년 2월 4일 미국에서 보란 듯 기자회견을 열었다. 수술이 잘 끝나 건강한 모습이었다. 대통령 후보답게 큰 정책과 비전들을 말했다. 민주당이 대선에서 승리하면 한국 대외 정책을 혁신하겠다고 했다. 특히 세계정세가 변하고 있는 상황에서 일본을 적대하기만 할 것이 아니라 긴밀한 유대관계를 만들기 위해 노력하겠다고 했다. 이승만 북진통일론도 비판했다. 남한이 정치·경제적인 민주주의 역량을 강화해서 북한을 끌어내 평화통일을 이루어야지 무슨 북진통일이냐고 목소리를 높였다. 대통령 권한도 너무 크다며 헌법을 개정해서 대통령을 견제할 수 있는 제도를 만들겠다고 했다.

이승만과 이기붕이 가장 먼저 중앙선관위에 후보자 등록을 했다. 이틀 후인 2월 7일에는 민주당 조병옥과 장면도 등록을 마쳤다. 민주당은 '협잡선거 물리치자'를 중심 구호로 내놓았다. 구호에는 부정선거만 막으면 승리할 수 있다는 자신감이 배어 있었다. 후보 등록을 마치자마자 민주당과 자유당은 초반 기세 싸움을 벌였다. 1960년 2월 7일 오후 2시, 민주당은 장충단공원에서, 자유당은 서울운동장에서 대규모 군중대회를 열었다. 이날 기세 싸움에서 승자는 민주당이었다. 눈썰미 좋은 기자들은 이날 대결을 '걸어서 온 민주당 민심 13만' 대 '실려서 온 자유당 민심 6만'이라고 멋지게 대조했다. 장충단공원에는 제 발로 걸어서 온 청장년층들이 가득했고, 서울운동장에는 각 동별로 버스와 트럭에 실려 온 부녀자와 노년층들이 대부분이었다. 서울운동장 주변에는 추첨하여 비누를 선물로 돌리는 풍경도 심심찮게 눈에 띄었다. 민주당 집회장은 끝날 때쯤에 오히려 그 수가 늘어 20만에 육박했다. 한강 백사장 유세를 방불케 했다. 반면 자유당이 연 서울운동장 행사는 끝날 때쯤 3분의 1이 줄어 빈자리가 흉했다.

　장충단공원 집회 열기는 대단했다. 부정선거를 규탄하고 조기 선거를 철회하라는 외침이 남산을 뒤흔들었다. 무대에 선 연사들은 국민 손으로 부정선거 음모를 분쇄하자고 호소했다. 선거에서 반드시 승리해 사경을 헤매는 민주주의를 구하고 평화적 정권교체를 이루자고 했다. 서울운동장에서 열린 자유당 집회는 이승만, 이기붕 정부통령 출마 환영대회였다. 민족의 태양이신 이승만 박사를 대통령으로 모시자는 환호가 끝나자, 연설은 온통 민주당 욕으로 도배되었다. 조병옥이 지난 4일 미국에서 한 기자회견을 조목조목 비판하기도 했다. 특히 이승만 대일외교정책을 폐지하고 일본과 관계를 개선하겠다는 조병옥을 두고 제정신이 아니라고 맹비난했다. 신구파로 나뉘어 집안싸움에 여념없는 민주당이 어떻게 나라를 운영하겠냐며 아픈 데를 꼬집기도 했다.

　선거전이 본격화하자 민주당은 눈이 빠져라 조병옥을 기다렸다. 행여 바람결에라도 소식이 들릴까 귀를 쫑긋 세웠다. 그러던 차에 청천벽력 같은 소식이 들려 왔다. 무사히 수술을 끝내고 회복 중이라던 조병옥이 2월 15일 갑자기 숨을 거두었다는 것이다. 가고 오지 못한다는 말이 믿기지 않았다. 어떻게 이런 일이 일어난단 말인가! 어떻게 같은 비운이 두 번씩이나 닥칠 수 있단 말인가! 민주당 사람들은 망연자실했다. 통곡하다 지쳐 얼굴이 파리해졌다. 특히 구파는 전의를 상실한 듯 보였다. 선거를 포기하자거나 선거운동을 접자는 말까지 나왔지만, 그럴 수는 없었다. 민주당은 당원들에게 호소했다. '슬픔을 거두고 싸움터로 나아가자!' 대통령 선거는 이미 끝난 셈이지만 부통령 선거까지 포기할 수는 없었다. 민주당은 부통령 선거에 전력투구하기로 했다. 대통령 선거도 비록 이기지는 못하지만, 이기게 둘 수는 없다며 이승만을 떨어뜨릴 전략을 세웠다. 헌법 제67조 3항에는 '대통령후보자가 1인일 때에는 그 득표수가 선거권자 총수의 3분의 1 이상이 아니면 대통령으로 당선될 수 없다'고 규정하고 있었다. 이 조항을 내세워 유권자들에게 호소했다. 이승만에게 표를 주지 말고 재선거로 끌고 가자고 주장했다.

자유당 정권은 장면이 부통령 되는 것마저 그냥 두고 볼 수 없었다. 하지만 이기붕은 이번에도 자신이 없었다. 장면은 현직 부통령이자 야당을 이끄는 강력한 지도자였다. 조병옥을 동정하는 표가 장면에게 몰릴 수도 있었다. 자유당은 무슨 수를 써서라도 이기붕을 당선시켜야 했다. 이승만은 이미 86세였다. 언제 어떻게 될지 모르는 나이였다. 그러니 대통령 사고 시 대통령직을 승계할 권한이 있는 부통령은 그야말로 예비 대통령이었다. 장면이 부통령이 되면, 하루아침에 정권이 민주당으로 넘어갈 수 있는 것이다. 그런 상황을 막으려다 보니, 선거운동에서부터 상상을 초월하는 일들이 벌어졌다. 자유당 유세장에는 군중이 동원되는 반면, 민주당 유세장에서는 찾아온 군중이 내쫓기는 일이 빈발했다. 야당 유세장은 거의 깡패들 놀이터였다. 그 난동이 겁나 유세장을 떠나는 이들이 많았다. 내쫓는 것도 모자라 아예 유세장에 못 가게 막았다. 야당 유세가 있는 날이면 공짜 극장표를 뿌렸다. 일요일에도 출근시키거나 등교시켰다. 생전 없던 야유회나 운동회 같은 행사를 열어댔다. 그야말로 별의별 짓을 다 한 것이다.

결국 사달이 났다. 2월 28일, 장면은 대구로 내려갔다. 대구 수성천변에서 유세가 있었다. 일요일이었지만 이날도 당국은 대구 8개 공립고등학교 학생들을 등교시켰다. 시험을 본다는 둥, 토끼 사냥을 간다는 둥, 영화를 본다는 둥, 졸업생 송별회가 있다는 둥 등교 이유도 가지가지였다. 학생들은 일요일 등교에 뿔이 났다. 단순히 학교 가기 싫어서가 아니었다. 학교에 나오라는 진짜 이유를 알고 있었기 때문이다. 그리하여 일요일 아침, 학교 운동장에 모인 학생들은 우르르 학교 밖으로 뛰쳐나갔다. '학생을 정치 도구화하지 말라'며 가두시위를 벌였다. 이날 대구는 민주주의를 요구하는 학생들 함성으로 뒤덮였다. '2·28 대구 학생 의거' 소식은 전국으로 퍼졌고, 이후 학생들이 반정부 시위에 나서기 시작했다. 자유당은 '학생을 정치 도구화하지 말라'는 구호를 엉뚱하게 해석했다. 민주당이 시위를 사주하니 학생들이 그렇게 외친 것이라며 학생을 정치 도구로 이용하지 말라고 훈계했다.

민주당 유세장은 점점 열기를 띠었다. 조병옥을 잃고 선거운동 의욕마저 잃었던 민주당 구파도 선거운동에 적극 나서기 시작했다. 장면은 '남 보기에 깨질 듯 깨질 듯하면서도 깨지지 않는 것이 민주당의 생리'라면서 구파에게 고마움을 표했다. 민주당 유세가 열리는 곳은 어디나 시위 현장으로 바뀌었다. 권력에 눌릴 대로 눌리고, 생활고에 지칠 대로 지친 학생과 시민이 유세장을 가득 메웠다. 유세 중에 울고 흥분해 혈서를 쓰거나 민주당 만세를 연호하는 시민들이 많았다. 유세가 끝나면 울분에 차 애국가를 부르며 거리를 행진했다. 시민들은 무책임한 정부, 부패한 정권은 반드시 갈린다는 교훈과 경고를 역사의 한 페이지에 남기고 싶었다. 어쩌면 그것이 버림받고 비통한 시민들에게 유일한 희망이었는지도 모른다. 민주당은 비록 그 희망에 충분히 부응하지는 못했지만, 국민 곁에서 작은 힘이 되었다.

선거운동 과정은 그야말로 가관이었다. 해도 해도 너무한 일들이 판을 쳤다. 그래도 민주당은 '이번 선거를 포기하지 않고 끝까지 싸울 것'이라고 선언했다. 그러던 중에 거대한 음모가 드러났다. 1960년 3월 3일, 민주당 선전부장 조재천이 '정부의 선거방법 지령'이라고 적힌 문건을 들고 기자들 앞에 섰다. 한 장 한 장 넘길 때마다 감춰진 음모의 전모가 조목조목 드러났다. 그 문건에는 투개표 조작 방법 등 어마어마한 부정선거 계획이 담겨 있었다. 그야말로 부정선거 백과사전이었다. 투표 전에 유권자 40퍼센트에 해당하는 표를 미리 투표함에 넣어두는 4할 투표, 3인 내지 9인이 짝을 이뤄 공개적으로 투표하기, 투표함 운반 도중에 표 바꿔치기, 개표할 때 표 바꿔치기, 개표 계산서 위조해 공표하기, 자유당 후보 득표율 80퍼센트로 맞추기 등이었다. 야당 참관인에게 수면제를 탄 술을 먹이라거나 여당 참관인이 야당 참관인 뺨을 때리게 해 둘 다 투표소에서 쫓아낸 후 일을 벌이라는 세부적인 행동 지침까지 있었다. 최인규 내무부 장관은 즉각 반발했다. 민주당이 조작한 허무맹랑한 모략이라고 노발대발했다.

조재천이 형무소에 가든지 내가 형무소에 가든지 둘 중에 하나는 벌을 받게 될 것이다.

도둑놈이 제 발 저려 내지른 고함이자, 도둑이 되레 매질하겠다는 헛소리였다. 형무소 가는 걸로 끝날 일이 아니었다.

3월 15일, 전국에서 선거가 치러졌다. 투표와 개표는 짜놓은 각본대로 진행되었다. 폭력배와 경찰이 전국 투표소에서 야당 참관인을 몰아냈다. 투표를 시작하기도 전이지만 이미 투표함 안에는 자유당 표가 들어가 있다는 것을 들키지 않으려고 그랬다. 그 사실이 마산에서 처음으로 들통났다. 3월 15일 새벽 5시쯤이었다. 민주당 참관인이 투표함을 사전에 검증하려고 마산시청 옆 한 투표소로 들어갔다. 경찰이 그런 그를 죽기 살기로 막았다. 그는 이미 4할 투표 같은 조작이 가능하다는 사실을 알고 있었던 터라, 낌새가 심상치 않다는 것을 직감했다. 곧바로 남편인 민주당 도의원을 불러 황급히 투표소 안으로 뛰어 들어갔다. 투표함을 뒤집자 아니나 다를까, 이미 기표된 투표용지가 무더기로 쏟아졌다. 경악할 일이었다. 더 두고 볼 것도 없었다. 오전 10시 30분, 민주당 마산시당은 선거 포기를 선언하고 민주당 참관인들을 철수시켰다. 오후 1시 30분에는 민주당 경남도당이, 오후 4시 30분에는 민주당 중앙당이 3·15 선거는 불법 무효라고 선언했다.

> **본당은 자유민주주의 도살을 막기 위해 피투성이의 투쟁을 끝까지 계속해왔으나 결국은 도살되고 만 민주주의의 시체를 앞에 놓고 통곡하면서 3·15선거는 공적으로 불법 무효임을 만천하에 엄숙히 선언하는 바이다.**

이날 오후부터 민주당 마산시당에는 시민과 당원 수천 명이 몰려들었다. 그들은 '협잡 선거 다시 하라'고 외치며 거리 행진을 벌였다. 경찰은 민주당 당직자들을 폭행하고 체포했다. 소방 호스가 시민들을 향해 물을 뿜어내고, 곤봉과 최루탄이 난무했다. 그런데도 밤이 되자 사람은 점점 불어났다. 시위도 진압도 격렬해졌다. 그러던 중 총성이 울렸다. 실탄 사격이 이루어졌고, 사망자가 발생했다. 이날 발표된 사망자는 7명이었으며, 사망자 명단에는 들지 않았으나 행방불명되어 생사를 알 수 없는 소년이 한 명 있었다. 이날 사태는 전국적으로 큰 파문을 일으켰다. 이승만 정권은 대응이랍시고 태평하게 또 뻔한 소리를 해댔다. 빨갱이 타령이었다. 검찰이 먼저 나서서 용공 조작을 시작했다. 시위대 중에 '인민공화국 만세'를 외친 사람이 있다느니, 연행된 사람 중에 대남간첩으로 잡혔던 사람이 있다는 둥 하나같이 터무니없는 말이었다. 하다 하다 이제는 시위 수법과 규모가 공산당과 유사해 보인다며 그것이 증거라고 했다. 자유당은 그런 검찰 수사에 맞장구쳤다. 사건 배후에 공산당 세력이 있었으니 경찰 발포는 정당방위라고 주장했다. 부통령에 당선된 이기붕도 망언을 쏟아냈다. 3월 18일, 당선 소감이라며 던진 말은 황당했다. "이번 선거는 공명선거였다. 3인조 선거는 불법이 아니다." 그 뒤에 이어진 말에 기자들은 귀를 의심했다. "총은 필요하면 쏘라고 준 것이지 가지고 놀라고 준 것은 아니지 않은가." 경찰 발포가 무슨 잘못이냐는 희대의 망발이었다. 얼마나 심각한 발언인지를 나중에 알아차리기는 했는지 그 대목이 보도되는 것만은 막았다. 이승만은 한술 더 떴다. 3월 19일에 발표한 담화에서 마산사건을 선동과 난동이라고 했다.

비교적 규율 있는 선거가 실시되던 중 선거 날 마산에서 지각없는 사람의 선동으로 난동이 일어나 살상자가 나게 된 것은 유감으로 생각하는 바이다.

그러면서 난동으로 살상자까지 내게 된 것은 '우리 국민들이 깊이 반성해야 할 문제'라고 했다. 그렇게 사태 책임을 국민 탓으로 돌리며 국민과 싸우자고 들었다.

3월 18일, 어수선한 분위기에서 국회 본회의가 열렸다. 당시 헌법에 따라 정부통령 당선자를 공표하려는 것이었다. 민주당 의원들은 이날 선언문을 제출했다. 두루마기 차림을 한 곽상훈 의원이 선언문을 읽으려고 연단에 섰다.

민주주의 초석인 선거제도를 완전히 파괴했고 국민주권을 강탈한 3·15 선거는 전적으로 불법이고 무효임을 선언한다

그러면서 자유당 정권은 이승만부터 하야하고 다시 국민 신임을 물으라고 외쳤다. 앉아 있던 민주당 의원들은 '옳소'라고 울부짖으며 박수를 보냈다. 곧이어 발언에 나선 민주당 김의택 의원이 '이승만 정권 물러가라'는 구호를 선창하자 민주당 의원 모두 소리를 모아 부르짖었다. 그러고는 퇴장하면서 앉은 채 빤히 쳐다보는 자유당 의원들을 향해 불호령을 했다. "역적놈들, 살인강도 놈들!" 박순천 의원 목소리였다. 자유당 의원들은 남아 헌법 제53조에 따라 이승만과 이기붕을 당선자로 공표했다. 사회자 이재학 부의장이 의사봉을 내리치는데, 무슨 징조였는지 방망이 모가지가 툭 부러지고 말았다. 그 광경을 본 자유당 의원들 얼굴이 순간 납빛이 되었다.

한편 본회의장을 퇴장한 민주당 의원들은 다시 옥신각신했다. 이후 투쟁을 어떻게 할지를 두고 구파와 신파 의견이 갈렸다. 구파는 또 의원직 총사퇴를 주장했다. 선거 무효를 주장했으니 차기 정부를 인정할 수 없고, 따라서 원내 활동은 무의미하다는 논리였다. 의원직을 총사퇴하고 대대적인 국민운동을 벌이자는 것이었다. 반대로 신파는 민주당이 의회를 버리면 자유당이 의회까지 완전히 장악해 그야말로 독재화할 것이라고 우려했다. 앞으로 있을 총선과 지방선거 참여 문제도 고려해야 한다고 주장했다. 집안싸움은 3월을 지나 4월까지 계속되었다. 지켜보는 국민과 언론은 답답하기 그지없었다. 중한 것이 뭔지 모르고 투쟁 방법 따위를 놓고 싸우는 꼴이 한심하기 짝이 없었다.

그렇게 혼돈 가득한 시간에 죽은 자가 돌아왔다. 그 죽은 자가 산 자들을 빛으로 이끌었다. 4월 11일, 마산중앙부두에서 시체가 떠올랐다. 3월 15일 마산시위에서 행방불명된 17살 소년 김주열이었다.

눈에는 최루탄이 박혀 있었다. 끔찍하고 처참한 모습이었다. 부산일보 허종 기자가 그 참혹한 모습을 찍어 신문에 실었다. 마산 시민들은 그 사진을 보고 경악하고 분노했다. 이승만 정권은 물러가라! 이기붕을 처단하라! 다시 들고 일어난 시민들을 향해 경찰은 또 발포했다. 또다시 시민들이 죽고 다치는 일이 일어났다. 이번에도 경찰은 시위 배후에 간첩이 개입한 정황이 있다고 보고했다. 정부도 내무부, 국방부, 법무부 합동으로 수사위원회를 만들고 적색분자가 준동한 정황을 과학적으로 수사하겠다고 나섰다. 민주당은 자체 조사단을 마산으로 급파했다. 민주당은 2차 마산사건 원인을 세 가지로 파악했다. 부정선거에 가진 불만, 참혹한 죽음을 맞은 김주열, 고문 경찰을 처벌하지 않은 무성의한 경찰 태도. 장면 부통령은 민주당이 작성한 조사보고서를 읽고 4월 14일 이승만에게 마산사건 수습 방안을 건의했다. 경찰 발포나 군대 출동을 하지 말 것, 1차 사건 때 발포 명령자, 발포자 및 고문한 경관을 구속 처벌할 것, 1차 사건 때 시체에 잔학 행위를 하고 불법 유기한 자를 즉시 체포 처단할 것, 행방불명된 시민의 소재를 밝혀 국민 의혹을 풀 것, 사건 피해자 구호 대책을 철저히 실시할 것. 어쩌면 그것이 이승만에게 주어진 마지막 기회였는지도 모른다. 이승만은 그 기회조차 걷어찼다. 그는 확실히 지독한 망상에 사로잡혀 있었다. 마산사건을 난동이라고 몰아붙이더니, 그 난동 뒤에는 공산당이 있고, 난동으로 결국 공산당 좋은 일만 시켰다는 얼토당토않은 소리만 늘어놨다.

　마산과 부산 등지에서는 시위가 그치지 않았다. 민주당도 마산 사태와 부정선거를 규탄하는 시위를 대도시 중심으로 개최했다. 경찰은 지독하게 막았다. 4월 18일, 고대생들이 교문을 박차고 나오면서 서울에서도 학생들이 거리로 쏟아져 나오기 시작했다. 4월 19일, 그 날은 화요일이었다. 전국에서 시위가 벌어졌다. 서울에서도 10만 명 넘는 학생과 시민이 거리로 나왔다. 경찰은 경무대 앞까지 밀려든 학생과 시민을 향해 총을 겨눴다. 총구에서 불꽃이 튀었고, 시민들 가슴에서는 피가 솟았다. 피의 화요일, 그날 사망한 사람만 186명이었다. 부상자는 6천 명이 넘었다. 사태는 걷잡을 수 없었다. 초등학생까지 거리로 나와 '부모 형제들에게 총부리를 대지 말라'고 외쳤다. 경찰만으로는 막을 수 없게 되자, 정부는 이날 오후 3시부터 계엄을 선포했다. 계엄군조차 이승만 뜻대로 움직여주지 않았다. 계엄사령관은 평화적 데모자는 폭도가 아니라고 밝혔다. 이승만은 사면초가였다. 이기붕을 당장 사퇴시켜야 사태를 진정시킬 수 있다는 건의가 많았다. 그 소리를 듣고 이승만이 사퇴를 권한 모양이었다. 이기붕은 4월 23일 입장을 발표했다.

내각책임제를 기조로 한 정치적 개혁을 고려한다.
본인은 부통령의 당선을 사퇴할 것도 고려한다.

생각해보겠다는 뜻이었다. 무슨 미련이 그리도 많았던지 시간을 끌어보겠다는 의도였다. 민주당은 즉각 사퇴하라고 했다. 이승만과 이기붕이 자꾸 어물쩍거리자 장면은 4월 23일 대뜸 부통령 사임서를 국회에 제출했다. 그러면서 이승만더러 하야하라고 촉구했다. 장면이 부통령직을 사퇴한 것을 두고 민주당 사람들은 의견이 갈렸다. 이승만이 하야하면 장면이 대통령직을 승계해 사태를 수습해야 한다며 만류하는 사람들도 있었다. 장면 생각은 달랐다. 이승만이 하야하지 않으려고 하니, 자신이 먼저 사퇴해 이승만과 이기붕 사퇴를 압박하겠다는 것이다. 또 반이승만 투쟁의 정당성을 보여주고 싶었다. 대통령직 승계를 노리고 대통령을 끌어내리려 한다고 의심하는 눈초리가 있었던 것이다. 비록 당은 달라도, 정부가 저지른 잘못에 부통령으로서 도의적 책임을 져야 한다는 생각도 있었다.

장면이 부통령을 사임했다는 소식에 이승만은 허둥댔다. 4월

24일, 자유당 총재직을 버리고 대통령직에만 전념하겠다는 성명을 발표했다. 허정을 외무부 장관에 들이는 등 내각도 바꾸었다. 이기붕도 당선자 사퇴를 하고 모든 공직에서 물러나겠다고 했다. 그 정도 선에서 사태를 무마하려고 했으나, 때늦은 뒷북이요 한가한 대응이었다. 이제 국민이 이승만에게 원하는 것은 오직 하야뿐이었다. 이승만이 대통령직을 유지하겠다고 하자 4월 25일에는 서울 시내 각 대학교 교수들까지 거리로 나왔다. 이들은 이승만 즉각 하야와 자유당 해산까지 요구했다. 4월 26일 오전 결국 이승만은 하야 성명을 냈다.

국민이 원한다면 대통령직에서 사퇴하겠다.

여전히 토를 달기는 했지만, 그가 자기 입으로 물러나겠다고 말한 것은 처음이었다. 국회는 이 소식을 듣고 즉각 본회의를 열어 4개 항의 시국 수습 결의안을 만장일치로 의결해 대통령에게 전달했다. 이 대통령은 즉시 하야할 것, 3·15 선거를 무효로 하고 재선거를 실시할 것, 과도 내각 하에 내각책임제 개헌을 단행할 것, 개헌 통과 후 민의원을 해산하고 총선거를 실시할 것 등이었다. 국민이 원하면 사퇴하겠다고 했으니, 국민 대표인 국회가 국민이 원하는 것을 곧장 알려준 것이다.

  이승만은 국회 건의를 존중해 즉시 물러나겠다는 짤막한 성명을 냈다. 4월 27일, 사임서를 국회에 제출했다.

**나 리승만은 국회의 결의를 존중하여 대통령의 직을 사임하고
물러앉아 국민의 한 사람으로서 나의 여생을 국가와 민족을 위하여
바치고자 하는 바이다.**

5월 3일, 국회는 만장일치로 사퇴서를 처리했다. 독재로 얼룩진

12년, 제1공화국이 막을 내리는 순간이었다.

    수석국무위원인 허정 외무부 장관이 4월 27일부터 대통령권한대행을 시작했다. 장면이 사퇴해서 대통령직을 승계할 부통령이 없었기 때문이다. 3개월 동안 과도내각을 이끌어갈 새로운 장관들도 임명했다. 국회는 먼저 내각제로 개헌하고 그 헌법에 따라 총선거를 치르기로 결정했다. 당시 언론과 재야 세력 요구는 좀 달랐다. 즉각 국회를 해산하고 총선거를 치러 새 국회를 구성한 다음에 개헌하기를 바랐다. 당장 해체해도 모자랄 자유당이 개헌에 참여한다니, 어불성설이라며 거센 반발이 일었다. 하지만 대통령도 없는 마당에 국회까지 해산하면 혼란이 커진다는 우려도 있었다. 어쨌든 '선 개헌, 후 총선'으로 합의했다. 상황이 좀 수습되자 국회는 민주당 주도로 제일 먼저 '전국 학도에게 보내는 감사문'을 발표했다.

**우리가 진작 흘렸어야 할 피를 제군이 대신하였고
우리가 마련해야 할 민주유산을 도리어 제군의 손에서 물려받게 된
소위 선배 정치인들은 부끄럽기 그지없다.**

    이승만 12년 독재는 대통령제를 신물 나게 했다. 그런 만큼 대통령제를 내각제로 바꾸자는 데 이견은 없었다. 양원제도 시행하기로 했다. 5월 1일 내각제개헌안기초위원회가 구성되어 개헌 논의를 시작했다. 6월 15일 새 헌법이 공포되어 제2공화국이 문을 열었다. 7월 29일에는 민의원과 참의원 선거를 실시했다. 민주당은 민의원 233석 중 175명, 참의원 58석 중 31석을 차지했다. 자유당은 민의원 2석, 참의원 4석에 그쳐 사실상 소멸했다. 피로 이룬 혁명을 완수하라는 소명이 이제 민주당 어깨 위에 놓였다. 민주당이 그 소명을 얼마나 성실히, 어떻게 감당해낼지는 지켜볼 일이었다. 어쨌든 국민은 "잃어버린 길을 다시 찾은 반가운 마음"이었다. 민주당이 그 역사적 소명에 순명하기만을 간절히 기도했다. 다시 찾아낸 그 길을 다시는 잃지 않기를 간절히 바랐다.

굴욕에 맞서다

한국전쟁이 한창이던 때였다. 난데없이 한일회담을 한다는 소식이 들려 왔다. 식민 지배에 사과 한마디 없는 일본이었기에 국민감정은 여전히 싸늘했다. 게다가 전쟁 중이라 나라 전체가 경황이 없었다. 그런 때 한일회담이라니 국민은 뜨악했다. 물론 그 어색하고 꺼림칙한 일을 공연히 벌였을 리 없다. 미국이 그것을 원했기 때문이었다. 한국과 일본을 사이좋게 해 소련과 중국 등 공산 진영에 맞설 안보체계를 구축하려는 의도였다. 미국 바람대로 1951년 10월 20일 도쿄에서 예비회담이 열렸다. 12월 22일까지 열린 예비회담에서 양국은 본 회담에서 다룰 의제를 확정했다. 국교 정상화 문제, 재일 한인 법적 지위 문제, 청구권 문제가 포함되었다. 본 회담은 1952년 2월부터 열려 5·16 쿠데타가 일어나기 전까지 모두 다섯 차례 진행되었다.

5차 회담은 민주당 정부가 진행했다. 1961년 2월 3일 국회에서는 민주당이 주도해 '한일관계에 관한 결의문'을 만장일치로 통과시켰다. 한일 관계 개선도 좋지만 요구할 것은 요구하고 지킬 것은 지키자고 했다. 민족정기 앙양, 자주정신 견지, 호혜평등을 회담 원칙으로 제시했다. 그러면서 장면 정부에 네 가지를 요구했다. 첫째, 국내외 정세를 고려해 국교 정상화를 점진적으로 추진하라. 둘째, 수산자원과 어민 보호를 위해 평화선은 지켜라. 셋째, 정식 국교는 일본 강점으로 입은 손해와 고통을 청산한 후에 체결하라. 넷째, 한일경제협조는 정식 국교가 개시된 후에 실시하라. 일본은 회담에서 한국이 요구하는 사항을 외면하고 있었다. 경제협력을 제공하되 식민 지배를 사죄하지는 않겠다고 했다. 한국 경제 건설을 위해 무상으로 돈을 줄 테니 대일 청구권도 포기하라고 했다. 그러던 와중에 박정희가 군사쿠데타를 일으켰다.

 5차 회담은 어쩔 수 없이 중단되었다. 박정희는 한일 관계 개선 의지가 누구보다 강했다. 아니나 다를까 쿠데타 직후인 1961년 7월 19일에 '한일회담을 연내에 일괄 해결하도록 노력하겠다'고 밝혔다. 빈말이 아니었다. 그해 11월 박정희는 직접 일본 이케다 수상을 만났다. 박정희는 사소한 문제로 다투거나 고집부리지 않겠다며, 성의를 가지고 문제를 해결하자고 했다. 이 만남으로 지지부진하던 한일회담은 급물살을 탔다. 여기에는 절박한 사정이 있었다. 박정희는 빨리 경제를 재건해 쿠데타를 정당화하고 싶었다. 미국도 박정희를 채근했다. 동북아 지역에 반공 전선을 단단히 하려니 한일 국교 정상화가 시급했던 것이다. 일본도 바라는 바였다. 당시 이케다 일본 수상은 '부산이 적화되면 일본도 위험하다'며, 남한 반공 정부를 적극 지원하고 경제협력에 나서겠다고 밝혔다. 삼박자가 맞아떨어지자 회담은 일사천리로 진행됐다. 하지만 시작만 하면 모든 게 풀릴 것 같았던 회담은 청구권 문제에 부딪쳐 오도 가도 못 했다. 돌파구가 절실했다. 결국 중앙정보부장 김종필이 나섰다. 그는 제2의 이완용이 되더라도 한일 국교를 정상화하겠다고 결심했다. 그런 각오로 1962년 10월과 11월에 일본 외상 오히라와 두 차례 비밀 회담을 했다.

1962년 11월 12일, 두 번째 비밀 회담에서 김·오히라 메모가 작성됐다. 한일 청구권 문제에 합의한 결과였다. 일본이 무상 3억 달러, 유상 2억 달러, 차관 1억 달러 총 6억 달러를 한국에 준다는 내용이었다. 금액만 정했을 뿐, 돈의 성격은 분명히 밝히지 않았다. 궁여지책이자 교묘한 타협이었다. 청구권을 인정하지 않으려는 일본과 돈을 받으려는 한국이 각자 자기 좋을 대로 해석할 여지를 남겨둔 것이다. 아니나 다를까 일본은 독립축하금이라고 했고, 한국은 청구권 자금이라고 했다. 금액을 6억 달러로 정한 것도 한국 측이 크게 선심 쓴 결과였다. 이전에 장면 정부는 대일 청구권 총금액을 약 24억 불로 산정했다. 그중에서 법적 근거 또는 입증 자료가 빈약한 것은 빼더라도 최소한 일본이 필리핀에 배상했던 8억 불 이상은 되어야 한다는 입장이었다.

합의까지 끝내놓고도 박정희 정권은 쉬쉬했다. 메모를 숨긴 채, 일방적 양보는 없다고 큰소리만 쳐댔다. 정작 회담 내용에 대해서는 일언반구도 없었다. 복장이 터질 지경에 이르자 야당 정치 지도자 13인이 나섰다. 1963년 5월 1일 김병로, 윤보선, 허정, 장택상, 박순천 등이 '한일회담에 대한 성명서'를 발표했다. '내남직없이 모든 국민이 관심을 두고 있는 회담을 비밀리에 해야 할 이유가 도대체 무엇이냐. 혹시 국민에게 해악이 있어서 그러는 것 아니냐. 초당파적으로 정부에 협력할 테니 제발 합의 내용과 경과를 국민 앞에 공개하라.' 당연한 걱정이요 지당한 요구였다. 강력히 경고하기도 했다. '나라 체면과 국민 권익에 해악을 미칠 우려가 있는 어떠한 합의도 거부한다!' 경고에 그치지 않고 행동으로 옮겼다. 민정당, 신정당, 민주당, 민우당, 정민회 5개 야당은 1963년 7월 22일 한일문제 공동투쟁위원회를 결성했다. 그들은 군사정권이 일본에 굴욕적 저자세를 보이고 비밀외교를 진행하는 것에 반대하는 거국적 운동에 나서겠다고 선언했다.

박정희는 그래도 입을 꾹 닫고 한일협정 문제를 덮어두었다. 지금은 때가 아니었다. 대선과 총선이 코앞에 닥쳐 있었다. 선거 전에 한일회담 문제가 불거져서 좋을 게 없었다. 그렇게 의뭉스럽게 치른 대선에서 박정희는 제5대 대통령에 당선되었다. 11월 26일 실시된 총선에서도 공화당이 압승했다. 드디어 때가 왔다. 이제는 거칠 것도, 가릴 것도 없었다. 박정희는 대통령에 취임하자마자 한일협정 체결을 서둘렀다. 밀어붙일 기세였다. 1964년 1월 10일 신년연설에서 박정희는 그 기세로 선포했다. "정부는 진행 중인 한일회담을 조속히 타결하겠다." 박정희 정권과 공화당은 1964년 2월 22일에 한일교섭안을 확정해 발표했다. 그러면서 한일회담 타결과 조인, 비준을 5월까지 끝내겠다는 일정도 내놓았다.

박정희가 서두르자 야당도 급해졌다. 한일협정을 성급하게 체결하지 못하게 막아야 했다. 성급한 것도 문제였지만 너무나 저자세로 독단적이고 비밀스럽게 진행되고 있었다. 더 조직적으로 대응할 필요가 있었다. 1964년 3월 9일 야당과 사회단체, 종교단체, 학생 대표 이백여 명은 '대일굴욕외교 반대 범국민 투쟁위원회'를 결성했다. 구국 선언도 발표했다.

모든 수단을 다 동원해 대일굴욕외교를 반드시 막겠다.

일본을 향해서도 역사적 과오를 반성하라고 촉구했다. 지도부들은 단식투쟁에 돌입했고 전국을 돌며 반대 유세도 이어갔다. 대일굴욕외교 반대 범국민 투쟁위원회 의장 윤보선은 유세 중에 한일협정이 국회에서 비준된다면 의원직을 내던지겠다는 비장한 각오까지 내비쳤다.

대학생들도 거리로 뛰쳐나오기 시작했다. 1964년 3월 24일 서울대학교 학생들은 교내에서 이케다 총리와 이완용 인형을 불살랐다.

'제2의 이완용이 되지 말라'는 현수막을 들고 시가행진을 벌였다. 오천 명으로 불어난 시위대는 국회의사당 앞에서 연좌시위를 했다. 한일회담을 즉시 중지하라고 외쳤다. 들끓기 시작한 시위에 기름을 붓는 일도 있었다. 3월 26일 국회에서는 삼민회 소속 김준연 의원이 중대 발언을 했다. 로마 원로원에서 연설하다 브루투스에게 맞아 죽은 시저 이야기를 꺼냈다. 자신을 시저에 빗대며 맞아 죽을 각오로 발언하겠다며 중대한 사실을 폭로했다. 박정희 정권이 한일 관계 교섭을 추진하면서 일본으로부터 1억 3천 불을 사전에 받아서 썼다는 놀라운 내용이었다. 그 내용이 사실이라면 돈 받고 나라를 팔아먹은 것이고, 실제로 제2의 이완용이 되는 꼴이었다. 이 폭로가 보도되자 학생 시위는 더욱 격렬해졌다. 6월 3일에는 서울 시내 대학생 대부분이 거리로 쏟아졌다. 가늠할 수 없이 치솟는 분노에 시위는 걷잡을 수 없이 격렬해졌다. 이제는 협정 반대 정도가 아니라 박정희 하야까지 요구했다. 5만 명이나 되는 시민과 학생이 박정희 타도를 외치며 국회의사당을 향해 나아갔다. 행진을 막기 위해 경찰이 곳곳에 쳐놓은 바리케이드도 무용지물이었다. 시위대는 국회의사당을 점령하고 청와대 앞까지 진출했다.

   턱밑에서 들리는 하야 요구에 박정희는 간담이 서늘했다. 이번에도 믿을 데라곤 군대밖에 없었다. 6월 3일 8시에 서울 전역에 계엄령을 발동했다. '국가 기틀을 흔들고 망국의 씨를 뿌리는 철없고 한탄스러운 짓'을 막기 위해서 어쩔 수 없다고 했다. 그러면서 한다는 말이 가관이었다. '우리 국민은 헌정 하의 불안보다 계엄 하의 안정을 바란다.' 계엄 하의 안정을 위해 박정희는 총 든 군인을 시위대 앞에 세웠다. 대학에 휴교령이 내려졌고 모든 시위가 금지되었다. 사태가 자못 심각해지자 한일회담을 조기에 타결하려고 했던 계획을 바꾸어 일단 숨 고르기에 들어갔다. 그러자 야당도 계엄령 해제를 요구하며 여당과 협상을 벌였다. 박정희는 선심이라도 쓰듯 계엄을 해제한

답시고 조건을 내걸었다. 이 사태가 다 언론 탓이라며 언론 선동질을 막는 언론통제법을 만들기로 했다. 이번 기회에 앓던 이를 뽑겠다는 심산이었다. 7월 29일 계엄을 해제했고, 동시에 언론윤리위원회법도 국회에 제출했다.

야당에 폭탄을 던진 셈이었다. 언론윤리위원회법을 두고 야당끼리 옥신각신했다. 야당들 간 이합집산으로 국회는 어수선했다. 그러는 사이 박정희는 외교부 라인을 새롭게 구성하고 한일회담 타결에 재시동을 걸었다. 1964년 7월에는 대통령 비서실장이던 이동원을 외무부 장관으로, 이승만 정권에서 외무부 차관을 지낸 김동조를 주일대사로 임명했다. 중단된 한일회담도 1964년 12월 3일부터 다시 시작했다. 1965년 1월 16일 박정희는 '금년 내에는 반드시 한일 국교 정상화를 타결 짓겠다'고 쐐기를 박았다. 일본 총리도 즉각 그러자고 맞장구를 쳤다. 회담 분위기가 고조되자 양국 회담대표단도 의욕을 불태웠다. 태워도 너무 태워 만용을 부렸다. 일본 측 수석대표인 다카스기 신이치가 분수를 모르고 설친 것이다.

일본의 식민지 지배는 좋은 일이었다. 잘하기 위하여 노력하였지만, 전쟁에 졌기 때문에 노력이 허사가 되어버렸다.

일본이 20년쯤 더 지배했다면 좋았을 것이라며 아쉬워하기까지 했다. 이 지독한 망언이 1월 19일 자 《동아일보》 보도로 알려지자, 한바탕 난리가 났다. 양국 정부는 화들짝 놀라 발언 자체를 강하게 부인하는 것으로 눙쳤다.

한일 양국은 1965년 2월 20일 한일기본조약에 가조인했다. 조약 내용을 사실상 확정한 것이다. 하루 전날인 2월 19일에는 가조인에 반대하는 시위가 벌어졌다. 지난해 6월 3일 이후 최대 규모였다. 야당 인사 백여 명과 시민 1만 5천 명이 서울시청 앞에 모여 시위를 벌였다. 이날 시위에서 많은 시민이 연행되거나 다쳤다. 가조인 이후에도 야당과 시민은 격렬한 시위를 이어갔다. 야당 인사들은 격앙하여 한일협정을 못 막으면 할복자살하겠다는 말까지 서슴지 않았다. 그러거나 말거나 정부는 태연히 밀어붙였다. 4월 3일 한일 양국은 협정 내용을 일괄 타결하고 합의 사항을 발표했다. 대일 청구권, 어업 문제, 재일 한인의 법적 지위 등에 관한 합의를 담은 '청구권에 관한 문제해결 및 경제협력에 관한 합의사항'이 공개된 것이다. 그 내용을 들은 사람은 너나없이 충격에 빠졌다. 언론도 일제히 '지나친 양보' '충격적인 주권 포기 행위' '실리도 명분도 없는 합의'라며 통탄했다. 한국 어업권을 보장할 평화선은 포기했고, 한국이 주장한 40해리 전관수역 대신 일본이 주장한 12해리 전관수역이 설정되었다. 재일교포의 정치적 지위는 보장받지 못했다. 일제강점기 동안 일본이 가져간 한국 문화재도 돌려받을 수 없게 되었다. 청구권 자금으로 받은 금액은 터무니없이 적었다.

　그야말로 '신 을사조약'이라 할 만한 합의였다. 온 나라가 분노로 들끓었다. 한일협정 체결은 매국 행위이자 원천무효라는 목소리가 거세졌다. 야당은 격렬한 저지 투쟁을 벌이겠다며, 사실상 선전포고를 했다.

국회비준 저지를 위해 건국 이래 최대 규모의 방법으로 원내외 투쟁을 벌일 것이다.

대학생 시위도 불길처럼 번졌다. 1965년 4월 13일 시위에서 동국대생 김중배가 경찰 곤봉에 맞아 사망하는 일까지 벌어졌다. 경찰은 친구들끼리 싸우다 죽은 것이라고 우겼다. 학생들은 "김중배를 누가 죽였나"라고 쓴 현수막을 들고 시위를 벌였다. 공화당 사람들은 이번에도 늘 하던 대로, 폭도니 불순분자니 하며 학생들을 싸잡아 매도

했다. 어쨌거나 야당과 시민, 학생이 격렬히 저항했음에도 한일협정은 6월 22일 완전히 마무리되었다. 6월 23일 박정희는 특별담화를 발표했다.

어제의 원수라 해도 오늘과 내일을 위해 필요하다면 일본사람과도 손을 잡아야 하는 것이 국리민복을 도모하는 현명한 대처다.

협정에 불만이 있더라도, 정부는 최선을 다했으니 국회도 비준하라고 요구하는 말이었다.

이제 국회의 시간이 왔다. 야당들은 국회 비준을 어떻게든 막으려 했다. 우선 힘을 한데 모으자며 통합 논의를 벌였다. 한일협정 반대 투쟁 속에서 야당들은 자연스럽게 연대했고, 내친김에 통합하자는 목소리가 커졌다. 민정당과 민주당이 신당 민중당을 만들어 통합하기로 했다. 1965년 6월 14일 민중당이 전당대회를 열고 창당했다. 민중당은 전당대회에서 한일협정이 국회에서 비준된다면 당 소속 의원 전원이 의원직을 사퇴한다는 결의문을 채택했다. 한일협정이 정식 조인되었다는 소식이 전해지자마자 행동에 돌입했다. 한일협정이 조인된 6월 22일 박순천 대표최고위원과 의원 전원을 포함해 사백여 명이 안국동 네거리에서 연좌시위를 벌였다. 한일병탄에 비분강개하며 할복한 민영환 동상 아래 모였다. 거기서 박순천은 앙칼진 목소리로 성명서를 낭독했다.

우리는 이 거룩한 강토를 끝내 지킨다는 굳은 결의의 표시로 우선 일 단계 조처로 연좌데모에 돌입한다.

박순천, 윤보선, 허정, 장택상, 서민호 등 지도부가 선두에 서서 "쳐부수자 매국 조인!" "사수하자 우리 국권!"이라고 외쳤다. 윤보선 고문은 당사에서 무기한 단식투쟁에 들어갔다. 6월 23일 오전 11시부터는 소속 의원 50명이 국회 본회의장에서 24시간 시한부 단식도 벌였다. 시도당에서도 당원들이 단식에 들어갔다. 대일굴욕외교 반대 범국민 투쟁위원회는 7월 5일부터 서울을 시작으로 전국 순회 성토대회도 열었다. 9일과 10일에는 전국 주요 도시에서 동시에 성토대회를 열었다.

공화당 정권은 국회 비준에 대비해 만반의 준비를 했다. 국회 비준 통과에 정권의 운명을 걸겠다고 했다. 정권의 운명을 걱정하는 공화당과 달리 민중당은 조국의 운명을 걱정했다. 조국의 운명을 걸고 국회 비준을 막기로 했다. 민중당은 3단계 전략을 짰다. 먼저 6대 국회 해산 결의안을 낸다. 공화당이 이를 부결시키면 다음 단계로 동의안 상임위 심사를 최대한 지연시킨다. 그래도 동의안이 국회 본회의에 상정된다면 마지막 단계로 통과 직전에 전원 퇴장함과 동시에 의원직을 총사퇴한다. 민중당은 의원직을 사퇴하고 국회를 해산하자고 했다. 국회를 해산한 다음 총선거를 해 국민에게 직접 한일협정 찬반을 묻자는 것이다. 공화당은 이런저런 미끼를 던졌다. 비준안을 통과시킨 후에 총선거하자는 둥, 비준안을 통과시키고 난 다음에 헌법과 선거법, 정당법 개정을 적극적으로 논의하자는 둥 시답잖게 알랑거렸다. 민중당은 가당치 않은 소리 말라고 했다. 비준안 반대라는 선택지 외에 협상할 여지는 없다며 돌아갈 다리를 불살랐다.

임시국회가 열렸고 비준 동의안이 제출되었다. 1965년 7월 12일 공화당은 온종일 분주했다. 한일협정 비준 동의안을 본회의에 보고한 다음, 곧바로 해당 상임위인 외무위원회로 넘겨 심의를 진행하려고 했다. 마음만 바빴지 뜻대로 되지는 않았다. 이틀 동안 국회가 열리지 못했다. 통과냐 저지냐를 두고 공화당과 민중당이 강경히 대치해 긴장감은 극에 달했다. 민중당은 '협상할 때는 일본에 다 양보하더니 왜 비준은 일본보다 먼저 하겠다고 야단법석을 떠냐'고 비꼬았다. 국회 비준도 일본 의회가 먼저 하게 양보하라는 것이다. 실제로 일본 의회는 비준안 처리를 9월 이후에 할 예정이었다. 한국 정부가 왜 그토록 국회 비준을 서두르는지 알다가도 모를 일이었다.

이틀을 허투루 보내자 청와대는 닦달했고 공화당은 안달이 났다. 7월 14일, 다수당인 공화당은 힘으로 밀어붙였다. 비준 동의안을 본회의에 보고하고 외무위원회로 보내는 절차를 강행하려고 했다. 무리하면 탈이 나는 법이다. 1958년 겨울 보안법 파동 때 풍경이 한여름에 다시 펼쳐졌다. 여야 의원들은 의장석을 서로 차지하려고 집단 난투극을 벌였다. 본회의장은 그야말로 아수라장으로 변했다. 여기저기서 발길질에 주먹다짐까지 벌어졌다. 쓰러지고 피 흘리는 의원들이 속출했다. 밤 9시경 공화당 의원들이 기어코 의장석을 차지하고는 인간 바리케이드를 쌓아 야당 의원들을 막았다. 장경순 부의장은 그 바리케이드 너머에서 비준 동의안 보고와 외무위원회 회부 절차를 2분 만에 끝냈다. 그러고는 군말 없이 산회를 선포해버렸다. 비준 동의안 통과를 위한 1차전에서는 공화당이 깨끗이 승리했다. 공화당 의원들은 개선장군처럼 득의양양했다. 이제 전쟁터는 본회의장에서 외무위원회로 바뀌었다.

기습을 당한 민중당에 비상이 걸렸다. 7월 15일에 급히 의원총회를 열어 이후 전략을 논의했다. 비준 동의안을 막지 못하면 의원직을 사퇴하기로 배수진을 쳤던 마음을 다시 한 번 단단히 했다. 그래도 엄습하는 불안과 깊어지는 고민은 어쩔 수 없었다. 공화당이 힘으로 밀어붙이면 속수무책이었다. 그런 현실을 어떻게든 타개해보려는 듯 16일에는 박순천 대표가 대통령에게 영수회담을 제안했다. 정치적 타협점을 찾아보려는 노력이었다. 청와대는 단칼에 거절했다. 민중당은 생뚱맞아 보였지만 개헌 얘기도 꺼냈다. 영토와 영해 변경을 초래할 국제협정은 국민투표에 부쳐야 한다는 조항을 헌법에 넣자고 주장했다. 그렇게 바꾸면 한일협정은 국민투표로 결정해야 한다.

한일협정은 평화선을 포기해 영해 변경을 낳고, 독도 문제를 미결 상태로 둬 영토 변경을 초래하니 국민투표 사유가 된다. 물론 민중당 의석수로는 개헌안을 발의할 엄두도 낼 수 없었다. 정말로 개헌하겠다는 의도라기보다는 비준 동의안 심의를 지연시켜보려는 궁여지책이었다. 개헌안이 부결되더라도 개헌안 발의 절차 등을 통해 비준 동의안 심의를 늦춰보자는 속셈이었다.

청와대도 머리를 굴렸다. 며칠 전에는 영수회담 제안을 거부하더니, 무슨 바람이 불었는지 불쑥 만나자고 했다. 7월 20일 박정희와 박순천 민중당 대표, 정구영 공화당 의장이 청와대에서 만났다. 전일 이승만이 사망했다는 소식에 회담 분위기는 다소 어수선했다. 1시간 40분 동안 열린 회담에서 몇 가지 합의 사항이 나왔다. 시국을 수습할 기본 방향도 정했다.

극한적 대립을 지양하고 헌정질서 유지를 위해 노력한다.

좋은 말이었지만 뜬구름 잡는 소리처럼 들렸다. 5대 합의 사항 중에 중요한 것은 국회 비준을 늦춘다는 결정이었다. 제아무리 박정희라도 전국에서 일어나는 데모와 야당 반대를 마냥 누를 수만은 없었을 것이다. 일단은 달래고 가자는 눈치였다.

영수회담을 한 뒤 분위기가 좋아지는 듯했다. 국회의장도 타협책을 내놓았다. 비준 동의안 심사를 위해 특별위원회를 만들자고 했다. 여야는 이 제안을 수용해 7월 31일 공화당 17인, 민중당 10인, 무소속 1인으로 비준동의안심사특별위원회를 꾸렸다. 민중당은 투쟁 1단계로 특별위원회를 최대한 활용하기로 했다. 한일협정이 왜 매국적이고 굴욕적인지 이론투쟁을 벌여 국민에게 알린다는 방침을 세웠다. 이론투쟁을 벌인 후에 2단계에 가서 극한투쟁해도 늦지 않다고 판단한 것이다. 민중당 의원들은 7월 31일 총리와 장관들을 국회로 불러냈다. 정부가 야당을 상대로 공작을 벌이고 있다고 맹공을 퍼부었다. 한일협정에 반대하는 야당을 교란하려고 갖은 수작을 다 부린다는 것이다. 김대중이 포문을 열었다. 중앙정보부와 감사원 같은 권력기관이 벌이고 있는 수상한 짓들을 지적했다. 야당 의원들을 회유하고 협박하는 구체적인 사례들을 제시했다. 민중당 강문봉 의원이 갑자기 해외로 나간 일을 끄집어냈다. 강문봉은 한일협정 반대에 누구보다 앞장섰던 의원인데, 쿠데타에 가담했다는 이유로 재판을 받고 있는 형사 피의자이기도 했다. 중앙정보부가 손을 쓰지 않았다면 형사 피의자인 그가 해외로 나가는 것은 도저히 불가능했다. 민중당 박찬 의원도 신상발언에 나서, 자신이 겪은 일을 폭로했다. 중앙정보부장이 보자더니 대뜸 해외나 둘러보고 오라고 권유하더라는 것이다.

비준동의안심사특별위원회에서는 비준안 예비심사가 진행되었다. 민중당은 잔뜩 별렀다. '예심과정에서 관계조약에 담긴 흑막을 샅샅이 규명하고 폭로하겠다.' 그러면서 일본 국회보다 먼저 협정심의를 진행하는 것은 입법부 굴욕이니 심의 기간을 충분히 보장하라고 요구했다. 8월 15일 전에 비준안을 강행 통과시키려는 계획을 포기하라고 했다. 비준동의안심사특별위원회에 참여한 민중당 의원들은 치열하게 분투했다. 협정 전문에 일본 사죄와 반성이 담겨야 한다는 점, 일본이 한국을 조선으로 표기한 점, 평화선 문제, 독도 문제, 재일교포 문제 등을 두고 회담을 추진한 부처 장관들과 치열한 논쟁을 벌였다. 특히 여러 사안을 두고 일본 정부와 한국 정부가 달리 해석하는 상황을 집요하게 추궁했다. 가령 독도 문제를 두고 한국 정부는 '독도가 한국 고유의 영토임을 일본도 인정했고, 분쟁 처리에 관한 교환공문은 독도 문제와 무관하다'고 큰소리쳤다. 하지만 일본 정부 말은 달랐다. '독도 문제는 분명히 양국 간의 분쟁에 해당하며 앞으로 처리되어야 한다.' 민중당은 양국 말이 이렇게 엇갈린다는 사실 자체가 협정이 졸속으로 얼렁뚱땅 추진되었다는 방증이라고 반발했다.

국회에서 그렇게 분투하는 와중에도 민중당 안에서는 파열음이 났다. 비준안 통과를 막을 투쟁 방법이 문제였다. 강경파는 당장 당을 해체하거나 의원직을 총사퇴하자고 했다. 국회에서 버텨봤자 공화당이 작심하고 밀어붙이면 끝내 막을 수 없다는 이유였다. 빨리 장외로 나가 전면적인 투쟁을 벌이자고 했다. 다수였던 온건파 생각은 달랐다. 지금이야말로 국회 안에서 싸워야 할 중요한 시점이라고 봤다. 이 시점에 국회를 버리고 당을 해체하거나 의원직을 사퇴하는 것은 무책임하고 무모한 짓이라고 했다. 그렇게 하면 결국 공화당만 좋은 일이 된다는 것이다. 야당이 있어도 날치기를 하는데 야당이 국회에 없으면 얼씨구나 하고 단독으로 비준 동의안을 통과시킬 게 뻔했다. 민중당은 그런 이야기를 왈가왈부하며 시간을 보내느라 특별위원회를 열어놓고도 제대로 된 원내 전략을 세울 여력이 없었다.

분란이 있으니 일사불란하게 행동할 수 없었다. 투쟁 방식을 두고 당론이 모이지 않자 각자 뜻대로 행동하기 시작했다. 개별적으로 탈당계를 제출해 의원직을 던지려는 사람들이 생겨났다. 혼란을 막으려는 듯 민중당은 8월 6일에 조재천 의원 외 36인의 이름으로 '국회의원 총사직(국회의 자기해산)과 선거에 의한 국회구성에 관한 결의안'을 국회에 냈다. '국회의원들이 총사퇴해서 국회를 자진 해산하고, 그런 다음 주권자인 국민 의사를 묻는 선거를 해서 새 국회를 구성하자. 새 국회가 한일협정 동의안 문제를 해결케 하자'는 내용이었다. 공화당은 사퇴할 거면 사퇴하라는 식으로 나왔다. 국회의장은 야당 의원들이 비준 전에 사퇴하더라도 공화당 의원들만으로 비준안을 처리하겠다고 으름장을 놓았다.

그런 분위기 속에서도 비준동의안심사특별위원회에 참여한 민중당 의원들은 마지막까지 싸웠다. 8월 11일 심사특별위원회는 질의

응답을 밤 11시까지 이어갔다. 대체 토론을 남겨둔 상태였다. 느닷없이 공화당 조시형 의원이 비준 동의안을 통과시키자고 동의했다. 재청, 삼청이 이어졌다. 순식간에 표결 절차만 남게 된 것이다. 민중당 의원들은 자리를 박차고 사회자 자리로 달려 나갔지만, 공화당 의원들이 길목을 막았다. 공화당 의원들은 민중당 의원들보다 머릿수가 많은 데다 전투력도 우세해 어떻게 해볼 도리가 없었다. 결국 비준 동의안은 정부 원안대로 심사특별위원회를 통과했다. 특위가 구성된 지 12일 만에 날치기 통과가 이루어진 것이다. 민중당 위원들은 어안이 벙벙했다. 고함을 지르거나 한탄하는 일 말고는 할 수 있는 게 없었다.

다음 날 특별위원회 위원장인 민관식이 곧바로 국회에 비준 동의안이 정부 원안대로 통과되었다고 보고했다. 그 시각에 민중당은 긴급 의원총회를 열었다. 날치기로 비준 동의안을 통과시키는 것이 헌정질서에 부합하는 일이냐며 분을 삭이지 못했다. 헌정질서 테두리 안에서 비준 동의안을 통과시키자고 청와대에서 합의한 내용을 깼다는 것이다. 의원직 총사퇴를 결의한 후 국회의장에게 61명 의원 사퇴서를 제출했다. 한일협정 비준을 저지하지 못한 책임을 지고 의원직을 총사퇴한다고 밝혔다. 일부 의원들은 의원직을 완전히 사퇴하기 위해 탈당계를 지구당에 보냈다. 야당 의원들이 의원직을 사퇴하는 것은 의정 사상 최초였다. 박순천 대표는 이효상 국회의장에게 12일 중으로 국회 본회의에 보고하여 사퇴서를 즉각 처리해줄 것을 요청했다. 그러면서 만약 수리하지 않는다 해도 국회에 일체 출석 않겠다고 했다. 김대중 대변인은 비준 저지와 무효화를 위해 끝까지 투쟁하겠다는 '민중당선언'을 발표했다.

한일협정은 공화당의 강도적인 불법 날치기 수법에 의해 특위 통과가 선포됐다. 외교사상 가장 방대한 것이며 국민 여론이 물 끓듯 한

이 조약에 대해 찬부토론은 고사하고 질의의 3분의 1도 채 끝나기 전에 공화당이 이러한 만행을 자행한 것은 의회민주주의에 대한 도살행위요 선열과 국민에 대한 반역행위라 아니할 수 없다.
우리는 매국적인 한일조약의 국회통과를 저지할 수 없는 데 대한 책임을 통감하는 동시에 이 조약에 대한 국민의 열화 같은 항의를 받들어 오늘로써 국회의원직을 사퇴하는 바이며, 앞으로 국민대열의 일원으로 끝까지 협정의 비준저지와 무효화를 위해 투쟁할 결의를 천명하는 바이다. 끝으로 우리는 우리를 선출해준 선거구민 제위에게 미리 양해를 구하지 못하고 의원직을 사퇴한 데 대해 충심으로 사과 말씀을 드리고 관용 있기를 빈다.

광복절을 하루 앞둔 1965년 8월 14일, 국회 본회의가 열렸다. 한일협정 비준 동의안 토론과 표결이 진행되었다. 의원직 사퇴서를 제출한 민중당 의원들은 본회의장에 출석하지 않았다. 111명이 표결에 참여해 110명이 찬성하고 한 명이 기권했다. 이렇게 '대한민국과 일본국 간의 조약과 제협정 및 그 부속문서의 비준에 관한 동의안'은 가결되었다. 시민들과 학생들은 일제히 반발하고 나섰다. 비상국민대회를 열어 한일협정 비준을 성토했다. "한일협정체결에서 자세는 굴욕적이요, 내용은 매국적이요, 방법은 비민주적이요, 결과는 반민주적"이라고 통탄했다. 민중당도 마지막 성명을 발표했다.

국민 여론이 물 끓듯 하고, 많은 맹점과 흑막이 속속 드러나고 있는 한일협정의 국회비준동의안이 군정 하에 있던 최고회의와 다를 바 없는 공화당 일당국회에서 불법처리 되었다. 이와 같은 역사상 유례없는 반민족적 죄악을 저지른 공화당의 처사를 역사와 국민 앞에 고발하는 바이며 그에 대한 가차 없는 단죄가 있을 것을 확신한다.

비준 동의안이 통과한 다음 날은 광복 20주년이었다. 그 기쁜 날을 온 국민은 슬픔과 분노로 보내야 했다. 그런 마당에 박정희가 광복절 경축사라고 하는 말을 들으니 더 열불이 났다. 한일협정을 둘러싼 소동은 민주주의를 제대로 모르는 정치인들 탓이라면서 '낡은 버릇을 고치라'고 했다. 적반하장도 유분수지, 하도 어처구니가 없어서 김대중 민중당 대변인이 맞받았다. "민주주의를 총칼로 짓밟은 자가 할 소리냐!" 그 논평이 많이 거슬렸던지 뒤끝을 보였다. 9월 13일 공화당 의원들만 참석한 가운데 민중당 의원 사직서 표결이 진행되었다. 사직서는 모두 반려되었지만, 이들이 김대중에게 품은 억하심정만은 여과없이 드러났다. 민중당 의원마다 사직 찬성표가 많아야 3표 정도였는데, 김대중 사직에 찬성하는 표는 무려 18표나 되었던 것이다. 어쨌든 사직서는 되돌아왔지만, 비준을 되돌릴 수는 없었다. 그래도 민중당은 정부 여당이 국가 운명이 달린 문제를 독단적으로 밀어붙이지 못하게 끝까지 맞섰다. 한일협정이 지닌 어두운 이면을 국민 앞에 집요하고 성실하게 드러냈다. 야당이 어떤 존재인지, 무엇을 하고 어떻게 해야 하는지를 똑똑히 보여준 순간들이었다.

도둑맞은 표를 되찾자

1967년 제7대 국회의원 선거는 거대하고도 지독한 부정선거였다. 불과 7년 전, 부정선거를 자행한 독재자는 국민 손에 끌려 내려와 나라 밖으로 쫓겨났다. 바로 그 국민들이 두 눈 시퍼렇게 뜨고 지켜보고 있었는데도 박정희는 그 무서운 역사적 교훈을 아랑곳하지 않았다. 그에게 선거는 민주주의의 꽃이 아니었다. 허울에 불과했다. 그는 그 허울을 앞세워 3선 개헌도, 영구 집권도 정당화하려 했다. 그러니 무조건 선거에서 이겨야 했다. 반드시 이겨야 했기에 제7대 총선은 그토록 지독하고, 그토록 무모했다.

1967년에는 대선과 총선이 연달아 있었다. 분열되어 있던 야당 세력은 선거를 앞두고 위기감이 컸다. 1967년 2월 7일, 마침내 신한당과 민중당은 분열의 닻을 끊고 신민당이라는 통합 야당을 띄웠다. 파도가 높고 어둠이 깊었지만, 신민당은 '반독재 민주화, 평화적 정권교체'라는 희망의 돛을 폈다. 출범과 동시에 석 달 앞으로 다가온 대선 준비에 숨 돌릴 틈도 없었다. 당장 준비된 것이라고는 후보뿐이었다. 1963년 제5대 대선에서 15만여 표 차로 분패했던 윤보선이 우여곡절 끝에 다시 후보가 되었다.

신민당은 신속하게 조직을 정비했다. 1967년 2월 27일에는 정식으로 61석 신민당을 원내교섭단체로 등록하고 원내총무로 김영삼을 지명했다. 조직과 사람이 어느 정도 갖춰지자 통합 야당 바람이 일어날 기미가 보였다. 정권은 그 기미를 눈치채고 애초에 싹을 자르자고 덤볐다. 우선 연일 야당 바람을 부추기는 언론 입부터 막았다. 2월 25일 밤, 중앙정보부는 남재희 등 기자 네 명을 연행했다. 선거전 각 지방 민심을 전하는 신문 연재물을 문제 삼았다. 그것은 시작일 뿐이었다. 여기저기서 부정선거를 예고하는 징조들이 나타났다. 국회 본회의에서 신민당 의원들은 정부에 그 사례들을 들이대며 따져 물었다. 왜 언론에 재갈을 물리느냐, 왜 고무신이며 설탕을 나누어 주느냐, 왜 박 대통령 업적을 대대적으로 소개하느냐, 왜 사전 선거운동들을 막지 않느냐? 숱한 질문과 질책에도 총리와 내무부 장관은 전혀 개의치 않았다. '너희는 짖어라, 우리는 간다.'

부정선거 조짐이 심상치 않아 걱정이 컸다. 신민당은 부정선거를 조금이라도 막아보고자 동시선거를 제안했다. 참신한 생각이었다. 한 달 새 두 번 치러야 하는 대선과 총선을 함께 실시하면 이점이 큰 것은 사실이었다. 부정선거도 줄이고 국민 혈세도 아낄 수 있었다. 국정 공백과 국력 낭비도 줄일 수 있었다. 그러나 공화당은 의도가 불순하다며 동시선거 제안을 내쳤다. 대통령 선거에서 불리할 것 같으니 국회의원 선거와 함께 치르자 한다고 했다. 동시선거를 하면 선거가 너무 복잡해져서 안 된다며 대신 양대 선거를 15~20일 간격으로 치르는 중복선거를 제안했다. 중앙선거관리위원회에서는 동시선거든 중복선거든 여야가 빨리 합의하기만 하면 모두 가능하다고 했다. 동시선거를 실현하기 어렵다던 공화당은 입장이 옹색해졌다. 그래도 억지를 부려 결국 원래대로 총선을 대선 한 달 뒤에 치르기로 했다.

대통령 선거일이 5월 3일로 정해졌다. 신민당 대선 후보 윤보선은 대선 구도를 밝혔다. '독재냐 민주냐, 부패냐 개혁이냐.' 민주와 개혁을 위한 집권 목표도 밝혔다. 거국내각을 구성해 정치 보복을 하지 않을 것이며 대통령 중임제를 폐지하고 정보정치를 중단하겠다고 했다. 중산층을 강화하고 중소상공인 납세 부담을 줄이겠다는 민생 공약도 내놓았다. 3월 24일부터는 대선 후보 등록이 시작되었다. 기선을 제압하려는 듯 박정희가 가장 먼저 후보로 등록했다. 박정희와 공화당은 대선 구도를 '전진이냐 후퇴냐'로 잡았다. "조국 근대화를 추진하는 전진 세력과 퇴영적인 수구파의 대결"이라는 것이다. 박정희가 다시 정권을 잡아야 경제도, 민생도 전진할 수 있다고 했다. 전진하려는 신진 세력과 싸움만 하는 구태 정치인 간 대결로 몰고 갔다. 그 구도는 1917년생인 박정희와 1897년생인 윤보선을 대비시키는 효과도 있었다. 이에 반해 신민당은 "정의와 불의의 대결"을 외치며, 박정희 정권을 비판하는 정치 공세로 일관했다. 공화당은 "여러분의 명랑한 생활과 보다 편리한 살림을 위해 민주공화당은 황소처럼 힘차게 일하겠습니다"라는 구호를 선거 벽보에 실었다. 신민당 벽보는 "빈익빈이 근대화냐 썩은 정치 뿌리 뽑자" "지난 농사 망친 황소 올봄에는 갈아보자" "박정해서 못 살겠다 윤택하게 살아보자"라는 구호로 가득했다. 신민당은 선거 막판에 제5대 대선을 휩쓸었던 사상 논쟁을 다시 끄집어내기도 했다. 박정희가 남로당원이었고 공산주의 사상을 갖고 있다고 비난했다. 공화당은 "신민당이 또다시 낡은 매카시즘 수법으로 사상 논쟁을 일삼으려 할지 모르나 우리는 상대할 흥미조차 없다"며 되받았다.

박정희와 공화당은 경제개발 성과를 적극적으로 홍보했다. 박정희가 제1차 경제개발 5개년 계획을 추진해 8.3퍼센트에 이르는 연평균 성장률을 이뤘다는 점을 적극 내세웠다. 그러면서 제2차 경제개발 5개년 계획을 성공시켜 잘사는 나라를 만들겠다고 했다. 유권자들은 먹고사는 문제를 해결하겠다는 공화당에 끌렸다. 게다가 현직 대통령이라는 이점은 무한정했다. 선거 기간에 맞추기라도 한 듯 외교사절 방문이 이어졌고, 지방마다 공장 기공식이 열렸다. 한 신문은 대선과 총선 선거자금으로 공화당이 30억 원, 신민당이 4억 원을 쓸 것으로 예측하기도 했다. 선거판은 기울어져도 심하게 기울어진 운동장이었다. 그래도 신민당도 어렵게 통합과 단일화까지 이룬 뒤였기에 내심 바람을 기대했다. 하지만 어디까지나 그저 기대였을 뿐, 바람은 불지 않았다. 박정희가 51.4퍼센트인 568만 8,666표를 얻은 데 반해 윤보선은 452만 6,541표를 얻어 41퍼센트 득표율에 그쳤다. 박정희가 무려 116만 2,125표나 더 얻었다. 선거 다음 날 신민당은 관권과 금권으로 치러진 불공정 선거였다며 승복할 수 없다고 했지만, 부정선거 탓만 하기에는 표차가 워낙 컸다. 전통적으로 야당이 우세했던 도시 지역에서도 신민당은 고전했다. 정부 수립 후 한번도 지지 않았던 영등포갑에서조차 2천 표 이상 뒤질 정도였다. 충격이 컸고, 실의가 깊었다. 당장 코앞에 닥친 국회의원 선거가 걱정이었다. 윤보선이 정계에서 은퇴한다는 소식이 들렸고 신민당은 부랴부랴 5월 8일 국회의원 선거대책본부를 꾸렸다. 단일 야당 이미지를 강조하면서, 일당독재를 견제할 힘을 달라고 호소하는 전략도 세웠다.

 박정희도 총선이 걱정이기는 마찬가지였다. 사실 대선은 크게 걱정하지 않았다. 총선도 공화당이 그다지 어렵지 않게 이길 듯 보였다. 문제는 크게 이겨야 한다는 점이었다. 반드시 개헌선을 넘는 압도적 승리가 필요했다. 3선을 금지한 현행 헌법을 바꾸지 않으면 박정희는 4년 후인 1971년에는 선거에 나올 수 없었다. 개헌선을 넘느냐 못 넘느냐가 박정희 운명을 가를 것이었다. 목마른 사람은 어떻게든 우물을 판다. 절박했던 만큼 박정희도 좌고우면하지 않았다.

 아니나 다를까 박정희는 염치없는 짓을 저질렀다. 5월 9일 열린 국무회의에서 선거법 시행령을 고쳤다. 대통령을 비롯해 국무위원, 각 부처의 장 등 고위급 인사가 선거운동을 할 수 있게 길을 텄다. 선거법은 공무원의 선거운동을 금지하고 있건만, 대통령령에 단서를 달아 예외를 허용했다. 대통령과 부처 장관들이 대놓고 여당 선거운동을 할 수 있게 되었다. 공무원 선거 개입 금지라는 4·19혁명으로 이룬 소중한 결실이 하루아침에 땅에 떨어졌다. 절차도 졸속이었다. 법제처가 심의조차 하지 않은 채 국무회의에서 즉석 안건으로 올려 의결해버렸다. 국무회의에 참석한 일부 국무위원들조차 오해를 받을 수 있다며 반대했을 정도였다. 신민당이 반발하는 것은 당연했다. 김대중 신민당 대변인은 국회가 만든 법을 정부가 시행령으로 바꾸는 것은 '중대한 위법행위'라고 비판했다.

국회의원 선거법 제34조에는 명백히 국회의원과 지방의회의원을 제외한 공무원의 선거운동을 금지하고 있으므로 시행령으로 법 규정을 배제할 수 없음은 너무도 당연하다.

공화당은 얼씨구나, 쾌재를 불렀다. 대통령을 포함한 국무위원들 중심으로 초호화 유세반을 꾸린다며 설레발을 쳤다. 위법을 지적하는 야당에는 '부러우면 여당 하라'는 투로 대응했다. 청와대도 되레 큰소리쳤다. 야당은 거짓말까지 해가며 정부를 공격하는데, 정부는 당하고만 있어야 하냐며 핏대를 세웠다. 설왕설래가 이어지자 결국 심판이 나섰다. 중앙선거관리위원회가 불가하다는 유권해석을 내렸다. 장관 같은 별정직 공무원들도 선거운동을 할 수 없다고 했다. 뒤통수를 맞은 정부는 순간 어안이 벙벙해졌지만, 이내 정신을 차리고는 선관위를 대놓고 윽박질렀다. 선관위가 입법 문제에까지 개입하려 든다며, 월권행위는 집어치우라고 압박했다. 적반하장이었다. 시행령으로 국회 입법권을 침해한 게 누군데 이제 와서 월권 타령이라니 어이가 없었다. 그러나 벼룩도 낯짝이 있는지라 김종필 공화당 의장은 한발 물러섰다. 총리 이하 장관들은 지방 유세를 하지 않겠다고 했다. 청와대도 선관위 결정에 따르겠다며 대통령 유세 계획을 취소하겠다고 했다. 하지만 그것은 두 발 나가려고 한 발 물러서는 한낱 꼼수에 불과했다. 김종필이 곧바로 본심을 드러냈다. 선관위 결정에 가처분 신청을 내겠다고 했다. 다른 장관들은 몰라도 당 총재인 대통령까지 유세를 못 하게 한 결정은 부당하다고 했다. 공화당 총재인 박정희도 맞장구를 치며, 선관위를 몰아붙였다.

**야당 당수에겐 선거 유세를 허용하면서
여당 당수에겐 허용하지 않는 것은 형평에 어긋난다.**

서슬 퍼런 대통령이 그리 말하니, 선관위도 움찔할 수밖에 없었다. 대통령이 불만을 드러낸 직후, 이틀 동안이나 회의를 진행했다. 가자니 태산이고 돌아서자니 숭산이라, 선관위 사정이 참 딱했다. 결국 표결 끝에 황당한 결론을 내렸다.

정당의 대표자인 대통령은 국회의원선거법상의 선거운동을 할 수 있다.

그렇게 스스로 내린 유권해석을 뒤집었다. 박정희는 한껏 만족하여 여유를 부렸다. 선관위가 무릎을 꿇었으니 체면을 좀 세워주겠다고 생각한 것인지 생색을 냈다. '유세'가 아니라 '시찰'로 이름을 바꿔 지방을 돌아다니기로 한 것이다. 확실히 '시찰'이 '유세'보다는 대통령 품위에도 맞았다. 그러나 여유를 부릴 수 없는 곳이 한 군데 있었으니, 바로 김대중이 출마한 목포였다. 박정희는 두 번씩이나 목포에 내려갔다. 국무위원들이 몰려가 국무회의를 열고, 목포를 위한 장밋빛 공약을 쏟아냈다.

5월 17일부터 공화당은 본격 유세에 나섰다. 구호는 '안정'이었다. 박정희가 열심히 일할 수 있게 공화당에 표를 몰아달라고 했다. 반대를 위한 반대만 일삼는 야당을 이참에 혼내주자는 말도 빼놓지 않았다. 5월 20일, 신민당도 지도부가 총출동해 첫 유세를 시작했다. "일당독재를 막고 원내 견제 세력을 구축하기 위해 통합 야당인 신민당 후보를 많이 선출해달라"고 호소했다. 정계 은퇴한다던 윤보선까지 유세를 거들고 나섰다. 그는 정권은 유한하고 민족은 영속하니 대선에서 졌다고 실망하지 말고 이번 선거에서 신민당을 밀어달라고 했다. 그러면서 박정희가 이번 선거에서 이기면 반드시 3선 개헌을 할 것이라고 폭로했다.

공화당이 부정 협잡 선거로 원내 3분의 2선을 확보하여 대통령 3선을 허용하는 헌법 개정을 시도하고 있다.

그다음 날 박정희는 3선 개헌은 헛소리라고 큰소리쳤다.

대통령 임기연장을 위한 개헌은 하지 않겠다.

그 말을 하필 목포에서, 김대중 면전에서 했다. 그 약속을 잊었던지 박정희는 결국 3선 개헌을 했고, 3선 도전에서 김대중을 만나게 된다.

어쩌면 그렇게 3·15 부정선거를 꼭 닮았는지 놀라울 정도였다. 선거가 막바지에 이를수록 물불을 안 가렸다. 관권, 금권 선거가 판을 쳤다. 온 나라에 고무신과 막걸리가 동날 정도였다. 선거 당일인 6월 8일 유진오 대표는 "이번 선거는 관권이 개입했다기보다는 관권이 선거를 주관한 부정선거"라고 비난했다. 오후 5시, 마침내 전국 131개 지역구 선거가 모두 끝났다. 개표가 시작되자마자 공화당이 압승할 조짐이 보였다. 결국 공화당은 총 의석의 3분의 2가 넘는 129석을 얻어 개헌선을 돌파했다. 신민당은 45석에 그쳤다.

　신민당은 선거 결과를 도무지 받아들일 수 없었다. 해도 해도 너무했다. 선거운동 과정은 물론 투개표도 온통 부정으로 얼룩진 총체적인 부정선거였다. 전남 벌교, 화순, 여수 등지에서는 공개투표가 이루어지는 바람에 신민당 후보가 분을 못 이기고 사퇴하기도 했다. 서울 종로, 동대문, 서대문 등지에서는 대리투표가 행해졌고, 무더기 표가 쏟아진 투표함도 부지기수였다. 일부러 불을 꺼버리고 개표하는 올빼미 개표도 판을 쳤다. 괴한이 투표소에 난입해 야당 참관인을 쫓아내기도 했다. 대놓고 투개표 조작을 하다 보니 어이없는 일도 벌어졌다. 불과 한 달 전 대선 때보다 유권자가 74만 명이나 더 많았다. 대선 때 유권자 수를 줄였든지, 총선 때 유권자 수를 늘렸든지 좌우지간 둘 중 하나는 조작한 셈이었다. 그 모든 사례가 거대한 부정선거를 가리키는 증거들이었다. 6월 10일 유진오 대표는 기자회견을 열었다.

역사상 유례없는 공개투표와 관권탄압에 의한 강도적 부정선거로써 헌정 위험 수위인 개헌선을 강점한 공화당은 개표과정에서도 신민당이 유리한 지역에 대해 공공연한 개표소 습격과 테러, 무효표 조작 등을 예사로 감행함으로써 소위 비상경비상태하의 수도 서울을 비롯한 전국의 치안질서가 무정부적 암흑상을 빚어내게 했다.

유진오는 박정희 대통령에게 단호하게 요구했다.

부정선거 책임자를 처벌하고 부정선거가 감행된 지구는 선거 무효화조치를 취하고 재선거를 실시하라.

감추려야 감출 수 없고, 숨기려야 숨길 수 없었다. 사실과 증거는 차고 넘쳤고, 그걸 뭉개거나 덮기에는 부정이 너무도 거대하고 지독했다. 공화당도 부정선거였음을 시인하고 유감을 표할 수밖에 없었다. 짐짓 심각한 표정을 지으며 자체 진상조사에 나서겠다고 요란을 떨었다. 문제된 지역구 당선자와 관련자들을 대대적으로 문책하겠다며 소란도 피웠다. 그렇게 변죽을 울리더니 막상 진상조사가 이루어진 지역구는 화성, 보성, 동대문갑구 딱 세 군데뿐이었다. 그야말로 태산명동서일필이었다. 그런 마당에 김종필 공화당 의장이 내뱉은 말은 더 기가 찼다.

6·8 선거가 타락부패 선거는 맞지만, 부정선거는 아니다.

일부 지역에서 일어난 '사고'에 지나지 않는다는 말이었다. 술은 마셨지만 음주운전은 아니라는, 낮도깨비 같은 소리였다. 한술 더 떴다. '재선거는 이미 투표한 천만 유권자를 모독하는 행위라 불가하다.' 이미 지독한 선거 부정으로 모욕당한 마당에 그런 말까지 들으니 유권자들은 그저 헛웃음만 나왔다.

신민당은 부정선거를 사고쯤으로 치부하는 파렴치에 부아가 치밀었다. 6·8 부정선거는 신민당이 단순히 의석 몇 개 빼앗긴 문제가 아니었다. 나라 주인인 국민이 주권을 도둑맞은 중대한 사태, 그야말로 '선거 쿠데타'였다. 신민당은 그만큼 사태를 심각하게 보고 있었다. 6월 12일, 당선자 45명이 모여 간담회를 했다. 그러고는 유진오 대표를 앞세우고 부정선거를 규탄하는 거리 행진을 했다. 중앙청까지 진출하여 전면 재선거와 부정선거 책임자 처단을 요구했다. 요구가 받아들여지지 않으면 의원 등록을 하지 않기로 뜻을 모았다. 의원 당선증도 모두 당 대표에게 제출했다. 6월 14일에는 6·8 총선무효화투쟁위원회를 구성하고 유진오가 위원장을 맡았다. 당력을 총집중하기로 한 것이다.

사태는 걷잡을 수 없이 번져갔다. 주권을 도둑맞은 국민이 저항하기 시작했다. 대학가에서 먼저 들고 일어났다. 전국 각지 고등학생과 대학생이 '6·8선거는 쿠데타다'라고 쓴 플래카드를 들고 규탄 시위를 벌였다. 단식에 나선 학생들도 있었다. 정부는 곧바로 30개 대학과 148개 고등학교에 휴교령을 내렸다. 6월 16일, 박정희는 담화를 발표하고 수습책을 내놓았다. 문제가 발견된 6개 지역 당선자를 제명하겠다고 했다. 꼬리 좀 잘라 눙치려는 수작이었다. 그런 와중에도 박정희는 국민에게 훈계를 했다.

사회 불의를 법대로 해결해야지 감정으로 시정하려는 조급성은 새로운 불의를 낳는다.

유진오는 전국에서 일어난 지독한 선거 부정을 '일부 지역에서 일어난 사고'로 여기는 데 화가 났다. '131개 전 지역에서 선거 부정이 일어났다는 것을 인정하고 수습에 나서라'고 요구했다.

6월 18일 신민당은 안국동 로터리에서 '부정선거 규탄 국민 궐기대회'를 열었다. 경찰 방해 속에서도 궐기대회는 진행되었다. 신민당은 다섯 가지 요구를 내걸었다. 총선거 무효화와 재선거 실시, 박정희 대통령이 사과하고 부정선거 책임자를 엄단할 것, 부정선거에 가담한 공화당 후보와 공무원을 처단할 것, 전국에서 선거 보복을 중단하고 관계자를 엄단할 것, 검찰이 전면 수사에 나서고 학생과 시민에 대한 탄압을 중단할 것을 요구했다. 대통령 취임식을 하루 앞둔 6월 30일 3시부터는 중앙당과 전국 지구당에서 26시간 단식 농성도 벌였다. 선거 소송 마감일인 1967년 7월 8일에는 7대 국회의원 선거 전면 무효소송을 대법원에 제기했다.

6·8선거의 부정양상은 전국적으로 동일하여 공화당, 행정기관 및 폭력단으로 편성된 연합군에 의해 무방비한 국민 대중의 주권은 완전히 압살되고 민주주의는 장송되었다.

공화당은 힘으로 밀어붙였다. 헌정 사상 처음으로 여당 단독 국회를 열었다. 한편으로는 신민당을 국회로 끌어들이려고 계속 압박했다. 신민당도 흔들렸다. 국회 밖에서 싸움을 이어갈 힘이 점점 빠지고 있었다. 결국 원내 협상을 통해 문제를 풀기로 했다. 10월 들어 공화당과 협상을 시작했다. 11월 6일, 여야 협상대표단이 국회 정상화를 위해 오랜만에 마주 앉았다. 하지만 선거 무효화와 재선거 문제를 두고 날 선 대립이 이어졌다. 계속된 협상은 결국 11월 20일 마무리되었다. 신민당은 재선거를 실시하라는 요구를 거둬들였다. 대신 부정선거를 방지하는 법안을 마련하는 쪽으로 방향을 틀었다. 공화당이 내민 당근을 받아들인 셈이다. 물론 그렇게 협상하는 방향을 두고 당내에 격렬한 반발도 있었다. 하지만 신민당과 공화당은 선거법 개정, 정당법 개정, 정치자금 배분 비율 조정(원내 제1당 60퍼센트, 나머지 40퍼센트), 6·8부정선거조사 특위 설치에 합의했다. 마침내 11월 29일, 신민당 당선자들이 국회로 들어섰다. 그렇게 제7대 국회가 본격적으로 시작되었다. 하지만 그토록 어렵게 열린 제7대 국회는, 결국 3선 개헌이라는 역사적 비극이 펼쳐지는 무대가 되고 만다.

헌법을 지켜라

권력을 향한 욕망은 죽어야 끝나는 법이다. 그 끝없는 욕망을 멈춰 세우는 조치가 바로 헌법 제69조, 대통령 임기는 4년으로 하고 단 한 차례 중임만 허용한다는 규정이었다. 그로써 한 사람이 대통령직에 머무는 것은 길어야 8년이 되었다. 그러나 막 다디단 권력에 익숙해 가는 박정희에게 그것은 말 같지 않은 소리였다. 이제 갓 쉰을 넘겼을 뿐인데 내려와야 한다니, 너무 억울했다. 일흔이 넘어 잡은 권력을 12년간이나 놓지 않은 이승만이라는 사람도 있지 않은가! 대통령 두 번, 고작 8년 할 거였으면 애시당초 목숨 걸고 쿠데타를 일으키지도 않았을 것이다. 아닌 말로 하려고만 들면 할 수 있는 힘이 있는데 굳이 대통령직을 내려놓을 이유도 없었다. 어떻게 하면 되는지 이미 보고 배운 바도 있었다. 욕망에 맞게 헌법을 고치면 된다. 우선은 3선 개헌을 하고, 나중에는 죽을 때까지 집권할 수 있게 고칠 계획을 세웠다. 독재자는 헌법을 독재를 가리는 무화과 잎쯤으로 여겼던 것이다.

6·8 선거 압승으로 개헌 준비는 이미 끝났다. 개헌을 위해 역사상

최악의 부정선거를 저질렀다. 이승만이 했던 3·15 부정선거 못지않았다. 신민당은 부정선거 무효화와 재선거를 요구했다. 5개월 넘도록 치열하게 싸웠지만, 이미 3선 개헌을 머리에 둔 이상 박정희도 물러설 수 없었다. 이제 박정희는 3선 개헌으로 가는 길에 들어섰고, 신민당은 그 길을 막아야 했다. 선거 무효 싸움은 그 전초전이었건만 너무도 격렬한 양상으로 번져갔다. 양당은 출구를 모색하며 잠시 숨 고르기에 들어갔다. 그리하여 일단은 휴전이었지만, 그러는 동안에도 올 것이 오고 있었다.

신민당은 대선과 총선을 연달아 치르느라 기진맥진해 있었다. 게다가 바로 이어진 부정선거 투쟁으로 숨 고를 틈도 없었다. 우선 전열을 정비해야 했다. 별안간 대표가 된 유진오가 이끄는 과도체제는 여전히 불안했다. 윤보선, 박순천 같은 당 거물급들도 사실상 2선으로 물러나 있었다. 당을 이끌 마땅한 인물도, 중심도 없는 상태였다. 1968년 5월 20일 전당대회를 열었다. 유진오 과도체제를 안정체제로 만들 기회였다. 유진오가 표결 없이 만장일치로 다시 총재가 되었다. 이번에는 대표최고위원이 아니라 총재였다. 집단지도체제를 단일지도체제로 바꿔 당 지도력을 강화한 것이다. 최고위원을 폐지하고 대신 부총재 3인을 두기로 했다. 부총재 자리를 차지하려는 파벌 간 알력이 대단했다. 당시 신민당은 실제로 파벌 연합에 가까웠다. 진산계, 민주계, 신한계 등이 얽히고설켜 있었다. 어찌어찌 굴러가기는 했지만, 연신 삐걱대고 덜컹거렸다. 각 파벌들을 어르고 달래느라 유진오는 진땀을 뺐다. 총재가 된 그는 곧바로 당직 인선에 나섰다. 원내 전략을 지휘하는 원내총무에는 민주계 김대중을 지명했다. 그러자 다른 파벌들이 들고 일어나, 결국 의원총회에서 인준이 부결됐다. 한 발 물러나 정성태를 다시 지명했는데도 부결되자, 유진오는 결국 폭발했다. 이런 식으로는 총재 못 하겠다며 사퇴하겠다고 했다. 화들짝 놀란 의원들이 정성태를 재인준해 사태를 겨우 무마했다. 그렇게 총무가 된 정성태마저 5개월 만에 사표를 내고 김영삼이 원내 총무를 맡았다. 신민당은 그야말로 파벌에 의한, 파벌의 당이었다.

　신민당은 계속 흔들렸다. 1968년 11월에는 상황이 더 심각해졌다. 일 년 전, 6·8 부정선거 반대 투쟁을 끝내면서 여야는 수습책으로 '6·8 부정선거특별조사위원회법'을 만들기로 합의했다. 그러나 합의 이후 일 년이 넘도록 감감무소식이자 원외 위원장들이 그 법을 즉시 추진하라고 요구하고 나섰다. 부정선거로 낙선한 사람들이니 그럴 만도 했다. 유진오는 정치적 해결을 모색했다. 11월 18일 대통령에게 친서를 보내 여야대표자 회담을 열자고 했다. 회담에서 공화당은 일 년 전과는 다른 태도를 보였다. 그때는 간이며 쓸개며 다 내줄 것처럼 굴더니 이번에는 이런저런 이유를 들어 법 제정을 거부했다. 회담이 아무런 성과 없이 끝나자 유진오는 또 사퇴하겠다고 했다. 이번에는 의원직 사퇴였다. 정치적 책임을 지겠다는 것이었다. 다수 의원이 이런 일로 무슨 의원직을 사퇴하느냐고 말렸다. 반면 비주류 강경파들은 총재 재신임까지 물어야 할 중대 사안이라고 주장했다. 그해 마지막 날, 유진오는 결국 국회에 의원직 사퇴서를 냈다. 그런 식으로 바람 잘 날 없던 신민당이 흔들리기를 멈춘 것은, 바깥에서 거대한 폭풍이 불어오고 있었기 때문이다.

　지독한 부정선거로 박정희는 3선 개헌을 향한 선로를 깔았다. 이제 그는 그 선로 위를 내달리는 개헌 열차에 시동을 걸 순간만을 호시탐탐 엿보고 있었다. 대선을 2년 앞둔 1969년 벽두, 박정희는 올해를 "싸우면서 건설하는 해"라고 선언했다. 무심히 들으면 반공을 철저히 하자는 소리처럼 들렸다. 1968년에 김신조 청와대 습격 미수 사건과 푸에블로호 납북 사건 등 북한 도발 사건이 연달아 터졌으니 그렇게 들릴 만도 했다. 하지만 유심히 들으면 박정희가 품은 깊은 뜻을 느낄 수 있었다. 개헌을 막는 자들과 싸우자는 의미였다. 싸워서 1969년에는 반드시 3선 개헌을 이루자는 독려였다. 한마디로 이 선언은 3선 개헌을 해 장기 집권 토대를 건설하자는 다짐이었던 셈이다. 공화당은 그 깊은 뜻을 알아차리고 개헌론에 군불을 때기 시작했다. 윤치영 공화당 의장서리가 먼저 나섰다. 그는 1월 7일 기자회견에서 어물거리지 않고 화끈하게 선언했다. "단군 이래의 위인인 박정희 대통령을 계속 집권시키기 위해서는 개헌이 필요하다." 위대한 박정희가 계속 대통령 하게 하자는 말이었다. 뒤이어 공화당 정책위 부의장이 거들었다. 미국에서도 제이차대전과 같은 비상시에 루스벨트 대통령을 네 번이나 연임하도록 했다면서 개헌해야 한다고 노골적으로 주장했다.

**북괴 도발이 늘어나는 이런 비상시국 하에서
확고한 리더십을 가진 지도자가 계속 국가를 영도하기 위해서는
헌법의 대통령연임금지 규정을 고칠 필요가 있다.**

참 묘한 일이었다. 어쩌면 독재자들은 하나같이 그토록 위대해서 대통령을 계속해야 한다는 것인지 알다가도 모를 일이었다. '민족의 태양' 이승만도 그랬고, '단군 이래의 위인' 박정희도 그랬다.

개헌 열차가 요란하게 시동을 걸었다. 박정희는 올라타지 않고 계속 머뭇거렸다. 1월 10일 새해 첫 기자회견에서도 마찬가지였다. 개헌 의사를 묻자 "특별한 사유가 없는 한 내 임기 중에 헌법을 고치지 않았으면 하는 것이 나의 심경"이라면서도 "헌법을 개정할 필요가 꼭 있다 해도 연초부터 왈가왈부하는 것은 좋지 못하며 금년 말이나 내년 초에 얘기해도 늦지 않다"고 대답했다. 개헌을 하겠다는 건지 말겠다는 건지 어물쩍댔다. 개헌 여부를 분명히 밝히지 않았지만, 눈치 빠른 기자들은 직감했다. '이제 문제는 개헌을 하느냐 마느냐가 아니라, 언제 하느냐.' 신민당 사람들도 잔뜩 긴장했다. 일대 폭풍우가 불어닥칠 조짐이 분명해지자 내부 분란은 잦아들었고, 바삐 움

직이기 시작했다. 큰 소용이야 없겠지만 우선 엄포라도 놓았다.

> 신민당은 어떤 형태의 개헌도 반대하며
> 개헌안이 정식으로 국회에 제출되면 소수인 야당은 한 덩어리가 되어
> 최대한의 저지 투쟁을 벌일 것이다.

이승만이 어떻게 몰락했는지 똑똑히 기억하라며 역사적 교훈도 되짚어줬다. 말로 그치지 않았다. 신민당은 박정희 신년사가 개헌 선포라고 판단하고 1월 14일 김의택 전당대회 의장을 중심으로 대책위를 꾸렸다. 3선 개헌 저지 투쟁에 들어간 것이다. 2월 5일에는 대책위를 확대해 유진오 총재와 부총재들이 직접 주도하는 3선 개헌저지투쟁위원회를 구성했다.

　박정희가 개헌 열차에 오르지 않고 연막만 피운 데는 이유가 있었다. 공화당 내부 사정이 녹록지 않았다. 공화당 의원 모두가 개헌에 찬성한 것은 아니었다. 40명은 족히 넘는 공화당 의원들이 개헌을 마뜩잖아 했다. 공연히 그랬을 리 없었다. 철저한 계산이 있었다. 김종필을 중심으로 한 그들은 박정희가 물러나면 자연스레 자신들이 주역이 될 수 있다고 믿었다. 3선 개헌은 박정희 영구 집권으로 가는 길이고, 그렇게 되면 언제 권력이 자신들에게 넘어올지 알 수 없었다. 그래서 그들은 영구 집권에 길을 터주고 싶지 않았다. 그럴 만한 힘도 있었다. 그들이 반대하면 개헌은 불가능했기 때문이다. 그 힘을 미리 보여줄 좋은 기회가 찾아왔다. 1969년 4월 8일 신민당은 권오병 문교부 장관 해임건의안을 국회에 제출했다. 크게 두 가지 이유 때문이었다. 그는 중학교 입시제도 등 교육 정책을 교란했다. 게다가 정부 정책에 반대 의견을 냈다고 국립대 교수를 파면해버렸다. 헌법이 보장한 학문의 자유를 침해한 것이다. 박정희는 공화당에 해임안을 부결시키라고 지시했다. 공화당 내 개헌 반대파는 그 지시를 따

르지 않았다. 표결 결과 152명이 투표해 찬성 89표, 반대 57표, 무효 3표, 기권 3표로 해임안은 통과되었다. 표결에 참여한 신민당 의원 41명이 모두 찬성했다고 가정하면 적어도 공화당 의원 48명이 찬성에 가담했다는 계산이 나왔다. 이른바 4·8 항명 사건이었다. 항명에는 지독한 보복이 따랐다. 붉으락푸르락해진 박정희는 반당행위자를 색출해 처단하라는 불호령을 내렸다. 항명도 괘씸했지만 이대로는 개헌조차 불가능하다는 위기감이 컸다. 그래서 박정희는 항명 사태가 '공화당의 운명을 건 문제'라고 했다. 공화당은 주동자로 찍힌 5명을 본보기 삼아 제명했다. 남은 반당행위자들은 채찍과 당근으로 잡도리해 깔끔하게 진압했다. 그렇게 3선 개헌 앞에 놓인 큰 장애물 하나를 깨끗이 치워버렸다.

신민당은 5월부터 전국을 누비며 3선 개헌 반대에 목소리를 높였다. 유진오 목소리가 제일 컸다.

3선 개헌은 민주주의의 돌아오지 않는 다리이며 누구도 이를 건너려 하지 않는데, 독재하려는 사람만이 이를 건너려 하고 있다.

커져가는 투쟁 분위기 속에서 신민당 3차 전당대회가 5월 21일에 열렸다. 유진오가 총재로 재추대되었다. 총재 수락 연설에서 자신이 할 임무는 오직 3선 개헌을 막는 것이라고 못 박았다. 아직 박정희가 올라타지 않았지만 시동을 걸었으니 개헌 열차는 속도를 내기 시작했다. 6월부터 공화당은 학자들까지 동원해 개헌토론회를 잇달아 열며 분위기를 조성했다. 신민당도 투쟁 고삐를 더욱 당겼다. 6월 5일 국회의원 총사퇴 카드를 다시 꺼냈다. 그러면서 재야 인사들까지 총결집한 '3선 개헌 반대 범국민투쟁위원회'를 조직했다. 위원장으로는 신망이 두터웠던 김재준 목사가 나섰다. 신민당은 이렇게 국회 안팎에서 3선 개헌 저지 투쟁을 치열하게 벌이고 있었다. 그러던 차에 김영삼 원내총무를 겨냥한 질산 테러까지 발생했다.

한여름 열기에 연막은 완전히 걷히고 마침내 박정희는 개헌 열차에 몸을 실었다. 7월 25일 특별담화에서 그는 개헌안 통과에 직을 걸겠다고 했다. "개헌문제를 통해 나와 정부에 대한 신임을 묻겠다." 개헌안을 국민투표에 부쳐 부결되면 자신도 즉시 물러나겠다는 선언이었다. 올 것이 왔을 뿐이라 크게 놀랄 일은 아니었다. 정작 놀랄 일은 신민당 안에서 터졌다. 투쟁의 불길이 한창 타오르고 있을 때, 개헌에 동조하는 배신자가 나타난 것이다. 중앙정보부 포섭 공작이 빚어낸 결과였다. 신민당 성낙현, 조흥만, 연주흠 의원이 3선 개헌을 지지한다는 성명을 발표했다. 신민당은 큰 충격에 빠졌다. 또 누가 3선 개헌을 지지하고 나설지 몰라 전전긍긍했다. 기분 같아서는 배신자에게 쓴맛을 보여주고 싶었지만 뾰족한 방법이 없었다. 지도부는 고민에 고민을 거듭했다. 개헌안 표결에서 찬성표를 던지지 못하게 하려면 의원직을 잃게 해야 하는데, 그들 스스로 탈당하지 않는 한 방법이 없었다. 심지어 제명한다 해도 소용이 없었다. 우선 더 이상 배신자가 나오는 것을 막기 위해 의원들로부터 탈당계를 받아두었다. 여차하면 탈당 처리하겠다는 것이다. 탈당계를 낸 의원들은 의원직을 지도부 손에 맡긴 꼴이어서 함부로 움직일 수 없었다. 그러는 사이 공화당이 8월 7일 개헌안을 국회에 제출했다. 제69조 제3항이 '대통령은 1차에 한하여 중임할 수 있다'에서 '대통령의 계속재임은 3기에 한한다'로 바뀌어 있었다.

신민당은 좌고우면할 여유조차 없었다. 개헌안이 국회를 통과하는 일을 막을 수만 있다면, 무슨 수라도 써야 했다. 우선 개헌안이 본회의에 보고되는 것부터 막기로 했다. 개헌안을 보고하려고 공화당은 8월 8일 임시국회를 소집했다. 신민당은 아침 9시부터 본회의장으로 들어가 의장 자리와 국무위원 자리를 점거한 채 농성에 들어갔다. 그러나 8월 9일 공화당은 신민당 의원들을 보기 좋게 따돌렸다.

개헌안 보고를 생략한 채 국회의장 직권으로 정부에 보낸 것이다. 독재도 진화하는 듯했다. 개헌을 숱하게 했던 이승만도 국회 본회의 보고 절차를 거치지 않은 적은 한 번도 없었다. 그것이 국회 관례이자 국회법에 명시된 절차였다. 관례도, 법도 어겼지만 되돌릴 수는 없었다. 정부는 8월 9일 곧바로 개헌안을 공고했다. 이제 60일 안에 국회가 의결하면 그 후 60일 안에 국민투표를 하게 된다. 미리 예행연습이라도 한 것처럼 일사천리였다.

이틀 동안이나 본회의장을 지킨 신민당 의원들은 허탈했다. 유진오는 의원들을 다독이며 잘 싸웠다고 위로했다.

우리는 머리와 지혜와 조직과 정의감으로 싸워왔는데 공화당의 불법 무도한 처사 때문에 육체적 용기(勇氣)까지 쓰지 않을 수 없었다.

이제 기댈 데는 오직 민심뿐이었다. 신민당은 전국을 돌면서 3선 개헌 저지를 외치며 민심에 호소했다. '3선 개헌은 박정희가 영구 집권하려는 음모다. 민주주의 파괴를 막자!' 박정희도 가만히 있지는 않았다. 오히려 적반하장으로 나왔다. '3선 개헌이 뭐가 문제냐? 몇 번을 하든 대통령이 될 때마다 국민이 투표로 선출하는데 무슨 장기 집권이냐?' 선택은 국민이 알아서 하는 것인데, 열 번 하든 스무 번 하든 그게 무슨 대수냐는 말이었다. 백 보 양보해 열 번이고 스무 번이고 대통령 할 수 있다 쳐도, 바로 엊그제 그 지독한 부정선거를 저질러놓고 '국민이 선택하니 문제 없다'고 말하다니 민의를 농락한 독재자의 뻔뻔한 궤변이었다. 어쨌든 이제 개헌안 국민투표에 앞서 국회 의결 절차만 남았다. 공화당은 신민당을 비껴가려 우회 전략을 폈다. 상임위를 거치지 않고 바로 본회의에 올려 질의나 토론 없이 곧장 표결에 부칠 계획을 짰다. 신민당도 개헌안 통과를 막을 방법을 찾느라 머리를 쥐어짰다.

우선 내부 단속이 급했다. 개헌 지지를 표명한 세 의원 문제부터 정리해야 했다. 결국 충격적인 결단을 내렸다. 당을 해체하기로 한 것이다. 그들이 의원직을 잃게 해 개헌안 표결에 참여하지 못하게 하려는 극단적인 처방이었다. 헌법 제38조에 따르면 의원이 탈당하거나 정당이 해산하면 의원직을 자동으로 상실한다. 당으로부터 제명당한 경우에는 의원직을 유지한다. 고작 세 명이 찬성 표결하는 것을 막자고 당을 해체한다니 좀 의아하게 여길 수도 있지만, 신민당 지도부에게는 계산이 있었다. '세 명이 찬성표를 못 던지게 하면 표 대결에서 개헌안 통과를 막을 수 있다.' 9월 5일 확대간부회의에서 세 명을 제외한 소속 의원 44명을 제명해 무소속으로 만들고 당을 해산하기로 했다. 그러면 변절자 3인은 당과 함께 사라지게 된다. 9월 6일 당기위원회를 열어 소속 의원 44명을 제명했다. 다음 날 임시전당대회를 열어 당 해체를 만장일치로 통과시켰다. 신민당은 사라졌고, 변절자 3인도 의원직을 상실했다. 나머지 의원들은 무소속이 되었다. 무소속 의원들로 신민회라는 원내교섭단체를 구성해 국회에 등록했다. 창당 2년 반 만에 당을 접었지만, 해산과 동시에 창당 계획을 밝혔다. 당명은 그대로 신민당이고 현재 지도부가 그대로 신민당창당준비위원회를 구성했다. 당은 그 어느 때보다 일사불란하게 움직였다. 유진오 총재가 보여준 지도력도 돋보였다. 그는 당 해체 전당대회에서 다시 한 번 단결을 강조했다.

**3선 개헌 저지를 위해 상상조차 할 수 없었던 당 해체를 결심했다.
당원동지들의 깊은 신뢰감과 단결이 어느 때보다 필요하다.
당원 간에 신뢰감과 단결이 없다면 야당 세력은 와해될 수밖에 없다.**

9월 9일, 개헌안이 국회 본회의에 올라왔다. 신민회는 표 대결에서 승산이 있다고 보고, 공화당과 국회 일정을 합의했다. 3일 동안 질의와 토론을 벌이고 표결에 들어가기로 했다. 9월 10일 헌법 개정안 제안 설명과 질의가 진행되었다. 신민회 의원들은 차분히 3선 개헌에 어떤 문제가 있는지를 조목조목 파고들었다. 김대중 의원은 제69조 3항을 물고 늘어졌다. 이 조항은 일인 장기 집권과 장기 집권에 따라오는 부패를 막고 민주 체제를 지키기 위한 안전장치라는 점을 강조했다. 그 안전장치를 없애는 것은 헌법 자체를 위험에 빠뜨리는 일이기에, 3선 개헌은 헌법을 개정할 수 있는 한계를 벗어나는 행위라고 목소리를 높였다.

> 자기가 만든 헌법을 자기가 실시하다가 내 이익을 위해서
> 내가 한 번 더 집권하기 위해서 이 헌법을 고쳐야 되겠다
> 이 자세가 어째서 민주국가의 대통령이 될 수 있으며
> 이 자세가 어떻게 해서 국민 앞에서 헌법 제68조에 의해서 국헌을
> 준수한다고 손 들고 선서한 대통령이 할 수 있는 일이냐 이것입니다.
> 박정희 씨가 이러한 짓을 하니까 그분이 독재정치를 한다고 되는 것이고
> 그분이 결국 파렴치한 정치를 한다고 하는 이런 말이 나온 것이다
> 이것입니다.

이날 아침 10시 15분부터 시작된 회의는 밤 10시 40분까지 이어졌다.

그러던 참에 비보가 들려 왔다. 9월 10일 유진오 총재가 뇌졸중으로 쓰러졌다. 대학 강단에서 강의만 하던 사람이 제1야당을 이끄느라 사투를 벌여왔던 것이다. 신민당 의원들은 슬퍼할 겨를도 없었다. 국회에서는 9월 13일까지 개헌안 토론이 이어졌다. 공화당은 토론 중지와 표결을 시도했다. 신민회 의원들이 표결에 반대하자 국회의장은 정회를 선포했다. 꿍꿍이가 있었다. 정회 이후 공화당 의원들은 흩어지지 않고 의사당 가까운 태평로 주변 호텔에 모여 있었다. 그곳

에서 밤새 뜬눈으로 신호가 오기만을 기다렸다. 9월 14일 새벽 2시 28분 경, 마침내 모이라는 신호가 왔다. 장소는 신민회 의원들이 농성을 벌이는 본회의장이 아니라 의사당 맞은편 제3별관 3층 특별회의실이었다. 공화당 의원들이 피곤에 전 얼굴로 속속 모여들었다. 곧바로 본회의를 열고 개헌안 표결에 들어갔다. 122명이 투표해 122명이 찬성했다. 개헌 통과선인 114표를 8표 웃돌았다. 이효상 국회의장이 가결을 선포하려는데 의사봉이 없었다. 급한 대로 옆에 놓여 있던 물주전자 뚜껑으로 탁자를 세 번 두들겼다. 신민회 의원들은 본회의 통지조차 받지 못했다. 그제야 부랴부랴 달려왔지만, 공화당 의원들은 이미 회의장을 빠져나오고 있었다. 그들은 멋쩍었는지 눈길조차 피하며 급히 자리를 떴다. 신민회는 날이 밝기도 전에 성명을 발표했다. 개헌안 통과는 쿠데타 세력이 자행한 또 다른 쿠데타라며 불법 무효를 주장했다.

공화당이 한밤중에 의사당도 아닌 곳에서 반대 의원에게 통지도 없이 강도적 수법으로 자신의 영구 집권을 위한 개헌안과 국민투표법안을 통과시킨 것은 5·16을 뺨치는 신판 쿠데타다.

이제 박정희는 여유가 넘쳐 보였다. 신민회 의원들에게 한껏 훈계도 했다. '맨날 농성이나 하는 구태를 좀 벗어라, 언제까지 그렇게 반대만을 위한 고식적인 태도로 나올 것인가, 깊이 반성 좀 해라.' 한편 3선 개헌 반대 범국민투쟁위원회 김재준 위원장은 그동안 신민회가 벌인 투쟁에 격려를 보냈다.

신민회 의원들은 개헌안의 원내 저지투쟁에서 최선을 다했다고 본다.

그러면서 함께 정권 타도 운동에 계속 전력하자고 독려했다.

　이제 국민투표만 남았다. 신민당은 바삐 창당대회를 열고 당을 복원했다. 9월 20일 창당대회를 하면서 '박 대통령 하야권고 결의안'도 채택했다. 창당 결의문에서도 "조국의 민주 보루인 우리들은 모든 난관을 극복하며 온갖 희생을 무릅쓰고 굳게 단결해 박정권을 타도하자"고 했다. 국민투표를 앞둔 이날 창당대회는 비장했다. 늘 벌어졌던 계파 간 난타전은 찾아볼 수 없었다. 신민당은 한껏 단결을 과시했다. 당을 해산한다는 모험을 감행했음에도 이탈은 물론 작은 잡음조차 없이 창당대회까지 왔으니 뿌듯할 만했다. 똘똘 뭉쳐 3선 개헌을 막자는 결기가 창당대회장 안에 가득했다. 생소하고 놀라운 풍경에 유진오도 감격한 듯 연설 내내 흥분을 감추지 못했다.

오늘 이 대회는 역사적 의의로 미루어 볼 때 우리나라 정당사상에 영원히 기록될 대회다. 당운을 건 전면전투 중에 당을 해체하고 다시 당을 창당함에 있어서 이렇게 최단 시일 내에 이렇듯 일사불란하게 뜻을 통리하고 이를 실천에 옮길 수 있었다는 사실은 우리나라 역사상에서 일찍이 찾아볼 수 없었던 일이다.

　10월 17일, 마침내 국민투표가 진행되었다. 77.1퍼센트 투표율에 찬성 65.1퍼센트로 개헌안은 확정되었다. 서슬 퍼런 독재 정권이 총력전을 벌인 결과였다. 그 힘을 당해낼 재간이 없었다. 신민당은 이번 국민투표가 금권과 관권을 총동원한 불법이었다며 무효라고 선언했다. 박정희 독재는 억압을 넘어 국민의 뼈와 정신까지 썩게 한다고 강도 높게 비난했다. 그러나 분위기는 가라앉았다. 늘 그렇듯 이유 불문하고 싸움에서 진 장수에게 책임을 묻는 의식이 거행되었다. 당 정무위원회에서는 지도부가 3선 개헌안을 막지 못한 책임을 져야 한다는 인책론이 불거졌다. 10월 23일 부총재들과 정무위원 전원이 총재에게 사표를 냈고, 12월 중 전당대회를 열어 당을 쇄신하기로 했다.

　신민당은 당 해체라는 모험까지 감행하며, 3선 개헌 반대 투쟁을 이끌었다. 그 과정도 이전과는 달랐다. 중요한 국면마다 반복되던 투쟁 노선 갈등이 잦아들었을 뿐만 아니라, 당을 중심으로 하되 다양하고 광범위한 재야 세력과 시민사회를 끌어안아 연대했다. 그랬기에 결국 개헌안이 통과되었음에도 급격한 혼란이나 분당 사태를 겪지 않았다. 신민당은 오히려 더 커졌고 더 넓어졌다. 새롭게 변화하려는 기운이 꿈틀대기 시작했고, 정말로 커다란 변화가 일어날 것 같은 예감이 들었다. 예감은 틀리지 않았다. 40대 기수들이 세대교체 바람을 몰고 왔다.

민주화의 새벽을 밝히다

봄날은 그렇게 갔다. 전두환은 1980년 5월 17일 비상계엄을 전국으로 확대했다. 모든 정치 활동을 금지했고 집회나 시위도 막았다. 봄날 이른 개나리마냥 기지개를 켜며 거리로 나온 사람들을 잡아가 고문하고 가두고 죽이고 내쫓았다. 그러나 광주만은 버텼다. 광주 시민들은 지나가는 봄을 그대로 보내지 않으려 끝까지 붙잡았다. 그러자 전두환은 공수부대를 광주로 보냈다. 광주 금남로 위로는 붉은 꽃잎들이 져 흩날렸다.

최규하는 허울뿐인 자리마저 내주고 말았다. 1980년 8월 16일 대통령을 그만둔 것이다. 그 빈자리를 차지할 임자는 이미 정해져 있었다. 최규하가 사임을 발표하고 열흘 후 통일주체국민회의 대의원 2,525명 중에서 2,524명이 찬성해 전두환을 대통령으로 뽑았다. 제11대 대통령이 된 전두환은 '새 시대'를 부르짖었다. 새 시대니 새 헌법이 필요했다. 즉각 헌법 개정에 나섰다. 최규하 대통령 시절 국회는 여야 합의하여 개헌안을 거의 완성해두었다. 1980년 5월 16일에 최종안을 제출했지만, 다음 날 전두환이 내란을 일으키는 바람에 빛을 보지 못했다. 대통령이 된 전두환은 급했던지 그 개정안을 끄집어 냈다. 쌓인 먼지만 살짝 털어내 정부안으로 확정했다. 대통령 선출을 간선제로, 임기를 7년 단임으로 바꿨다. 1980년 10월 22일 국민투표를 거쳐 제5공화국 헌법이 탄생한다. 전두환은 '단임제'라며 한껏 생색을 냈다. 자신은 평생 대통령 해먹자고 독재한 이승만이나 박정희와는 다르다고 했다. 무슨 일이 있어도 임기가 끝나면 깨끗이 물러나겠다고 큰소리치며 '평화적 정권교체'를 약속했다. 누가 들으면 '민주주의의 아버지'로 착각할 정도였다.

큰소리쳤지만, 사실 그렇게 생색 낼 일은 아니었다. 여기저기 독재자 지문이 묻어 있는 흉측한 헌법이었다. 국민이 대통령을 직접 뽑지 못한다는 것은 말할 것도 없고, 멀쩡한 정당들을 해산한다는 조항도 들어 있었다. 그게 다가 아니었다. 국회를 대신해 입법을 맡을 기구로 '국가보위입법회의'를 두었다. 대통령이 임명한 사람들로 채운 기구였다. 그처럼 말도 안 되는 조항들을 민주공화국 헌법에 버젓이 집어넣는 만행을 저지른 것이다. 아니나 다를까, 헌법이 시행되자마자 신민당은 해산당했다. 1980년 10월 27일이었다. 새 시대를 만든 답시고, 1967년 2월 7일에 창당해 13년 8개월 동안 이어온 정당을 하루아침에 없애버린 것이다. 이날로 정통 민주당의 역사는 오 년간이나 끊기게 된다. 민주당 역사에서 가장 길고 깊은 암흑의 시간이었다.

전두환은 어느 모로 보나 독재자였다. 경쟁자나 반대자에게 지독하기가 이를 데 없었다. 국가보위입법회의가 처음 만든 법이 바로 '정치풍토 쇄신을 위한 특별조치법'이다. 박정희가 시행한 '정치활동정화법'을 쏙 빼닮은 이 법은 '정적 제거법' '경쟁자 탄압법'이었다. 제멋대로 '정치할 놈'과 '못 할 놈'을 가려내고 "정치적 또는 사회적 부패나 혼란에 현저한 책임이 있는 자"도 추려냈다. 그렇게 추려낸 사람들은 1988년까지 정치 활동을 할 수 없게 했다. 정권을 귀찮게 하거나 정권에 딴지를 걸 만한 사람들, 눈엣가시들에게 구정치인 딱지를 붙여 죄다 솎아냈다. 전두환 정권은 1980년 11월 10일 김대중과 김영삼, 김종필 등 주요 정치인 835명을 정치 활동 부적격자로 발표했다. 거기서 한 번 더 걸러 268명은 풀어주고 567명은 정치 활동 금지 대상자로 확정했다. 일부를 풀어준 데는 속셈이 있었다. 그들을 활용해 관제 야당을 만들 심산이었다. 1983년에 들어서면서는 자신감이 좀 붙었는지 정치 활동 금지를 차차 풀어주겠다고 여유를 부렸다. 자신 덕에 정치 풍토가 이만큼이나 나아졌다고 생색을 내고 싶었던 것인지도 모른다. 아무튼 1983년 2월에 1차로 250명을 풀어주고는 1984년 2월과 11월에도 해금 조치를 했다. 그러는 와중에도 김영삼, 김대중, 김상현 같은 거물급 정치인 14명만은 끝까지 묶어두었다. 이들은 제12대 총선이 끝난 1985년 3월에야 해금되었다.

국가보위입법회의는 정당법도 손질했다. 정당 창당 및 유지를 쉽게 해주겠다고 나섰다. 창당 조건이었던 지구당 수도 줄이고 법정 당원 수, 창당 발기인 수도 줄였다. 엊그제는 정당을 없애더니, 이제 와선 만들기 쉽게 해준다니 어이가 없었다. 당연히 여기에는 음흉한 꿍꿍이가 있었다. 맘만 먹으면 너도나도 정당을 만들 수 있게 해서 조무래기 야당들이 우후죽순 난립하게 하려는 속셈이었다. 야당 창당 기획과 관리는 국가안전기획부가 맡았다. 야권이 결집하지 못하게 야당을 네 개 정도 만들어서 분산 관리한다는 '대야전략'도 짰다. 그 전략에 따라 안기부가 직접 야당 창당을 거들었다. 야당에 참여할 사람들을 선별해 정치 활동 금지에서 풀어주었다. 풀려난 정치인들을 나름 색깔이 다른 민주한국당(민한당), 한국국민당, 민주사회당으로 분산 배치했다. 정당 창당 작업의 절정은 여당인 민주정의당 창당이었다. 1981년 1월 15일 신군부는 각계각층 사람들을 모아 민주정의당을 만들었다. 총재는 당연히 전두환이었다. 기획 야당, 관제 야당 덕에 4당 체제가 모양을 갖추었고 그 안에서 민주정의당은 정당 사상 가장 강력한 여당으로 군림했다.

민주한국당은 '보수 야당'을 자처했다. 정치 활동 금지에서 풀려난 신민당 출신 전직 의원 14명이 주축이 되어 1980년 12월 1일에 창당 발기인 대회를 했다. 1981년 1월 17일 창당대회를 열고 유치송을 당 총재로 추대했다. 이 창당 과정에 국가안전기획부가 깊이 관여했다. 창당 자금을 지원하고 당직을 맡을 사람까지 지명해주었다. 당 안에는 안기부 명령을 수행하는 오더조(order組)까지 있었다. 민한당은 들러리 역할을 톡톡히 했다. 유치송 총재는 1981년 2월 25일에 치러진 제12대 대통령 선거에 출마했다. 5,271명이 참여한 선거에서 전두환이 90.2퍼센트를 득표해 제12대 대통령에 당선되었다. 404표를 얻은 유치송 총재를 포함해 나머지 3명은 들러리였다. 대선 한 달 후 치러진 제11대 총선에서는 안기부가 야당 공천까지 주물렀다. 이 얼마나 한심한 처지였는지, 보는 사람마다 민한당은 '민주한심당'이라며 조롱할 정도였다.

제12대 총선에서 민주정의당은 151석, 민주한국당은 81석, 한국국민당은 25석을 얻었다. 국민은 그나마 민한당을 제1야당으로 선택했다. 그러나 제1야당이라는 말이 무색했다. 여당만 기세등등하고 야당은 제 구실을 못했다. 야당이 그 모양이니 시대는 어두웠고, 국민은 기댈 곳이 없었다. 결국 민중 스스로가 불을 밝혀 빛이 되는 수밖에 없었다. 그 희미한 빛들이 모여 서로를 의지했다. 학생도, 노동자도, 기자도, 교수도 민주화를 요구하며 저항하고 싸웠다. 그들은 학교와 일터에서 쫓겨나 어디론가 끌려갔고, 다시 돌아오지 못했다. 관제 야당들은 그 모습을 보면서도 말을 못 했다. 손발이 묶인 정치인들은 속으로만 끓었다. 불빛이 점점 사그라지고, 세상은 다시 어둠 속으로 가라앉고 있었다. 그때 꺼져가는 불씨 하나를 애타게 감싸 쥔 이가 있었다. 바로 김영삼이었다. 집에 갇혀 있던 김영삼이 목숨을 건 단식을 시작했다.

1983년 5월 18일, 김영삼은 조용히 단식투쟁에 들어갔다. 광주민주화운동 이후 세 번째로 맞는 5월 18일이었다. 김영삼은 그해 봄 금남로 위에 흩뿌린 꽃잎들을 생각했다. 피 흘리며 쓰러진 사람들을 떠올리며 자책하고 참회했다. 그 뒤를 잇겠다고 맹세도 했다.

**우리가 전개해야 할 민주화투쟁은 생명을 건 투쟁이어야 하며,
생명을 건 투쟁만이 민주화를 성취할 수 있다.**

그는 구속 인사 석방과 복권, 정치 활동 규제 해제, 해직 교수·해직 근로자·제적 학생 복직과 복학, 언론 자유 보장, 대통령 직선제 등 5개 항을 요구했다. 전두환 정권은 김영삼이 벌이는 투쟁을 감추기에 급급했다. 5월 25일 김영삼을 서울대병원으로 강제 이송했다. 김영삼은 의료행위를 거부하고 단식을 이어갔다. 이 소식이 미국에서 망명 중이던 김대중에게도 닿았다. 김대중은 김영삼을 지지하고 응원하기 위해 '김영삼 총재 단식투쟁 전미비상대책위원회'를 꾸렸다. 워싱턴 등지에서 단식투쟁을 지지하는 거리 시위를 벌이고 지원 성명도 발표했다. '서울의 봄'을 그렇게 허망하게 보내고 파탄 지경에 이르렀던 두 사람 관계가 다시 회복되는 순간이었다. 때맞춰 정치 활동 금지에서 풀려난 재야 인사와 야당 정치인들도 함께 투쟁에 나섰다. 단식농성대책위원회를 꾸렸고, 동조 단식도 했다. 단식 23일째인 6월 9일, 앙상하게 야윈 몸으로 김영삼은 단식을 멈췄다.

**나는 부끄럽게 살기 위해 단식을 중단하는 것이 아니라,
앉아서 죽기보다는 서서 싸우다 죽기 위하여 단식을 중단한다.**

그가 한 단식투쟁은 숨죽이고 살아가던 이들의 심장에 불을 질렀다. 긴 어둠 속에서 무기력하기만 했던 야당 정치인들과 민주 세력이 다

시 깨어나기 시작했다.

깨어난 이들이 어깨를 걸었다. 뭉쳐서 싸우자고, 다시는 물러서지 말자고 했다. 1983년 8월 15일, 서울에 있는 김영삼과 워싱턴에 있는 김대중이 국경을 넘어 한목소리를 냈다. '김대중-김영삼 8·15공동선언'을 발표한 것이다. 선언 첫머리에서 그들은 참회하고 사과하며 고개를 숙였다.

5·18 광주항쟁을 막지 못한 것에 대해 국민께 사죄드립니다.

그러면서 함께 반독재투쟁에 앞장설 것을 다짐하고 계파를 초월해 범국민적인 정치단체를 결성하겠다고 했다.

**온 국민의 민주화 열망 앞에서 우리 두 사람은
백의종군하는 자세로 하나가 되어 손잡고 우리 민족사의 지상과제를
향하여 함께 나아가려 한다.**

그들은 그 약속을 지키기 위해 분주했다. 재야 인사들과 김대중 측, 김영삼 측 사람들은 발이 닳도록 서로를 찾아다녔다. 광주항쟁 4주기인 1984년 5월 18일, 드디어 그 약속이 지켜졌다. 정치 활동이 금지되어 정당 활동을 할 수 없었던 사람들이 뭉쳤다. 허깨비 야당을 대신해 독재 정권에 맞설 단단한 기지, 민주화추진협의회를 만들었다. 민추협은 절망 속에 버텨온 국민에게 희망을 주었고, 잠들어 있던 야당 사람들을 깨웠다.

1984년 6월 14일 민추협 결성대회가 열렸다. 김대중과 김영삼이 민추협 공동의장을 맡았다. 미국에 있는 김대중을 대신해 김상현이 의장 권한을 대행했다. 민추협은 부의장 19명, 운영위원 452명으로 구성되었고, 16개국에 32개 부서를 둬 여느 정당 못지않게 방대한

조직을 갖췄다. 방대한 조직이었지만 정관이나 회칙은 없었다. 귀에 걸면 귀걸이, 코에 걸면 코걸이가 되는 시절이었으니 시빗거리를 주지 않으려는 의도였다. 회칙을 트집 잡아 공안 사건을 얼마든지 조작할 수 있었다. 정관이나 회칙이 없으니 서로 협의하고 합의해 매사를 결정하고 운영했다. 민추협이 세운 목표는 이름 그대로 민주화 추진이었다.

우리는 이 땅에 민주주의를 실현하는 것이 우리 국민 모두에게 주어진 절대적 사명임과 민주주의는 오직 국민의 투쟁에 의해서만 이룩될 수 있는 것임을 선언한다.

민추협은 민주화를 이루기 위한 중요한 목표로 대통령 직선제 개헌을 내걸었다.

국민이 자신의 정부와 정부형태를 선택하고 결정할 수 있을 때만 민주주의가 실현된다.

정권이 이를 보고만 있을 리 만무했다. 정보기관이 벌떼처럼 달려들었다. 갖은 방법으로 감시하고 방해하고 위협했다. 건물주들이 세 주기를 꺼려 사무실조차 구하기 힘들 지경이었다. 우여곡절 끝에 종로에 허름한 사무실을 마련했지만, 사무실 가구 놓는 것까지 방해했다. 이가 없으면 잇몸으로라도 씹어야 별수가 없었다. 맨바닥에 돗자리를 깔고 회의하고 모임도 했다. 참여 인사들은 너나없이 어딘가로 불려가서 고초를 겪었다. 다녀와서는 탈퇴하거나 자기 이름을 빼달라는 사람이 부지기수였다. 제12대 총선이 끝날 때까지 김영삼, 김대중, 김상현 등 민추협 지도부의 정치 활동 금지도 풀어주지 않았다. 그런 탄압 속에서도 민추협은 민주화운동의 상징이자 희망이 되어갔다. 김대중 측 사람들과 김영삼 측 사람들이 함께 뭉쳐 전두환에 맞서니 보는 국민은 신이 나고 힘도 났다. 기대와 지지가 커졌고 재야 인사와 정치인들이 서서히 몰려들었다. 정권은 현역 의원이 민추협에 참여하는 것을 철저히 막고 있었지만 아주 막지는 못했다. 1984년 12월 6일에는 무소속 의원이던 조순형, 김정수, 김길준, 신순범 의원 4명이 민추협 참여를 선언했다. 민추협이 치켜든 '반독재 민주화'라는 선명한 깃발이 펄럭일수록, 관제 야당은 점점 설 자리를 잃어갔다. 진짜 야당을 한 번도 경험해보지 못한 전두환과 민주정의당은 어안이 벙벙했다.

민추협에도 위기가 찾아왔다. 1985년 2월에 있을 제12대 국회의원 선거를 앞두고 분열에 휩싸였다. 총선 참여파와 불참파로 갈라져 의견이 분분했다. 불참파는 총선 참여를 강하게 반대했다. 총선에 참여하는 것은 전두환 정권을 인정하는 꼴이라는 이유였다. 게다가 충분한 준비도 없이 총선에 뛰어들었다가 참패하기라도 하면 민주 세력이 쪼그라들었다는 인상을 줄 수 있다고 우려했다. 그렇게 되면 되레 독재 정권 기를 살려주는 결과를 낳을 것이었다. 참여하자는 쪽 생각은 달랐다. 총선에 참여하지 않으면 총선에서 사실상 할 일이 없다는 것이다. 선거운동을 하면서 적극적으로 국민을 만나고, 민주화를 외치는 것이 훨씬 좋은 효과를 낼 것이라고 봤다. 정치 활동 금지에서 풀려난 정치인들이 꽤 많으니 한번 싸워볼 만하다는 판단도 있었다. 1984년 12월 11일, 논란 끝에 민추협은 총선에 참여하기로 결정했다.

12대 총선에서 국민들의 민주화 열망을 집약, 총선 승리로 이끌기 위해 본회 김영삼 공동의장, 김상현 공동의장권한대행 및 회직자들이 총선 민주투쟁에 참여하기로 했다.

민추협은 총선 참여를 계기로 신당 창당까지 결심했다. 신민당이 해산된 지 5년 만에 민주당 정통을 잇는 당을 다시 만들기로 했다. 민추협은 가장 어두웠던 시대, 가장 긴 정치 공백 기간을 버티며 민주당의 또 다른 역사가 되었다. 정치 활동이 금지된 시간, 민주당 사람들은 민추협이라는 이름으로 모여 투쟁하고 연대했다. 민추협은 통합과 연합정치 실험을 성공적으로 이루었고, 한국 민주화에 커다란 발자국을 남겼다. 1987년 6월 항쟁을 이끌어 거대한 민주화를 이룬 민추협은 그해 마지막 날 해산했다. 해산하는 순간까지 민추협은 자신들이 했던 약속을 멋지게 지켜낸 아름다운 조직이었다.

우리가 마침내 쟁취할 민주주의의 영광은 역사와 국민에게 돌리고, 모든 고난과 희생은 우리의 것으로 하는 헌신을 우리 활동의 기초로 삼고 투쟁한다.

호헌철폐, 독재타도

 제12대 총선이 몰고 온 돌풍은 거셌다. 그때까지 꿈쩍도 않던 독재 정권이 수습에 나섰다. 1985년 3월 6일, 총선이 끝난 지 채 한 달도 되지 않아 정권은 오 년 묵은 족쇄를 풀었다. 마지막 남은 정치 활동 금지자 14명을 풀어준 것이다. 이로써 김영삼과 김대중도 손발이 자유로워졌다. 야권에 구심점이 생기자, 흩어져 있던 야당 인사들이 신한민주당으로 모여들기 시작했다. 제1야당 노릇 했던 민한당은 속절없이 무너졌다. 가라앉는 배에서 뛰어내리려는 사람들이 장사진을 이뤘다. 의원 30명과 원외 지구당 위원장들이 민한당을 버리고 신민당에 입당했다. 국민당 의원 3명도 신민당에 입당했다. 신민당 의석은 순식간에 103석으로 불었다. 그렇게 야당 역사에서 유례를 찾을 수 없는 거대 야당이 되었다. 신민당은 단독으로 국회를 소집할 수도 있었다. 정권이 스스로 만든 관제 야당을 주머니 속 공깃돌처럼 굴리던 호시절은 그렇게 저물었다.

 자신감이 한껏 차올랐다. 1985년 5월, 제12대 국회가 열리자마자 신민당은 야당이란 무엇인가를 온몸으로 보여줬다. 정권을 질타하는 목소리가 국회 본회의장에 쩌렁쩌렁 울렸다. 얼마 전까지만 해도 상상조차 못 했던 풍경이었다. 국회에 출석한 국무총리와 장관들은 쏟아지는 질의와 비판에 쩔쩔맸다. 거짓말하지 말라는 핀잔, 말끝마다 터져 나오는 거친 항의, 똑바로 답변하라는 날 선 핀잔과 호통에 진땀을 뺐다. 말을 흐리거나 답변을 능치는 장관은 다시 불러내 새로 답변하라고 몰아붙였다. 그동안 적막한 무덤 같았던 본회의장이 단숨에 소란해졌다. 그 광경을 지켜보는 국민들은 모처럼 가슴이 뛰었다. '그래, 이게 진짜 야당이지!'

물이 한껏 차오르니 힘껏 노를 내저었다. 최우선 목표는 민주화였다. 정치범 석방과 김대중 사면 복권을 요구했다. 지방자치제도 조속히 실시하라고 했다. 군인이 정치에 개입하지 못하게 하자고 했다. 무엇보다 광주항쟁 진상을 규명하라고 강하게 촉구했다. '광주의거 진상규명위원회'를 만들고 국정조사도 추진했다. 피해자 보상이 필요하다고 주장했다.

> **광주사태 진상은 과연 어떤 것이며 어떻게 해서 그 많은 인명피해를 낳게 했으며 희생자는 정부 여당이 발표한 대로가 정확한 것인지 정부는 소상하게 국민 앞에 밝힐 의무가 있고 국민은 또한 그것을 알 권리가 있는 것입니다. (…) 여야의 공동조사활동을 통해서 진상을 가려내고 분명한 처리를 하는 것만이 국민 가슴속에 깊이 맺힌 응어리를 풀게 할 수 있을 것입니다.**

신민당 의원들이 광주항쟁 진상 규명을 요구하자, 국무총리가 내놓은 답변은 가관이었다. 더 밝힐 것도, 조사할 것도 없다고 했다. 그러면서 이미 아문 상처니 내버려두자고 했다.

> 새삼스레 진상조사단 이름으로 이미 아물어진 상처를 들추는 것은 민족화합과 정치발전에 도움이 안 된다.

광주항쟁이 '의거냐 폭거냐'라는 질문에는 생각해본 적이 없다며 그냥 '광주사태'라고 부르면 된다고 했다. 시대가 바뀌고 있었고, 진상이 드러나고 있다는 것을 그만 몰랐다. 1985년 5월 23일, 총리가 그 따위 답변이나 하고 있던 바로 그날 낮 12시 5분경 서울 5개 대학 남녀 학생 73명이 을지로에 있는 미국문화원을 점거했다. 건물 안으로 들어간 학생들은 광목천에 구호를 적어 창문 밖으로 내걸었다.

> 광주학살 책임지고 전두환은 물러가라!

> 광주학살지원 책임지고 미국은 공개사과 하라!

바람을 타고 펄럭인 그 구호가 온 나라를 떠들썩하게 했다. 신군부가 계엄군을 광주에 보낼 수 있었던 것은 미국이 묵인 내지는 방조했기 때문이라고 그들은 주장했다. 미국더러 해명하고 사과하라는 그 한마디를 외치기 위해 미문화원 안에서 72시간 동안이나 농성을 했다. 그 투쟁은 국무총리가 한 답변과는 다른 진실을 일깨워줬다. '진상을 밝혀야 비로소 상처가 아문다.'

신민당은 직선제 개헌에도 사활을 걸었다. 제12대 총선에서 신민당은 직선제 개헌을 전면에 내세워 승리했다. 신군부가 정권을 차지하려고 만든 대통령 간선제 헌법을 국민이 직접 대통령을 뽑는 직선제로 바꾸겠다는 것이었다. 제12대 국회가 열리자마자 교섭단체대표 연설에 나선 이민우 신민당 총재는 대통령 직선제 개헌이 왜 필요한지 열변을 토했다. 직선제 개헌은 국민주권이라는 헌법정신을 회복하는 길이라고 했다. 개헌안을 만들 특별위원회를 이른 시간 안에 설치하자고 제안하기도 했다.

> **현행의 헌법은 대통령 직선제로 개정해야 합니다.**
> 이는 국민에게 정부선택권을 되돌려주는 헌법의 정상화이며 국민적 합의의 실현인 것입니다. 현행 제도 아래서는 지명과 승계는 가능할지언정 정권교체는 신기루와 같은 것입니다. 따라서 나는 국회에 헌법개정특별위원회를 구성하여 민주헌정에의 복귀라는 명예스러운 역사적 과업을 여야가 함께 추진해 나갈 것을 엄숙히 제의하는 바입니다.

이에 민정당은 '호헌'하자고 맞섰다. 직선제를 하느냐 간선제를 하느냐보다는 평화로운 정권교체가 더 중요하다고 했다. 심지어 민정당 대표인 노태우가 직접 직선제 개헌이 '평화적 정권교체'를 망친다는 궤변을 늘어놓기까지 했다. 그는 교섭단체대표 연설에서 직선제가 민주정치에 아무런 도움이 안 된다면서 그것은 민주주의가 지닌 본질도 아니라고 우겼다. 평화적 정권교체가 민주주의의 본질인 양 말했다. 민주 발전을 위한 지상과제는 '평화적 정권교체'라면서 선 평화적 정권교체, 후 개헌을 주장했다.

> **40년 가까운 우리의 헌정사적 경험으로 보아 우리나라의 민주발전에 가장 시급하고 중대한 현안은 개인의 장기 집권을 방지하고 평화적인 정권교체의 전통을 확립하는 일입니다.**

개헌으로 가는 길은 멀고 험난해 보였다. 오늘내일 끝날 싸움이 아니었다. 단단히 채비해야 했다. 신민당은 우선 당 체제를 정비하기에 나섰다. 현 체제는 총선을 앞두고 급하게 꾸린 과도체제였다. 1985년 8월 1일 신민당은 불볕더위 속에서 임시전당대회를 열었다. 당 대표 문제로 김영삼과 김대중 측이 옥신각신하기는 했지만, 이민우를 총재에 재추대하기로 입을 맞췄다. 이민우는 경쟁자 김재광을 471 대 354로 누르고 총재로 선출되었다. 부총재로는 최형우, 이중재, 양순직, 노승환, 김수한, 이기택이 뽑혔다. 부총재를 뽑는 과정에서 주류와 비주류 간 갈등도 있었지만, 다행히 파국은 피했다. 김대중과 김영삼은 당 상임고문에 추대됐다. 물론 아직 사면복권되지 않은 김대중은 당원이 될 수 없어서 고문직을 받아들이지 않았고, 김영삼도 당장은 수락하지 않았다. 이민우는 총재 수락 연설에서 직선제 개헌이 중요하다는 점을 다시 강조했다.

**우리의 제1차 목표는 국민이 자신의 정부와 통치권자를
자유롭게 선택할 수 있도록 하는 개헌투쟁이며,
이 투쟁은 바로 이 순간부터 전개되어야 한다.**

그렇게 신민당은 먼 길 떠날 채비를 마쳤다. 그 길이 얼마나 험할지, 언제 끝날지 몰랐지만 목적지는 분명했다.

신민당은 민정당에게 야당 매운맛을 보여주기 시작했다. 국회는 정권과 여당 입맛대로 굴러가지 않았다. 1985년 연말에 민정당은 예산안과 관련 법안 처리에 애를 먹었다. 신민당은 예산안 협상을 개헌 등 정치 현안 해결을 위한 지렛대로 삼으려고 했다. 신민당이 국회에 헌법개정특위를 설치하자고 요구했지만, 민정당은 그것은 예산안과는 별개 사안이라며 회피하려고 했다. 예산안 통과가 쉽지 않자 민정당은 강행처리하기로 방침을 세웠다. 신민당이 4일간이나 농성을 벌였지만 민정당은 12월 2일 아침 7시경 예산안과 관련 법안 7개를 2분 만에 날치기 통과시켰다. 이날 이민우 총재는 기자회견을 열어 더 이상 여당과 협상은 없다고 선언하며 원외투쟁에 나서겠다고 했다.

> 민주회복이라는 개헌투쟁을 끈질기게 계속할 것이며 시간의 흐름에
> 따라 경우에 따라서는 여당 측과의 대화할 기회가 있을지 모르나
> 지금으로서는 어떤 대화에도 응하지 않겠다.

다음 날 의원총회에서 신민당 의원들은 모두 '쟁취하자 직선개헌! 실현하자 민주정치!'라고 쓴 어깨띠를 둘렀다. 이 자리에서 김동영 원내총무는 단합을 호소했다.

> 우리가 뭉치면 민주개헌을 실현할 수 있으나
> 흩어지면 우리 정치를 다시 구덩이 속으로 몰아넣게 될 것이다.

단합을 과시하듯 의원 전원이 승용차 백여 대에 올라타 의사당부터 마포 당사까지 카퍼레이드를 펼쳤다. 날치기를 막지는 못했지만, 오랜만에 야당 의원 노릇을 했다는 자부심이 묻어났다.

신민당이 원외투쟁을 선언하자 민정당은 달래기에 나섰다. 헌법개정특위라는 명칭 대신 '헌법연구특위'를 사용하면 받아들일 용의가 있다고 했다. 헌법을 반드시 고친다고 전제하지는 말자는 뜻이었다. 학술적 연구나 조사 정도로 갈음하자는 것인데, 연구나 조사를 한답시고 시간을 끌면서 개헌 요구를 눙치려는 속셈이었다. 그마저도 먼저 장외투쟁을 포기한다고 약속해야 설치하겠다고 협박했다. 신민당은 '개정'이라는 단어를 '심의'로 바꾸는 것까지는 양보하겠다고 했다. 이도 저도 안 된다며 '헌법특위' 같은 중립적인 명칭을 쓰자고 제안하기도 했다. 하지만 민정당은 그마저 거부했고, 끝내 협상은 깨졌다. 12월 16일 신민당은 국회 등원 거부를 당론으로 정하고 장외투쟁을 선언했다.

**우리당 소속 102명은 불퇴전의 자세로 개헌투쟁을 전개,
기필코 국민여망을 성취시킬 것이다.**

그런 와중에 신민당에 균열이 일어났다. 당내에서 신보수회라는 조직을 만들어 활동하던 의원 12명이 12월 31일 탈당을 선언한 것이다. 민주한국당을 탈당하고 신한민주당에 입당했던 인사들이었다. 그들이 탈당하면서 신민당은 의석이 3분의 1 이하로 줄었다. 단독으로 국회 소집을 요구할 수 없게 된 것이다.

새해가 밝았다. 연초마다 하는 국정연설인데도 1986년 국정연설은 특히 주목받았다. 초미의 관심사 '개헌 문제'를 언급할 것이 분명했기 때문이다. 1월 16일 모두가 전두환 목소리에 귀를 기울였다. 1981년 이후로 해마다 국회의사당에서 하던 국정연설을 이날은 청와대에서 했다. 신민당 의원들로 가득 찬 국회 본회의장이 불편했기 때문일 것이다. 더구나 연설문에는 '개헌불가론'이 담겨 있어, 신민당 의원들이 반발하고 야유할 것이 뻔했다. 그것을 피하고 싶었을 것이다. 전두환은 "대통령선거방법의 변경에 관한 문제는 평화적 정권교체의 선례와 서울올림픽의 개최라는 긴급한 국가적 과제가 성취되고 난 오는 1989년에 가서 논의하는 것이 순서"라며 사실상 개헌 논의를 중단하라고 요구했다. 그는 직선제를 바라는 국민이 많다는 것을 인정하면서도 직선제에 반대하는 내심을 숨기지 않았다. 인기 없는 대통령이 되는 것도 마다하지 않겠다는 결기까지 보였다.

> 과거 직선제 선거를 통해 우리가 좋은 성과와 소망스러운 결과를 과연 단 한 번이라도 이룩했는가 자문해보지 않을 수 없다. 우리의 경험과 세계의 실례들은 직선제가 논리상으로는 평화적 정권교체를 봉쇄하지는 않고 있다 하더라도 실제적으로는 그것을 봉쇄한 결과를 거의 100퍼센트 빚었다는 사실을 보여주고 있다.

노태우 민정당 대표는 곧바로 대통령 연설에 맞장구를 쳤다. 그도 신년기자회견을 열어 1988년 올림픽을 앞두고 개헌 논의로 국력을 낭비하면 안 된다고 했다. 개헌특위 대신 88올림픽 성공을 위해 '거국지원협의회'를 만들어 '큰 정치'를 하자고 제안했다.

대통령이 '호헌'을 부르짖자 신민당은 '무한투쟁'으로 맞섰다. '1989년에 개헌하자'는 것은 재집권하려는 음모라고 규탄했다. 개헌 논의를 유보하자는 대통령과 여당 제의도 거부했다. 1986년 1월 25일 신민당 이민우 총재도 신년 기자회견을 열었다. 현재 난국은 정권이 국민에게 지지받지 못해서 생긴 것이라면서 난국을 해결하는 길은 "국민으로 하여금 자신이 지지하는 정부를 선택하도록 허용해주는 것"이라고 했다. '큰 정치'는 다름 아닌 민주화를 이루는 것이라고 목소리를 높였다. 그러면서 2월부터는 민추협과 함께 전국을 돌면서 직선제 개헌 1천만 명 서명운동을 벌이겠다고 했다. 전두환 정권은 원천봉쇄에 나섰다. 곧바로 엄포부터 놨다. 서명운동은 개헌 논의를 빙자해 헌정질서를 교란하는 행위라고 했다. 단순히 서명만 해도 소환조사하겠다고 겁을 줬다. 그러나 통할 리 없었다. 지난 30년간 탄압과 협박에는 이골이 난 사람들이었다. 신민당은 제 갈 길을 갔다. 1986년 2월 4일 총재를 본부장으로 하고 부총재 6인을 부본부장으로 하는 헌법개헌추진본부를 구성하고 그 밑에 헌법개정추진위원회를 두기로 결정했다. 2월 6일에는 김영삼이 신민당 입당을 선언했다. 입당 기자회견에서 김영삼은 "현 정권이 무모하게 개헌서명운동을 저지하는 과정에서 불상사만 일으키지 않는다면 아주 조용하고도 평화적으로 해방 41주년 기념일인 8월 15일 이내에 1천만 개헌서명을 완료할 수 있다"고 자신했다. 그는 "이제부터 신민당이 민주화를 위해 가장 먼저 해야 할 일은 전국 방방곡곡을 다니며 진실을 알리고 국민과 직접 대화하는 일"이라고 강조했다.

직선제 개헌 1천만 명 서명운동이 시작되었다. 1986년 2월 12일,

이날은 제12대 총선 승리 1주년 기념식 날이었다. 애초 2월 20일부터 서명운동을 시작할 예정이었으나 이날 기념식에서 이민우 총재는 기습적으로 개헌 서명 착수를 선언했다.

> 이제 희생을 치르지 않고서는 이 나라의 민주화과업이 도저히 실현될 수 없다고 판단, 1천만 개헌서명 운동의 제1보를 내디딜 것을 선언한다.

전두환 정권은 빈말로 엄포를 놓은 것이 아니었음을 행동으로 보여줬다. 검찰과 경찰을 총동원했다. 경찰은 서명운동을 시작하자마자 신민당 중앙당사를 압수수색했다. 서명 명부를 빼앗기 위해서였다. 서명 명부를 찾지 못하자 더 발악을 했다. 당직자들을 잡아들여 서명 명부 행방을 추궁했다. 서명운동을 시작한 지 닷새 만에 중앙당 간부 36명, 민추협 관계자 19명 등 55명이 잡혀갔다. 김영삼과 김대중은 집 안에 갇혔다. 전화선까지 끊어 바깥과 연락조차 할 수 없었다. 당사를 철통같이 막는 바람에 총재 등 당직자들도 들어갈 수 없었다. 그뿐이 아니었다. 전국 114개 대학을 수색했다. 학생들이 개헌 서명 운동을 벌이는 것조차 막으려는 의도였다. 신민당은 평화적 서명운동을 폭력으로 막고 방해하는 짓을 당장 멈추라고 했다. 바람이 불면 작은 불은 꺼지지만 들불은 커지는 법이다. 정권이 거세게 탄압할수록 서명운동은 사방으로 번졌다. 신민당은 전국 대도시들을 돌며 개헌추진위원회 지부를 만드는 결성대회를 열기로 했다.

개헌이냐 호헌이냐, 싸움은 계속되었다. 신민당은 1986년 3월 7일 난국타개를 위한 6개 항을 발표했다. 1986년 가을까지 직선제 개헌 완료, 개정된 헌법에 따라 정부 이양, 88올림픽은 새 정부에 이임, 지방자치제 전면 실시, 선거법 개정을 요구했다. 민정당은 잠시도 망설이지 않고 다음 날 바로 퇴짜를 놨다. 1989년 개헌을 다시 한

번 못 박았다. 상대가 대화에 나설 뜻이 없으니 행동에 나서는 수밖에 없었다. 3월 11일 신민당은 서울 지역 당원 1,500명이 모인 가운데 개헌추진위원회 서울시지부 결성대회를 열었다. 이날을 시작으로 부산, 광주, 대구, 대전, 청주 등 각지에서 서명운동과 지부 결성대회를 진행했다. 김대중은 집에 갇혀 대회에 참석할 수 없었지만, 연설을 녹음해 결성대회에 보냈다. 대회가 열릴 때마다 수만 명이 모였다. 대회를 마친 시민과 당원들은 "대통령을 내 손으로!" "민주는 천하지대본" "독재타도!" 등을 외치며 시가행진도 했다. 신민당이 추진한 개헌 서명운동은 각계각층에 큰 자극을 줬다. 종교계, 대학 교수, 학생들도 개헌을 요구하는 시국 선언을 연이어 발표하고 서명운동에도 적극 참여했다. 분위기가 무르익자 신민당과 재야 단체들은 힘을 합쳐 '민주화를 위한 국민연락기구'도 만들어 가동했다.

　국민들은 뜨겁게 호응했다. 기세가 오른 신민당은 정권을 더 압박했다. 헌법을 고치지 않으면 "오는 88년 대통령 선거에 후보자를 내지 않을 것이며 선거거부투쟁을 끝까지 펼칠 것"이라고 다짐했다. 분위기가 심상치 않으니 전두환 정권은 당황하는 기색이 역력했다. 무작정 호헌만 고집할 상황이 아니었다. 급한 불을 끄느라 머리를 굴린 끝에, 4월 29일 노태우 민정당 대표가 먼저 자락을 깔았다. 국회로 들어와 터놓고 얘기하자고 호소했다. 국회로 들어오기만 하면 신민당 요구를 들어줄 수 있다고 했다. 노태우가 깐 자락 위로 전두환이 나섰다. '89년 개헌'을 고집하지 않겠다고 폭탄선언을 했다. 반전 카드였다. 1986년 4월 30일 전두환은 민정당, 신민당, 국민당 대표를 청와대에서 만났다. 국회가 합의해 헌법 개정안을 내놓으면 자기 재임 중에 헌법을 개정하겠다고 약속했다. 정부도 대통령 직속으로 헌정제도연구위원회를 구성해서 연구 결과를 국회에 넘겨주겠다고 했다. 대신 혼란과 무질서를 야기하는 가두 서명운동은 멈추라고 했다. 이로써 '개헌이냐 호헌이냐'는 구도가 단박에 무너졌다.

공은 이제 신민당으로 넘어왔다. 제법 머리 쓴 티가 나는 반전 카드에 신민당은 당황했다. 덥석 받을 수도 없지만 마냥 안 받기도 어려운 카드였다. 개헌한다는 확실한 보장이 없는 상태에서 덥석 받으면, 군부독재와 타협한다는 비판이 쏟아질 것이 뻔했다. 그렇다고 받지 말자니 밤낮으로 장외투쟁만 할 수도 없는 노릇이었다. 곤혹스러운 나머지 우선 정부 여당 진의가 무엇인지 파악해보겠다는 어정쩡한 답을 내놓았다. 개헌 시기나 내용을 분명히 밝히지는 않았으니 진의를 파악할 때까지는 개헌 서명운동을 계속하기로 했다. 재야 세력은 그런 신민당 태도가 불안하고 미심쩍었다. 전두환과 타협해 보수연합으로 가려는 것이 아닌가 하는 의구심까지 들었다. 그 의구심이 5월 3일 열린 인천 및 경기도지부 결성대회에서 폭발했다. 대회 장소인 인천시민회관 주위는 노동자, 학생, 재야 단체 사람들로 가득했다. 분위기가 이상했다. 직선제 개헌뿐만 아니라 생경한 구호들이 난무했다. "몰아내자 양키놈! 천만 노동자 해방투쟁 만세!" 그게 다가 아니었다. 신민당을 후려치는 구호들도 많았다. "속지 말자 신민당!" 화염병과 돌이 날아다녔고, 경찰은 최루탄을 마구 쏘아댔다. 그동안 결성대회에서 들을 수 없었던 말들이 난무하고 볼 수 없었던 풍경들로 점철되었다. 이민우 총재와 김영삼 고문 등 신민당 지도부는 대회장에 들어가지도 못했다. 결국 결성대회를 무기한 연기해야 했다.

5·3 인천사태 이후 신민당과 재야 세력은 큰 타격을 입었다. 전두환 정권은 울고 싶은데 뺨이라도 맞은 것처럼 칼을 빼 들었다. 이날 시위가 좌경 용공 세력이 일으킨 폭력 난동이라며 참여한 사람과 배후 세력을 모조리 잡아들이기 시작했다. 319명이 잡혀 갔고 129명이 구속되었다. 60여 명은 수배되어 도망 다녀야 했다. 신민당이 장외투쟁을 강행하여 폭력 사태를 낳았다는 비난도 쏟아졌다. 신민당은 재야 세력과 거리를 둬야 하는 형편에 몰렸다. 주도권을 빼앗은 민정당은 신민당을 맹렬히 몰아붙였다. 개헌 서명운동도 힘이 빠지기 시

작했다. 결성대회가 몇 차례 더 열렸지만 확실히 열기가 예전만 못했다. 신민당은 국회 밖 개헌 서명운동을 접고 국회 안으로 발길을 돌려야만 했다.

무슨 꿍꿍인지 전두환은 개헌에 적극 나서는 모양새를 취했다. 5월 21일 대통령 직속으로 헌정제도연구회를 만들었다. 1980년 개헌 정국이 떠올랐다. 그때 최규하는 국회가 개헌안을 만들고 있는데도 대통령 직속 기구로 헌법개정심의위원회를 만들었다. 그때나 지금이나 정부가 개헌을 주도하겠다는 속셈으로 보였다. 국회도 6월 24일 여야 합의로 45명이 참여하는 헌법개정특별위원회를 구성하고 7월 30일에 첫 회의를 열었다. 9월 말까지 여야가 합의한 헌법 개정안을 내놓기로 했다. 하지만 합의 개헌 약속은 말짱 도루묵이 될 판이었다. 두 당은 따로따로 개헌안을 내놓고 각자 뜻을 굽히지 않았다. 8월 8일 신민당이 내놓은 개헌안은 1980년 헌법개정특위에서 공화당과 신민당이 합의해서 만들었던 개헌안과 크게 다르지 않았다. 대통령 직선제와 4년 중임제가 골자였다. 부통령도 부활하기로 했다. 대통령 권력 분산과 견제를 강화하는 방향이었다. 반면 민정당은 새로운 개헌안을 들고 나왔다. 수상을 두고 그에게 통치 전권을 주는 의원내각제였다. 내각제도 국민 손으로 대통령을 뽑는 직선제나 다를 바 없다는 견강부회도 서슴지 않았다. "국민이 국회의원을 뽑고 국회가 대통령과 수상을 선출하므로 국민의 손으로 대통령, 수상, 각료, 국회의원 모두를 뽑는 결과가 됨으로써 국민의 자유로운 정부선택권을 확실하게 보장"한다는 것이다. 말은 그랬지만 내각제를 들고 나온 속셈은 뻔했다. 김영삼, 김대중이라는 거물이 버티고 있는 야당과 달리 무명이나 다름없는 노태우 대표가 직선제로 대통령이 되기는 어려웠다. 꼭 개헌을 해야 한다면 내각제로 해야 집권을 이어갈 수 있다는 계산이었다. 물론 민정당은 손사래를 쳤다. 집권을 위해서가 아니라 나라를 위한 충정이라고 했다. 아무튼 싸움의 구도는 바뀌었다. 이제는 '개헌이냐 호헌이냐'가 아니라 '대통령제냐 내각제냐' 문제였다.

신민당은 국민이 원하는 대통령 직선제를 팽개치고 내각제를 들고 나온 것은 국민을 배신한 행위라고 맹비난했다. 민정당은 눈 하나 깜짝하지 않았다. 오히려 반드시 의원내각제를 관철하겠다고 눈을 부라렸다. 개헌을 안 하겠다는 것도 아닌데 뭐가 문제냐고 되레 큰소리쳤다. 그래놓고 막상 개헌특위가 굴러가자 사사건건 딴죽을 걸었다. 개헌 공청회를 생중계하느니 마느니를 가지고도 날이 저물도록 싸웠다. 개헌특위가 개점휴업 상태가 되자, 두 당은 장외전을 펼쳤다. 노태우 민정당 대표는 지방을 돌며 황당한 소리를 했다.

대통령 직선제를 하면 선거 유세에서 북한이 후보들에게 독침, 총격, 폭탄 테러를 저지를 수 있다.

그러면 여야가 서로 상대에게 책임을 뒤집어씌우는 통에 온 나라가 삽시간에 내란 상태가 될 것이라고 선동했다. 신민당은 이런 식이면 민정당과 모든 대화를 멈추겠다며, 다시 장외투쟁 카드를 고려했다. 이제 합의 개헌은 달팽이가 태평양을 건너는 것보다 더 어렵고 험난해 보였다. 엎친 데 덮친 격으로 9월 20일 서울 아시안게임이 개막했다. 그 직전에는 김포공항 테러 사건까지 터졌다. 나라가 어수선했고, 정국이 혼란스러웠다. 개헌 논의는 자연스레 뒷전으로 밀렸다. 개헌특위 활동이 끝나가는 9월 30일까지도 그런 상황이 계속되었다.

개헌 논의는 꽉 막혔다. 그런데도 민정당은 손해 볼 것 없다는 듯 느긋했다. 신민당만 애가 탔다. 목마른 놈이 우물 판다고, 신민당은 교착상태를 풀 해법을 내놓았다. '선택적 국민투표'를 하자고 했다. 대통령 직선제와 내각제를 모두 국민투표에 부쳐 국민이 하나를 택하게 하자는 발상이었다. 민정당은 시큰둥했다. 국민투표는 찬반을 물어야지 둘 중 하나를 고르게 하는 방식은 헌법에 어긋난다며 어깃장만 놓았다. 또 개헌안은 국회 의결을 거쳐야 국민투표에 부칠 수 있기 때문에 의결 없이 두 개 안을 국민투표에 부치는 것도 문제라고 지적했다. 다른 대안도 없이 마냥 반대만 하는 게 좀 민망했던지 논의는 해볼 만하다는 말도 흘렸다. 그러던 차에 전두환이 쾌재를 부를 사건이 터졌다. 1986년 10월 14일, 신민당 유성환 의원이 대정부 질문에서 '국시발언'을 했다.

**우리나라의 국시는 반공보다도 통일이어야 한다.
통일이나 민족이라는 용어는 그 소중함을 생각하면
공산주의나 자본주의라는 용어보다도 그 위에 있어야 한다.**

조국의 평화적 통일을 명시한 헌법에 비춰 봐도, 하등 문제 삼을 일이 아니었다. 그런데도 검찰은 반국가단체를 찬양 고무했으니 국가보안법 위반이라고 득달같이 달려들었다. 설사 그렇다 해도, 국회의원이 국회 안에서 한 발언은 면책특권이 보장되어 처벌할 수 없었다. 하지만 검찰은 야비하고도 교묘했다. 유성환이 대정부 질문 전에 국회 기자실에서 이 원고를 배포했으니 면책특권 대상이 아니라고 했다. 결국 국회에 체포동의안을 넘겼다. 개헌안 논의를 질질 끌던 민정당이 체포동의안을 처리하기까지는 단 하루도 망설이지 않았다. 10월 16일 밤 10시 40분, 국회의장이 경호권을 발동하자 사복경찰 800명이 의사당에 들이닥쳤다. 민정당 의원들은 본회의장에서 농성 중이던 신민당 의원들을 본회의장 안에 가둬버리고 회의장을 다른 곳으로 옮겨 체포동의안을 단독으로 통과시켰다.

국시발언 파동을 빌미로, 정권은 민주화운동 세력을 대대적으로 탄압하기 시작했다. 급기야 10월 28일에는 건국대에 모여서 '전국

반외세 반독재 애국투쟁연합'이라는 단체를 만들기 위해 집회하던 학생들을 무자비하게 진압하고 깡그리 잡아들였다. 그들에게 공산혁명분자라는 딱지를 붙여 무려 1,300여 명을 구속했다. 노동단체와 민통련을 해산하고, 민추협 간부들도 구속했다. 신민당은 시국이 사실상 계엄 상태라면서 독재 연장을 위한 '민주 대탄압'이라고 비난했다. 민주 세력을 용공으로 몰아붙이는 탄압을 중단하라며 중대 결단까지 예고했다. 구속된 학생들을 법률구조하기 위해 대규모 변호인단과 진상조사반도 꾸렸다. 신민당이 이렇게 노력하자 5·3 인천사태 이후 서먹해졌던 재야와 다시 손을 잡게 되었다. 재야와 굳은 연대 속에서 신민당은 반민주적인 장기 집권 음모를 분쇄하고 직선제 개헌을 이루겠다는 의지를 다시금 분명히 했다.

그 의지를 서울 한복판에서 보여주기로 했다. 1986년 11월 29일 신민당은 재야 단체와 함께 '대통령직선제개헌 및 영구집권음모분쇄 범국민대회'를 열기로 했다. 전두환 정권은 전국 경찰에 갑호 비상령까지 내려 대회를 전면 봉쇄했다. 대회를 앞두고 신민당 서울시 지구당 14곳을 압수수색해 대회 준비 물품을 몽땅 압수해 갔다. 탄압이 어찌나 심했던지 미국 국무성이 나서서 한국 정부에 '집회와 표현의 자유를 존중하라'고 촉구할 정도였다. 그러든가 말든가 전두환 정권은 막무가내였다. 이날 펼쳐진 '29호 작전'에 전국 경찰 3만 2천 명이 동원되었다. 집회가 열릴 만한 곳은 죄다 틀어막았다. 김대중, 김영삼은 물론 재야 인사 다수를 아예 집에서 한 발짝도 못 나오게 가뒀다. 가택 연금에 대비해 미리 연설을 녹음해두었지만, 그마저도 틀지 못했다. 경찰은 대회를 준비하던 당원 600여 명을 잡아갔다. 승용차를 타고 대회장으로 가려던 의원들을 차에 탄 그대로 견인차로 끌고 가기도 했다. 도심 곳곳에 배치된 경찰은 도끼눈을 뜨고 행인들을 검문하고 검색했다. 수십 명만 모여 있어도 경찰이 달려가 해산시켰다. 경찰이 이날 하루 동안 잡아간 사람들만 2,255명이었다. 경찰

무력시위가 어찌나 대단했던지 미국《워싱턴 포스트》는 이날 풍경을 "신민당 데모가 아니라 정부 데모였다"라고 꼬집었다.

   개헌 논의가 지지부진한 가운데 탄압이 계속되니 신민당 내부도 조금씩 헝클어지기 시작했다. 당을 재정비해야 한다는 목소리가 커졌다. 전당대회를 열어 지도부를 교체하고 직선제 개헌을 힘 있게 추진하자는 것이었다. 그 요구 속엔 당권 갈등이 숨어 있었다. 이민우 총재가 물러나야 한다는 주장, 김영삼이 전면에 나서야 한다는 주장, 이민우 총재와 두 김 씨가 동시에 물러나라는 주장, 각 계파가 참여하는 비상수습대책위를 구성하자는 주장이 난무했다. 이런 와중에 민정당은 단독으로라도 내각제 개헌안을 통과시키겠다고 으름장을 놨다. 엎친 데 덮친다고, 다른 사람도 아닌 이민우 총재가 그 불에 기름을 부었다. 1986년 12월 24일, 이른바 '이민우 구상'이 모든 신문 1면을 장식했다. '의원내각제 개헌에 응할 용의가 있다'는 선언이었다. '직선제 개헌' 깃발 아래 단결해서 싸워온 신민당에 분열의 먹구름이 몰려왔다. 주위가 갑자기 스산해졌다.

자치를 되찾다

여소야대. '황금분할'이니 '국민의 명령'이니 하며 찬양받던 4당 체제가 하루아침에 '만악의 근원'이라는 누명을 뒤집어썼다. 노태우, 김영삼, 김종필은 삼위일체가 되어 국가를 혼란케 하는 원흉을 때려잡자고 나섰다. 1990년 1월 22일, 그들은 비장한 표정으로 카메라 앞에 서 손을 맞잡았다. 맞잡은 손을 허공에 높이 쳐들자, 카메라 플래시 세례가 쏟아졌다. 217석으로 가득 찬 거대 항공모함, 공룡 정당 민주자유당이 출항하는 순간이었다.

평민당은 졸지에 일엽편주 신세가 되었다. 야합으로 몸집을 불린 민자당이 일으키는 거친 파도에 이리저리 까불리느라 속수무책이었다. 국회는 다시 몸싸움과 점거, 날치기가 횡행하는 난장판으로 되돌아갔다. 여소야대 시절 어렵게 이끌어낸 합의들도 하나둘 내팽개쳐졌다. 특히 1989년 12월 15일에 이루었던 여야 대타협조차 휴지 조각이 될 판이었다. 12·15 대타협 11개 항목 중에는 지자제를 전면 실시한다는 약속도 있었다.

지방자치제 관련 법안을 이번 정기 국회 회기 내에 통과시킨다.

1955년 창당한 이래로 민주당은 '지방자치'에 누구보다 진심이었다. 지방자치 실현이 곧 민주화라는 굳은 신념을 갖고 있었기 때문이다. 지역 주민 복지와 자치 능력을 높이기 위해서도, 지방 공무원이 선거에 개입하는 일이나 부정선거를 막기 위해서도 지방자치가 꼭 필요하다고 믿었다. 그런 만큼 민주당이 벌여온 민주화투쟁의 맨 앞자리에는 늘 '지방자치 실시'가 있었다.

한편 독재자들은 지방자치를 싫어했다. 그럴 만했다. 중앙과 지방이 돈도, 권력도 나눈다니 달가울 리 없었다. 야당 인사들이 시장, 군수에 당선되고 지방의원이 되면 선거에 관권을 동원하기가 어려워진다. 지방 이권 사업을 주무를 수도 없다. 이승만부터가 지방자치를 멀리했다. 그는 헌법과 법률을 어겨가면서 지방자치를 외면했다. 이미 제헌헌법 8장에 지방자치 조항이 있고, 1948년 7월에는 지방자치법까지 만들었다. 법을 만들어놓고도 치안이 불안하다느니, 행정체계가 미비하다느니 온갖 핑계를 대며 지방선거를 미뤘다. 그랬던 그가 안벽 치고 뒷벽 치듯 한 입으로 두말을 했다. 1951년 전쟁 한복판에서 불쑥 지방선거를 하겠다고 발표한 것이다. 여기에는 그만한 계산이 있었다. 당시 이승만은 궁지에 몰려 있었다. 국회가 내각제 개헌을 추진해 대통령 연임을 막으려 했기 때문이다. 그러자 이승만은 국회의원 대신 국민이 대통령을 직접 뽑는 직선제 개헌을 추진했다. 하지만 국회가 완강히 반대하니 돌파구가 필요했고, 그래서 꺼내든 카드가 지방선거였다. 주민 대표를 뽑아 그들 목소리를 민의(民意)로 포장해 직선제를 밀어붙이려는 속셈이었다. 그런 의도 속에서 1952년 4월 25일 역사상 최초로 지방선거가 치러졌다. 서울과 경기도, 강원도를 제외하고 기초의원과 광역의원을 뽑았다. 친이승만 세력이 지방의회를 독차지했다. 당선된 지방의원들은 국회의원 면전에서 자신들도 민의를 대변한다고 자처했다. "너희들만 백성이 뽑았냐? 우리도 백성이 뽑았다." 직선제 반대할 거면 국회를 해산하라고 목소리를 높이며 이승만 홍위병 노릇을 했다.

1956년에는 시읍면장 선거도 했다. 그러다 1958년부터는 다시 임명제로 바꿔버렸다. 혹부리 영감 혹 떼듯, 이승만은 지방자치를 필요에 따라 붙였다 뗐다 했다. 명실상부한 지방자치는 민주당 정부에서야 비로소 시작됐다. 1960년 4·19혁명으로 들어선 민주당 정부는 헌법 제97조 2항에 "지방자치단체의 장의 선임 방법은 법률로써 정하되 적어도 시·읍·면의 장은 그 주민이 직접 이를 선거한다"고 못 박았다. 드디어 1960년 12월, 지방의회 선거와 지방자치단체장 선거가 차례로 치러졌다. 사상 첫 서울시장 선거에서는 반민특위 위원장을 지낸 민주당 김상돈이 당선됐다. 하지만 당선증에 잉크도 마르기 전에 박정희가 쿠데타를 일으켰다. 쿠데타로 민주당 정부를 무너뜨린 박정희는 지방자치도 없애버렸다. 지방의회는 해산됐고, 자치단체장은 옷을 벗었다. 강렬했지만 짧았던 지방자치에 대한 기억은 긴 암흑 속에 잠기고 만다. 이후로도 독재 정권은 무려 삼십 년 동안이나 지방자치를 허용하지 않았다.

긴 암흑 속에서도 민주당은 지방자치를 살려내려고 혼신을 다했다. 지방자치를 살려야 민주화를 이룰 수 있다는 신념이 확고했다. 박정희 정권 때도 그랬다. 신민당 의원들은 기회 있을 때마다 정부에 지방자치를 부활하자고 촉구했다. 그때마다 정부는 늘 똑같은 말로 회피했다. 지방재정 자립이 어렵다느니, 자치할 힘이 부족하다느니, 심지어는 분단 상황까지 들먹이며 시기상조론을 들고 나왔다. 신민당 의원들은 정부가 조선총독부냐고 타박했다. '국민의 자치 능력과 나라의 여러 가지 여건을 자학적으로 폄훼'하고 있다는 것이다. 1968년 4월 18일 본회의에서 신민당 송원영 의원은 말했다.

**세계 어느 나라에도 찾아볼 수 없는 민주주의적 자치전통을 외면하고
영구 집권의 아성을 구축하기 위해서, 관료독재체제를 강화하기 위해서
지방의 특색을 불도저로 밀어버리고 획일주의로 밀고 나가기 위해서
억지로 현실을 왜곡하고 사태를 지나치게 비관하고
조국을 미개 야만국으로 몰면서까지 지방자치를 기피하는 것은
중대한 과실이라고 아니 할 수가 없습니다.**

신민당 의원들은 정 어렵다면 재정 여유가 있는 서울과 부산만이라도 당장 지방자치를 실시하자고 애걸하다시피 했다. 물론 정부는 귓등으로도 듣지 않았다. 그러자 신민당 의원들도 격해졌다. 박정희가 지방자치를 미루는 것은 독재자이기 때문이라고 했다. 1969년 9월 10일 국회 본회의에서도 신민당 김대중 의원은 지방자치 없는 민주주의는 '절름발이 민주주의'라고 했다. 민주주의국가라면서 지방자치를 안 하는 나라가 세계에 어디 있느냐고 따졌다. 해법도 내놓았다. 국세 상당 부분을 지방에 배당하면 재정 문제를 해결할 수 있다고 했다.

애걸하고 자시고 할 것도 없었다. 정권을 잡아서 직접 실시하면 그만이었다. 1971년 제7대 대선에서 김대중을 대통령 후보로 내세운 신민당은 "지방자치제 실시"를 공약으로 내놓았다. 집권하면 1년 안에 지방자치제를 하겠다고 약속했다. 중앙행정사무와 세금을 지방으로 대폭 넘기겠다고 했다. 지방자치에 깊은 신념 없이는 내놓기 어려운 대담한 약속이었다. 하지만 김대중은 선거에서 졌고, 이긴 박정희는 김대중 말을 새겨듣지 않았다. 오히려 다시는 지방자치의 '지' 자도 꺼내지 못하게 했다. 헌법을 아예 고쳐버린 것이다. 1972년 유신헌법에 "이 헌법에 의한 지방의회는 조국통일이 이루어질 때까지 구성하지 아니한다"라고 못을 박았다. 이때 박힌 못은 박정희 정권 내내 빠지기는커녕 흔들리지도 않았다. 전두환 정권에서야 다시 지

방자치를 요구하는 목소리가 터져 나왔다. 1984년 결성된 민추협은 '전면적인 지방자치 실시'를 요구했다. 1985년 창당한 신한민주당도 '지방자치제 조기 실시'를 중요한 정책으로 삼았고, 제12대 총선 공약으로도 내세웠다. 이때까지도 지방자치 실시는 요구와 공약에 그쳤다.

지방자치제 부활이 다시 떠오른 계기는 1987년 민주항쟁이었다. 노태우는 6·29 선언에서 지방자치를 실시하겠다고 약속했다. 같은 해 10월에 개정된 헌법에 지방자치 조항이 다시 담겼다. 제13대 대선에 출마한 후보 모두 지방자치제를 앞당겨 시행하겠다고 약속했다. 제13대 여소야대 국회에서 평화민주당, 통일민주당, 신민주공화당은 1989년 안에 지방선거를 치르자고 합의하고 지방선거법을 통과시켰다.

89년 12월 30일까지 시도 자치단체장과 시도의회선거를 마치고 90년 12월 30일까지 나머지 기초자치단체장 및 의회선거를 완료한다.

노태우 대통령은 경제적 상황 등을 이유로 거부권을 행사했고, 끝내 법안은 폐기되었다. 야3당은 곧장 반격에 나섰다. 장관 해임건의안까지 들먹이며 으름장을 놨다. 결국 노태우가 한 발 물러섰다. 1989년 12월 15일, 노태우와 3당 총재들은 청와대에서 만나 지방자치법 개정안을 연내에 통과시키자는 대타협을 이뤘다. 결국 12월 30일 '1990년 6월 30일 이내에 지방의회 의원선거를 한다'는 내용을 담은 지방자치법 개정안이 국회를 통과했고, 노태우가 이를 공포했다. 오랜 세월 한국 민주주의의 아픈 손가락이었던 지방자치가 마침내 긴 암흑 속을 벗어나는 순간이었다. 이제 선거만 치르면 됐다. 모두가 그런 줄로만 알았다.

끝나기 전까지는 끝난 게 아니었다. 법이 통과되고 딱 한 달 후에

3당이 야합했다. 그 후 처음 열린 국회 개회사에서 김재순 국회의장은 3당 합당을 잘한 일이라고 추켜세웠다.

국정을 책임지는 정부여당이 다수가 되고 이를 비판하고 견제하는 소수야당이 존재하게 된 것은 그만큼 우리 정치가 성숙했다는 의미다.

평민당 의원들은 말 같지도 않은 소리 말라며 자리를 박차고 나왔다. 그 무렵 돌아가는 낌새가 이상했다. 경제단체장들이 모여서 경제가 어려우니 지방선거를 연기하자고 군불을 땠다. 그들이 괜히 그럴 리 없었다. 지방선거를 안 하고 싶어 하는 정부에 그럴싸한 명분을 주기 위함이었다. 김대중 총재는 강공책을 썼다. 2월 27일 국회 교섭단체 대표연설에서 6월 말 지방의회 선거를 기정사실로 못 박았다. 한술 더 떠 그때 총선을 같이 치르자고 했다. 3당 야합은 국민을 배신한 것이니 모든 의원이 총사퇴하고 민의를 다시 물어야 한다는 것이다. '국회의원 총사퇴결의안'도 국회에 제출했다.

여야 모두에게 지방선거는 정치적으로 의미가 컸다. 3당 합당이 잘한 일인지, 잘못한 일인지 묻는 첫 심판대였다. 여당이 승리하면 기고만장할 것이요, 야당이 이기면 아무리 거대 여당이라도 마냥 야당을 무시한 채 국정을 끌고 가기는 어려워진다. 1992년에 줄줄이 이어질 선거에도 영향을 끼칠 것이 분명했다. 3월부터 피 튀기는 협상이 시작되었다. 최대 쟁점은 정당 추천제였다. 민자당은 내심 꺼렸다. 정당이 지방선거에까지 개입하면 너무 과열된다는 이유를 들었지만, 속셈은 따로 있었다. 선거 유불리를 따졌던 것이다. 정당이 전면에 나서면 거대 여당을 견제하려는 심리가 작동할 수 있었다. 그래서 당 이름 없이 선거를 치르는 편이 친여 성향 후보들에게 유리하다고 봤다. 평민당은 반발했다. '정당이 책임지고 공천을 해야 책임정치가 이루어진다'고 했다. 정당 추천 없이 친여 성향 인사를 많이 당선시키려는 여당 속셈도 훤히 들여다보고 있었다. 줄다리기처럼 팽팽하게 이루어지던 협상은 결국 무산되었다. 타협점을 찾지 못한 채 1990년 3월 16일 임시국회가 끝나고 말았다. 6월 말 지방선거는 사실상 물 건너간 셈이다.

소수당으로 전락한 평민당이 국회에서 할 수 있는 일은 많지 않았다. 도리 없이 장외로 나섰다. 1990년 4월 1일부터는 3당 합당 반대 1천만 명 서명운동을 시작했다. 거대 여당은 국회 안에 멀뚱히 혼자 있으려니 민망스럽고 국민 눈치가 보였다. 청와대가 나서 평민당에 최고위급 회담을 제의했다. 김대중 총재는 지자제 실시를 먼저 보장하면 대화할 용의가 있다고 했다. 청와대는 이 말이 꽤나 불쾌했던 모양이다. 대통령이 만나자는데 조건을 다는 건 무슨 경우냐고 발끈했다. 우선 대화 분위기부터 만들자며 장외 정치는 그만두라고 요구했다. 평민당은 지자제 실시 약속 없이는 대화도 없다고 했지만, 속은 복잡했다. 영수회담으로 담판을 짓는 수밖에는 달리 출구가 보이지 않았다. 장외투쟁을 오래 끄는 것도 부담스러웠다. 결국 한 발 물러섰다. '상황이 너무 절박하니 아무 조건 없이 조속한 시일 내에 만나자'는 입장을 밝혔다.

평민당이 수그리자 정부 여당은 돌연 태도를 바꿨다. 꿩이라도 구워 먹었는지, 감감무소식이었다. 뜸을 들일 대로 들이다가 불쑥 만나자고 기별해 왔다. 1990년 6월 16일, 3당 합당 이후 처음으로 노태우와 김대중이 청와대에서 마주 앉았다. 노태우는 아쉬울 게 없다는 태도였다. 지방선거에서 정당 추천제는 받아들일 수 없다고 딱 잘랐다. 정당공천제를 하면 지역감정이 심화하고 정치적 혼란도 커진다고 우려했다. 김대중은 곧바로 반박했다. 지방의회에서 정당이 배제되면 중심 세력을 형성할 수 없어 책임정치를 하기 어렵다고 했다. 중앙이나 지방이나 모든 정치에서는 정당이 책임을 져야 한다고 했다. 말문이 막힌 노태우는 국회에서 논의하도록 하자고 했다. 김대중은 부아가 치밀어 얼굴을 붉혔다. 담판을 짓자고 만났는데, 다시 공을 국회로 넘기자는 게 말이 되냐고 목소리를 높였다. 그러면서 지자제 실시 약속이 지켜지지 않으면 여야 협력이나 순조로운 임시국회는 꿈도 꾸지 말라고 최후통첩을 날렸다. 한껏 쏟아붓기는 했지만, 허망한 회담이었다.

명색이 영수회담이었으니, 뒷수습은 필요했다. 여야는 서로 만나 협상하기 시작했다. 민자당은 정당 추천제를 계속 걸고넘어졌다. 평민당이 '정당 추천이 싫으면 민자당은 안 하면 되지 다른 당이 추천하겠다는 것까지 막을 필요 있느냐'고 했지만, 민자당은 요지부동이었다. 그러던 참에 민자당이 거대 여당으로서 힘자랑을 했다. 법안을 날치기로 통과시킨 것이다. 1990년 7월 14일, 그날 펼쳐진 풍경은 오랜만이라 그런지 아주 볼 만했다. 그날 본회의장 국회의장석에 의장은 없었다. 평민당 의원들이 의장이 본회의장에 못 들어오게 입구를 막고 있었기 때문이다. 그때 난데없이 민자당 의원석에서 김재광 부의장이 벌떡 일어났다. 그러고는 마이크도 없이 사회를 봤다. 광주보상법, 방송관계법 등 26개 법안을 한꺼번에 상정하고 "이의 없습니까?"라고 묻자, 이백여 명이나 되는 민자당 의원들이 마치 연습이라도 한 듯 한목소리로 "이의 없습니다!" 하고 답했다. 거기까지 걸린 시간은 딱 30초였다. 화가 난 평민당 의원들이 김재광 부의장에게 달려들었지만, 그는 재빨리 민자당 의원들 속에 숨어버렸다. 워낙 순식간에 벌어진 일이라 평민당 의원들은 닭 쫓던 개 지붕 쳐다보듯 그들 하는 꼴을 멍하니 바라만 봤다. 이러려고 평민당을 다시 국회로 불러들였던 모양이다. 어쨌든 뒤통수를 제대로 맞은 평민당 사람들은 다시 마음을 독하게 먹었다. 이대로 들러리 서지 않겠다며 '13대 국회 포기, 의원직 총사퇴'를 다짐하고 7월 23일 의원직 사퇴서를 국회에 냈다. 7월 21일에는 보라매공원에서 '의원직 총사퇴 국민보고대회'를 열고 장외투쟁을 시작했다. 3당이 합당해서 한다는 짓이 고작 힘자랑이니 여당을 바라보는 민심은 싸늘했다. 그랬기에 국회를 나서는 평민당 발걸음이 마냥 무겁지만은 않았다.

칼을 뽑은 이상, 물러설 수 없었다. 해결책은 단 하나, 민자당이 지방선거를 실시한다는 약속을 지키겠다고 결단하는 것뿐이었다. 그런데도 별다른 의지가 보이지 않았다. 쑥덕공론하는 소리만 들렸지, 지방선거를 어떻게 하겠다는 딱 부러진 말이 나오지 않았다. 1990년 8월 24일에도 김영삼 대표는 '지방선거에 대한 결단을 마냥 미룰 수만은 없는 일이므로 당 입장을 조속히 결정하겠다'는 뻔한 말만 되풀이했다. 그래서 9월 1일 김대중 총재가 해결책을 제시했다. 여당이 먼저 지방선거를 전면 실시하겠다고 분명히 약속하면 평민당은 국회에 들어가겠다고 했다. '선 보장, 후 등원'이었다. 그러자 김영삼도 9월 8일 기자회견을 열어 화답했으나 선후 관계가 달랐다. 먼저 국회에 들어온 후에 대화하자는 '선 등원, 후 협상'을 제시한 것이다. 일단 들어만 오면 양보든 뭐든 해서 1991년 상반기에는 지방선거를 치를 수 있도록 필요한 조치를 하겠다고 했다. 평민당을 국회로 끌어들이려는 '유인 회견'이었다. 평민당은 두 번은 속지 않겠다며 강경한 태도를 유지했다.

민자당은 지방선거 시기와 정당 공천 문제를 두고 갈팡질팡했다. 그러면서도 여론을 부추겨 국회에 들어오라고 평민당을 압박했다. 1990년 9월 28일, 평민당은 민자당에 최후통첩을 날렸다. 법으로 정해진 지방선거 전면 실시를 파기한 것은 대통령 탄핵 사유라며 끝내 법을 안 지키면 중대 결단을 내리겠다고 했다. 그런데도 민자당은 시큰둥할 뿐 성의를 보이지 않았다. 오히려 여론은 장외투쟁에 부정적이라며, 평민당을 궁지로 몰았다. 평민당도 초조했다. 석 달 동안이나 국회를 버리고 밖에서 도대체 뭘 했냐는 비난이 거셌다. 그렇다고 빈손으로 국회에 돌아갈 수도 없는 노릇이었다. 그리하여 10월 8일, 김대중 총재가 결단을 내렸다. 목숨을 건 단식투쟁에 들어간 것이다.

그는 지방자치제 전면 실시, 내각제 개헌 포기 등 네 가지 조건을 내걸고 배수진을 쳤다.

> **석 달이 되도록 인내를 갖고 기다려왔는데도 아무것도 성취한 것이 없어 당과 국민에게 책임을 느낀다.**

일흔이 가까운 김대중에게 무기한 단식은 초강수였다. 민자당은 난처해졌다. 단식이 길어져 김대중에게 무슨 문제라도 생기면 걷잡을 수 없는 상황이 벌어질 수 있었다. 그제야 부랴부랴 당론을 정하겠다느니 협상에 나서겠다느니 법석을 떨었다. 단식 나흘째 되는 날, 단식에 일가견이 있는 김영삼이 평민당사로 찾아왔다. 김대중은 김영삼에게 민주화를 위해 싸워온 동지로서 간곡히 호소했다.

> **지자제를 하는 것이 민주화의 핵심이니 아무리 여당으로 갔다고 해도 외면하지 마시오.**

김영삼은 평민당 요구를 수용해 조만간 민자당도 당론을 정하겠다고 했다. 단식 8일째에 탈수 증상이 심해져 병원으로 옮겼지만, 단식을 멈추지는 않았다. 평민당 의원들도 동조 단식에 들어갔다. 민자당은 지방선거 시기와 방식에서 평민당 요구를 수용할 의사를 내비쳤다. 민자당 김윤환 원내총무와 평민당 김영배 총무가 분주히 협상에 나섰다. 마침내 민자당이 당론을 정했다. 1991년 3월까지 지방의원 선거를 전면 실시하고 1993년 대통령 선거 이전까지 자치단체장 선거를 모두 마치자고 했다. 김대중은 그제야 단식을 중단했다. 단식을 시작한 지 13일 만이었다. 여야는 세부 사항을 계속 협의해 1990년 12월 11일 최종 합의했다. 나흘 뒤에는 국회에서 지방자치제 관련 법안 3개를 만장일치로 통과시켰다.

**지방의회의원 선거는 1991년 6월 30일 이내에 실시하고,
지방자치단체장 선거는 1992년 6월 30일 이내에 실시한다.
광역의원과 광역단체장은 정당공천하고
기초의원과 기초단체장은 정당공천을 배제한다.**

부활의 순간이자 탄생의 순간이었다. 1961년 5·16 군사 쿠데타로 지자제가 중단된 이래 민주당은 30년간 싸워왔다. 그 노력이 결실을 맺게 되었다. '지자제 실현이야말로 민주화'라는 신념을 갖고 있었기에 가능한 일이었다. 민자당과 합의한 내용이 만족스럽지는 못했다. 정당공천제는 일부만 허용되었고, 평민당이 강하게 주장했던 비례대표제는 아예 도입되지 않았다. 여성이 의회에 많이 진출할 수 있게 하고 한 당이 지방의회를 독점하지 못하게 하려면 비례대표제가 필요하다고 일관되게 주장했지만, 민자당이 끝내 받아들이지 않았다. 그런데도 최종합의서에 도장을 찍어야만 하는 평민당 심정은 솔로몬 재판에서 제 아들을 살리려 했던 어머니처럼 비통했다. 어쨌든 아들을 살리고 봐야 했다. 그 아들이 무럭무럭 자라 민주주의의 버팀목이 될 날이 오기를 믿고 바랄 수밖에 없었다. 어쨌든 평민당은 집요하게 투쟁하여 지방이 중앙 지배에서 벗어나 스스로 자치하는 진정한 민주화 시대를 열었다. 1991년 3월 26일에는 기초의회 선거가 열렸고, 1991년 6월 20일에는 광역의회 선거를 치렀다. 고대 아테네에서 지역들(demos)이 대등한 권리를 갖고 연합해 나라를 운영(kratos)하는 체제로 시작한 민주주의(democracy)가 한국에서 제 모습을 갖추고 새롭게 탄생하는 순간이었다.

내란을 막아내다

독재자 전두환을 '정치는 잘했다'며 두둔했을 때, 그때 알아봤어야 했다. 윤석열은 권력을 쥐자 점점 독재자로서 면모를 드러냈다. 그는 정치적 경쟁자를 가만두지 않았다. 야당을 '반국가세력' '국가 파괴 세력'이라 몰아붙이며 당장이라도 제거할 듯이 적대했다. 국회가 통과시킨 법률안에 24번이나 거부권을 행사하며 국회를 노골적으로 무시했다. 독재자 이승만을 '혜안이 대단'하다고 칭송한 것도 다 이유가 있었다. '하늘 밑에서 처음 보는 국회'라며 맹비난하고 틈만 나면 국회를 해산하겠다고 협박했던 그 혜안을 닮고 싶었던 것이다. 그러더니 친위 쿠데타로 국회와 야당을 풍비박산 냈던 이승만, 박정희, 전두환처럼 결국 그도 내란을 일으켰다. 2024년 12월 3일, 그날 밤 윤석열은 야당 의원 "이 새끼들"을 싹 다 잡아들여 국회를 자기 발아래 두려고 했다.

제20대 대통령 선거에서 0.73퍼센트포인트 차, 그야말로 깻잎 한 장 차이로 아슬아슬하게 당선된 윤석열은 권력을 쥐자마자 마치 나라가 제 것이 된 양 군림했다. 그 배우자 또한 마찬가지였다. 온갖 부정부패와 권력 남용 의혹이 터졌다. 국민이 나라 걱정하느라 밤잠을 못 이룰 정도였다. 지지율은 바닥 모를 정도로 추락하는데, 윤석열은 대인배마냥 거들먹거렸다.

**저는 지지율을 별로 유념치 않는다.
오로지 국민만 생각하고 열심히 해야 한다고 생각한다.**

자신이 '국민만 생각'할 것이 아니라, 국민은 본인을 어떻게 생각하는지 읽고 헤아렸어야 했다. 그런데도 국민 여론을 "의미 없는 것"이라 폄훼했다. 그렇게 민심도 여론도 괘념치 않으니, 권력은 부패했고, 일에는 무능했으며, 책임에도 소홀했다.

고속도로를 엿가락처럼 휘게 했다. 서울~양평 고속도로는 2021년 4월에 이미 예비타당성조사를 마치고, 공사 시작만 기다리고 있었다. 그런데 윤석열이 대통령에 취임하자마자 고속도로 노선을 바꾸는 개편안이 나왔다. 알고 보니 바뀐 노선은 김건희 땅이 있는 쪽으로 휘어 있었다. 정부는 김건희 땅과는 무관하다고 우겼지만, 보면 볼수록 관련 있어 보였다. 멀쩡한 청와대를 하루아침에 용산으로 옮겼다. 왜 옮겨야 했는지, 꼭 옮겨야 했는지 그럴듯한 해명조차 없었다. 그런데도 이전 공사에 막대한 국민 혈세를 퍼부었다. 청와대에서는 단 하루도 잘 수 없다며 새 관저를 꾸몄는데, 알고 보니 그 공사를 맡은 주체가 김건희가 대표로 있던 코바나컨텐츠를 후원한 업체였다. 공사를 할 자격도 안 되는 회사였다. 도대체 누가 그런 업체를 선정했는지는 아무도 몰랐다. 감사원은 1년 8개월 동안 감사하고서도 그것을 끝내 밝히지 않았다. 이런저런 의혹과 흉흉한 소문이 넘쳐나는데, 시원하게 밝혀지는 건 하나도 없었.

안에서 새는 바가지 밖에서도 샜다. 바이든 앞에서는 '아메리칸 파이'를 멋지게 불러 젖히더니 돌아서서 흥을 보다가 언론에 덜미를 잡혔다. 그러고는 '바이든'이 아니라 '날리면'이라 말했다고 우겨댔다. 방송에 보도된 영상을 모두가 똑똑히 보고 들었건만, 아니라고 억지를 쓰며 온 국민을 기만했다. 어물전 망신은 꼴뚜기가 시킨다더니, 본인이 나라 망신을 자초해놓고는 엄한 방송사에 '국익 자해' 운운하며 되레 큰소리를 쳤다. 일본에도 제대로 호구를 잡혔다. 일제 강제 동원 배상 문제를 해결한답시고 일본이 제안한 제3자 변제 방식을 그대로 받아들였다. 강제 동원 피해자들은 줄곧 일본 기업이 책임을 인정하고 직접 배상해야 한다고 요구해왔다. 그런데도 윤석열 정부는 그 요구를 일방적으로 무시해버렸다. 그따위 해결 방식을 두고 '통 큰 양보'라고 자화자찬했다. 한국이 먼저 잔에 물을 절반 채웠으니, 나머지 반은 일본이 채워줄 것이라고 호언장담했다. 하도 자신만만하니 뭔가 믿는 구석이라도 있는 줄 알았다. 알고 보니 개뿔도 없으면서 허세만 부린 것이었다. 일본은 반을 채우기는커녕 한국이 부어준 반 잔을 냉큼 들이켜버리고는 시치미를 뗐다. 과거사를 두고 사과 한마디 없었고, 독도 영유권을 계속 주장했다. 신사참배를 계속했고, 일본군 위안부는 근거 없는 주장이라 일축했다. 그런데도 한국은 그 빈 잔에 또다시 반을 채워줬다. 일본이 사도광산을 유네스코 문화유산에 등재하려 하니, 강제 동원 역사를 지우는 데 합의해줬다. 심지어 후쿠시마 오염수 방류까지 허용했다. 게다가 국민 혈세를 들여 그 오염수가 안전하다고 홍보까지 해줬다. 국민이 느끼기에 그런 태도는 '통 큰 양보'가 아니라 그저 구걸이요, 굴욕일 뿐이었다.

무능은 국제적이었고, 국격은 추락했다. 2030 부산 엑스포 유치에 끝내 실패했다. 부산에 엑스포를 유치하기 위해 2022년부터 이 년간 쓴 혈세가 무려 453억 원이 넘었다. 정부와 언론은 투표 직전까지도 '박빙 승부'라며 장밋빛 전망만 쏟아냈다. 국민도 덩달아 기대에 부풀었다. 그러나 막상 뚜껑을 열자, 결과는 참혹했다. 사우디아라비아 리야드는 119표, 한국 부산은 고작 29표에 그쳤다. 망신도 그런 망신이 없었다. 외교력은 허술했고 정보력은 빈약했다. 그보다 더 참담한 망신도 있었다. 2023년 8월에 열린 세계 청소년 축제 잼버리 대회는 한여름 밤의 악몽이었다. 윤석열은 참석자들에게 '멋진 추억을 만들기 바란다'고 말했지만, 그러기에는 모든 게 엉망이었다. 어린 잼버리 대원들이 열악한 환경을 견디지 못하고 대회가 끝나기도 전에 자기 나라로 돌아가는 일이 속출했다. 아이들이 뙤약볕 아래에서 곤죽이 되어가는 장면을 TV 화면으로 지켜보며 국민은 부끄럽고 참담했다. 한국에서 보낸 시간이 '멋진 추억'이 아니라 '긴 트라우마로 남을 것'이라고 안타까워했다. 그런데도 윤석열은 '무난하게 마무리됐다'며 태연했다. 부끄러움은 오롯이 국민 몫이었다.

독재자는 '책임'이라는 정치 윤리를 모른다. 윤석열도 그랬다. 2022년 10월 29일, 그날 이태원에서는 핼러윈 축제가 벌어지고 있었다. 인파가 몰려 발 디딜 틈도 없던 그날 밤, 이태원 거리에는 질서를 유지할 경찰이나 안전요원이 보이지 않았다. 위태롭던 끝에 결국 참사가 일어났다. 경사진 골목길에서 시민들이 쓰러졌다. 밀지 말라, 살려달라는 아우성과 흐느낌, 신음 소리가 골목 안에 가득했다. 참혹한 그 시간 속에서 159명이나 되는 생때같은 목숨을 떠나보내야 했다. 당국이 안전 관리를 부실하게 했다는 비판이 쏟아졌다. 주무장관인 이상민 행안부 장관이 책임지고 물러나야 한다는 여론도 높았다. 그런데도 이상민은 "경찰이나 소방 인력을 미리 배치함으로써 해결될 수 있었던 문제는 아니"라며 책임 회피로 일관했다. 민주당은 10·29 참사 국정조사를 실시하기로 하고, 이상민 장관 해임건의안도 냈다. 2022년 12월 11일에는 이상민 해임건의안이 국회를 통과했다. 윤석열은 그것도 야당 공세로 치부했다. 그러면서 말 같지 않은 말을 내뱉었다.

엄연히 책임이라고 하는 것은 있는 사람한테 딱딱 물어야 하는 거지, 그냥 막연하게 '다 책임져라' 그거는 현대사회에서 있을 수 없는 일이다.

그런 식으로 책임을 묻지 않는 것은 현대사회의 특징이 아니라 독재자의 특징일 뿐이다. 1956년에 민주당이 관권선거를 주도한 내무부장관 이익흥 불신임안을 냈을 때, 이승만도 비슷한 말을 했다. "몇 사람 부하의 잘못으로 내무장관이 책임을 지면 장관 할 사람이 없을 것이고 그 사람이 내무장관을 맡은 이후에 잘못했다는 사건이 드러난 것이 없으니 국민이 갈아달라 한다고 그냥 갈아내기는 어려운 일이다." 윤석열은 민주당이 진상을 규명하자고 통과시킨 특별법에도 거부권을 행사했다. 왜 그토록 지독하게 외면했을까? 그는 이미 책임을 다른 데로 돌리고 있었다. "특정 세력에 의해 유도되고 조작된 사건일 가능성도 배제할 수 없다." 책임을 상상 속 '적'에게서 찾는 어떤 망상이 그를 휘어잡고 있는 듯했다.

해병대원이 사망하는 안타까운 사건도 일어났다. 2023년 7월 충북 수해 현장에서 해병들은 구명조끼도 입지 않은 채로 수색 작업을 벌여야 했다. 그러던 중 해병대원 채수근 상병이 급류에 휩쓸려 사망했다. 해병대 수사단장 박정훈 대령은 이 사건을 맡아 임성근 사단장 등 8명에게 업무상과실치사 혐의가 있다는 보고서를 작성해 경찰청에 넘겼다. 그런데 수사 결과를 받아본 윤석열이 격노했다. 그러고는 상황이 뒤집혔다. 임성근이 아니라 박정훈이 항명죄로 재판을 받게 된 것이다. 윤석열은 왜 격노했고, 왜 임성근을 싸고돌았으며, 누가 수사 결과를 뒤집었는가. 국민은 알고 싶었다. 민주당이 진상 규명을 위한 특검법을 세 차례나 통과시켰지만, 윤석열은 번번이 거부권을 행사했다. 그런 와중에도 진실은 파편처럼 튀어나왔다. 임성근 사단장이 김건희 도이치모터스 주가조작 세력과 연관되어 있다는 사실이 알려졌다.

하는 일마다 거칠고 무모했다. 그가 손을 대면 무엇이든 망가지고, 부서지고, 무너졌다. 그 피해는 고스란히 국민에게 돌아갔다. 대통령실을 용산으로 이전할 때부터 심상치 않았다. 아무런 준비도, 계획도 없이 막무가내였다. 의료대란도 그랬다. 의대 정원을 2,000명 증원하겠다고 일방적으로 발표했다. 왜 하필 2,000명인지, 어떻게 2,000명을 증원할 것인지 설명도, 준비도 없었다. 의료 현장은 대혼란에 빠졌다. 그러는 속에서 환자들이 겪어야 했던 고통은 이루 말할 수 없었다. 민주당은 여야의정 협의체를 구성해 의대 정원수를 합리적으로 추계해 조정하자고 했다. 정부가 의대 증원을 일방적으로 추진하여 국민이 큰 고통을 당하게 한 것에 사과하고 책임자를 문책해야 한다고 주장했다. 그래도 윤석열은 끝까지 고집을 꺾지 않았다. 그뿐만이 아니었다. 2024년 예산에서 R&D(연구개발) 예산을 대폭 삭감했다. 기술로 먹고사는 나라에서, 더 늘려도 모자랄 예산을 오히려 줄여버린 것이다. 수많은 연구자가 일자리를 잃고, 일부는 끝내 해외로 떠났다.

그런 대통령을 두고, 국민이 기댈 데는 민주당밖에 없었다. 민주당은 고군분투했다. 민주당 이재명 대표는 대통령에게 영수회담을 거듭 요구했다. 2023년 9월에도 이재명 대표는 민생 영수회담을 제안했다.

대통령과 야당 대표가 조건 없이 만나 민생과 국정을 허심탄회하게 논의하고, 할 수 있는 일을 신속하게 할 수 있길 바란다.

돌아온 답은 "격에 맞지 않는다"는 것이었다. 대통령이 무슨 전제군주나 되는 줄 아는 모양이었다. 범죄 피의자랑은 안 만나겠다며 거드름만 피워댔다. 그러다 제22대 총선에서 참패하자, 그제야 다급했는지 만나자고 했다. 그리하여 2024년 4월 29일 성사된 만남이 처음이

자 마지막이었다. 정치는 곧 대화와 타협으로 이루어지는데, 그것을 거부하니 민주당은 답답하기만 했다. 국회가 가진 권한으로 견제하는 수밖에 달리 방법이 없었다. 정부와 관료들이 잘못한 일에 따박따박 책임을 물었다. 헌정사 처음으로 총리 해임건의안을 비롯해 외무부 장관, 행안부 장관 해임건의안을 통과시켰지만, 윤석열은 모두 거부했다. 결국 민주당은 고위공직자를 징계할 수 있는 탄핵소추권을 써서 정부를 견제하려 했다. 탄핵소추권은 헌법이 국회에 부여한 고유 권한이었다. 그런데도 윤석열은 그것조차 그저 '야당 공세'라 폄훼하며 반성하지 않았다. 오히려 '야당 폭주'니, '입법 독재'니 하는 말로 야당을 심판하자는 분위기를 만들려고 했다.

2024년 4월 10일, 22대 총선이 치러졌다. 집권 여당이 들고 나온 '야당 심판론'은 씨알도 안 먹혔다. 오히려 윤석열과 김건희 심판론이 선거판을 휩쓸었다. 그 결과 민주당은 21대 총선에 이어 175석을 차지하는 대승을 거뒀다. 분노한 국민이 민주당에 윤석열 정권을 견제하라고 명령한 것이다. 국민의힘은 108석을 얻는 데 그쳤다. 선거기간에라도 잠자코 있었으면 좋았을 것을, 윤석열은 치솟는 물가로 국민이 고통받는 와중에 '요새 대파 한 단이 875원이라니 그만하면 합리적인 가격이다'라는 망언을 하여 국민의힘이 대패하는 데 일조했다. 민주화 이후 집권 여당이 가장 참혹한 패배를 당했는데도, 윤석열은 인정하려 들지 않았다. 되레 이상한 징후들이 나타났다. 민주당은 잔뜩 긴장했다. 여소야대가 이루어졌을 때, 독재자들은 하나같이 비상계엄을 계획하거나 실행했다. 이승만이 그랬고, 박정희가 그랬고, 전두환이 그랬고, 노태우가 그랬다. 심지어 박근혜 시절 탄핵 국면에서도 계엄을 준비했다는 정황이 알려진 바 있다.

눈치 빠른 민주당 의원 몇몇이 계엄령 준비설을 제기하기 시작했다. 이재명 대표도 계엄 가능성에 무게를 뒀다. 2024년 9월 1일 여당 대표와 회담하는 자리에서 이재명은 말했다.

> 최근 계엄이 자꾸 이야기되고 있다. 종전에 만들어졌던 계엄안을 보면 계엄 해제를 국회가 요구하는 것을 막기 위해, 국회의원을 계엄 선포와 동시에 체포, 구금하겠다는 계획을 꾸몄다는 이야기도 있다.
> 이것은 완벽한 독재국가 아닌가. 이러한 문제에 대해서도 우리가 더 심각하게 고민해야 한다고 생각한다.

민주당이 계엄을 현실적인 문제로 여기고 있음을 알 수 있는 말이었다.

대통령실과 여당은 '날조된 유언비어' '국기문란' '상상에 기반을 둔 괴담 선동'이라며 과민반응했다. 모든 언론이 민주당이 아무 증거도 없이 계엄을 입에 올린다며 비난했다. 피해의식이 과도하다고 했다. 예방주사를 맞는다 셈 치기도 지나치다는 것이다. 과거 박정희가 3선 개헌을 강행했을 때, 김대중은 영구총통제로 갈 것이라며 유신 쿠데타를 예측했다. 그때도 박정희는 헛소리라고 강하게 반발했다. 그 뒤로도 윤석열이 계엄을 준비하는 듯한 징후가 계속 포착되었다. 대통령 최측근인 김용현 경호처장이 느닷없이 국방부 장관으로 임명되었다. 김용현은 윤석열과 고교 동문이었다. 군정보기관인 국군방첩사령관, 계엄 발령을 건의할 수 있는 행안부 장관도 마찬가지였다. 민주당 김민석, 박선원 의원은 계엄을 준비하려는 징후들로 보인다고 강력하게 의심했다.

철 지난 이념 논쟁에 과몰입하는 모습도 수상했다. 뜬금없이 육군사관학교에 있는 홍범도 장군 흉상을 철거하겠다고 했다. 이종섭 당시 국방부 장관은 홍범도를 공산주의 경력자로 몰았다. "공산 세력과 싸울 간부를 양성하는 육사에 공산주의 경력이 있는 사람"은 어울리지 않는다는 것이다. 논란이 일자 윤석열은 이념 전쟁을 지휘하는 지휘관이라도 된 듯이 "사방에서 공격을 많이 하는데 그런 공격에 대해 움츠러들지 말고, 당당하게 대응하라"고 지시했다. 자리만 깔리면 야당을 "왜곡된 역사의식과 무책임한 국가관을 가진 반국가세력" "국가 정체성을 부정하는 세력"이라고 규정했다. 민주당 사람들은 불길한 생각이 들었다. 하나같이 과거 독재자들이 친위 쿠데타를 일으켜 야당 사람들을 잡아 가둘 때 둘러대던 말들이었기 때문이다. 민주당은 윤석열이 "유신 독재 시대를 살고 있는 건 아닌지 의심된다"고 우려했다.

그러던 중에 윤석열 정부에 치명적인 비위가 터지고 말았다. 명태균이라는 사람이 등장했다. 그의 전화기에는 윤석열, 김건희와 주고받은 낯부끄러운 대화들이 들어 있었다. 대통령과 그 배우자가 국민의힘 공천에 개입한 정황이 드러났다. 조작에 가까운 여론조사 결과를 주고받기도 했다. 사람들은 최순실과 태블릿PC를 떠올리지 않을 수 없었다. 전국 대학 교수와 학생들이 윤석열 퇴진을 요구하는 시국 선언에 나서기 시작했다. 검찰도 수사에 들어갔다. 민주당도 곧바로 명태균 게이트 진상조사단을 꾸렸다. 무슨 어마어마한 내용이 더 있길래, 명태균은 "내가 구속되면 한 달 안에 정권이 무너진다"고 위협하기까지 했다. 그리고 2024년 11월 15일 명태균이 구속됐다. 칼끝이 목에 닿자 윤석열은 마침내 준비해두었던 비상 대책을 꺼냈다.

12월 3일 22시 23분, 윤석열이 잔뜩 상기된 얼굴로 카메라 앞에 섰다. 대국민 긴급 담화를 하겠다며 노란 봉투에서 꺼낸 종이를 읽어 내려가니, 온통 야당과 국회를 일방적으로 비난하는 내용이었다. 야당과 국회를 가리켜 "자유민주주의 체제를 붕괴시키는 괴물"이라고 했다. 그 괴물 탓에 대한민국이 "풍전등화의 운명"에 처했다고 주장했다. 민주당이 예상한 대로였다. 그러더니 담화문은 갑자기 선포문으로 바뀌었다. 10시 27분, 윤석열은 목소리를 더 높이더니 "파렴치한 종북 반국가세력을 일거에 척결"할 목표로 비상계엄을 선포한다고 했다.

친애하는 국민 여러분, 저는 북한 공산세력의 위협으로부터 자유대한민국을 수호하고, 우리 국민의 자유와 행복을 약탈하고 있는 파렴치한 종북 반국가세력들을 일거에 척결하고 자유 헌정 질서를 지키기 위해 비상계엄을 선포합니다.

곧이어 발표된 포고령은 농담 같아서 더 섬뜩했다. 모든 정치 활동을 금한다느니, 미복귀한 전공의를 처단하겠다느니 하나같이 믿기 어려운 내용들이었다. K-민주주의로 세계에 모범이 되었던 대한민국에 이런 일이 있으리라고는 아무도 상상하지 못했다. 하지만 시내로 나온 장갑차와 군인을 실어 나르는 헬기, 국회를 향해 돌진하는 특전사 대원들을 실시간으로 보면서 국민들은 이것이 현실임을 알았다. 1979년 이후 단 한 번도 없었던 군사독재의 유물을 검찰 독재로 부활시킨 것이다. 어쨌든 비상계엄을 해제할 권한은 국회에 있었다. 재적 의원 과반수가 모여 해제를 요구하면 대통령은 계엄을 해제해야 한다. 상황은 일촉즉발이었다. '계엄을 막느냐 못 막느냐'가 다수당인 민주당에 달려 있었다.

 민주당은 이 사태를 나라와 당의 운명이 걸린 중대 위기로 인식했다. 비상계엄이 경제, 외교, 안보 등에 미칠 영향은 실로 막대했다. 국민이 피땀 흘려 이뤄온 민주주의와 대한민국 국격이 하루아침에 무너질 것이 분명했다. 민주당 역시 큰 위협을 맞게 될 터였다. 그동안 민주당을 반국가세력이라 몰아붙였던 것도 이날을 위한 자락이었던 셈이다. 12월 3일 밤 22시 42분, 민주당은 소속 의원 전원을 국회로 긴급 소집했다. 그와 동시에 윤석열이 한 계엄 선포는 불법이며 무효라고 선언했다. 계엄을 해제하기 위해서는 한시라도 빨리 국회를 열어야 했다. 계엄군이 국회를 열지 못하게 의원들을 잡아갈 것이 뻔했기 때문이다. 민주당 의원들은 공포 속에서도 신속히 국회로 모였다. 전 당직자와 보좌관들도 국회로 집결했다. 민주당은 23시

55분경, 전 당원에게 문자메시지를 보내 국회로 모여달라고 호소했다. 이재명 대표도 유튜브 생방송을 켜 시민들에게 호소했다. '민주주의의 마지막 보루인 국회를 지켜주시라'며 국회로 와달라고 절규했다. 그리하여 달려온 시민과 당원들이 국회 앞 도로를 가득 메웠다. 국회를 봉쇄한 경찰과 계엄군에 정면으로 마주하여 항의하고, 오는 장갑차를 맨몸으로 막았다. 그날 밤, 그들은 1980년 5월 광주 시민군들의 현신이었다. 의원들은 봉쇄가 허술한 곳을 찾아 국회 담을 넘고 분주히 어둠 속을 내달렸다. 당직자와 보좌진들은 국회의사당 안으로 진입해 '의원들을 끌어내려는' 계엄군을 온몸으로 막았다. 그 사이를 비집고 의원들이 본회의장에 속속 집결했다. 자정을 넘겨 국회 본회의가 열렸다. 12월 4일 1시 1분, 윤석열이 비상계엄을 선포한 지 2시간 40여 분 만에 비상계엄은 무효가 됐다. 본회의장에 모인 190명 전원 찬성으로 비상계엄 해제 요구 결의안이 가결된 것이다. 박수가 터져 나왔다. 가결 소식이 전해지자 국회 앞 도로를 가득 메운 시민들은 '대한민국 만세'를 외쳤다. 애국가를 부르는 소리도 들렸다.

국회는 '비상계엄 선포는 무효'라고 선언하고 '국회 의결에 따라 대통령은 즉시 비상계엄을 해제하라'고 통보했다. 그랬는데도 윤석열은 모습을 드러내지 않고 감감무소식이었다. 계엄법 제11조에 따라 국회가 계엄 해제를 요구하면, 대통령은 지체없이 계엄을 해제하고 이를 공고하여야 한다. 윤석열이 계엄 해제에 거부권을 행사하려고 검토하고 있다는 소문, 2차 계엄을 선포할 것이라는 정보가 나돌았다. 민주당 의원들은 자리를 뜨지 못하고, 본회의장을 지켰다. 새벽 4시가 넘어서야 윤석열은 비상계엄을 해제하겠다고 선언했다. 비상계엄을 선포한 지 4시간 만에 '내란'이 일단락되었다.

12월 4일 민주당은 '윤석열 대통령 사퇴촉구 및 탄핵추진 비상시국대회'를 열었다. 민주당은 이번 사태를 명백한 "친위 쿠데타, 내란

행위"로 규정했다. 그러면서 윤석열이 여기서 포기하지 않을 수 있다고 했다. "상황이 정비되고 호전되면 또 계엄을 시도할 것"이라면서 더 당당하게 맞서자고 했다. 불안과 위기감, 분노 속에서도 민주당은 일사불란했다. 예전과 달리, 투쟁 방식을 두고 옥신각신하지 않았다. 다른 야당과 함께 조금도 망설임 없이 곧바로 대통령 탄핵소추안을 냈다. 12월 5일 본회의에서 탄핵소추안이 보고되었다. 이틀 뒤에 탄핵소추안 표결이 진행되었다. 표결 직전에 윤석열은 대국민 담화를 통해 "제 임기를 포함해 앞으로 정국 안정 방안은 우리 당에 일임하겠다"고 밝혔다. 즉시 퇴진하라는 국민 요구에는 아랑곳하지 않았다. 짜고 치는 고스톱이었는지 이후 국민의힘은 '윤석열 탄핵소추안 반대'를 당론으로 정했다. 본회의장에서도 퇴장한 채 표결에 참여하지 않았다. 결국 탄핵안 의결 정족수인 200명에 미달해 탄핵안은 폐기되었다. 내란범과 그 내란범을 옹호하는 국민의힘에 분노한 인파가 국회의사당 앞 도로를 가득 메웠다. 손에 응원봉을 든 시민들은 다시 만날 새로운 세상을 그리며 윤석열 탄핵을 요구했다. 12월 12일 민주당 주도로 2차 대통령 탄핵소추안이 발의되었다. 이틀 후 표결이 진행되었다. 분노한 국민이 표결에 참여하라고 압박하자 국민의힘은 이번에는 퇴장하지 않고 표결에 참여했다. 온 국민 눈과 귀가 표결 결과를 발표하는 우원식 국회의장 입에 쏠렸다. "가결되었음을 선포합니다." 헌정사 세 번째로 대통령 탄핵소추안이 가결되었다. 찬성 204표, 반대 85표, 기권 3표, 무효 8표였다. 그 즉시 윤석열은 대통령 직무가 정지되었고, 곧바로 헌법재판소 탄핵심판이 시작되었다.

2024년 마지막 날부터 국회는 내란 혐의에 관한 국정조사를 시작했다. 쏟아지는 증언 속에서 국민은 믿기 힘든 진실을 마주했다. 증인들은 하나같이 윤석열이 내란우두머리라고 증언했다. 윤석열은 국회의원들을 체포하고, 계엄 해제 의결을 하지 못하게 국회를 막고,

의원들을 끌어내라고 명령한 장본인이었다. 그날 밤, 시민들이 장갑차를 막지 않았고 그 바람에 국회가 봉쇄되어 계엄 해제 의결이 이루어지지 못했다면 어떤 일이 벌어졌을지 상상만 해도 너무나 끔찍해 치가 떨렸다. 결국 시민들이 나라를 구한 것이다. 국회는 '12·3 윤석열 비상계엄을 해제한 대한민국 국민께 드리는 감사문'을 의결, 발표해 '빛의 혁명'으로 나라를 구한 국민께 감사 인사를 올렸다.

> 헌정질서가 위태로울 때마다 떨쳐 일어나 국헌을 바로 세우고
> 민주주의를 지켜낸 우리 국민의 위대함과 슬기로움에
> 대한민국 국회는 깊이 감사하며 무한한 존경과 신뢰를 표합니다.
> 대한민국 국민과 이 시대를 함께할 수 있어서 영광입니다.

이는 4·19혁명으로 이승만을 몰아낸 4월 27일, 민주당이 '전국 학도에게 보내는 감사문'을 의결했던 역사적 순간을 떠올리게 했다.

내란을 일으켰음에도 윤석열은 체포되지 않으려고 완강히 저항하며 버텼다. 국민의힘 의원들이 윤석열 방패막이로 나섰다. 하지만 저항은 오래가지 못했다. 2025년 1월 15일, 결국 윤석열은 체포되었다. 구속영장 발부에 앙심을 품은 극우 세력이 법원에 난입해 난동을 부리는 사건까지 터졌다. 거기서 힘을 얻었던지 윤석열은 구치소 안에서도 '끝까지 싸우자'며 선동을 멈추지 않았다. 그런 와중에 법원과 검찰은 이해할 수 없는 논리를 들어 윤석열을 풀어줬다. 내란우두머리가 거리를 활보하니, 국민들은 열불이 나 밤잠을 설쳤다. 헌법재판소 탄핵심판 판결도 예상보다 늦어지고 있었다. 만사가 상식 밖으로 돌아가자 국민은 불안했다. 그럴수록 밤낮없이 광장을 지켰다. 그리고 마침내 4월 4일 오전 11시 22분, 헌법재판소는 재판관 8인 전원 일치된 의견으로 결정을 내렸다. "대통령 윤석열을 파면한다." 문형배 헌법재판소장권한대행은 윤석열이 선포한 비상계엄이 "국민

의 신임을 배반"했다고 했다. "헌법수호의 관점에서 용납될 수 없는 중대 행위"라는 것이다.

대통령 자리가 비었다. 2025년 6월 3일로 대선 날이 잡혔다. 헌정질서와 민주주의를 지켜낸 국민이, 다시 한 번 나라의 운명을 결정할 시간이 오고 있었다. 민주당은 4월 15일 후보자 등록을 마치고 본격적인 경선에 들어갔다. 이재명, 김경수, 김동연이 경쟁했다. 12일간 합동연설회와 TV 토론 등을 마치고 4월 27일 대통령 후보를 지명했다. 이재명은 당원과 국민선거인단투표에서 89.77퍼센트라는 역사적인 득표율로 민주당 제21대 대통령 후보로 지명되었다. 1987년 민주화 이후 원내 제1, 2당 대선, 경선을 통틀어 가장 높은 득표율이었다. 이재명은 후보 수락 연설에서 "더욱 단단한 민주당이 되어 원팀으로 승리하겠다"고 다짐했다. 만장한 당원들에게 함께 "네 번째 민주 정부"를 꼭 수립하자고 호소했다. "내란을 극복하고 민주주의를 회복하겠다"고 소리 높여 약속했고 당원들은 함성과 박수를 보냈다. 민주당은 사흘 뒤인 4월 30일에 중앙선거대책위원회를 출범시켰다. '보수의 책사'로 불리는 윤여준을 총괄선대위원장으로 해 보수와 중도를 아우르는 통합형 선대위를 꾸렸다. "이제부터 진짜 대한민국, 지금은 이재명"이라는 슬로건을 가슴에 달고 선거전에 나갈 채비를 단단히 했다.

그러던 차에 5월 1일 대법원이 믿기 힘든 결정을 내렸다. 2심에서 무죄가 났던 이재명 공직선거법 위반 사건을 유죄 취지로 서울고등법원으로 돌려보냈다. 이른바 파기환송을 한 것이다. 재판은 전례도, 관례도 깬 이상한 절차로 진행되었다. 누군가 각본을 짜놓기라도 한 듯이 일이 흘러갔다. 그 선고 직후 대통령권한대행 한덕수는 대선 출마를 선언했다. 그리고 그다음 날 서울고등법원이 5월 15일에 파기환송심 재판을 하겠다고 밝혔다. 돌아가는 모양새가 너무 수상했다. 민주당 당원들 사이에 불안감이 퍼졌다. 민주당은 재판기일 변경을 신청했다. '선거운동의 균등한 기회가 보장되어야 한다'는 헌법 제116조를 지키라는 것이다. 선거운동이 5월 12일부터 시작되는데, 사흘 뒤에 재판을 받게 되면 선거운동에 피해를 보게 된다는 것이다. 또한 어떤 판결이 나오더라도 재판 공정성 논란이 일 것이 뻔했다. 다행히 재판부가 민주당 신청을 받아들여, 재판은 대선 이후로 미뤄졌다. 참으로 긴 험로였다. 민주당은 5월 10일, 홀가분한 마음으로 21대 대선 후보 등록을 마쳤다.

한편 국민의힘은 후보 등록 마감일을 하루 앞두고도 후보를 확정하지 못하는 초유의 사태를 맞았다. 당초 경선에서 대선 후보로 뽑힌 이는 김문수였다. 하지만 당 지도부는 무소속 한덕수와 단일화를 추진했다. 말이 단일화지 한덕수에게 후보 자리를 양보하라고 김문수를 압박했다. 그러나 양보할 거라고 예상했던 김문수가 물러서지 않았다. 그럴 만했다. 자기 돈 들여가며 당내 경선을 치렀고, 정당한 절차로 후보가 된 사람에게 당에 들어오지도 않은 무소속 후보에게 양보하여 단일화하라니 받아들이기 어려운 요구였다. 그러자 국민의힘 지도부는 기상천외한 일을 벌였다. 5월 10일 새벽, 김문수의 후보 자격을 강제로 박탈하고 한덕수를 후보로 등록한 것이다. 김문수는 10일 오전 긴급 기자회견을 열었다.

야밤에 정치 쿠데타가 벌어졌다. 대한민국 헌정사는 물론이고, 전 세계 역사에도 없는 반민주적인 일이 벌어졌다.

윤석열 내란을 두고도 침묵하던 그가 '정치 쿠데타'를 들먹일 정도였으니, 화가 단단히 난 모양이었다. 국민의힘은 급히 수습에 나섰다. 하루 종일 당원 투표를 진행해 후보 교체 찬반을 물었다. 당원 다수가 후보 교체에 반대했다. 윤석열 내란이 국회 의결로 실패했듯이, 국민의힘 지도부 정치 쿠데타도 당원 투표로 무산되었다. 결국 김문수는 5월 11일 국민의힘 대선 후보로 중앙선관위에 등록했다. 국민의힘은 그런 난리를 치고도 창피한 줄을 몰랐다.

어쨌든 선거운동이 시작되었다. 민주당은 '민주주의 회복'과 '국민통합'을 최우선 과제로 내세웠다. 그것은 단순한 구호가 아니었다. 70년 전 '반독재 민주주의'를 외치며 민주당이라는 새 깃발을 들었던 그 첫 마음이었다. 그때는 친위 쿠데타를 일으켜 민주주의를 파괴했던 독재자를 막지 못했다. 사사오입으로 헌정질서를 파괴했던 독재자를 꺾지 못했다. 하지만 그때도 미력한 힘이나마 모아 민주당을 만들었다. 그로부터 70년이 지나, 민주당은 국민과 더불어 내란을 막아냈다. 내란을 일으킨 독재자를 파면하고, 자리에서 끌어내렸다. 이후 대선에서 민주당은 내란을 완전히 종식하고 '진짜 대한민국'을 만들자고 호소했다. 모두가 함께 어우러진 나라 '대한', 평범한 사람들이 주인인 나라 '민국'을 만들자고 했다. 그런 절박함과 진정성이 통했다. 이념과 정파를 넘어, 수많은 이가 민주당으로 모여들었다. 비로소 '더불어'라는 이름에 어울리는 모습이 되었다. 70년 전에는 끝내 이루지 못했던 일을 해냈다. 그야말로 '대동단결'이었다. 그렇게 6월 3일이 다가오고 있었다. 민주당은 국민과 더불어, 새로운 시작을 간절히 열망하며 앞으로 나아갔다.

| 나오며 |

내 | 아이가 | 사랑할 | 민주당

내란이 일어난 지 꼭 6개월이 지난 6월 3일. 선거 열기는 뜨거웠다. 일주일 전 치러진 재외국민 투표에서부터 이미 끓어오르고 있었다. 아니나 다를까, 역대 최고 투표율인 79.5퍼센트를 기록했다. 이국땅에서 네댓 시간씩 차를 몰아 투표소를 찾은 이들. "나라가 어려운데 우리가 할 수 있는 일이라곤 투표밖에 없다"는 말에 가슴 저렸다. 조국에 내란이 일어났다는 소식을 듣고 먼 타국에서 얼마나 마음고생이 심했을지 고스란히 와닿았다. 사전투표장도 새벽 댓바람부터 북새통이었다. 평일에 진행되었는데도 역대 전국 선거에서 두 번째로 높은 투표율을 보였다. 직장인들이 짧은 점심시간을 쪼개 투표소를 찾았다가 줄이 너무 길어 투표도 못 하고 돌아설 정도였다. 그들은 알고 있었다. 손에 쥔 투표용지가 총알보다 강하다는 것을. 그들은 권력은 총구가 아니라 국민에게서 나온다는 민주공화국의 원리를 가슴에 새긴 대한국민이었다.

그날 저녁 온 국민이 방송사 출구조사를 숨죽여 기다렸다. 민주당 당사에도 침묵이 흘렀다. 밤 8시 정각, 방송사 공동 출구조사 결과가 발표되자 정적이 깨지고 환호가 터졌다. 출구조사는 이재명 51.7퍼센트, 김문수 39.3퍼센트로 이재명 승리를 예측했다. 최종 득표율도 크게 다르지 않았다. 이재명 49.42퍼센트, 김문수 41.15퍼센트. 이재명이 역대 민주당 대통령 중에서 가장 높은 득표율로 제21대 대통령에 당선되었다. 6월 4일 새벽 1시경, 당선이 확실시되자 이재명은 여의도 민주당사를 찾아 수고한 당직자들과 기쁨을 나눴다. 이어 여의도 대로로 향했다. '빛의 혁명'이 시작된 그곳에는 그 시간에도 수많은 시민이 모여 있었다. 이재명은 거기서 감사 인사를 올리며, 큰 힘을 가진 통치자가 아니라 국민을 크게 통합하는 진짜 대통령이 되겠다고 약속했다.

**어우러져 함께 살아가는, 공평하게 기회를 함께 누리는
억강부약의 대동세상을 우리 함께 만들어가면 좋겠습니다**.

6월 4일 11시에는 국회의사당에서 간소한 대통령 취임선서식이 열렸다. 이재명 대통령은 함께 사는 세상, 국민이 주인인 나라를 만들겠다고 약속했다. "우리를 갈라놓은 혐오와 대결 위에 공존과 화해, 연대의 다리를 놓아 가겠다"며, 국민이 행복한 나라를 만들겠다고 다짐하는 것을 잊지 않았다. 주권자 국민의 충직한 일꾼으로서, 주어진 책임을 충실히 이행하겠다고 선언했다. 더불어민주당 의원들은 그 약속과 다짐을 들으며 감격하여 눈물을 숨기지 못했다. 검찰 독재를 함께 이겨냈던 날들, 목숨 걸고 국회 담장을 넘어 내란을 막아냈던 순간들이 주마등처럼 스쳐 갔다. 이제 국민은 다시 민주당에 대한민국의 운명을 맡겼다. 민주주의를 회복하고 경제를 성장시켜 모두가 행복한 나라를 만들라는 엄중한 사명을 내렸다. 대통령과 민주당 사람들은 그 사명에 끝까지 순명하겠다고 다짐했다.

이렇게 민주당은 3년 만에 다시 집권 여당이 되었다. 이재명 정부를 성공으로 이끌어야 할 막중한 책무가 어깨에 놓였다. 우선 전열을 정비해야 했다. 당 대표 자리가 비었기 때문이다. 대선을 위해 임

기 1년을 남기고 당 대표직을 내려놓은 이재명 뒤를 이을 새 사령탑이 필요했다. 남은 임기 1년 동안 당을 이끌 대표를 뽑기 위해 8월 2일 임시전국당원대회를 열기로 했다. 7월 중순, 경선의 막이 올랐다. 후보는 최고위원을 지낸 정청래 의원과 원내대표를 한 박찬대 의원이었다. 선출방식은 권리당원 55퍼센트, 대의원 15퍼센트, 국민 여론조사 30퍼센트를 반영하는 구조였다. 당심이 당락을 좌우할 것이 분명했다. 경쟁은 치열했지만 분열은 없었다. 당원들 요구는 분명했다. 검찰개혁, 언론개혁 등 굵직한 개혁 과제를 힘 있게 추진할 대표를 원했다. 경선 과정에서 다수 의원들 마음은 박찬대에게 향하고 있었지만, 당심은 정청래 쪽으로 기울고 있었다. 마침내 정청래가 61.74퍼센트를 얻어 38.26퍼센트에 그친 박찬대를 누르고 당선됐다. 정청래의 승리는 민주당이 '당원 중심 정당'으로 변모하고 있음을 보여주는 상징적인 순간이었다. 물론 민주당 사람들은, 집권 여당의 풍경 속에는 당심의 색채뿐 아니라 민심의 빛깔이 조화롭게 스며들도록 힘써야 한다는 사실을 누구보다 잘 알고 있었다. 그 풍경이야말로 민주당 정부가 성공할 수 있는 길이기 때문이다.

그렇게 뜨거운 가슴과 무거운 어깨로 민주당은 창당 70주년을 맞았다. 사람 나이 칠십을 흔히 종심(從心)이라고 한다. 마음이 가는 대로 걸어가도 도리를 벗어나지 않는 나이. 민주당의 70년도, 탄생하던 순간 품었던 그 마음을 따라 걸어온 시간이었다.

**민주당은 국민의 당이며, 국민의 주권과 생활의 안정을 쟁취하기 위해
국민의 앞장에 서서, 독재와 부패에 대항해 싸우는
철저한 민주주의 정당이다.**

독재자는 언제나 무자비했고, 조금도 아량이 없었다. 민주당은 때로 흔들렸고, 때로는 쓰러졌다. 그럴 때마다 일어섰고, 다시 앞으로 나

아갔다. 그렇게 뿌리를 단단히 내렸으니, 이제 마음이 향하는 길을 걸어가도 국민이 바라는 그 길에서 결코 벗어나지 않을 것이다.

그러나 지난 70년을 돌아보면, 부끄럽고 안타까운 순간도 적지 않았다. 뜨거운 투쟁과 찬란한 영광으로 빛났지만, 동시에 깊은 상처를 입었고 아픈 분열도 반복되었다. 사람 사는 데 갈등이 없을 수 없고, 만남과 헤어짐 또한 낯선 일이 아니다. 정당 안에서도 차이와 갈등은 피할 수 없다. 하지만 민주적 정당이라면 갈등을 제도와 절차 안에서 풀고, 차이를 품어 조화를 이뤄야 했다. 민주당은 탄생하는 순간부터 차이와 다양성을 품고 시작했다. 서로 다른 생각과 뿌리를 지닌 사람들이 민주화라는 깃발 아래에, 대동단결 정신으로 뭉쳤다. 그런데도 왜 그토록 자주 싸우고 갈라서기를 되풀이했을까? 돌이켜보면 언제나 균열을 초래한 불씨는 '나 아니면 안 된다'는 독선, '지금 아니면 안 된다'는 조급함이었다. 주도권을 쥐려는 욕망이 공동 목표를 밀쳐냈고 차이를 내세워 분열을 키웠다. 민주주의를 외치면서도, 정작 당내 민주적 절차를 무시했고 때로는 폭력까지 동원했다. 그때마다 국민은 등을 돌렸고, 당에는 깊은 생채기가 남았다. 그 상처가 흉터가 되어, 지금까지도 민주당의 아픈 과거를 기억하게 한다.

그런 순간이 다시 오지 말라는 법은 없다. 분열의 순간을 되풀이하지 않으려면 어떻게 해야 할까? 솔직히 말해, 나로서는 그 답을 알지 못한다. 하지만 한 가지는 분명하다. 정당민주주의를 실현해야 한다는 사실이다. 당의 주인은 당원이다. 갈 길을 정해야 하는 순간마다 그 주인을 들러리로 세운 채 계파 간 타협이나 지도부 계산만으로 결정해선 안 된다. 그렇게 해서는 분열이 연쇄되는 악순환을 끊을 수 없다. 더 많은 당원이 더 민주적인 방식으로 의사결정에 참여하고, 당은 그 결정을 존중해야 한다. 당원 주권 정당, 당원 중심 정당. 그것이 민주당이 나아가야 할 길이다. '민주당'이라는 이름에 부끄럽지 않도록, 정당민주주의를 꽃피워 그 향기가 온 나라에 가득 퍼지게 해야 한다.

내 아버지의 시대는 그랬다. 어두운 시대에 독재 권력과 맞서 싸운다는 이유 하나만으로도 민주당은 자랑스러웠다. 그래서 사회과부도 속 민주당 사람들은 내 아버지의 영웅이었다. 삶이 고단할 때마다 아버지는 그 지도책을 펼쳐 드셨다. 그들에게 길을 묻고, 울분을 토하고, 고발하고, 호소하고, 하소연하셨다. 지금 돌이켜보면, 그 시절 그렇게 내 아버지에게 위로가 되어준 민주당이 참 고맙다.

이제 나는 내 아이들에게 민주당에 대해 어떤 이야기를 들려줄 수 있을까? 분명한 것은, 나는 아버지처럼 사회과부도를 펼치진 않으리라는 사실이다. 그 지도책 속에서 길을 찾지 않을 것이다. 지난겨울, 나는 아이와 손잡고 길 위에 섰다. 여의도 넓은 길 위에서 응원봉을 들고 함께 '내란 종식'을 외쳤다. 우리가 길이 되고, 빛이 되는 순간이었다. 나는 아이에게 말해주었다. 그 길 위에 서 있는 우리가 민주당이라고.

이제 민주당은 다음 세대에게 들려줄 새로운 이야기를 써 내려가야 한다. 그 첫 문장은 찬란한 무용담이 아니라, 지난 70년을 성찰하는 고백으로 시작했으면 좋겠다. 부족했던 순간을 돌아보며, 후대에게 이해를 구하는 마음으로 시작했으면 좋겠다. 그 이야기를 들은 아이가 '고생 많았다 민주당' 하며 조용히 어깨를 토닥여준다면, 참 기쁘지 않겠는가! 쿨하게 '더 잘하자 민주당!'이라고 말해준다면, 참 힘나지 않겠는가!

그러면서 우리는 알게 되었단다.
비천함에 대한 증오도
표정을 일그러뜨린다는 것을.
불의에 대한 분노도
목소리를 쉬게 한다는 것을. 아 우리는
친절한 우애를 위한 터전을 마련하고자 애썼지만

우리 스스로 친절하지는 못했다.
그러나 너희들은, 인간이 인간을 도와주는
그런 세상을 맞거든
관용하는 마음으로
우리를 이해해다오.

— 브레히트, 「후대들에게」

민주당계 정당 계보도

·········· : 당명 변경

1955	민주당
1961	5·16 군사 반란으로 해산
1963	민정당 민주당
1965	민중당(유진오)
1966	신한당(윤보선)
1967	신민당
1969	신민당(재창당)
1980	제5공화국 헌법 부칙에 따라 해산
1985	신한민주당
1987	신한민주당 (1988년 해체) 통일민주당
1990 (3당 합당)	통일민주당 평화민주당 / (꼬마)민주당
1991	신민주연합당
	민주당

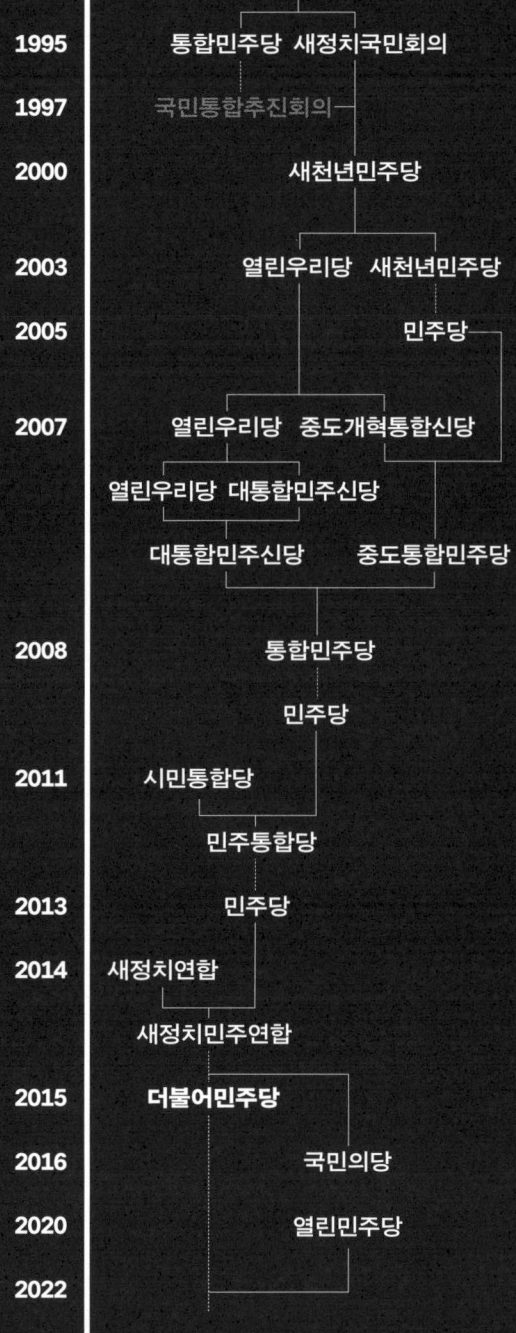

| 민주당 연표 |

1955년 9월 19일 …… 민주당 창당
1956년 3월 28일 …… 민주당, 대통령 후보로 신익희, 부통령 후보로 장면 선출
1956년 5월 15일 …… 3대 정부통령 선거에서 장면 부통령 당선
1956년 9월 28일 …… 장면 부통령 피격
1958년 12월 24일 …… 민주당 의원들을 감금한 채 자유당 단독으로 국가보안법 날치기 통과
1959년 11월 26일 …… 민주당, 대통령 후보로 조병옥, 부통령 후보로 장면 선출
1960년 3월 15일 …… 제4대 정부통령 선거
……………………… 마산을 시작으로 3·15 부정선거에 저항
1960년 4월 19일 …… 이승만 정권에 항거하여 전국에서 민주화운동 전개(4·19혁명)
1960년 4월 27일 …… 이승만 하야
1960년 7월 29일 …… 제5대 민의원·초대 참의원 총선거 압승
……………………… 민의원 233석 중 175석, 참의원 58석 중 31석
1960년 8월 12일 …… 민의원, 참의원 합동회의에서 윤보선 제4대 대통령에 당선
1960년 8월 19일 …… 장면 총리 인준
1960년 12월 14일 …… 구파 탈당해 민주당과 신민당으로 분당
1961년 2월 20일 …… 신민당 창당
1961년 5월 16일 …… 군사혁명위원회 포고령 제4호로 민주당 해산
1962년 8월 28일 …… 군법회의, 장면에게 무기징역 구형
1963년 5월 14일 …… 구 신민당 중심으로 민정당 창당
1963년 7월 18일 …… 구 민주당 중심으로 민주당 창당
1963년 9월 3일 …… 자유민주당 창당
1963년 9월 5일 …… 국민의 당 창당
1963년 10월 15일 …… 제5대 대통령 선거에서 윤보선 낙선
1964년 3월 9일 …… 대일굴욕외교 반대 범국민 투쟁위원회 결성
1964년 9월 17일 …… 국민의당, 민주당으로 흡수 통합
1964년 10월 8일 …… 유진산 민정당에서 제명, 제1차 진산파동 일단락
1964년 11월 26일 …… 자유민주당, 민정당으로 흡수 통합
1965년 6월 14일 …… 민정당과 민주당 합당해 민중당 창당
1965년 8월 14일 …… 한일협정 비준 동의안이 민중당 없이 국회 본회의 통과
1966년 3월 30일 …… 한일협정 반대 강경파 민중당 탈당해 신한당 창당
……………………… 총재 및 대통령 후보로 윤보선 지명
1967년 2월 5일 …… 야당 통합 4자회담에서 대통령 후보로 윤보선, 당수로 유진오 결정
1967년 2월 7일 …… 민중당과 신한당, 재야 세력이 통합해 신민당 창당
1967년 5월 3일 …… 제6대 대통령선거에서 윤보선 낙선
1967년 6월 8일 …… 제7대 국회의원 선거
……………………… 6·8 부정선거 무효화 투쟁 전개
1969년 6월 5일 …… 3선 개헌 반대 범국민투쟁위원회 결성
1969년 6월 20일 …… 김영삼 질산 테러
1969년 9월 8일 …… 3선 개헌에 찬성한 의원 3인 의원직 박탈을 위해 신민당 해산

1969년 9월 14일	공화당, 새벽에 단독으로 3선 개헌안을 날치기 통과
1969년 9월 20일	신민당 재창당
1970년 9월 29일	신민당, 대통령 후보로 김대중 선출
1971년 4월 27일	제7대 대통령 선거에서 김대중 낙선
1971년 5월 8일	유진산이 지역구 포기로 물의를 빚고 총재직 사퇴(제2차 진산파동)
1972년 9월 26/27일	진산계와 반진산계가 따로 전당대회 개최
1972년 10월 17일	유신 선포로 국회 해산, 정당 활동 중지
1973년 8월 8일	김대중 피랍
1976년 5월 25일	전당대회에서 지도체제 문제로 주류-비주류 갈등
	폭력 사태 발발하여 '각목 전당대회'라는 오명을 얻음
1977년 4월 18일	신민당, 야당성회복투쟁동지회(야투) 결성
1979년 8월 11일	경찰, 신민당사에서 농성하던 YH 여공들을 강제 해산
1979년 9월 8일	서울민사지법, 5·30 전당대회 법적 분쟁으로 김영삼 총재 직무집행정지 가처분 결정
1979년 10월 4일	김영삼 의원직 제명 의결
1980년 5월 17일	비상계엄 전국 확대 조치
	김대중 구속, 김영삼 가택 연금
1980년 10월 27일	제5공화국 헌법 부칙에 따라 신민당 자동 해산
1983년 5월 18일	김영삼, 단식투쟁 돌입
1983년 8월 15일	김영삼·김대중, 8·15공동선언 발표
1984년 5월 18일	민주화추진협의회 발족
1985년 1월 18일	신한민주당 창당
1985년 2월 12일	제12대 국회의원 선거에서 신한민주당 돌풍
1986년 2월 12일	신한민주당, '직선제 개헌 1천만 명 서명운동' 시작
1986년 12월 24일	내각제를 조건부 수용한다는 이민우 구상 발표
1987년 5월 1일	김영삼계와 김대중계 중심으로 신민당 탈당해 통일민주당 창당
1987년 6월 10일	시민들이 대통령 직선제 개헌 등 민주화를 요구(6·10민주항쟁)
1987년 6월 29일	노태우 민주정의당 대표, 대통령 직선제·김대중 사면 복권·양심수 석방, 언론 자유 보장, 지방자치제 실시 약속(6·29 선언)
1987년 10월 10일	김영삼 제13대 대통령 선거 출마 선언
1987년 10월 27일	국민투표로 대통령 직선제 개헌안 확정
1987년 10월 28일	김대중 제13대 대통령 선거 출마 선언
1987년 11월 12일	대통령 후보 단일화 실패로 김대중계 탈당하여 평화민주당 창당
	총재 및 대통령 후보로 김대중 추대
1987년 12월 16일	제13대 대통령 선거에서 노태우 당선
1988년 4월 26일	제13대 국회의원 선거에서 헌정사상 최초로 여소야대 형성
1990년 1월 22일	민주정의당·통일민주당·신민주공화당, 3당 통합 차원의 신당 창당

	추진 합의 민주자유당 출범
1990년 2월 9일	민주자유당, 창당선언문 발표하고 사실상 창당
1990년 4월 1일	평화민주당, '3당 합당 반대 1천만 명 서명운동' 시작
1990년 6월 15일	민주자유당에 합류하지 않은 통일민주당 의원과 무소속 의원 중심으로 민수당 창당
1990년 10월 8일	김대중, 단식투쟁 돌입
1990년 12월 15일	지방자치제 관련 3개 법안 국회 본회의 의결
1991년 4월 9일	평화민주당이 재야와 통합해 신민주연합당 창당
1991년 9월 16일	신민주연합당과 민주당 합당해 민주당 창당
1992년 5월 26일	민주당, 대통령 후보로 김대중 선출
1992년 12월 19일	제14대 대통령 선거에서 김대중 낙선
1995년 9월 5일	김대중계 민주당 탈당해 새정치국민회의 창당
1997년 10월 31일	새정치국민회의·자유민주연합, 공동정부 수립에 합의하고 대통령 후보를 김대중으로 단일화
1997년 12월 18일	제15대 대통령 선거에서 김대중 당선
2000년 1월 20일	새정치국민회의 확대 개편해 새천년민주당 창당
2002년 11월 25일	새천년민주당·국민통합21, 대통령 후보를 노무현으로 단일화
2002년 12월 19일	제16대 대통령 선거에서 노무현 당선
2003년 5월 16일	'정치개혁과 국민통합을 위한 신당추진모임' 발족
2003년 9월 29일	노무현 대통령 새천년민주당 탈당
2003년 11월 11일	새천년민주당 내 개혁세력 탈당해 열린우리당 창당
2004년 3월 12일	노무현 탄핵소추안 가결
2004년 4월 15일	제17대 국회의원 선거에서 열린우리당 과반의석 확보
2004년 5월 14일	헌법재판소, 노무현 탄핵소추안 기각 노무현, 대통령 직무 복귀
2005년 5월 7일	새천년민주당, 민주당으로 당명 변경
2007년 5월 7일	열린우리당 탈당 의원들 중심으로 중도개혁통합신당 창당
2007년 6월 27일	중도개혁통합신당과 민주당 합당해 중도통합민주당 창당
2007년 8월 5일	열린우리당 대통합파 대통합민주신당 창당
2007년 8월 20일	열린우리당, 대통합민주신당으로 흡수 통합
2007년 12월 19일	제17대 대통령 선거에서 정동영 낙선
2008년 2월 17일	대통합민주신당과 중도통합민주당이 합당해 통합민주당 창당
2008년 4월 9일	제18대 국회의원 선거 참패
2008년 7월 6일	통합민주당, 민주당으로 당명 변경
2009년 5월 23일	노무현 전 대통령 서거
2009년 8월 18일	김대중 전 대통령 서거
2011년 12월 7일	문재인, 이해찬 등이 시민단체들과 함께

	시민통합당 창당
2011년 12월 16일	민주당과 시민통합당이 통합하여 민주통합당 창당
2012년 9월 16일	민주통합당, 대통령 후보로 문재인 선출
2012년 12월 19일	제18대 대통령 선거에서 문재인 낙선
2013년 5월 4일	민주통합당, 민주당으로 당명 변경
2014년 3월 26일	새정치연합과 합당해 새정치민주연합 창당
2015년 12월 28일	새정치민주연합, 더불어민주당으로 당명 변경
2016년 2월 2일	새정치민주연합 탈당파, 국민의당 창당
2016년 4월 13일	제20대 국회의원 선거 승리
2016년 12월 9일	박근혜 탄핵소추안 가결
2017년 3월 10일	헌법재판소, 박근혜 탄핵소추안 인용
2017년 5월 9일	제19대 대통령 선거에서 문재인 당선
2018년 2월 6일	국민의당 내 호남계 탈당 후 민주평화당 창당
2020년 4월 15일	제21대 국회의원 선거 승리
2021년 10월 10일	더불어민주당 대통령 후보로 이재명 선출
2022년 1월 18일	열린민주당, 더불어민주당으로 흡수 통합
2022년 3월 9일	제20대 대통령 선거에서 이재명 낙선
2024년 1월 2일	이재명 피습
2024년 4월 10일	제22대 국회의원 선거 승리
2024년 12월 3일	윤석열 비상계엄 선포
2024년 12월 14일	윤석열 탄핵소추안 가결
2025년 4월 4일	헌법재판소, 윤석열 탄핵소추안 인용
2025년 4월 27일	더불어민주당, 대통령 후보로 이재명 선출
2025년 6월 3일	제21대 대통령 선거에서 이재명 당선

| 참고문헌 |

• 단행본

강원룡, 『나의 현대사』, 한길사, 2003.
강준만, 『한국 현대사 산책』, 인물과사상사, 2009.
김대중, 『김대중 자서전』, 삼인, 2010.
김대중, 『김대중 육성 회고록』, 한길사, 2024.
김삼웅, 『김대중 평전』, 시대의창, 2010
김삼웅, 『해방후 정치사 100장면』, 가람기획, 1994.
김영삼, 『나의 정치 비망록―민주화와 의정 40년』, 심우, 1992.
김영삼, 『김영삼 회고록』, 백산서당, 2000.
김현우, 『한국정당통합 운동사』, 한국학술정보, 2009.
더불어민주당 창당 60년 기념사업추진위원회 편, 『더불어민주당 60년사』, 푸른정원, 2016.
박태균, 『사건으로 읽는 대한민국』, 역사비평사, 2013.
서중석, 『대한민국 선거이야기』, 역사비평사, 2008.
서중석, 『서중석의 현대사 이야기』, 오월의봄, 2020.
서중석, 『조봉암과 1950년대 상, 하』, 역사비평, 2000.
손봉숙, 『한국 자유당의 정당정치연구』, 한국정치학회보, 1985.
심지연, 『한국 정당 정치사』, 백산서당, 2022.
우상호, 『민주당 1999-2024』, 메디치, 2024.
이기택, 『한국 야당사』, 백산서당, 1987.
이기하, 『한국정당발달사』, 의회정치사, 1961.
이영석, 『야당 40년사』, 백산서당, 1987.
이영훈, 『파벌로 보는 한국야당사』, 2000.
이형, 『한국 의정사 30년』, 청아출판사, 2016.
이희호, 『이희호 평전』, 한겨레출판사, 2016.
장면, 『한알의 밀이 죽지 않고는』, 가톨릭출판사, 1999.
전남대 5.18연구소 편, 『민주당 계승정당 연구』, 전남대학교 출판부, 2015.
조갑제, 『박정희의 결정적 순간들』, 기파랑, 2009.
한국선거학회 편, 『한국 선거 60년. 이론과 실제』, 도서출판 오름, 2011.
한승주, 『제2공화국과 한국민주주의』, 종로서적, 1983.
한승헌, 『재판으로 본 한국현대사』, 창작과비평사, 2016
한홍구, 『대한민국사』, 한겨레출판, 2006.
허정, 『내일을 위한 증언』, 샘터, 1979.

• 논문

강원택·정진욱, 「1985년 제12대 국회의원 선거 연구」 『한국정치외교사논총』, 2021.
강원택, 「한국 정당정치 70년. 한국 민주주의 발전과 정당 정치의 전개」 『한국정당학회보』, 2018.
김경호, 「부산정치파동의 본질과 정치사적 의미」 『21세기 정치학회보』, 2001.
김명구, 「해방 후 이승만, 윤보선, 장면의 사상적·계보적 갈등연구」 『한국교회사학회지』, 2012.
김은경, 「제1,2공화국 시기 민주당의 신구파에 관한 연구」, 숙명여자대학교 석사논문, 1996.
김지형, 「1955년 민주당 창당기 자유민주주의론의 배제정치」 『한국 근현대사 연구』, 2015
김지형, 「1956년 대선과 민주당 -진보당 야당연합」 『역사비평』, 2012.
김지형, 「1960년대 야당의 재구성과 민주주의 인식」 『인문과학연구』, 2016.
김진흠, 「1945-1960년 시기 유진산의 정계 입문 배경과 정치 활동」 『충청학과 충청문화』, 2023.
김현주, 「5.16 군사정부의 정치활동정화법 제정과 운영」 『대구사학』, 2016.
김현주, 「5.16 쿠데타세력의 유사 민간정권 창출」, 경북대학교 박사논문, 2018.
김희민, 「한국 3당합당의 원인과 결과」 『정당구도론』, 나남, 1994.
박경미, 「한국 정당의 계승정당 설정에 대한

소고」『현대정치연구』, 2009.
박경미, 「한국 정당조직의 지속성과 변화. 민주정의당과 평화민주당 조직 변화 비교」, 이화여자대학교 박사논문, 2005.
박성진, 「정당개혁의 의도하지 않은 결과」, 고려대학교 박사논문, 2013.
서복경, 「한국 정당체계의 기원과 변화에 관한 연구」, 고려대학교 박사논문, 2002.
서준석, 「자유당 정권에서의 정치테러 -1957년 장충단집회 방해사건을 중심으로」『향토서울』, 2014.
서중석, 「민주당 정부의 정치이념」『한국정치의 지배이데올로기와 대항이데올로기』, 역사비평사, 1994.
신창훈, 「1960년대 김대중의 정치적 부상과 야당의 근대화」『역사와 현실』, 2022.
신창훈, 「1960년대 전반기 야당가의 재편성과 파벌정치의 전면화. 유진산과 진산계를 중심으로」『충청학과 충청문화』, 2023.
신창훈, 「1962년 이주당 사건과 그 정치적 함의」『역사와 현실』, 2019.
양성은, 「신민당 파벌재편에 관한 연구, 1967-1979」, 이화여자대학교 석사논문, 1998.
윤상현, 「자유주의 담론으로서 1950년대 경제담론 – 민주당 신구파 계열의 비교를 중심으로」『인문논총』, 2021.
이명인, 「박정희 시대 제일야당의 파벌연구. 야당 지도자들의 회고록을 통한 접근」, 창원대학교 박사논문, 2019.
이완범, 「김대중 납치사건과 박정희 저격사건」『역사비평』, 2007.
이윤기, 「한국 야당의 파벌에 관한 연구. 민주당을 중심으로, 1955-1961」, 한양대학교 박사논문, 1987.
이혜영, 「1958년 2.4보안법파동 연구」, 경기대학교 석사논문, 1998.
이혜영, 「1960년 7.29 총선의 전개과정과 성격」, 이화여자대학교 석사논문, 2000.
이혜영, 「제1공화국기 자유당과 이승만 이후 정치 구상」, 이화여자대학교 박사논문, 2014.
정일준, 「제2공화국 민주당 정권의 성립과 붕괴」『공공사회연구』, 2020.
정진욱, 「1967년 제6대 대통령 선거의 정치사적 의미」『한국정치연구』, 2023.
최정기, 「5.18 왜곡과 김대중 내란음모 조작사건」『민주주의와 인권』, 2020.
최정순, 「박순천 정치리더십 연구」, 국민대학교 박사논문, 2008.
형은화, 「열린우리당의 생성과 소멸에 관한 연구」『현대사회과학연구』, 2013.

• 기타문서자료

국회사무처, 『대한민국국회 60년사』, 2008.
중앙선거관리위원회, 『대한민국선거사 제1집~제9집』
중앙선거관리위원회, 『대한민국정당사 제1집~제8집』

• 온라인 자료

국무회의록 (https://theme.archives.go.kr/next/rediscovery/viewMain.do)
국회 회의록 (https://record.assembly.go.kr/assembly/)
경남도민일보 (https://www.idomin.com/news/articleView.html?idxno=482617)
경향신문 라이브러리 (https://newslibrary.naver.com/search/searchByDate.naver)
동아일보 아카이브 (https://www.donga.com/archive/newslibrary)
민주화운동기념사업회 오픈아카이브 (https://archives.kdemo.or.kr/main)
조선일보 아카이브 (https://newslibrary.chosun.com/search/search.html)
한겨레 아카이브 (https://www.hani.co.kr/arti/society/archives)
한국근대사료 DB (https://db.history.go.kr/modern/)
대통령기록관, 대통령이승만박사담화집 (https://pa.go.kr/research/contents/speech/index.jsp?spMode=view&catid=c_pa02062&artid=1310457)

| 도판 출처 |

1. 1952년 한국전쟁 당시 부산항 풍경 (10~11쪽)
   출처 - https://commons.wikimedia.org/wiki/File:G441385_(16867782778).jpg

2. 1967년 신민당 창당대회 (58~59쪽)
   출처 - 공공누리(소장기관: 한국학중앙연구원 | 공공누리 제1유형), https://www.kogl.or.kr/recommend/recommendDivView.do?recommendIdx=73958&division=img

3. [김포공항 앞 사거리에서 벌어진 김대중 귀국 소동] 시위대를 강제 해산한 전경들과 실랑이를 벌이는 시민들 (210~211쪽)
   출처 - 민주화운동기념사업회 오픈아카이브(기증자: 박용수 | 등록번호: 00743587), https://archives.kdemo.or.kr/isad/view/00743587

4. 김대중 납치 사건 (320~321쪽)
   출처 - 공공누리(소장기관: 한국학중앙연구원 | 공공누리 제1유형), https://www.kogl.or.kr/recommend/recommendDivView.do?recommendIdx=69085&division=img

5. 윤석열 퇴진 및 사회 개혁 촉구 시민 집회 풍경 (450~451쪽)
   출처 - 개인 기증(촬영자: 김혜민)

| 찾아보기 |

[1-9]
12·12 군사 반란 179, 266, 405, 407, 413.
2·28 대구 학생 의거 478.
3·15 부정선거 352, 372, 467, 469, 479-480, 482, 485, 510, 516.
4·13 호헌조치 142-145.
4·19혁명 76, 87-88, 331, 354, 359-360, 467, 469, 483, 508, 555, 576.
5·3 인천사태 547, 551.
5공 비리 청산 155-159, 161-163.
6·29 선언 145, 158, 169, 414, 557.
6·3항쟁 88, 492.
6·8 부정선거 367-368, 375, 510, 512-515, 517.
9·18 선언 169.

[ㄱ]
개혁국민정당(개혁당, 2002년) 184, 187.
개혁신당(1995년) 180.
검찰개혁 437-441, 582.
고위공직자비리수사처(공수처) 438-439.
고흥문 109-110, 115-116, 122, 124, 128, 372.
곽상훈 35, 39-40, 43, 51-54, 63, 69, 84, 343, 363, 481.
광주민주화운동 407-408.
구민주당 반혁명 음모사건 357-359.
구파(1955년 민주당) 63, 77-88, 94, 149, 218, 222, 328, 329, 350, 471-474, 476-478, 482.
국가보안법 143, 191-192, 358, 410, 456-465, 468, 472, 497, 550.
국민경선제 299-300, 306, 318.
국민신당(1997년) 283, 286, 293, 298.
민주헌법쟁취국민운동본부(국민운동본부, 1987년) 144-145.
국민의당(1963년) 218-221
국민의당(2016년) 209, 308-309, 311, 317-318, 442-443.
국민의 정부 289-290.
국민주권옹호투쟁위원회 343-345, 348-349.
국민참여당(2010년) 198, 200.
국민참여통합신당(2003년) 186-187.
국민통합추진회의(통추) 285-286.
국시파동 143, 550-551.
국정원 댓글 공작 사건 204.
김건희 445, 565, 568, 570, 572.
김경수 577.
김경숙 393-394.
김근태 177, 185-186, 193, 300.
김기춘 171.
김대중 4, 30, 106-114, 117, 127, 132-133, 136-148, 150-156, 160-163, 165, 167-168, 170, 172-174, 176-179, 182-183, 219, 245, 249-252, 255, 257, 259-260, 263, 265, 267-273, 275, 277-281, 283-287, 289-291, 293-296, 298-301, 306, 308, 358, 374-388, 390, 401-404, 406-413, 416, 418-419, 429, 432, 437-438, 447-448, 499, 501, 503, 508-510, 516, 524, 530, 532-535, 537-538, 540-541, 545-546, 548, 551, 556, 558-559, 561-562, 571.
김대중-김종필 연합(DJP연합) 278, 280, 285-286, 294, 297, 299-300.
김도연 31, 39, 80, 82-83, 85, 102, 218, 233.
김동영 122, 542.
김두관 202, 433-434, 442.
김두한 341-342, 420.
김동연 577.
김민석 5, 571.
김법린 217-218.
김병관 308.
김병로 216-218, 490.
김복동 납치 사건 170-171.
김부겸 186, 201.
김상곤 208, 312.
김상돈 43, 357-358, 464, 555.
김상붕 327-331.
김상현 168, 174, 280, 410, 530, 533-535.
김선태 334, 355.
김성수 16, 24, 47, 335.
김수한 122, 257-258, 387, 541.

김영배 168, 263, 562.
김영삼 4, 37, 82, 85, 110, 112-113, 115-124, 128, 131-148, 150-156, 161-164, 166-177, 179, 230, 243-245, 249-252, 255, 257, 259-260, 263-264, 273-274, 281-284, 337, 344, 365-373, 387, 392-399, 403-404, 406-407, 416, 418-419, 421, 448, 505, 517, 521, 530-535, 537, 540-541, 544-545, 547-548, 551-553, 561-562.
김옥선 120-121, 132, 138, 173, 257.
김원기 168, 174, 186-187, 272, 286.
김원만 122-123.
김의택 115-117, 482, 519.
김재광 124, 128, 138, 256, 259, 541, 560.
김재준 520, 525.
김정길 164, 168, 268, 272, 274-275, 285-286, 298.
김주열 482-483.
김종원 327-328, 330-332, 334-335, 337-338, 343.
김종인 308-309.
김종필 148, 154-156, 160, 163-164, 167, 176-177, 216, 220, 227, 277-280, 290-291, 293, 295-297, 315, 357, 359, 388, 410, 489, 509, 512, 519, 530, 553.
김준연 31, 39, 43, 47, 63, 69, 101, 233, 492.
김태촌 123.
김한길 193-194, 202, 206-209, 309.
김형욱 370-372.
김홍일 110, 112-114, 233.

|ㄴ|

내각책임제(의원내각제) 18, 20, 42, 80, 139, 215, 295, 405, 417, 436, 472, 484-486, 548-549, 552.
노무현 164, 174, 182-183, 186-189, 191, 193, 264, 268, 272, 274-275, 285-287, 298, 300-306, 311-312, 424, 429-432, 434.
노승환 257-258, 541.
노태우 145, 148-149, 156-164, 167, 169-172, 179, 405, 414, 427, 448, 540, 544, 546, 548-549, 553, 557, 559, 570.

|ㄷ|

대일굴욕외교 반대 범국민 투쟁위원회 97, 105.
대통령 직선제 18, 22, 25, 139, 142, 145, 259, 404, 417, 532, 534, 539-540, 548-550.
대통합민주신당(2007년) 194-195, 425.
더불어민주당 307, 318-319, 435, 437, 581.

|ㅁ|

마산사건 480-483.
문성근 201-202.
문재인 200-205, 207-209, 307-309, 311-312, 316, 318-319, 431, 435-436, 438-440, 442, 448.
문팔괘 186.
문희상 205-207.
미래창조연대(2007년) 194.
민관식 37, 341, 501.
민우당(1963년) 218, 490.
민정구락부 85.
민정당(民政黨, 1963년) 88, 90-94, 217-219, 221-222, 224, 490, 495.
민족수호민중당정화동지회 103-104.
민주공화당(공화당, 1963년) 89-92, 95, 97-100, 108-109, 111, 118, 120-121, 123-124, 126, 129-130, 216, 218-219, 226-229, 231-234, 238, 242-245, 247, 365, 367-370, 372-373, 375-378, 380-382, 384, 387-388, 394, 396-399, 402, 491, 494, 496-498, 500-503, 505-514, 517-522, 524-525.
민주구락부 104-105.
민주국민당(민국당, 1949년) 16, 23, 26-32, 39-40, 42-43, 48, 52, 54, 77.
민주노동당(2000년) 191, 198, 200, 301.
민주당(1955년) 28, 50-57, 62-87, 214, 369, 454-465, 468-486.
민주당(1963년) 88, 90, 217-222.
민주당(1990년, 꼬마 민주당) 164, 265-273.

민주당(1991년) 167-181.
민주당(2008년) 197-200, 424-426, 428-429, 431-434.
민주당구파동지회 84-86.
민주대동파 46-48.
민주연합 138-139, 269-270.
민주자유당(민자당, 1990년) 4, 164-173, 175-179, 266-268, 271, 273-274, 553, 558, 560-563.
민주정의당(민정당) 139, 144-145, 147, 152-157, 161, 163, 254-255, 261, 417, 530-531, 535, 540-542, 544, 546, 548-550, 552.
민주통합당(2011년) 201-206.
민주평화당(2018년) 438.
민주한국당(민한당, 1981년) 255-257, 261, 530-531, 537, 543.
민주화추진협의회(민추협) 253-254, 256-257, 259, 533-536, 544-545, 551, 557.
민중당(1965년) 95-100, 102-106, 214, 222-239, 495-503.
민중당(1967년) 504.

ㅂ

박근혜 190, 194-196, 202-207, 308, 310-318, 426, 437, 448, 570.
박근혜·최순실 국정농단 사건 312-315, 317, 438-439.
박기출 68-69, 72, 74, 228, 233.
박상천 425, 428.
박선원 571.
박순천 42, 98-102, 104, 217-218, 222-224, 227-230, 239, 482, 490, 495, 497-498, 501, 516.
박영선 199-201, 207, 308.
박영종 346.
박용진 442.
박원순 199-200, 208, 316.
박정희 86, 88-89, 92, 94, 96, 99, 103, 106-109, 114, 119-120, 127-130, 132-133, 135, 149, 156, 214-216, 219-220, 225, 227-228, 232, 238, 242-243, 248, 250, 252-253, 257, 353-357, 359-365, 367-369, 371, 373-377, 379, 381-382, 384-385, 387-391, 393-395, 397, 399, 411-412, 436, 444, 447, 489-493, 495, 498, 503-504, 506-511, 513, 515-522, 524-526, 529, 555-556, 564, 570-571.
— 3선 개헌 106-108, 141, 241-242, 365-369, 371-373, 376, 504, 510, 514-527, 571.
— 반공법 공포 354-355, 357.
박종철 고문치사 사건 143-144, 414-415.
박준규 163, 293.
박지원 197, 201-202, 207, 308.
박찬대 582.
박찬종 173, 265.
박태준 164, 167, 170, 280, 295.
발췌개헌 25-26, 28, 33-34, 64.
백낙준 230-231, 236-237.
백남훈 53, 218, 228, 233.
백두진 130-131, 398.
백승홍 266.
변영태 459-460.
범민주통합수권정당추진회의(통추위) 268-269.
부산정치파동 26, 32, 35, 37, 40, 44, 63, 349.
불온문서투입사건 43-45.
비상계엄 23, 161, 384, 399, 405-407, 528, 570, 572-574, 576.

ㅅ

사사오입 파동 34-39, 50, 63, 65, 220, 324, 333, 345, 469, 579.
삼민회 88, 91, 220-221, 492.
새누리당 202-207, 309-318.
새정치국민회의(국민회의, 1995년) 179-180, 276-280, 283-287, 289-297, 306.
새정치민주연합 206-209, 307.
새천년민주당(민주당, 2000년) 183, 185, 187-189, 193-194, 296--306, 425.
서민호 102, 495.
서범석 230, 239.
서영훈 296.
서정귀 218.

성낙현 521.
소선규 31, 35, 40, 43, 221.
손학규 175, 194-195, 198, 200-202, 308, 425, 428.
송영길 433.
송원영 370, 555.
시민통합당(2011년) 201.
신도환 122, 124, 132, 256.
신민당(1961년) 86, 94, 149.
신민당(1967년) 106-112, 114, 116-135, 216-218, 238-245, 247-248, 250-252, 365-368, 370, 372-374, 376, 378, 380-382, 384-385, 387-388, 390-395, 396-399, 402-404, 406-407, 416-421, 504-508, 510-514, 516-524, 526-527, 529, 531, 536, 555-556.
신민주공화당(공화당, 1988년) 154, 557.
신민주연합당(신민당, 1991년) 270, 272.
신보수회 543.
신순범 174, 535.
신익희 16, 23, 28, 30-31, 39, 43, 47, 52-54, 63, 67-75, 242, 325, 327-328, 343, 350, 468, 474.
신정당(1963년) 218, 490.
신파(1955년 민주당) 63, 77-88, 94, 149, 218, 222, 328-329, 350, 471-474, 482.
신한국당(1995년) 179-180, 276-277, 281-285, 292.
신한당(1966년) 105, 225-229, 232-239.
신한민주당(신민당, 1985년) 136-148, 253-262, 414, 416-417, 537, 543, 557.

ㅇ

아시아태평양평화재단(아태재단) 176.
안철수 200, 203-204, 206-209, 309, 316, 318-319, 442-443.
야당성회복투쟁동지회(야투) 128-129.
양순직 541.
양일동 108-110, 112-114, 365, 385.
언론윤리위원회법 89-90, 220-221, 493.
엄창록 381-382.
여소야대 155-157, 159, 161-162, 164, 166, 180, 192, 261, 274, 276-277, 292, 311, 553, 557, 570.
연주흠 521.
열린우리당(우리당) 145, 187-194, 425.
용팔이 사건 142, 414-416, 419-422.
우원식 575.
원충연 355.
유성환 550.
유시민 184, 187, 425.
유신체제 115, 119, 126-128, 130, 134, 165, 388, 391, 402-403.
유옥우 37, 233, 333.
유인태 269, 286.
유준상 174, 272.
유지광 351-352.
유진산 35, 39-40, 79, 84-85, 91-95, 108-115, 124-125, 146, 221, 224-225, 230, 244-252, 279, 382, 384.
유진오 230-239, 241-242, 244-245, 248, 365, 368, 510-513, 516-517, 519-520, 522-524, 526.
유치송 122, 124, 531.
윤병호 40, 52.
윤보선 80-84, 88, 90-95, 99, 101-102, 105, 108, 127, 133, 215-219, 221-239, 242, 245-247, 374, 490-491, 495, 504, 506-507, 510, 516.
윤석열 315, 439-440, 442-449, 564-576, 578.
이기붕 35, 63, 72-74, 324, 331-332, 337, 352, 454, 462-464, 469-471, 475-477, 481, 484-485.
이기택 132-133, 139, 164, 167-168, 174-175, 178-180, 257-258, 264, 267-269, 272, 285, 541.
이낙연 442.
이만섭 293, 295.
이명박 312, 424-430, 432-434, 437, 448.
이미경 186.
이민우 85, 122, 133, 136-140, 254, 257-260, 416, 418-420, 539, 541, 544-545, 547, 552.
— 구상 136-138, 140, 418-420, 552.
이부영 174, 186.

이선실 170.
이수인 269.
이수혁 308.
이승만 15-32, 34-43, 45-47, 50, 52, 55, 62-
    67, 69, 72-75, 77-78, 220, 258, 261,
    264, 325, 328, 331-338, 342-345, 350,
    352-353, 362-363, 369, 376, 412, 447,
    454-457, 459-460, 463-465, 467-471,
    474-477, 481-486, 493, 498, 515-516,
    518-519, 522, 529, 554-555, 564, 568,
    570, 576.
    ― 3선 개헌 30, 32, 63, 333.
이시형 16, 23, 335.
이우정 270.
이익흥 329, 331-335, 337-338, 343, 568.
이인 216-218, 228, 233.
이인영 201, 207, 296.
이인제 280, 282-283, 285-287, 293, 296,
    298, 300, 304, 426.
이재명 316, 318, 442-448, 569-570, 574,
    577, 580-581.
이재형 223, 245-246.
이정재 72, 351, 352, 455.
이종걸 208, 312.
이종찬 23, 167, 177.
이주당 사건 359-360.
이중재 541.
이진수 22.
이철 265, 268,
이철승 110, 112-113, 115-116, 119, 122,
    124-129, 131-134, 138-140, 247, 249-
    252, 256, 418.
이충환 122-124.
이택돈 138, 418, 420-421.
이택희 138-140, 418, 420-421.
이한열 144, 414.
이해찬 195, 201-203, 268, 425.
이회창 280, 282-287, 294, 301-305.
이후락 388-389.
이희호 173, 358, 380.
임흥순 331.

| ㅈ |

자유당(1951년) 18-19, 22-23, 26-27, 29-
    37, 39-42, 44, 46, 54, 62-65, 67, 73-
    74, 77-79, 85, 105, 216-217, 228, 330-
    332, 336-337, 340, 342-345, 347-348,
    350-352, 362, 369, 373, 454-457, 459-
    465, 468, 470-472, 476-482, 485-486.
자유민주당(1963년) 88, 219-221.
자유민주연합(자민련) 176, 178, 180-181,
    276-281, 284, 292-299, 301.
자유민주파(호헌동지회) 46-47, 49.
자유한국당(2017년, 새누리당 당명 변경)
    318, 436.
장면 20-21, 23-24, 28, 42, 47, 51-53, 63,
    68-69, 73-74, 77, 80, 82-86, 217, 220,
    229, 324-332, 335-339, 343-344, 348,
    350-351, 353-356, 358-361, 363, 419,
    422, 447, 455, 462, 468, 471-475, 477-
    478, 483-484, 486, 489-490.
장세동 421-422.
장택상 21, 25, 33, 35, 39-40, 42, 47, 233,
    343, 345, 490, 495.
전두환 137-138, 141-145, 149, 155-158,
    160, 162, 179, 253, 255-256, 258-259,
    261-262, 401-402, 405-407, 409, 411-
    414, 416-419, 421-422, 444, 447, 528-
    532, 535, 539, 543-548, 550-551, 556,
    564, 570.
전진한 216-218, 228, 233, 341.
정당공천제(정당 추천제) 29-30, 558-560,
    563.
정대철 168, 174, 280, 428.
정동년 409-410.
정동영 183, 187-188, 191, 195, 197-198,
    300.
정몽준 302-305.
정성태 516-517.
정세균 197-198, 202, 428-429, 432, 442.
정운갑 135, 394.
정일형 35, 39-40, 43, 51, 102, 109, 115,
    124, 127, 233, 245-246, 355, 378, 387-
    388.
정청래 582.

정주영 169, 173, 273.
정치 테러 337, 339, 349, 368, 370-372, 378, 380, 388, 422.
정치활동정화법(정정법) 215, 361-363, 529.
정해영 115-116, 122, 233.
정헌주 84-85.
제1차 진산파동 92, 94, 221, 230, 245.
제2차 진산파동 110-112, 221, 382.
조병옥 31, 35, 39-41, 47, 53-54, 63, 69, 74, 77, 94, 242, 293, 328-329, 342-343, 350, 419, 459-460, 464, 471, 473-478.
조봉암 26, 42, 46-48, 53, 68-69, 72-75, 412, 447, 455-456, 460, 468.
조세형 168, 174, 263.
조순 280, 285, 294.
조순형 187-188, 535.
조연하 257-258.
조윤형 133-134.
조재천 31, 67, 344, 355, 461, 479, 500.
조국 439-440.
조중서 357-358.
조흥만 521.
중도개혁통합신당(2007년) 193-194.
중도통합론 125, 128, 131.
중도통합민주당(2007년) 194.
지방자치제(지자제) 137, 145, 258-259, 546, 553-554, 556-557, 559-560, 562-563.
지역등권론 177, 278.
지청천 16.
직선제 개헌 1천만 명 서명운동 544-545.
진보당(1956년) 68-69, 72-74, 456.
진보신당(2008년) 199, 201, 431.

|ㅊ|

참여 아래 개혁 124-125, 127, 131.
참여정부 188, 316, 429.
천정배 183, 199, 208.
최규하 402-406, 528, 548.
최인규 370-372, 470, 479.
최형우 139, 541.
최훈 329-331.
추미애 199, 312, 315-316, 428, 440, 442.
친위 쿠데타 26, 50, 65, 261, 564, 572, 574, 579.

|ㅌ|

통일국민당(1992년) 169, 171, 273-274.
통일민주당(민주당, 1987년) 141-151, 153-155, 157, 159-162, 164-165, 264-265, 285, 414-416, 418-419, 421-422, 557.
통일시대국민회의 177.
통일주체국민회의 118, 130, 403, 528.
통합민주당(2008년) 425-426.
통합진보당(2011년) 200-201, 208.

|ㅍ|

평화민주당(평민당) 4, 147-155, 157, 159-162, 164-165, 263-270, 553, 557-563.
평화통일론 456, 460.

|ㅎ|

한국국민당(1991년) 530-531.
한국민주당(한민당, 1945년) 47, 52, 77.
한국민주회복통일촉진국민회의(한민통) 385, 410.
한나라당 183-198, 201-202, 284-286, 290-304, 312, 425-426, 430-434.
한명숙 201-202, 296, 434.
한일협정 88-89, 96-106, 222-223, 225-226, 355, 399, 488-503.
한화갑 300, 302.
허정 18-19, 218, 228, 233, 485-486, 490, 495.
혁신과 통합 199-201.
현석호 37, 346, 355.
호헌동지회(호동) 35, 37-39, 41-43, 46, 48-50, 52-54, 220.
홍익표 109-110, 217, 230, 233.
황낙주 393, 399.
흥사단 46, 77.

|기타|

YH 사건 134, 391-395.